DAS GROSSE GERHART HAUPTMANN BUCH

DAS GROSSE GERHART HAUPTMANN BUCH

DIE WEBER UND ANDERE DRAMEN

Jubiläumsausgabe
zum 125. Geburtstag

Ullstein

Ex Libris Ausgabe · November 1987

Der Photomechanische Nachdruck folgt der
im Propyläen Verlag erschienenen
Centenar-Ausgabe: Gerhart Hauptmann, Sämtliche
Werke in elf Bänden. Herausgegeben von Hans-Egon Hass (†),
fortgeführt von Martin Machatzke und Wolfgang Bungies.
Fragmente und Varianten wurden nicht aufgenommen.

Umschlagentwurf: Hansbernd Lindemann
Abbildung: Stiftung Preußischer Kulturbesitz
Gesamtherstellung: May & Co, Darmstadt
Printed in Germany 1987

ISBN 3 550 08533 8

INHALT

DIE WEBER

Schauspiel aus den vierziger Jahren

Entstehungszeit: 1891—1892.

Erstveröffentlichung: Einzelausgabe.
Berlin, S. Fischer 1892.

Meinem Vater Robert Hauptmann
widme ich dieses Drama

Wenn ich Dir, lieber Vater, dieses Drama zuschreibe, so geschieht es aus Gefühlen heraus, die Du kennst und die an dieser Stelle zu zerlegen keine Nötigung besteht.
Deine Erzählung vom Großvater, der in jungen Jahren, ein armer Weber, wie die Geschilderten hinterm Webstuhl gesessen, ist der Keim meiner Dichtung geworden, die, ob sie nun lebenskräftig oder morsch im Innern sein mag, doch das Beste ist, was ›ein armer Mann wie Hamlet ist‹ zu geben hat.

Dein Gerhart

DRAMATIS PERSONAE

DREISSIGER, Parchentfabrikant
FRAU DREISSIGER
PFEIFER, Expedient
NEUMANN, Kassierer
DER LEHRLING
DER KUTSCHER JOHANN
EIN MÄDCHEN
(PFEIFER bis EIN MÄDCHEN: bei Dreißiger)
WEINHOLD, Hauslehrer bei Dreißigers Söhnen
PASTOR KITTELHAUS
FRAU PASTOR KITTELHAUS
HEIDE, Polizeiverwalter
KUTSCHE, Gendarm
WELZEL, Gastwirt
FRAU WELZEL
ANNA WELZEL
WIEGAND, Tischler
EIN REISENDER
EIN BAUER
EIN FÖRSTER
SCHMIDT, Chirurgus
HORNIG, Lumpensammler
DER ALTE WITTIG, Schmiedemeister

WEBER:

BÄCKER
MORITZ JÄGER
DER ALTE BAUMERT
MUTTER BAUMERT
BERTHA BAUMERT
EMMA BAUMERT
FRITZ, Emmas Sohn, vier Jahre alt
AUGUST BAUMERT
DER ALTE ANSORGE
FRAU HEINRICH
DER ALTE HILSE
FRAU HILSE
GOTTLIEB HILSE
LUISE, Gottliebs Frau
MIELCHEN, seine Tochter, sechs Jahre alt
REIMANN

HEIBER

EIN KNABE, acht Jahre alt

FÄRBEREIARBEITER

EINE GROSSE MENGE JUNGER UND ALTER WEBER UND WEBERFRAUEN

Die Vorgänge dieser Dichtung geschehen in den vierziger Jahren in Kaschbach im Eulengebirge sowie in Peterswaldau und Langenbielau am Fuße des Eulengebirges. –

Das Weberlied wird gesungen nach der Melodie: »Es liegt ein Schloß in Österreich.«

ERSTER AKT

Ein geräumiges, graugetünchtes Zimmer in Dreißigers Haus zu Peterswaldau. Der Raum, wo die Weber das fertige Gewebe abzuliefern haben. Linker Hand sind Fenster ohne Gardinen, in der Hinterwand eine Glastür, rechts eine ebensolche Glastür, durch welche fortwährend Weber, Weberfrauen und Kinder ab- und zugehen. Längs der rechten Wand, die wie die übrigen größtenteils von Holzgestellen für Parchent verdeckt wird, zieht sich eine Bank, auf der die angekommenen Weber ihre Ware ausgebreitet haben. In der Reihenfolge der Ankunft treten sie vor und bieten ihre Ware zur Musterung. Expedient Pfeifer steht hinter einem großen Tisch, auf welchen die zu musternde Ware vom Weber gelegt wird. Er bedient sich bei der Schau eines Zirkels und einer Lupe. Ist er zu Ende mit der Untersuchung, so legt der Weber den Parchent auf die Waage, wo ein Kontorlehrling sein Gewicht prüft. Die abgenommene Ware schiebt derselbe Lehrling ins Repositorium. Den zu zahlenden Lohnbetrag ruft Expedient Pfeifer dem an einem kleinen Tischchen sitzenden Kassierer Neumann jedesmal laut zu.
Es ist ein schwüler Tag gegen Ende Mai. Die Uhr zeigt zwölf. Die meisten der harrenden Webersleute gleichen Menschen, die vor die Schranken des Gerichts gestellt sind, wo sie in peinigender Gespanntheit eine Entscheidung über Tod und Leben zu erwarten haben. Hinwiederum haftet allen etwas Gedrücktes, dem Almosenempfänger Eigentümliches an, der, von Demütigung zu Demütigung schreitend, im Bewußtsein, nur geduldet zu sein, sich so klein als möglich zu machen gewohnt ist. Dazu kommt ein starrer Zug resultatlosen, bohrenden Grübelns in aller Mienen. Die Männer, einander ähnelnd, halb zwerghaft, halb schulmeisterlich, sind in der Mehrzahl flachbrüstige, hüstelnde, ärmliche Menschen mit schmutzigblasser Gesichtsfarbe: Geschöpfe des Webstuhls, deren Knie infolge vielen Sitzens gekrümmt sind. Ihre Weiber zeigen weniger Typisches auf den ersten Blick; sie sind aufgelöst, gehetzt, abgetrieben – während die Männer eine gewisse klägliche Gravität noch zur Schau tragen – und zerlumpt, wo die Männer geflickt sind. Die jungen Mädchen sind mitunter nicht ohne Reiz; wächserne Blässe, zarte Formen, große, hervorstehende, melancholische Augen sind ihnen dann eigen.

KASSIERER NEUMANN, *Geld aufzählend.* Bleibt sechzehn Silbergroschen, zwei Pfennig.

ERSTE WEBERFRAU, *dreißigjährig, sehr abgezehrt, streicht das Geld ein mit zitternden Fingern.* Sind Se bedankt.

NEUMANN, *als die Frau stehenbleibt.* Nu? stimmt's etwa wieder nich?

ERSTE WEBERFRAU, *bewegt, flehentlich.* A paar Fenniche uf Vorschuß hätt' ich doch halt aso neetig.

NEUMANN. Ich hab' a paar hundert Taler neetig. Wenn's ufs Neetighaben ankäm' –! *Schon mit Auszahlen an einen andern Weber beschäftigt, kurz.* Ieber den Vorschuß hat Herr Dreißiger selbst zu bestimmen.

ERSTE WEBERFRAU. Kennt' ich da vielleicht amal mit'n Herrn Dreißiger selber red'n?

EXPEDIENT PFEIFER, *ehemaliger Weber. Das Typische an ihm ist unverkennbar; nur ist er wohlgenährt, gepflegt gekleidet, glatt rasiert, auch ein starker Schnupfer. Er ruft barsch herüber.* Da hätte Herr Dreißiger weeß Gott viel zu tun, wenn er sich um jede Kleenigkeit selber bekimmern sollte. Dazu sind wir da. *Er zirkelt und untersucht mit der Lupe.* Schwerenot! Das zieht. *Er packt sich einen dicken Schal um den Hals.* Macht de Tiere zu, wer reinkommt.

DER LEHRLING, *laut zu Pfeifer.* Das is, wie wenn man mit Kletzen red'te.

PFEIFER. Abgemacht sela! – Waage! *Der Weber legt das Webe auf die Waage.* Wenn Ihr ock Eure Sache besser verstehn tät't. Trepp'n hat's wieder drinne... ich seh' gar nich hin. A guter Weber verschiebt's Aufbäumen nich wer weeß wie lange.

BÄCKER *ist gekommen. Ein junger, ausnahmsweise starker Weber, dessen Gebaren ungezwungen, fast frech ist. Pfeifer, Neumann und der Lehrling werfen sich bei seinem Eintritt Blicke des Einvernehmens zu.* Schwerenot ja! Da soll eener wieder schwitz'n wie a Laugensack.

ERSTER WEBER, *halblaut.* 's sticht gar sehr nach Regen.

DER ALTE BAUMERT *drängt sich durch die Glastür rechts. Hinter der Tür gewahrt man die Schulter an Schulter gedrängt zusammengepfercht wartenden Webersleute. Der Alte ist nach vorn gehumpelt und hat sein Pack in der Nähe des Bäcker auf die Bank gelegt. Er setzt sich daneben und wischt sich den Schweiß.* Hier is 'ne Ruh' verdient.

BÄCKER. Ruhe is besser wie a Beehmen Geld.

DER ALTE BAUMERT. A Beehmen Geld mechte ooch sein. Gu'n Tag ooch, Bäcker!

BÄCKER. Tag ooch, Vater Baumert! Ma muß wieder lauern wer weeß wie lange!

ERSTER WEBER. Das kommt nich druf an. A Weber wart't an Stunde oder an'n Tag. A Weber is ock 'ne Sache.

PFEIFER. Gebt Ruhe dahinten! Man versteht ja sei eegenes Wort nich.

BÄCKER, *leise*. A hat heute wieder sein'n tälsch'n Tag.

PFEIFER, *zu dem vor ihm stehenden Weber*. Wie oft hab' ich's Euch schonn gesagt! besser putzen sollt er. Was ist denn das für 'ne Schlauderei? Hier sind Klunkern drinne, so lang wie mei Finger, und Stroh und allerhand Dreck.

WEBER REIMANN. 's mecht' halt a neu Noppzängl sein.

LEHRLING *hat das Webe gewogen*. 's fehlt auch am Gewicht.

PFEIFER. Eine Sorte Weber is hier so – schade fier jede Kette, die man ausgibt. O Jes's, zu meiner Zeit! Mir hätt's woll mei Meister angestrichen. Dazumal da war das noch a ander Ding um das Spinnwesen. Da mußte man noch sei Geschäfte verstehn. Heute da is das nich mehr neetig. – Reimann zehn Silbergroschen.

WEBER REIMANN. E Fund wird doch gerech'nt uf Abgang.

PFEIFER. Ich hab' keine Zeit. Abgemacht sela. Was bringt Ihr?

WEBER HEIBER *legt sein Webe auf. Während Pfeifer untersucht, tritt er an ihn und redet halblaut und eifrig in ihn hinein*. Se werden verzeihen, Herr Feifer, ich mechte Sie gittichst gebet'n hab'n, ob Se vielleicht und Se wollt'n so gnädig sein und wollt'n mir den Gefalln tun und ließen mir a Vorschuß dasmal nich abrech'n.

PFEIFER, *zirkelnd und guckend, höhnt*. Nu da! Das macht sich ja etwan. Hier is woll d'r halbe Einschuß wieder auf a Feifeln geblieb'n?

WEBER HEIBER, *in seiner Weise fortfahrend*. Ich wollt's ja gerne uf de neue Woche gleichemach'n. Vergangne Woche hatt' ich bloß zwee Howetage uf'n Dominium zu leist'n. Dabei liegt Meine krank derheeme...

PFEIFER, *das Stück an die Waage gebend*. Das is eben wieder 'ne richt'ge Schlauderarbeit. *Schon wieder ein neues Webe in Augenschein nehmend*. So ein Salband, bald breit, bald schmal. Emal hat's den Einschuß zusammengeriss'n wer weeß wie sehr, dann hat's wieder mal 's Sperrittl auseinandergezog'n. Und auf a Zoll kaum siebzig Faden Eintrag. Wo is denn der iebriche? Wo bleibt da die Reelletät? Das wär' so was!

WEBER HEIBER *unterdrückt Tränen, steht gedemütigt und hilflos.*

BÄCKER, *halblaut zu Baumert.* Der Pakasche mecht' ma noch Garn d'rzunekoofen.

ERSTE WEBERFRAU, *welche nur wenig vom Kassentisch zurückgetreten war und sich von Zeit zu Zeit mit starren Augen hilfesuchend umgesehen hat, ohne von der Stelle zu gehen, faßt sich ein Herz und wendet sich von neuem flehentlich an den Kassierer.* Ich kann halt balde... ich weeß gar nich, wenn Se mir dasmal und geb'n mir keen'n Vorschuß... o Jesis, Jesis.

PFEIFER *ruft herüber.* Das is a Gejesere. Laßt bloß a Herr Jesus in Frieden. Ihr habt's ja sonst nich so ängstlich um a Herr Jesus. Paßt lieber auf Euern Mann uf, daß und man sieht'n nich aller Augenblicke hinterm Kretschamfenster sitz'n. Wir kenn kein'n Vorschuß geb'n. Wir miss'n Rechenschaft ablegen dahier. 's is auch nich unser Geld. Von uns wird's nachher verlangt. Wer fleißig is und seine Sache versteht und in der Furcht Gottes seine Arbeit verricht't, der braucht ieberhaupt nie keen'n Vorschuß nich. Abgemacht Seefe.

NEUMANN. Und wenn a Bielauer Weber 's vierfache Lohn kriegt, da verfumfeit er's vierfache und macht noch Schulden.

ERSTE WEBERFRAU, *laut, gleichsam an das Gerechtigkeitsgefühl aller appellierend.* Ich bin gewiß ni faul, aber ich kann ni mehr aso fort. Ich hab' halt doch zweemal an Iebergang gehabt. Und was de mei Mann is, der is ooch bloßich halb; a war beim Zerlauer Schäfer, aber der hat'n doch au nich kenn'n von sein'n Schad'n helf'n, und da... Zwing'n kann ma's doch nich... Mir arbeit'n gewiß, was wir ufbringen. Ich hab' schonn viele Woch'n keen'n Schlaf in a Aug'n gehabt, und's wird auch schonn wieder gehn, wenn ock ich und ich wer de Schwäche wieder a bissel rauskrieg'n aus a Knoch'n. Aber Se miss'n halt ooch a eenziges bissel a Einsehn hab'n. *Inständig, schmeichlerisch flehend.* Sind S'ock scheen gebet'n und bewilligen mer dasmal a paar Greschl.

PFEIFER, *ohne sich stören zu lassen.* Fiedler elf Silbergroschen.

ERSTE WEBERFRAU. Bloß a paar Greschl, daß m'r zu Brote komm'n. D'r Pauer borgt nischt mehr. Ma hat a Häufl Kinder...

NEUMANN, *halblaut und mit komischem Ernst zum Lehrling.*

Die Leinweber haben alle Jahre ein Kind,
alle walle, alle walle, puff, puff, puff.

DER LEHRLING *gibt ebenso zurück.*

Die Blitzkröte ist sechs Wochen blind,
Summt die Melodie zu Ende.
alle walle, alle walle, puff, puff, puff.

WEBER REIMANN, *das Geld nicht anrührend, das der Kassierer ihm aufgezählt hat.* Mer hab'n doch jetzt immer dreizehntehalb Beehmen kriegt fer a Webe.

PFEIFER *ruft herüber.* Wenn's Euch nich paßt, Reimann, da braucht er bloß ein Wort sag'n. Weber hat's genug. Vollens solche, wie Ihr seid. Für'n volles Gewichte gibt's auch'n vollen Lohn.

WEBER REIMANN. Daß hier was fehln sollte an'n Gewichte...

PFEIFER. Bringt ein fehlerfreies Stick Parchent, da wird auch am Lohn nichts fehln.

WEBER REIMANN. Daß 's hier und sollte zu viel Placker drinnehab'n, das kann doch reen gar nich meeglich sein.

PFEIFER, *im Untersuchen.* Wer gut webt, der gut lebt.

WEBER HEIBER *ist in der Nähe Pfeifers geblieben, um nochmals einen günstigen Augenblick abzupassen. Über Pfeifers Wortspiel hat er mitgelächelt, nun tritt er an ihn und redet ihm zu wie das erste Mal.* Ich wollte Se gittichst gebeten hab'n, Herr Feifer, ob Se vielleicht und Se wollt'n aso barmherzich sein und rech't'n mir a Fimfbeehmer Vorschuß dasmal nich ab. Meine liegt schon seit d'r Fasnacht krumm im Bette. Se kann mer keen'n Schlag Arbeit nich verricht'n. Da muß ich a Spulmädel bezahln. Deshalb...

PFEIFER *schnupft.* Heiber, ich hab' nich bloß Euch alleene abzufertig'n. Die andern wolln auch drankommen.

WEBER REIMANN. So hab' ich de Werfte kriegt – aso hab' ich se ufgebäumt und wieder runtergenommen. A besser Garn, wie ich kriegt hab', kann ich nich zurickbringen.

PFEIFER. Paßt's Euch nich, da braucht er Euch bloß keene Werfte mehr abzuholn. Wir hab'n 'r genug, die sich's Leder von a Fießen dernach ablauf'n.

NEUMANN, *zu Reimann.* Wollt Ihr das Geld nich nehmen?

WEBER REIMANN. Ich kann mich durchaus aso nich zufriedegeben.

NEUMANN, *ohne sich weiter um Reimann zu bekümmern.* Heiber zehn Silbergroschen. Geht ab fünf Silbergroschen Vorschuß. Bleiben fünf Silbergroschen.

WEBER HEIBER *tritt heran, sieht das Geld an, steht, schüttelt den Kopf, als könnte er etwas gar nicht glauben, und streicht das Geld langsam und umständlich ein.* O meins, meins! – *Seufzend.* Nu, da da!

DER ALTE BAUMERT, *Heibern ins Gesicht.* Jaja, Franze! Da kann eens schon manchmal'n Seufzrich tun.

WEBER HEIBER, *mühsam redend.* Sieh ock, ich hab' a krank Mädel derheeme zu lieg'n. Da mecht' a Fläschl Medezin sein.

DER ALTE BAUMERT. Wo tutt's er'n fehlen?

WEBER HEIBER. Nu sieh ock, 's war halt von kleen uf a vermickertes Dingl. Ich weeß gar nich... na, dir kann ich's ja sag'n: se hat's mit uf de Welt gebracht. Aso 'ne Unreenichkeit ieber und ieber bricht'r halt durchs Geblitte.

DER ALTE BAUMERT. Ieberall hat's was. Wo eemal's Armutt is, da kommt ooch Unglicke ieber Unglicke. Da is o kee Halt und keene Rettung.

WEBER HEIBER. Was hast d'nn da eingepackt in dem Tiechl?

DER ALTE BAUMERT. Mir sein halt gar blank derheeme. Da hab' ich halt unser Hundl schlacht'n lassen. Viel is ni dran, a war o halb d'rhungert. 's war a klee, nettes Hundl. Selber abstechen mocht' ich'n nich. Ich konnt' mer eemal kee Herze nich fass'n.

PFEIFER *hat Bäckers Webe untersucht, ruft.* Bäcker dreizehntehalb Silbergroschen.

BÄCKER. Das is a schäbiges Almosen, aber kee Lohn.

PFEIFER. Wer abgefertigt is, hat's Lokal zu verlassen. Wir kenn uns vorhero nich riehren.

BÄCKER, *zu den Umstehenden, ohne seine Stimme zu dämpfen.* Das is a schäbiges Trinkgeld, weiter nischt. Da soll eens treten vom friehen Morg'n bis in die sinkende Nacht. Und wenn man achtz'n Tage ieberm Stuhle geleg'n hat, Abend fer Abend wie ausgewund'n, halb drehnig vor Staub und Gluthitze, da hat man sich glicklich dreiz'ntehalb Beehmen erschind't.

PFEIFER. Hier wird nich gemault!

BÄCKER. Vo Ihn lass' ich mersch Maul noch lange nich verbiet'n.

PFEIFER *springt mit dem Ausruf* Das mecht' ich doch amal sehn! *nach der Glastür und ruft ins Kontor.* Herr Dreißicher, Herr Dreißicher, mechten Sie amal so freundlich sein!

DREISSIGER *kommt. Junger Vierziger. Fettleibig, asthmatisch. Mit strenger Miene.* Was – gibt's denn, Pfeifer?

PFEIFER, *glupsch.* Bäcker will sich's Maul nich verbieten lassen.

DREISSIGER *gibt sich Haltung, wirft den Kopf zurück, fixiert Bäcker mit zuckenden Nasenflügeln.* Ach so – Bäcker! – – *Zu Pfeifer.* Is das der? *Die Beamten nicken.*

BÄCKER, *frech.* Ja, ja, Herr Dreißicher! *Auf sich zeigend.* Das is der, – *auf Dreißiger zeigend* – und das is der.

DREISSIGER, *indigniert.* Was erlaubt sich denn der Mensch!?

PFEIFER. Dem geht's zu gutt! Der geht aso lange aufs Eis tanzen, bis a's amal versehen hat.

BÄCKER, *brutal.* O du Fennigmanndl, halt ock du deine Fresse. Deine Mutter mag sich woll ei a Neumonden beim Besenreit'n am Luzifer versehn hab'n, daß aso a Teiwel aus dir geworn is.

DREISSIGER, *in ausbrechendem Jähzorn, brüllt.* Maul halten! auf der Stelle Maul halten, sonst... *Er zittert, tut ein paar Schritte vorwärts.*

BÄCKER, *mit Entschlossenheit ihn erwartend.* Ich bin nich taub. Ich heer' noch gut.

DREISSIGER *überwindet sich, fragt mit anscheinend geschäftsmäßiger Ruhe.* Is der Bursche nicht auch dabeigewesen?

PFEIFER. Das is a Bielauer Weber. Die sind ieberall d'rbei, wo's 'n Unfug zu machen gibt.

DREISSIGER, *zitternd.* Ich sag' euch also: passiert mir das noch einmal und zieht mir noch einmal so eine Rotte Halbbetrunkener, so eine Bande von grünen Lümmeln am Hause vorüber wie gestern abend – mit diesem niederträchtigen Liede...

BÄCKER. 's »Bluttgericht« meenen Se woll?

DREISSIGER. Er wird schon wissen, welches ich meine. Ich sag' euch also: hör' ich das noch einmal, dann lass' ich mir einen von euch rausholen, und – auf Ehre, ich spaße nicht – den übergebe ich dem Staatsanwalt. Und wenn ich rausbekomme, wer dies elende Machwerk von einem Liede...

BÄCKER. Das is a schee Lied, das!

DREISSIGER. Noch ein Wort, und ich schicke zur Polizei – augenblicklich. – Ich fackle nicht lange. – Mit euch Jungens wird man doch noch fertig werden. Ich bin doch schon mit ganz andren Leuten fertig geworden.

BÄCKER. Nu das will ich gloob'n. Aso a richtiger Fabrikante, der wird mit zwee-, dreihundert Webern fertich, eh man sich umsieht. Da läßt a ooch noch ni a paar morsche Knoch'n iebrich. Aso eener der hat vier Mag'n wie 'ne Kuh und a Gebiß wie a Wolf. Nee nee, da hat's nischt!

DREISSIGER, *zu den Beamten.* Der Mensch bekommt keinen Schlag Arbeit mehr bei uns.

BÄCKER. Oh, ob ich am Webstuhle derhungere oder im Straßengrab'n, das is mir egal.

DREISSIGER. Raus, auf der Stelle raus!

BÄCKER, *fest.* Erst will ich mei Lohn hab'n.

DREISSIGER. Was kriegt der Kerl, Neumann?

NEUMANN. Zwölf Silbergroschen, fünf Pfennige.

DREISSIGER *nimmt überhastig dem Kassierer das Geld ab und wirft es auf den Zahltisch, so daß einige Münzen auf die Diele rollen.* Da! – hier! – und nu rasch – mir aus den Augen!

BÄCKER. Erscht will ich mei Lohn hab'n.

DREISSIGER. Da liegt Sein Lohn; und wenn Er nun nich macht, daß Er rauskommt... Es ist grade zwölf... Meine Färber machen gerade Mittag...!

BÄCKER. Mei Lohn geheert in meine Hand. Hieher geheert mei Lohn. *Er berührt mit den Fingern der rechten die Handfläche der linken Hand.*

DREISSIGER, *zum Lehrling.* Heben Sie's auf, Tilgner.

DER LEHRLING *tut es, legt das Geld in Bäckers Hand.*

BÄCKER. Das muß all's sein'n richt'chen Paß gehn. *Er bringt, ohne sich zu beeilen, in einem alten Beutel das Geld unter.*

DREISSIGER. Nu? *Als Bäcker sich noch immer nicht entfernt, ungeduldig.* Soll ich nun nachhelfen?

Unter den dichtgedrängten Webern ist eine Bewegung entstanden. Jemand stößt einen langen, tiefen Seufzer aus. Darauf geschieht ein Fall. Alles Interesse wendet sich dem neuen Ereignis zu.

DREISSIGER. Was gibt's denn da?

VERSCHIEDENE WEBER UND WEBERFRAUEN. 's is eener hingeschlag'n. – 's is a klee hiprich Jungl. – Is 's etwa de Kränkte oder was?!

DREISSIGER. Ja... wie denn? Hingeschlagen? *Er geht näher.*

ALTER WEBER. A liegt halt da.

Es wird Platz gemacht. Man sieht einen achtjährigen Jungen wie tot an der Erde liegen.

DREISSIGER. Kennt jemand den Jungen?

ALTER WEBER. Aus unserm Dorfe is a nich.

DER ALTE BAUMERT. Der sieht ja bald aus wie Heinrichens. *Er betrachtet ihn genauer.* Ja, ja! Das is Heinrichens Gustavl.

DREISSIGER. Wo wohnen denn die Leute?

DER ALTE BAUMERT. Nu, oben bei uns, in Kaschbach, Herr Dreißicher. Er geht Musicke machen, und am Tage da liegt a ieberm Stuhle. Se han neun Kinder, und's zehnte is unterwegens.

VERSCHIEDENE WEBER UND WEBERFRAUEN. Den Leut'n geht's gar sehr kimmerlich. – Den regnet's in de Stube. – Das Weib hat keene zwee Hemdl fer die neun Burschen.

DER ALTE BAUMERT, *den Jungen anfassend.* Nu, Jungl, was hat's denn mit dir? Da wach ock uf!

DREISSIGER. Faßt mal mit an, wir wollen ihn mal aufheben. Ein Unverstand ohnegleichen, so'n schwächliches Kind diesen langen Weg machen zu lassen. Bringen Sie mal etwas Wasser, Pfeifer!

WEBERFRAU, *die ihn aufrichten hilft.* Mach ock ni etwa Dinge und stirb, Jungl!

DREISSIGER. Oder Kognak, Pfeifer, Kognak is besser.

BÄCKER *hat, von allen vergessen, beobachtend gestanden. Nun, die eine Hand an der Türklinke, ruft er laut und höhnisch herüber.* Gebt'n ock was zu fressen, da wird a schonn zu sich kommen. *Ab.*

DREISSIGER. Der Kerl nimmt kein gutes Ende. – Nehmen Sie ihn unterm Arm, Neumann. – Langsam... langsam... so... so... wir wollen ihn in mein Zimmer bringen. Was wollen Sie denn?

NEUMANN. Er hat was gesagt, Herr Dreißiger! Er bewegt die Lippen.

DREISSIGER. Was – willst du denn, Jungl?

DER JUNGE *haucht.* Mich h..hungert!

DREISSIGER *wird bleich.* Man versteht ihn nich.

WEBERFRAU. Ich gloobe, a meinte...

DREISSIGER. Wir werden ja sehn. Nur ja nich aufhalten. – Er kann sich bei mir aufs Sofa legen. Wir werden ja hören, was der Doktor sagt.

Dreißiger, Neumann und die Weberfrau führen den Jungen ins Kontor. Unter den Webern entsteht eine Bewegung wie bei Schulkindern, wenn der Lehrer die Klasse verlassen hat. Man reckt und streckt sich, man flüstert, tritt von einem Fuß auf den andern, und in einigen Sekunden ist das Reden laut und allgemein.

DER ALTE BAUMERT. Ich gloob' immer, Bäcker hat recht.

MEHRERE WEBER UND WEBERFRAUEN. A sagte ja o aso was. – Das is hier nischt Neues, daß amal een'n d'r Hunger schmeißt. – Na, ieberhaupt, was de den Winter erscht wern soll, wenn das hie und's geht aso fort mit der Lohnzwackerei. – Und mit a Kartoffeln wird's das Jahr gar schlecht. – Hie wird's au nich anderscher, bis mer alle vollens uf'n Rick'n lieg'n.

DER ALTE BAUMERT. Am best'n, ma macht's wie d'r Nentwich Weber, ma legt sich a Schleefl um a Hals un knippt sich am Webstuhle uf. Da, nimm der 'ne Prise, ich war in Neurode, da arbeit mei Schwager in d'r Fabricke, wo s'n machen, a Schnupptabak. Der hat m'r a paar Kerndl gegeb'n dahier. Was trägst denn du in dem Tiechl Schee nes?

ALTER WEBER. 's is bloß a bissel Perlgraupe. D'r Wag'n vom Ullbrichmiller fuhr vor m'r her. Da war a Sack a bissel ufgeschlitzt. Das kommt mir gar sehr zupasse, kannst gloob'n.

DER ALTE BAUMERT. Zweiundzwanzich Miehlen sein in Peterschwalde, und fer unsereens fällt doch nischt ab.

ALTER WEBER. Ma muß ebens a Mut nich sink'n lass'n. 's kommt immer wieder was und hilft een a Stickl weiter.

WEBER HEIBER. Ma muß ebens, wenn d'r Hunger kommt, zu a Vierzehn Nothelfern beten, und wenn ma dadervon etwa ni satt wird, da muß ma an Steen ins Maul nehmen und dran lutschen. Gell, Baumert?

Dreißiger, Pfeifer sowie der Kassierer kommen zurück.

DREISSIGER. Es war nichts von Bedeutung. Der Junge ist schon wieder ganz munter. *Erregt und pustend umhergehend.* Es bleibt aber immer eine Gewissenlosigkeit. Das Kind ist ja nur so'n Hälmchen zum Umblasen. Es ist rein unbegreiflich, wie Menschen... wie Eltern so unvernünftig sein können. Bürden ihm zwei Schock Parchent auf, gute anderthalb Meilen Wegs. Es ist wirklich kaum zum Glauben. Ich werde einfach müssen die Einrichtung treffen, daß Kindern überhaupt die Ware nich mehr abgenommen wird. *Er geht wiederum eine Weile stumm hin und her.* Jedenfalls wünsche ich dringend, daß so etwas nicht mehr vorkommt. – Auf wem bleibt's denn schließlich sitzen? Natürlich doch auf uns Fabrikanten. Wir sind an allem schuld. Wenn so'n armes Kerlchen zur Winterszeit im

Schnee steckenbleibt und einschläft, dann kommt so'n hergelaufener Skribent, und in zwei Tagen, da haben wir die Schauergeschichte in allen Zeitungen. Der Vater, die Eltern, die so'n Kind schicken... i bewahre, wo werden die denn schuld sein! Der Fabrikant muß ran, der Fabrikant is der Sündenbock. Der Weber wird immer gestreichelt, aber der Fabrikant wird immer geprügelt: das is'n Mensch ohne Herz, 'n Stein, 'n gefährlicher Kerl, den jeder Preßhund in die Waden beißen darf. Der lebt herrlich und in Freuden und gibt den armen Webern Hungerlöhne. – Daß so'n Mann auch Sorgen hat und schlaflose Nächte, daß er sein großes Risiko läuft, wovon der Arbeiter sich nichts träumen läßt, daß er manchmal vor lauter Dividieren, Addieren und Multiplizieren, Berechnen und wieder Berechnen nich weiß, wo ihm der Kopf steht, daß er hunderterlei bedenken und überlegen muß und immerfort sozusagen auf Tod und Leben kämpft und konkurriert, daß kein Tag vergeht ohne Ärger und Verlust: darüber schweigt des Sängers Höflichkeit. Und was hängt nicht alles am Fabrikanten, was saugt nicht alles an ihm und will von ihm leben! Nee, nee! Ihr solltet nur manchmal in meiner Haut stecken, ihr würdet's bald genug satt kriegen. *Nach einiger Sammlung.* Wie hat sich dieser Kerl, dieser Bursche da, dieser Bäcker hier aufgeführt! Nun wird er gehen und ausposaunen, ich wäre wer weiß wie unbarmherzig. Ich setzte die Weber bei jeder Kleinigkeit mir nichts, dir nichts vor die Tür. Ist das wahr? Bin ich so unbarmherzig?

VIELE STIMMEN. Nee, Herr Dreißicher!

DREISSIGER. Na, das scheint mir doch auch so. Und dabei ziehen diese Lümmels umher und singen gemeine Lieder auf uns Fabrikanten, wollen von Hunger reden und haben so viel übrig, um den Fusel quartweise konsumieren zu können. Sie sollten mal die Nase hübsch woanders neinstecken und sehen, wie's bei den Leinwandwebern aussieht. Die können von Not reden. Aber ihr hier, ihr Parchentweber, ihr steht noch so da, daß ihr nur Grund habt, Gott im stillen zu danken. Und ich frage die alten, fleißigen und tüchtigen Weber, die hier sind: kann ein Arbeiter, der seine Sachen zusammenhält, bei mir auskommen oder nicht?

SEHR VIELE STIMMEN. Ja, Herr Dreißicher!

DREISSIGER. Na, seht ihr! – So'n Kerl wie der Bäcker natürlich nicht. Aber ich rate euch, haltet diese Burschen im Zaume. Wird mir's zu bunt, dann quittiere ich. Dann löse ich das Geschäft auf, und dann könnt ihr sehn, wo ihr bleibt. Dann könnt ihr sehn, wo ihr Arbeit bekommt. Bei Ehren-Bäcker sicherlich nicht.

ERSTE WEBERFRAU *hat sich an Dreißiger herangemacht, putzt mit kriechender Demut Staub von seinem Rock.* Se hab'n sich a brinkel angestrichen, gnädicher Herr Dreißicher.

DREISSIGER. Die Geschäfte gehen hundsmiserabel, das wißt ihr ja selbst. Ich setze zu, statt daß ich verdiene. Wenn ich trotzdem dafür sorge, daß meine Weber immer Arbeit haben, so setze ich voraus, daß das anerkannt wird. Die Ware liegt mir da in Tausenden von Schocken, und ich weiß heut noch nicht, ob ich sie jemals verkaufen werde. – Nun hab' ich gehört, daß sehr viele Weber hierum ganz ohne Arbeit sind, und da... na, Pfeifer mag euch das Weitre auseinandersetzen. – Die Sache ist nämlich die: damit ihr den guten Willen seht... ich kann natürlich keine Almosen austeilen, dazu bin ich nicht reich genug, aber ich kann bis zu einem gewissen Grade den Arbeitslosen Gelegenheit geben, wenigstens 'ne Kleinigkeit zu verdienen. Daß ich dabei ein immenses Risiko habe, ist ja meine Sache. – Ich denke mir halt: wenn sich ein Mensch täglich 'ne Quarkschnitte erarbeiten kann, so ist doch das immer besser, als wenn er überhaupt hungern muß. Hab' ich nicht recht?

VIELE STIMMEN. Ja, ja, Herr Dreißicher!

DREISSIGER. Ich bin also gern bereit, noch zweihundert Webern Beschäftigung zu geben. Unter welchen Umständen, wird Pfeifer euch auseinandersetzen. *Er will gehen.*

ERSTE WEBERFRAU *vertritt ihm den Weg, spricht überhastet, flehend und dringlich.* Gnädijer Herr Dreißicher, ich wollte Sie halt recht freindlich gebet'n hab'n, wenn Se vielleicht... ich hab' halt zweimal an Iebergang gehabt.

DREISSIGER, *eilig.* Sprecht mit Pfeifer, gute Frau, ich hab' mich so schon verspätet. *Er läßt sie stehen.*

WEBER REIMANN *vertritt ihm ebenfalls den Weg. Im Tone der Kränkung und Anklage.* Herr Dreißicher, ich muß mich wirklich beklag'n. Herr Feifer hat mer... Ich hab' doch fer mei Webe jetzt immer zwölftehalb Beehmen kriegt...

DREISSIGER *fällt ihm in die Rede.* Dort sitzt der Expedient. Dorthin wendet Euch: das is die richtige Adresse.

WEBER HEIBER *hält Dreißiger auf.* Gnädiger Herr Dreißicher, *– stotternd und mit wirrer Hast –* ich wollte Se vielmals gittigst gebeten han, ob mir vielleicht und a kennde mer... ob mer d'r Herr Feifer vielleicht und a kennde ... a kennde...

DREISSIGER. Was wollt Ihr denn?

WEBER HEIBER. Da Vorschuß, dann ich's letztemal, ich meene, da ich...

DREISSIGER. Ja, ich verstehe Euch wirklich nicht.

WEBER HEIBER. Ich war a brinkl sehr in Not, weil...

DREISSIGER. Pfeifers Sache, Pfeifers Sache. Ich kann wirklich nicht... macht das mit Pfeifer aus. *Er entweicht ins Kontor. Die Bittenden sehen sich hilflos an. Einer nach dem andern tritt seufzend zurück.*

PFEIFER, *die Untersuchung wieder aufnehmend.* Na, Annl, was bringst du?

DER ALTE BAUMERT. Was soll's denn da setz'n fer a Webe, Herr Feifer?

PFEIFER. Fürs Webe zehn Silbergroschen.

DER ALTE BAUMERT. Nu das macht sich!

Bewegung unter den Webern, Flüstern und Murren.

ZWEITER AKT

Das Stübchen des Häuslers Wilhelm Ansorge zu Kaschbach im Eulengebirge. In einem engen, von der sehr schadhaften Diele bis zur schwarz verräucherten Balkendecke nicht sechs Fuß hohen Raum sitzen: zwei junge Mädchen, Emma und Bertha Baumert, an Webstühlen – Mutter Baumert, eine kontrakte Alte, auf einem Schemel am Bett, vor sich ein Spulrad – ihr Sohn August, zwanzigjährig, idiotisch, mit kleinem Rumpf und Kopf und langen, spinnenartigen Extremitäten, auf einem Fußschemel, ebenfalls spulend. Durch zwei kleine, zum Teil mit Papier verklebte und mit Stroh verstopfte Fensterlöcher der linken Wand dringt schwaches, rosafarbenes Licht des Abends. Es fällt auf das weißblonde, offene Haar der Mädchen, auf ihre unbekleideten, mageren Schultern sowie dünne, wächserne Nacken, auf die Falten des groben Hemdes im Rücken, das, nebst einem kurzen Röckchen aus härtester Leinewand, ihre einzige Bekleidung ist. Der alten Frau leuchtet der warme Hauch voll über Gesicht, Hals und Brust: ein Gesicht, abgemagert zum Skelett, mit Falten und Runzeln in einer blutlosen Haut, mit versunkenen Augen, die durch Wollstaub, Rauch und Arbeit bei Licht entzündlich gerötet und wäßrig sind, einen langen Kropfhals mit Falten und Sehnen, eine eingefallene, mit verschossenen Tüchern und Lappen verpackte Brust.

Ein Teil der rechten Wand mit Ofen und Ofenbank, Bettstelle und mehreren grell getuschten Heiligenbildern steht auch noch im Licht. – Auf der Ofenstange hängen Lumpen zum Trocknen, hinter dem Ofen ist altes, wertloses Gerümpel angehäuft. Auf der Ofenbank stehen einige alte Töpfe und Kochgeräte, Kartoffelschalen sind zum Dörren auf Papier gelegt. – Von den Balken herab hängen Garnsträhne und Weifen. Körbchen mit Spulen stehen neben den Webstühlen. In der Hinterwand ist eine niedrige Tür ohne Schloß. Ein Bündel Weidenruten ist daneben an die Wand gelehnt. Mehrere schadhafte Viertelkörbe stehen dabei. – Das Getöse der Webstühle, das rhythmische Gewuchte der Lade, davon Erdboden und Wände erschüttert werden, das Schlurren und Schnappen des hin- und hergeschnellten Schiffchens erfüllen den Raum. Dahinein mischt sich das tiefe, gleichmäßig fortgesetzte Getön der Spulräder, das dem Summen großer Hummeln gleicht.

MUTTER BAUMERT, *mit einer kläglichen, erschöpften Stimme, als die Mädchen mit Weben innehalten und sich über die Gewebe beugen.* Mißt er schonn wieder knipp'n!?

EMMA, *das ältere der Mädchen, zweiundzwanzigjährig. Indem sie gerissene Fäden knüpft.* Eine Art Garn is aber das au!

BERTHA, *fünfzehnjährig.* Das is aso a bissel Zucht mit der Werfte.

EMMA. Wo a ock bleibt aso lange? A is doch fort schonn seit um a neune.

MUTTER BAUMERT. Nu ebens, ebens! Wo mag a ock bleiben, ihr Mädel?

BERTHA. Ängst Euch beileibe ni, Mutter!

MUTTER BAUMERT. 'ne Angst is das immer!

Emma fährt fort zu weben.

BERTHA. Wart amal, Emma!

EMMA. Was is denn?

BERTHA. Mir war doch, 's kam jemand.

EMMA. 's wird Ansorge sein, der zu Hause kommt.

FRITZ, *ein kleiner, barfüßiger, zerlumpter Junge von vier Jahren, kommt hereingeweint.* Mutter, mich hungert.

EMMA. Wart, Fritzl, wart a bissel! Großvater kommt gleich. A bringt Brot mit und Kerndl.

FRITZ. Mich hungert aso, Mutterle!

EMMA. Ich sag' dersch ja. Bis ock nich einfältich. A wird ja gleich kommen. A bringt a scheenes Brotl mit und Kerndlkoffee. – Wenn ock wird Feierabend sein, da nimmt Mutter de Kartuffelschalen, die trägt se zum Pauer, und der gibbt er derfire a scheenes Neegl Puttermilch firsch Jungl.

FRITZ. Wo is er'n hin, Großvater?

EMMA. Beim Fabrikanten is a, abliefern an Kette, Fritzl.

FRITZ. Beim Fabrikanten?

EMMA. Ja, ja, Fritzl! unten bei Dreißichern in Peterschwalde.

FRITZ. Kriegt a da Brot?

EMMA. Ja, ja, a gibbt'n 's Geld, und da kann a sich Brot koofen.

FRITZ. Gibbt der Großvatern viel Geld?

EMMA, *heftig.* O heer uf, Junge, mit dem Gerede. *Sie fährt fort zu weben, Bertha ebenfalls. Gleich darauf halten beide wieder inne.*

BERTHA. Geh, August, frag Ansorgen, ob a nich will anleucht'n.

August entfernt sich, Fritz mit ihm.

MUTTER BAUMERT, *mit überhandnehmender, kindischer Angst, fast winselnd.* Ihr Kinder, ihr Kinder, wo der Mann bleibt?!

BERTHA. A wird halt amal zu Hauffen reingegangen sein.

MUTTER BAUMERT *weint.* Wenn a bloß nich etwan in a Kretscham gegang'n wär'!

EMMA. Ween ock nich, Mutter! Aso eener is unser Vater doch nich.

MUTTER BAUMERT, *von einer Menge auf sie einstürzender Befürchtungen außer sich gebracht.* Nu... nu... nu sagt amal, was soll nu bloß wern? Wenn a's nu... wenn a nu zu Hause kommt... Wenn a's nu versauft und bringt nischt ni zu Hause? Keene Handvoll Salz is mehr im Hause, kee Stickl Gebäcke... 's mecht' an Schaufel Feurung sein...

BERTHA. Laß 's gutt sein, Mutter! m'r hab'n Mondschein. M'r gehn in a Pusch. M'r nehmen uns August'n mite und holn a paar Rittl.

MUTTER BAUMERT. Gelt, daß euch d'r Jäger und kriegt euch zu pack'n!

ANSORGE, *ein alter Weber mit hünenhaftem Knochenbau, der sich tief bücken muß, um ins Zimmer zu gelangen, steckt Kopf und Oberkörper durch die Tür. Haupt- und Barthaare sind ihm stark verwildert.* Was soll denn sein?

BERTHA. Se mechten Licht machen!

ANSORGE, *gedämpft, wie in Gegenwart eines Kranken sprechend.* 's is ja noch lichte.

MUTTER BAUMERT. Nu laß du uns ooch noch im Finstern sitzen.

ANSORGE. Ich muß mich halt ooch einrichten. *Er zieht sich zurück.*

BERTHA. Nu da siehste's, aso geizig is a.

EMMA. Da muß man nu sitzen, bis'n wird passen.

FRAU HEINRICH *kommt. Eine dreißigjährige Frau, die ein Kind unterm Herzen trägt. Aus ihrem abgemüdeten Gesicht spricht marternde Sorge und ängstliche Spannung.* Gu'n Abend mitnander.

MUTTER BAUMERT. Nu, Heinrichen, was bringst uns denn?

FRAU HEINRICH, *welche hinkt.* Ich hab' mer an Scherb eingetreten.

BERTHA. Nu komm her, setz dich. Ich wer sehn, daß ich'n rauskriege. *Frau Heinrich setzt sich, Bertha kniet vor ihr nieder und macht sich an ihrer Fußsohle zu schaffen.*

MUTTER BAUMERT. Wie geht's d'n d'rheeme, Heinrichen?

FRAU HEINRICH, *verzweifelter Ausbruch.* 's geht heilich bald ni mehr. *Sie kämpft vergebens gegen einen Strom von Tränen. Nun weint sie stumm.*

MUTTER BAUMERT. Fer unsereens, Heinrichen, wärsch am besten, d'r liebe Gott tät' a Einsehn hab'n und nähm' uns gar von d'r Welt.

FRAU HEINRICH, *ihrer nicht mehr mächtig, schreit weinend heraus.* Meine armen Kinder derhungern m'r! *Sie schluchzt und winselt.* Iich weeß m'r keen'n Rat ni mehr. Ma mag anstelln, was ma will, ma mag rumlaufen, bis ma liegenbleibt. Ich bin mehr tot wie lebendig, und is doch und is kee Anderswerden. Neun hungriche Mäuler, die soll eens nu satt machen. Von was d'n, hä? Nächten Abend hatt' ich a Stickl Brot, 's langte noch nich amal fir de zwee Kleenst'n. Wem sollt' ich's d'n geb'n, hä? Alle schrien sie in mich nein: Mutterle, mir, Mutterle, mir... Nee, nee! Und dad'rbei kann ich jetzt noch laufen. Was soll erscht wern, wenn ich zum Lieg'n komme? Die paar Kartoffeln hat uns 's Wasser mitgenommen. Mir hab'n nischt zu brechen und zu beißen.

BERTHA *hat die Scherbe entfernt und die Wunde gewaschen.* M'r wolln a Fleckl drumbind'n, – *zu Emma* – such amol eens!

MUTTER BAUMERT. 's geht uns ni besser, Heinrichen.

FRAU HEINRICH. Du hast doch zum wenigsten noch deine Mädel. Du hast'n Mann, der de arbeiten kann, aber meiner, der is m'r vergangne Woche wieder hingeschlag'n. Da hat's 'n doch wieder gerissen und geschmissen, daß ich vor Himmelsangst ni wußte, was anfangen mit'n. Und wenn a so an Anfall gehabt hat, da liegt a m'r halt wieder acht Tage feste im Bette.

MUTTER BAUMERT. Meiner is ooch nischt ni mehr wert. A fängt ooch an und klappt zusammen. 's liegt'n uf d'r Brust und im Kreuze. Und abgebrannt sind m'r ebenfalls ooch bis uf a Fennich. Wenn a heut ni und a bringt a paar Greschl mit, da weeß ich ooch ni, was weiter werd'n soll.

EMMA. Kannst's glooben, Heinrichen. Wir sein aso weit... Vater hat mußt Ami'n mitnehmen. Wir miss'n 'n schlacht'n lass'n, daß m'r ock reen wieder amal was in a Mag'n krieg'n.

FRAU HEINRICH. Hätt'r nich an eenziche Handvoll Mehl iebrich?

MUTTER BAUMERT. O ni aso viel, Heinrichen; kee Kerndl Salz is mehr im Hause.

FRAU HEINRICH. Nu da weeß ich nich! *Erhebt sich, bleibt stehen, grübelt.* Da weeß ich wirklich nee! – Da kann ich m'r eemal nich helfen. *In Wut und Angst schreiend.* Ich wär' ja zufriede, wenn's uf Schweinfutter langte! – Aber mit leeren Händ'n darf ich eemal nich heemkommen. Das geht eemal nich. Da verzeih' mersch Gott. Ich weeß mer da eemal keen'n andern Rat ni mehr. *Sie hinkt, links nur mit der Ferse auftretend, schnell hinaus.*

MUTTER BAUMERT *ruft ihr warnend nach.* Heinrichen, Heinrichen! mach ni etwan 'ne Tummheit.

BERTHA. Die tut sich kee Leids an. Gloob ock du das nich.

EMMA. Aso macht's doch die immer. *Sie sitzt wieder am Stuhl und webt einige Sekunden.*

August leuchtet mit dem brennenden Talglicht seinem Vater, dem alten Baumert, der sich mit einem Garnpack hereinschleppt, voran.

MUTTER BAUMERT. O Jes's, o Jes's, Mann, wo bleibst ock du aso lange!?

DER ALTE BAUMERT. Na, beeß ock ni gleich. Laß mich ock erscht a brinkl verblasen. Sieh lieber dernach, wer de mitkommt.

MORITZ JÄGER *kommt gebückt durch die Tür. Ein strammer, mittelgroßer, rotbäckiger Reservist, die Husarenmütze schief auf dem Kopf, ganze Kleider und Schuhe auf dem Leibe, ein sauberes Hemd ohne Kragen dazu. Eingetreten, nimmt er Stellung und salutiert militärisch. In forschem Ton.* Gu'n Abend, Muhme Baumert!

MUTTER BAUMERT. Nu da, nu da! bist du wieder zu Hause? Hast du uns noch nich vergessen? Nu da setz dich ock. Komm her, setz dich.

EMMA, *einen Holzstuhl mit dem Rocke säubernd und Jägern hinschiebend.* Gu'n Abend, Moritz! Willst amal wieder sehn, wie's bei armen Leuten aussieht?

JÄGER. Nu sag m'r ock, Emma! ich wollt's ja ni gloob'n. Du hast ja a Jungl, das balde kann Soldate werden. Wo hast d'r d'n den angeschafft?

BERTHA, *die dem Vater die wenigen mitgebrachten Lebensmittel abnimmt, Fleisch in eine Pfanne legt und in den Ofen schiebt, während August Feuer anmacht.* Du kennst doch a Finger Weber?

MUTTER BAUMERT. M'r hatt'n 'n doch hier mit im Stiebl. A wollt' se ja nehmen, aber a war doch halt eemal schonn ganz marode uf de Brust. Ich ha doch das Mädel gewarnt genug. Konnt' se woll heern? Nu is a längst tot und vergessen, und die kann sehn, wie s' a Jungen durchbringt. Nu sag m'r ock, Moritz, wie is denn dirsch gangen?

DER ALTE BAUMERT. Nu bis ock ganz stille, Mutter, fer den is Brot gewachsen; der lacht uns alle aus; der bringt Kleeder mite wie a Ferscht und an silberne Zylinderuhre und obendruf noch zehn Taler bar Geld.

JÄGER, *großpratschig hingepflanzt, im Gesicht ein prahlerisches Schwerenöterlächeln.* Ich kann nich klagen. Mir is's ni schlechtgangen under a Soldaten.

DER ALTE BAUMERT. A is Pursche gewest bein Rittmeester. Heer ock, a red't wie de vornehmen Leute.

JÄGER. Das feine Sprechen hab' ich mer aso angewehnt, daß iich's gar ni meh loon kann.

MUTTER BAUMERT. Nee, nee, nu sag mir ock! aso a Nischtegutts, wie das gewest is, und kommt aso zu Gelde. Du warscht doch nie nich fer was Gescheuts zu gebrauchen; du konnt'st doch kee Strähnl hintereinander abhaspeln. Ock immerfort naus; Meesekasten ufstelln und Rotkätlsprenkel, das war dir lieber. Nu, is nich wahr?

JÄGER. 's is wahr, Muhme Baumert. Ich fing ni ock Kätl, ich fing ooch Schwalben.

EMMA. Da konnten mir immerzu reden: Schwalben sind giftich.

JÄGER. Das war mir egal. Wie is Euch d'n d'rgangen, Muhme Baumert?

MUTTER BAUMERT. O Jes's, gar gar schlimm in a letzten vier Jahrn. Sieh ock, ich ha halt's Reißen. Sieh d'r bloß amal meine Finger an. Ich weeß halt gar nich, hab' ich an Fluß kriegt oder was? Ich bin d'r halt aso elende! Ich kann d'r kee Glied ni bewegen. 's gloobt's kee Mensch, was ich muß fer Schmerzen derleiden.

DER ALTE BAUMERT. Mit der is jetzt gar schlecht. Die macht's ni mehr lange.

BERTHA. Am Morgen zieh mersche an, am Abend zieh mersche aus. M'r missen se fittern wie a kleenes Kind.

MUTTER BAUMERT, *fortwährend mit kläglicher, weinerlicher Stimme.* Ich muß mich bedien lassen hinten und vorne. Ich bin mehr als krank. Ich bin ock 'ne Last. Was hab' ich schon a lieben Herrgott gebeten, a soll mich doch bloßich abruffen. O Jes's, o Jes's, das is doch halt zu schlimm mit mir. Ich weeß doch gar nich... de Leute kennten denken... aber ich bin doch's Arbeiten gewehnt von Kindheet uf. Ich hab' doch meine Sache immer konnt leisten, und nu uf eemal, – *sie versucht umsonst, sich zu erheben* – 's geht und geht ni mehr. – Ich hab' an guten Mann, und gute Kinder hab' ich, aber wenn ich das soll mit ansehn...! Wie sehn die Mädel aus!? Kee Blutt haben se bald ni mehr in sich. An Farbe haben se wie de Leintiecher. Das geht doch immer egal fort mit dem Schemeltreten, ob's aso an Mädel dient oder nich. Was hab'n die fer a bißl Leben. 's ganze Jahr kommen si nich vom Bänkl runter. Ni amal a paar Klunkern hab'n se sich derschind't, daß se sich kennten d'rmite bedeck'n und kennten sich amal vor a Leuten sehn lassen oder an Schritt in die Kirche machen und kennten sich amal 'ne Erquickung holen. Aussehn tun se wie de Galgengeschlinke, junge Mädel von funfzehn und zwanzig.

BERTHA, *am Ofen.* Nu das raucht wieder aso a bißl!

DER ALTE BAUMERT. Nu, da sieh ock den Rauch. Na, da nimm amal an, kann woll hier Wandel wern? A sterzt heilig bald ein, d'r Owen. Mir missen 'n sterzen lassen, und a Ruß, den missen m'r schlucken. Mir husten alle, eener mehr wie d'r andre. Was hust't, hust't, und wenn's uns derwircht und wenn gleich de Plauze mitegeht, da frägt uns ooch noch kee Mensch dernach.

JÄGER. Das is doch Ansorchens Sache, das muß a doch ausbessern.

BERTHA. Der wird uns woll ansehn. A muckscht aso mehr wie genug.

MUTTER BAUMERT. Dem nehmen m'r aso schonn zuviel Platz weg.

DER ALTE BAUMERT. Und wemmer erscht uffmucken, da fliegen mer naus. A hat bald a halb Jahr keene Mietzinse ni besehn.

MUTTER BAUMERT. Aso a eelitzicher Mann, der kennte doch umgänglich sein.

DER ALTE BAUMERT. A hat au nischt, Mutter, 's geht'n o beese genug, wenn a ooch keen'n Staat macht mit seiner Not.

MUTTER BAUMERT. A hat doch sei Haus.

DER ALTE BAUMERT. Nee, Mutter, was redst'n. An dem Hause dahier, da is ooch noch nich a klee Splitterle seine.

JÄGER *hat sich gesetzt und eine kurze Pfeife mit schönen Quasten aus der einen, eine Quartflasche Branntwein aus der andern Rocktasche geholt.* Das kann auch hier bald ni mehr aso weitergehn. Ich hab' mei Wunder gesehn, wie das hierum aso aussieht under a Leuten. Da leben ja in a Städten de Hunde noch besser wie ihr.

DER ALTE BAUMERT, *eifrig*. Gelt, gelt ock? Du weeßt's auch!? Und sagt man a Wort, da heeßt's bloß, 's sein schlechte Zeiten.

ANSORGE *kommt, ein irdenes Näpfchen mit Suppe in der einen, in der anderen Hand einen halb fertiggeflochtenen Viertelkorb*. Willkommen, Moritz! Bist du auch wieder da?

JÄGER. Scheen Dank, Vater Ansorge.

ANSORGE, *sein Näpfchen ins Röhr schiebend*. Nu sag m'r ock an: du siehst ja bald aus wie a Graf.

DER ALTE BAUMERT. Zeich amal dei scheen Uhrla. A hat'n neuen Anzug mitgebracht und zehn Taler bar Geld.

ANSORGE, *kopfschüttelnd*. Nu jaja! – Nu nee nee! –

EMMA, *die Kartoffelschalen in ein Säckchen füllend*. Nu will ich ock gehn mit a Schaln. Vielleicht wird's langen uf a Neegl Abgelassene. *Sie entfernt sich*.

JÄGER, *während alle mit Spannung und Hingebung auf ihn achten*. Na nu nehmt amal an: wie oft habt ihr m'r nich de Helle heiß gemacht. Dir wern se Moritz lehrn, hiß 's immer, wart ock, wenn de wirscht zum Militär kommen. Na nu seht ersch, mir is gar gutt gegangen. A halb Jahr, da hatt' ich de Kneppe. Willich muß man sein, das is 's Haupt. Ich ha'n Wachtmeister de Stieweln geputzt; ich ha'n 's Ferd gestriegelt, Bier geholt. Ich war aso gefirre wie a Wieslichen. Und uf'n Posten war ich: Schwerkanon ja, mei Zeug, das mußt' ock immer aso finkeln. Ich war d'r erschte im Stalle, d'r erschte beim Appell, d'r erschte im Sattel; und wenn's zur Attacke ging – marsch marsch! heiliges Kanonrohr, Kreuzdonnerschlag, Herrrdumeinegitte!! Und ufgepaßt hab' ich wie a Schißhund. Ich dacht' halt immer: hier hilft's nischt, hier mußt de dran glooben; und da rafft' ich m'r halt a Kopp zusammen, und da ging's ooch; und da kam's aso weit, daß d'r Rittmeester und sagte vor d'r ganzen Schwadron ieber mich: das is ein Husar, wie a sein muß. *Stille. Er setzt die Pfeife in Brand*.

ANSORGE, *kopfschüttelnd*. Da hast du aso a Glicke gehabt?! Nu jaja! – nu nee nee! *Er setzt sich auf den Boden, die Weidenruten neben sich, und flickt, ihn zwischen den Beinen haltend, an seinem Korbe weiter*.

DER ALTE BAUMERT. Da wolln m'r hoffen, daß de uns dei Glicke mitebringst. – Nu soll mer woll amal mittrinken?

JÄGER. Nu ganz natierlich, Vater Baumert, und wenn's alle is, kommt mehr. *Er schlägt ein Geldstück auf den Tisch.*

ANSORGE, *mit blödem, grinsendem Erstaunen.* O mei, mei, das gieht ja hier zu... da kreescht a Braten, da steht a Quart Branntwein, – *er trinkt aus der Flasche* – sollst leben, Moritz! Nu jaja! nu nee nee! *Von jetzt an wandert die Schnapsflasche.*

DER ALTE BAUMERT. Kennten m'r nich zum wenigsten zu allen heilichen Zeiten aso a Stickl Gebratnes hab'n, statts daß ma kee Fleisch zu sehn kriecht ieber Jahr und Tag? – Aso muß ma warten, bis een wieder amal aso a Hundl zulauft wie das hier vor vier Wochen: und das kommt ni ofte vor im Leben.

ANSORGE. Hast du Ami'n schlachten lassen?

DER ALTE BAUMERT. Ob a m'r vollens ooch noch derhungern tat...

ANSORGE. Nu jaja – nu nee nee.

MUTTER BAUMERT. Und war aso a nette, betulich Hundl.

JÄGER. Seid ihr hierum immer noch aso happich uf Hundebraten?

DER ALTE BAUMERT. O Jes's, Jes's, wenn m'r ock und hätt'n 'n genug.

MUTTER BAUMERT. Nu da da, aso a Stickl Fleesch is gar ratlich.

DER ALTE BAUMERT. Hast du keen'n Geschmack ni mehr uf so was? Nu da bleib ock bei uns hier, Moritz, da werd a sich bald wieder einfinden.

ANSORGE, *schnüffelnd.* Nu jaja – nu nee nee, das is ooch noch 'ne Guttschmecke – das macht gar a lieblich Gerichl.

DER ALTE BAUMERT, *schnüffelnd.* D'r reene Zimt, mecht' man sprechen.

ANSORGE. Nu sag uns amal deine Meinung, Moritz. Du weißt doch, wie's in d'r Welt draußen zugeht. Werd das nu hier amal andersch werden mit uns Webern, oder wie?

JÄGER. Ma sollt's wirklich hoffen.

ANSORGE. Mir kenn d'r nich leben und nich sterben hier oben. Uns geht's leider beese, kannst's glooben. Eener wehrt sich bis ufs Blutt. Zuletzt muß man sich dreingeb'n. De Not frißt een's Dach iebern Koppe und a Boden unter a Fießen. Frieher, da man noch am Stuhle arbeiten konnte, da hat man sich halbwegens mit Kummer und Not doch kunnt aso durchschlag'n. Heute kann ich m'r schonn ieber Jahr und Tag kee Stickl Arbeit mehr erobern. Mit der Korbflechterei is ooch ock, daß man sei bißl Leben aso hinfristen tutt. Ich flechte bis in de Nacht nein, und wenn ich ins Bette falle, da hab' ich an Beehmen und sechs Fenniche derschind't. Du hast doch Bildung, nu da sag amal selber, kann da woll a Auskommen sein bei der Teurung? Drei Taler muß ich hinschmeißen uf Haussteuer, een'n Taler uf Grundabgaben, drei Taler uf Hauszinse. Vierzehn Taler kann ich Verdienst rechen. Bleib'n fer mich sieben Taler ufs ganze Jahr. Dadervon soll ma sich nu bekochen, beheizen, bekleiden, beschuhn, ma soll sich bestricken und beflicken, a Quartier muß ma hab'n und was da noch alles kommt. – Is 's da a Wunder, wenn man de Zinse ni zahln kann?

DER ALTE BAUMERT. 's mißt amal eener hingehn nach Berlin und mißt's 'n Keeniche vorstelln, wie's uns aso geht.

JÄGER. Ooch nich aso viel nutzt das, Vater Baumert. 's sein er schonn genug in a Zeitungen druf zu sprechen gekommen. Aber die Reichen, die drehn und die wenden an Sache aso... die ieberteifeln a besten Christen.

DER ALTE BAUMERT, *kopfschüttelnd.* Daß se in Berlin den Pli nich hab'n!

ANSORGE. Sag du amal, Moritz, kann das woll meeglich sein? Is da gar kee Gesetze d'rfor? Wenn eens nu und schind't sich's Bast von a Händen und kann doch seine Zinse ni ufbringen, kann m'r d'r Pauer mei Häusl da wegnehmen? 's is halt a Pauer, der will sei Geld hab'n. Nu weeß ich gar nich, was de noch wern soll? – Wenn ich halt und ich muß aus dem Häusl nausgehn... *Durch Tränen hervorwürgend.* Hier bin ich geborn, hier hat mei Vater am Webstuhle gesessen, mehr wie virzig Jahr. Wie oft hat a zu Muttern gesagt: Mutter, wenn's mit mir amal a Ende nimmt, das Häusl halt feste. Das Häusl hab' ich errobert, meent' a iebersche. Hie is jeder Nagel an durchwachte Nacht, a jeder Balken a Jahr trocken Brot. Da mißt' ma doch denken...

JÄGER. Die nehmen een's Letzte, die sein's kumpabel.

ANSORGE. Nu jaja! – nu nee nee! Kommt's aber aso weit, da wär' mirsch schonn lieber, se triegen mich naus, statts daß ich uf meine alten Tage noch nauslaufen mißte. Das bißl Sterben da! Mei Vater starb ooch gerne genug. – Ock ganz um de Letzte, da wollt'n a bißl angst wern. Wie ich aber zu'n ins Bette kroch, da wurd' a ooch wieder stille. – Wenn ma's aso bedenkt: dazemal war ich a Jungl von dreizehn Jahrn. Miede war ich, und da schlief ich halt ein, bei dem kranken Manne – ich verstand's doch nich besser –, und da ich halt ufwachte, war a schonn kalt.

MUTTER BAUMERT, *nach einer Pause.* Greif amal ins Röhr, Bertha, und reich Ansorgen de Suppe.

BERTHA. Dahier eßt, Vater Ansorge!

ANSORGE, *unter Tränen essend.* Nu nee nee – – nu jaja!

Der alte Baumert hat angefangen, das Fleisch aus der Pfanne zu essen.

MUTTER BAUMERT. Nu, Vater, Vater, du wirscht dich doch gedulden kenn'n. Laß ock Berthan vor richtich vorschirrn.

DER ALTE BAUMERT, *kauend.* Vor zwee Jahren war ich's letzte Mal zum Abendmahle. Gleich dernach verkooft' ich a Gottstischrock. Dadervon kooften m'r a Stickl Schweinernes. Seitdem da hab' ich kee Fleesch ni mehr gessen bis heut abend.

JÄGER. Mir brauchen o erscht kee Fleesch, fer uns essen's de Fabrikanten. Die waten im Fette rum bis hieher. Wer das ni gloobt, der brauch ock nuntergehn nach Bielau und nach Peterschwalde. Da kann ma sei Wunder sehn: immer e Fabrikantenschloß hintern andern. Immer e Palast hintern andern. Mit Spiegelscheiben und Türmeln und eisernen Zäunen. Nee, nee, da spiert keener nischt von schlechten Zeiten. Da langt's uf Gebratnes und Gebacknes, uf Eklipaschen und Kutschen, uf Guvernanten und wer weeß was. Die sticht d'r Haber aso sehr! Die wissen gar nich, was de schnell anstelln vor Reechtum und Iebermut.

ANSORGE. In a alten Zeiten da war das ganz a ander Ding. Da ließen de Fabrikanten a Weber mitleben. Heute da bringen se alles alleene durch. Das kommt aber daher, sprech' ich: d'r hohe Stand gloobt ni mehr a keen Herrgott und keen Teiwel ooch nich. Da wissen se nischt von Geboten und Strafen. Da stehln se uns halt a letzten Bissen Brot und schwächen und untergraben uns das bißl Nahrung, wo se kenn'n. Von den Leuten kommt's ganze Unglicke. Wenn unsere Fabrikanten und wärn gute Menschen, da wärn ooch fer uns keene schlechten Zeiten sein.

JÄGER. Da paßt amal uf, da wer ich euch amal was

Scheenes vorlesen. *Er zieht einige Papierblättchen aus der Tasche.* Komm, August, renn in de Schelzerei und hol noch a Quart. Nu, August, du lachst ja in een Biegen fort.

MUTTER BAUMERT. Ich weeß nich, was mit dem Jungen is, dem geht's immer gutt. Der lacht sich de Hucke voll, mag's kommen, wie's will. Na, feder, feder! *August ab mit der leeren Schnapsflasche.* Gelt ock, Alter, du weeßt, was gutt schmeckt?

DER ALTE BAUMERT, *kauend, vom Essen und Trinken mutig erregt.* Moritz, du bist unser Mann. Du kannst lesen und schreiben. Du weeßt's, wie's um de Weberei bestellt is. Du hast a Herze fer de arme Weberbevelkerung. Du sollt'st unsere Sache amal in de Hand nehmen dahier.

JÄGER. Wenn's mehr ni is. Das sollte mir ni druf ankommen; dahier! den alten Fabrikantenräudeln, den wollt' ich viel zu gerne amal a Liedl ufspieln. Ich tät' m'r nischt draus machen. Ich bin a umgänglicher Kerl, aber wenn ich amal falsch wer und ich krieg's mit der Wut, da nehm' ich Dreißichern in de eene, Dittrichen in de andre Hand und schlag' se mit a Keppen an'nander, daß'n 's Feuer aus a Augen springt. – Wenn mir und mer kennten's ufbringen, daß m'r zusammenhielten, da kennt m'r a Fabrikanten amal an solchen Krach machen... Da braucht m'r keen'n Keenich derzu und keene Regierung, da kennten m'r eenfach sagen: mir wolln das und das und aso und aso ni, und da werd's bald aus een'n ganz andern Loche feifen dahier. Wenn die ock sehn, daß ma Krien hat, da ziehn se bald Leine. Die Betbrieder kenn' ich! Das sein gar feige Luder.

MUTTER BAUMERT. 's is wirklich bald wahr. Ich bin gewiß ni schlecht. Ich bin gewiß immer diejenigte gewest, die gesagt hat, die reichen Leute missen ooch sein. Aber wenn's aso kommt...

JÄGER. Vor mir kennte d'r Teiwel alle holn, der Rasse vergennt' ich's.

BERTHA. Wo is denn Vater? *Der alte Baumert hat sich stillschweigend entfernt.*

MUTTER BAUMERT. Ich weeß nich, wo a mag hin sein.

BERTHA. Is etwan, daß a das Fleescherne ni mehr gewehnt is?!

MUTTER BAUMERT, *außer sich, weinend.* Nu da seht ihrsch, nu da seht ihrsch! Da bleibt's 'n noch ni amal. Da wird a das ganze bissel scheenes Essen wieder von sich geben.

DER ALTE BAUMERT *kommt wieder, weinend vor Ingrimm.* Nee,

nee! mit mir is bald gar alle. Mich hab'n se bald aso weit! Hat man sich amal was Guttes dergattert, da kann ma's ni amal mehr bei sich behalt'n. *Er sitzt weinend nieder auf die Ofenbank.*

JÄGER, *in plötzlicher Aufwallung, fanatisch.* Und daderbei gibt's Leute, Gerichtsschulzen, gar nich weit von hier, Schmärwampen, die de's ganze Jahr nischt weiter zu tun haben, wie unsern Herrgott im Himmel a Tag abstehln. Die wolln behaupten, de Weber kennten gutt und gerne auskommen, se wärn bloß zu faul.

ANSORGE. Das sein gar keene Mensche. Das sein Unmensche sein das.

JÄGER. Nu laß ock gutt sein, a hat sei Fett. Ich und d'r rote Bäcker, mir hab'n 's 'n eingetränkt, und bevor m'r abzogen zu guter Letzte, sangen m'r noch's »Bluttgerichte«.

ANSORGE. O Jes's, Jes's, is das das Lied?

JÄGER. Ja, ja, hie hab' ich's.

ANSORGE. 's heeßt doch, gloob' ich, 's Dreißicherlied oder wie.

JÄGER. Ich wersch amal vorlesen.

MUTTER BAUMERT. Wer hat denn das Lied derfund'n?

JÄGER. Das weeß kee Mensch nich. Nu heert amal druf. *Er liest, schülerhaft buchstabierend, schlecht betonend, aber mit unverkennbar starkem Gefühl. Alles klingt heraus: Verzweiflung, Schmerz, Wut, Haß, Rachedurst.*

Hier im Ort ist ein Gericht,
noch schlimmer als die Femen,
wo man nicht erst ein Urteil spricht,
das Leben schnell zu nehmen.

Hier wird der Mensch langsam gequält,
hier ist die Folterkammer,
hier werden Seufzer viel gezählt
als Zeugen von dem Jammer.

DER ALTE BAUMERT *hat, von den Worten des Liedes gepackt und im tiefsten aufgerüttelt, mehrmals nur mühsam der Versuchung widerstanden, Jäger zu unterbrechen. Nun geht alles mit ihm durch; stammelnd, unter Lachen und Weinen, zu seiner Frau.* Hier ist die Folterkammer. Der das geschrieben, Mutter, der sagt die Wahrheet. Das kannst du bezeugen... Wie heeßt's? Hier werden Seufzer... wie? hie wern se viel gezählt...

JÄGER. ... als Zeugen von dem Jammer.

DER ALTE BAUMERT. Du weeßt's, was mir aso seufz'n een'n Tag um a andern, ob m'r stehn oder liegen.

JÄGER, *während Ansorge, ohne weiterzuarbeiten, in tiefer Erschütterung zusammengesunken dasitzt, Mutter Baumert und Bertha fortwährend die Augen wischen, fährt fort zu lesen.*

Die Herrn Dreißiger die Henker sind,
die Diener ihre Schergen,
davon ein jeder tapfer schind't,
anstatt was zu verbergen.

Ihr Schurken all, ihr Satansbrut...

DER ALTE BAUMERT, *mit zitternder Wut den Boden stampfend.* Ja, Satansbrut!!!

JÄGER *liest.*

... ihr höllischen Kujone,
ihr freßt der Armen Hab und Gut,
und Fluch wird euch zum Lohne.

ANSORGE. Nu jaja, das is auch an Fluch wert.

DER ALTE BAUMERT, *die Faust ballend, drohend.* Ihr freßt der Armen Hab und Gut –!

JÄGER *liest.*

Hier hilft kein Bitten und kein Flehn,
umsonst ist alles Klagen.
»Gefällt's euch nicht, so könnt ihr gehn
am Hungertuche nagen.«

DER ALTE BAUMERT. Wie steht's? Umsonst ist alles Klagen? Jedes Wort... jedes Wort... da is all's aso richtig wie in d'r Bibel. Hier hilft kein Bitten und kein Flehn!

ANSORGE. Nu jaja! nu nee nee! da tutt schonn nischt helfen.

JÄGER *liest.*

Nun denke man sich diese Not
und Elend dieser Armen,
zu Haus oft keinen Bissen Brot,
ist das nicht zum Erbarmen?

Erbarmen, ha! ein schön Gefühl,
euch Kannibalen fremde,
ein jedes kennt schon euer Ziel,
's ist der Armen Haut und Hemde.

DER ALTE BAUMERT *springt auf, hingerissen zu deliranter Raserei.* Haut und Hemde. All's richtig, 's is der Armut Haut und Hemde. Hier steh' ich, Robert Baumert, Webermeister von Kaschbach. Wer kann vortreten und sag'n... Ich bin ein braver Mensch gewest mei lebelang, und nu seht mich an! Was hab' ich davon? Wie seh' ich aus? Was hab'n se aus mir gemacht? Hier wird der Mensch langsam gequält. *Er reckt seine Arme hin.* Dahier, greift amal an, Haut und Knochen. Ihr Schurken all, ihr Satansbrut!! *Er bricht weinend vor verzweifeltem Ingrimm auf einem Stuhl zusammen.*

ANSORGE *schleudert den Korb in die Ecke, erhebt sich, am ganzen Leibe zitternd vor Wut, stammelt hervor.* Und das muß anderscher wern, sprech' ich, jetzt uf der Stelle. Mir leiden's ni mehr! Mir leiden's ni mehr, mag kommen, was will.

DRITTER AKT

Die Schenkstube im Mittelkretscham zu Peterswaldau, ein großer Raum, dessen Balkendecke durch einen hölzernen Mittelpfeiler, um den ein Tisch läuft, gestützt ist. Rechts von dem Pfeiler, so daß nur der Pfosten verdeckt wird, liegt die Eingangstür in der Hinterwand. Man sieht durch sie in den großen Hausraum, der Fässer und Brauergerät enthält. Im Innern, rechts von der Tür in der Ecke, befindet sich das Schenksims: eine hölzerne Scheidewand von Mannshöhe mit Fächern für Schankutensilien; dahinter ein Wandschrank, enthaltend Reihen von Schnapsflaschen; zwischen Scheidewand und Likörschrank ein kleiner Platz für den Schenkwirt. Vor dem Schenksims steht ein mit bunter Decke gezierter Tisch. Eine hübsche Lampe hängt darüber, mehrere Rohrstühle stehen darum. Unweit davon an der rechten Wand führt eine Tür mit der Aufschrift »Weinstube« ins Honoratiorenstübchen. Noch weiter vorn rechts tickt die alte Standuhr. Links von der Eingangstür an der Hinterwand steht ein Tisch mit Flaschen und Gläsern und weiterhin in der Ecke der große Kachelofen. Die linke Seitenwand hat drei kleine Fenster, darunter hinlaufend eine Bank, davor je einen großen hölzernen Tisch, die schmale Seite der Wand zugekehrt. An den Breitseiten der Tische stehen Bänke mit Lehnen, an den inneren Schmalseiten je ein einzelner Holzstuhl. Das große Lokal ist blau getüncht, mit Plakaten, bunten Bilderbogen und Öldrucken behangen, darunter das Porträt Friedrich Wilhelms IV.

Scholz Welzel, ein gutmütiger Koloß von über fünfzig Jahren, läßt hinter dem Schenksims Bier aus einem Fasse in ein Glas laufen. Frau Welzel plättet am Ofen. Sie ist eine stattliche, sauber gekleidete Frau von noch nicht fünfunddreißig Jahren. Anna Welzel, eine siebzehnjährige, hübsche Person mit prachtvollen rotblonden Haaren, sitzt, proper gekleidet und mit einer Stickarbeit beschäftigt, hinter dem gedeckten Tisch. Einen Augenblick blickt sie von der Arbeit auf und lauscht, denn aus der Ferne kommen Töne eines von Schulkindern gesungenen Grabchorals. Meister Wiegand, der Tischler, sitzt an dem gleichen Tisch in seiner Arbeitstracht hinter einem Glase bayrischen Bieres. Er ist ein Mann, dem man anmerkt: er weiß, worauf es in der Welt ankommt, wenn man ein Ziel erreichen will, nämlich auf Pfiffigkeit, Schnelligkeit und rücksichtsloses Fortschreiten. Ein Reisender am Säulentisch kaut mit Eifer an einem deutschen Beefsteak. Er ist mittelgroß, wohlgenährt, wohlaufgeschwemmt, aufgelegt zur Heiterkeit, lebhaft und frech. Er trägt sich modern. Seine Reiseeffekten, Tasche, Musterkoffer, Schirm, Überzieher und Plüschdecke, liegen neben ihm auf Stühlen.

WELZEL, *dem Reisenden ein Glas Bier zutragend, seitwärts zu Wiegand.* 's is ja heute d'r Teifel los in dem Peterschwalde.

WIEGAND, *mit einer scharfen, trompetenden Stimme.* Nu, 's is halt doch Liefertag bei Dreißichern oben.

FRAU WELZEL. 's ging aber doch sonste nich aso lebhaft zu.

WIEGAND. Nu, 's kennde vielleicht sein, 's wär' wegen da zweehundert neuen Webern, die a will noch annehmen jetzte.

FRAU WELZEL, *immer plättend.* Ja, ja, das wird's sein. Will a zweehundert, da wern er woll sechshundert kommen sein. M'r hab'n 'r ja genug von der Sorte.

WIEGAND. O Jes's, Jes's, die langen zu. Und wenn's den ooch schlecht geht, die sterben ni aus. Die setzen mehr Kinder in de Welt, wie mer gebrauchen kenn'n. *Der Choral wird einen Augenblick stärker hörbar.* Nu kommt au noch das Begräbnis d'rzu. D'r Fabich Weber is doch gestorben.

WELZEL. Der hat lange genug gemacht. Der lief doch schonn ieber Jahr und Tag ooch bloß rum wie a Gespenste.

WIEGAND. Kannst's glooben, Welzel, aso a klee numpern Särgl, aso a rasnich klee, winzich Dingl, das hab' ich doch noch keemal ni zusammengeleimt. Das war d'r a Leichl, das wog noch nich neunzig Fund.

DER REISENDE, *kauend.* Ich verstehe bloß nich... wo man hinblickt, in irgend 'ne Zeitung, da liest man die schauerlichsten Geschichten von der Webernot, da kriegt man einen Begriff von der Sache, als wenn hier die Leute alle schon dreiviertel verhungert wären. Und wenn man dann so'n Begräbnis sieht. Ich kam grade im Dorfe rein. Blechmusik, Schullehrer, Schulkinder, der Pastor und ein Zopp Menschen hinterdrein, Herrgott, als wenn der Kaiser von China begraben würde. Ja, wenn die Leute das noch bezahlen können... ! *Er trinkt Bier. Nachdem er das Glas wieder hingestellt, plötzlich mit frivoler Leichtigkeit.* Nich wahr, Fräulein? Hab' ich nich recht?

ANNA *lächelt verlegen und stickt eifrig weiter.*

DER REISENDE. Gewiß 'n Paar Morgenschuhe für'n Herrn Papa.

WELZEL. Oh, ich mag solche Dinger erscht nich an a Fuß ziehn.

DER REISENDE. Na hörn Sie mal an! Mein halbes Vermögen gäb' ich, wenn die Pantoffeln für mich wärn.

FRAU WELZEL. Fer so was, da hat er eemal kee Verständnis nich.

WIEGAND, *nachdem er mehrmals gehüstelt, mit dem Stuhle gerückt und einen Anlauf zum Reden genommen hat.* Der Herr haben sich ieber das Begräbnis wunderlich ausgedrückt. Nu sagen Sie mal, junge Frau, das is doch'n kleines Leichenbegängnis?

DER REISENDE. Ja, da frag' ich mich aber... Das muß doch barbarisch Geld kosten. Wo kriegen die Leute das Geld nu her?

WIEGAND. Se werden ergebenst entschuldigen, mein Herr, das is so 'ne Unverständlichkeit unter der hiesigen armen Bevölkerungsklasse. Mit Erlaubnis zu sagen, die machen sich so 'ne iebertriebliche Vorstellichkeit von wegen der schuldigen Ehrfurcht und pflichtmäßigen Schuldigkeit gegen selig entschlafene Hinterbliebene. Wenn das und sind gar verstorbene Eltern, da is das nu so ein Aberglaube, da wird von den nächsten Nachkommen und Erblassern das Letzte zusammengekratzt, und was die Kinder nich auftreiben, das wird von den nächsten Magnaten geborgt. Und da kommen die Schulden bis ieber die Ohren; Hochwürden der Pastor wird verschuldet, der Küster und was da alles fer Leute herumstehn. Und das Getränk und das Essen und dergleichen Notdurft. Nee, nee, ich lobe mir respektive Kindlichkeit, aber nich, daß die Leidtragenden ihr ganzes Leben unter Verpflichtungen davor gedrückt werden.

DER REISENDE. Erlauben Sie mal, das müßte doch der Pastor den Leuten ausreden.

WIEGAND. Se werden ergebenst entschuldigen, mein Herr, ich muß hier befürworten, daß jede kleine Gemeinde ihr kirchliches Gotteshaus hat und ihren Seelenhirten Hochwürden erhalten muß. An so 'nem großen Begräbnisfest, da hat die hohe Geistlichkeit ihre scheene Iebervorteilung. Desto zahlreicher so eine Grablegung gehandhabt wird, je umfänglicher auch die Offertorien fließen. Wer die hiesigen arbeitenden Verhältnisse kennt, der kann mit unmaßgeblicher Bestimmtheit behaupten, die Herren Farrer dulden bloß widerstreblich die stillen Begräbnisse.

HORNIG *kommt. Kleiner, O-beiniger Alter, ein Ziehband um Schulter und Brust. Er ist Lumpensammler.* Scheen gu'n Tag ooch. An eefache mecht' ich bitten. Na, junge Frau, hab'n Se was Lumpiges? Jungfer Anna! Scheene Zoppbändl, Hemdbändl. Strumpbändl hab' ich im Wägl, scheene Stecknadeln, Haarnadeln, Häkel und Esel. Alles geb' ich fer a paar Lumpen. *In verändertem Tone.* Von den Lumpen da wird a scheen weiß Papierl gemacht, und da schreibt der liebe Schatz a hibsch Briefl druf.

ANNA. Oh, ich bedank' mich, ich mag keen'n Schatz.

FRAU WELZEL, *einen Bolzen einlegend.* Aso is das Mädel. Vom Heiraten will se nischt wissen.

DER REISENDE *springt auf, scheinbar freudig überrascht, tritt an den gedeckten Tisch und streckt Anna die Hand hinüber.* Das is gescheit, Fräulein, machen Sie's wie ich. Topp! Geben Sie mir den Patsch! Wir beide bleiben ledig.

ANNA, *puterrot, gibt ihm die Hand.* Nun, Sie sein doch schon verheiratet?!

DER REISENDE. I Gott bewahre, ich tu' bloß so. Sie denken wohl, weil ich den Ring trage?! Ach, den habe ich bloß an den Finger gesteckt, um meine bestrickende Persönlichkeit vor unlauteren Angriffen zu schützen. Vor Ihnen fürchte ich mich nicht. *Er steckt den Ring in die Tasche.* – Sagen Sie mal im Ernst, Fräulein, wollen Sie sich niemals auch nur so'n ganz kleenes bissel verheiraten?

ANNA, *kopfschüttelnd.* O wärsch doch!

FRAU WELZEL. Die bleibt Ihn ledich, odersch muß was sehr Rares sein.

DER REISENDE. Nu warum auch nich? 'n reicher schlesischer Magnat hat die Kammerjungfer seiner Mutter geheiratet, und der reiche Fabrikant Dreißiger hat ja auch 'ne Scholzentochter genommen. Die is nich halb so hibsch wie Sie, Fräulein, und fährt jetzt fein in Equipage mit Livreediener. Warum d'n nich? *Er geht umher, sich dehnend und die Beine vertretend.* Eine Tasse Kaffee wer ich trinken.

Ansorge und der alte Baumert kommen, jeder mit einem Pack, und setzen sich still und demütig zu Hornig an den vordersten Tisch links.

WELZEL. Willkommen! Vater Ansorge, sieht man dich wieder amal?!

HORNIG. Kommst du ooch noch amal aus dein'n verräucherten Geniste gekrochen?

ANSORGE, *unbeholfen und sichtlich verlegen.* Ich hab' m'r wieder amal 'ne Werfte geholt.

DER ALTE BAUMERT. A will fer zehn Beehmen arbeiten.

ANSORGE. Ich hätt's ni gemacht, aber mit der Korbflechterei hat's auch a Ende genommen.

WIEGAND. 's is immer besser wie nischt. A tut's ja ock, daß d'r 'ne Beschäftigung habt. Ich bin sehr gut bekannt mit Dreißigern. Vor acht Tagen nahm ich'n de Doppelfenster raus. Da red'ten m'r drieber. A tut's bloß aus Barmherzigkeet.

ANSORGE. Nu jaja – nu nee nee.

WELZEL, *den Webern je einen Schnaps vorsetzend.* Hie wird sein. Nu sag amal, Ansorge. Wie lange hast du dich ni mehr rasiern lossen? – Der Herr mecht's gerne wissen.

DER REISENDE *ruft herüber.* Ach, Herr Wirt, das hab' ich doch nich gesagt. Der Herr Webermeister ist mir nur aufgefallen durch sein ehrwürdiges Aussehen. Solche Hünengestalten bekommt man nicht oft zu sehn.

ANSORGE *kraut sich verlegen den Kopf.* Nu jaja – nu nee nee.

DER REISENDE. Solche urkräftige Naturmenschen sind heutzutage sehr selten. Wir sind von der Kultur so beleckt... aber ich hab' noch Freude an der Urwüchsigkeit. Buschige Augenbrauen! So'n wilder Bart...

HORNIG. Nu sehn S' ock, werter Herr, ich wer Ihn amal was sag'n: bei da Leuten da langt's halt ni uf a Balbier, und a Rasiermesser kenn se sich schonn lange ni derschwingen. Was wächst, wächst. Uf a äußern Menschen kenn die nischt nich verwenden.

DER REISENDE. Aber ich bitte Sie, lieber Mann, wo wer ich denn... *Leise zum Wirt.* Darf man dem Haarmenschen 'n Glas Bier anbieten?

WELZEL. I beileibe, der nimmt nischt. Der hat gar kom'sche Mucken.

DER REISENDE. Na, dann nich. Erlauben Sie, Fräulein? *Er nimmt an dem gedeckten Tische Platz.* Ich kann Sie versichern, Ihr Haar sticht mir schon, seit ich reinkam, derart in die Augen, dieser matte Glanz, diese Weichheit, diese Fülle! *Er küßt gleichsam entzückt seine Fingerspitzen.* Und diese Farbe... wie reifer Weizen. Wenn Sie mit dem Haar nach Berlin kommen, Sie machen Furore. Parole d'honneur, mit dem Haar können Sie an den Hof gehen... *Zurückgelehnt das Haar betrachtend.* Prachtvoll, einfach prachtvoll.

WIEGAND. Derwegen hat se ja auch eine scheene Benennung erfahren.

DER REISENDE. Wie heißt sie denn da?

ANNA *lacht immerfort in sich hinein.* Oh, heern Se nich drauf!

HORNIG. Das is doch d'r Fuchs, ni wahr?

WELZEL. Nu heert aber uf! Macht m'r das Mädel ni noch vollens gar verdreht! Se hab'n 'r schonn Raupen genug in a Kopp gesetzt. Heute will se an Grawen, morgen soll's schonn a Firscht sein.

FRAU WELZEL. Mach du das Mädel ni schlecht, Mann! Das is kee Verbrechen, wenn d'r Mensch will vorwärtskommen. Aso wie du freilich denkst, aso denken ni alle. Das wär' auch ni gutt, da käm' keener vom Flecke, da blieben se alle sitzen. Wenn Dreißigers Großvater aso hätte gedacht, da wär' a woll sein a armer Weber geblieben. Itzt sein se steinreich. D'r alte Tromtra war o nich mehr wie a armer Weber, nu hat a zwelf Rittergieter und is obendruf adlig geworn.

WIEGAND. Alles, was de recht is, Welzel. In der Sache da is deine Frau uf'm rechtlichen Wege. Das kann ich underfertigen. Hätt' ich aso wie du gedacht, wo wern ock itzt meine sieben Gesellen?

HORNIG. Du weeßt druf zu laufen, das muß dir d'r Neid lassen. Wenn d'r Weber noch uf zwee Been rumlauft, da machst du'n schonn a Sarg fertig.

WIEGAND. Wer de will mitkummen, muß sich derzuhalten.

HORNIG. Ja, ja, du hälst dich o noch derzu. Du weeßt besser wie a Doktor, wenn d'r Tod um a Weberkindl kommt.

WIEGAND, *kaum noch lächelnd, plötzlich wütend.* Und du weeßt's besser wie de Pol'zei, wo de Nipper sitzen unter a Webern und die de sich jede Woche a hibsch Neegl Spuln iebrigmachen. Du kommst nach Lumpen und nimmst o a Feifl Schußgarn, wenn's druf ankommt.

HORNIG. Und dei Weizen blieht uf'm Kirchhowe. Je mehr daß uf de Hobelspäne schlafen gehn, um desto besser fer dich. Wenn du die vielen Kindergräbl ansiehst, da kloppst du d'r uf a Bauch und sagst: 's war heuer wieder a gudes Jahr; die kleen'n Kreppe sein wieder gefalln wie de Maikäwer von a Bäumen. Da kann ich m'r wieder a Quart zulegen de Woche.

WIEGAND. Derwegen da wär' ich noch lange kee Hehler.

HORNIG. Du machst heechstens amal an reichen Parchentfabrikanten an toppelte Rechnung oder holst a paar iebrige Brettel von Dreißijersch Bau, wenn d'r Mond amal grade ni scheint.

WIEGAND, *ihm den Rücken wendend.* Oh, räd du, mit wem de willst, ock mit mir nich. *Plötzlich wieder.* Lügenhornich!!

HORNIG. Totentischler!

WIEGAND, *zu den Anwesenden.* A kann's Vieh behexen.

HORNIG. Sieh dich vor, sag' ich d'r bloß, sonst mach' ich amal mei Zeichen. *Wiegand wird bleich.*

FRAU WELZEL *war hinausgegangen und setzt nun dem Reisenden Kaffee vor.* Soll ich Ihn'n a Kaffee lieber ins Stiebl tragen?

DER REISENDE. I, was denken Sie! *Mit einem schmachtenden Blick auf Anna.* Hier will ich sitzen, bis ich sterbe.

EIN JUNGER FÖRSTER UND EIN BAUER, *der letztere mit einer Peitsche, kommen. Beide.* Gu'n Mittag! *Sie bleiben am Schenksims stehen.*

DER BAUER. Zwee Ingwer mechten mir hab'n.

WELZEL. Willkommen mitnander! *Er gießt das Verlangte ein; die beiden ergreifen die Gläschen, stoßen damit an, trinken davon und stellen sie auf das Schenksims.*

DER REISENDE. Nun, Herr Förster, tüchtigen Marsch gemacht?

DER FÖRSTER. 's geht. Ich komme von Steinseifferschdorf.

Erster und zweiter alter Weber kommen und setzen sich zu Ansorge, Baumert und Hornig.

DER REISENDE. Entschuldigen Sie, sind Sie Gräflich Hochheimscher Förster?

DER FÖRSTER. Gräflich Keilsch bin ich.

DER REISENDE. Freilich, freilich, das wollt' ich ja auch sagen. Es is hier zu schlimm mit den vielen Grafen und Baronen und Freiherrlichen Gnaden. Man muß'n Riesengedächtnis hab'n. Zu was haben Sie denn die Axt, Herr Förster?

DER FÖRSTER. Die hab' ich Holzdieben weggenommen.

DER ALTE BAUMERT. Unse Herrschaft, die nimmt's gar sehr genau mit a paar Scheiten Brennholz.

DER REISENDE. Nu erlauben Sie, das geht doch ooch nich, wenn da jeder holen wollte...

DER ALTE BAUMERT. Mit Verlaub zu reden, hier is das wie ieberall mit a kleen'n und a großen Dieben; hier sein welche, die treiben Holzhandel im großen und wern reich von gestohlnen Holze. Wenn aber a armer Weber...

ERSTER ALTER WEBER *unterbricht Baumert.* Mir derfen kee Zweigl nehmen, aber de Herrschaft, die greift uns desto forscher an, die zieht uns 's Leder egelganz ieber de Ohren runter. Da sein zu entrichten Schutzgelder, Spinngelder, Naturalleistungen, da muß ma umsonste Gänge laufen und Howearbeit tun, ob ma will oder nich.

ANSORGE. 's is halt aso: was uns d'r Fabrikante iebrichläßt, das holt uns d'r Edelmann vollens aus d'r Tasche.

ZWEITER ALTER WEBER *hat am Nebentisch Platz genommen.* Ich hab's o'n gnädijen Herrn selber gesagt. Se werd'n gittigst verzeihn, Herr Graf, meent' ich ieber'n, das Jahr kann ich aso viel Howetage eemal ni leisten. Ich streit's eemal nich! Denn warum? Se wern entschuldijen, mir hat's Wasser alles zuschanden gemacht. Mei bissel Acker hat's weggeschwemmt. Ich muß Tag und Nacht schaffen, wenn ich will leben. Aso a Unwetter... Ihr Leute, ihr Leute! Ich stand ock immer und rang de Hände. Der scheene Boden, der kam ock immer aso über a Berg rundergewellt und ins Häusl nein; und der scheene, teure Samen!... O Jes's, o Jes's, da hab' ich ock immer aso in de Wolken neingeprillt, und acht Tage lang hab' ich geflennt, daß ich bald keene Straße ni mehr sah... Und dernach konnt' ich mich mit achzig schweren Radwern Boden über a Berg wieder nufquäln.

DER BAUER, *roh.* Ihr macht ja a schauderhaftiges Gelammetiere dahier. Was de d'r Himmel schickt, das miß mir uns alle gefalln lass'n. Und wenn's euch sonst nich zum besten geht, wer is denn schuld wie ihr selber? Wie's Geschäft gutt ging, was habt'r gemacht? All's verspielt und versoffen habt'r. Hätt ihr euch dazemal was derspart, da wär' jetzt a Notpfennig da sein, da braucht'r kee Garn und kee Holz stehln.

ERSTER JUNGER WEBER, *mit einigen Kameraden im »Hause«, der Diele, spricht laut zur Tür herein.* A Pauer bleibt a Pauer, und wenn a schläft bis um neune.

ERSTER ALTER WEBER. Das is jetzt aso: d'r Pauer und d'r Edelmann, die ziehn a een'n Strange. Will a Weber an Wohnung hab'n, da sagt d'r Pauer: ich geb' d'r a klee Lechl zum drinne wohn. Du zahlst m'r scheene Zinse und hilfst m'r mei Heu und mei Getreide reinbringen, und wenn de ni willst, da sieh, wo de bleibst. Kommt eener zum zweeten, der macht's wie d'r erschte.

DER ALTE BAUMERT, *grimmig.* Ma is wie a Griebsch, an dem alle rumfressen.

DER BAUER, *aufgebracht.* Oh, ihr verhungerten Luder, zu was wärt ihr zu gebrauchen? Kennt ihr an Flug in a Acker dricken? Kennt ihr woll 'ne gleiche Furche ziehn oder 'ne Mandel Habergarben uf a Wag'n reechen? Ihr seid ja zu nischt nutze wie zum Faulenzen und bei a Weibern Liegen. Ihr wärt Scheißkerle! Ihr kennt een was nitzen. *Er hat indes gezahlt und geht ab. Der Förster folgt ihm lachend. Welzel, der Tischler und Frau Welzel lachen laut, der Reisende für sich. Als das Gelächter verstummt, tritt Stille ein.*

HORNIG. Aso a Pauer, der is wie a Bremmerochse... Wenn ich ni wißte, was hie fir 'ne Not is. In den Derfern hie nuff, was hat man da alles zu sehn kriecht! Zu viern und fünfen lagen se nackt uf enn eenzichen Strohsack.

DER REISENDE, *in milde verweisendem Tone.* Erlauben Sie mal, lieber Mann. Über die Not im Gebirge sind doch die Ansichten recht verschieden, wenn Sie lesen können...

HORNIG. Oh, ich les' all's vom Blatte runder aso gutt wie Sie. Nee, nee, ich wersch wissen, ich bin genug rumkommen bei da Leuten. Wenn man's Kupsel Sticka vierzig Jahr uf'n Puckel gehabt hat, da wird ma woll was wissen zu guder Letzt. Wie warsch denn mit Fullern? Die Kinder, die klaubten mit Nachbarsch Gänsen im Miste rum. Gestorben sein de Leute – nackend – uf a Fliesen im Hause. Stinkende Schlichte hab'n se gefressen vor Himmelsangst. Hingerafft hat se d'r Hunger zu Hunderten und Aberhunderten.

DER REISENDE. Wenn Sie lesen können, müssen Sie doch auch wissen, daß die Regierung genaue Nachforschungen hat anstelln lassen und daß...

HORNIG. Das kennt man, das kennt man: da kommt so a Herr von der Regierung, der alles schon besser weeß, wie wenn a's gesehn hätte. Der geht aso a bissel im Dorfe rum, wo de Bache ausfließt und de scheensten Häuser sein. De scheen'n blanken Schuhe, die will a sich weiter ni beschmutzen. Da denkt a halt, 's wird woll ieberall aso scheen aussehn, und steigt in de Kutsche und fährt wieder heem. Und da schreibt a nach Berlin, 's wär' und wär' eemal keene Not nich. Wenn a aber und hätte a bissel Geduld gehabt und wär' in da Derfern nufgestiegen, bis wo de Bache eintritt, und ieber de Bache nieber uf de kleene Seite oder gar abseit, wo de kleen'n eenzelnen Klitschen stehn, die alten Schaubennester an a Bergen, die de manchmal aso schwarz und hinfällig sein, daß 's 'n 's Streichhelzl ni verlohnt, um aso a Ding anzustecken, da wär' a woll andersch hab'n nach Berlin bericht't. Zu mir hätten se solln kommen, de Herrn von d'r Regierung, die's nich haben glooben wollen, daß hier 'ne Not wär'. Ich hätt'n amal was ufgezeicht. Ich wollt'n amal de Augen ufkneppen in allen den Hungernestern hier nein.

Man hört draußen das Weberlied singen.

WELZEL. Da singen se schonn wieder das Teifelslied.

WIEGAND. Die stelln ja's ganze Dorf uf a Kopp.

FRAU WELZEL. 's is reen, als wenn was in d'r Luft läg'.

Jäger und Bäcker, Arm in Arm, an der Spitze einer Schar junger Weberburschen, betreten lärmend das »Haus« und von da die Wirtsstube.

JÄGER. Schwadron halt! Abgesessen! *Die Angekommenen begeben sich zu den verschiedenen Tischen, an denen bereits Weber sitzen, mit ihnen Gespräche anknüpfend.*

HORNIG, *Bäcker zurufend.* Nu sag ock bloß, was geht denn vor, daß d'r aso ei hellen Haufen beinander seid?

BÄCKER, *bedeutsam.* Vielleichte wird amal was vorgehn. Gelt ock, Moritz?!

HORNIG. Nu wärsch doch! Macht ock ni Dinge.

BÄCKER. 's is o schonn Blut geflossen. Willst's sehn? *Er streift seinen Ärmel herauf und zeigt ihm blutende Impfstellen am nackten Oberarm. Wie er, so tun auch viele der jungen Weber an den übrigen Tischen.*

BÄCKER. Beim Bader Schmidt warn mir, impfen lassen.

HORNIG. Na nu wird's Tag. Da kann man sich ni wundern, daß aso a Teeps is uf allen Gassen. Wenn solche Leubel im Dorfe rumschwuchtern...!

JÄGER, *sich protzenhaft aufspielend, mit lauter Stimme.* Gleich zwee Quart, Welzel! Ich zahl's. Denkst etwan, ich hab' kee Puttputt? Nu harr ock sachte! Wenn mir sonst wollten, da kennten mir Scheps trinken und Kaffee lappern bis morgen frieh, aso gutt wie a Reisender. *Gelächter unter den jungen Webern.*

DER REISENDE, *mit komischem Erstaunen.* Meinen Sie mir, oder meinen Sie mich? *Der Wirt, die Wirtin und ihre Tochter, Tischler Wiegand und der Reisende lachen.*

JÄGER. Immer den, der fragt.

DER REISENDE. Erlauben Sie mal, junger Mensch, Ihr Geschäft scheint recht gut zu gehn.

JÄGER. Ich kann ni klag'n. Ich bin Konfektionsreisender. Ich mach' mit'n Fabrikanten Halbpart. Je mehr d'r Weber hungert, um desto fetter speis' ich. Je größer de Not, desto größer mei Brot.

BÄCKER. Das haste gutt gemacht, sollst leben, Moritz!

WELZEL *hat den Kornschnaps gebracht. Auf dem Rückwege zum Schenksims bleibt er stehn und wendet sich langsam in all seinem Phlegma und seiner Massigkeit wieder den Webern zu. Mit ebensoviel Ruhe als Nachdruck.* Laßt ihr den Herrn zufrieden, der hat euch nischt nich getan.

STIMMEN JUNGER WEBER. Mir tun 'n ja auch nischt.

Frau Welzel hat mit dem Reisenden einige Worte gewechselt. Sie nimmt die Tasse mit dem Kaffeerest und bringt sie in das Nebenstübchen. Der Reisende folgt ihr dahin unter dem Gelächter der Weber.

STIMMEN JUNGER WEBER, *singend.*

Die Herren Dreißiger die Henker sind,
die Diener ihre Schergen...

WELZEL. Pscht, pscht! Das Lied singt, wo er wollt. Ei mein Hause duld' ich's nich.

ERSTER ALTER WEBER. A hat ganz recht; laßt ihr das Singen.

BÄCKER *schreit.* Aber bei Dreißigern miß mer noch amal vorbeiziehn. Der muß unser Lied noch amal zu heern kriegen.

WIEGAND. Treibt's ock ni gar zu tolle, daß a ni etwa amal falsch versteht! *Gelächter und Hoho!!*

DER ALTE WITTIG, *ein grauhaariger Schmied, ohne Mütze, in Schurzfell und Holzpantinen, rußig, wie er aus der Werkstatt kommt, ist eingetreten und wartet, am Schenksims stehend, auf ein Glas Branntwein.* Laß ock du die geruhig a bissel a Theater machen. Die Hunde, die de viel kläffen, beißen nich.

STIMMEN ALTER WEBER. Wittig, Wittig!

WITTIG. Hie hängt a. Was gibbt's denn?

STIMMEN ALTER WEBER. Wittig is da. – Wittig, Wittig! – Komm her, Wittig, setz dich zu uns! – Komm her zu uns, Wittig!

WITTIG. Ich wer mich in Obacht nehmen und wer mich zu solchen Goten setzen.

JÄGER. Komm, trink amal mit.

WITTIG. Oh, behalt dir denn Branntwein. Will ich trinken,

zahl' ich'n selber. *Er setzt sich mit seinem Schnapsglas zu Baumert und Ansorge. Dem letzteren auf den Bauch klopfend.* Was haben die Weber fer eine Speis? Sauerkraut und Läusefleisch.

DER ALTE BAUMERT, *ekstatisch.* Nu aber wie d'n da, wenn se nu und sein ni mehr zufriede dermit?

WITTIG, *mit gemachtem Staunen den Weber dumm anglotzend.* Nu, nu, nu, sag mer ock, Heinerle, bist du's? *Unbändig herauslachend.* Ihr Leute, ihr Leute, ich lach' mich tot. Der ale Baumert will Rebellion machen. Nu wern mersch hab'n: itzt fangen de Schneider ooch an, dann wern de Bählämmel rebellisch, dann de Mäuse und Ratten. O du meine Gitte, das werd a Tanz werden! *Er will sich ausschütten vor Lachen.*

DER ALTE BAUMERT. Nu sieh ock, Wittig, ich bin no immer derselbigte wie frieher. Ich sag' o itzt noch: wenn's im guten ging', wärsch besser.

WITTIG. Dreck werd's gehn, aber nich im guden. Wo wär' aso was im guden gangen? Is etwa ei Frankreich im guden gangen? Hat etwa d'r Robspier a Reichen de Patschel gestreechelt? Da hiß bloß: Allee schaff fort! Immer nuf uf de Giljotine! Das muß gehn, allong sangfang. De gebratnen Gänse kommen een ni ins Maul geflog'n.

DER ALTE BAUMERT. Wenn ich ock und hätte hallwäge mein Auskommen...

ERSTER ALTER WEBER. Uns steht halt's Wasser bis hierum, Wittig.

ZWEITER ALTER WEBER. Ma mag bald gar ni mehr heemgehn. Ob ma nu schachtert, oder ma legt sich schlafen, ma hungert uf beede Arten.

ERSTER ALTER WEBER. D'rheeme verliert man vollens ganz a Verstand.

ANSORGE. Mir is jetzt schonn eegal, 's kommt aso oder aso.

STIMMEN ALTER WEBER, *mit steigender Erregung.* Nirgend hat ma Ruh. – O kenn Geist nich zur Arbeit hat man. – Oben bei uns in Steenkunzendorf sitzt eener schonn a ganzen Tag an d'r Bache und wäscht sich, nackt, wie'n Gott gemacht hat. Dem hat's gar a Kopp verwirrt.

DRITTER ALTER WEBER *erhebt sich, vom Geiste getrieben, und fängt an, mit »Zungen« zu reden, den Finger drohend erhoben.* Es ist ein Gericht in der Luft! Gesellet euch nicht zu den

Reichen und Vornehmen! Es ist ein Gericht in der Luft! Der Herr Zebaoth... *Einige lachen. Er wird auf den Sitz niedergedrückt.*

WELZEL. Der derf ock a eenzichtes Gläsl trinken, da wirrt's 'n gleich aus'n Koppe.

DRITTER ALTER WEBER *fährt wieder auf.* Doch ha! sie glauben an keinen Gott, noch weder Höll' noch Himmel. Religion ist nur ihr Spott...

ERSTER ALTER WEBER. Laß gutt sein, laß!

BÄCKER. Laß du den Mann sei Gesetzl beten. Das kann sich manch eens zu Herzen nehmen.

VIELE STIMMEN, *tumultuarisch.* Laßt'n reden! – Laßt'n!

DRITTER ALTER WEBER, *mit gehobener Stimme.* Daher die Helle die Seele weit aufgesperrt und den Rachen aufgetan, ohne alle Maße, daß hinunterfahren alle die, so die Sache der Armen beugen und Gewalt üben im Recht der Elenden, spricht der Herr. *Tumult. Dritter alter Weber, plötzlich schülerhaft deklamierend.*

Und doch wie wunderlich geht's,
wenn man es recht will betrachten,
wenn man des Leinewebers Arbeit will verachten!

BÄCKER. Mir sein aber Parchentweber. *Gelächter.*

HORNIG. A Leinwebern geht's noch viel elender. Die schleichen ock bloßich noch wie de Gespenster zwischer a Bergen rum. Ihr dahier habt doch noch Krien zum Ufmucken.

WITTIG. Denkst du etwan, hie is schon's Schlimmste vorieber? Das bißl Forsche, was die noch im Leibe hab'n, das werd 'n d'r Fabrikante schon ooch vollens austreiben.

BÄCKER. A hat ja gesagt: de Weber werden noch fer 'ne Quarkschnitte arbeiten. *Tumult.*

VERSCHIEDENE ALTE UND JUNGE WEBER. Wer hat das gesagt?

BÄCKER. Das hat Dreißiger ieber Weber gesagt.

EIN JUNGER WEBER. Das Aas sollt' man ärschlich ufknippen.

JÄGER. Heer amal uf mich, Wittig, du hast immer aso viel derzählt von d'r Franzeschen Revolution. Du hast immer's Maul aso voll genommen. Nu kennte vielleicht bald Gelegenheit wern, daß eener und kennte zeigen, wie's mit'n beschaffen is: ob a a Großmaul is oder a Ehrenmann.

WITTIG, *jähzornig aufbrausend.* Sag noch ee Wort, Junge! Hast du geheert Kugeln pfeifen? Hast du uf Vorposten gestanden ei Feindesland?

JÄGER. Nu, bis ock ni falsch. Mir sein ja Kamraden. Ich hab's ja ni schlimm gemeent.

WITTIG. Uf die Kamradschaft plamp' ich. Du Laps, ufgeblasener!

Gendarm Kutsche kommt.

MEHRERE STIMMEN. Pscht, pscht, Pol'zei!

Es wird eine unverhältnismäßig lange Zeit gezischt, bis völlige Ruhe eingetreten ist.

KUTSCHE, *unter tiefem Schweigen aller übrigen seinen Platz an der Mittelsäule einnehmend.* An kleen'n Korn mecht' ich bitten. *Wiederum völlige Ruhe.*

WITTIG. Nu, Kutsche, sollst woll amal zum Rechten sehn hier bei uns?

KUTSCHE, *ohne auf Wittig zu hören.* Gu'n Tak o, Meister Wiegand.

WIEGAND, *noch immer in der Ecke vor dem Schenksims.* Scheen Dank, Kutsche.

KUTSCHE. Wie geht's Geschäft?

WIEGAND. Dank fer de Nachfrage.

BÄCKER. D'r Verwalter hat Angst, m'r kennten uns a Magen verderben von dem vielen Lohn, das m'r kriegen. *Gelächter.*

JÄGER. Gell ock, Welzel, mir hab'n alle Schweinernes gegessen und Fettunke und Kleeßl und Sauerkraut, und itzt trink mer erscht noch Schlampanjerwein. *Gelächter.*

WELZEL. Hintenrum scheint de Sonne.

KUTSCHE. Und wenn ihr und hätt gleich Schlampanjer und Gebratnes, derwegen werd ihr noch lange ni zufrieden sein. Ich hab' o keen'n Schlampanjer, und's muß halt auch gehn.

BÄCKER, *mit Bezug auf Kutsches Nase.* Der begißt seine kohlrote Gurke mit Branntwein und Schepsbier. Dadervon wird se ooch reif. *Gelächter.*

WITTIG. Aso a Schandarm hat a schweres Leben: eemal muß a an verhungerten Betteljungen ins Loch stecken, dann muß a wieder amal a hibsch Webermädel verfiehrn, dann muß a sich wieder amal sternhagelsmäßig bekreeschen und's Weib durchpriegeln, daß se vor Himmelangst zu a Nachbarn gelaufen kommt; und aso uf'n Ferde rumschappern, in a Federn liegen bis um neune, das is gar kee leichte Ding dahie!

KUTSCHE. Schwatz du immerzu! Du wirscht dich schonn noch beizeiten um a Hals räden. Ma weeß ja längst, was du fer a Briederle bist. Dei ufriehrerisch Maulwerk, das is längst bekannt bis nuf zum Landrat. Ich kenn' een'n, der bringt ieber Jahr und Tag Weib und Kind eis Armenhaus mit Saufen und Kretschamhocken und sich selber ins Gefängnis, der wird ufhetzen und ufhetzen, bis 's wird a Ende mit Schrecken nehmen.

WITTIG *lacht bitter heraus.* Wer weeß ooch, was kommt?! Uf de Letzte kannste gar recht haben. *Jähzornig hervorbrechend.* Kommt's aber aso weit, dann weeß ich ooch, wem ich's zu verdanken hab', wer mich verklatscht hat bei a Fabrikanten und uf d'r Herrschaft und verschänd't und verleumd't, daß ich keen'n Schlag Arbeit mehr beseh' – wer mir de Pauern hat uf a Hals gehetzt und de Miller, daß ich de ganze Woche kee Pferd zum Beschlagen kriege oder an Reefen um a Rad zu machen. Ich weeß, wer das is. Ich hab' die infame Karnalje emal vom Ferde gezogen, weil se an kleen'n tummen Jungen wägen a paar unreifen Birnen mit'n Ochsenziemer hat durchgewalkt. Und ich sag' dir, du kennst mich, bringst du mich ins Gefängnis, da mach du ooch gleich dei Testament. Heer' ich ock was von weiter Ferne läuten, da nehm' ich, was ich kriege, 's is nu a Hufeisen oder Hammer, 'ne Radspeiche oder a Wassereimer, und da such' ich dich uf, und wenn ich dich soll aus'n Bette holen von deinem Mensche weg, ich reiß' dich raus und schlag' d'r a Schädel ein, so wahr wie ich Wittich heeße. *Er ist aufgesprungen und will auf Kutsche losgehen.*

ALTE UND JUNGE WEBER, *ihn zurückhaltend.* Wittich, Wittich, bleib bei Verstande.

KUTSCHE *hat sich unwillkürlich erhoben; sein Gesicht ist blaß. Während des Folgenden retiriert er. Je näher der Tür, desto mutiger wird er. Die letzten Worte spricht er schon auf der Türschwelle, um im nächsten Augenblick zu verschwinden.* Was willst du von mir? Mit dir hab' ich nischt nich zu schaffen. Ich hab' mit a hiechten Webern zu reden. Dir hab' ich nischt nich getan. Du gehst mich nischt an. Euch Webern aber soll ich's ausrichten: d'r Herr Polizeiverwalter läßt euch verbieten, das Lied zu singen – das Dreißigerlied, oder wie sich's genennt. Und wenn das Gesinge uf d'r Gasse ni gleich ufheert, da wird a d'rfire sorgen, daß ihr im Stockhause mehr Zeit und Ruhe kriegt. Da kennt'r dann singen bei Wasser und Brot, aso lange wie d'r lustig seid. *Ab.*

WITTIG *schreit ihm nach.* Gar nischt hat a uns zu verbieten, und wenn mir prilln, daß de Fenster schwirrn, und wenn ma uns heert bis in Reechenbach, und wenn mir singen, daß allen Fabrikanten de Häuser ieberm Koppe zusammenstirzen und allen Verwaltern de Helme uf'm Schädel tanzen. Das geht niemanden nischt an.

BÄCKER *ist inzwischen aufgestanden, hat pantomimisch das Zeichen zum Singen gegeben und beginnt nun selbst mit allen gemeinschaftlich.*

Hier im Ort ist ein Gericht,
noch schlimmer als die Femen,
wo man nicht erst ein Urteil spricht,
das Leben schnell zu nehmen.

Der Wirt sucht zu beruhigen, wird aber nicht gehört. Wiegand hält sich die Ohren zu und läuft fort. Die Weber erheben sich und ziehen unter dem Gesang der folgenden Verse Wittig und Bäcker nach, die durch Winke usw. das Zeichen zum allgemeinen Aufbruch gegeben haben.

Hier wird der Mensch langsam gequält,
hier ist die Folterkammer,
hier werden Seufzer viel gezählt
als Zeugen von dem Jammer.

Der größte Teil der Weber singt den folgenden Vers schon auf der Straße, nur einige junge Burschen noch im Innern der Stube, während sie zahlen. Am Schluß der nächsten Strophe ist das Zimmer leer bis auf Welzel, seine Frau, seine Tochter, Hornig und den alten Baumert.

Ihr Schurken all, ihr Satansbrut!
ihr höllischen Kujone!
ihr freßt der Armen Hab und Gut,
und Fluch wird euch zum Lohne.

WELZEL *räumt mit Gleichmut Gläser zusammen.* Die sein ja heute gar tälsch.

Der alte Baumert ist im Begriff zu gehen.

HORNIG. Nu sag bloß, Baumert, was is denn im Gange?

DER ALTE BAUMERT. Zu Dreißigern gehn wolln se halt, sehn, daß a was zulegt zum Lohne dahier.

WELZEL. Machst du ooch noch mit bei solchen Tollheeten?!

DER ALTE BAUMERT. Nu sieh ock, Welzel, an mir liegt's nich,

A Junges kann manchmal, und a Altes muß. *Ein wenig verlegen ab.*

HORNIG *erhebt sich.* Das sollt' mich doch wundern, wenn's hie ni amal beese käm'.

WELZEL. Daß die alten Krepper o vollens a Verstand verliern!?

HORNIG. A jeder Mensch hat halt 'ne Sehnsucht!

VIERTER AKT

Peterswaldau. – Privatzimmer des Parchentfabrikanten Dreißiger. Ein im frostigen Geschmack der ersten Hälfte unseres Jahrhunderts luxuriös ausgestatteter Raum. Die Decke, der Ofen, die Türen sind weiß; die Tapete gradlinig kleingeblümt und von einem kalten, bleigrauen Ton. Dazu kommen rotüberzogene Polstermöbel aus Mahagoniholz, reich geziert und geschnitzt, Schränke und Stühle von gleichem Material und wie folgt verteilt: rechts, zwischen zwei Fenstern mit kirschroten Damastgardinen, steht der Schreibsekretär, ein Schrank, dessen vordere Wand sich herabklappen läßt; ihm gerade gegenüber das Sofa, unweit davon ein eiserner Geldschrank, vor dem Sofa der Tisch, Sessel und Stühle; an der Hinterwand ein Gewehrschrank. Diese sowie die anderen Wände sind durch schlechte Bilder in Goldrahmen teilweise verdeckt. Über dem Sofa hängt ein Spiegel mit stark vergoldetem Rokokorahmen. Eine einfache Tür links führt in den Flur, eine offene Flügeltür der Hinterwand in einen mit dem gleichen ungemütlichen Prunk überladenen Salon. Im Salon bemerkt man zwei Damen, Frau Dreißiger und Frau Pastor Kittelhaus, damit beschäftigt, Bilder zu besehen – ferner den Pastor Kittelhaus im Gespräch mit dem Kandidaten und Hauslehrer Weinhold.

KITTELHAUS, *ein kleines, freundliches Männchen, tritt gemütlich plaudernd und rauchend mit dem ebenfalls rauchenden Kandidaten in das Vorderzimmer; dort sieht er sich um und schüttelt, da er niemand bemerkt, verwundert den Kopf.* Es ist ja durchaus nicht zu verwundern, Herr Kandidat: Sie sind jung. In ihrem Alter hatten wir Alten – ich will nicht sagen, dieselben Ansichten, aber doch ähnliche. Ähnliche jedenfalls. Und es ist ja auch was Schönes um die Jugend – um alle die schönen Ideale, Herr Kandidat. Leider nur sind sie flüchtig, flüchtig wie Aprilsonnenschein. Kommen Sie erst in meine Jahre. Wenn man erst mal dreißig Jahre, das Jahr zweiundfünfzigmal – ohne die Feiertage –, von der Kanzel herunter den Leuten sein Wort gesagt hat, dann ist man notwendigerweise ruhiger geworden. Denken Sie an mich, wenn es mit Ihnen so weit sein wird, Herr Kandidat.

WEINHOLD, *neunzehnjährig, bleich, mager, hochaufgeschossen, mit schlichtem, langem Blondhaar. Er ist sehr unruhig und nervös in seinen Bewegungen.* Bei aller Ehrerbietung, Herr Pastor... Ich weiß doch nicht... Es existiert doch eine große Verschiedenheit in den Naturen.

KITTELHAUS. Lieber Herr Kandidat, Sie mögen ein noch so unruhiger Geist sein, – *im Tone eines Verweises* – und das sind Sie –, Sie mögen noch so heftig und – ungebärdig gegen die bestehenden Verhältnisse angehen, das legt sich alles. Ja, ja, ich gebe ja zu, wir haben ja Amtsbrüder, die in ziemlich vorgeschrittenem Alter noch recht jugendliche Streiche machen. Der eine predigt gegen die Branntweinpest und gründet Mäßigkeitsvereine, der andere verfaßt Aufrufe, die sich unleugbar recht ergreifend lesen. Aber was erreicht er damit? Die Not unter den Webern wird, wo sie vorhanden ist, nicht gemildert. Der soziale Frieden dagegen wird untergraben. Nein, nein, da möchte man wirklich fast sagen: Schuster, bleib bei deinem Leisten! Seelsorger, werde kein Wanstsorger! Predige dein reines Gotteswort, und im übrigen laß den sorgen, der den Vögeln ihr Bett und ihr Futter bereitet hat und die Lilie auf dem Felde nicht läßt verderben. – Nun aber möcht' ich doch wirklich wissen, wo unser liebenswürdiger Wirt so plötzlich hingekommen ist.

FRAU DREISSIGER *kommt, von der Pastorin gefolgt, nach vorn. Sie ist eine dreißigjährige, hübsche Frau von einem kernigen und robusten Schlage. Ein gewisses Mißverhältnis zwischen ihrer Art zu reden oder sich zu bewegen und ihrer vornehm reichen Toilette ist auffällig.* Se haben ganz recht, Herr Paster. Wilhelm macht's immer so. Wenn 'n was einfällt, da rennt er fort und läßt mich sitzen. Da hab' ich schon so drüber gered't, aber da mag man sagen, was man will.

KITTELHAUS. Liebe gnädige Frau, dafür ist er Geschäftsmann.

WEINHOLD. Wenn ich nicht irre, ist unten etwas vorgefallen.

DREISSIGER *kommt. Echauffiert, aufgeregt.* Nun, Rosa, ist der Kaffee serviert?

FRAU DREISSIGER *schmollt.* Ach, daß du ooch immer fortlaufen mußt.

DREISSIGER, *leichthin.* Ach, was weißt du!

KITTELHAUS. Um Vergebung! Haben Sie Ärger gehabt, Herr Dreißiger?

DREISSIGER. Den habe ich alle Tage, die Gott der Herr werden läßt, lieber Herr Pastor. Daran bin ich gewöhnt. Nun, Rosa?! Du sorgst wohl dafür.

FRAU DREISSIGER *geht mißlaunig und zieht mehrmals heftig an dem breiten, gestickten Klingelzug.*

DREISSIGER. Jetzt eben, – *nach einigen Umgängen* – Herr Kandidat, hätte ich Ihnen gewünscht, dabeizusein. Da hätten Sie was erleben können. Übrigens... Kommen Sie, fangen wir unsern Whist an.

KITTELHAUS. Ja, ja, ja und nochmals ja! Schütteln Sie des Tages Staub und Last von den Schultern und gehören Sie uns!

DREISSIGER *ist ans Fenster getreten, schiebt eine Gardine beiseite und blickt hinaus. Unwillkürlich.* Bande!!! – komm doch mal her, Rosa! *Sie kommt.* Sag doch mal: dieser lange rothaarige Mensch dort!...

KITTELHAUS. Das ist der sogenannte rote Bäcker.

DREISSIGER. Nu sag mal, ist das vielleicht derselbe, der dich vor zwei Tagen insultiert hat? Du weißt ja, was du mir erzähltest, als dir Johann in den Wagen half.

FRAU DREISSIGER *macht einen schiefen Mund, gedehnt.* Ich wöß nich mehr.

DREISSIGER. Aber so laß doch jetzt das Beleidigttun. Ich muß das nämlich wissen. Ich habe die Frechheiten nun nachgerade satt. Wenn es der ist, so zieh' ich ihn nämlich zur Verantwortung. *Man hört das Weberlied singen.* Nun hören Sie bloß, hören Sie bloß!

KITTELHAUS, *überaus entrüstet.* Will denn dieser Unfug wirklich immer noch kein Ende nehmen? Nun muß ich aber wirklich auch sagen: es ist Zeit, daß die Polizei einschreitet. Gestatten Sie mir doch mal! *Er tritt ans Fenster.* Nun sehen Sie an, Herr Weinhold! Das sind nun nicht bloß junge Leute, da laufen auch alte, gesetzte Weber in Masse mit. Menschen, die ich lange Jahre für höchst ehrenwert und gottesfürchtig gehalten habe, sie laufen mit. Sie nehmen teil an diesem unerhörten Unfug. Sie treten Gottes Gesetz mit Füßen. Wollen Sie diese Leute vielleicht nun noch in Schutz nehmen?

WEINHOLD. Gewiß nicht, Herr Pastor. Das heißt, Herr Pastor... cum grano salis. Es sind eben hungrige, unwissende Menschen. Sie geben halt ihre Unzufriedenheit kund, wie sie's verstehen. Ich erwarte gar nicht, daß solche Leute...

FRAU KITTELHAUS, *klein, mager, verblüht, gleicht mehr einer alten Jungfer als einer Frau.* Herr Weinhold, Herr Weinhold! aber ich bitte Sie!

DREISSIGER. Herr Kandidat, ich bedaure sehr... Ich habe Sie nicht in mein Haus genommen, damit Sie mir Vorlesungen über Humanität halten. Ich muß Sie ersuchen, sich auf die Erziehung meiner Knaben zu beschränken, im übrigen aber meine Angelegenheiten mir zu überlassen, mir ganz allein! Verstehen Sie mich?

WEINHOLD *steht einen Augenblick starr und totenblaß und verbeugt sich dann mit einem fremden Lächeln. Leise.* Gewiß, gewiß, ich habe Sie verstanden. Ich sah es kommen; es entspricht meinen Wünschen. *Ab.*

DREISSIGER, *brutal.* Dann aber doch möglichst bald, wir brauchen das Zimmer.

FRAU DREISSIGER. Aber Wilhelm, Wilhelm!

DREISSIGER. Bist du wohl bei Sinnen? Du willst einen Menschen in Schutz nehmen, der solche Pöbeleien und Schurkereien wie dieses Schmählied da verteidigt?!

FRAU DREISSIGER. Aber Männdel, Männdel, er hat's ja gar nicht...

DREISSIGER. Herr Pastor, hat er's verteidigt, oder hat er's nicht verteidigt?

KITTELHAUS. Herr Dreißiger, man muß es seiner Jugend zugute halten.

FRAU KITTELHAUS. Ich weiß nicht, der junge Mensch ist aus einer so guten und achtbaren Familie. Vierzig Jahr war sein Vater als Beamter tätig und hat sich nie auch nur das geringste zuschulden kommen lassen. Die Mutter war so überglücklich, daß er hier ein so schönes Unterkommen gefunden hatte. Und nun... nun weiß er sich das so wenig wahrzunehmen.

PFEIFER *reißt die Flurtür auf, schreit herein.* Herr Dreißicher, Herr Dreißicher! se hab'n 'n feste. Se mechten kommen. Se haben een'n gefangen.

DREISSIGER, *hastig.* Ist jemand zur Polizei gelaufen?

PFEIFER. D'r Herr Verwalter kommt schonn die Treppe ruf.

DREISSIGER, *in der Tür.* Ergebener Diener, Herr Verwalter! Es freut mich, daß Sie gekommen sind.

KITTELHAUS *macht den Damen pantomimisch begreiflich, daß es besser sei, sich zurückzuziehen. Er, seine Frau und Frau Dreißiger verschwinden in den Salon.*

DREISSIGER, *im höchsten Grade aufgebracht, zu dem inzwischen eingetretenen Polizeiverwalter.* Herr Verwalter, ich habe nun endlich einen der Hauptsänger von meinen Färbereiarbeitern festnehmen lassen. Ich konnte das nicht mehr weiter mit ansehen. Die Frechheit geht einfach ins Grenzenlose. Es ist empörend. Ich habe Gäste, und diese Schufte erdreisten sich... sie insultieren meine Frau, wenn sie sich zeigt; meine Knaben sind ihres Lebens nicht sicher. Ich riskiere, daß sie meine Gäste mit Püffen traktieren. Ich gebe Ihnen die Versicherung, wenn es in einem geordneten Gemeinwesen ungestraft möglich sein sollte, unbescholtene Leute, wie ich und meine Familie, fortgesetzt öffentlich zu beschimpfen... ja dann... dann müßte ich bedauern, andere Begriffe von Recht und Gesittung zu haben.

POLIZEIVERWALTER, *etwa fünfzigjähriger Mann, mittelgroß, korpulent, vollblütig. Er trägt Kavallerieuniform mit Schleppsäbel und Sporen.* Gewiß nicht... Nein... gewiß nicht, Herr Dreißiger! – Verfügen Sie über mich. Beruhigen Sie sich nur, ich stehe ganz zu Ihrer Verfügung. Es ist ganz in der Ordnung... Es ist mir sogar sehr lieb, daß Sie einen der Hauptschreier haben festnehmen lassen. Es ist mir sehr recht, daß die Sache nun endlich mal zum Klappen kommt. Es sind so'n paar Friedensstörer hier, die ich schon lange auf der Pike habe.

DREISSIGER. So'n paar grüne Burschen, ganz recht, arbeitsscheues Gesindel, faule Lümmels, die ein Luderleben führen, Tag für Tag in den Schenken rumhocken, bis der letzte Pfennig durch die Gurgel gejagt ist. Aber nun bin ich entschlossen, ich werde diesen berufsmäßigen Schandmäulern das Handwerk legen, gründlich. Es ist im allgemeinen Interesse, nicht nur im eigenen Interesse.

POLIZEIVERWALTER. Unbedingt! ganz unbedingt, Herr Dreißiger. Das kann Ihnen kein Mensch verdenken. Und soviel in meinen Kräften steht...

DREISSIGER. Mit dem Kantschu müßte man hineinfahren in das Lumpengesindel.

POLIZEIVERWALTER. Ganz recht, ganz recht. Es muß ein Exempel statuiert werden.

GENDARM KUTSCHE *kommt und nimmt Stellung. Man hört, da die Flurtür offen ist, das Geräusch von schweren Füßen, welche die Treppe heraufpoltern.* Herr Verwalter, ich melde gehorsamst: m'r hab'n einen Menschen festgenommen.

DREISSIGER. Wollen Sie den Menschen sehen, Herr Polizeiverwalter?

POLIZEIVERWALTER. Ganz gewiß, ganz gewiß. Wir wollen ihn

zuallererst mal aus nächster Nähe betrachten. Tun Sie mir den Gefallen, Herr Dreißiger, und bleiben Sie ganz ruhig. Ich verschaffe Ihnen Genugtuung, oder ich will nicht Heide heißen.

DREISSIGER. Damit kann ich mich nicht zufriedengeben, der Mensch kommt unweigerlich vor den Staatsanwalt.

JÄGER *wird von fünf Färbearbeitern hereingeführt, die, an Gesicht, Händen und Kleidern mit Farbe befleckt, direkt von der Arbeit herkommen. Der Gefangene hat die Mütze schief sitzen, trägt eine freche Heiterkeit zur Schau und befindet sich infolge des vorherigen Branntweingenusses in gehobenem Zustand.* O ihr älenden Kerle! – Arbeiter wollt'r sein? Kamraden wollt'r sein? Eh ich das machte – eh ich mich vergreifen tät' a mein'n Genossen, da tät' ich denken, de Hand mißt' m'r verfauln dahier!

Auf einen Wink des Verwalters hin veranlaßt Kutsche, daß die Färber ihre Hände von dem Opfer nehmen. Jäger steht nun frei und frech da, während um ihn alle Türen verstellt werden.

POLIZEIVERWALTER *schreit Jägern an.* Mütze ab, Flegel! *Jäger nimmt sie ab, aber sehr langsam, ohne sein ironisches Lächeln aufzugeben.* Wie heißt du?

JÄGER. Hab' ich mit dir schonn die Schweine gehitt? *Unter dem Eindruck der Worte entsteht eine Bewegung unter den Anwesenden.*

DREISSIGER. Das ist stark.

POLIZEIVERWALTER *wechselt die Farbe, will aufbrausen, kämpft den Zorn nieder.* Das übrige wird sich finden. – Wie du heißt, frage ich dich! *Als keine Antwort erfolgt, rasend.* Kerl, sprich, oder ich lasse dir fünfundzwanzig überreißen.

JÄGER, *mit vollkommener Heiterkeit und ohne auch nur durch ein Wimperzucken auf die wütende Einrede zu reagieren, über die Köpfe der Anwesenden hinweg zu einem hübschen Dienstmädchen, welches, im Begriff den Kaffee zu servieren, durch den unerwarteten Anblick betroffen, mit offenem Munde stehengeblieben ist.* Nu sag m'r ock, Plättbrettl-Emilie, bist du jetzt bei der Gesellschaft?! Na da sieh ock, daß de hier nausfind'st. Hie kann amal d'r Wind gehn, und der bläst alles weg ieber Nacht. *Das Mädchen starrt Jäger an, wird, als sie begreift, daß die Rede ihr gilt, rot vor Scham, schlägt sich die Hände vor die Augen und läuft hinaus, das Geschirr zurücklassend, wie es gerade steht und liegt. Wiederum entsteht eine Bewegung unter den Anwesenden.*

POLIZEIVERWALTER, *nahezu fassungslos zu Dreißiger.* So alt wie ich bin... eine solche unerhörte Frechheit ist mir doch...

JÄGER *spuckt aus.*

DREISSIGER. Kerl, du bist in keinem Viehstall, verstanden?!

POLIZEIVERWALTER. Nun bin ich am Ende mit meiner Geduld. Zum letzten Mal: wie heißt du?

KITTELHAUS, *der während der letzten Szene hinter der ein wenig geöffneten Salontür hervorgeblickt und gehorcht hat, kommt nun, durch die Geschehnisse hingerissen, um, bebend vor Erregung, zu intervenieren.* Er heißt Jäger, Herr Verwalter. Moritz... nicht?... Moritz Jäger. *Zu Jäger.* Nu sag bloß, Jäger – kennst du mich nich mehr?

JÄGER, *ernst.* Sie sein Paster Kittelhaus.

KITTELHAUS. Ja, dein Seelsorger, Jäger! Derselbe, der dich als kleines Wickelkind in die Gemeinschaft der Heiligen aufgenommen hat. Derselbe, aus dessen Händen du zum erstenmal den Leib des Herrn empfangen hast. Erinnerst du dich noch? Da hab' ich mich nun gemüht und gemüht und dir das Wort Gottes ans Herz gelegt. Ist das nun die Dankbarkeit?

JÄGER, *finster, wie ein geduckter Schuljunge.* Ich hab' ja een'n Taler Geld ufgelegt.

KITTELHAUS. Geld, Geld... Glaubst du vielleicht, daß das schnöde, erbärmliche Geld... Behalt dir dein Geld... das ist mir viel lieber. Was das für ein Unsinn ist! Sei brav, sei ein Christ! Denk an das, was du gelobt hast. Halt Gottes Gebote, sei gut und sei fromm. Geld, Geld...

JÄGER. Ich bin Quäker, Herr Paster, ich gloob' an nischt mehr.

KITTELHAUS. Was, Quäker, ach rede doch nicht! Mach, daß du dich besserst, und laß unverdaute Worte aus dem Spiel! Das sind fromme Leute, nicht Heiden wie du. Quäker! was Quäker!

POLIZEIVERWALTER. Mit Erlaubnis, Herr Pastor. *Er tritt zwischen ihn und Jäger.* Kutsche! binden Sie ihm die Hände!

Wüstes Gebrüll von draußen. Jäger! Jäger soll rauskommen!

DREISSIGER, *gelinde erschrocken wie die übrigen Anwesenden, ist unwillkürlich ans Fenster getreten.* Was heißt denn das nun wieder?

POLIZEIVERWALTER. Oh, das versteh' ich. Das heißt, daß sie den Lumpen wieder raushaben wollen. Den Gefallen werden wir ihnen nun aber mal nicht tun. Verstanden, Kutsche? Er kommt ins Stockhaus.

KUTSCHE, *mit dem Strick in der Hand, zögernd.* Mit Respekt zu vermelden, Herr Verwalter, mir werden woll unsere Not haben. Es is eine ganz verfluchte Hetze Menschen. De richt'ge Schwefelbande, Herr Verwalter. Da is der Bäcker, da is der Schmied...

KITTELHAUS. Mit gütiger Erlaubnis – um nicht noch mehr böses Blut zu machen, würde es nicht angemessener sein, Herr Verwalter, wir versuchten es friedlich? Vielleicht verpflichtet sich der Jäger, gutwillig mitzugehen oder so...

POLIZEIVERWALTER. Wo denken Sie hin!! Meine Verantwortung! Auf so etwas kann ich mich unmöglich einlassen. Vorwärts, Kutsche! nich lange gefackelt!

JÄGER, *die Hände zusammenlegend und lachend hinhaltend.* Immer feste, feste, aso fest, wie't er kennt. 's is ja doch nich uf lange. *Er wird gebunden von Kutsche mit Hilfe der Kameraden.*

POLIZEIVERWALTER. Nu vorwärts, marsch! *Zu Dreißiger.* Wenn Sie Sorge haben, dann lassen Sie sechs Mann von den Färbern mitgehen. Die können ihn in die Mitte nehmen. Ich reite voran, Kutsche folgt. Wer sich entgegenstellt, wird niedergehauen.

Geschrei von unten. Kikeriki–i!! Wau, wau, wau!

POLIZEIVERWALTER, *nach dem Fenster drohend.* Kanaillen! ich werde euch bekikerikien und bewauwauen. Marsch, vorwärts! *Er schreitet voran hinaus mit gezogenem Säbel, die andern folgen mit Jäger.*

JÄGER *schreit im Abgehen.* Und wenn sich de gnäd'ge Frau Dreißichern o noch aso stolz macht, die is deshalb ni mehr wie unsereens. Die hat mein Vater vielhundertmal fer drei Fennige Schnaps vorgesetzt. Schwadron links schwenkt, marsch, ma–rsch! *Ab mit Gelächter.*

DREISSIGER, *nach einer Pause, scheinbar gelassen.* Wie denken Sie, Herr Paster? Wollen wir nun nicht unsern Whist machen? Ich denke, der Sache steht nun nichts mehr im Wege. *Er zündet sich eine Zigarre an, dabei lacht er mehrmals kurz, sobald sie brennt, laut heraus.* Nu fang' ich an, die Geschichte komisch zu finden. Dieser Kerl! *In einem nervösen Lachausbruch.* Es ist aber auch unbeschreiblich lächerlich. Erst der Krakeel bei Tisch mit dem Kandidaten. Fünf Minuten darauf empfiehlt er sich. Fort über alle

Berge! Dann diese Geschichte. Und nun spielen wir unsern Whist weiter.

KITTELHAUS. Ja aber... *Gebrüll von unten.* Ja, aber... Wissen Sie: die Leute machen einen so schrecklichen Skandal.

DREISSIGER. Ziehen wir uns einfach in das andere Zimmer zurück. Da sind wir ganz ungestört.

KITTELHAUS, *unter Kopfschütteln.* Wenn ich nur wüßte, was in diese Menschen gefahren ist. Ich muß dem Kandidaten darin recht geben, wenigstens war ich bis vor kurzem auch der Ansicht, die Webersleute wären ein demütiger, geduldiger und lenksamer Menschenschlag. Geht es Ihnen nicht auch so, Herr Dreißiger?

DREISSIGER. Freilich waren sie geduldig und lenksam, freilich waren es früher gesittete und ordentliche Leute. Solange nämlich die Humanitätsdusler ihre Hand aus dem Spiele ließen. Da ist ja den Leuten lange genug klargemacht worden, in welchem entsetzlichen Elend sie drinstecken. Bedenken Sie doch: all die Vereine und Komitees zur Abhilfe der Webernot. Schließlich glaubt es der Weber, und nun hat er den Vogel. Nun komme einer her und rücke ihnen den Kopf wieder zurecht. Jetzt ist er im Zuge. Jetzt murrt er ohne Aufhören. Jetzt paßt ihm das nicht und jen's nicht. Jetzt möchte alles gemalt und gebraten sein.

Plötzlich ein vielstimmiges, aufschwellendes Hurragebrüll.

KITTELHAUS. So haben sie denn mit all ihrer Humanität nichts weiter zuwege gebracht, als daß aus Lämmern über Nacht buchstäblich Wölfe geworden sind.

DREISSIGER. Ach was! bei kühlem Verstande, Herr Paster, kann man der Sache vielleicht sogar noch 'ne gute Seite abgewinnen. Solche Vorkommnisse werden vielleicht in den leitenden Kreisen nicht unbemerkt bleiben. Möglicherweise kommt man dort doch mal zu der Überzeugung, daß es so nicht mehr lange weitergehen kann, daß etwas geschehen muß, wenn unsre heimische Industrie nicht völlig zugrunde gehen soll.

KITTELHAUS. Ja, woran liegt aber dieser enorme Rückgang, sagen Sie bloß?

DREISSIGER. Das Ausland hat sich gegen uns durch Zölle verbarrikadiert. Dort sind uns die besten Märkte abgeschnitten, und im Inland müssen wir ebenfalls auf Tod und Leben konkurrieren, denn wir sind preisgegeben, völlig preisgegeben.

PFEIFER *kommt atemlos und blaß hereingewankt.* Herr Dreißicher, Herr Dreißicher!

DREISSIGER, *bereits in der Salontür, im Begriff zu gehen, wendet sich geärgert.* Nu, Pfeifer, was gibt's schon wieder?

PFEIFER. Nee... nee... nu laßt mich zufriede!

DREISSIGER. Was ist denn nu los?

KITTELHAUS. Sie machen ein ja Angst, reden Sie doch.

PFEIFER, *immer noch nicht bei sich.* Na, da laßt mich zufriede! nee so was! nee so was aber ooch! Die Obrigkeit... na, den wird's gutt gehn.

DREISSIGER. Ins Teufels Namen, was is Ihnen denn so in die Glieder geschlagen? Hat jemand den Hals gebrochen?

PFEIFER, *fast weinend vor Angst, schreit heraus.* Se hab'n a Jäger Moritz befreit, a Verwalter gepriegelt und fortgejagt, a Schandarm gepriegelt und fortgejagt. Ohne Helm... a Säbel zerbrochen... nee, nee!

DREISSIGER. Pfeifer, Sie sind wohl übergeschnappt.

KITTELHAUS. Das wäre ja Revolution.

PFEIFER, *auf einem Stuhl sitzend, am ganzen Leibe zitternd, wimmernd.* Herr Dreißicher, 's wird Ernst! Herr Dreißicher, 's wird Ernst!

DREISSIGER. Na, dann kann mir aber die ganze Polizei...

PFEIFER. Herr Dreißicher, 's wird Ernst!

DREISSIGER. Ach, halten Sie's Maul, Pfeifer! Zum Donnerwetter!

FRAU DREISSIGER, *mit der Pastorin aus dem Salon.* Ach, das ist aber wirklich empörend, Wilhelm. Der ganze schöne Abend wird uns verdorben. Nu hast du's, nu will de Frau Pastern am liebsten zu Hause gehn.

KITTELHAUS. Liebe gnädige Frau Dreißiger, es ist doch vielleicht heute wirklich das beste...

FRAU DREISSIGER. Aber Wilhelm, du solltest doch auch mal gründlich dazwischenfahren.

DREISSIGER. Geh du doch und sag's 'n! Geh du doch! Geh du doch! *Vor dem Pastor stillstehend, unvermittelt.* Bin ich denn ein Tyrann? Bin ich denn ein Menschenschinder?

KUTSCHER JOHANN *kommt.* Gnäd'ge Frau, ich hab' de Pferde d'rweile angeschirrt. A Jorgel und 's Karlchen hat d'r Herr Kandedate schon in a Wagen gesetzt. Kommt's gar schlimm, da fahr m'r los.

FRAU DREISSIGER. Ja, was soll denn schlimm kommen?

JOHANN. Nu ich weeß halt au ni. Ich meen' halt aso! 's wern

halt immer mehr Leute. Se hab'n halt doch a Verwalter mitsamst'n Schandarme fortgejagt.

PFEIFER. 's wird Ernst, Herr Dreißiger! 's wird Ernst!

FRAU DREISSIGER, *mit steigender Angst.* Ja, was soll denn werden? – Was wollen die Leute? – Se könn uns doch nich ieberfallen, Johann?

JOHANN. Frau Madame, 's sein riede Hunde drunter.

PFEIFER. 's wird Ernst, bittrer Ernst.

DREISSIGER. Maul halten, Esel! Sind die Türen verrammelt?

KITTELHAUS. Tun Sie mir den Gefallen... Tun Sie mir den Gefallen... Ich habe einen Entschluß gefaßt... Tun Sie mir den Gefallen... *Zu Johann.* Was verlangen denn die Leute?

JOHANN, *verlegen.* Mehr Lohn wolln se halt hab'n, die tummen Luder.

KITTELHAUS. Gut, schön! – Ich werde hinausgehen und meine Pflicht tun. Ich werde mit den Leuten mal ernstlich reden.

JOHANN. Herr Paster, Herr Paster! das lassen Se ock unterwegens. Hie is jedes Wort umsonste.

KITTELHAUS. Lieber Herr Dreißiger, noch ein Wörtchen. Ich möchte Sie bitten: stellen Sie Leute hinter die Tür und lassen Sie sogleich hinter mir abschließen.

FRAU KITTELHAUS. Ach, willst du das wirklich, Joseph?

KITTELHAUS. Ich will es. Ich will es. Ich weiß, was ich tue. Hab keine Sorge, der Herr wird mich schützen.

FRAU KITTELHAUS *drückt ihm die Hand, tritt zurück und wischt sich Tränen aus den Augen.*

KITTELHAUS, *indes von unten herauf ununterbrochen das dumpfe Geräusch einer großen, versammelten Menschenmenge heraufdringt.* Ich werde mich stellen... Ich werde mich stellen, als ob ich ruhig nach Hause ginge. Ich will doch sehen, ob mein geistliches Amt... ob ich nicht mehr so viel Respekt genieße bei diesen Leuten... Ich will doch sehen... *Er nimmt Hut und Stock.* Vorwärts also, in Gottes Namen. *Ab, begleitet von Dreißiger, Pfeifer und Johann.*

FRAU KITTELHAUS. Liebe Frau Dreißiger, – *sie bricht in Tränen aus und umhalst sie* – wenn ihm nur nicht ein Unglück zustößt!

FRAU DREISSIGER, *wie abwesend.* Ich weeß gar nich, Frau Pastern, mir is aso... Ich weeß gar nich, wie mir zumute is. So was kann doch reen gar nich menschenmeeglich sein. Wenn das aso is... das is ja grade, als wie wenn's Reichtum a Verbrechen wär'. Sehn S' ock, wenn mir das hätte jemand gesagt, ich weeß gar nich, Frau Pastern, am Ende wär' ich lieber in mein kleenlichen Verhältnissen drinnegeblieben.

FRAU KITTELHAUS. Liebe Frau Dreißiger, es gibt in allen Verhältnissen Enttäuschungen und Ärger genug.

FRAU DREISSIGER. Nu freilich, nu freilich, das denk' ich mir doch ooch eben. Und daß mir mehr haben als andere Leute... nu Jes's, mir haben's doch ooch nich gestohlen. 's is doch Heller fer Fennig uf rechtlichem Wege erworben. So was kann doch reen gar nich meeglich sein, daß die Leute ieber een herfallen. Is denn mein Mann schuld, wenn's Geschäfte schlecht geht?

Von unten herauf dringt tumultuarisches Gebrüll. Während die beiden Frauen noch bleich und erschrocken einander anblicken, stürzt Dreißiger herein.

DREISSIGER. Rosa, wirf dir was über und spring in den Wagen, ich komme gleich nach! *Er stürzt nach dem Geldschrank, schließt ihn auf und entnimmt ihm verschiedene Wertsachen.*

JOHANN *kommt.* Alles bereit! Aber nu schnell, eh's Hintertor noch besetzt is!

FRAU DREISSIGER, *in panischem Schrecken den Kutscher umhalsend.* Johann, liebster, bester Johann! Rett uns, allerallerallerbester Johann! Rette meine Jungen, ach, ach...

DREISSIGER. Sei doch vernünftig! Laß doch den Johann los!

JOHANN. Madam, Madam! Sein S' ock ganz geruhig. Unse Rappen sein gutt imstande. Die holt keener ein. Wer de ni beiseite geht, wird iebergefahrn. *Ab.*

FRAU KITTELHAUS, *in ratloser Angst.* Aber mein Mann? Aber... aber mein Mann? Aber, Herr Dreißiger, mein Mann?

DREISSIGER. Frau Paster, Frau Paster, er is ja gesund. Beruhigen Sie sich doch nur, er is ja gesund.

FRAU KITTELHAUS. Es ist ihm was Schlimmes zugestoßen. Sie sagen's bloß nich, Sie sagen's bloß nich.

DREISSIGER. O lassen Sie's gut sein, die werden's bereun. Ich weiß ganz genau, wessen Hände dabei waren. Eine so namenlose, schamlose Frechheit bleibt nich ungerochen. Eine Gemeinde, die ihren Seelsorger mißhandelt, pfui Teufel! Tolle Hunde, nichts weiter, tollgewordene Bestien, die man demgemäß behandeln wird. *Zu Frau Dreißiger, die wie betäubt dasteht.* Nu so geh doch und rühr dich! *Man hört gegen die Haustür schlagen.* Hörst du denn nich? Das Gesindel ist wahnsinnig geworden. *Man hört Klimpern von zerbrechenden Scheiben, die im Parterre eingeworfen werden.* Das Gesindel hat den Sonnenkoller. Da bleibt nichts übrig, wir müssen machen, daß wir fortkommen.

Man hört vereint rufen. Expedient Feifer soll rauskommen! – Expedient Feifer soll rauskommen!

FRAU DREISSIGER. Feifer, Feifer, sie wollen Feifer raushaben.

PFEIFER *stürzt herein.* Herr Dreißicher, am Hintertor stehn o schonn Leute. De Haustier hält keene drei Minuten mehr. D'r Wittig Schmied haut mit an Ferdeeimer drauf nei wie a Unsinniger.

Von unten Gebrüll lauter und deutlicher. Expedient Feifer soll rauskommen! – Expedient Feifer soll rauskommen! *Frau Dreißiger rennt davon wie gejagt; ihr nach Frau Kittelhaus. Beide ab.*

PFEIFER *horcht auf, wechselt die Farbe, versteht den Ruf und ist im nächsten Moment von wahnsinniger Angst erfaßt. Das Folgende weint, wimmert, bettelt, winselt er in rasender Schnelligkeit durcheinander. Dabei überhäuft er Dreißiger mit kindischen Liebkosungen, streichelt ihm Wangen und Arme, küßt seine Hände und umklammert ihn schließlich wie ein Ertrinkender, ihn dadurch hemmend und fesselnd und nicht von ihm loslassend.* Ach liebster, scheenster, allergnädigster Herr Dreißicher, lassen Se mich nich zuricke, ich hab' Ihn immer treu gedient; ich hab' ooch de Leute immer gutt behandelt. Mehr Lohn, wie festgesetzt war, konnt' ich'n doch nich geben. Verlassen Se mich nich, se machen mich kalt. Wenn se mich finden, schlagen se mich tot. Ach Gott im Himmel, ach Gott im Himmel! Meine Frau, meine Kinder...

DREISSIGER, *indem er abgeht, vergeblich bemüht, sich von Pfeifer loszumachen.* Lassen Sie mich doch wenigstens los, Mensch! Das wird sich ja finden; das wird sich ja alles finden. *Ab mit Pfeifer.*

Einige Sekunden bleibt der Raum leer. Im Salon zerklirren Fenster. Ein starker Krach durchschallt das Haus, hierauf brausendes Hurra, danach Stille. Einige Sekunden vergehen, dann hört man leises und vorsichtiges Trappen die Stufen zum ersten Stock empor, dazu nüchterne und schüchterne Ausrufe. Links! – Oben nuf! – Pscht! – Langsam! langsam! – Schipp ock nich! – Hilf schirjen! – Praatz, hab' ich a Ding! – Macht fort, ihr Wirgebänder! – Mir gehn zur Hochzeit! – Geh du nei! – O geh du!

Es erscheinen nun junge Weber und Webermädchen in der Flurtür, die nicht wagen einzutreten und eines das andere hereinzustoßen suchen. Nach einigen Sekunden ist die Schüchternheit überwunden, und die ärmlichen, mageren, teils kränklichen, zerlumpten oder geflickten Gestalten verteilen sich in Dreißigers Zimmer und im Salon, alles zunächst neugierig und scheu betrachtend, dann betastend. Mädchen versuchen die Sofas; es bilden sich Gruppen, die ihr Bild im Spiegel bewundern. Es steigen einzelne auf Stühle, um die Bilder zu betrachten und herabzunehmen, und inzwischen strömen immer neue Jammergestalten vom Flur herein.

EIN ALTER WEBER *kommt.* Nee, nee, da laßt mich aber doch zufriede! Unten da fangen se gar schonn an und richten an Sache zugrunde. Nu die Tollheet! Da is doch kee Sinn und kee Verstand o nich drinne. Ums Ende wird das noch gar sehr a beese Ding. Wer hie an hellen Kopp behält, der macht ni mit. Ich wer mich in Obacht nehmen und wer mich an solchen Untaten beteiligen!

Jäger, Bäcker, Wittig mit einem hölzernen Eimer, Baumert und eine Anzahl junger und alter Weber kommen wie auf der Jagd nach etwas hereingestürmt, mit heiseren Stimmen durcheinanderrufend.

JÄGER. Wo is a hin?

BÄCKER. Wo is der Menschenschinder?

DER ALTE BAUMERT. Kenn mir Gras fressen, friß du Sägespäne.

WITTIG. Wenn m'r 'n kriegen, knippen mer'n uf.

ERSTER JUNGER WEBER. Mir nehmen 'n bei a Been'n und schmeißen 'n zum Fenster naus, uf de Steene, daß a bald fer immer liegenbleibt.

ZWEITER JUNGER WEBER *kommt.* A is fort ieber alle Berge.

ALLE. Wer denn?

ZWEITER JUNGER WEBER. Dreißicher.

BÄCKER. Feifer o?

STIMMEN. Sucht Feifern! sucht Feifern!

DER ALTE BAUMERT. Such, such, Feiferla, 's is a Weberschmann auszuhungern. *Gelächter.*

JÄGER. Wenn mersch o ni kriegen, das Dreißicherviech... arm soll a wern.

DER ALTE BAUMERT. Arm soll a wern wie 'ne Kirchenmaus. Arm soll a wern.

Alle stürmen in der Absicht zu demolieren auf die Salontür zu.

BÄCKER, *der voraneilt, macht eine Wendung und hält die andern auf.* Halt, heert uf mich! Sei mer hier fertig, da fang m'r erscht recht an. Von hier aus geh mer nach Bielau nieber, zu Dittrichen, der de die mechan'schen Webstiehle hat. Das ganze Elend kommt von a Fabriken.

ANSORGE *kommt vom Flur herein. Nachdem er einige Schritte gemacht, bleibt er stehen, sieht sich ungläubig um, schüttelt den Kopf, schlägt sich vor die Stirn und sagt.* Wer bin ich? D'r Weber Anton Ansorge. Is a verruckt geworn, Ansorge? 's is wahr, mit mir dreht sich's ums Kreisel rum wie 'ne Bremse. Was macht a hier? Was a lustig is, wird a woll machen. Wo is a hier, Ansorge? *Er schlägt sich wiederholt vor den Kopf.* Ich bin ni gescheut! Ich steh' fer nischt. Ich bin ni recht richtig. Geht weg, geht weg! Geht weg, ihr Rebeller! Kopp weg, Beene weg, Hände weg! Nimmst du m'r mei Häusl, nehm' ich d'r dei Häusl. Immer druf! *Mit Geheul ab in den Salon. Die Anwesenden folgen ihm mit Gejohl und Gelächter.*

FÜNFTER AKT

Langenbielau. – Das Weberstübchen des alten Hilse. Links ein Fensterchen, davor ein Webstuhl, rechts ein Bett, dicht darangerückt ein Tisch. Im Winkel rechts der Ofen mit Bank. Um den Tisch, auf Ritsche, Bettkante und Holzschemel sitzend: der alte Hilse, seine ebenfalls alte, blinde und fast taube Frau, sein Sohn Gottlieb und dessen Frau Luise bei der Morgenandacht. Ein Spulrad mit Garnwinde steht zwischen Tisch und Webstuhl. Auf den gebräunten Deckbalken ist allerhand altes Spinn-, Spul- und Webegerät untergebracht. Lange Garnsträhne hängen herunter. Vielerlei Prast liegt überall im Zimmer umher. Der sehr enge, niedrige und flache Raum hat eine Tür nach dem »Hause« in der Hinterwand. Dieser Tür gegenüber im »Hause« steht eine andere Tür offen, die den Einblick gewährt in ein zweites, dem ersten ähnliches Weberstübchen. Das »Haus« ist mit Steinen gepflastert, hat schadhaften Putz und eine baufällige Holztreppe hinauf zur Dachwohnung. Ein Waschfaß auf einem Schemel ist teilweise sichtbar; ärmlichste Wäschestücke, Hausrat armer Leute steht und liegt durcheinander. Das Licht fällt von der linken Seite in alle Räumlichkeiten.

DER ALTE HILSE, *ein bärtiger, starkknochiger, aber nun von Alter, Arbeit, Krankheit und Strapazen gebeugter und verfallener Mann. Veteran, einarmig. Er ist spitznasig, von fahler Gesichtsfarbe, zittrig, scheinbar nur Haut, Knochen und Sehne und hat die tiefliegenden, charakteristischen, gleichsam wunden Weberaugen. – Nachdem er sich mit Sohn und Schwiegertochter erhoben, betet er.* Du lieber Herrgott, mir kenn dir gar nich genug Dank bezeigen, daß du uns auch diese Nacht in deiner Gnade und Giete... und hast dich unser erbarmt. Daß mir auch diese Nacht nich han keen'n Schaden genommen. Herr, deine Giete reicht so weit, und mir sein arme, beese, sindhafte Menschenkinder, ni wert, daß dei Fuß uns zertritt, aso sindhaftich und ganz verderbt sein mir. Aber du, lieber Vater, willst uns ansehn und annehmen um deines teuren Sohnes, unsers Herrn und Heilands Jesus Christus willen. Jesu Blut und Gerechtigkeit, das is mein Schmuck und Ehrenkleid. Und wenn auch mir und mer wern manchmal kleenmietig under deiner Zuchtrute – wenn und der Owen d'r Läutrung und brennt gar zu rasnich heiß –, da   uns ni zu hoch an, vergib uns unsre Schuld. Gib uns Geduld, himmlischer Vater, daß mir nach diesem Leeden und wern teilhaftig deiner ewigen Selichkeet. Amen.

MUTTER HILSE, *welche vorgebeugt mit Anstrengung gelauscht hat, weinend.* Nee, Vaterle, du machst a zu a scheenes Gebete machst du immer.

Luise begibt sich ans Waschfaß, Gottlieb ins gegenüberliegende Zimmer.

DER ALTE HILSE. Wo is denn's Madel?

LUISE. Nieber nach Peterschwalde – zu Dreißichern. Se hat wieder a paar Strähne verspult nächt'n Abend.

DER ALTE HILSE, *sehr laut sprechend.* Na, Mutter, nu wer ich d'rsch Rädla bringen.

MUTTER HILSE. Nu bring's, bring's, Aler.

DER ALTE HILSE, *das Spulrad vor sie hinstellend.* Sieh ock, ich wollt' d'rsch ja zu gerne abnehmen...

MUTTER HILSE. Nee... nee... was tät' ock ich anfangen mit der vielen Zeit!?

DER ALTE HILSE. Ich wer d'r de Finger a bissel abwischen, daß nich etwa's Garn und wird fettig – heerscht de? *Er wischt ihr mit einem Lappen die Hände ab.*

LUISE, *vom Waschfaß.* Wo hätt' mir ock Fettes gegessen?!

DER ALTE HILSE. Hab'n mer kee Fett, eß mirsch Brot trokken – hab'n mer kee Brot, eß mer Kartoffeln – hab'n mer keene Kartoffeln ooch nich, da eß mer trockne Kleie.

LUISE, *batzig.* Und hab'n mer kee Schwarzmehl, da machen mersch wie Wenglersch unten, da sehn m'r dernach, wo d'r Schinder a verreckt Ferd hat verscharrt. Das graben m'r aus, und da leben mer amal a paar Wochen von Luder – aso mach mersch! nich wahr?

GOTTLIEB, *aus dem Hinterzimmer.* Was Geier hast du fer a Geschwatze!?

DER ALTE HILSE. Du sollt'st dich mehr vorsehn mit gottlosen Reden! *Er begibt sich an den Webstuhl, ruft.* Wollt'st m'r ni helfen, Gottlieb – 's sein ock a paar Fädel zum Durchziehn.

LUISE, *vom Waschfaß aus.* Gottlieb, sollst Vatern zureechen.

Gottlieb kommt. Der Alte und sein Sohn beginnen nun die mühsame Arbeit des Kammstechens: Fäden der Werfte werden durch die Augen der Kämme oder Schäfte am Webstuhl gezogen. Kaum haben sie begonnen, so erscheint im »Hause« Hornig.

HORNIG, *in der Stubentür.* Viel Glick zum Handwerk!

DER ALTE HILSE UND SEIN SOHN. Scheen Dank, Hornig!

DER ALTE HILSE. Nu sag amal, wenn schläfst du d'n eegentlich? Bei Tage gehst uf a Handel, in d'r Nacht stehst de uf Wache.

HORNIG. Ich hab' doch gar keen'n Schlaf ni mehr!?

LUISE. Willkommen, Hornig!

DER ALTE HILSE. Na was bringst du Gudes?

HORNIG. Scheene Neuigkeeten, Meester. De Peterschwalder hab'n amal'n Teiwel riskiert und haben a Fabrikant Dreißiger mitsamst der ganzen Familie zum Loche nausgejagt.

LUISE, *mit Spuren von Erregung.* Hornig liegt wieder amal in a hellen Morgen nein.

HORNIG. Dasmal nich, junge Frau! dasmal nich. – Scheene Kinderschirzl hätt' ich im Wagen. Nee, nee, ich sag' reene Wahrheet. Se haben 'n heilig fortgejagt. Gestern abend is a nach Reechenbach kommen. Na Gott zu dir! Da han s'n doch ni erscht amal wolln behalt'n – aus Furcht vor a Webern – da hat er doch plutze wieder fortgemußt uf Schweidnitz nein. –

DER ALTE HILSE, *er nimmt Fäden der Werfte vorsichtig auf und bringt sie in die Nähe des Kammes, durch dessen eines Auge der Sohn von der anderen Seite mit einem Drahthäkchen greift, um die Fäden hindurchzuziehen.* Nu hast aber Zeit, daß de ufheerscht, Hornig!

HORNIG. Ich will ni mit heilen Knochen von d'r Stelle gehn. Nee, nee, das weeß ja bald jedes Kind.

DER ALTE HILSE. Nu sag amal, bin ich nu verwirrt, oder bist du verwirrt?

HORNIG. Nu das heeßt. Was ich dir erzählt hab', das is aso wahr wie Amen in d'r Kirche. Ich wollte ja nischt sagen, wenn ich und ich hätte nich d'rbeigestanden, aber aso hab' ich's doch gesehn. Mit eegnen Augen, wie ich dich hier sehn tu', Gottlieb. Gedemoliert haben se'n Fabrikanten sei Haus, unten vom Keller uf bis oben ruf unter de Dachreiter. Aus a Dachfenstern haben se's Porzlan geschmissen – immer iebersch Dach nunter. Wie viel hundert Schock Parchent liegen bloß in d'r Bache?! 's Wasser kann ni mehr fort, kannst's glooben; 's kam immer ieber a Rand riebergewellt; 's sah orntlich schwefelblau aus von dem vielen Indigo, den se haben aus a Fenstern geschitt't. Die himmelblauen Staubwolken, die kamen bloß immer aso gepulwert. Nee, nee, dort haben se schonn firchterlich geäschert.

Ni ock etwa im Wohnhause... in d'r Färberei... uf a Speichern...! 's Treppengeländer zerschlagen, de Dielen ufgerissen – Spiegel zertrimmert – Sofa, Sessel, alles zerrissen und zerschlissen, zerschnitten und zerschmissen – zertreten und zerhackt – nee verpucht! – kannst's glooben, schlimmer wie im Kriege.

DER ALTE HILSE. Und das sollten hiesige Weber gewest sein? *Er schüttelt langsam und ungläubig den Kopf. An der Tür haben sich neugierige Hausbewohner gesammelt.*

HORNIG. Nu, was denn sonste? Ich kennte ja alle mit Namen genenn'n. Ich fiehrt' a Landrat durchs Haus. Da hab' ich ja mit vielen gered't. Se warn aso umgänglich wie sonste. Se machten ihre Sache aso sachte weg, aber se machten's grindlich. D'r Landrat red'te mit vielen. Da warn se aso demietig wie sonste. Aber abhalt'n ließen se sich nich. Die scheensten Meebelsticke, die wurden zerhackt, ganz wie fersch Lohn.

DER ALTE HILSE. A Landrat hätt'st du durchs Haus gefiehrt?

HORNIG. Nu, ich wer mich doch ni firchten. Ich bin doch bekannt bei den Leuten wie a beese Greschl. Ich hab' doch mit keen'n nischt. Ich steh' doch mit allen gut. Aso gewiß wie ich Hornig heeße, so wahr bin ich durchgegangen. Und ihr kennt's dreiste glooben: mir is orntlich weech worn hie rum – und'n Landrat, dem sah ich's wohl ooch an – 's ging'n nahe genug. Denn warum? – Ma heerte ooch noch nich amal a eenzichtes Wort, aso schweigsam ging's her. Orntlich feierlich wurd' een zumutte, wie die armen Hungerleider und nahmen amal ihre Rache dahier.

LUISE, *mit ausbrechender, zitternder Erregung, zugleich die Augen mit der Schürze reibend.* Aso is ganz recht, aso muß kommen!

STIMMEN DER HAUSBEWOHNER. Hier gäb's o Menschenschinder genug. – Da drieben wohnt glei eener. – Der hat vier Pferde und sechs Kutschwagen im Stalle und läßt seine Weber d'rfiere hungern.

DER ALTE HILSE, *immer noch ungläubig.* Wie sollte das aso rauskommen sein, dort drieben?

HORNIG. Wer weeß nu!? Wer weeß ooch!? Eener spricht so, d'r andre so.

DER ALTE HILSE. Was sprechen se denn?

HORNIG. Na, Gott zu dir, Dreißiger sollte gesagt hab'n: de

Weber kennten ja Gras fressen, wenn se hungern täten. Ich weeß nu weiter nich. *Bewegung auch unter den Hausbewohnern, die es einer dem andern unter Zeichen der Entrüstung weitererzählen.*

DER ALTE HILSE. Nu heer amal, Hornig. Du kennt'st mir meinsweg'n sagen: Vater Hilse, morgen mußt du sterben. Das kann schonn meeglich sein, werd' ich sprechen – warum denn ni? – Du kennt'st mir sagen: Vater Hilse, morgen besucht dich d'r Keenich von Preußen – aber daß Weber, Menschen wie ich und mei Sohn – und sollten solche Sachen haben vorgehabt – nimmermehr! Nie und nimmer wer ich das glooben.

MIELCHEN, *siebenjähriges, hübsches Mädchen mit langen offenen Flachshaaren, ein Körbchen am Arm, kommt hereingesprungen. Der Mutter einen silbernen Eßlöffel entgegenhaltend.* Mutterle, Mutterle! sieh ock, was ich hab'! Da sollst mer a Kleedl d'rfier koofen.

LUISE. Was kommst'n du aso gejädert, Mädel? *Mit gesteigerter Aufregung und Spannung.* Was bringst'n da wieder geschleppt, sag emal. Du bist ja ganz hinter a Oden gekommen. Und de Feifel sein noch im Kerbel. Was soll denn das heeßen, Mädel?

DER ALTE HILSE. Mädel, wo hast du den Leffel her?

LUISE. Kann sein, se hat'n gefunden.

HORNIG. Seine zwee, drei Taler is der gutt wert.

DER ALTE HILSE, *außer sich.* Naus, Mädel! naus! Glei machst, daß d' nauskommst. Wirscht du glei folgen, oder soll ich a Priegel nehmen?! Und den Leffel trägst hin, wo d'n herhast. Naus! Willst du uns alle mitsammen zu Dieben machen, hä? Dare, dir wer ich's Mausen austreiben. *Er sucht etwas zum Hauen.*

MIELCHEN, *sich an der Mutter Röcke klammernd, weint.* Großvaterle, hau mich nich – mer – haben's – doch ge–gefunden. De – Spul... Spul–kinder – haben – alle – welche.

LUISE, *zwischen Angst und Spannung hervorstoßend.* Nu da siehst's doch, gefunden hat sie's. Wo hast's denn gefunden?

MIELCHEN, *schluchzend.* In Petersch–walde haben – mersch ge–funden, vor Dreißigersch – Hause.

DER ALTE HILSE. Nu da hätt m'r ja de Bescheerung. Nu mach aber lang, sonster wer ich d'r uf a Trab helfen.

MUTTER HILSE. Was geht denn vor?

HORNIG. Itz will ich d'r was sag'n, Vater Hilse. Laß Gottlieben a Rock anziehn, a Leffel nehmen und ufs Amt tragen.

DER ALTE HILSE. Gottlieb, zieh d'r a Rock an!

GOTTLIEB, *schon im Anziehen begriffen, eifrig.* Und da wer ich uf de Kanzlei gehn und sprechen: se sollten's nich iebelnehmen, aso a Kind hätte halt doch no nich aso's Verständnis dervon. Und da brächt' ich den Leffel. Heer uf zu flerrn, Mädel!

Das weinende Kind wird von der Mutter ins Hinterzimmer gebracht, dessen Tür sie schließt. Sie selbst kommt zurück.

HORNIG. Seine drei Taler kann der gutt Wert haben.

GOTTLIEB. Gib ock a Tiechl, Luise, daß a nich zu Schaden kommt. Nee, nee, aso, aso a teuer Dingl. *Er hat Tränen in den Augen, während er den Löffel einwickelt.*

LUISE. Wenn mir a hätt'n, kennt mer viele Wochen leben.

DER ALTE HILSE. Mach, mach, feder dich! Feder dich aso sehr, wie de kannst! Das wär' aso was! Das fehlt mir noch gerade. Mach, daß mir den Satansleffel vom Halse kriegen.

Gottlieb ab mit dem Löffel.

HORNIG. Na nu wer ich ooch sehn, daß ich weiterkomme. *Er geht, unterhält sich im »Haus« noch einige Sekunden, dann ab.*

CHIRURGUS SCHMIDT, *ein quecksilbriges, kugliges Männchen mit weinrotem, pfiffigem Gesicht kommt ins »Haus«.* Gu'n Morgen, Leute! Na, das sind m'r scheene Geschichten. Kommt mir nur! *Mit dem Finger drohend.* Ihr habt's dick hintern Ohren. *In der Stubentür, ohne hereinzukommen.* Gu'n Morgen, Vater Hilse! *Zu einer Frau im »Hause«.* Nu, Mutterle, wie steht's mit'n Reißen? Besser, wie? Na säht Ihr woll! Vater Hilse, ich muß doch ooch mal schaun, wie's bei Euch aussieht. Was Teuwel is denn dem Mutterle?

LUISE. Herr Dokter, de Lichtadern sein er vertrockn't, se sieht gar gar nischt mehr.

CHIRURGUS SCHMIDT. Das macht der Staub und das Weben bei Licht. Na sagt amal, kennt ihr euch darieber'n Versch machen? Ganz Peterschwaldau is ja auf'n Beinen hier rieber. Ich setz' mich heut frieh in meinen Wagen, denke nischt Iebels, nicht mit einer Faser. Höre da fermlich Wunderdinge. Was in drei Teiwels Namen ist denn in die Menschen gefahren, Hilse? Wüten da wie'n Rudel Welfe. Machen Revolution, Rebellion; werden renitent, plündern und marodieren... Mielchen! wo is denn Mielchen? *Mielchen, noch rot vom Weinen, wird von der Mutter hereinge-*

schoben. Da, Mielchen, greif mal in meine Rockschöße. *Mielchen tut es.* Die Feffernisse sind deine. Na, na; nich alle auf einmal. Schwernotsmädel! Erst singen! Fuchs, du hast die ... na? Fuchs, du hast die ... Gans ... Wart nur du, was du gemacht hast: du hast ja die Sperlinge uf'n Pfarrzaune Stengelscheißer genannt. Die haben's angezeigt beim Herr Kanter. Na nu sag bloß ein Mensch. An finfzehnhundert Menschen sind auf der Achse. *Fernes Glockenläuten.* Hört mal: – in Reichenbach läuten sie Sturm. Finfzehnhundert Menschen. Der reine Weltuntergang. Unheimlich!

DER ALTE HILSE. Da kommen sie wirklich hier rieber nach Bielau?

CHIRURGUS SCHMIDT. Nu freilich, freilich, ich bin ja durchgefahren. Mitten durch a ganzen Schwarm. Am liebsten wär' ich abgestiegen und hätte glei jed'm a Pulwerle gegeben. Da trottelt eener hinterm andern her wie's graue Elend und verfiehren ein Gesinge, daß een fermlich a Magen umwend't, daß een richtig zu wirgen anfängt. Mei Friedrich uf'm Bocke, der hat genatscht wie a alt Weib. Mir mußten uns glei d'rhinterher'n tichtichen Bittern koofen. Ich meechte kee Fabrikante sein, und wenn ich gleich uf Gummirädern fahrn kennte. *Fernes Singen.* Horcht mal! Wie wenn man mit a Knecheln 'n alten, zersprungenen Bunzeltopp bearbeit. Kinder, das dauert nich fünf Minuten, da haben mer se hier. Adje, Leute. Macht keene Tummheiten. Militär kommt gleich dahinterher. Bleibt bei Verstande. Die Peterswaldauer hab'n a Verstand verloren. *Nahes Glockenläuten.* Himmel, nu fangen unsre Glocken auch noch an, da müssen ja die Leute vollens ganz verrickt werd'n. *Ab in den Oberstock.*

GOTTLIEB *kommt wieder. Noch im »Hause«, mit fliegendem Atem.* Ich hab' se gesehn, ich hab' se gesehn. *Zu einer Frau im »Hause«.* Se sein da, Muhme, se sein da! *In der Tür.* Se sein da, Vater, se sein da! Se haben Bohnenstangen und Stichliche und Hacken. Se stehn schonn beim oberschten Dittriche und machen Randal. Se kriegen, gloob' ich, Geld ausgezahlt. O Jes's, was wird ock noch werden dahier? Ich seh' nich hin. Aso viel Leute, nee aso viel Leute! Wenn die erscht und nehmen an Anlauf – o verpucht, o verpucht! da sein unsere Fabrikanten o beese dran.

DER ALTE HILSE. Was bist denn so gelaufen! Du wirscht aso lange jächen, biste wirscht wieder amal dei altes Leiden haben, biste wirscht wieder amal uf'n Ricken liegen und um dich schlagen.

GOTTLIEB, *halb und halb freudig erregt.* Nu ich mußte doch laufen, sonste hätten die mich ja festegehalten. Se prillten ja schonn alle: ich sollte de Hand auch hinrecken. Pate Baumert war ooch d'rbei. Der meent' ieber mich, hol d'r ock ooch an Finfbeehmer, du bist o a armer Hungerleider. A sagte gar: sag du's dein'n Vater... Ich sollt's Ihn sagen, Vater, Se sollten kommen und sollten mit helfen, a Fabrikanten de Schinderei heemzahlen. *Mit Leidenschaft.* 's kämen jetzt andre Zeiten, meent' a. Jetzt tät' a ganz andre Ding werden mit uns Webern. M'r sollten alle kommen und's mit helfen durchsetzen. Mir wollten alle jetzt o unser Halbfindl Fleesch zum Sonntage haben und an allen heiligen Tagen amal an Bluttwurscht und Kraut. Das tät' jetzt alles a ganz andre Gesichte kriegen, meent' er ieber mich.

DER ALTE HILSE, *mit unterdrückter Entrüstung.* Und das will dei Pate sein?! Und heeßt dich a an solchen sträflichen Werke mit teelnehmen?! Laß du dich nich in solche Sachen ein, Gottlieb. Da hat d'r Teifel seine Hand im Spiele. Das is Satansarbeit, was die machen.

LUISE, *übermannt von leidenschaftlicher Aufregung, heftig.* Ja, ja, Gottlieb, kaffer du dich hinter a Owen, in de Helle, nimm d'r`an Kochleffel in de Hand und 'ne Schissel voll Puttermilch uf de Knie, zieh d'r a Reckel an und sprich Gebetl, so bist'n Vater recht. – Und das will a Mann sein? *Lachen der Leute im »Hause«.*

DER ALTE HILSE, *bebend, mit unterdrückter Wut.* Und du willst 'ne richtige Frau sein, hä? Da wer ich dirsch amal orntlich sagen. Du willst 'ne Mutter sein und hast so a meschantes Maulwerk dahier? Du willst dein'n Mädel Lehren geben und hetzt dein'n Mann uf zu Verbrechen und Ruchlosigkeiten?!

LUISE, *maßlos.* Mit Euren bigotten Räden... dadervon da is mir o noch nich amal a Kind satt geworn. Derwegen han se gelegen alle viere in Unflat und Lumpen. Da wurd' ooch noch nich amal a eenzichtes Winderle trocken. Ich will 'ne Mutter sein, daß d's weeßt! und deswegen, daß d's weeßt, winsch' ich a Fabrikanten de Helle und de Pest in a Rachen nein. Ich bin ebens 'ne Mutter. – Erhält ma woll so a Wirml?! Ich hab' mehr geflennt wie Oden geholt von dem Augenblicke an, wo aso a Hiperle uf de Welt kam, bis d'r Tod und erbarmte sich drieber. Ihr habt Euch an Teiwel gescheert. Ihr habt gebet't und gesungen, und ich hab' m'r de Fieße bluttich gelaufen nach een'n eenzichten Neegl Puttermilch. Wie viel hundert Nächte hab' ich mir a Kopp zerklaubt, wie ich ock und ich kennte so a Kindl ock a eenzich Mal um a Kirchhoof rumpaschen. Was hat so a Kindl verbrochen, hä? und muß so a elendigliches Ende nehmen – und drieben bei Dittrichen, da wern se in Wein gebad't und mit Milch gewaschen. Nee, nee: wenn's hie losgeht – ni zehn Pferde solln mich zurickehalten. Und das sag' ich: stirmen se Dittrichens Gebäude – ich bin de erschte – und Gnade jeden, der mich will abhalten. – Ich hab's satt, aso viel steht feste.

DER ALTE HILSE. Du bist gar verfallen; dir is ni zu helfen.

LUISE, *in Raserei*. Euch is nich zu helfen. Lappärsche seid ihr. Haderlumpe, aber keene Manne. Gattschliche zum Anspucken. Weechquarkgesichter, die vor Kinderklappern Reißaus nehmen. Kerle, die dreimal »scheen Dank« sagen fer 'ne Tracht Priegel. Euch haben se de Adern so leer gemacht, daß ihr ni amal mehr kennt rot anlaufen im Gesichte. An Peitsche sollt' ma nehmen und euch a Krien einbleun in eure faulen Knochen. *Schnell ab.*

Verlegenheitspause.

MUTTER HILSE. Was is denn mit Liesln, Vater?

DER ALTE HILSE. Nischte, Mutterle. Was soll denn sein?

MUTTER HILSE. Sag amal, Vater, macht mirsch bloß aso was vor, oder läuten de Glocken?

DER ALTE HILSE. Se wern een'n begraben, Mutter.

MUTTER HILSE. Und mit mir will's halt immer noch kee Ende nehmen. Warum sterb' ich ock gar nich, Mann?

Pause.

DER ALTE HILSE *läßt die Arbeit liegen, richtet sich auf, mit Feierlichkeit.* Gottlieb! – Dei Weib hat uns solche Sachen gesagt. Gottlieb, sieh amal her! *Er entblößt seine Brust.* Dahier saß a Ding, aso groß wie a Fingerhutt. Und wo ich menn Arm hab' gelassen, das weeß d'r Keenig. De Mäuse haben mer'n nich abgefressen. *Er geht hin und her.* Dei Weib – an die dachte noch gar kee Mensch, da hab' ich schonn mei Blutt quartweise fersch Vaterland verspritzt. Und deshalb mag se plärrn, so viel wie se Lust hat. – Das soll mir recht sein. Das is mir Schißkojenne. – Ferchten? Ich und mich ferchten? Vor was denn ferchten, sag m'r a eenzigtes Mal. Vor den paar Soldaten, die de vielleicht und kommen hinter a Rebellern her? O Jeckerle! wärsch doch! Das wär' halb schlimm. Nee, nee, wenn ich schonn a bissel morsch bin uf a Rickgrat. – Wenn's druf ankommt, hab' ich Knochen wie Elfenbeen. Da nehm' ich's schonn noch uf mit a paar lumpigten Bajonettern. – Na und wenn's gar schlimm käm'!? O viel zu gerne, viel zu gerne tät' ich Feierabend machen. Zum Sterben ließ ich mich gewiß ni lange bitten. Lieber heut wie morgen. Nee, nee. Und's wär' o gar! Denn was verläßt eens denn? Den alten Marterkasten wird ma doch ni etwa beweinen? Das Häufel Himmelsangst und Schinderei da, das ma Leben nennt, das ließ' man gerne genug im Stiche. – Aber dann, Gottlieb! dann kommt was – und wenn ma sich das auch noch verscherzt – dernachert is 's erscht ganz alle.

GOTTLIEB. Wer weeß, was kommt, wenn eens tot is? Gesehn hat's keener.

DER ALTE HILSE. Ich sag' dirsch, Gottlieb! zweifle nich an dem eenzigten, was mir armen Menschen haben. Fer was hätt' ich denn hier gesessen – und Schemel getreten uf Mord vierzig und mehr Jahr? und hätte ruhig zugesehn, wie der dort drieben in Hoffart und Schwelgerei lebt – und Gold macht aus mein'n Hunger und Kummer. Fer was denn? Weil ich 'ne Hoffnung hab'. Ich hab' was in aller der Not. *Durchs Fenster weisend.* Du hast hier deine Parte – ich drieben in jener Welt: das hab' ich gedacht. Und ich lass' mich vierteeln – ich hab' 'ne Gewißheet. Es ist uns verheißen. Gericht wird gehalten, aber nich mir sein Richter, sondern: mein is die Rache, spricht der Herr, unser Gott.

EINE STIMME, *durchs Fenster.* Weber raus!

DER ALTE HILSE. – Vor mir – macht, was d'r lustig seid. *Er steigt in den Webstuhl.* Mich werd'r woll missen drinnelassen.

GOTTLIEB, *nach kurzem Kampf.* Ich wer gehn und wer arbeiten. Mag kommen, was will. *Ab.*

Man hört das Weberlied vielhundertstimmig und in nächster Nähe gesungen; es klingt wie ein dumpfes, monotones Wehklagen.

STIMMEN DER HAUSBEWOHNER, *im »Hause«.* O jemersch,

jemersch, nu kommen se aber wie de Ameisen. – Wo sein ock die vielen Weber her? – Schipp ock nich, ich will ooch was sehn. – Nu sieh ock die lange Latte, die de vorneweg geht. – Ach! ach! nu kommen se knippeldicke!

HORNIG *tritt unter die Leute im »Hause«.* Gelt, das is amal aso a Theater? So was sieht man nich alle Tage. Ihr sollt't ock rufkommen zum oberschten Dittriche. Da haben se schonn wieder a Ding gemacht, das an Art hat. Der hat kee Haus ni mehr, keene Fabricke ni mehr – keen Weinkeller ni mehr, kee gar nischte mehr. Die Flaschen, die saufen se aus... da nehmen se sich gar nich erscht amal Zeit, de Froppen rauszureißen. Eens, zwee, drei sein de Hälse runter, ob se sich's Maul ufschneiden mit a Scherben oder nich. Manche laufen rum und blutten wie de Schweine. – Nu wern se den hiesigen Dittrich ooch noch hochnehmen.

Der Massengesang ist verstummt.

STIMMEN DER HAUSBEWOHNER. Die sehn doch reen gar nich aso beese aus.

HORNIG. Nu laßt's gutt sein! wart's ock ab! Jetzt nehmen s'n de Gelegenheit erschte richtig in Augenschein. Sieh ock, wie se den Palast von allen Seiten ufs Korn nehmen. Seht ock den kleenen, dicken Mann – a hat'n Ferdeeimer mite. Das is a Schmied von Peterschwalde, a gar a sehr gefirre Männdl. Der haut de dicksten Tieren ein wie Schaumprezeln – das kennt'r glooben. Wenn der amal an Fabrikanten in de Mache kriegt – der hat aber verspielt dahier!

STIMMEN DER HAUSBEWOHNER. Praatz, hast a Ding! – Da flog a Stein ins Fenster! – Nu kriegt's d'r alte Dittrich mit d'r Angst. – A hängt an Tafel raus. – An Tafel hängt a raus? – Was steht's denn druf? – Kannst du ni lesen? – Was sollte ock aus mir wern, wenn ich ni lesen kennte. – Na, lies amal! – »Ihr – sollt – alle – befrie–digt werden, ihr – sollt – alle – befriedigt werden.«

HORNIG. Das konnt' a underwegens lassen. Helfen tutt's ooch nich aso viel. Die Brieder haben eegne Mucken. Hier is uf de Fabricke abgesehn. De mechan'schen Stiehle, die wolln se doch aus d'r Welt schaffen. Die sein's doch halt eemal, die a Handweber zugrunde richten: das sieht doch a Blinder. Nee, nee! die Christen sein heut eemal im Zuge. Die bringt kee Landrat und kee Verwalter zu Verstande – und keene Tafel schonn lange nich. Wer die hat sehn wirtschaften – der weeß, was 's geschlagen hat.

STIMMEN DER HAUSBEWOHNER. Ihr Leute, ihr Leute, aso 'ne Menschheet! – Was wolln denn die? – *Hastig.* Die kommen ja ieber die Bricke rieber!? – *Ängstlich.* Die kommen woll uf de kleene Seite? *In höchster Überraschung und Angst.* Die kommen zu uns, die kommen zu uns. – Se holn de Weber aus a Häusern raus.

Alle flüchten, das »Haus« ist leer. Ein Schwarm Aufständischer, beschmutzt, bestaubt, mit von Schnaps und Anstrengung geröteten Gesichtern, wüst, übernächtigt, abgerissen, dringt mit dem Ruf Weber raus! *ins »Haus« und zerstreut sich von da in die einzelnen Zimmer. Ins Zimmer des alten Hilse kommen Bäcker und einige junge Weber, mit Knütteln und Stangen bewaffnet. Als sie den alten Hilse erkennen, stutzen sie, leicht abgekühlt.*

BÄCKER. Vater Hilse, heert uf mit der Exterei. Laßt Ihr das Bänkl dricken, wer Lust hat. Ihr braucht Euch keen'n Schaden nich mehr antreten. Dafor wird gesorgt wern.

ER JUNGER WEBER. Ihr sollt ooch keen'n Tag nich mehr grich schlafen gehn.

EITER JUNGER WEBER. D'r Weber soll wieder a Dach ieber a Kopp und a Hemde uf a Leib kriegen.

DER ALTE HILSE. Wo bringt euch d'r Teiwel her mit Stangen und Äxten?

BÄCKER. Die schlag mer inzwee uf Dittrichens Puckel.

ZWEITER JUNGER WEBER. Die mach m'r gliehend und stoppen se a Fabrikanten in a Rachen, daß se auch amal merken, wie Hunger brennt.

DRITTER JUNGER WEBER. Kommt mit, Vater Hilse! mir geben kee Pardon.

ZWEITER JUNGER WEBER. Mit uns hat o keener Erbarmen gehabt. Weder Gott noch Mensch. Jetzt schaffen mir uns selber Recht.

DER ALTE BAUMERT *kommt herein, schon etwas unsicher auf den Füßen, einen geschlachteten Hahn unterm Arm. Er breitet die Arme aus.* Brie–derle – mir sein alle Brieder! Kommt an mei Herze, Brieder! *Gelächter.*

DER ALTE HILSE. Aso siehst du aus, Willem!?

DER ALTE BAUMERT. Gustav, du!? Gustav, armer Hungerleider, komm an mei Herze. *Gerührt.*

DER ALTE HILSE *brummt.* Laß mich zufriede.

DER ALTE BAUMERT. Gustav, aso is's. Glick muß d'r Mensch hab'n. Gustav, schmeiß amal a Auge uf mich. Wie seh' ich aus? Glick muß d'r Mensch haben! Seh' ich nich aus wie a Graf? *Sich auf den Bauch schlagend.* Rat amal, was in dem Bauche steckt? A Edelmannsfressen steckt in dem Bauche. Glick muß d'r Mensch haben, da kriegt a Schlampancher und Hasengebratnes. — — Ich wer euch was sagen: mir haben halt an Fehler gemacht: zulangen miß mer.

ALLE, *durcheinander.* Zulangen miß mer, hurra!

DER ALTE BAUMERT. Und wenn ma de erschten gutten Bissen verdrickt hat, da spiert ma's woll balde in d'r Natur. H—uchjesus, da kriegt man 'ne Forsche, aso stark wie a Bremmer. Da treibt's een de Stärke aus a Gliedmaßen ock aso raus, daß man gar ni mehr sieht, wo man hinhaut. Verflugasich die Lust aber ooch!

JÄGER, *in der Tür, bewaffnet mit einem alten Kavalleriesäbel.* Mir hab'n a paar famoste Attacken gemacht.

BÄCKER. Mir hab'n die Sache schonn sehr gutt begriffen. Eens, zwee, drei sind mer drinne in a Häusern. Da geht's aber o schonn wie helles Feuer. Daß ock aso prasselt und zittert. Daß de Funken spritzen wie in d'r Feueresse.

ERSTER JUNGER WEBER. Mir sollten gar amal a klee Feuerle machen.

ZWEITER JUNGER WEBER. Mir ziehn nach Reechenbach und zinden a Reichen de Häuser ieberm Koppe an.

JÄGER. Das wär' den a Gestrichnes. Da kriegten se erscht gar viel Feuerkasse.

Gelächter.

BÄCKER. Von hier ziehn mer na Freiburg zu Tromtran.

JÄGER. M'r sollten amal de Beamten hochnehmen. Ich hab's gelesen, von a Birokratern kommt alles Unglicke.

ZWEITER JUNGER WEBER. Mir ziehn balde nach Breslau. Mir kriegen ja immer mehr Zulauf.

DER ALTE BAUMERT, *zu Hilse.* Nu trink amal, Gustav!

DER ALTE HILSE. Ich trink' nie keen'n Schnaps.

DER ALTE BAUMERT. Das war in d'r alten Welt, heut sind mir in eener andern Welt, Gustav!

ERSTER JUNGER WEBER. Alle Tage is nich Kirms.

Gelächter.

DER ALTE HILSE, *ungeduldig.* Ihr Hellenbrände, was wollt ihr bei mir?!

DER ALTE BAUMERT, *ein wenig verschüchtert, überfreundlich.* Nu sieh ock, ich wollt' d'r a Hähndl bringen. Sollst Muttern dervon an Suppe kochen.

DER ALTE HILSE, *betroffen, halb freundlich.* Oh, geh und sag's Muttern.

MUTTER HILSE *hat, die Hand am Ohr, mit Anstrengung hingehorcht, nun wehrt sie mit den Händen ab.* Laßt mich zufriede. Ich mag keene Hiehndlsuppe.

DER ALTE HILSE. Hast recht, Mutter. Ich ooch nich. Aso eene schonn gar nich. Und dir, Baumert! dir will ich a Wort sag'n. Wenn de Alten schwatzen wie de kleen'n Kinder, da steht d'r Teiwel uf'm Koppe vor Freiden. Und daß ihrsch wißt! Daß ihrsch alle wißt: ich und ihr, mir haben nischt nich gemeen. Mit mein'n Willen seit'r nich hier. Ihr habt hier nach Recht und Gerechtichkeet nischt nich zu suchen!

STIMME. Wer nich mit uns is, der is wider uns.

JÄGER, *brutal drohend.* Du bist gar sehr schiefgewickelt. Heer amal, Aler, mir sind keene Diebe.

STIMME. Mir haben Hunger, weiter nischt.

ERSTER JUNGER WEBER. Mir wolln leben und weiter nischt. Und deshalb haben mer a Strick durchgeschnitten, an dem mer hingen.

JÄGER. Und das war ganz recht! *Dem Alten die Faust vors Gesicht haltend.* Sag du noch ee Wort! Da setzt's a Ding nein – mitten ins Zifferblatt.

BÄCKER. Gebt Ruhe, gebt Ruhe! Laß du den alten Mann. – Vater Hilse: aso denken mir eemal: eher tot, wie aso a Leben noch eemal anfangen.

DER ALTE HILSE. Hab' ich's nich gelebt sechzig und mehr Jahr?

BÄCKER. Das is egal; anderscher muß doch werden.

DER ALTE HILSE. Am Nimmermehrschtage.

BÄCKER. Was mir nich gutwillig kriegen, das nehmen mir mit Gewalt.

DER ALTE HILSE. Mit Gewalt? *Lacht.* Nu da laßt euch bald begraben dahier. Se wern's euch beweisen, wo de Gewalt steckt. Nu wart ock, Pirschl!

JÄGER. Etwa wegen a Soldaten? Mir sein auch Soldaten gewest. Mit a paar Kompanien wern mir schonn fertig werden.

DER ALTE HILSE. Mid'n Maule, da gloob' ich's. Und wenn ooch: zwee jagt'r naus, zehne kommen wieder rein.

STIMMEN, *durchs Fenster.* Militär kommt. Seht euch vor! *Allgemeines, plötzliches Verstummen. Man hört einen Moment schwach Querpfeifen und Trommeln. In die Stille hinein ein kurzer, unwillkürlicher Ruf.* O verpucht! Ich mach' lang! *Allgemeines Gelächter.*

BÄCKER. Wer red't hier von Ausreißen? Wer ist das gewest?

JÄGER. Wer tutt sich hier firchten vor a paar lumpichten Pickelhauben? Ich wer euch kommandieren. Ich bin beim Kommiß gewest. Ich kenne den Schwindel.

DER ALTE HILSE. Mit was wollt er'n schissen? Woll mit a Priegeln, hä?

ERSTER JUNGER WEBER. Den alten Kropp laßt zufriede, a is ni recht richtig im Oberstiebel.

ZWEITER JUNGER WEBER. A bissel iebertrabt is a schonn.

GOTTLIEB *ist unbemerkt unter die Aufständischen getreten, packt den Sprecher.* Sollst du an alten Manne so fläm'sch kommen?

ERSTER JUNGER WEBER. Laß mich zufriede, ich hab' nischt Beeses gesagt.

DER ALTE HILSE, *sich ins Mittel legend.* O laß du'n labern. Vergreif dich nich, Gottlieb. A wird balde genug einsehn, wer de heute verwirrt is, ich oder er.

BÄCKER. Gehst mit uns, Gottlieb?

DER ALTE HILSE. Das wird a woll bleibenlassen.

LUISE *kommt ins »Haus«, ruft herein.* O halt euch ni uf erscht. Mit solchen Gebetbichl-Hengsten verliert erscht keene Zeit. Kommt uf a Platz! Uf a Platz sollt'r kommen. Pate Baumert, kommt aso schnell, wie er kennt. D'r Major spricht mit a Leuten vom Ferde runter. Se sollten heemgehn. Wenn ihr ni schnell kommt, haben mer verspielt.

JÄGER, *im Abgehen.* Du hast'n scheen'n tapfern Mann.

LUISE. Wo hätt' ich an Mann? Ich hab' gar keen'n Mann!

Im »Hause« singen einige.

's war amal a kleener Mann,
he, juchhe!
Der wollt' a groß Weibl han.
He didel didel dim dim dim heirassassa!

WITTIG *ist, einen Pferdeeimer in der Faust, vom Oberstock gekommen, will hinaus, bleibt im »Hause« einen Augenblick stehen.* Druf! wer de kee Hundsfott sein will, hurra! *Er stürmt hinaus. Eine Gruppe, darunter Luise und Jäger, folgen ihm mit Hurra.*

BÄCKER. Lebt g'sund, Vater Hilse, mir sprechen uns wieder. *Will ab.*

DER ALTE HILSE. Das gloob' ich woll schwerlich. Finf Jahr leb' ich ni mehr. Und eher kommste ni wieder raus.

BÄCKER, *verwundert stehenbleibend.* Wo denn her, Vater Hilse?

DER ALTE HILSE. Aus'n Zuchthause; woher denn sonste?

BÄCKER, *wild herauslachend.* Das wär' mir schonn lange recht. Da kriegt ma wenigstens satt Brot, Vater Hilse! *Ab.*

DER ALTE BAUMERT *war in stumpfsinniges Grübeln, auf einem Schemel hockend, verfallen; nun steht er auf.* 's is wahr, Gustav, an kleene Schleuder hab' ich. Aber derwegen bin ich noch klar genug im Kopfe dahier. Du hast deine Meenung von der Sache, ich hab' meine. Ich sag: Bäcker hat recht, nimmt's a Ende in Ketten und Stricken – im Zuchthause is immer noch besser wie d'rheeme. Da is ma versorgt; da braucht ma nich darben. Ich wollte ja gerne nich mitmachen. Aber sieh ock, Gustav; d'r Mensch muß doch a eenziges Mal an Augenblick Luft kriegen. *Langsam nach der Tür.* Leb gesund, Gustav. Sollte was vorfalln, sprich a Gebetl fer mich mit, heerscht! *Ab.*

Von den Aufständischen ist nun keiner mehr auf dem Schauplatz. Das »Haus« füllt sich allmählich wieder mit neugierigen Bewohnern. Der alte Hilse knüpft an der Werfte herum. Gottlieb hat eine Axt hinterm Ofen hervorgeholt und prüft unbewußt die Schneide. Beide, der Alte und Gottlieb, stumm bewegt. Von draußen dringt das Summen und Brausen einer großen Menschenmenge.

MUTTER HILSE. Nu sag ock, Mann, de Dielen zittern ja aso sehr – was geht denn vor? Was soll denn hier werd'n?

Pause.

DER ALTE HILSE. Gottlieb!

GOTTLIEB. Was soll ich denn?

DER ALTE HILSE. Laß du die Axt liegen.

GOTTLIEB. Wer soll denn Holz kleenemachen? *Er lehnt die Axt an den Ofen.*

Pause.

MUTTER HILSE. Gottlieb, heer du uf das, was d'r Vater sagt.

STIMME, *vor dem Fenster singend.*

Kleener Mann, blei ock d'rheem,
he, juchhe!
Mach Schissel und Teller reen.
Hei didel didel, dim dim dim.

Vorüber.

GOTTLIEB *springt auf, gegen das Fenster mit geballter Faust.* Aas, mach mich ni wilde!

Es kracht eine Salve.

MUTTER HILSE *ist zusammengeschrocken.* O Jesus Christus, nu donnert's woll wieder!?

DER ALTE HILSE, *die Hand auf der Brust, betend.* Nu, lieber Herrgott im Himmel! schitze die armen Weber, schitz meine armen Brieder!

Es entsteht eine kurze Stille.

DER ALTE HILSE, *für sich hin, erschüttert.* Jetzt fließt Blutt.

GOTTLIEB *ist im Moment, wo die Salve kracht, aufgesprungen und hält die Axt mit festem Griff in der Hand, verfärbt, kaum seiner mächtig vor tiefer innerer Aufregung.* Na, soll man sich etwa jetzt o noch kuschen?

EIN WEBERMÄDCHEN, *vom »Haus« aus ins Zimmer rufend.* Vater Hilse, Vater Hilse, geh vom Fenster weg. Bei uns oben ins Oberstiebl is 'ne Kugel durchs Fenster geflogen. *Verschwindet.*

MIELCHEN *steckt den lachenden Kopf zum Fenster herein.* Großvaterle, Großvaterle, se haben mit a Flinten geschossen. A paare sind hingefalln. Eener, der dreht sich so ums Kringl rum, immer ums Rädl rum. Eener, der tat so zappeln wie a Sperling, dem man a Kopp wegreißt. Ach, ach und aso viel Blut kam getreetscht –! *Sie verschwindet.*

EINE WEBERFRAU. A paar hab'n se kaltgemacht.

EIN ALTER WEBER, *im »Hause«.* Paßt ock uf, nu nehmen sie's Militär hoch.

EIN ZWEITER WEBER, *fassungslos.* Nee, nu seht bloß de Weiber, seht bloß de Weiber! Wern se ni de Recke hochheben! Wern se ni's Militär anspucken!

EINE WEBERFRAU *ruft herein.* Gottlieb, sieh dir amal dei Weib an, die hat mehr Krien wie du, die springt vor a Bajonettern rum, wie wenn se zur Musicke tanzen tät'.

Vier Männer tragen einen Verwundeten durchs »Haus«. Stille. Man hört deutlich eine Stimme sagen. 's is d'r Ulbrichs Weber. *Die Stimme nach wenigen Sekunden abermals.* 's wird woll Feierabend sein mit'n; a hat 'ne Prellkugel ins Ohr gekriegt. *Man hört die Männer eine Holztreppe hinaufgehen. Draußen plötzlich.* Hurra, hurra!

STIMMEN IM »HAUSE«. Wo haben s'n de Steene her? – Nu zieht aber Leine! – Vom Chausseebau. – Nu hattjee, Soldaten. – Nu regnet's Flastersteene.

Draußen Angstgekreisch und Gebrüll, sich fortpflanzend bis in den Hausflur. Mit einem Angstruf wird die Haustür zugeschlagen.

STIMMEN IM »HAUSE«. Se laden wieder. – Se wern glei wieder 'ne Salve geb'n. – Vater Hilse, geht weg vom Fenster.

GOTTLIEB *rennt nach der Axt.* Was, was, was! Sein mir tolle Hunde!? Solln mir Pulver und Blei fressen statts Brot? *Mit der Axt in der Hand einen Moment lang zögernd, zum Alten.* Soll mir mei Weib derschossen werd'n? Das soll nich geschehn! *Im Fortstürmen.* Ufgepaßt, jetzt komm' ich! *Ab.*

DER ALTE HILSE. Gottlieb, Gottlieb!

MUTTER HILSE. Wo is denn Gottlieb?

DER ALTE HILSE. Beim Teiwel is a.

STIMME, *vom »Hause«.* Geht vom Fenster weg, Vater Hilse!

DER ALTE HILSE. Ich nich! Und wenn ihr alle vollens drehnig werd! *Zu Mutter Hilse mit wachsender Ekstase.* Hie hat mich mei himmlischer Vater hergesetzt. Gell, Mutter? Hie bleiben mer sitzen und tun, was mer schuldig sein, und wenn d'r ganze Schnee verbrennt. *Er fängt an zu weben. Eine Salve kracht. Zu Tode getroffen, richtet sich der alte Hilse hoch auf und plumpt vornüber auf den Webstuhl. Zugleich erschallt verstärktes Hurra-Rufen. Mit Hurra stürmen die Leute, welche bisher im Hausflur gestanden, ebenfalls hinaus. Die alte Frau sagt mehrmals fragend.* Vater, Vater, was is denn mit dir? *Das ununterbrochene Hurra-Rufen entfernt sich mehr und mehr. Plötzlich und hastig kommt Mielchen ins Zimmer gerannt.*

MIELCHEN. Großvaterle, Großvaterle, se treiben de Soldaten zum Dorfe naus, se haben Dittrichens Haus gestirmt, se machen's aso als wie drieben bei Dreißigern. Großvaterle!? *Das Kind erschrickt, wird aufmerksam, steckt den Finger in den Mund und tritt vorsichtig dem Toten näher.* Großvaterle!?

MUTTER HILSE. Nu mach ock, Mann, und sprich a Wort, 's kann een'n ja orntlich angst werd'n.

DER BIBERPELZ

Eine Diebskomödie

Entstehungszeit: 1892—1893.

Erstveröffentlichung: Einzelausgabe. Berlin, S. Fischer 1893.

DRAMATIS PERSONAE

VON WEHRHAHN, Amtsvorsteher
KRÜGER, Rentier
DR. FLEISCHER
PHILIPP, sein Sohn
MOTES
FRAU MOTES
FRAU WOLFF, Waschfrau
JULIUS WOLFF, ihr Mann
LEONTINE } ihre Töchter
ADELHEID }
WULKOW, Schiffer
GLASENAPP, Amtsschreiber
MITTELDORF, Amtsdiener

Ort des Geschehens: irgendwo um Berlin.
Zeit: Septennatskampf gegen Ende der achtziger Jahre.

ERSTER AKT

Kleiner, blaugetünchter, flacher Küchenraum mit niedriger Decke; ein Fenster links; eine rohgezimmerte Tür, ins Freie führend, rechts; eine Tür mit ausgehobenem Flügel mitten in der Hinterwand. – Links in der Ecke der Herd, darüber an der Wand Küchengerät am Rahmen, rechts in der Ecke Ruder und Schiffereigerät; gespaltenes Holz, sogenannte Stubben, unter dem Fenster in einem Haufen. Eine alte Küchenbank, mehrere Schemel usw. usw. – Durch den leeren Türrahmen der Hinterwand blickt man in den zweiten Raum. Darin steht ein hochgemachtes, sauber gedecktes Bett, darüber hängen billige Photographien in noch billigeren Rahmen, Öldruckköpfe in Visitenkartenformat usw. Ein Stuhl aus weichem Holz ist mit der Lehne gegen das Bett gestellt. – Es ist Winter, der Mond scheint. Auf dem Herd in einem Blechleuchter steht ein brennendes Talglicht. Leontine Wolff ist auf einem Schemel am Herd, Kopf und Arme auf der Herdplatte, eingeschlafen. Sie ist ein siebzehnjähriges, hübsches blondes Mädchen in der Arbeitstracht eines Dienstmädchens. Über die blaue Kattunjacke hat sie ein dickes, wollenes Brusttuch gebunden. – Einige Sekunden bleibt es still, dann hört man, wie jemand bemüht ist, von außen die Tür aufzuschließen, in der jedoch von innen der Schlüssel steckt. Nun pocht es.

FRAU WOLFF, *unsichtbar, von außen.* Adelheid! Adelheid! *Stille; dann wird von der andern Seite ans Fenster gepocht.* Wirschte gleich uffmachen!

LEONTINE, *im Schlaf.* Nein, nein, ick lass' mir nich schinden!

FRAU WOLFF. Mach uff, Mädel, sonste komm' ich durchs Fenster. *Sie trommelt sehr stark ans Fenster.*

LEONTINE, *aufwachend.* Ach, du bist's, Mama! Ick komme ja schon! *Sie schließt innen auf.*

FRAU WOLFF, *ohne einen Sack, welchen sie auf der Schulter trägt, abzulegen.* Was willst'n du hier?

LEONTINE, *verschlafen.* 'n Abend, Mama!

FRAU WOLFF. Wie bist'n du reingekommen, hä?

LEONTINE. Na, übern Ziejenstall lag doch der Schlüssel.

Kleine Pause.

FRAU WOLFF. Was willste denn nu zu Hause, Mädel?

LEONTINE, *läppisch maulend.* Ich soll woll man jar nich mehr bei euch komm?

FRAU WOLFF. Na, sei bloß so gutt un tu dich a bissel. Das hab' ich zu gerne. *Sie läßt den Sack von der Schulter fallen.* Du weeßt woll noch gar nich, wie spät daß schonn is? Mach bloß, daßte fortkommst zu deiner Herrschaft.

LEONTINE. Wenn ick da man ooch wer mal'n bißken zu spät komm!

FRAU WOLFF. Nu nimm dich in Obacht, hast de verstanden! Und sieh, daßte fortkommst, sonst haste verspielt.

LEONTINE, *weinerlich, trotzig.* Ick jeh' nich mehr bei die Leute Mama!

FRAU WOLFF, *erstaunt.* Du gehst nich... *Ironisch.* Ach wo, das ist ja was ganz Neues.

LEONTINE. Na brauch' ick mir immer lassen schinden?

FRAU WOLFF *war bemüht, ein Stück Rehwild aus dem Sack hervorzuziehen.* I, schinden tun se dich also bei Kriegers? Nee, so a armes Kind aber ooch! – Mit so was komm mer ock uffgezogen! A Frauenzimmer wie a Dragoner...! Nanu faß an, dort unten a Sack! Du kannst dich woll gar nich tälscher anstellen? Bei mir haste damit kee Glicke nich! 's Faulenzen lernste bei mir erscht recht nich! *Beide hängen den Rehbock am Türpfosten auf.* Nu sag' ich dersch aber zum letzten Male...

LEONTINE. Ick jeh' nich mehr bei die Leute hin. Denn jeh' ick lieber int Wasser, Mama!

FRAU WOLFF. Na, daßte ock bloß keen'n Schnuppen krigst.

LEONTINE. Ich spring' int Wasser!

FRAU WOLFF. Da ruff mich ock, heerschte! Ich wer der an Schubs geben, daß de ooch ja – und fliegst nich daneben.

LEONTINE *schreit heftig.* Na, brauch' ick mir das woll jefallen zu lassen, det ick abens muß Holz rinräumen zwee Meter?

FRAU WOLFF *tut erstaunt.* Nee, 's is woll nich meeglich! Holz sollst de reinschleppen! Nee, ieber die Leute aber ooch!

LEONTINE. ...un zwanzich Daler uffs janze Jahr? Denn soll ick mir ooch noch die Poten verfrieren? Und nich ma satt Katoffel und Häring?!

FRAU WOLFF. Da red erscht nich lange, tummes Mädel. Da hast a Schlissel, geh, schneid d'r Brot ab. Un wenn de satt bist, scheer dich, verstanden!? 's Flaummus steht in der oberschten Reihe.

LEONTINE *nimmt aus einer Schublade ein großes Brot und schneidet davon.* Die Juste von Schulzens kriecht vierzig Daler un...

FRAU WOLFF. Renn du bloß mit'n Kopp durch de Wand! – Du wirscht bei da Leuten nich ewig bleiben. Du bist ni vermit't fir ewige Zeiten. – Meinswegen zieh du zum erschten April. – So lange bleibste an Ort und Stelle! – 's Weihnachtsgeschenk in der Tasche, gelt, nu mechtste fortloofen? Das is keene Mode! – Ich geh' bei da Leuten aus und ein. Das wer ich woll uff mir sitzen lassen!

LEONTINE. Det bißken Lumpe, det ick da anhabe?

FRAU WOLFF. 's baare Geld vergißte woll ganz?

LEONTINE. Jawoll doch! Janze Märker sechse!

FRAU WOLFF. I, Geld is Geld! Das laß du gutt sein!

LEONTINE. Na, wenn ick aber kann mehr verdien'n!?

FRAU WOLFF. Mit'n Maule!

LEONTINE. Nee, mit de Nähmaschine. Ick jeh' nach Berlin und nähe Mäntel. Stechowns Emilie jeht ooch seit'n Neujahr!

FRAU WOLFF. Komm du mer bloß mit der Schlumpe gezogen! Die soll mer ock unter de Finger loofen! Dem Balge will ich a Talglicht uffstecken! Das wär' so a Awasemeng fer dich, gelt? Mit a Kerln de Nächte verschwiemeln Nee, Mädel, wenn ich bloß dadran denke: ich hau' dich, daßte schonn gar nich mehr uffstehst. – Nu kommt Papa, jetzt nimm dich in Obacht!

LEONTINE. Wenn Papa mir verpaukt, denn loof' ick fort; denn wer ick schon sehn, wo ick bleiben du'.

FRAU WOLFF. Jetzt maul nich! Geh und futter de Ziegen. Se sind ooch noch nich gemolken den Abend. Un gibb a Karnickeln 'ne Hamv'll Heu.

LEONTINE *sucht schnell hinauszukommen, trifft aber in der Tür auf ihren Vater, sagt flüchtig* 'n Abend *und wischt an ihm vorüber hinaus.*

Julius Wolff, der Vater, ist Schiffszimmermann, von langer Figur, mit blöden Augen und trägen Bewegungen, etwa dreiundvierzig Jahr alt. – Er stellt zwei lange Ruder, die er auf der Schulter getragen, in die Ecke und wirft sein Schiffszimmergerät schweigend ab.

FRAU WOLFF. Haste a Schiffer-Emil getroffen?

JULIUS *brummt.*

FRAU WOLFF. Kannste nich reden? Ja oder nein? Wird a rumkomm, hä?

JULIUS, *unwirsch.* Immerzu doch! Schrei du man noch mehr!

FRAU WOLFF. Du bist schon a kuraschierter Kerl. Dabei da vergißte de Tiere zuzumachen.

JULIUS *schließt die Tür.* Was is'n das wieder mit Leontinen?

FRAU WOLFF. I, gar nischt! – Was hat'n der Emil gelad't?

JULIUS. All widder Klinkern. Wat soll er jelad't hebben? – Wat is det nu widder mit det Mädel?

FRAU WOLFF. De halbe Zille oder de ganze?

JULIUS, *jähzornig aufwallend.* Wat mit det Weibsstück all widder los is!

FRAU WOLFF, *ihn überbietend.* Was Emil gelad't hat, will ich wissen. A halben oder a ganzen Kahn?

JULIUS. I, immerzu doch, de janze Zille.

FRAU WOLFF. Pst, Julian. *Sie erschrickt und riegelt den Laden zu.*

JULIUS, *sie erschrocken anglotzend, schweigt. Nach einigen Sekunden, leise.* 's is all 'n junger Förster in Rixdorf.

FRAU WOLFF. Geh, krich untersch Bette, Julian. *Nach einer Pause.* Wenn du bloß nich aso schrecklich tumm wärscht. Glei wirschte de wie so a richt'ger Bremmer. Von solchen Sachen verstehst de doch nischt. Laß du mich bloß fer die Mädel sorgen. Das schlägt nich in deine Konferenz. In meine Konferenz geheert das. Bei Jungen wär' das ganz was andersch. Da wer ich dir ooch niemals nischt reinreden. A jedes hat seine Konferenz!

JULIUS. Denn soll se man mir nich jrade in 'n Weg loofen.

FRAU WOLFF. Du willst se woll lahm schlagen, Julian?! Laß du dir ock ja nich aso was einfallen! Denk bloß nich, daß ich aso was zugebe! Ich wer se mer lassen zuschanden schlagen. Das Mädel kann unser Glicke sein. Wenn du bloß fer so was a Verschtand hätt'st.

JULIUS. Denn soll se man sehn, wo se bleiben dut.

FRAU WOLFF. Da is keene Angst drum, Julian. Kann meeglich sein, du erlebst noch was. Se wohnt noch amal in der Beletage, und wir sein froh, wenn se uns bloß kennt. Was hat'n der Tätsrat zu mir gesagt? Ihre Tochter is so ein scheenes Mädchen, die kann beim Theater Farure machen.

JULIUS. Denn soll se man machen, det se hinkommt.

FRAU WOLFF. Du hast keene Bildung, Julian. Von Bildung hast du ooch keene Spur. Wenn ich nee gewest wär', Julian! Was wär' ock aus da Mädeln geworden? Ich hab' se gebild't erzogen, verstehste. De Bildung is heutzutage de Hauptsache. Das geht nich aso uff eenen Hieb. Immer eens nach'n andern, a pee a pee. Nu mag se mal erscht a Dienst kenn'nlern. Dann geht se meinswegen rein nach Berlin. Die is heite noch viel zu jung fersch Theater. *Es hat unter dem Vorhergehenden mehrmals an die Tür gepocht, nun klingt*

ADELHEIDS STIMME *herein.* Mama! Mama! mach doch bloß man uff! *Frau Wolff öffnet. Adelheid kommt herein. Sie ist ein langaufgeschossenes Schulmädchen im vierzehnten Jahre, mit hübschem Kindergesicht. Der Ausdruck ihrer Augen aber verrät frühe Verderbnis.* Wat machste mir denn nich uff, Mama? Ick hab' mir ja Hände un Füße verfroren.

FRAU WOLFF. Red nich erscht lange an Blech zusammen. Mach Feuer in Ofen, da wird der schonn warm wern. Wo steckst d'n du ieberhaupt aso lange?

ADELHEID. Ick hab' doch de Stiebeln jeholt for Vatern.

FRAU WOLFF. Da biste wieder zwee Stunden geblieben.

ADELHEID. Na, wenn ick um sieben erscht bin jegangen?

FRAU WOLFF. Um sieben bist de gegangen, so. Jetzt is 's halb elfe. Das weeßte woll gar nich? Da biste bloß viertehalbe Stunde gewesen, das is woll ni viel? Nu heer amal druff, uff das, was ich sage. Bleibst du mer noch eemal so lange fort und gar bei dem lausigen Fielitzschuster – dann paß amal uff, was der da passiert.

ADELHEID. Ick soll wohl bloß immer zu Hause biestern?

FRAU WOLFF. Jetzt biste stille un red'st keen Ton.

ADELHEID. Wenn ick ooch mal bißken zu Fielitzen jeh'...

FRAU WOLFF. Ob de woll stille bist, mecht' ich wissen. Lehr du mich Fielitz'n kenn'n! Ja? Der Audiat soll sich ock nich beriehmen. Dessen sei Handwerk is ni bloß Schuhflicken. Wenn eener erscht zweemal im Zuchthause sitzt...

ADELHEID. Det is ja nich wah... Det is ja bloß alles zusammenjelogen. Er hat et mir ja jesagt, Mama!

FRAU WOLFF. Das weeß doch's ganze Dorf, tumme Gans! Das is a richt'ger Kuppler is das.

ADELHEID. Er jeht ja sojar bein Amtsvorsteher.

FRAU WOLFF. Na freilich doch. Fer Spionierer. A Tenuntiat is a obendruff.

ADELHEID. Wat is'n det, 'n Tenutiat?

JULIUS, *aus dem Nebenzimmer, in das er gegangen war.* Nu will ick all noch zwee Wörter abwarten. *Adelheid wird bleich und geht gleich stumm daran, Feuer im Ofen zu machen. Leontine kommt herein.*

FRAU WOLFF *hat den Rehbock aufgebrochen, Herz, Leber usw. herausgenommen und übergibt es Leontine.* Da schnell, wasch ab! Sei bloß ganz still, sonste schlägt's noch ein. *Leontine, sichtlich eingeschüchtert, begibt sich an die Arbeit. Beide Mädchen flüstern miteinander.*

FRAU WOLFF. Hä, Julian? Was machste dadrinne? Du hast's woll schon wieder vergessen, hä? Ich hab' dersch doch heute morgen gesagt. Das Brett, was de losgerissen is.

JULIUS. Wat'n for'n Brett?

FRAU WOLFF. Na, weeßte nich? Hinten am Ziegenstall. Der Wind hat's doch losgemacht gestern nacht – sieh, daßte nauskommst zunageln, verstehste?

JULIUS. I, morjen früh is all ooch noch'n Dach.

FRAU WOLFF. Nu nee! Da mach der ock keene Gedanken! Mit so was wolln mer bei uns nich erscht anfangen. *Julius ist brummend ins Zimmer getreten.* Dort nimm der a Hammer! Hier haste Nägel! Nu sieh, daßte fortkommst.

JULIUS. Du bist ja man dußlich.

FRAU WOLFF, *ihm nachrufend.* Wenn Wulkow kommt, was soll er'n geben?

JULIUS. Na, Märker zwölwe doch janz jewiß! *Ab.*

FRAU WOLFF, *wegwerfend.* I, Märker zwelwe! *Pause.* Nu macht bloß, daß Papa sei Essen krigt. *Kleine Pause.*

ADELHEID, *auf das Reh blickend.* Wat is'n det, Mama?

FRAU WOLFF. A Klapperstorch! *Beide Mädchen lachen.*

ADELHEID. 'n Klapperstorch? Hat der ooch Hörner? Det weeß ick schon, 'n Rehbock is det!

FRAU WOLFF. Na, wenn de's weeßt, warum frägst'n da erscht?

LEONTINE. Hat den Papa jeschoss'n, Mama?

FRAU WOLFF. Nu rennt ock und schreit durchs ganze Dorf: Papa hat'n Rehbock geschossen, ja!?

ADELHEID. Ick wer mir schön hüten. Denn kommt der Blanke.

LEONTINE. Vor Schandarm Schulzen fürcht' ick mir nich, der hat mir schon mal ant Kinn jefaßt.

FRAU WOLFF. Der kann dreiste komm'n. Mir tun nischt Beeses. Wenn a Reh 'n Schuß hat und 's is am Verenden und's findt's kee Mensch, da fressen's de Raben. Ob mirsch nu fressen oder de Raben, gefressen werd's doch. *Kleine Pause.* Nu sag amal: Holz haste solln reinräumen?

LEONTINE. Ja, bei die Kälte! Zwee Meter Knüppel! Un wenn man kaputt is wie so'n Hund! Um halber zehne des Abends spät!

FRAU WOLFF. Nu liegt woll das Holz noch uff der Straße?

LEONTINE. Vorn Jachtentor liecht et. Ick weeß weiter nich.

FRAU WOLFF. Na, wenn se nu aber – und stehlen das Holz? Was'n dann morgen frieh?

LEONTINE. Ick jeh' nich mehr hin.

FRAU WOLFF. Sein's griene Knippel oder trockne?

LEONTINE. Det sin so schöne trockne Knüppel – *Gähnt ein Mal über das andere Mal.* I, Mama, ick bin so schrecklich müde. Ich hab' mir so schrecklich mußt abmarachen. *Sie setzt sich mit allen Zeichen der Übermüdung.*

FRAU WOLFF, *nach kurzem Schweigen.* Meinswegen bleib heute nacht bei uns. Ich hab' mersch a bissel andersch ieberlegt. Und morgen früh wolln mer weitersehn.

LEONTINE. Ick bin janz abjekommen, Mama. Det hängt bloß noch allens so an mir.

FRAU WOLFF. Nu mach und geh schlafen, nauf in de Kammer, daß Papa nich etwan doch noch'n Krach macht. Von solch'n Sachen versteht a zu wenig.

ADELHEID. Papa spricht immer so unjebildet.

FRAU WOLFF. A hat eben keen Bildung gelernt. Das wer' mit euch ooch nich andersch sein, wenn ich euch nich hätte gebild't erzogen. *Auf dem Herd eine Kasserolle haltend, zu Leontine.* Nu komm, leg's rein. *Leontine legt die gewaschenen Fleischstücke in die Kasserolle.* So. Jetzt geh schlafen.

LEONTINE *begibt sich ins Hinterzimmer, noch sichtbar spricht sie.* Mama! Der Motes is fort von Krüger.

FRAU WOLFF. Da hat a woll keene Miete bezahlt?

LEONTINE. Mit Hängen und Würjen, sagt Herr Krüger. Er hat ihm aber doch rausjeschmissen. 's wär' so'n verlogener, windiger Kerl. Und immer so hochmütig zu Herr Krüger.

FRAU WOLFF. Wenn ich wie Herr Krieger gewesen wär', den hätt' ich gar nich so lange behalten.

LEONTINE. Weil Herr Krüger doch Tischler jewesen is, denn is Motes man immer so verächtlich. Mit Herr Dr. Fleischer hat er sich ooch jezankt.

FRAU WOLFF. Na, wer sich mit dem zankt...! Das mecht' ich wissen. Die Leut tun keener Fliege was!

LEONTINE. Er darf jar nich mehr bei Fleischers hinkomm.

FRAU WOLFF. Wenn du amal kennt'st bei den Leuten ankomm'n!

LEONTINE. Da sind de Mächens wie Kind im Hause.

FRAU WOLFF. Und was der Bruder is in Berlin, der is doch Kassierer beim Theater.

WULKOW *hat mehrmals von außen an die Tür gepocht und ruft*

nun mit heiserer Stimme. Wollt ihr mir woll mal jefälligst rinlassen?

FRAU WOLFF. Na freilich, warum nich? Immer rin in de Bude!

WULKOW *kommt herein; ein Spreeschiffer, nahe an sechzig Jahre alt, gebückt gehend, mit graugelbem Bart von Ohr zu Ohr und unter dem Kinn herum, der das verwitterte Gesicht frei läßt.* Ick wünsche schönen juten Abend.

FRAU WOLFF. Nu kommt a doch wieder angezogen, die Wolffen a bissel iebersch Ohr haun.

WULKOW. I, det versuch' ick schon ja nich mehr!

FRAU WOLFF. Na, anderscher wird's ja doch wieder nich wern.

WULKOW. Umjekehrt wird'n Schuh draus!

FRAU WOLFF. Noch was! Gelt? – – Hier hängt a. Na? A Kapitalsticke, was?

WULKOW. Det Julius man ooch jehörig uffpaßt. Se sin jetzt all böse hinterher.

FRAU WOLFF. Was wolln Se'n geben, das ist de Hauptsache. Was nutzt das lange Gequassele da!

WULKOW. Wat ick Ihn sache. Ick komme von Grünau. Da hebb' ick et janz bestimmt jehört. Se hebben Fritze Webern jeschossen. Se hebb'n em de Hosen voll Schrot jesenget.

FRAU WOLFF. Was wolln Se geben, das is de Hauptsache.

WULKOW, *das Reh befühlend.* Ick hebbe man schon vier Böcke zu liejen.

FRAU WOLFF. Derwegen da geht eure Zille nich unter.

WULKOW. Det soll se ooch nich. Det wär' so'n Fest. Aber wat 'n dann, wenn ick nu liejenbleibe? Ick muß mit die Dinger doch rin nach Berlin. Et arbeet heut all schlecht jenug uff de Spree, und wenn et de Nacht so weiterbackt, denn jibt et morjen schon ja keen Fortkomm. Denn sitz' ick im Eise mit mein Kahn und hebbe die Dinger uff'm Halse.

FRAU WOLFF, *scheinbar ihren Entschluß ändernd.* Na, Mädel, spring amal runter zu Schulzen. Sag'n schönen Gruß, und a soll amal ruffkomm'n, de Mutter hätte was zu verkoofen.

WULKOW. Hebb' ick jesacht, ick will et nich koofen?

FRAU WOLFF. Mir is das ja ganz eengal, wersch kooft.

WULKOW. Ick will et ja koofen.

FRAU WOLFF. I, wer de ni will, der läßt's halt bleiben.

WULKOW. Ick koofe det Stick! Wat soll et denn bringen?

FRAU WOLFF, *das Reh anfassend.* Das Reh hier, das hat seine dreißig Fund. Aber gutt un gerne, kann ich Ihn sagen. Na,

Adelheid! Du warscht doch dabei! Mir konnten's doch kaum uff a Nagel heben.

ADELHEID, *welche ja nicht dabei war.* Ick habe mir richtig wat ausjerenkt.

WULKOW. Mit Märker dreizehn is et bezahlt. Da verdien' ick ooch noch nich zehn Fennije bei.

FRAU WOLFF *tut fürchterlich erstaunt; im nächsten Augenblick nimmt sie etwas anderes vor. Als hätte sie Wulkows Anwesenheit vergessen, spricht sie, ihn scheinbar erst wieder gewahrend.* Ich winsch' Ihn ooch eine glickliche Reise!

WULKOW. Na, mehr wie dreizehn kann ick nich jeben.

FRAU WOLFF. I, lassen Se's man!

WULKOW. Ick kann nich mehr jeben. Wat ick Ihn sage. Et is bloß, det ick die Kundschaft behalte. Jott soll mich strafen! So wah, wie ick hier steh'. Bei det janze Jeschäft verdien' ick nich so viel. Un wenn ick ooch sachen wollte: vierzehn, denn setz' ick zu, denn hebb' ick Verlust von eene Mark. Det soll mir aber nu janz ejal sind. Det ihr all 'n juten Willen seht. For Märker vierzehn...

FRAU WOLFF. Lußt's gutt sein! Lußt's gutt sein! Das Reh werd'n mer los, da warten mer noch nich bis morgen frieh.

WULKOW. Na, wenn et man keener hängen sieht. Det is nich mit Jelde abzumachen.

FRAU WOLFF. Das Reh hier, das hab mir verendet gefunden.

WULKOW. Ja, in de Schlinge, det will ick jlooben!

FRAU WOLFF. Kummt bloß nich uff die Art! Da habt Ihr kee Glicke! Ma soll Euch woll all's in a Rachen schmeißen? Ma schind't sich, bis ma keen Oden mehr hat. Stundenlang muß ma baden im Schnee, geschweige was ma dabei riskiert, im Schtockbrandfinstern. Das is kee Spaß.

WULKOW. Ick hebbe man schon Stücker viere zu liejen. Sonst wollt' ick ja sachen funfzehn Mark.

FRAU WOLFF. Nee, Wulkow, heute is kee Geschäfte mit uns. Da geht ock ruhig a Häusel weiter, mir hab'n uns geschind't hier ieber a See... ee Haar, da saß mer noch fest im Eise. Mir konnten nich vorwärts und nich rickwärts. Aso was kann ma zuletzt nich wegschenken. –

WULKOW. Na, hebb' ick nu etwa jroß wat davon? Det Schiffwerken is'n jezwungenes Werk! Un Paschen, det is'n schlechtet Jeschäft. Wenn ihr all rinfallt, denn flieg' ick schon längst rin. Bei Jahre vierzig plag' ick mir nu. Wat hebb' ick heute? 't Reißen hebb' ick. Wenn ick det Morjens früh uffsteh', denn muß ick schriegen wie'n junger Hund. Ick will mir schon viele Jahre 'n Pelz koofen, det hebben mir alle Dokters jeraten, weil det ick so leidenschaftlich bin. Ick hebb' mir noch keen könn koofen, Wolffen. Bis heute noch nich, so wah, wie ick hier steh'!

ADELHEID, *zur Mutter*. Haste von Leontinen jehört?

WULKOW. Na, will ick man sagen: sechszehn Mark!

FRAU WOLFF. Nee, is nich! Achtzehn! *Zu Adelheid*. Wat redst'n da wieder?

ADELHEID. Frau Krüger hat doch'n Pelz jekauft, der hat bei fünfhundert Mark jekost't. 'n Biberpelz.

WULKOW. 'n Biberpelz?

FRAU WOLFF. Wer hat'n gekooft?

ADELHEID. Nu Frau Krüger doch, für Herr Krüger zu Weihnachten.

WULKOW. Det Mächen is woll bei Krüger in Dienst?

ADELHEID. Ick nich. Meine Schwester. Ick jeh' überhaupt nich bei Leute in Dienst.

WULKOW. Ja, wenn ick nu so wat mal hebben könnte. Um so wat erwerb' ick mir schon lange. Da jeb' ick ooch sechzig Daler für. Det Dokter- und Apothekerjeld, det jeb' ick doch lieber für Pelzwerk aus. Da hebb' ick ooch noch'n Verjnüjen all.

FRAU WOLFF. Ihr braucht ja bloß amal hingehn, Wulkow, zu Kriegern rieber. Vielleicht schenkt a'n weg.

WULKOW. Nee, jutwillig nich. Aber wie jesacht: fer so wat verintressier' ick mir sehr.

FRAU WOLFF. I ja, so'n Pelz möcht' ich ooch mal haben.

WULKOW. Wie is et nu? Sechszehn?

FRAU WOLFF. Unter achtzehn is nich. Nich unter achtzehn, hat Julian gesagt. Mit sechzehn Mark darf ich dem nich erscht kommen. Wenn der sich aso was in a Kopp setzt – *Julius kommt herein*. Na, Julius, du hast doch gesagt: achtzehn Mark?

JULIUS. Wat hebb' ick jesacht?

FRAU WOLFF. Du hörscht woll wieder amal nich gutt! Du hast doch gesagt, nich unter achtzehn. Um weniger soll ich den Bock doch nich hergeben.

JULIUS. Ick hebbe jesacht?... Ja so, det Stück Wild. Ja! So! Hm! Det is ooch noch ja nich zu ville.

WULKOW, *Geld herausnehmend und aufzählend*. Det's nu mal 'n Ende hat. Siebzehn Marcht. Na, stimmt et nu?

FRAU WOLFF. Ihr seid schon eemal a beschissener Kerl. Ich

hab's ja gesagt, wie a reinkam zer Tiere: der braucht bloß ieber de Schwelle zu treten, da hat ma ooch schonn a Ding iebersch Ohr.

WULKOW *hat einen versteckt gehaltenen, eingerollten Sack aufgewickelt.* Nu helft et man jleich hier rinbugsieren. *Frau Wolff ist behilflich, das Reh in den Sack zu stecken.* Un wenn Se all mal wat zu hören kriejen von so wat – ick meen' all beispielsweise – so'n – beispielsweise so'n Pelz zum Beispiel. So Stücker sechzig – siebzig Daler, die bin ick imstande unn lege se an.

FRAU WOLFF. Ihr seid woll ni recht...! Wie solln mir zu so an Pelze komm'n?

EINE MÄNNERSTIMME *ruft von außen.* Frau Wolffen! Frau Wolffen! Sind Se noch wach?

FRAU WOLFF, *wie die andern erschrocken, heftig, gepreßt.* Fix wegstecken! wegstecken, rein in de Stube! *Sie drängt alle in das Hinterzimmer und schließt die Tür.*

DIE MÄNNERSTIMME. Frau Wolffen! Frau Wolffen, schlafen Se schon?

FRAU WOLFF *löscht das Licht.*

DIE MÄNNERSTIMME. Frau Wolffen! Frau Wolffen, sind Se noch wach? *Die Stimme entfernt sich singend.*

Morgenro-ot, Morgenro-ot,
leuchtest mir zum frühen To-od.

LEONTINE. Det is ja bloß Morjenrot, Mama!

FRAU WOLFF *horcht eine Weile, öffnet dann leise die Tür und horcht wieder. Dann schließt sie beruhigt und zündet das Licht an. Hierauf läßt sie die andern wieder herein.* 's war bloß d'r Amtsdiener Mitteldorf.

WULKOW. Wat Deibel, ihr hebbt ja schöne Bekenntschaft!

FRAU WOLFF. Nu seht aber, daß er fortkommt, Wulkow.

ADELHEID. Mama, der Mino hat anjeschlagen.

FRAU WOLFF. Macht, macht, Wulkow. Federt! Und hinten naus durch a Gemiesegarten. Julian wird uffmachen. Geh, Julian, mach uff.

WULKOW. Un wie jesacht, wenn so wat mal wär' wie so'n Biberpelz –

FRAU WOLFF. Na freilich, macht bloß!

WULKOW. Wenn die Spree all nich zu wird, denn bin ick in Stücker drei – vier Tagen all widder retur von Berlin. Da liege ick mit mein Kahn widder unten.

ADELHEID. An die jroße Brücke?

WULKOW. Wo ick immer lieje. Na, Julius, denn wanke man immer vorauf. *Ab.*

ADELHEID. Mama, der Mino hat wieder jebellt.

FRAU WOLFF, *am Herd.* I, lass'n bellen. – *Ein langgezogener Ruf aus der Ferne: »Hol über!«*

ADELHEID. 't will jemand über die Spree, Mama.

FRAU WOLFF. Na, geh mal, Papa is ja unten am Wasser. »*Hol über!*« Trag Papan de Rudel. Er soll bloß erscht Wulkown a Stickel fortlassen.

Adelheid ab mit den Rudern. Frau Wolff ist eine Weile, eifrig arbeitend, allein. Adelheid kommt wieder.

ADELHEID. Papa hat'n Rudel unten im Kahn.

FRAU WOLFF. Wer will denn so spät noch iebersch Wasser?

ADELHEID. Ick jloobe, Mama, 't is der dämliche Motes.

FRAU WOLFF. Was? Wer is 's, Mädel?

ADELHEID. Ick jloobe, de Stimme war Motesens Stimme.

FRAU WOLFF, *heftig.* Geh runter, lauf! Papa soll ruffkomm; der dämliche Motes kann drieben bleiben. Der braucht mer nich erscht im Hause rumschniffeln.

Adelheid ab. Frau Wolff versteckt und räumt alles beiseite, was an die Rehbockepisode etwa erinnern könnte. Über die Kasserolle deckt sie eine Stürze. Adelheid kommt zurück.

ADELHEID. Mama, ick bin schon zu spät jekomm. Ick hör' se schon reden.

FRAU WOLFF. Wer is 's denn nu?

ADELHEID. Ick sag' et ja: Motes.

Frau und Herr Motes erscheinen nacheinander in der Tür. Beide mittelgroß: Sie: geweckte junge Frau von etwa dreißig Jahren, bescheiden, aber ordentlich gekleidet. Er hat einen grünen Jagdüberzieher an, sein Gesicht ist gesund und unbedeutend, er trägt über dem linken Auge eine schwarze Binde.

FRAU MOTES *ruft herein.* Nase blau jefroren, Mutter Wolffen!

FRAU WOLFF. Warum gehn Se spazieren in der Nacht. Sie hab'n doch am Tage Zeit genug.

MOTES. Schön warm is 's hier. – Wer hat Zeit am Tage?

FRAU WOLFF. Na Sie!

MOTES. Ick lebe wohl etwa von meine Renten?

FRAU WOLFF. Das weeß ich ja nich, von was Sie leben.

FRAU MOTES. I, sein Se man bloß nich so glupsch, Mutter Wolffen. Wir wollten mal fragen nach unsere Rechnung.

FRAU WOLFF. Da hab'n Se mich schon mehr wie eenmal gefragt.

FRAU MOTES. Na, da frag'n wir noch mal, was is denn dabei? Wir müssen doch endlich mal bezahlen.

FRAU WOLFF, *erstaunt.* Bezahlen wollen Se?

FRAU MOTES. Jewiß doch. Natürlich!

MOTES. Die Mutter Wolffen tut ganz erstaunt. Sie dachten wohl, wir würden Ihn durchbrennen?

FRAU WOLFF. I, so was wer ich doch woll nich denken. Wenn Se wolln aso gutt sein! Da machen mersch gleiche. 's sein also elf Mark un dreißig Fennige.

FRAU MOTES. Ja, ja, Mutter Wolffen, wir kriegen Geld. Die Leute werden hier Augen machen!

MOTES. Das riecht ja hier so nach Hasenbraten.

FRAU WOLFF. Dachhase vielleicht! Das is eher meeglich!

MOTES. Wolln gleich mal nachschaun! *Er will den Deckel von der Kasserolle nehmen.*

FRAU WOLFF *verhindert ihn.* Toppgucken is nich!

FRAU MOTES, *die mißtrauisch beobachtet hat.* Mutter Wolffen, wir haben auch was gefunden.

FRAU WOLFF. Ich hab' nischt verloren.

FRAU MOTES. Da, sehn Se mal zu. *Sie zeigt ihr zwei Drahtschlingen.*

FRAU WOLFF, *ohne aus der Fassung zu geraten.* Das sein woll Schlingen?

FRAU MOTES. Die haben wir ganz in der Nähe gefunden. Kaum zwanzig Schritte von Ihrem Garten.

FRAU WOLFF. Ihr Kinder, was hier bloß gewilddiebt wird!

FRAU MOTES. Wenn Sie bloß aufpassen, Mutter Wolffen, da könn Se den Wilddieb richtig mal fassen.

FRAU WOLFF. I, solche Sachen gehn mich nischt an!

MOTES. Wenn ich bloß so'n Halunken mal treffe, dem geb' ich zuerst 'n paar hinter die Ohren – dann bring' ich ihn unbarmherzig zur Anzeige.

FRAU MOTES. Frau Wolffen, haben Sie'n paar frische Eier?

FRAU WOLFF. Jetzt mitten im Winter? Die sind gar rar.

MOTES, *zu Julius, der eben eintritt.* Förster Seidel hat wieder'n Wilddieb jefaßt. Wird morgen nach Moabit jebracht. Hat Schneid, der Kerl, das muß man sagen. Wenn ich bloß nicht das Malheur gehabt hätte, da könnt' ich heut Oberförster sein. Dann würd' ich die Hunde noch anders zwiebeln!

FRAU WOLFF. Das hat manch einer schon bießen missen!

MOTES. Ja, wer sich fürchtet. Ich fürcht' mich nich! Ich hab' auch schon so'n paar denunziert. *Die Wolffen und ihren Mann abwechselnd scharf fixierend.* Und mit'n paar andern wart' ich bloß noch; die laufen mir auch noch in die Hände. Die Schlingenleger solln nur nich denken, daß ich se nich kenne. Ich kenn' sie genau!

FRAU MOTES. Haben Sie vielleicht gebacken, Frau Wolffen? Uns is das Bäckerbrot so zuwider.

FRAU WOLFF. Se wollten doch, denk' ich, de Rechnung ausgleichen.

FRAU MOTES. Ick sage Ihn ja, Sonnabend, Mutter Wolffen. Mein Mann ist doch Redakteur geworden von den Blättern für Jachd und Forstwirtschaft.

FRAU WOLFF. Na ja, da weeß ich schonn, was das heeßt.

FRAU MOTES. Na, was ich Ihn sache, Frau Wolffen. Wir sind ja von Krüger schon wegjezogen.

FRAU WOLFF. Ja, weil Se mußten, sind Se gezogen.

FRAU MOTES. Wir mußten? Du, Männe, hör doch mal! *Sie lacht gezwungen.* Frau Wolff sagt, wir mußten von Krüger fortziehen!

MOTES, *rot vor Zorn.* Weshalb ich dort fortgezogen bin, das werden Sie schon noch mal erfahren. Der Mann ist'n Wucherer und Halsabschneider.

FRAU WOLFF. Das weeß ich nich. Dazu kann ich nischt sagen.

MOTES. Ich warte nur, bis ich Beweise habe. Der soll sich vor mir nur ja in acht nehmen. Der und sein Busenfreund Dr. Fleischer. Der ganz besonders. Wenn ich bloß wollte: ein Wort genügte, da säß' der Mann hinter Schloß und Riegel. *Schon im Anfang seiner Rede hatte er sich zurückgezogen, bei den letzten Worten geht er hinaus. Ab.*

FRAU WOLFF. Die Männer han sich woll wieder gezankt?

FRAU MOTES, *scheinbar vertraulich.* Mit meinem Manne is nich zu spaßen. Wenn der sich was vornimmt, der läßt nicht locker. Er steht auch sehr gut mit'n Herrn Amtsvorsteher. – Wie is 's mit die Eier und mit dem Brot?

FRAU WOLFF, *widerwillig.* Na, finfe hab' ich grade noch liegen. Und a Sticke Brot. *Frau Motes packt die Eier und das halbe Brot in ihren Handkorb.* Sind Se nu zufrieden?

FRAU MOTES. Jewiß doch. Freilich. Jut sind doch die Eier?

FRAU WOLFF. So jut, wie se meine Hiehner jelegt haben.

FRAU MOTES, *hastig, um ihrem Mann nachzukommen.* Na, jute Nacht! Nächsten Sonnabend Jeld! *Ab.*

FRAU WOLFF. Ja doch, ja doch, 's is ja schonn gutt! *Schließt die Tür, spricht halblaut.* Macht, daß d'er nauskommt. Bei allen Leiten bloß nischt wie Schulden. *An der Kasserolle.* Was geht's bloß die an, was wir essen? Die solln doch in ihre Teppe gucken. Geh schlafen, Mädel.

ADELHEID. Jute Nacht, Mama. *Gibt ihr einen Kuß.*

FRAU WOLFF. Na, jibste Papan keen Gutenachtkuß?

ADELHEID. Jute Nacht, Papa. *Küßt ihn, er brummt; Adelheid ab.*

FRAU WOLFF. Das muß ma immer erscht extra sagen.

Pause.

JULIUS. Was mußte die Leite all Eier jeben?

FRAU WOLFF. Ich soll mer den Kerl woll zum Feinde machen? Mach du d'r ock den zum Feinde, Julian. Ich sag' der, das is a gefährlicher Kerl. Der hat nischt zu tun wie a Leuten uffpassen. Komm, setz dich! Iß! Hier hast de 'ne Gabel. Von solchen Sachen verstehst de zu wenig. Paß lieber uff deine Sachen uff! De Schlingen legste gleich hinter a Garten! Das waren doch deine?

JULIUS, *geärgert.* Na, immerzu.

FRAU WOLFF. Daß der dämliche Motes se ooch gleich find't. Hier in der Nähe am Hause, verstehste, da legste mer keene Schlingen mehr. Womeeglich heeßt's dann, mir hab'n se gelegt.

JULIUS. Hör du bloß mit det Gequaßle uff. *Beide essen.*

FRAU WOLFF. Du, 's Holz is ooch alle, Julian.

JULIUS. Ick soll woll noch jehn bis in Hinterwinkel?

FRAU WOLFF. Am besten wärsch, mer machten's gleich ab.

JULIUS. Ick spüre de Knochen schon jar nich mehr. Mag jehn, wer will, det is mich eejal!

FRAU WOLFF. Ihr Männer habt immer a großes Maul, und wenn's derzu kommt, da kennt er nischt leisten. Ich arbeit' euch dreimal in a Sack un wieder raus, euch alle mitnander. Wenn de heite und de willst durchaus nich mehr raus, hilft alles nischt, Julian, morgen mußte. Wie is 's, sein die Klettereisen scharf?

JULIUS. Ick hebbe se Machnow Karln jeborgt.

FRAU WOLFF, *nach einer Pause.* Wenn du bloß nich aso feige wärscht! – Da hätt'n mer schonn schnell a paar Meter Holz! – Da braucht mer uns gar nich erscht so schinden. – Da braucht mer ooch gar nich erscht weit zu gehn.

JULIUS. Laß mir man essen 'n Happen, ja!

FRAU WOLFF *gibt ihm ein Kopfstück.* Nu sei bloß nich immer so miseldrähtig. Ich will amal gutt sein, paß amal uff! *Eine Flasche Schnaps hervorholend und zeigend.* Hier! Siehste, das hab' ich der mitgebracht. Nu machste ooch glei a freindlich Gesichte! *Gießt ihrem Manne ein Glas voll.*

JULIUS *trinkt; nachher.* Det is... bei die Kälte – is det all – janz jut!

FRAU WOLFF. Na, siehste woll! Sorg' ich nu etwa fer dich?

JULIUS. Janz jut war det. Det war janz jut! *Er gießt sich aufs neue ein und trinkt.*

FRAU WOLFF, *nach einer Pause, Holz spaltend, dazwischen hier und da einen Bissen essend.* Der Wulkow – das is a rechter Halunke. A tutt doch immer, als wenn's 'n schlecht ginge.

JULIUS. Der soll man still sind – all – der – mit sein – – Handel. –

FRAU WOLFF. Du hast doch geheert, mit dem Biberpelz.

JULIUS. Ick hebb' – nischt jehört all.

FRAU WOLFF, *gezwungen leichthin.* 's Mädel erzählte doch von d'r Frau Kriegern, se hat doch'm Krieger an Pelz geschenkt.

JULIUS. Die Leite – hebben's ja, det...

FRAU WOLFF. Na ja, da meente doch Wulkow... Du hast's doch geheert! Wenn a so an Pelz amal kriegen kennte, da wollt' a gleich sechszig Taler geben.

JULIUS. Der soll sich – all selber de Finger verbrenn.

FRAU WOLFF, *nach einer Pause, ihrem Manne eingießend.* I, trink man noch eenen!

JULIUS. Denn immer... immerzu – all – wat... *Frau Wolff holt ein Oktavbüchelchen hervor und blättert darin.* Wie viel hebben wir denn seit Juli verdrübert?

FRAU WOLFF. Halt dreißig Taler sein abgezahlt.

JULIUS. Denn bleiben noch all – all...?

FRAU WOLFF. Sein immer noch sibzig. Ma kommt halt uff die Art gar nich recht weiter. So fufzig – sechzig Taler uff eemal, wenn ma die uff eemal so hinleg'n kennte. Da wär' doch d'r Grund und Boden bezahlt. Da könnt' ma so hundert bis zwee wieder uffnehmen und vielleicht a paar hibsche Stub'n uffbaun. An Sommergast kenn mer doch so nich uffnehmen: und Sommergäste, die bringen's hauptsächlich.

JULIUS. Na, immerzu – all –

FRAU WOLFF, *resolut.* Du bist a zu langsamer Mensch, Julian. Hätt'st du woll das Grundstick gekooft, hä? Nu? Und wenn mersch jetzt wieder wollten verkoofen, da könnt mer schonn's Doppelte kriegen. Ich hab' ne ganz andere Temperatur. Wenn du bloß meine Temperatur hätt'st...

JULIUS. Ick arbeete doch – wat nützt denn det alles!

FRAU WOLFF. Mit dem bissel Arbeiten wirschte weit komm.

JULIUS. Ick kann doch nich stehlen. Ick soll woll – all rinfallen.

FRAU WOLFF. De bist eben tumm und mußt ooch tumm bleiben. Hier hat kee Mensch von stehln gered't. Wer halt nich wagt, der gewinnt ooch nich. Und wenn de erscht reich bist, Julian, und kannst in der Eklipage sitzen, da fragt dich kee Mensch nich, wo de's her hast. Ja, wenn ma's von armen Leiten nähme! Aber wenn mer nu wirklich – und gingen zu Kriegern und lad'ten de zwee Meter Holz uff a Schlitten und stellten se drum'n bei uns in a Schuppen, da sein die Leite noch lange nich ärmer.

JULIUS. Holz? Wat soll det nu widder sin – mit det Holz?

FRAU WOLFF. Du bekimmerscht dich eben reene um gar nischt. Deine Tochter, die kann ma zu Tode schinden. Holz hat se solln reinräumen, abens um zehne, un deswegen is se davongeloofen. Aso was läßt du d'r ruhig gefalln. Womeeglich gibbste dem Kinde Kallasche und jagst se noch zu da Leiten zuricke.

JULIUS. Jewiß doch! – Tu' ick! – Det sollt' mir infalln...

FRAU WOLFF. Bei so was muß immer 'ne Strafe sein. Wer mich haut, sprech' ich, den hau' ich wieder –

JULIUS. Na, hebb'n se all det Mächen jehaut?

FRAU WOLFF. Na, wenn se is fortgeloofen, Julian?! Nee, nee, mit dir is nischt anzufang'n. Nu liegt das Holz uff d'r Gasse draußen. Na, wenn ich nu sagte, mer wolln gehn, schind'st du meine Kinder, da nehm' ich dei Holz – du wärscht mer a scheenes Gesichte schneiden.

JULIUS. Det will ick man ja nich... Wat ick mir vor koofe. Ick kann ooch all mehr wie Brot essen. I, ick will mir – det ausjebeten hebb'n, det so wat... det Schlagen nich mehr vorkommt.

FRAU WOLFF. Nu rede nich erscht und hol deine Strippe. Zeig lieber a Leiten, daß de Krien hast. In eener Stunde is alles gemacht. Dann gehn mer schlafen, und damit gutt. Und morgen brauchste nich in a Wald, da hab'n mer Holz, mehr wie mer brauchen.

JULIUS. Na, wenn et rauskommt, mir is et eenjal.

FRAU WOLFF. Warum nich gar! Weck bloß nich de Mädel.

MITTELDORF, *von außen.* Frau Wolffen, Frau Wolffen, sind Se noch wach?

FRAU WOLFF. Na freilich, Mitteldorf, komm Se ock rein! *Sie öffnet die Tür.*

MITTELDORF *tritt ein, im abgetragenen Dienstanzug und Überzieher. Sein Gesicht hat etwas Mephistophelisches. Seine Nase zeigt alkoholische Rötung. Er ist in seinem Auftreten sanft, fast schüchtern. Er spricht langsam und schleppend und ohne eine Miene zu verziehen.* Ju'n Abend, Frau Wolffn.

FRAU WOLFF. Gu'n Nacht, wolln Se woll sagen.

MITTELDORF. Ick bin schon vorhin mal hier jewesen. Erst war es mir so: ick sähe Licht, denn war et mit eenmal jänzlich dunkel. 't hat mir ooch keener weiter jeantwort't. Nu hab' ick et aber janz deitlich jesehn, dat diesmal Licht wa, un da komm' ick noch ma.

FRAU WOLFF. Was bringen Se mir denn nu, Mitteldorf?

MITTELDORF *hat sich gesetzt, sinnt eine Weile und spricht dann.* Deswegen bin ick ja herjekomm. Ick habe was von de Frau Amtsvorsteher.

FRAU WOLFF. Ich soll woll waschen kommen, hä?

MITTELDORF *zieht die Augenbrauen nachdenklich herauf, spricht dann.* Jawoll!

FRAU WOLFF. Wenn d'n da?

MITTELDORF. – Morjen. – Morjen früh. –

FRAU WOLFF. Das sagen Se mer in der Nacht um zwölwe?

MITTELDORF. Et is morjen Waschdach bei de Frau Vorsteher.

FRAU WOLFF. Das muß ma doch a paar Tage vorher wissen.

MITTELDORF. Jewiß doch. Machen Se man keen Lärm. Ick hab' et mal wieder verjessen jehabt. Mir jeht so ville in Kopp herum, det ick eemal so wat zu leicht verschwitze.

FRAU WOLFF. Na, Mitteldorf, da wer ich's schon einrichten. Mir stehn ja uff gutem Fuße mitnander. Sie hab'n aso schonn genung uff'm Puckel mit Ihren elf Kindern zu Hause, gelt? Was brauchen Sie sich noch schlechtmachen lassen!

MITTELDORF. Wenn Se morjen nich komm, Mutter Wolffen, denn jeht et mir madich schlecht morjen früh.

FRAU WOLFF. Ich wer schon komm'm, lassen Se's gutt sein. Da, trinken S' amal! Ma kann's gebrauchen. *Sie gibt ihm Grog.* Ich hatte noch grade a bissel heeß Wasser. Mir gehn nämlich heite noch uff de Reise. Nach fetten Gänsen nieber uff Treptow. Am Tage hat ma doch keene Zeit. 's is doch nu eemal nich andersch bei uns. A Armes schind't sich halt Tag und Nacht. A Reiches liegt derfire im Bette.

MITTELDORF. Ick bin jekündigt, wissen Se schon? Der Amtsvorsteher hat mir jekündigt. Ick bin nich scharf jenug uff de Leute.

FRAU WOLFF. Da soll eens woll sein wie a Kettenhund?

MITTELDORF. Ick jinge am liebsten ja nich zu Hause; denn wenn ick komme, denn jibt et Zank. Denn weeß ick mir nich ze retten vor Vorwürfe.

FRAU WOLFF. I, halten Se sich de Ohren zu!

MITTELDORF. Nu jeht man mal'n bißken int Wirtshaus, det de Sorjen een nich janz unterkriejen: det soll man nu ooch nich. Ja nischt soll man! Nu hab' ick heute wieder jesessen, 't hat all eener uffjelegt 'n Fäßchen –

FRAU WOLFF. Sie wern sich doch vor an Weibe nich ferchten. Wenn se halt schimpft, denn schimpfen Se wieder, und wenn se haut, denn haun Se wieder. Nu komm Se mal her, Sie sind länger wie mir. Nu lang Se amal das Kupsel da runter. Du, Julian, mach der a Schlitten zurecht. *Julius ab.* Wie ofte soll ich d'r das d'n sag'n. *Mitteldorf holt von einem hohen Wandbrett Strippen und Zugstricke herunter.* A großen Schlitten machste zerechte. De Strippen geben Se ooch gleich runter.

JULIUS, *von außen.* Ick kann nich sehn.

FRAU WOLFF. Was kannste nich?

JULIUS *erscheint in der Tür.* Ich kann den Schlitten alleene nich rauskriejen. Et liecht ja drunter und drüber allens. Un ohne Licht jeht et nu schon ja nich.

FRAU WOLFF. Du weeßt d'r nu eemal schonn keen Rat. *Sie schlingt sich hastig Brust- und Kopftuch um.* Na wart ock, ick wer der helfen komm. Dort die Laterne, Mitteldorf! *Mitteldorf nimmt mühsam eine Laterne herunter und gibt sie Frau Wolff.* So, dank' scheen! *Sie steckt das Licht in die Laterne.* Das steck mer hier rein, und nu kenn mer gehn. Jetzt wer ich der helfen a Schlitten rausziehn. *Sie geht mit der Laterne voran. Mitteldorf folgt. In der Tür wendet sie sich und übergibt Mitteldorf die Laterne.* Sie kenn uns a bissel leichten d'rzu!

MITTELDORF, *leuchtend und vor sich hinsingend, ab.* Morgenro-ot, Morgenro-ot...

ZWEITER AKT

Amtszimmer beim Amtsvorsteher von Wehrhahn: großer, weißgetünchter, kahler Raum mit drei Fenstern in der Hinterwand. In der linken Wand die Eingangstür. An der Wand rechts der lange Amtstisch mit Büchern, Akten usw. belegt; hinter ihm der Stuhl für den Amtsvorsteher. Am Mittelfenster Tisch und Stuhl für den Schreiber. Ein Schrank aus weichem Holz vorn rechts, dem Amtsvorsteher, wenn er auf dem Stuhle sitzt, zur Hand, enthält die Bücher. Aktenregale verkleiden die Linkswand. Sechs Stühle stehen ganz vorn, von der Linkswand an in einer Reihe. Man sieht die eventuell Daraufsitzenden von rückwärts. – Es ist ein heller Wintervormittag. Der Schreiber Glasenapp sitzt kritzelnd auf seinem Platz. Er ist eine dürftige, bebrillte Persönlichkeit. Amtsvorsteher von Wehrhahn, ein Aktenfaszikel unterm Arm, tritt schnell ein. Wehrhahn ist gegen vierzig Jahre alt und trägt ein Monokel. Er macht den Eindruck eines Landjunkers. Seine Amtstracht besteht aus einem schwarzen, zugeknöpften Gehrock und hohen, über die Beinkleider gezogenen Schaftstiefeln. Er spricht nahezu im Fistelton und befleißigt sich militärischer Kürze im Ausdruck.

WEHRHAHN, *nebenhin, wie ein Überbürdeter.* Mojen!

GLASENAPP, *steht auf.* Jehorsamer Diener, Herr Amtsvorsteher.

WEHRHAHN. Was vorjefalln, Glasenapp?

GLASENAPP, *stehend in Papieren blätternd.* Habe zu melden, Herr Amtsvorsteher – da war zuerst... ja! Der Jastwirt Fiebig. Er bittet um die Erlaubnis, Herr Vorsteher, am nächsten Sonntag Tanzmusik abhalten zu dürfen.

WEHRHAHN. Ist das nicht... sagen Sie doch mal: Fiebig? hat einer doch neulich den Saal herjejeben...?

GLASENAPP. Für die Freisinnigen. Zu Befehl, Herr Baron!

WEHRHAHN. Derselbe Fiebig?

GLASENAPP. Jawohl, Herr Baron!

WEHRHAHN. Dem wolln wir mal bißchen Kandare anlegen!

Amtsdiener Mitteldorf tritt ein.

MITTELDORF. Jehorsamer Diener, Herr Baron!

WEHRHAHN. Hören Sie mal: ein für allemal – im Dienste bin ich der Amtsvorsteher.

MITTELDORF. Jawohl. Zu Befehl, Herr Bar – Herr Amtsvorsteher, wollt' ich sagen.

WEHRHAHN. Nun merken Sie sich das endlich mal: daß ich Baron bin, ist Nebensache. Kommt hier wenigstens gar nicht in Betracht. *Zu Glasenapp.* Nun bitte, ich möchte weiterhören. War denn der Schriftsteller Motes nicht da?

GLASENAPP. Jawohl, Herr Amtsvorsteher.

WEHRHAHN. So. War also da? Da bin ich doch außerordentlich neugierig. Er wollte doch hoffentlich wiederkommen?

GLASENAPP. So gegen halb zwölwe will er wieder hier sein.

WEHRHAHN. Hat er Ihnen vielleicht was gesagt, Glasenapp?

GLASENAPP. Er kam in Sachen des Dr. Fleischer.

WEHRHAHN. Nun sagen Sie doch mal, Glasenapp, ist Ihnen der Dr. Fleischer bekannt?

GLASENAPP. Ich weiß nur: er wohnt in der Villa Krüger.

WEHRHAHN. Wie lange ist der Mann schon am Ort?

GLASENAPP. Zu Michaeli bin ich gekommen.

WEHRHAHN. Na ja, Sie kamen mit mir zugleich, ich bin jetzt zirka vier Monate hier.

GLASENAPP, *mit einem Blick auf Mitteldorf.* Ich denke, der Mann muß zwei Jahre hier sein.

WEHRHAHN, *zu Mitteldorf.* Sie können ja wohl keine Auskunft geben.

MITTELDORF. Zu dienen – Michaeli vorm Jahr.

WEHRHAHN. Wie? Ist der Mann da hierhergezogen?

MITTELDORF. Zu dienen – von Berlin, Herr... Herr Amtsvorsteher.

WEHRHAHN. Ist Ihnen der Mensch vielleicht näher bekannt?

MITTELDORF. Ich weiß bloß, een Bruder is Theaterkassier.

WEHRHAHN. Ich habe ja nicht nach dem Bruder gefragt. Was treibt der Mann? – Was tut er? Was ist er?

MITTELDORF. Da kann ich nu ooch nischt Genaues sachen. Bloß det er krank is, det sachen de Leute. Er leidet ja wohl an de Zuckerkrankheit.

WEHRHAHN. An was der Mann leidet, is mir egal. Der kann Sirup schwitzen, wenn's ihm Spaß macht. – Was ist er?

GLASENAPP *zuckt die Achseln.* Er nennt sich Provatjelehrter.

WEHRHAHN. Pri! Pri! nicht Pro – Privatgelehrter.

GLASENAPP. Der Buchbinder Hugk hat Bücher von ihm. Er läßt alle Woche welche einbinden.

WEHRHAHN. Ich möchte mal sehn, was der Mann so liest.

GLASENAPP. Der Briefträger meint, er hält zwanzig Zeitungen. Auch demokratische sind mit drunter.

WEHRHAHN. Sie können mir Hugk mal hierherbestellen.

GLASENAPP. Jleich?

WEHRHAHN. Bei Jelegenheit. Morjen, übermorjen. Er mag mal so'n paar Bücher mitbringen. *Zu Mitteldorf.* Sie scheinen den janzen Tach zu schlafen – oder hat der Mann vielleicht gute Zigarren?

MITTELDORF. Herr Vorsteher...!

WEHRHAHN. Na, das lassen Sie man. Ich sehe mir meine Leute schon an. Das hat mein Herr Vorgänger so einreißen lassen. Allmählich wird das schon anders werden. – Für eine Polizeiperson ist es schmählich, sich von irgendwem regalieren zu lassen. Ihnen selbstverständlich böhmische Berge. *Zu Glasenapp.* Hat Motes nicht etwas Bestimmtes jesagt?

GLASENAPP. Bestimmtes hat er mir nicht gesagt. Er meinte, der Herr Vorsteher wüßte schon...

WEHRHAHN. Das heißt: ich weiß nur ganz Allgemeines. Ich hatte den Mann ja schon längst im Auge. Ich meine natürlich den Dr. Fleischer. Herr Motes hat es mir nur bestätigt, daß ich den Patron ganz richtig erkannt habe. – Was hat denn Motes so für einen Leumund? *Glasenapp und Mitteldorf sehen einander an. Glasenapp zuckt die Achseln.* Pumpt sich wohl rum, was?

GLASENAPP. Er sagt ja, er hat seine Pension.

WEHRHAHN. Pension?

GLASENAPP. Er hat doch'n Schuß ins Auge bekommen.

WEHRHAHN. Wär' also so 'ne Art Schmerzensjeld.

GLASENAPP. Se werden verzeihen, Herr Amtsvorsteher. Ick jloobe, der Mann hat mehr die Schmerzen. Von Geld hat noch keener bei dem was bemerkt.

WEHRHAHN, *belustigt.* Ist sonst eine Sache von Bedeutung?

GLASENAPP. Nur Kleinigkeiten, Herr Amtsvorsteher. 'ne Dienstabmeldung –

WEHRHAHN. Schon gut, schon gut. Haben Sie vielleicht mal was läuten hören, daß Fleischer die Zunge nicht recht im Zaum hält?

GLASENAPP. Nicht daß ich grade im Augenblick wüßte.

WEHRHAHN. Man hat mir das nämlich hinterbracht. Er führe ungesetzliche Reden auf alle möglichen hohen Personen. Es wird sich ja übrigens alles zeigen. Nun wollen wir doch an die Arbeit jehn. Ja, Mitteldorf, haben Sie etwa noch was?

MITTELDORF. Es soll heut nacht 'n Diebstahl verübt sein.

WEHRHAHN. 'n Diebstahl? Wo?

MITTELDORF. In der Villa Krüger.

WEHRHAHN. Was ist denn gestohlen?

MITTELDORF. Knüppelholz.

WEHRHAHN. In der letztvergangenen Nacht, oder wann?

MITTELDORF. Vergangene Nacht.

WEHRHAHN. Von wem haben Sie's denn?

MITTELDORF. Ich hab' es...

WEHRHAHN. Na, also, von wem denn?

MITTELDORF. Ich hab' es... ich hab' es von Herr Fleischer jehört.

WEHRHAHN. So! Mit dem Mann unterhalten Sie sich...?

MITTELDORF. Herr Krüjer hat es auch selber erzählt.

WEHRHAHN. Der Mann ist der reine Querulant. Der Mann schreibt mir wöchentlich drei Briefe. Bald hat man ihn übers Ohr gehauen, bald hat man ihm seinen Zaun zerbrochen, bald hat man ihm seine Grenze verrückt. Nur Scherereien auf Scherereien.

MOTES *tritt ein. Er lacht im Reden fast fortwährend nervös.* Jehorsamer Diener, Herr Amtsvorsteher.

WEHRHAHN. Da sind Sie ja. Freut mich, daß Sie kommen. Da können Sie mir vielleicht gleich mal sagen: bei Krüger soll ja jestohlen sein?

MOTES. Ich wohne nicht mehr in der Villa Krüger.

WEHRHAHN. Und haben auch sonst nichts jehört, Herr Motes?

MOTES. Jehört hab' ich wohl, aber nichts Jenaues. Als ich jetzt bei der Villa vorüberkam, da suchten sie beide die Spuren im Schnee.

WEHRHAHN. So? Dr. Fleischer ist ihm behülflich – da sind sie wohl ziemlich dick befreundet?

MOTES. Ein Herz und eine Seele, Herr Vorsteher.

WEHRHAHN. Ja, was nun den Fleischer anbelangt – das interessiert mich vor allen Dingen. Bitte, setzen Sie sich. – Ich kann Ihnen sagen, ich habe die halbe Nacht nicht jeschlafen. Die Sache hat mich nicht schlafen lassen. Sie haben mir da einen Brief geschrieben, der mich außerordentlich aufgeregt hat. – Das ist nun freilich Sache der Anlage. Meinen Vorgänger würde das nicht gestört haben. – Ich meinesteils habe mich fest entschlossen, was man so sagt, durch- und durchzudrücken. Meine Aufgabe hier ist: mustern und säubern. – Was hat sich im Schutze meines Herrn Vorgängers nicht alles für Kehricht hier angesammelt! Dunkle Existenzen, politisch verfemte, reichs- und königsfeindliche Elemente. Die Leute sollen zu stöhnen bekommen. – Nun also, Herr Motes, Sie sind Schriftsteller?

MOTES. Für forst- und jagdliche Sachen, jawohl.

WEHRHAHN. Da schreiben Sie so in Forst- und Jagdzeitungen? Apropos: und können Sie denn davon leben?

MOTES. Wenn man eingeführt is wie ich, Herr Baron. Ich hab' Jott sei Dank mein schönes Auskommen.

WEHRHAHN. Sie sind ein gelernter Forstmann, wie?

MOTES. Ich war auf Akademie, Herr Vorsteher. In Eberswalde hab' ich studiert. Kurz vor dem Examen betraf mich das Unglück...

WEHRHAHN. Ach ja, Sie tragen ja eine Binde.

MOTES. Ich verlor ein Auge auf Jachd, Herr Baron. Ich bekam ein Schrotkorn ins rechte Auge, von wem, war leider nicht zu ermitteln. Da mußte ich denn die Karriere aufgeben.

WEHRHAHN. Also Pension bekommen Sie nicht?

MOTES. Nein. Ich habe mich nun auch so ziemlich durchgefressen. Mein Name ist doch nun schon ziemlich genannt.

WEHRHAHN. Hm. – Ist Ihnen vielleicht mein Schwager bekannt?

MOTES. Herr Oberförster von Wachsmann, jawohl. Ich korrespondiere viel mit ihm, und außerdem sind wir Vereinsgenossen: Verein zur Züchtung von Vorstehhunden.

WEHRHAHN, *einigermaßen aufatmend.* So! sind Sie also mit ihm bekannt?! Das ist mir ja angenehm zu hören. Das erleichtert die Sache ja wesentlich und begründet das gegenseitige Vertrauen. Da hindert uns ja nun nichts mehr, Herr Motes. – Sie schrieben mir also in Ihrem Briefe, Sie hätten Gelegenheit gehabt, den Dr. Fleischer zu beobachten. Erzählen Sie doch mal, was Sie wissen.

MOTES *räuspert sich.* Als ich... als ich vor einem Jahre zirka die Villa Krüger bezog, Herr Baron, da hatte ich keine Ahnung davon, mit wem ich zusammengeraten würde.

WEHRHAHN. Sie kannten weder Krüger noch Fleischer?

MOTES. Nein, wie das so ist – in einem Hause. Ich konnte mich nicht so recht zurückziehen.

WEHRHAHN. Was kamen denn da so für Leute ins Haus?

MOTES, *mit bezeichnender Handbewegung.* Ach!

WEHRHAHN. Ich verstehe.

MOTES. Krethi und Plethi. Demokraten.

WEHRHAHN. Gab es regelmäßig Zusammenkünfte?

MOTES. Alldonnerstäglich, soviel ich weiß.

WEHRHAHN. Da wollen wir doch mal ein Augenmerk drauf haben. – Verkehren Sie jetzt nicht mehr mit den Leuten?

MOTES. Es war mir zuletzt nicht mehr möglich, Herr Vorsteher.

WEHRHAHN. Es war Ihnen widerwärtig, was?

MOTES. Es war mir gänzlich zuwider geworden.

WEHRHAHN. Das ganze ungesetzliche Wesen, das freche Gespött über hohe Personen, das konnten Sie alles zuletzt nicht mehr anhören?

MOTES. Ich blieb, weil ich dachte, wer weiß, wozu's gut ist.

WEHRHAHN. Aber endlich haben Sie doch jekündigt?

MOTES. Ich bin jezogen, jawohl, Herr Baron.

WEHRHAHN. Und endlich haben Sie sich entschlossen...

MOTES. Ich habe es für meine Pflicht gehalten.

WEHRHAHN. ...die Behörde davon zu unterrichten. – Das finde ich sehr ehrenwert von Ihnen. – Er hat also so ein Wort gesagt – wir werden ja später protokollieren –, auf eine Persönlichkeit bezüglich, die uns allen ehrfurchtgebietend hochsteht.

MOTES. Jewiß, Herr Baron, das hat er jesagt.

WEHRHAHN. Das würden Sie eventuell beeiden?

MOTES. Das würde ich eventuell beeiden.

WEHRHAHN. Sie würden es auch beeiden müssen.

MOTES. Jawohl, Herr Baron.

WEHRHAHN. Das beste wäre ja allerdings, wir könnten noch einen Zeugen bekommen.

MOTES. Ich müßte mich umsehen, Herr Baron. Nur wirft der Mann so mit Geld herum, daß...

WEHRHAHN. Ach, warten Sie mal, da kommt schon der Krüger. Ich will doch den Mann lieber vorher abfertigen. Ich bin Ihnen jedenfalls sehr dankbar, daß Sie mich so tatkräftig unterstützen. Man ist darauf geradezu angewiesen, wenn man heutzutage was ausrichten will.

KRÜGER *tritt hastig und erregt ein.* Ach Chott! Ach Chott! Chuten Tag, Herr Vorsteher.

WEHRHAHN, *zu Motes.* Entschuldigen Sie einen Augenblick! *Hochmütig inquirierend zu Krüger.* Was wünschen Sie denn?

Krüger ist ein kleiner, etwas schwerhöriger, fast siebzigjähriger Mann. Er geht schon etwas gebückt, mit der linken

Schulter ein wenig geneigt, ist aber im übrigen noch sehr rüstig und unterstützt seine Worte mit heftigen Handbewegungen. Er trägt eine Pelzmütze, die er im Amtslokale in der Hand behält, einen braunen Winterüberzieher, um den Hals einen dicken Wollschal.

KRÜGER, *mit Ärger geladen, platzt heraus.* Pestohlen bin ich, Herr Amtsvorsteher. *Er wischt sich, verschnaufend, mit dem Taschentuch den Schweiß von der Stirn und sieht dem Vorsteher nach Art der Schwerhörigen starr auf den Mund.*

WEHRHAHN. Bestohlen? Hm!

KRÜGER, *schon gereizt.* Jawohl, bestohlen. Ich bin bestohlen. Man hat mir zwei Meter Holz entwendet.

WEHRHAHN, *mit halbem Lächeln bei den Anwesenden umblikkend, leichthin.* Es ist doch sonst in der letzten Zeit hier nicht das jeringste vorjekommen.

KRÜGER, *die Hand am Ohr.* Was? Nicht das keringste. Du lieber Chott! Dann steh' ich vielleicht zum Spaße hier?

WEHRHAHN. Sie brauchen deswegen nicht ausfällig zu werden. Wie heißen Sie übrigens?

KRÜGER *stutzt.* Wie ich heiße?

WEHRHAHN. Ja, wie Sie heißen?

KRÜGER. Ist Ihnen mein Name noch nicht bekannt? Ich denke, wir hatten schon das Vergnügen.

WEHRHAHN. Bedaure. Ich wüßte mich kaum zu erinnern. Das wäre schließlich hier auch ganz gleichgültig.

KRÜGER, *resigniert.* Ich heiße Krüger.

WEHRHAHN. Rentier vielleicht?

KRÜGER, *heftig, ironisch, überstürzt.* Jawohl. Rentier und Hausbesitzer.

WEHRHAHN. Ich bitte, legitimieren Sie sich.

KRÜGER. Leg... legitimieren? Krüger heiß' ich. Da wollen wir doch nicht erst Umstände machen. Ich wohne seit dreißig Jahren hier. Mich kennt ja ein jedes Kind auf der Straße.

WEHRHAHN. Wie lange Sie hier sind, geht mich nichts an. Ihre Identität will ich hier nur feststellen. Ist Ihnen der — Herr bekannt, Herr Motes? *Motes erhebt sich halb mit einem bösen Gesicht.* Ach so, ich verstehe. Bitte, setzen Sie sich. Nun also, Glasenapp?

GLASENAPP. Ja! Zu dienen. Es ist der Herr Rentier Krüger von hier. — —

WEHRHAHN. Gut. — Holz ist Ihnen also gestohlen?

KRÜGER. Ja. Holz. Zwei Meter kieferne Knüppel.

WEHRHAHN. Haben Sie das Holz im Schuppen gehabt?

KRÜGER, *wieder heftig werdend*. Das ist wieder eine Sache für sich. Das ist eine kanz besondere Klage.

WEHRHAHN, *ironisch und flüchtig zu den andern hinüberlachend, leichthin*. Schon wieder eine?

KRÜGER. Was meinen Sie?

WEHRHAHN. Nichts. Reden Sie nur gefälligst weiter. Das Holz war also wohl nicht im Schuppen?

KRÜGER. Das Holz war im Karten. Das heißt: vor dem Karten.

WEHRHAHN. Mit andern Worten: es lag auf der Straße?

KRÜGER. Es lag vor dem Karten auf meinem Grundstück.

WEHRHAHN. Daß jeder ohne weiteres dazukonnte?

KRÜGER. Und das ist eben die Schuld des Tienstmädchens. Sie sollte das Holz am Abend hereinräumen.

WEHRHAHN. Da hat sie's verschwitzt?

KRÜGER. Sie hat sich keweigert. Und als ich weiter darauf bestand, da ist sie mir schließlich davongelaufen. Nun werd' ich dafür die Eltern verklagen. Ich peanspruche vollen Schadenersatz.

WEHRHAHN. Das halten Sie immerhin, wie Sie wollen. Aber helfen wird es wohl nicht viel. – Ist Ihnen nun irgend jemand verdächtig?

KRÜGER. Nein. Hier ist ja alles verstohlenes Pack.

WEHRHAHN. Vermeiden Sie, bitte, das Verallgemeinern. – Sie müssen mir doch etwas an die Hand geben.

KRÜGER. Ich werde doch nicht einen Menschen beschuldigen auf jutes Glück.

WEHRHAHN. Wer wohnt außer Ihnen in Ihrem Hause?

KRÜGER. Herr Dr. Fleischer.

WEHRHAHN, *gleichsam nachsinnend*. Dr. Fleischer? Dr. Fleischer? Der Mann ist –? was?

KRÜGER. Ist krundgelehrt. Ein krundgelehrter Mann, jawohl.

WEHRHAHN. Sie beide sind sehr intim miteinander?

KRÜGER. Mit wem ich intim bin, ist meine Sache. Das kehört auch kar nicht hierher, wie mich dünkt.

WEHRHAHN. Wie soll man schließlich da etwas ermitteln? Sie müssen mir doch einen Fingerzeig geben.

KRÜGER. Ich muß? Du lieber Chott ja! Ich muß? Mir werden zwei Meter Holz kestohlen. Ich komme den Tiebstahl einfach anzeigen...

WEHRHAHN. Sie müssen doch eine Vermutung haben. Das Holz muß doch jemand gestohlen haben.

KRÜGER. Wa–? Ja – ich nicht! Ich chanz kewiß nicht.

WEHRHAHN. Aber, lieber Mann...

KRÜGER. Wa–? Ich heiße Herr Krüger.

WEHRHAHN, *einlenkend, scheinbar gelangweilt*. Ä! – Na, Glasenapp, protokollieren Sie also. – Was ist denn nun mit dem Mädchen, Herr Krüger? Das Mädchen ist Ihnen fortgelaufen?

KRÜGER. Ja, chanz kewiß – zu den Eltern zurück!

WEHRHAHN. Sind die Eltern am Ort?

KRÜGER. Was für ein Wort?

WEHRHAHN. Ob die Eltern des Mädchens hier am Ort sind?

GLASENAPP. Es ist die Tochter der Waschfrau Wolffen.

WEHRHAHN. Der Wolffen, die heute bei uns wäscht, Glasenapp?

GLASENAPP. Zu befehlen, Herr Vorsteher.

WEHRHAHN, *kopfschüttelnd*. Äußerst merkwürdig! – Diese fleißige, ehrenhafte Person. *Zu Krüger*. Verhält es sich so? Die Tochter der Wolffen?

KRÜGER. Es ist die Tochter der Waschfrau Wolff.

WEHRHAHN. Und ist das Mädchen zurückgekommen?

KRÜGER. Bis heute noch nicht zurückgekommen.

WEHRHAHN. Dann wollen wir doch mal die Wolffen rufen. He, Mitteldorf! Sie sind wohl sehr müde? Na, gehen Sie mal rüber über den Hof. Die Wolffen soll gleich mal zu mir kommen. Ich bitte, setzen Sie sich, Herr Krüger.

KRÜGER, *Platz nehmend, seufzt*. Ach Chott, ach Chott, das ist so ein Leben!

WEHRHAHN, *halblaut zu Motes und Glasenapp*. Ich bin doch neugierig, was da herauskommt. Da muß irgend etwas nicht ganz stimmen. Ich halte nämlich sehr viel von der Wolffen. Das Weibsbild arbeitet wie vier Männer. Meine Frau sagt, wenn die Wolffen nicht kommt, so braucht sie statt ihrer zwei Frauen zum Waschen. – Sie hat auch gar nicht üble Ansichten.

MOTES. Ihre Töchter sollen zur Oper gehen...

WEHRHAHN. Na ja, da mag wohl 'ne Schraube los sein. Ist aber doch kein Charakterfehler. Was haben Sie denn da hängen, Herr Motes?

MOTES. Drahtschlingen. Ich bring' sie dem Förster Seidel.

WEHRHAHN. Ach, zeigen Sie doch mal her so'n Ding. *Er hält*

eine und betrachtet sie nahe. Da muß so'n Stück Wild nun so langsam erwürgen.

Die Wolffen tritt ein, hinter ihr Mitteldorf. Sie trocknet sich noch die vom Waschen nassen Hände.

FRAU WOLFF, *unbefangen, heiter, mit einem flüchtigen Blick auf die Drahtschlingen.* Hier bin ich! Was hat's nu? Was gibbt's mit der Wolffen?

WEHRHAHN. Frau Wolff, ist Ihnen der Herr bekannt?

FRAU WOLFF. Na, welcher Herr d'n? *Mit dem Finger auf Krüger weisend.* Der hier? Das is Herr Krieger. Den wer ich woll etwa kenn, nich wahr? Guten Morgen, Herr Krieger.

WEHRHAHN. Ihre Tochter ist bei Herrn Krüger im Dienst?

FRAU WOLFF. Wer? Meine Tochter? Jawoll! Leontine. *Zu Krüger.* Das heeßt: se is Ihn ja fortgeloofen.

KRÜGER, *wütend.* Ja, allerdings!

WEHRHAHN, *unterbrechend.* Ach, warten Sie mal.

FRAU WOLFF. Was habt er'n da eenklich mitnander gehabt?

WEHRHAHN. Frau Wolffen, hören Sie mal auf mich. Ihre Tochter muß gleich in den Dienst zurückjehen.

FRAU WOLFF. I, nee, mer behalten se jetzt zu Hause.

WEHRHAHN. Das geht nich so einfach, wie Sie denken. Herr Krüger hat nötigenfalls das Recht, polizeiliche Hilfe anzurufen. Dann müßten wir Ihre Tochter zurückbringen.

FRAU WOLFF. Mei Mann hat sich's halt in a Kopp gesetzt. Er will se halt eemal durchaus nich mehr fortlassen. Un wenn sich mei Mann amal was in a Kopp setzt... Ihr Männer seid halt zu schrecklich jähzornig.

WEHRHAHN. Nu lassen Sie das mal gut sein, Frau Wolffen. Ihre Tochter ist seit wie lange zu Hause?

FRAU WOLFF. Seit gestern abend.

WEHRHAHN. Schön. Seit gestern. Sie hat sollen Holz in den Schuppen räumen und hat sich geweigert.

FRAU WOLFF. Wärsch doch! Geweigert! Das Mädel weigert Ihn keene Arbeit. Das hätt' ich dem Mädel ooch wolln anstreichen!

WEHRHAHN. Sie haben jehört, was Frau Wolff jesagt hat.

FRAU WOLFF. Das Mädel is immer willig gewesen. Wenn die mir hätt' eemal'n Handgriff verweigert...

KRÜGER. Sie hat sich keweigert, das Holz reinzutragen.

FRAU WOLFF. Ja, Holz reinschleppen, de Nacht um halb elwe, wer das von so an Kinde verlangt – –

WEHRHAHN. Das Wesentliche ist nun, Frau Wolffen: das Holz ist draußen liegengeblieben, und diese Nacht ist es gestohlen worden. Nun will...

KRÜGER *hält sich nicht mehr.* Sie werden tas Holz ersetzen, Frau Wolff.

WEHRHAHN. Das wird sich ja finden, warten Sie doch.

KRÜGER. Sie werden's mir Heller bei Pfennig ersetzen.

FRAU WOLFF. I, ja doch! Das wär' ane neie Mode! Hab' ich Ihn vielleicht Ihr Holz gestohlen?

WEHRHAHN. Na, lassen Sie sich mal den Mann erst beruhigen.

FRAU WOLFF. I, wenn mir Herr Krieger erst aso kommt, mit Holz bezahlen und solchen Sachen, da hat a bei mir kee Glicke nich. Ich bin zu a Leiten gewiß immer freindlich. Da kann sich kee Mensch ieber mich beklagen. Aber wenn's amal muß sein, warum denn nich? Da red' ich halt ooch amal frisch von der Leber. Ich tu' meine Pflicht, und damit is 's gutt. Da kann mir keener im Dorfe was nachsagen. Uff'm Koppe rumtrampeln lass' ich mir nich!

WEHRHAHN. Ereifern Sie sich nur nicht, Frau Wolff. Sie haben durchaus keinen Grund dazu. Bleiben Sie nur immer ruhig, ganz ruhig. Sie sind uns ja nicht mehr unbekannt. Daß Sie fleißig sind und ehrenhaft, das wird Ihnen wohl kein Mensch bestreiten. Was haben Sie also dagegen zu sagen?

KRÜGER. Die Frau kann kar nichts dagegen sagen!

FRAU WOLFF. Na nu, ihr Leute, nu schlägt's aber dreiz'n. Is denn das Mädel nich meine Tochter? Da soll ich nischt derzu sagen, hä? Da suchen Se sich ane Tumme aus, da kenn Se de Mutter Wolffen schlecht. Ich halte vor niemand nich hinterm Berge, und wenn's der Herr Vorschteher selber is. Viel weniger vor Ihn, das kenn Se mer glooben.

WEHRHAHN. Ich begreife ja Ihre Erregung, Frau Wolffen. Aber wenn Sie der Sache nützen wollen, so rate ich Ihnen, ruhig zu bleiben.

FRAU WOLFF. Da hat ma nu bei da Leiten gearbeit't. Zehn Jahre hab' ich de Wäsche gewaschen. Mer hab'n uns vertragen de ganze Zeit. Un nu uff eenmal wolln Se aso komm. Zu Ihn komm' ich nie mehr, das kenn Se mer glooben.

KRÜGER. Das prauchen Sie kar nicht. Es kibt andere Frauen, die waschen könn.

FRAU WOLFF. Und's Gemiese und's Obst aus Ihrem Garten, das kann Ihn ooch ane andre verkoofen.

KRÜGER. Das werde ich los, ta ist keine Angst. – Sie hätten bloß prauchen ein Prügel nehmen und Ihre Tochter zu mir zurückjagen.

FRAU WOLFF. Ich lasse meine Tochter nich schinden.

KRÜGER. Wer hat Ihre Tochter geschunden, frag' ich?

FRAU WOLFF, *zu Wehrhahn*. A halbes Gerippe is Ihn das Mädel.

KRÜGER. Dann soll sie nicht kanze Nächte durchtanzen.

FRAU WOLFF. Se schläft wie a Steen a ganzen Tag.

WEHRHAHN, *über Frau Wolff hinweg zu Krüger*. Wo hatten Sie denn das Holz gekauft?

FRAU WOLFF. Na, dauert die Sache hier noch lange?

WEHRHAHN. Weshalb denn, Frau Wolffen?

FRAU WOLFF. I, wegen der Wäsche. Wenn ich mer hier meine Zeit versteh', da kann ich ooch heite nich fertig wern.

WEHRHAHN. Das kommt hier nicht in Betracht, Frau Wolffen.

FRAU WOLFF. Und Ihre Frau? Was werd'n die sagen? Da machen Se's ock mit der aus, Herr Vorsteher.

WEHRHAHN. Es dauert ja nur noch eine Minute. – Da sagen Sie uns mal gleich, Frau Wolffen, Sie sind ja im Dorfe herum bekannt. Wem trauen Sie so einen Diebstahl zu? Wer könnte das Holz wohl gestohlen haben?

FRAU WOLFF. Da kann ich Ihn gar nischt sagen, Herr Vorschteher.

WEHRHAHN. Und haben Sie gar nichts Verdächt'ges bemerkt?

FRAU WOLFF. Ich war de Nacht erscht gar nich zu Hause. Ich mußte nach Treptow, Gänse einkoofen.

WEHRHAHN. Um welche Zeit war das?

FRAU WOLFF. Gleich nach zehne. Mitteldorf war ja derbei, als mer loszogen.

WEHRHAHN. Eine Holzfuhre ist Ihnen da nicht begegnet?

FRAU WOLFF. Nee, wißt' ich nich.

WEHRHAHN. Wie ist's, Mitteldorf, haben Sie nichts bemerkt?

MITTELDORF, *nach einigem Nachsinnen*. Mir is nichts Verdächtiges uffjestoßen.

WEHRHAHN. Na selbstverständlich, das wußt' ich vorher. *Zu Krüger*. Wo haben Sie also das Holz jekauft?

KRÜGER. Zu was müssen Sie denn das wissen? frag' ich.

WEHRHAHN. Sie werden das, denk' ich, mir überlassen.

KRÜGER. Natürlich doch bei der Forstverwaltung.

WEHRHAHN. Das ist doch durchaus nicht so natürlich. Es gibt doch zum Beispiel auch Holzjeschäfte. Ich kaufe zum Beispiel mein Holz bei Sandberg. Warum sollten Sie nicht beim Händler kaufen? Man kauft überdies beinahe profitabler.

KRÜGER, *ungeduldig*. Ich habe nicht länger Zeit, Herr Vorsteher.

WEHRHAHN. Was heißt das, Zeit? Sie haben nicht Zeit? Kommen Sie zu mir oder ich zu Ihnen? Nehme ich Ihre Zeit in Anspruch oder Sie die meine?

KRÜGER. Das ist Ihr Amt, dafür sind Sie hier.

WEHRHAHN. Bin ich vielleicht Ihr Schuhputzer, was?

KRÜGER. Habe ich vielleicht silberne Löffel gestohlen? Ich verbitte mir diesen Unteroffizierston!

WEHRHAHN. Da hört doch aber... Schreien Sie nicht so!

KRÜGER. Sie schreien, Herr!

WEHRHAHN. Sie sind halbtaub, da muß ich schreien.

KRÜGER. Sie schreien immer, Sie schreien jeden an, der hierherkommt.

WEHRHAHN. Ich schreie niemand an, schweigen Sie still!

KRÜGER. Sie spielen sich hier als wer weiß was auf. Sie schikanieren den ganzen Ort.

WEHRHAHN. Das kommt noch ganz anders, warten Sie nur. Ich werde Ihnen noch viel unbequemer.

KRÜGER. Das macht mir nicht den keringsten Eindruck. Ein Kernegroß sind Sie, weiter nichts. Sie wollen sich aufspielen, weiter nichts. Als ob Sie der König selber wären...

WEHRHAHN. Hier bin ich auch König!

KRÜGER *lacht aus vollem Halse*. Ha, ha, ha, ha! Das lassen Sie kut sein, in meinen Augen sind Sie kar nichts. Sie sind'n kanz simpler Amtsvorsteher. Sie müssen erst lernen, einer zu werden.

WEHRHAHN. Herr, wenn Sie nicht augenblicklich schweigen...

KRÜGER. Dann lassen Sie mich wohl arretieren? Das möchte ich Ihnen denn doch nicht raten. Das könnte Ihnen kefährlich werden.

WEHRHAHN. Gefährlich? Sie? *Zu Motes*. Haben Sie gehört? *Zu Krüger*. Und wenn Sie wühlen und intrigieren mit Ihrem ganzen lieblichen Anhang. Sie werden mich von der Stelle nicht fortbringen.

KRÜGER. Du lieber Chott! Ich gegen Sie wühlen? Dazu ist mir Ihre Person viel zu kleichgiltig. Wenn Sie sich nicht ändern, das glauben Sie mir, da richten Sie so viel Unheil an, daß Sie sich känzlich unmöglich machen.

WEHRHAHN, *zu Motes.* Herr Motes, man muß das Alter berücksichtigen.

KRÜGER. Ich bitte mich zu Protokoll zu vernehmen.

WEHRHAHN *wühlt in seinen Sachen.* Erstatten Sie bitte schriftlich Anzeige, ich habe im Augenblick keine Zeit.

KRÜGER *sieht ihn verblüfft an, wendet sich energisch und geht ohne Gruß hinaus.*

WEHRHAHN, *nach einer Verlegenheitspause.* Da kommen die Leute mit solchen Lappalien! – Äh! *Zu Frau Wolff.* Machen Sie, daß Sie zum Waschen kommen. – Ich sage Ihnen, mein lieber Motes, so'n Posten wird einem schwer gemacht. Wenn man nicht wüßte, für was man hier steht, da könnte man manchmal die Büchse ins Korn werfen. So aber heißt es: tapfer aushalten. Was ist es denn schließlich, für was man kämpft? Die höchsten Güter der Nation! –

DRITTER AKT

Morgens gegen acht Uhr in der Wohnung der Frau Wolff. Auf dem Herd kocht das Kaffeewasser. Frau Wolff sitzt auf einer Fußbank und zählt Geld auf die Platte eines Stuhls. Julius kommt herein, ein geschlachtetes Kaninchen tragend.

JULIUS. Stich du all bloß det Jeld beiseite.

FRAU WOLFF, *im Berechnen vertieft, grob.* I, hab dich nich! *Schweigen. Julius wirft das Kaninchen auf einen Schemel, dann greift er ziemlich unschlüssig nach diesem und jenem und fängt schließlich an, einen Stiefel zu schmieren. Man hört fern ein Jagdsignal blasen.*

JULIUS *horcht, dann ängstlich erregt.* Ob du woll det Jeld beiseite stichst!

FRAU WOLFF. Du sollst mich in Ruh' lassen, Julian. Laß du doch den dämlichen Motes blasen. Der is im Walde und denkt an nischt.

JULIUS. Bring du uns man noch nach Plötzensee!

FRAU WOLFF. Du sollst kee Blech reden. 's Mädel kommt!

ADELHEID *kommt, eben aufgestanden.* Juten Morjen, Mama!

FRAU WOLFF. Haste schön geschlafen?

ADELHEID. Ihr seid woll fort jewesen die Nacht?

FRAU WOLFF. Du wirscht woll geträumt haben – nu mach! Trag Holz herzu. Feder a bissel!

ADELHEID, *mit einer Apfelsine ballend, nach der Tür.*

FRAU WOLFF. Wo hast'n die her?

ADELHEID. Von Kaufmann Schöbel. *Ab.*

FRAU WOLFF. Du sollst von dem Kerle nischt geschenkt nehmen! – Nu komm amal, Julian! Heer amal druff! Hier hab' ich nu neununfufzig Taler. Das is doch nu eemal mit Wulkown immer. Um eenen wird ma doch immer beschummelt, denn sechszig hat a doch geb'n wollen. – Ich tu' se hier in a Beutel, verstehste! Nu nimm der 'ne Hacke, Julian, geh, mach der hinten im Ziegenstalle a Loch, aber unter der Krippe, wo's trocken is; da kannste a Beutel reintun, heerschte! Un an flachen Steen, den deckste mer drieber. Nu halt dich aber ni lange uff.

JULIUS. Ick denke, du willst all Fischern wat abzahln.

FRAU WOLFF. Ob de woll tun kannst, was ich d'r sage. Nu mähr nich erscht lange, haste verstanden?

JULIUS. Mach du mir nich eklich, sonst kriste wat druff all. Ick jeb' et nich zu, det det Jeld int Haus bleibt.

FRAU WOLFF. Wo soll's 'n da hinkommen?

JULIUS. Det nimmste und bringste bei Fischern hin. Du hast ja jesacht all, wir wolln mit wat abzahln.

FRAU WOLFF. Du bist doch a hagelshorntummer Kerl. Wenn du mich nich hätt'st, da wärschte verloren.

JULIUS. Schrei du man noch mehr!

FRAU WOLFF. Da muß man ooch schreien, wenn du aso tumm bist. Da red ni so tumm, da brauch' ich ni schreien. Wenn mir jetzt das Geld zu Fischern bringen, da paß amal uff, was uns da passiert.

JULIUS. Ick sach' et ja! mit die janze Jeschichte! Wat hab' ick davon, wenn ick sitzen muß!

FRAU WOLFF. Nu hast aber Zeit, daß de stille bist!

JULIUS. 'n bißken mehr schriegen kannste woll nich?

FRAU WOLFF. Ich wer mer deswegen kee ander Maul koofen. Du machst a Hallo... ich weeß gar ni wie, wegen so an bissel Geschichte da. Paß du bloß uff dich uff und nich uff mich. Hast a Schlissel schonn in de Spree geschmissen?

JULIUS. Na, bin ick denn schon ant Wasser jekomm?

FRAU WOLFF. Nu haste Zeit, daß de Beene machst. Se solln woll a Schlissel bei dir finden? *Julius will fort.* I, wart amal, Julian! Gib her a Schlissel!

JULIUS. Wat willst'n mit machen?

FRAU WOLFF, *den Schlüssel an sich nehmend.* Das geht dich nischt an, das is meine Sache. *Sie steckt den Schlüssel zu sich, schüttet Kaffee in die Kaffeemühle und fängt an zu mahlen.* Nu geh in a Stall, denn kommste un trinkst.

JULIUS. Det hätt' ick man sollen früher jewußt hebben. *Julius ab.*

Adelheid kommt herein, eine große Schürze voll Knüppelholz bringend.

FRAU WOLFF. Wo haste das Holz hergenommen?

ADELHEID. Na, halt von det neue Knüppelholz.

FRAU WOLFF. Du sollst von dem neuen Holze nich nehmen.

ADELHEID *läßt es vor dem Herd auf die Erde fallen.* Det schad't doch nischt, Mama, wenn et wechkommt.

FRAU WOLFF. Was du bloß weeßt! Was fällt'n dir ein? Wer du man erscht trocken hinter a Ohren!

ADELHEID. Ick weeß, wo et her is!

FRAU WOLFF. Was meenste denn, Mädel?

ADELHEID. Ick meene det Holz.

FRAU WOLFF. I, quaßle bloß nich. Das is uff d'r Auktion gekooft.

ADELHEID *spielt Ball mit der Apfelsine.* Ja, ja, wenn't man wah wär'. Det is ja stibietzt.

FRAU WOLFF. Was is es?

ADELHEID. Stibietzt. Det is ja det Holz von Krüjer, Mama. Det hat mir ja Leontine jesacht.

FRAU WOLFF *haut ihr ein Kopfstück.* Da haste 'ne Antwort. Mir sein keene Diebe. Nu geh und mach deine Schularbeiten. Und mach se sauber, das sag' ich dir. Ich komme nachher und seh' mersch an.

ADELHEID *ab ins Nebenzimmer.* Ick denke, ick kann jehn Schlittschuh loofen.

FRAU WOLFF. Und a Konfirmantenunterricht, den haste woll ganz und gar vergessen?

ADELHEID. Der is ja erst Dienstach.

FRAU WOLFF. Morgen is a. Lern du mer ja deine Bibelspriche. Ich komme nacher un ieberheer' dich.

ADELHEID *hört man im Nebenzimmer laut gähnen, dann sagen.* Jesus sprach zu seine Jünger: wer keen Löffel hat, ißt mit de Finger.

Julius kommt wieder.

FRAU WOLFF. Na, haste's ooch richtig gemacht, Julian?

JULIUS. Wenn't dir nich jefällt, denn mach't man alleene.

FRAU WOLFF. Weeß Gott! da tutt ma ooch immer am besten. *Sie gießt ihm und sich selbst je eine Obertasse voll Kaffee und stellt sie auf einen Holzstuhl, dazu Brot und Butter.* Dahier, trink Kaffee!

JULIUS, *sich setzend und Brot schneidend.* Wenn man bloß Wulkow hat fortjekonnt.

FRAU WOLFF. Na, bei dem Tauwetter.

JULIUS. Immerzu doch, Tauwetter!

FRAU WOLFF. Wenn's ooch meinswegen a bissel friert, deswegen wird a nich sitzen bleiben. Der is jetzt schon längst a Stick im Kanale.

JULIUS. Wenn er man nich noch all an de Brücke liecht.

FRAU WOLFF. For mir mag a liegen, wo a will.

JULIUS. Det Wulkow nochmal jehörich rinschliddert, das kannste mir dreiste jlooben, verstehste!

FRAU WOLFF. Das is seine Sache, nich unsre Sache!

JULIUS. Denn stecken wir man all ooch in de Patsche. Laß du se man finden den Pels bei Wulkown.

FRAU WOLFF. Was denn fer'n Pelz?

JULIUS. Na, Kriejer sein Pels.

FRAU WOLFF. Red du bloß keen Blech nich zusammen, verstehste. Verbrenn d'r dei Maul nich an fremden Sachen.

JULIUS. Det betrifft mer ooch all.

FRAU WOLFF. Dreck betrifft's dich! Das geht dich nischt an. Das sind meine Sachen, nich deine Sachen. Du bist gar kee Mann, du bist a alt Weib. – Hier haste Geld, nu mach, daß de fortkommst. Geh nieber zu Fiebigen, trink an Schnaps; meinswegen mach der an lust'gen Sonntag. *Es klopft.* Herein! Immer rein, wer de reinwill.

Dr. Fleischer mit seinem fünfjährigen Jungen tritt ein. Fleischer ist siebenundzwanzig Jahr, trägt Jägerianerkostüm, hat kohlschwarze Haare, ebensolchen Schnurr- und Backenbart; seine Augen liegen tief, seine Stimme ist für gewöhnlich sanft. Er verwendet in jeder Sekunde rührende Sorgfalt auf sein Kind.

FRAU WOLFF, *jauchzend.* Hach, kommt uns der Philipp amal besuchen! Na, das is schön, das rech'n ich mir aber. *Sie bemächtigt sich des Kindes und zieht ihm den Paletot aus.* Nu komm, zieh der aus a Paletot. Hier hinne is warm, hier wirschte nich frieren.

FLEISCHER, *ängstlich.* Frau Wolffen, es zieht. Ich glaube, es zieht.

FRAU WOLFF. Wer werd denn so weech gebacken sein! A bissel Zug schad't dem Jungen nischt.

FLEISCHER. Nein, nein, bewahre. Was denken Sie denn! Im Augenblick hat der Junge was weg. Bewege dich, Philippchen. Immer beweg dich.

PHILIPP *wehrt mit den Schultern ab und quiekt dabei.*

FLEISCHER. Ja, Philippchen, siehst du, sonst wirst du krank. Du brauchst ja bloß langsam hin und her gehen.

PHILIPP, *ungezogen.* Ich will aber nich.

FRAU WOLFF. I, lassen Se'n man.

FLEISCHER. Guten Morgen, Frau Wolffen.

FRAU WOLFF. Guten Morgen, Herr Dokter, besuchen Sie uns ooch wieder amal?

FLEISCHER. Guten Morgen, Herr Wolff.

JULIUS. Schön juten Morjen, Herr Fleischer.

FRAU WOLFF. Na, sein Se willkomm'n. Nehmen Se Platz.

FLEISCHER. Wir wollen uns gar nich lange aufhalten.

FRAU WOLFF. Na, wenn mer so an scheenen Besuch kriegen, gleich in der Frieh, da wern mer heut ooch an glicklichen

Tag hab'n. *Vor dem Jungen kniend.* Nich wahr, mei Junge, du bringst uns Glick?

PHILIPP, *erregt.* Ich bin im zoloschen Darten dewesen, da hab' ich Störche desehn, die haben sich mit goldnen Schnäbeln debeißt.

FRAU WOLFF. Nee, is woll nich meeglich, du liegst mer was vor. *Den Jungen würgend und abküssend.* Huch, Junge, ich fress' dich, ich fress' dich reen uf. Herr Fleischer, den Jungen behalt' ich mer. Das is mei Junge. Gelt, du bist mei Junge? Was macht denn de Mutter, hä?

PHILIPP. Sie is desund, und sie läßt schön drüßen, und Sie möchten doch morgen früh Wäsche waschen.

FRAU WOLFF. Na, sieh eener an. Aso a Junge. Der kann schonn solche Sachen ausrichten. *Zu Fleischer.* Na, wollen Se sich nich a bissel setzen?

FLEISCHER. Der Junge quält mich, er will mal Kahn fahren. Geht's denn?

FRAU WOLFF. I, freilich. De Spree is frei. Das Mädel kann Ihn ja a Stickl rausrudern.

FLEISCHER. Der Junge läßt mich nu mal nich locker. Er hat sich das so in den Kopf gesetzt.

ADELHEID, *an der Tür des Nebenzimmers sichtbar werdend, winkt Philipp.* Komm, Philipp, ick wer der was Schönes zeijen.

PHILIPP *kreischt störrisch auf.*

FLEISCHER. Philippchen, hörst du, nicht ungezogen! –

ADELHEID. Da sieh man die schöne Apfelsine!

PHILIPP *lacht übers ganze Gesicht, tut ein paar Schritte auf Adelheid zu.*

FLEISCHER. Na geh mal hin, aber ja nicht betteln!

ADELHEID. Komm, komm, die essen wir jetzt mitnander. *Sie tut ein paar Schritte auf das Kind zu, faßt es bei der Hand, hält ihm mit der freien Hand die Apfelsine vor, und beide begeben sich einträchtig ins Nebenzimmer.*

FRAU WOLFF, *dem Jungen nachschauend.* Nee, Junge, ich muß dich bloß immer ansehn. Ich weeß nich, wenn ich so'n Jungen seh'... – *sie nimmt den Schürzenzipfel und schneuzt sich* – da is mersch, als wenn ich glei heulen mißte.

FLEISCHER. Haben Sie nicht mal so'n Jungen gehabt?

FRAU WOLFF. Na freilich. Aber was nutzt denn das alles! Ma macht 'n ja doch nich wieder lebendig. – Ja sehen Se – das sind so – Lebenssachen.

Pause.

FLEISCHER. Man muß zu vorsichtig sein mit den Kindern.

FRAU WOLFF. Da mag ma halt noch so vorsichtig sein. – Was kommen soll, kommt. *Pause. Kopfschüttelnd.* Was haben Se denn mit Herr Motes gehabt?

FLEISCHER. Ich? Nichts. Was soll ich mit ihm gehabt haben?

FRAU WOLFF. Ich meente bloß so. –

FLEISCHER. Wie alt ist denn Ihre Tochter jetzt?

FRAU WOLFF. Zu Ostern kommt se doch aus der Schule. Wie is 's denn, wollen Se se haben, Herr Fleischer? Zu Ihn, da geb' ich se gerne ins Dienst.

FLEISCHER. Warum denn nich? Das wär' gar nicht übel.

FRAU WOLFF. Das is Ihn a strammer Pursche geworden. Wenn die ooch noch jung is, kann ich Ihn sagen, die arbeit't mit jeder um die Wette. Und wissen Se was: se is manchmal a Strick, se tut manchmal nich gut. Aber tumm is se nich. Die hat Ihn Scheenie.

FLEISCHER. Das kann ja immerhin möglich sein.

FRAU WOLFF. Lassen Se die bloß a eenziges Mal was uffsagen – a Getichte, oder was grade is. Da kann ich Ihn aber sagen, Herr Dokter, da komm Se aus der Gänsehaut gar nich raus. Se könn se ja amal reinruffen lassen, wenn Se wieder amal Berliner Besuch hab'n. Zu Ihn kommen doch immer so allerhand Tichter. Die is Ihn treiste, die legt glei los. Se deklamiert Ihn zu wundernscheene! – *Verändert.* Nu will ich Ihn aber an gutten Rat geben: Se derfen mersch aber nich iebelnehmen. –

FLEISCHER. 'n guten Rat nehm' ich niemals übel.

FRAU WOLFF. Uffs erschte: schenken Se nich so viel weg. Das dankt Ihn kee Mensch. Se hab'n doch bloß Undank.

FLEISCHER. Ich schenke ja gar nicht viel weg, Frau Wolffen.

FRAU WOLFF. Na ja, ich weeß schonn. Reden Se erscht nich, das macht Ihn bloß de Leite stutzig. Da heeßt's gleich: das is a Temekrat. Und sein S' ock im Reden ja immer recht vorsichtig.

FLEISCHER. Wie soll ich denn das verstehn, Frau Wolff?

FRAU WOLFF. Ma kann sich ja denken, was ma will. Im Aussprechen muß ma gar vorsichtig sein. Da sitzt ma im Loch, ma weeß gar nich wie.

FLEISCHER *wird bleich.* Na, machen Sie keinen Unsinn, Frau Wolff.

FRAU WOLFF. Nee, nee, das sag' ich in allen Ernst. – Und nehm Se sich bloß vor dem Menschen in acht.

FLEISCHER. Vor welchem Menschen meinen Sie denn?

FRAU WOLFF. Na der, von dem mer vorhin gered't haben.

FLEISCHER. Vor Motes etwa?

FRAU WOLFF. Ich nenn' keene Namen. Sie missen doch was mit dem Menschen gehabt haben?

FLEISCHER. Ich verkehre ja gar nicht mehr mit ihm.

FRAU WOLFF. Na, sehn Se, das hab' ich mer doch gedacht.

FLEISCHER. Das kann mir kein Mensch verdenken, Frau Wolffen!

FRAU WOLFF. Ich verdenk's Ihn ooch nich.

FLEISCHER. Das wäre noch schöner, mit einem Schwindler... mit einem notorischen Schwindler verkehren.

FRAU WOLFF. Das is ooch a Schwindler, da haben Se schonn recht.

FLEISCHER. Jetzt is er zur Kuchen-Dreiern gezogen. Die arme Frau kann sehn, wo sie bleibt. Was die etwa hat, das wird sie schon loswerden. Mit so einem Kerl... einem förmlichen Zuchthäusler...

FRAU WOLFF. A laßt halt so manchmal Reden fallen...

FLEISCHER. So!? Über mich? Da bin ich neugierig.

FRAU WOLFF. Se hätten, gloob' ich, was Schlechtes gesprochen, von eener hohen Person oder was.

FLEISCHER. Hm! was Genaues wissen Sie nicht?!

FRAU WOLFF. A steckt halt viel mit'n Wehrhahn zusammen. Aber wissen Se was? Ich will Ihn was sagen. Gehn Sie amal hin zur Mutter Dreiern. Die ale Hexe riecht ooch schonn Lunte. Erscht sind s' er doch um a Mund gegangen, jetzt fressen doch die er de Haare vom Koppe.

FLEISCHER. Ach was, die ganze Sache ist Unsinn!

FRAU WOLFF. I, gehn Se zur Dreiern, das kann nischt schaden. Die hat mer ane Geschichte erzählt... A hat se zum Meineid verleiten wollen. Da hab'n Se da ganzen Kerl in der Hand.

FLEISCHER. Ich kann ja mal hingehn, meinetwegen. Aber schließlich ist mir die Sache egal. Das müßte doch mit'm Deibel zugehn, wenn so'n Kerl... der soll doch mal ankommen. – Du, Philipp, Philipp! Wo bist du denn? Wir wollen jetzt gehn.

ADELHEIDS STIMME. Wir sehn uns so schöne Bilder an.

FLEISCHER. Was sagen Sie übrigens zu der Geschichte?

FRAU WOLFF. Zu welcher?

FLEISCHER. Sie haben noch gar nichts gehört?

FRAU WOLFF, *unruhig.* Nee, was ich Ihn sage. – *Ungeduldig.* Mach, Julian, geh, daß de zeitig wieder zu Mittage da bist. *Zu Fleischer.* Mer ham heite a Kaninchen geschlacht. Biste noch nich fertig, Julian?

JULIUS. Na, laß mer bloß man meine Mitze suchen.

FRAU WOLFF. Ich kann das nich sehn, wenn eener so dämelt – so: kommste heite nich, kommste morgen. Bei mir muß alles vom Fleck gehn.

FLEISCHER. Heut nacht ist bei Krüger ge...

FRAU WOLFF. Sein Se stille! Lassen Se mich mit dem Manne zufrieden! Uf den hab' ich eene solche Bost! Der Mann hat mich Ihn zu tief gekränkt. Wie mir beede mitnander gestanden haben, und macht mich so schlecht vor allen Leuten. *Zu Julius.* Na, gehste nu, oder gehste nich?

JULIUS. Ick jeh' schon, rege dir man nich uff. Ick wünsch' all juten Morjen, Herr Fleischer!

FLEISCHER. Guten Morgen, Herr Wolff.

Julius ab.

FRAU WOLFF. Na, wie gesagt –

FLEISCHER. Ja, wie ihm das Holz gestohlen wurde, da hat er sich wohl mal mit Ihnen gezankt? Von damals das hat er längst bereut.

FRAU WOLFF. I, der und bereuen!

FLEISCHER. Nu was ich Ihnen sage, Mutter Wolffen. Und überhaupt nach der letzten Geschichte. Sie stehen bei dem Manne groß angeschrieben. 's beste wär', Sie vertrügen sich wieder.

FRAU WOLFF. Mer hätten vernimft'g reden kenn. Aber gleich mit der Polizei – nu nee!

FLEISCHER. Die alten Leutchen sind wirklich schlimm dran: das Holz vor acht Tagen, heute der Pelz...

FRAU WOLFF. Nu raus mit der großen Neuigkeit.

FLEISCHER. Sie haben halt wieder mal eingebrochen.

FRAU WOLFF. Gestohlen? Machen Se bloß keenen Unsinn.

FLEISCHER. Und zwar einen nagelneuen Pelz.

FRAU WOLFF. Nee, wissen Se, nächstens zieh' ich fort. Das is ja eine Bande dahier! Da is ma ja seines Lebens nich sicher! Z! Z! Solche Menschen! Ma sollt's nich glooben!

FLEISCHER. Nu können Sie sich denken, was für'n Hallo ist.

FRAU WOLFF. Das kann man den Leiten nich verdenken.

FLEISCHER. Und wirklich, 's war'n recht teures Stück, ich glaube, Nerz.

FRAU WOLFF. Is das aso ähnlich wie Biber, Herr Fleischer?

FLEISCHER. Ach, 's kann sogar Biber gewesen sein. Die Leutchen waren ganz stolz darauf. – Das heißt: gelacht hab' ich doch im stillen. Wenn so was entdeckt wird, das wirkt immer komisch.

FRAU WOLFF. Sie sin aber wirklich unbarmherzig. – Ieber so was kann ich nich lachen, Herr Fleischer!

FLEISCHER. Na denken Sie, daß mir der Mann nicht leid tut?

FRAU WOLFF. Was missen bloß das fer Menschen sein! Das will een doch gar nich in a Kopp. So andere Leute ums Ihrige bringen – nee, da lieber arbeiten, bis ma hinfällt.

FLEISCHER. Könnten Sie denn nich mal so'n bißchen rumhorchen? Ich glaube, der Pelz ist im Orte geblieben.

FRAU WOLFF. Nu haben Se denn uff niemand Verdacht?

FLEISCHER. Da hat so' ne Waschfrau bei Krüger gewaschen...

FRAU WOLFF. De Millern?

FLEISCHER. Die hat so 'ne große Familie...?

FRAU WOLFF. 'ne große Familie hat die Frau, aber stehlen... nee. A bissel mausen, ja!

FLEISCHER. Natürlich hat sie Krüger gejagt.

FRAU WOLFF. Das muß doch rauskommen, Schwerenot. Das mißte doch mit'n Teifel zugehn. Na, wenn ich bloß Amtsvorsteher wär'. Der Mann is Ihn aber tumm... nee, horndumm. Ich seh' durch mei Hiehnerooge mehr wie der durch sei Glasooge, könn Se mer glooben.

FLEISCHER. Das glaub' ich beinahe.

FRAU WOLFF. Das kann ich Ihn sagen, wenn's druff ankommt: dem stehl' ich a Stuhl unterm Hintern weg.

FLEISCHER *ist aufgestanden, ruft lachend ins Nebenzimmer.* Komm, Philipp, komm, wir müssen jetzt gehn. Adieu, Mutter Wolffen.

FRAU WOLFF. Zieh dich an, Adelheid. Du sollst a Herr Fleischer a Stickl rudern.

ADELHEID *kommt, die letzten Knöpfe am Halse knöpfend, führt Philipp an der Hand.* Ick bin ja schon fertig. *Zu Philipp.* Komm her, du, ick nehme dir uff'n Arm.

FLEISCHER, *besorgt und beim Anziehen behilflich.* Nur ja gut einpacken. Er ist zu anfällig. Und auf dem Wasser wird's windig sein.

ADELHEID. Ick will man voraufjehn, 'n Kahn zurechtmachen.

FRAU WOLFF. Wie geht's Ihn denn jetzt mit Ihrer Gesundheit?

FLEISCHER. Viel besser, seit ich hier draußen lebe.

ADELHEID, *in der Tür, ruft zurück.* Mama, Herr Krüger.

FRAU WOLFF. Wer kommt?

ADELHEID. Herr Krüger.

FRAU WOLFF. Is woll nich meeglich!

FLEISCHER. Er wollte den Morgen zu Ihnen kommen. *Ab.*

FRAU WOLFF *wirft einen schnellen Blick auf den Haufen Knüppelholz und beginnt resolut, ihn wegzuräumen.* Komm, Mädel, hilf, daß mersch Holz wegkriegen.

ADELHEID. Warum denn, Mama? Ach, wegen Herr Krüger.

FRAU WOLFF. Weswegen denn sonst, tumme Gans! Geheert sich das woll, wie das bei uns aussieht? Is das ane Art am Sonntagmorgen? Was soll denn Herr Krieger von uns denken? *Krüger erscheint, echauffiert, die Wolffen ruft ihm entgegen.* Herr Krieger, sehn Se sich ock nich um. Bei uns sieht's noch gar sehr schrecklich aus.

KRÜGER, *sich überhastend.* Chuten Morgen! Chuten Morgen! Das lassen Sie kut sein. Sie kehn die kanze Woche auf Arbeit, da kann am Sonntag nicht alles kefegt sein. Sie sind eine ordentliche Frau. Sie sind eine ehrliche Frau, Frau Wolffen. Und was zwischen uns ist vorkefallen, das wollen wir känzlich verkessen, denk' ich.

FRAU WOLFF, *gerührt, mit dem Schürzenzipfel zuweilen die Augen trocknend.* Ich hab' niemals nischt gegen Ihn gehabt. Ich hab' immer gern bei Ihn gearbeit. Aber da Se halt gleich aso heftig wurden – da geht halt de Bost ooch amal mit een durch, 's hat een ja leed genug getan.

KRÜGER. Sie kommen wieder und waschen bei uns. Wo ist Ihre Tochter, die Leontine?

FRAU WOLFF. Sie is mit Grienkohl beim Postvorsteher.

KRÜGER. Das Mädchen keben Sie wieder zu uns. Statt zwanzig bekommt sie dreißig Taler. Wir waren sonst immer mit ihr zufrieden. Verkeben und verkessen wir alles. *Er reicht ihr die Hand, die Wolffen schlägt ein.*

FRAU WOLFF. Das hätte ja alles gar nich sein brauchen. Das Mädel is halt noch a tummes Kind. Mir Alten ham uns doch immer vertragen.

KRÜGER. Die Sache ist also abkemacht. *Verschnaufend.* – Da bin ich doch wenigstens so weit beruhigt. – Nu sagen Sie bloß. Was mir passiert ist. Was sagen Sie dazu?

FRAU WOLFF. Ach, wissen Se, nee... ich sage schonn gar nischt.

KRÜGER. Da haben wir nun diesen Herrn von Wehrhahn. Die

ehrlichen Bürger kujonieren, Schikanen und Quälereien erdenken. In was steckt der Mann seine Nase nicht alles!

FRAU WOLFF. Bloß wo a se haben soll, hat a se nich.

KRÜGER. Ich kehe jetzt hin und mache die Anzeige. Ich lasse nicht locker, die Sache muß rauskommen.

FRAU WOLFF. Das lassen Sie ja nich sitzen, Herr Krieger.

KRÜGER. Und wenn ich soll alles auf den Kopf stelln. Meinen Pelz werd' ich wiederbekommen, Frau Wolff.

FRAU WOLFF. Hier muß amal richtig gereenigt werden, daß amal Ruhe wird in dem Nest. Die stehlen een ja sonst's Dach ieberm Koppe.

KRÜGER. Nu denken Sie sich um Chottes willen! In vierzehn Tagen zwei solche Diebstähle! Zwei Meter Knüppel, wie Sie dort haben. *Er nimmt einen der Knüppel in die Hand.* So chutes, teures Holz, Frau Wolff.

FRAU WOLFF. Nee, ärgern könnt' ma sich, daß ma grien wird. Was hier fer ane Bande sitzt... Pfui Teifel! Nee so was! äh! Laßt mich zufriede!

KRÜGER *ficht wütend mit dem Knüppel in der Luft herum.* Und wenn's mich tausend Taler kost, ich werde den Tieben schon auf die Spur komm. Die Leute entkehen dem Zuchthause nicht.

FRAU WOLFF. Das wär' ooch a Segen. Wahrhaft'gen Gott!

VIERTER AKT

Im Amtslokal. Glasenapp sitzt auf seinem Platz. Frau Wolff mit Adelheid, die ein in Leinwand gewickeltes Paketchen vor sich auf dem Schoße hat, warten auf den Amtsvorsteher.

FRAU WOLFF. A bleibt ja heute wieder gar lange.

GLASENAPP, *schreibend.* Jeduld! Jeduld!

FRAU WOLFF. Na, wenn a heut wieder so spät kommt, da hat a doch wieder nich Zeit fer uns.

GLASENAPP. I, Jott! Mit euern Lappalien da! Wir haben janz andre Dinge zu tun.

FRAU WOLFF. Ihr werd't ooch scheene Dinge ze tun haben.

GLASENAPP. Det is ja keen Ton. Det paßt sich ja nich!

FRAU WOLFF. I, haben Se sich bloß a bißl mehr. Das Mädel hat Krieger hierhergeschickt.

GLASENAPP. Mal wieder die Pelzjeschichte, was?

FRAU WOLFF. Ooch noch!

GLASENAPP. Da hat doch der alte Kerl mal was. Da kann er sich doch'n bißken ins Zeug legen, der olle O-beinige Scherulant.

FRAU WOLFF. Ihr mault bloß; seht lieber, daß er was rauskriegt.

MITTELDORF *erscheint in der Tür.* Se solln mal rüberkomm, Jlasenapp. Herr Vorsteher will wat von Sie wissen.

GLASENAPP. Muß ich schon wieder mal unterbrechen. *Wirft die Feder weg und geht hinaus.*

FRAU WOLFF. Gu'n Morgen, Mitteldorf.

MITTELDORF. Juten Morjen!

FRAU WOLFF. Wo bleibt'n der Vorsteher aso lange?

MITTELDORF. Schreibt janze Boochen voll, Mutter Wolffen. 't sin wicht'che Sachen, det kann ich Ihn sachen. *Vertraulich.* Und wissen Se: 't liecht wat in de Luft. – Wat, weeß ich noch nich. Aber det wat liecht – det weeß ick so sicher... Wenn Se bloß man achtjeben, denn wern Se's erleben. Et kracht, und wenn et kracht, Mutter Wolffen, denn – hat et jekracht. Nee, wie jesacht, ick versteh' ja nischt von. Det is allens de Neuheit. De Neuheit is allens. Und von de Neuheit versteh' ick nischt. Et muß wat jeschehn. Det jeht nich so weiter. Der janze Ort muß jesäubert wern. Ick finde mich ja nu nich mehr so rin. Wat der Vorsteher war, der jestorben is, det war jejen den bloß – 'n Eckensteher. Ick könnte Ihn all noch ville erzähln. Ick hab' man nich Zeit. Der Baron vermißt mir. *Geht, in der Tür wendet er sich noch einmal und sagt.* Et kracht, Mutter Wolffen, det können Se mir jlooben. *Ab.*

FRAU WOLFF. Na, wenn's ock bei dem nich etwa geschnappt hat.

Pause.

ADELHEID. Wat soll ick denn sachen? Ick hab't verjessen.

FRAU WOLFF. Was haste denn zum Herr Krieger gesagt?

ADELHEID. Na, det ick det Pack hier gefunden habe.

FRAU WOLFF. Sonst brauchste ooch hier nischt weiter zu sagen. Bloß, daß de forsch bist und resolut. Du bist doch sonst nich uffs Maul gefallen.

WULKOW *kommt herein.* Ick wünsche juten Morgen.

FRAU WOLFF *starrt sprachlos auf Wulkow, dann.* Nee, aber Wulkow, Ihr seid woll gar nich mehr gescheit?! Was wollt Ihr d'nn hier?

WULKOW. Na, meine Frau hat wat Kleenes jekriecht...

FRAU WOLFF. Was hat se gekriegt?

WULKOW. 'n kleenet Mächen. Da muß ick all komm ufft Standesamt.

FRAU WOLFF. Ich denke, Ihr seid schon längst im Kanale?

WULKOW. Ick hätte all ooch nischt dajejen, Wolffen. Wenn't bloß an mir läje, wär' ick't ooch. Ick hebbe ja ooch jleich losjemacht. Un wie ick komme bis bei de Schleußen, da jeht et nich weiter. Nu hebb' ick jelauert, det de Spree sollte loslassen. Zwee Tache un Nächte hebb' ick jelejen, bis det nu mit meine Frau noch zukam. Denn half keen Jammern, denn mußt' ick retour.

FRAU WOLFF. Da habt er a Kahn wieder an der Bricke?

WULKOW. Na immer. Wo soll ick den hebben all?

FRAU WOLFF. Nu laßt mich zufriede.

WULKOW. I, wenn se man bloß nischt jerochen hebben.

FRAU WOLFF. Geh, hol fer zehn Fennig Zwirn beim Koofmann.

ADELHEID. Det hol' ick, wenn ick nach Hause jeh'.

FRAU WOLFF. Du gehst und maulst nich.

ADELHEID. Ick bin doch keen kleenes Mächen mehr. *Ab.*

FRAU WOLFF, *hastig.* Da habt Ihr dort an der Schleuße gelegen?

WULKOW. Zwee janze Tage. Wat ick Ihn sache.

FRAU WOLFF. Nu, laßt Euch verglasen. Ihr seid a Kerl – a Pelz zieht Ihr an am lichten Tage.

WULKOW. Ick? Anjezochen?

FRAU WOLFF. Ja, angezogen, am hellen Tage. Daß 's der ganze Ort glei zu wissen kriegt, was Ihr fer an scheenen Pelz anhat.

WULKOW. Det war ja all mittendrin in de Heide.

FRAU WOLFF. 'ne Viertelstunde von unsern Hause. Mei Mädel hat Euch doch sitzen sehn. Se mußte a Dokter Fleischer rudern, un der hat ooch gleich an Verdacht gefaßt.

WULKOW. Da weeß ick nischt von, det jeht mir nischt an. *Man hört jemand kommen.*

FRAU WOLFF. Pst, sein Se bloß jetzt uff'n Posten, Wulkow.

GLASENAPP *kommt eilig herein, etwa in der Weise des Amtsvorstehers. Fragt Wulkow von oben herab.* Was haben Sie denn?

WEHRHAHN, *noch außen.* Was willst du denn, Mädchen? Du kommst zu mir? Man also rein. *Wehrhahn läßt Adelheid vor sich eintreten und folgt nach.* Viel Zeit hab' ich heute nicht. Ach so, du bist wohl die kleine Wolff? Na setz dich mal hin. Was hast du denn da?

ADELHEID. Ick hab' das Paket...

WEHRHAHN. Na wart erst mal... *Zu Wulkow.* Was haben Sie denn?

WULKOW. Eine Jeburt möcht' ick anmelden.

WEHRHAHN. Also standesamtlich. Die Bücher, Glasenapp. Das heißt, ich will erst das andere erledigen. *Zu Frau Wolff.* Was gibt es denn da mit Ihrer Tochter? Hat Krüger sie wieder mal geohrfeigt?

FRAU WOLFF. Nee, so weit hat a's woll doch nich getrieben.

WEHRHAHN. Was ist denn dann los?

FRAU WOLFF. Halt mit den Paket...

WEHRHAHN, *zu Glasenapp.* Ist Motes noch immer nicht dagewesen?

GLASENAPP. Bis jetzt noch nicht.

WEHRHAHN. Mir unbegreiflich! Na, Mädchen, was willst du?

GLASENAPP. Es betrifft den gestohlenen Pelz, Herr Vorsteher.

WEHRHAHN. Ach so. Das ist mir heute nicht möglich. Wer kann denn alles auf einmal tun! *Zu Frau Wolff.* Sie kann sich mal morgen bei mir melden.

FRAU WOLFF. Se hat schon a paarmal wolln mit Ihn reden.

WEHRHAHN. Dann versucht sie's morgen zum drittenmal.

FRAU WOLFF. Herr Krieger läßt se halt gar nich mehr locker.

WEHRHAHN. Was hat Herr Krüger damit zu tun?

FRAU WOLFF. 's Mädel war bei'm mit dem Paketel.

WEHRHAHN. Was ist das für'n Lappen? Zeigen Sie mal.

FRAU WOLFF. Das hängt mit der Pelzgeschichte zusammen. Heeßt das: Herr Krieger is eben der Meinung.

WEHRHAHN. Was ist denn drin in dem Lappen, was?

FRAU WOLFF. 'ne griene Weste is drin vom Herr Krieger.

WEHRHAHN. Das hast du gefunden?

ADELHEID. Ick hab' et jefunden, Herr Amtsvorsteher!

WEHRHAHN. Wo hast du's gefunden?

ADELHEID. Det war, wie ick mit Maman zur Bahn jing. Da jing ick so und da...

WEHRHAHN. Laß man gut sein. *Zu Frau Wolff.* Das deponieren Sie doch mal zunächst. Wir werden morgen darauf zurückkommen.

FRAU WOLFF. Mir wär's schonn recht...

WEHRHAHN. Und wem denn nicht?

FRAU WOLFF. Herr Krieger is bloß zu eifrig dahinter.

WEHRHAHN. Herr Krüger, Herr Krüger – der ist mir ganz gleichgiltig. Der Mann belästigt mich geradezu. Man kann doch so was nicht übers Knie brechen. Er hat ja Belohnung ausgesetzt, es ist ja im Amtsblatt bekanntgegeben.

GLASENAPP. Dem Mann jeschieht immer noch nicht jenug.

WEHRHAHN. Was soll das heißen: geschieht nicht genug? Wir haben den Tatbestand aufgenommen. Seine Waschfrau ist ihm verdächtig gewesen, wir haben Haussuchung vorgenommen. Was will er denn noch? Der Mann soll doch still sein. Nun, wie jesagt, morjen steh' ich zu Diensten.

FRAU WOLFF. Uns is das egal, mir kommen ooch wieder.

WEHRHAHN. Na ja, morgen früh.

FRAU WOLFF. Gu'n Morgen!

ADELHEID *knickst.* Guten Morjen!

Frau Wolff und Adelheid ab.

WEHRHAHN, *in Akten wühlend, zu Glasenapp.* Ich bin doch neugierig, was da rauskommt. Herr Motes will nun auch Zeugen stellen. Er meint, die Dreiern, die Kuchenhexe, die habe mal grade dabeigestanden, als Fleischer sich despektierlich aussprach. Wie alt ist denn die Dreiern, sagen Sie mal?

GLASENAPP. So gegen siebzig Jahre, Herr Vorsteher.

WEHRHAHN. 'n bißchen verschupft, was?

GLASENAPP. Na, wie man's nimmt. Sie hat die Gedanken noch ziemlich beisammen.

WEHRHAHN. Ich kann Ihnen sagen, Glasenapp, es wäre mir eine direkte Genugtuung, hier mal recht gründlich zwischenzufahren. Daß die Leute merken, mit wem sie's zu tun haben. Bei Kaisers Geburtstag, wer war nicht dabei? Natürlich der Fleischer. Dem Mann trau' ich das Schlimmste zu. Wenn der noch so schafsdumme Jesichter macht. Man kennt sie ja, diese Wölfe im Schafspelz. Können keiner Fliege ein Beinchen ausreißen, aber wenn's drauf ankommt, sprengen die Hunde janze joße Ortschaften in die Luft. Der Boden soll ihnen doch hier etwas heiß werden!

MOTES *kommt.* Jehorsamer Diener!

WEHRHAHN. Na also, wie steht's?

MOTES. Frau Dreier will jejen elf Uhr hier sein.

WEHRHAHN. Die Sache wird einiges Aufsehen machen. Es wird ein großes Geschrei entstehen. Der Wehrhahn mischt sich in alles hinein. Nun, Gott sei Dank, ich bin drauf gefaßt. Ich stehe ja hier nicht zu meinem Vergnügen. Zum Spaß hat man mich nicht hierhergesetzt. Da denken die Leute, so'n Amtsvorsteher, das ist weiter nichts wie ein höherer Büttel. Da mögen sie jemand anders hierhersetzen. Die Herren freilich, die mich ernannt haben, die wissen genau, mit wem sie's zu tun haben. Die kennen den ganzen Ernst meiner Auffassung. Ich erfasse mein Amt als heil'jen Beruf. *Pause.* Bericht für die Staatsanwaltschaft hab' ich verfaßt. Wenn ich ihn heute mittag abschicke, kann übermorgen Verhaftsbefehl hiersein.

MOTES. Nun wird man aber über mich herfallen.

WEHRHAHN. Sie wissen, mein Onkel ist Kammerherr. Ich werde mal mit ihm über Sie sprechen. Potz Donnerwetter! Da kommt der Fleischer! Was will denn der Mensch? Er hat doch nicht etwa Lunte jerochen? *Es klopft, Wehrhahn schreit.* Herein!

FLEISCHER *tritt ein, bleich und aufgeregt.* Guten Morgen! *Er bleibt ohne Antwort.* Ich möchte eine Anzeige machen, die sich auf den neulichen Diebstahl bezieht.

WEHRHAHN, *mit durchdringendem Polizeiblick.* Sie sind der Dr. Joseph Fleischer?

FLEISCHER. Ganz recht. Joseph Fleischer ist mein Name.

WEHRHAHN. Sie wollen mir eine Anzeige machen?

FLEISCHER. Wenn Sie gestatten, so möcht' ich das tun. Ich

habe nämlich etwas beobachtet, was möglicherweise dazu führt, dem Pelzdiebe auf die Spur zu kommen.

WEHRHAHN *trommelt auf den Tisch und sieht sich mit einem Ausdruck gemachten Befremdens bei den Anwesenden um, diese zum Lächeln herausfordernd. Anteillos.* Was haben Sie nun also so Wichtiges beobachtet?

FLEISCHER. Das heißt, wenn Sie etwa von vornherein auf meine Mitteilung keinen Wert legen, dann würde ich vorziehen...

WEHRHAHN, *schnell, hochmütig.* Was würden Sie vorziehn?

FLEISCHER. Ich würde vorziehn, darüber zu schweigen.

WEHRHAHN *wendet sich schweigend und gleichsam nicht begreifend an Motes, dann verändert, beiläufig.* Meine Zeit ist etwas in Anspruch genommen. Ich möchte Sie bitten, sich kurz zu fassen.

FLEISCHER. Meine Zeit ist ebenfalls eingeteilt. Indessen hielt ich mich für verpflichtet...

WEHRHAHN, *hineinredend.* Sie hielten sich für verpflichtet. Gut. Nun sagen Sie also, was Sie wissen.

FLEISCHER, *mit Überwindung.* Ich bin also gestern Kahn gefahren. Ich hatte den Kahn von der Wolffen genommen. Und ihre Tochter saß vorn am Ruder.

WEHRHAHN. Gehört das denn unbedingt zur Sache?

FLEISCHER. Ja, allerdings – nach meiner Meinung.

WEHRHAHN, *ungeduldig trommelnd.* Schon gut, schon gut, daß wir weiterkommen.

FLEISCHER. Wir fuhren bis in die Nähe der Schleußen. Da hatte ein Spreekahn angelegt. Das Eis, wie wir sahen, war dort aufgestaut. Wahrscheinlich war er dort festgefahren.

WEHRHAHN. Hm. So. Das interessiert uns nun weniger. Was ist denn der Kern von der ganzen Sache?

FLEISCHER, *mit Gewalt an sich haltend.* Ich muß gestehen, daß diese Art... Ich komme hierher durchaus freiwillig, einen freiwilligen Dienst der Behörde zu leisten...

GLASENAPP, *frech.* Der Herr Amtsvorsteher hat nicht Zeit. Sie sollen nur weniger Worte machen. Sie sollen es kurz und bündig sagen.

WEHRHAHN, *heftig.* Die Sache. Die Sache. Was wollen Sie denn?

FLEISCHER, *mit Überwindung.* Es liegt mir daran, daß die Sache entdeckt wird. Und im Interesse des alten Herrn Krüger werd' ich...

WEHRHAHN, *gähnend, uninteressiert.* Es blendet mich, schließen Sie mal die Rouleaus.

FLEISCHER. Auf dem Kahne befand sich ein alter Schiffer – wahrscheinlich der Eigentümer des Schiffes.

WEHRHAHN, *wie vorher, gähnend.* Ja. Höchst wahrscheinlich.

FLEISCHER. Dieser Mann saß auf dem Deck in einem Pelze, den ich aus der Ferne für Biber hielt.

WEHRHAHN, *wie vorher.* Ich hätt' ihn vielleicht für Marder gehalten.

FLEISCHER. Ich fuhr heran, soweit es möglich war, und konnte so ziemlich gut beobachten. Es war ein dürftiger, schmuddliger Schiffer, und der Pelz schien durchaus nicht für ihn gemacht. Es war auch ein nagelneues Stück...

WEHRHAHN, *scheinbar zu sich kommend.* Ich höre, ich höre – nun? Und? Was weiter?

FLEISCHER. Was weiter? Nichts!

WEHRHAHN, *scheinbar auflebend.* Sie wollten mir doch eine Anzeige machen. Von etwas Wichtigem sprachen Sie doch.

FLEISCHER. Ich habe gesagt, was ich sagen wollte.

WEHRHAHN. Sie haben uns hier eine Geschichte erzählt von einem Schiffer, der einen Pelz trägt. Nun, Schiffer tragen mitunter Pelze. Das ist keine große Neuigkeit.

FLEISCHER. Darüber denken Sie so oder so. Unter diesen Verhältnissen bin ich am Ende. *Er geht ab.*

WEHRHAHN. Ist Ihnen wohl so was mal vorgekommen? Der Mann ist ja bodenlos dumm außerdem. Ein Schiffer hat einen Pelz angehabt. Ist der Mann wohl plötzlich verrückt geworden? Ich besitze ja selbst einen Biberpelz. Ich bin doch deshalb noch lange kein Dieb. – Schockschwerenot! was ist denn das wieder? Es soll wohl heut gar keine Ruhe werden. *Zu Mitteldorf, der an der Tür steht.* Sie lassen jetzt niemand weiter herein. Herr Motes, tun Sie mir den Gefallen, gehen Sie, bitte, rüber in meine Privatwohnung. Wir können dort ungestörter verhandeln. – Zum soundsovielsten Mal dieser Krüger. Der ist ja wie von Taranteln gestochen. Wenn der alte Esel fortfährt, mich zu plagen, da fliegt er noch mal zur Türe raus.

Krüger wird in Begleitung von Fleischer und Frau Wolff in der offnen Tür sichtbar.

MITTELDORF, *zu Krüger.* Herr Vorsteher ist nicht zu sprechen, Herr Krüger.

KRÜGER. Ach was! Nicht zu sprechen! Das ist mir kanz

kleichgiltig. *Zu den übrigen.* Immer vorwärts, vorwärts. Das will ich mal sehen.

Alle, Krüger voran, treten ein.

WEHRHAHN. Ich möchte um etwas mehr Ruhe bitten. Wie Sie sehen, habe ich hier noch zu verhandeln.

KRÜGER. Verhandeln Sie ruhig, wir können warten. Dann werden Sie wohl auch mit uns verhandeln.

WEHRHAHN, *zu Motes.* Also bitte, drüben in meiner Privatwohnung – und wenn Sie Frau Dreier etwa sehen, ich möchte sie auch lieber drüben verhören. Sie sehen ja selbst: hier ist es unmöglich.

KRÜGER, *auf Fleischer zeigend.* Der Herr hier weiß auch etwas von der Frau Treier. Kann Ihnen sokar etwas Schriftliches keben.

MOTES. Gehorsamer Diener, empfehle mich bestens. *Ab.*

KRÜGER. Der Mann hat's nötig, sich zu empfehlen.

WEHRHAHN. Ich bitte, enthalten Sie sich Ihrer Bemerkungen.

KRÜGER. Das sage ich noch mal: der Mann ist ein Schwindler!

WEHRHAHN, *als ob er es nicht gehört, zu Wulkow.* Nun also, was gibt's? Erst werde ich Sie abfertigen. Die Bücher, Glasenapp! – Lassen Sie mal. Ich will mir erst das mal vom Halse schaffen. *Zu Krüger.* Ich werde erst Ihre Sache erledigen.

KRÜGER. Ja, darum wollt' ich auch tringend bitten.

WEHRHAHN. Wir wollen mal von dem »dringend« ganz absehen. Was hätten Sie also für ein Anliegen?

KRÜGER. Kein Anliegen. Kar kein Anliegen hab' ich. Ich komme, mein kutes Recht zu beanspruchen.

WEHRHAHN. Was wäre das für ein gutes Recht?

KRÜGER. Mein kutes Recht, Herr Amtsvorsteher. Das Recht, das ich habe, als ein Bestohlener, daß die Ortsbehörde mir Beistand leistet, mein gestohlenes Gut zurückzuerhalten.

WEHRHAHN. Ist Ihnen der Beistand verweigert worden?

KRÜGER. Nein, kar nicht. Das kann ja auch kar nicht sein. Aber dennoch sehe ich, daß nichts keschieht! Die kanze Sache nimmt keinen Fortgang.

WEHRHAHN. Sie glauben, das geht so im Handumdrehen?

KRÜGER. Ich klaube kar nichts, Herr Amtvorsteher. Ich wäre dann wohl nicht hergekommen. Ich habe vielmehr bestimmte Beweise. Sie nehmen sich meiner Sache nicht an.

WEHRHAHN. Ich könnte Sie jetzt schon unterbrechen. Etwas Weiteres der Art anzuhören, läge ganz außer meiner Amtspflicht. Einstweilen reden Sie aber nur weiter.

KRÜGER. Sie könnten mich kar nicht unterbrechen. Als preußischer Staatsbürger habe ich Rechte. Und wenn Sie mich hier auch unterbrechen, dann kiebt es andere Orte zum Reden. Sie nehmen sich meiner Sache nicht an.

WEHRHAHN, *scheinbar gelassen.* Nun bitte, wollen Sie das begründen.

KRÜGER, *auf die Wolffen und ihre Tochter zeigend.* Hier, diese Frau ist zu Ihnen gekommen. Ihre Tochter hat einen Fund kemacht. Sie hat den Weg nicht kescheut, Herr Vorsteher, obkleich sie doch eine arme Frau ist. Sie haben sie einmal abkewiesen, und heute ist sie wiedergekommen...

FRAU WOLFF. Er hatte halt doch keine Zeit, der Herr Vorsteher.

WEHRHAHN. Ach bitte, weiter...!

KRÜGER. Ich bin auch durchaus noch lange nicht fertig. Was haben Sie zu der Frau kesagt? Sie haben der Frau kanz einfach kesagt: Sie hätten jetzt keine Zeit für die Sache. Sie haben nicht einmal die Tochter verhört. Sie wissen auch nicht den keringsten Umstand; von dem kanzen Vorfall wissen Sie kar nichts.

WEHRHAHN. Jetzt möcht' ich Sie bitten, sich etwas zu mäßigen.

KRÜGER. Ich bin kemäßigt, ich bin sehr kemäßigt. Ich bin viel zu kemäßigt, Herr Amtsvorsteher. Ich bin noch ein viel zu kemäßigter Mensch. Was sollte ich sonst zu so etwas sagen? Was ist das für eine Art Untersuchung? Dieser Herr hier, Herr Fleischer, ist bei Ihnen kewesen, mit einer Beobachtung, die er kemacht hat. Ein Schiffer trägt einen Biberpelz...

WEHRHAHN, *die Hand erhebend.* Pst, warten Sie mal! *Zu Wulkow.* Sie sind doch Schiffer?

WULKOW. Seit dreißig Jahren hebb' ick jeschiffwerkt.

WEHRHAHN. Sie sind wohl schreckhaft? Sie zucken ja so.

WULKOW. Ick hebbe mir richtig 'n bißken verschrocken.

WEHRHAHN. Tragen nun die Spreeschiffer öfter Pelze?

WULKOW. Manch eener hat seinen Pelz, immerzu.

WEHRHAHN. Der Herr dort hat einen Schiffer gesehn, der hat im Pelz auf dem Deck gestanden.

WULKOW. Da is nischt Verdächtijes bei, Herr Vorsteher. Da sin ville, die schöne Pelze hab'n. Ick hebbe sojar all ooch selber eenen.

WEHRHAHN. Na sehn Sie, der Mann hat selbst einen Pelz.

FLEISCHER. Aber schließlich doch keinen Biberpelz.

WEHRHAHN. Das haben Sie ja nicht genau gesehen.

KRÜGER. Wa? Hat der Mann einen Biberpelz?

WULKOW. Da jibt et ville, kann ick Ihn sachen, die hebben de schönsten Biberpelze. Warum ooch nich? 's Jeld langt ja all zu.

WEHRHAHN, *im Vollgefühle des Triumphes mit gemachter Gleichgültigkeit.* So. *Leichthin.* Bitte, fahren Sie fort, Herr Krüger. Das war nur so ein kleiner Abstecher. Ich wollte Ihnen nur mal vor Augen führen, was es auf sich hat mit dieser »Beobachtung«. – Sie sehen, der Mann hat selbst einen Pelz. *Wieder heftig.* Es wird uns doch deshalb im Traume nicht einfallen, zu sagen: er hätte den Pelz gestohlen. Das wäre ja eine Absurdität.

KRÜGER. Wa? Ich verstehe kein Wort davon.

WEHRHAHN. Da muß ich noch etwas lauter reden. Und da ich mal gerade im Reden bin, da möchte ich Ihnen auch gleich mal was sagen. Nicht in meiner Eigenschaft als Beamter, sondern einfach als Mensch wie Sie, Herr Krüger. Ein immerhin ehrenwerter Bürger, der sollte mit seinem Vertrauen mehr haushalten – sich nicht auf das Zeugnis von Leuten berufen...

KRÜGER. Mein Umkang, mein Umkang...?

WEHRHAHN. Jawohl, Ihr Umgang.

KRÜGER. Da geben Sie nur auf sich selber acht. Solche Leute wie Motes, mit dem Sie umkehen, die sind bei mir aus dem Hause keflogen.

FLEISCHER. Dem Mann, der in Ihrer Privatwohnung wartet, dem hab' ich bei mir die Tür gewiesen.

KRÜGER. Er hat mich um meine Miete beschwindelt.

FRAU WOLFF. Da sein er nich viele hier am Orte, die der nich hat hinten und vorne beschwindelt, um Böhms, um Märker, um Taler, um Goldsticke.

KRÜGER. Der Mann hat das richtige Steuersystem.

FLEISCHER *zieht aus seiner Tasche ein Papier.* Der Mann ist auch reif für den Staatsanwalt. *Er legt das Papier auf den Tisch.* Ich bitte gefälligst, das durchzulesen.

KRÜGER. Das Blatt hat Frau Dreier selbst unterschrieben. Er hat sie zum Meineid verleiten wollen.

FLEISCHER. Sie hat sollen aussagen gegen mich.

KRÜGER, *Fleischer anfassend.* Das ist ein unpescholtner Mann, und den will dieser Schuft ins Elend bringen. Und Sie reichen dem Menschen dazu die Hand.

Sprechen gleichzeitig.

WEHRHAHN. Ich bin nun am Ende mit meiner Geduld. Was Sie mit dem Manne zu verhandeln haben, das geht mich nichts an und ist mir auch gleichgiltig. *Zu Fleischer.* Entfernen Sie mal den Wisch da gefälligst.

KRÜGER, *abwechselnd zur Wolffen und zu Glasenapp.* Das ist der Freund des Herrn Amtsvorstehers. Das ist der Kewährsmann. Ein schöner Kewährsmann. Ein Revolvermann, wolln wir mal lieber sagen.

FLEISCHER, *zu Mitteldorf.* Ich bin keinem Menschen Rechenschaft schuldig. Was ich tu' und lasse, ist meine Sache. Mit wem ich umgehe, ist meine Sache. Was ich denke und schreibe, ist meine Sache.

GLASENAPP. Man kann ja sein eigenes Wort nicht verstehen. Herr Vorsteher, soll ich vielleicht den Gendarm holen? Ich springe schnell rüber. Mitteldorf!...

WEHRHAHN. Ich bitte um Ruhe. *Ruhe tritt ein. Zu Fleischer.* Entfernen Sie mal den Wisch da gefälligst.

FLEISCHER *tut es.* Der Wisch da kommt vor den Staatsanwalt.

WEHRHAHN. Das mögen Sie halten, wie Sie wollen. *Er steht auf und nimmt aus dem Schrank das Paket der Frau Wolff.* Damit diese Sache nun aus der Welt kommt. *Zu Frau Wolff.* Wo haben Sie also das Ding gefunden?

FRAU WOLFF. Ich hab's doch gar nich gefunden, Herr Vorsteher.

WEHRHAHN. Na wer denn sonst?

FRAU WOLFF. Meine jingste Tochter.

WEHRHAHN. Warum haben Sie die nicht mitgebracht?

FRAU WOLFF. Sie war ja doch da, Herr Amtsvorsteher. Ich kann se ja auch schnell rieberholen.

WEHRHAHN. Das verzögert doch aber die Sache bedeutend. Hat Ihnen das Mädel denn nichts erzählt?

KRÜGER. Sie sagten doch, auf dem Wege zum Bahnhof.

WEHRHAHN. Der Dieb ist also wohl nach Berlin. Da werden wir schlechtes Suchen haben.

KRÜGER. Ich klaube das kar nicht, Herr Amtsvorsteher. Herr Fleischer hat eine kanz richtike Ansicht. Die kanze Sache mit dem Paket ist angelegt, um uns irrezuführen.

FRAU WOLFF. Ooch noch! Das kann ganz gutt meeglich sein.

WEHRHAHN. Na, Wolffen, Sie sind doch sonst nich so dumm. Was hier gestohlen wird, geht nach Berlin. Der Pelz war längst in Berlin verkauft, noch eh wir hier wußten, daß er gestohlen war.

FRAU WOLFF. Herr Vorsteher, nee, ich kann mer nich helfen. Da bin ich doch nich ganz Ihrer Meenung. Wenn der Dieb in Berlin is, da mecht' ich wissen: was braucht der aso a Paket zu verlieren.

WEHRHAHN. Man verliert doch so was nicht immer absichtlich.

FRAU WOLFF. I, sehn Se sich bloß das Paket amal an, da is alles so scheene zusammgepackt, de Weste, der Schlissel, das Stickel Papier...

KRÜGER. Ich klaube, der Dieb ist hier am Ort.

FRAU WOLFF, *Krüger bestärkend*. Na sehn Se, Herr Krieger.

KRÜGER, *bestärkt*. Das klaub' ich bestimmt.

WEHRHAHN. Bedaure, ich neige nicht zu der Ansicht. Ich hab' eine viel zu lange Erfahrung...

KRÜGER. Was? Eine lange Erfahrung? Hm!

WEHRHAHN. Gewiß. Auf Grund dieser langen Erfahrung weiß ich, daß diese Möglichkeit kaum in Betracht kommt.

FRAU WOLFF. Na, na, ma soll nischt verreden, Herr Vorsteher.

KRÜGER, *mit Bezug auf Fleischer*. Er hat aber doch einen Schiffer gesehen...

WEHRHAHN. Ach, kommen Sie doch nicht mit dieser Geschichte. Da müßt' ich ja alle Tage Haussuchung halten, mit zwanzig Gendarmen und Polizisten. Da müßt' ich bei jedem einzelnen haussuchen.

FRAU WOLFF. Da fangen Se ock gleich bei mir an, Herr Vorschteher.

WEHRHAHN. Na, ist denn so was nicht lächerlich? Nein, nein, meine Herren, so geht das nicht. So kommen wir nun und nimmer zu etwas. Sie müssen mir gänzlich freie Hand lassen. Ich habe schon meine Verdachte gefaßt und will einstweilen nur noch beobachten. Es gibt hier so einige dunkle Gestalten, die hab' ich schon lange aufs Korn genommen. Frühzeitig fahren sie rein nach Berlin, mit schweren Hucken auf dem Rücken, und abends kommen Sie leer zurück.

KRÜGER. Die Chemüsefrauen gehen wohl so mit ihrem Chemüse auf dem Rücken.

WEHRHAHN. Nicht nur die Gemüsefrauen, Herr Krüger. Ihr Pelz ist wahrscheinlich auch so gereist.

FRAU WOLFF. Das kann halt eben ooch meeglich sein. Unmeeglich is halt nischt uff der Welt.

WEHRHAHN, *zu Wulkow*. Na also. Nun? Sie wollen anmelden.

WULKOW. 'n kleenet Mächen, Herr Amtsvorsteher.

WEHRHAHN. Ich werde also mein möglichstes tun.

KRÜGER. Ich lasse nicht eher Ruhe, Herr Vorsteher, als bis ich zu meinem Pelze komme.

WEHRHAHN. Nun, was gemacht werden kann, wird gemacht. Die Wolffen kann ja mal'n bißchen rumhören.

FRAU WOLFF. Uff so was versteh' ich mich eemal zu schlecht. Aber wenn aso was nich rauskommt, nee, nee, wo bleibt da ock alle Sicherheet!

KRÜGER. Sie haben kanz recht, Frau Wolffen, kanz recht. *Zu Wehrhahn.* Ich bitte das Päckchen kenau zu besichtigen. Es ist eine Handschrift auf dem Zettel, die zu einer Entdeckung führen kann. Und übermorgen früh, Herr Vorsteher, werd' ich wieder so frei sein, nachzufragen. Kuten Morgen! *Ab.*

FLEISCHER. Guten Morgen. *Ab.*

WEHRHAHN, *zu Wulkow.* Sie sind wieviel Jahr alt? Guten Morgen, guten Morgen! – Bei den beiden Kerls ist was los da oben. *Zu Wulkow.* Wie heißen Sie?

WULKOW. August Philipp Wulkow.

WEHRHAHN, *zu Mitteldorf.* Gehen Sie mal rüber in meine Wohnung. Da sitzt der Schriftsteller Motes und wartet. Sagen Sie ihm, es tät' mir leid, ich hätte heut morgen anderes zu tun.

MITTELDORF. Da soll er nich warten?

WEHRHAHN, *barsch.* Nicht warten! Nein!

Mitteldorf ab.

WEHRHAHN, *zu Frau Wolff.* Ist Ihnen der Schriftsteller Motes bekannt?

FRAU WOLFF. Bei so was, wissen Se, da schweig' ich lieber. Da könnt' ich Ihn nich viel Guttes erzählen.

WEHRHAHN, *ironisch.* Von Fleischer dagegen umso mehr.

FRAU WOLFF. Das is Ihn ooch wirklich kee iebler Mann.

WEHRHAHN. Sie wollen wohl'n bißchen vorsichtig sein?

FRAU WOLFF. Nee, wissen Se, dazu taug' ich nischt. Ich bin immer geradezu, Herr Vorsteher. Wenn ich mit'm Maule nich immer so vorneweg wär', da hätt' ich könn schonn viel weiter sein.

WEHRHAHN. Bei mir hat Ihnen das noch nicht geschadet.

FRAU WOLFF. Bei Ihn nich, nee, Herr Amtsvorsteher. Sie kenn ooch a offnes Wort vertragen. Vor Ihn da braucht ma sich nich zu verstecken.

WEHRHAHN. Kurz! Fleischer, das ist ein Ehrenmann.

FRAU WOLFF. Das is a ooch, ja, das is a ooch.

WEHRHAHN. Na, denken Sie mal an Ihr heutiges Wort.

FRAU WOLFF. Und Sie an meins.

WEHRHAHN. Gut, wollen mal sehn. *Er dehnt sich, steht auf und vertritt sich die Beine. Zu Wulkow.* Das ist nämlich hier unsre fleißige Waschfrau. Die denkt, alle Menschen sind so wie sie. *Zu Frau Wolff.* So ist's aber leider nicht in der Welt. Sie sehen die Menschen von außen an. Unsereins blickt nun schon etwas tiefer. *Er geht einige Schritte, bleibt dann vor ihr stehen und legt ihr die Hand auf die Schultern.* Und so wahr es ist, wenn ich hier sage: die Wolffen ist eine ehrliche Haut, so sage ich Ihnen mit gleicher Bestimmtheit: Ihr Dr. Fleischer, von dem wir da sprachen, das ist ein lebensgefährlicher Kerl!

FRAU WOLFF, *resigniert den Kopf schüttelnd.* Da weeß ich nu nich...

HANNELES HIMMELFAHRT

Traumdichtung

Entstehungszeit: 1893.

Erstveröffentlichung: Einzelausgabe unter dem Titel »Hannele. Traumdichtung in zwei Teilen« (Ill. von Julius Exter). Berlin, S. Fischer 1894.

Im Jahre 1893 wurde für den S. Fischer Verlag in der Offizin von R. Boll, Berlin, ein Satz mit dem Titel »Hannele Matterns Himmelfahrt« hergestellt. Von diesem Satz sind bisher lediglich zwei untereinander differierende Bogenabzüge (Schiller-Nationalmuseum Marbach, Germanisches Seminar der Freien Universität Berlin) bekannt geworden.

An Marie Hauptmann
geborene Thienemann

Die Kinder pflücken roten Klee, rupfen die Blütenkrönchen behutsam aus und saugen an den blassen feinen Schäften. Eine schwache Süßigkeit kommt auf ihre Zungen. Wenn Du nur so viel Süße aus meinem Gedicht ziehst, so will ich mich meiner Gabe nicht schämen.

Schreiberhau 1893. Gerhart

DRAMATIS PERSONAE

HANNELE
GOTTWALD, Lehrer
SCHWESTER MARTHA, Diakonissin
TULPE, HEDWIG, PLESCHKE, HANKE – Armenhäusler
SEIDEL, Waldarbeiter
BERGER, Amtsvorsteher
SCHMIDT, Amtsdiener
DR. WACHLER

Es erscheinen dem Hannele im Fiebertraum: Der Maurer Mattern, ihr Vater. Eine Frauengestalt, ihre verstorbene Mutter. Drei lichte Engel. Ein großer schwarzer Engel. Die Diakonissin. Der Dorfschneider. Gottwald und seine Schulkinder. Die Armenhäusler Pleschke, Hanke und andere. Seidel. Vier weißgekleidete Jünglinge. Ein Fremder. Viele kleine und große lichte Engel. Leidtragende, Frauen usw.

ERSTER AKT

Ein Zimmer im Armenhause eines Gebirgsdorfes: Kahle Wände, eine Tür in der Mitte, ein kleines gucklochartiges Fenster links. Vor dem Fenster ein wackliger Tisch mit Bank. Rechts eine Bettstelle mit Strohsack. An der Hinterwand ein Ofen mit Bank und eine zweite Bettstelle, ebenfalls mit einem Strohsack und einigen Lumpen darüber. – Es ist eine stürmische Dezembernacht. Am Tisch, beim Scheine eines Talglichts, aus einem Gesangbuch singend, sitzt Tulpe, ein altes, zerlumptes Bettelweib.

TULPE *singt.*

Ach bleib mit deiner Gnade
bei uns, Herr Jesu Christ,
daß uns hinfort nicht...

Hedwig, genannt Hete, eine liederliche Frauensperson von etwa dreißig Jahren, mit Ponylocken, tritt ein. Sie hat ein dickes Tuch um den Kopf und ein Bündel unterm Arm; sonst ist sie leicht und ärmlich gekleidet.

HETE, *in die Hände blasend, ohne das Bündel unterm Arm wegzulegen.* Ei Jesses, Jesses! is das a Wetter! *Sie läßt das Bündel auf den Tisch gleiten, bläst sich fortgesetzt in die hohlen Hände und tritt abwechselnd mit einem ihrer zerrissenen Schuhe auf den andern.* Aso toll haben mersch schonn viele Jahre nich gehabt.

TULPE. Was bringst'n mit?

HETE *fletscht die Zähne und wimmert im Schmerz, nimmt Platz auf der Ofenbank und müht sich, die Schuhe auszuziehen.* O jemersch – jemersch – meine Zehen! – Das brennt wie Feuer.

TULPE *hat das Bündel aufgeknotet; ein Brot, ein Päckchen Zichorie, ein Tütchen Kaffee, einige Paar Strümpfe usw. liegen offen.* Da wird woll fer mich ooch a bissel was abfalln.

HETE, *die, mit dem Ausziehen der Schuhe beschäftigt, nicht auf Tulpe geachtet hat, stürzt nun wie ein Geier über die Gegenstände und rafft sie zusammen.* Tulpe! – *Den einen Fuß nackt, den andern noch im Schuh, humpelt sie mit den Sachen nach dem Bett an der Hinterwand.* Ich wer 'ne Meile loofen, gelt? Und wer mer die Knochen im Leibe erfrieren, damit Ihr und kennt's Euch einsacken, gelt?

TULPE. Oh, halt deine Gusche, alte Schalaster! An dem bissel Gelumpe vergreif' ich mich nich, – *sie steht auf, klappt das Buch zu und wischt es sorgfältig an ihren Kleidern ab* – was du dir da hast zusammengebettelt.

HETE, *die Sachen unter den Strohsack packend.* Wer hat ock im Leben mehr gefochten, ich oder Ihr? Ihr habt doch im Leben nischt andersch getan, aso alt wie Ihr seid: das weeß doch a jedes.

TULPE. Du hast noch ganz andre Dinge getrieben. Der Herr Paster hat dir die Meenung gesagt. Wie ich a jung Mädel war wie du; ich hab' freilich andersch uf mich gehalten.

HETE. Daderfier habt Ihr ooch im Zuchthause gesessen.

TULPE. Und du kannst neinkommen, wenn de sonst willst. Ich brauch' bloß amal a Schandarm zu treffen. Dem wer ich amal a Talglicht ufstecken. Mach du dich bloß mausig, Mädel, ich sag' dirsch!

HETE. Da schickt a Schandarm ock gleich mit zu mir, da wer ich'n gleich was mit erzählen.

TULPE. Erzähl du meinswegen, was du willst.

HETE. Wer hat denn a Paleto gestohlen? Hä? – Vom Gastwirt Richter sein'n kleenen Jungen? *Tulpe tut, als ob sie nach Hete spucke.* Tulpe! verpucht! – nu gerade nich.

TULPE. Vor mir! ich will von dir nischt Geschenktes.

HETE. Ja, weil Ihr nischt krigt.

Pleschke und Hanke sind von dem Sturm, welcher mit einem wütenden Stoß soeben wider das Haus fuhr, förmlich in den Flur hineingeworfen worden. Pleschke, ein alter, kropfhalsiger, halb kindischer Kerl in Lumpen, bricht darüber in lautes Lachen aus. Hanke, ein junger Liedrian und Nichtstuer, flucht. Beide schütteln, durch die offene Tür sichtbar, auf den Steinen des Flurs den Schnee von ihren Mützen und Kleidern. Jeder trägt ein Bündel.

PLESCHKE. O Hagel! o Hagel! – das schmeißt ja wie Teifel – die alte Kaluppe von Armenhaus, die wird's woll amal bei Gelegenheit, ja... bei Gelegenheit, ja, zusammenreißen.

Hete besinnt sich angesichts der beiden, holt ihre Sachen wiederum unter dem Strohsack hervor und läuft an den Männern vorüber, hinaus und eine Treppe hinauf.

PLESCHKE, *hinter Heten dreinsprechend.* Was laufst'n du... laufst'n du – fort? – Mir – tun der nischt... tun der nischt. – Gelt, Hanke? – Gelt?

TULPE, *am Ofen mit einem Kartoffeltopf beschäftigt.* Das Frauvolk is nich gescheit im Koppe. Die denkt, mir wärn'r 'ne Sache wegnehmen.

PLESCHKE, *eintretend.* O Jes, Jes! Ihr Leute! Nu da... da heert's auf. – Gu'nabend... Gu'nabend ja. – Teifel, Teifel! – A Wetter is draußen... a Wetter is draußen –! Der Länge lang, ja... der Länge lang, ja – bin ich hingeschlagen – aso lang, wie ich bin. *Er ist mit geknickten Beinen bis zum Tische gehinkt. Hier legt er sein Bündel ab und wendet den wackligen Kopf mit den weißen Haaren und triefigen Augen zu Tulpe herum. Dabei schnappt er noch immer vor Anstrengung nach Luft, hustet und macht Bewegungen, um sich zu erwärmen. Indessen ist Hanke auch ins Zimmer gelangt. Einen Bettelsack hat er neben die Tür gestellt und sogleich begonnen, vor Frost bebend, trocknes Reisig in den Ofen zu stopfen.*

TULPE. Wo kommst'n her?

PLESCHKE. Ich? Ich? Wo ich herkomme? Gar – gar von weit her. 's Oberdorf hab' ich... hab' ich abgeloofen.

TULPE. Bringste was mit?

PLESCHKE. Ja, ja, scheene Sachen. Scheene Sachen – hab' ich. – Beim Kanter – kricht' ich... kricht' ich – 'n Finfer, ja – und oben beim Gastwirt... oben – beim Gastwirt – kricht' ich... kricht' ich'n Topp voll, ja... 'n Topp voll... Topp voll Suppe kricht' ich.

TULPE. Ich wer'n glei ufsetzen. Gib amal her. *Sie zieht den Topf aus dem Bündel, setzt ihn auf den Tisch und wühlt weiter.*

PLESCHKE. A Ende... Wurscht, ja – is ooch... ooch dabei. Der Fleescher... der Seipelt-Fleescher – hat mirsch... hat mirsch gegeben.

TULPE. Wieviel bringst'n Geld mitte?

PLESCHKE. Drei Beehmen, ja... drei Beehmen – sind's – gloob' ich.

TULPE. Na gib ock her. Ich wer dersch ufheben.

HETE, *wieder eintretend.* Ihr seid scheen tumm, daß Ihr alles weggebt. *Sie geht zum Ofen.*

TULPE. Bekimmer du dich um deine Sachen.

HANKE. A is doch der Breit'gam.

HETE. O jemersch, jemersch!

HANKE. Da muß a doch ooch d'r Braut was mitbringen. Das liegt halt eemal so in a Verhältnissen.

PLESCHKE. Du kannst zum Narren haben... kannst zum

Narren haben – wen de willst, ja... wen de willst, ja. An alten Mann... an alten Mann – den laß du zufriede.

HETE, *die Sprechweise des alten Pleschke nachäffend.* Der alte Pleschke... der alte Pleschke... der kann bald gar nich... gar nich mehr labern. Der wird bald... wird bald – gar gar gar gar gar kee Wort... Wort mehr mehr raus... rausbringen, ja.

PLESCHKE, *mit seinem Stecken auf sie zugehend.* Jetzt zieh aber – Leine... zieh aber... Leine.

HETE. Vor wem denn, hä?

PLESCHKE. Jetzt zieh aber – Leine!

TULPE. Immer gib'r a Ding.

PLESCHKE. Jetzt zieh aber – Leine!

HANKE. Laßt ihr die Tummheet.

TULPE. Ihr gebt Ruhe!

Hete benutzt hinter dem Rücken Hankes den Moment, in welchem er, sie verteidigend, mit Pleschke zu tun hat, um ihm aus dem Bettelsack blitzschnell etwas herauszugreifen und damit fortzurennen. Tulpe, die es bemerkt hat, schüttelt sich vor Lachen.

HANKE. Da gibt's nischt zu lachen.

TULPE, *immer lachend.* Nu! da! nu da! da soll eens nich lachen.

PLESCHKE. O Jeses, Jeses! sieh ock dernach.

TULPE. Sieh d'r ock deine Sachen an. Kann sein, se sein was weniger geworn.

HANKE *wendet sich, merkt, daß er gefoppt ist.* Luder!! – *Er stürzt Hete nach.* Wenn ich dich kriege! *Man hört Trampeln, eine Treppe hinauf, Jagen, unterdrücktes Schreien.*

PLESCHKE. A Teifelsmädel! – A Teifelsmädel! *Er lacht in allen Tonarten. Tulpe will sich ebenfalls ausschütten vor Lachen. Plötzlich hört man die Haustür heftig gehen. Das Lachen beider bricht ab.* Nu? Was is das?

Heftige Windstöße wuchten gegen das Haus. Körniger Schnee wird gegen das Fenster geworfen. Einen Moment Stille. Jetzt erscheint Lehrer Gottwald, ein schwarzbärtiger Zweiunddreißiger; auf dem Arm trägt er das etwa vierzehnjährige Hannele Mattern. Das Mädchen, dessen lange rote Haare offen über die Schulter des Lehrers herabhängen, wimmert fortwährend. Es hat sein Gesicht am Halse des Lehrers verborgen, seine Arme hängen schlaff und tot herab. Man hat es nur notdürftig bekleidet und in Tücher eingehüllt. Mit aller Sorgfalt läßt

Gottwald, ohne sich irgendwie um die Anwesenden zu bekümmern, seine Last auf das Bett gleiten, das rechts an der Wand steht. Ein Mann, Waldarbeiter, namens Seidel, ist mit einer Laterne ebenfalls eingetreten. Er trägt, neben Säge und Axt, ein Bündel nasser Lumpen und hat einen alten Jägerhut ziemlich verwogen auf den schon stark angegrauten Kopf gesetzt.

PLESCHKE, *dumm und betroffen starrend.* Hee, hee, hee, hee! – Was geht denn da vor? – Was geht denn da vor?

GOTTWALD, *Decken und seinen eignen Mantel über das Mädchen breitend.* Steine heiß machen, Seidel! schnell!

SEIDEL. Attent, attent! a paar Ziegelsteine. Allo, allo! immer macht, daß was wird.

TULPE. Was hat's denn mit'r?

SEIDEL. I, laßt das Gefrage. *Schnell ab mit Tulpe.*

GOTTWALD, *beruhigend zu Hannele.* Laß gut sein, laß gut sein! Ängste dich nicht. Es geschieht dir nichts.

HANNELE, *mit klappernden Zähnen.* Ich fürcht' mich so! Ich fürcht' mich so!

GOTTWALD. Du brauchst dich aber vor gar nichts zu fürchten. Es wird dir ja niemand etwas tun.

HANNELE. Der Vater, der Vater...

GOTTWALD. Der is ja nicht hier.

HANNELE. Ich fürcht' mich so, wenn der Vater kommt.

GOTTWALD. Er kommt aber nicht. So glaub mir doch nur.

Jemand kommt in höchster Schnelligkeit die Treppe herunter.

HETE *hält ein Reibeisen in die Höhe.* Nu seht bloß: aso was krigt Hanke geschenkt.

Hanke ist hinter ihr dreingejagt, erreicht sie, will ihr das Reibeisen entwinden, sie aber wirft es mit einer schnellen Bewegung von sich mitten ins Zimmer hinein.

HANNELE, *schreckhaft auffahrend.* Er kommt! Er kommt! *Halb aufgerichtet, starrt sie, den Kopf vorgestreckt, mit dem Ausdruck höchster Angst in dem blassen, kranken, gramverzehrten Gesichtchen in der Richtung der Geräusche. Hete hat sich dem Hanke entwunden und ist fort in das Hinterzimmer. Hanke tritt ein, um das Reibeisen aufzuheben.*

HANKE. Ich wer dirsch anstreichen. Dare du!

GOTTWALD, *zu Hannele.* Du kannst ruhig sein, Hannele. – *Zu Hanke.* Was wollen Sie denn?

HANKE, *erstaunt.* Ich? Was ich will?

HETE *steckt den Kopf herein, ruft.* Langfinger! Langfinger!

HANKE, *drohend.* Sei du ganz geruhig, dir zahl' ich's heem.

GOTTWALD. Ich bitte um Ruhe, hier liegt'n Krankes.

HANKE *hat das Reibeisen aufgehoben und zu sich gesteckt; ein wenig verschüchtert zurücktretend.* Was ist denn da los?

SEIDEL *kommt wieder; er bringt zwei Ziegelsteine.* Hier bring' ich einstweilen.

GOTTWALD *faßt die Steine prüfend an.* Schon genug?

SEIDEL. A bissel wärmt's schonn. *Er bringt einen der Steine an den Füßen des Mädchens unter.*

GOTTWALD *bedeutet eine andere Stelle.* Den andern hierher.

SEIDEL. Se hat sich eemal noch nicht erwärmt.

GOTTWALD. Es beutelt sie förmlich.

Tulpe ist hinter Seidel hergekommen. Ihr sind Hete und Pleschke gefolgt. An der Tür werden einige andere Armenhäusler, fragwürdige Gestalten, sichtbar. Alle sind voll Neugier, flüstern, werden allmählich lauter und bewegen sich näher heran.

TULPE, *zunächst dem Bette stehend, die Hände in die Seite gestemmt.* Heeß Wasser und Branntwein, wenn's was dahat.

SEIDEL *zieht eine Schnapsflasche, ebenso Pleschke und Hanke.* Hier is noch a Neegel.

TULPE, *schon am Ofen.* Her damitte.

SEIDEL. Is heeß Wasser?

TULPE. O Jes, da kann man 'n Ochsen verbriehn.

GOTTWALD. Und bißchen Zucker reintun, wenn's gibt.

HETE. Wo sollen mir ock a Zucker herhaben?

TULPE. Du hast ja welchen. Red ni so tumm.

HETE. Ich? Zucker? Nee. *Sie lacht gezwungen.*

TULPE. Du hast doch welchen mittegebracht. Ich hab's doch gesehn, im Tiechel, vorhin. Da lieg ock nich erscht.

SEIDEL. Na mach. Bring her.

HANKE. Nu lauf, Hete, lauf!

SEIDEL. Du siehst doch, wie's mit dem Mädel steht.

HETE, *verstockt.* Oh, vor mir.

PLESCHKE. Sollst Zucker holen.

HETE. Beim Kaufmann hat's 'n. *Sie drückt sich hinaus.*

SEIDEL. Nu haste Zeit, daßte Beene machst, sonst setzt's a paar Dinger hinter die Lauscher. Kann sein, du hätt'st damitte genug. – Nach mehr sähst du dich gewiß nich um.

PLESCHKE *war einen Moment hinausgegangen, kommt wieder.* Aso is das Mädel... so is das Mädel.

SEIDEL. Der wollt' ich woll ihre Mucken austreiben. Wenn ich und wär' wie der Ortsvorsteher, ich nehm' mir a ticht'gen weidnen Knippel, und – haste gesehn – die wer' schonn arbeiten. A Mädel wie die... die is jung und stark. Was braucht die im Armenhause zu liegen!

PLESCHKE. Hier hab' ich – noch a klee Brickel... Brickel... a klee Brickel Zucker – hab' ich noch... hier noch ja – gefunden.

HANKE, *schnüffelnd in den Grogduft.* Da wär' ich ooch gerne genug amal krank.

AMTSDIENER SCHMIDT, *mit einer Laterne, tritt ein. Eindringlich und vertraulich.* Macht Platz, der Herr Amtsvorsteher kommt.

Amtsvorsteher Berger tritt ein. Hauptmann der Reserve, wie nicht zu verkennen. Schnurrbärtchen. Noch jugendliches, gutes Gesicht, schon stark angegrautes Haar. Langer Überrock, Anflug von Eleganz. Stock. Der Kramphut schief und keck aufgesetzt. Etwas Burschikoses liegt in seinem Wesen.

DIE ARMENHÄUSLER. Gu'nabend, Herr Amtsvorsteher! Gu'nabend, Herr Hauptmann!

BERGER. 'nabend! *Er legt Hut, Stock und Mantel ab. Mit einer bezeichnenden Gebärde.* Nu mal rrraus hier! *Schmidt befördert die Armenhäusler hinaus und drängt sie ins Hinterzimmer.* Gu'nabend, Herr Gottwald. *Reicht ihm die Hand.* Nu, wie steht's hier?

GOTTWALD. Wir haben sie halt aus dem Wasser gezogen.

SEIDEL *tritt vor.* Sie werden entschuldigen, Herr Amtsvorsteher. *Er schlägt dabei in alter militärischer Gewohnheit grüßend mit der Hand an die Stirn.* Ich hatte noch was in der Schmiede zu tun. Ich wollt' mer a Band um de Axt lassen machen. Und wie ich nu raustrete aus der Schmiede... da is doch unten an der Jeuchner Schmiede... da is doch a Teich. Man mechte bald sprechen, a halber See. *Zu Gottwald.* Na ja, 's is wahr. A is bald aso groß. Und wie Se vielleicht wern wissen, Herr Vorsteher: da hat's ane Stelle, die de nicht zufriert. Und nie und nimmer friert Ihn die nich zu. Ich war noch a ganz a kleener Junge...

BERGER. Na – und? Was war da?

SEIDEL, *wieder mit der Hand an die Stirn schlagend.* Nu wie ich also und tret' aus der Schmiede – der Mond kam grade a bissel durch –, da heer' ich Ihn halt aso a Gewimmer. Erscht denk' ich, 's macht der bloß was vor. Da seh' ich aber ooch schonn, daß jemand uff'n Teiche is. Und immer zu uff de offne Stelle. Ich schrei' – da is a ooch schonn verschwunden. Na ich, kenn Se denken, ich in de Schmiede, a Brett genomm, erscht gar nischt gesagt und rum um a Teich. 's Brett aufs Eis. Ich eens, zwee, drei – und da hatt' ich se doch ooch schonn beim Wickel.

BERGER. Das lass' ich mir doch mal gefallen, Seidel. Sonst hört man bloß immer von Keilereien, Köpfe blutig schlagen, Beine gebrochen. Das is doch wenigstens mal was anders. Da habt Ihr sie gleich hierhergebracht?

SEIDEL. Der Herr Lehrer Gottwald...

GOTTWALD. Zufälligerweise ging ich vorüber. Ich kam aus der Lehrerkonferenz. Da hab' ich sie erst mal zu mir genommen. Meine Frau hat schnell was zusammengesucht, damit sie nur trocken am Leibe wurde.

BERGER. Wie hängt denn nun die Geschichte zusammen?

SEIDEL, *zögernd*. Na – 's is halt vom Mattern-Mäuer die Stieftochter.

BERGER, *einen Moment lang betreten*. Von wem? Der Lump der!

SEIDEL. De Mutter is vor sechs Wochen gestorben. Das übrige weeß man ja von alleene. Die hat Ihn gekratzt und um sich geschlag'n, bloß weil se dachte, ich wär' der Vater.

BERGER *murmelt*. So'n Wicht!

SEIDEL. Nu sitzt a doch wieder im Niederkretscham und sauft seit gestern in eenem Biegen. Der schenkt'n doch ein aso viel, wie a will.

BERGER. Das wolln wir dem Kerl doch mal eklich versalzen. *Er beugt sich über das Bett, um Hannele anzureden*. Du! Mädel! sag mal! Du wimmerst ja so. Du brauchst mich gar nicht so furchtsam ansehn. Ich tu' dir nichts. Wie heißt du denn? – Was sagst du? Ich hab' dich nicht verstanden. – – – *Er richtet sich auf*. Ich glaube, das Mädel ist etwas störrisch.

GOTTWALD. Sie ist nur verängstet. – Hannele!

HANNELE *haucht*. Ja.

GOTTWALD. Du mußt dem Herrn Amtsvorsteher antworten.

HANNELE, *zitternd*. Lieber Gott, mich friert.

SEIDEL *kommt mit dem Grog*. Komm, trink amal, hier!

HANNELE, *wie vorher*. Lieber Gott, mich hungert.

GOTTWALD, *zum Amtsvorsteher*. Und wenn man's ihr vorhält, will sie nicht essen.

HANNELE. Lieber Gott, mir tut es so bitter weh.

GOTTWALD. Wo tut dir's denn weh?

HANNELE. Ich hab' solche Furcht.

BERGER. Wer tut dir denn was? Wer? Nur raus mit der Sprache. – Ich versteh' keine Silbe, liebes Kind. Das kann mir nichts helfen. – Hör mal auf mich, Mädel! hat dich dein Stiefvater schlecht behandelt? – Geschlagen, mein' ich? – Eingesperrt? Aus dem Hause geworfen, so was, wie? – – – Du lieber Gott, ja...

SEIDEL. Das Mädel ist schweigsam. Das soll schonn schlimm kommen, eh die ein Wort sagt. Die is, möcht' man sprechen, stumm wie ein Lamm.

BERGER. Ich möchte nur was Bestimmtes wissen. Vielleicht kann ich doch den Kerl nun mal fassen.

GOTTWALD. Sie hat unsinnige Angst vor dem Menschen.

SEIDEL. Das is doch nischt Neues mehr mit dem Kerle. Das weeß, mecht' ma sprechen... das weeß doch a jed's... Da kenn Se doch fragen, wen Se wollen. Mich wundert bloß, daß das Mädel noch lebt. Man sollte denken, 's wär' gar nicht meeglich.

BERGER. Was hat er denn mit ihr angestellt?

SEIDEL. Nu – halt – aso allerhand, mecht' man sprechen. Um neune abends jagt'r se naus – und wenn's so a Wetter war wie heute –, da sollt' se an Finfbeehmer mit nach Hause bringen. – Na, was denn sonste, halt zum Versaufen. Wo soll Ihn das Mädel an Finfbeehmer hernehmen? Da blieb se halt halbe Nächte im Freien. – Denn wenn se kam und brachte keen Geld... de Leute sind Ihn zusammengeloofen, so hat se geschrien, geprillt, mecht' man sprechen.

GOTTWALD. An der Mutter hatte sie noch'n Rückhalt.

BERGER. Ich werde den Kerl jedenfalls gleich einstecken. Er steht ja schon längst auf der Säuferliste. Nu komm mal, Mädel, sieh mich mal an.

HANNELE, *flehentlich.* Ach bitte, bitte, bitte, bitte!

SEIDEL. Aus der wern Se woll aso leichte nischt rauskriegen.

GOTTWALD, *mild.* Hannele!

HANNELE. Ja.

GOTTWALD. Kennst du mich?

HANNELE. Ja.

GOTTWALD. Wer bin ich denn?

HANNELE. Der – Herr Lehrer – Gottwald.

GOTTWALD. Schön. Na siehst du. Ich mein' es doch immer gut

mit dir. Nu kannst du mir auch mal gleich erzählen ... Du warst doch unten am Schmiedeteich. – Weshalb bist du denn nicht zu Hause geblieben? Nu? Warum nicht?

HANNELE. Ich fürchte mich so.

BERGER. Wir werden uns ganz beiseite stellen. Sag's nur dem Herrn Schullehrer ganz allein.

HANNELE, *scheu und geheimnisvoll*. Es hat gerufen.

GOTTWALD. Wer hat gerufen?

HANNELE. Der liebe Herr Jesus.

GOTTWALD. Wo – hat dich der liebe Herr Jesus gerufen?

HANNELE. Im Wasser.

GOTTWALD. Wo?

HANNELE. Nu unten – im Wasser.

BERGER *zieht sich, seinen Entschluß ändernd, den Überrock an.* Hier muß vor allen Dingen der Doktor her. Ich denke, er wird noch im »Schwerte« sitzen.

GOTTWALD. Ich hatte auch gleich zu den Schwestern geschickt. Das Kind muß unbedingt Pflege erhalten.

BERGER. Ich gehe und sage dem Doktor Bescheid. *Zu Schmidt.* Sie bringen mir mal den Wachtmeister ran. Ich warte im »Schwert«. Gutnacht, Herr Gottwald. Wir wollen den Kerl gleich heute noch aufheben. *Ab mit Schmidt. Hannele schläft ein.*

SEIDEL, *nach einer Pause*. A wird sich hitten und wird den einsperren.

GOTTWALD. Warum denn nicht?

SEIDEL. Der weeß schonn, warum. Wer hat denn das Kind in die Welt gesetzt?

GOTTWALD. Ach Seidel, das ist ja bloßes Gerede.

SEIDEL. Na wissen Se: der Mann hat Ihn gelebt.

GOTTWALD. Was lügen die Leute nicht alles zusammen! Da kann man doch nich mal die Hälfte glauben. – Wenn nur der Doktor bald kommen wollte!

SEIDEL, *leise*. Ich gloobe, das Mädel steht nich mehr uff.

Dr. Wachler tritt ein, ein etwa vierunddreißigjähriger, ernster Mann.

DR. WACHLER. Gut'nabend.

GOTTWALD. Gut'nabend.

SEIDEL, *beim Pelzausziehen behilflich*. Gu'nabend, Herr Dokter!

DR. WACHLER *wärmt am Ofen seine Hände*. Noch ein Licht möcht' ich haben. *Im Hinterzimmer wird ein Leierkasten gedreht*. Die scheinen da drüben verrückt zu sein.

SEIDEL, *schon an der geöffneten Tür des Hinterzimmers.* Ihr sollt euch a bissel ruhig verhalten. *Der Lärm schweigt, Seidel verschwindet im Hinterzimmer.*

DR. WACHLER. Herr Gottwald? nicht wahr?

GOTTWALD. Ich heiße Gottwald.

DR. WACHLER. Sie hat sich ertränken wollen, hör' ich.

GOTTWALD. Sie hat sich wohl keinen Rat mehr gewußt.

Kleine Pause.

DR. WACHLER, *ans Bett tretend, beobachtend.* Sie spricht wohl im Schlaf?

HANNELE. Millionen Sternchen. *Dr. Wachler und Gottwald beobachten. Mondschein fällt durchs Fenster und beleuchtet die Gruppe.* Was ziehst du an meinen Knochen? Au, au! Es tut mir in der Seele weh.

DR. WACHLER *lockert ihr vorsichtig das Hemd am Halse.* Der ganze Leib scheint mit Striemen bedeckt.

SEIDEL. So lag Ihn die Mutter ooch im Sarge.

DR. WACHLER. Erbärmlich! Erbärmlich!

HANNELE, *mit verändertem, störrischem Ton.* Ich mag nicht. Ich mag nicht. Ich geh' nicht zu Hause. Ich muß – zu der Frau Holle – in den Brunnen gehn. Laß mich doch – Vater. Pfui, wie das stinkt! Du hast wieder Branntwein getrunken. – Horch, wie der Wald rauscht! – Heute morgen hat ein Windbaum auf den Bergen gelegen. Wenn nur kein Feuer ausbricht! – – – Wenn der Schneider keinen Stein in der Tasche und kein Bügeleisen in der Hand hat, fegt ihn der Sturm über alle Berge. Horch! es stürmt! – – –

Die Diakonissin Schwester Martha kommt.

GOTTWALD. Guten Abend, Schwester.

SCHWESTER MARTHA *nickt. Gottwald tritt zur Diakonissin, die alles zur Pflege bereitmacht, und spricht mit ihr im Hintergrund.*

HANNELE. Wo ist meine Mutter? Im Himmel? Aach! aach, so weit! – *Sie schlägt die Augen auf, blickt fremd um sich, fährt mit der Hand über die Augen und spricht kaum hörbar.* Wo – bin ich – denn?

DR. WACHLER, *über sie gebeugt.* Bei guten Menschen.

HANNELE. Mich dürstet.

DR. WACHLER. Wasser! *Seidel, der ein zweites Licht gebracht hat, geht, Wasser zu holen.* Hast du irgendwo Schmerzen?

HANNELE *schüttelt den Kopf.*

DR. WACHLER. Nicht? Na sieh mal an: da ist es ja gar nicht so schlimm mit uns.

HANNELE. Sind Sie der Doktor?

DR. WACHLER. Gewiß.

HANNELE. Da bin ich – wohl krank?

DR. WACHLER. Ein bißchen, nicht sehr.

HANNELE. Wollen Sie mich gesund machen?

DR. WACHLER, *schnell untersuchend.* Tut es hier weh? Da? Schmerzt es hier? Hier? – Hier? – Du brauchst mich gar nicht so ängstlich ansehn, ich tu' dir nicht weh. Wie ist es hier? Hast du Schmerzen hier?

GOTTWALD *tritt wieder ans Bett.* Antworte dem Herrn Doktor, Hannele!

HANNELE, *mit inniger, bittender, in Tränen zitternder Stimme.* Ach, lieber Herr Gottwald.

GOTTWALD. Jetzt paß nur auf, was der Doktor sagt, und antworte schön.

HANNELE *schüttelt den Kopf.*

GOTTWALD. Warum denn nicht?

HANNELE. Weil... weil... ich möchte so gern zu Muttern.

GOTTWALD *streicht ergriffen über ihr Haar.* Na laß das nur gut sein.

Kleine Pause. Der Doktor richtet sich auf, holt Atem und ist einen Moment lang nachdenklich. Die Schwester Martha hat das zweite Licht vom Tisch genommen und leuchtet damit.

DR. WACHLER *winkt Schwester Martha.* Ach bitte, Schwester! *Er tritt mit ihr an den Tisch und gibt ihr mit leiser Stimme Verhaltungsmaßregeln. Gottwald nimmt nun seinen Hut und steht abwartend, Blicke bald auf Hannele, bald auf den Doktor und die Diakonissin werfend. Dr. Wachler, das leise Gespräch mit der Schwester abschließend.* Ich werde wohl noch mal wiederkommen. – Die Medikamente schicke ich übrigens. *Zu Gottwald.* Er soll arretiert sein, im Gasthaus »Zum Schwert«.

SCHWESTER MARTHA. So hat man mir wenigstens eben gesagt.

DR. WACHLER *zieht seinen Pelz über. Zu Seidel.* Sie kommen wohl mit zur Apotheke! – – –

Der Doktor, Gottwald und Seidel begrüßen die Schwester Martha im Abgehen leise.

GOTTWALD, *angelegentlich.* Wie denken Sie über den Zustand, Herr Doktor? *Alle drei ab. Die Diakonissin ist nun bei Hannele allein. Sie gießt Milch in ein Töpfchen. Währenddessen öffnet Hannele die Augen und beobachtet sie.*

HANNELE. Kommst du vom Herr Jesus?

SCHWESTER MARTHA. Was sagtest du?

HANNELE. Ob du vom Herr Jesus kommst?

SCHWESTER MARTHA. Kennst du mich denn nicht mehr, Hannele? Ich bin doch die Schwester Martha, nicht wahr? Du warst doch bei uns, weißt du nicht mehr? Wir haben miteinander gebetet und schöne Lieder gesungen. Nicht wahr?

HANNELE *nickt freudig*. Ach, schöne Lieder!

SCHWESTER MARTHA. Nun will ich dich pflegen in Gottes Namen, bis du wieder gesund wirst.

HANNELE. Ich mag nicht gesund werden.

SCHWESTER MARTHA, *mit einem Milchtöpfchen bei ihr*. Der Doktor sagt, du sollst etwas Milch nehmen, damit du wieder zu Kräften kommst.

HANNELE *weigert sich*. Ich mag nicht gesund werden.

SCHWESTER MARTHA. Du magst nicht gesund werden? Nun überleg dir's nur erst ein Weilchen. Komm, komm, ich will dir die Haare aufbinden. *Sie tut es.*

HANNELE *weint leise*. Ich will nicht gesund werden.

SCHWESTER MARTHA. Warum denn nur nicht?

HANNELE. Ich möchte so gern... ich möchte so gern – in den Himmel kommen.

SCHWESTER MARTHA. Das steht nicht in unsrer Macht, gutes Kind. Da müssen wir warten, bis Gott uns abruft. Aber wenn du deine Sünden bereust...

HANNELE, *eifrig*. Ach, Schwester! ich bereue so sehr.

SCHWESTER MARTHA. ... und an den Herrn Jesus Christus glaubst...

HANNELE. Ich glaube an meinen Heiland so fest.

SCHWESTER MARTHA. ... dann kannst du getrost und ruhig zuwarten. – Ich rück' dir jetzt deine Kissen zurecht, und du schläfst ein.

HANNELE. Ich kann nicht schlafen.

SCHWESTER MARTHA. Versuch es nur.

HANNELE. Schwester Martha!

SCHWESTER MARTHA. Nun?

HANNELE. Schwester Martha! gibt es Sünden... gibt es Sünden, die nicht vergeben werden?

SCHWESTER MARTHA. Jetzt schlafe nur, Hannele! Reg dich nicht auf.

HANNELE. Ach, sagen Sie mir's, bitte, bitte recht schön.

SCHWESTER MARTHA. Es gibt solche Sünden. Allerdings. Die Sünden wider den Heiligen Geist.

HANNELE. Wenn ich nun eine begangen habe...

SCHWESTER MARTHA. Ach wo! Das sind nur ganz schlimme Menschen. Wie Judas, der den Herrn Jesus verriet.

HANNELE. Es kann doch aber... es kann doch sein.

SCHWESTER MARTHA. Du mußt jetzt schlafen.

HANNELE. Ich ängst' mich so.

SCHWESTER MARTHA. Das brauchst du durchaus nicht.

HANNELE. Wenn ich so eine Sünde begangen habe.

SCHWESTER MARTHA. Du hast keine solche Sünde begangen.

HANNELE *klammert sich an die Schwester und starrt ins Dunkle.* Ach, Schwester, Schwester!

SCHWESTER MARTHA. Sei du ganz ruhig.

HANNELE. Schwester!

SCHWESTER MARTHA. Was denn?

HANNELE. Er wird gleich reinkommen. Hörst du nicht?

SCHWESTER MARTHA. Ich höre gar nichts.

HANNELE. Es ist seine Stimme. Draußen. Horch!

SCHWESTER MARTHA. Wen meinst du denn nur?

HANNELE. Der Vater, der Vater – dort steht er.

SCHWESTER MARTHA. Wo denn?

HANNELE. Sieh doch.

SCHWESTER MARTHA. Wo?

HANNELE. Unten am Bett.

SCHWESTER MARTHA. Hier hängt ein Mantel und hier ein Hut. Wir wollen das garstige Zeug mal wegnehmen – und rüber zum Vater Pleschke tragen. Ich bringe mir gleich etwas Wasser mit und mache dir einen kalten Umschlag. Willst du ein Augenblickchen allein bleiben? Aber ganz, ganz ruhig und stille liegen!

HANNELE. Ach, bin ich dumm. Es war bloß ein Mantel, gelt? und ein Hut!?

SCHWESTER MARTHA. Aber ganz, ganz still, ich komme gleich wieder. *Sie geht, muß aber umkehren, da es im Hausflur stockfinster ist.* Ich stelle das Licht hier heraus auf den Flur. *Noch einmal liebevoll mit dem Finger drohend.* Und ganz, ganz ruhig. *Ab.*

Es ist fast ganz dunkel. Sogleich erscheint am Fußende von Hanneles Bett die Gestalt des Maurers Mattern. Ein versoffenes, wüstes Gesicht, rote, struppige Haare, worauf eine abgetragene Militärmütze ohne Schild sitzt. Sein Maurerhandwerkszeug trägt er in der Linken. Er hat einen Riemen um die rechte Hand geschlungen und verharrt die ganze Zeit über in einer Spannung, wie wenn er im nächsten Augenblick auf Hannele losschlagen wollte. Von der Erscheinung geht ein fahles Licht aus, welches den Umkreis um Hanneles Bett erhellt.

HANNELE *bedeckt erschrocken ihre Augen mit den Händen, stöhnt, windet sich und stößt leise wimmernde Laute aus.*

DIE ERSCHEINUNG, *heisere, in höchster Wut gepreßte Stimme.* Wo bleibst du? Wo bist du gewesen, Mädel? Was hast du gemacht? Ich wer dich lehren. Ich wer dirsch beweisen, paß amal uff. Was hast du zu a Leuten gesagt? Hab' ich dich geschlagen und schlecht behandelt? Hä? Ist das wahr? Du bist ni mei Kind. Mach, daß du uffstehst. Du gehst mich nischt an. Ich kennte dich uff die Gasse schmeißen... Steh uff und mach Feuer. Wird's bald werden? Aus Gnade und Barmherzigkeit bist du im Hause. Gelt, nu noch faulenzen obendruff. Nu? Wird's nu werden? Ich schlag' dich so lange, biste, biste...

HANNELE *ist mühsam und mit geschlossenen Augen aufgestanden, hat sich zum Ofen geschleppt, das Türchen geöffnet und bricht nun ohnmächtig zusammen.*

In diesem Augenblick kommt Schwester Martha mit Licht und einem Krug Wasser, und die Mattern-Halluzination verschwindet. Sie stutzt, gewahrt Hannele in der Asche liegen, erschrickt, stößt einen Ruf aus: Herr Jesus!, *stellt das Licht und den Krug weg, läuft zu Hannele und hebt sie vom Boden auf. Der Ruf lockt die übrigen Armenhausbewohner heran.*

SCHWESTER MARTHA. Ich habe nur müssen Wasser holen, da ist sie mir aus dem Bett gestiegen. Ich bitte Sie, Hedwig, helfen Sie mir!

HANKE. Nu, Hete, da kannste dich in Obacht nehmen, sonst brichste der alle Knochen im Leibe.

PLESCHKE. Ich gloobe – dem Mädel... ich gloobe, dem Mädel... dem hat's eens... hat's eens angetan, Schwester!

TULPE. Kann sein – das Mädel – is gar verhext.

HANKE, *laut.* Das geht hier zu Ende, aso viel sag' ich.

SCHWESTER MARTHA *hat mit Hilfe Hedwigs Hannele wieder aufs Bett gelegt.* Sie haben vielleicht ganz recht, lieber Mann, aber bitte, nicht wahr, Sie sehen das ein: wir dürfen die Kranke nicht länger aufregen!?

HANKE. Aso viel machen wir gar nich her.

PLESCHKE, *zu Hanke.* A Laps bist du... a Laps bist du... a Laps, daß d's weeßt's, ja – und weiter... weiter nischt. A

Krankes ... a Krankes – das weeß ja a Kind ... a Krankes muß seine Ruhe haben.

HETE *macht ihm nach.* A Krankes ... a Krankes ...

SCHWESTER MARTHA. Ich möchte recht dringend bitten, recht herzlich ...

TULPE. Die Schwester hat recht, macht ihr, daß ihr nauskommt.

HANKE. Wir gehn schonn alleene, wenn mer Lust hann.

HETE. Mir solln woll im Hiehnerstalle schlafen?

PLESCHKE. Fer dich wird Platz sein ... fer dich is Platz, ja – du weeßt, wo de bleibst.

Die Armenhäusler alle ab.

HANNELE *öffnet die Augen, ängstlich.* Ist ... ist er fort?

SCHWESTER MARTHA. Die Leute sind fort. Du hast dich doch nicht erschrocken, Hannele?

HANNELE, *immer in Angst.* Ist Vater fort?

SCHWESTER MARTHA. Er war ja nicht hier.

HANNELE. Ja, Schwester, ja!

SCHWESTER MARTHA. Das wirst du geträumt haben.

HANNELE, *mit tiefem Seufzer von innen betend.* Ach lieber Herr Jesus! Ach lieber Herr Jesus! Ach schönstes, bestes Herr Jesulein: so nimm mich doch zu dir, so nimm mich doch zu dir! *Verändert.*

Ach, wenn er doch käm',
ach, daß er mich nähm'
und daß ich den Leuten
aus den Augen käm'.

Ich weiß es ganz gewiß, Schwester ...

SCHWESTER MARTHA. Was weißt du denn?

HANNELE. Er hat mir's versprochen. Ich komm' in den Himmel, er hat mir's versprochen.

SCHWESTER MARTHA. Hm.

HANNELE. Weißt du, wer?

SCHWESTER MARTHA. Nun?

HANNELE, *geheimnisvoll ins Ohr der Schwester.* Der liebe Herr – Gottwald.

SCHWESTER MARTHA. Jetzt schlaf aber, Hannele: weißt du was!

HANNELE. Schwester, gelt? Der Herr Lehrer Gottwald ist ein schöner Mann. Heinrich heißt er. Gelt? Heinrich ist ein schöner Name, gelt? *Innig.* Du lieber, süßer Heinrich! Schwester! weißt du was? Wir machen zusammen Hochzeit. Ja, ja, wir beide: der Herr Lehrer Gottwald und ich.

Und als sie nun verlobet warn,
da gingen sie zusammen
in ein schneeweißes Federbett
in einer dunklen Kammer. –

Er hat einen schönen Backenbart. – *Verzückt.* Auf seinem Kopfe wächst blühender Klee! – Horch! – er ruft mich. Hörst du nicht?

SCHWESTER MARTHA. Schlaf, Hannele, schlaf, es ruft niemand.

HANNELE. Das war der Herr – Jesus. – Horch! horch! jetzt ruft er mich wieder: Hannele! – ganz laut: Hannele! ganz, ganz deutlich. Komm, geh mit mir.

SCHWESTER MARTHA. Wenn Gott mich abruft, werd' ich bereit sein.

HANNELE, *nun wieder vom Mond beschienen, reckt den Kopf, wie wenn sie süße Gerüche einsöge.* Spürst du nichts, Schwester?

SCHWESTER MARTHA. Hannele, nein.

HANNELE. Den Fliederduft? *In immer gesteigerter, seliger Ekstase.* So hör doch! So hör doch! Was das bloß ist? *Es wird wie aus weiter Ferne eine süße Stimme hörbar.* Sind das die Engel? Hörst du denn nicht?

SCHWESTER MARTHA. Gewiß, ich hör's, aber weißt du was, du mußt dich nun still auf die Seite legen und ruhig schlafen bis morgen früh.

HANNELE. Kannst du das auch singen?

SCHWESTER MARTHA. Was denn, Kindchen?

HANNELE. Schlaf, Kindchen, schlaf!

SCHWESTER MARTHA. Willst du es gern hören?

HANNELE *legt sich zurück und streichelt die Hand der Schwester.* Mutterchen, sing mir's! Mutterchen, sing mir's.

SCHWESTER MARTHA *löscht das Licht aus, beugt sich über das Bett und spricht mit leichter Andeutung der Melodie, während die ferne Musik forttönt.*

Schlaf, Kindchen, schlaf!
Im Garten geht ein Schaf...

Nun singt sie, und es wird ganz dunkel.

...im Garten geht ein Lämmelein
auf dem grünen Dämmelein,
schlaf, Kindchen, schlaf!

Ein Dämmerlicht erfüllt nun das ärmliche Gemach. Auf der

Bettkante, nach vorn gebeugt, sich mit den bloßen, mageren Armen stützend, sitzt eine blasse, geisterhafte Frauengestalt. Sie ist barfuß; das weiße Haar hängt offen und lang an den Schläfen herab und fällt bis auf die Bettdecke. Das Gesicht ist abgehärmt, ausgemergelt; die in tiefe Höhlen gesunkenen Augen scheinen, obgleich fest geschlossen, auf das schlafende Hannele gerichtet. Ihre Stimme ist wie die einer Schlafwachenden monoton. Bevor sie ein Wort hervorbringt, bewegt sie, gleichsam vorbereitend, die Lippen. Mit einiger Anstrengung scheint sie die Laute aus der Tiefe ihrer Brust hervorzuholen. Vor der Zeit gealtert, hohlwangig, abgemagert und aufs dürftigste gekleidet.

FRAUENGESTALT. Hannele!

HANNELE, *ebenfalls mit geschlossenen Augen.* Mutterchen, liebes Mutterchen, bist du's?

FRAUENGESTALT. Ja, ich habe die Füße unseres lieben Heilands mit meinen Tränen gewaschen und mit meinem Haupthaar getrocknet.

HANNELE. Bringst du mir gute Botschaft?

FRAUENGESTALT. Ja.

HANNELE. Kommst du von weit her?

FRAUENGESTALT. Hunderttausend Meilen weit durch die Nacht.

HANNELE. Mutter, wie siehst du aus?

FRAUENGESTALT. Wie die Kinder der Welt.

HANNELE. In deinem Gaumen wachsen Maiglöckchen. Deine Stimme tönt.

FRAUENGESTALT. Es ist kein reiner Klang.

HANNELE. Mutter, liebe Mutter, wie glänzest du doch in deiner Schöne.

FRAUENGESTALT. Die Engel im Himmel sind vielhundertmal schöner.

HANNELE. Warum bist du nicht auch so schön?

FRAUENGESTALT. Ich litt Pein um dich.

HANNELE. Mutterchen, bleibe bei mir!

FRAUENGESTALT *erhebt sich.* Ich muß fort.

HANNELE. Ist es schön, wo du bist?

FRAUENGESTALT. Weite, weite Auen, bewahrt vor dem Winde, geborgen vor Sturm und Hagelwettern in Gottes Hut.

HANNELE. Ruhst du aus, wenn du müde bist?

FRAUENGESTALT. Ja.

HANNELE. Hast du Speise zu essen, wenn's dich hungert?

FRAUENGESTALT. Ich stille meinen Hunger mit Früchten und Fleisch. Mich dürstet, und ich trinke goldnen Wein. *Sie weicht zurück.*

HANNELE. Gehst du fort, Mutter?

FRAUENGESTALT. Gott ruft.

HANNELE. Ruft Gott laut?

FRAUENGESTALT. Gott ruft laut nach mir.

HANNELE. Das ganze Herz ist mir verbrannt, Mutter!

FRAUENGESTALT. Gott wird es mit Rosen und Lilien kühlen.

HANNELE. Wird Gott mich erlösen?

FRAUENGESTALT. Kennst du die Blume, die ich in der Hand hab'?

HANNELE. Himmelsschlüssel.

FRAUENGESTALT *legt sie in Hanneles Hand.* Du sollst sie behalten, als Gottes Pfand, lebe wohl!

HANNELE. Mutterchen, bleibe bei mir!

FRAUENGESTALT *weicht zurück.* Über ein kleines wirst du mich nicht sehen, und aber über ein kleines, so wirst du mich sehn.

HANNELE. Ich fürchte mich.

FRAUENGESTALT *weicht weiter zurück.* Wie dem weißen Schneestaub auf den Bergen vom Winde geschieht, so wird Gott deine Quäler verfolgen.

HANNELE. Geh nicht fort.

FRAUENGESTALT. Des Himmels Kinder sind wie die blauen Blitze der Nacht. – Schlafe!

Es wird nun wiederum allmählich dunkel. Dabei hört man, von lieblichen Knabenstimmen gesungen, die zweite Strophe des Liedes »Schlaf, Kindchen, schlaf«.

Schlaf, Kindchen, feste,
es kommen fremde Gäste…

Jetzt erfüllt mit einem Schlage ein goldgrüner Schein das Gemach. Man sieht drei lichte Engelsgestalten, schöne, geflügelte Jünglinge mit Rosenkränzen auf den Köpfen, welche den Schluß des Liedes von Notenblättern, die zu beiden Seiten herunterhängen, absingen. Weder die Diakonissin noch die Frauengestalt ist zu sehen.

…die Gäste, die jetzt kommen sein,
das sind die lieben Engelein,
schlaf, Kindchen, schlaf!

HANNELE *öffnet die Augen, starrt verzückt die Engelsgestalten an und sagt erstaunt.* Engel? *Mit wachsendem Staunen, hervorbrechender Freude, aber noch nicht zweifelsfrei.* Engel!! *Im Jubelüberschwang.* Engel!!!

Kleine Pause. Die Engel sprechen nun nacheinander folgendes zur Musik.

ERSTER ENGEL

Auf jenen Hügeln die Sonne,
sie hat dir ihr Gold nicht gegeben;
das wehende Grün in den Tälern,
es hat sich für dich nicht gebreitet.

ZWEITER ENGEL

Das goldene Brot auf den Äckern,
dir wollt' es den Hunger nicht stillen;
die Milch der weidenden Rinder,
dir schäumte sie nicht in den Krug.

DRITTER ENGEL

Die Blumen und Blüten der Erde,
gesogen voll Duft und voll Süße,
voll Purpur und himmlischer Bläue,
dir säumten sie nicht deinen Weg.

Kleine Pause.

ERSTER ENGEL

Wir bringen ein erstes Grüßen
durch Finsternisse getragen;
wir haben auf unsern Federn
ein erstes Hauchen von Glück.

ZWEITER ENGEL

Wir führen am Saum unsrer Kleider
ein erstes Duften des Frühlings;
es blühet von unsern Lippen
die erste Röte des Tags.

DRITTER ENGEL

Es leuchtet von unsern Füßen
der grüne Schein unsrer Heimat;
es blitzen im Grund unsrer Augen
die Zinnen der ewigen Stadt.

ZWEITER AKT

Es ist alles wie vor der Engelserscheinung: die Diakonissin sitzt neben dem Bett, darin Hannele liegt. Sie zündet das Licht wieder an, und Hannele schlägt die Augen auf. Das innere Gesicht scheint noch vorhanden zu sein. Ihre Mienen haben noch den Ausdruck himmlischer Überseligkeit. Sobald sie die Schwester erkannt hat, beginnt sie in freudiger Überstürzung zu reden.

HANNELE. Schwester! Engel! Schwester Martha, Engel!... Weißt du, wer hier war?

SCHWESTER MARTHA. Hm. Wachst du schon wieder!

HANNELE. Nu raten Sie doch! Nu? *Hervorbrechend.* Engel! Engel! Richtige Engel! Engel vom Himmel, Schwester Martha! Du weißt doch: Engel mit langen Flügeln.

SCHWESTER MARTHA. Nun, wenn du so schöne Träume gehabt hast...

HANNELE. Ach, ach! da sagt sie, das soll ich geträumt haben. Was ist aber das hier? Sieh dir's doch an. *Sie tut, als ob sie eine Blume in der Hand hielte und sie ihr zeigte.*

SCHWESTER MARTHA. Was hast du denn da?

HANNELE. Nu sieh dir's doch an.

SCHWESTER MARTHA. Hm.

HANNELE. Hier, sieh doch!

SCHWESTER MARTHA. Aha!

HANNELE. So riech doch nur.

SCHWESTER MARTHA *tut, als ob sie an einer Blume röche.* Hm! schön.

HANNELE. Nicht doch so tief. Du zerbrichst mir's ja.

SCHWESTER MARTHA. Das tut mir ja leid. Was ist es denn eigentlich?

HANNELE. Nu, Himmelsschlüssel, kennst du das nicht?

SCHWESTER MARTHA. Ach so!

HANNELE. Du bist doch...! So bring doch das Licht. Schnell, schnell!

SCHWESTER MARTHA, *indem sie mit dem Licht leuchtet.* Ach ja, jetzt seh' ich's.

HANNELE. Gelt?

SCHWESTER MARTHA. Du sprichst aber wirklich viel zu viel. Wir müssen uns jetzt ganz stille verhalten, sonst ist der Herr Doktor böse auf uns. Er hat auch die Medizin geschickt. Die wollen wir auch getreulich einnehmen.

HANNELE. Ach, Schwester! Sie sorgen sich so um mich. Sie wissen ja gar nicht, was passiert ist. Nu? Nu? Da sagen Sie's doch, wenn Sie's wissen. Wer hat mir denn das gegeben? Nu? Das goldne Schlüsselchen? Wer denn? Na? Wohin paßt denn das goldne Schlüsselchen? Nu?

SCHWESTER MARTHA. Das erzählst du mir alles morgen früh. Dann hast du dich tüchtig ausgeruht, bist frisch und gesund...

HANNELE. Ich bin doch gesund. *Sie setzt sich auf und stellt die Füße auf den Boden.* Du siehst doch, daß ich gesund bin, Schwester!

SCHWESTER MARTHA. Aber Hannele! Nein, das mußt du nicht tun. Das darfst du nicht tun.

HANNELE *erhebt sich, wehrt die Schwester ab, tut einige Schritte.* Du sollst mich doch – lassen. Du sollst mich doch – lassen. Ich muß doch – fort. *Sie erschrickt und starrt auf einen Punkt.* Ach, himmlischer Heiland!

Man gewahrt einen Engel mit schwarzen Kleidern und Flügeln. Er ist groß, stark und schön und führt ein langes, geschlängeltes Schwert, dessen Griff mit schwarzen Flören umwickelt ist. Schweigsam und ernst sitzt er in der Nähe des Ofens und blickt Hannele an, unverwandt und ruhig. Ein weißes, traumhaftes Licht füllt den Raum.

HANNELE. Wer bist du? *Keine Antwort.* Bist du ein Engel? *Keine Antwort.* Kommst du zu mir? *Keine Antwort.* Ich bin Hannele Mattern, kommst du zu mir? *Zunächst keine Antwort. Mit gefalteten Händen, andächtig und demütig, hat Schwester Martha dagestanden. Nun begibt sie sich langsam hinaus.*

HANNELE. Hat Gott dir die Sprache von deiner Zunge genommen? *Keine Antwort.* Bist du von Gott? *Keine Antwort.* Bist du mir freundlich? Kommst du als Feind? *Keine Antwort.* Hast du ein Schwert in den Falten deines Kleides? *Keine Antwort.* Brr, mich friert. Schneidender Frost weht von deinen Flügeln. Kälte haucht von dir aus. *Keine Antwort.* Wer bist du? *Keine Antwort. Ein plötzliches Grauen übermannt sie. Mit einem Schrei wendet sie sich, als ob jemand hinter ihr wäre.* Mutterchen! Mutterchen! *Eine Gestalt in der Kleidung der Diakonissin, aber schöner und jugendlicher als diese, mit langen weißen Flügeln, kommt herein. Hannele, sich an die Gestalt drängend, ihre Hand erfassend.* Mutterchen! Mutterchen! es ist jemand hier.

DIAKONISSIN. Wo?

HANNELE. Dort, dort.

DIAKONISSIN. Warum zitterst du so?

HANNELE. Ich fürchte mich.

DIAKONISSIN. Fürchte dich nicht, ich bin bei dir.

HANNELE. Meine Zähne schlagen vor Angst aufeinander. Ich kann mich nicht halten. Mir graut vor ihm.

DIAKONISSIN. Ängste dich nicht, er ist dein Freund.

HANNELE. Wer ist es, Mutter?

DIAKONISSIN. Kennst du ihn nicht?

HANNELE. Wer ist es?

DIAKONISSIN. Der Tod.

HANNELE. Der Tod. *Hannele sieht eine Weile den schwarzen Engel stumm und ehrfurchtsvoll an.* Muß es denn sein?

DIAKONISSIN. Es ist der Eingang, Hannele.

HANNELE. Muß jeder durch den Eingang?

DIAKONISSIN. Jeder.

HANNELE. Wirst du mich hart anfassen, Tod? – Er schweigt. Auf alles, was ich sage, schweigt er, Mutter!

DIAKONISSIN. Die Worte Gottes sind in deinem Herzen laut.

HANNELE. Ich habe dich von Herzen oft ersehnt. Nun bangt mir immer.

DIAKONISSIN. Mache dich bereit.

HANNELE. Zum Sterben?

DIAKONISSIN. Ja.

HANNELE, *nach einer Pause, schüchtern.* Soll ich zerrissen und zerlumpt im Sarge liegen?

DIAKONISSIN. Gott wird dich kleiden. *Sie zieht eine kleine silberne Schelle hervor und läutet damit. Sogleich kommt, wie alle folgenden Gestalten lautlos auftretend, ein kleiner, buckliger Dorfschneider herein, der Brautkleid, Schleier und Kranz über dem Arm trägt und in den Händen ein Paar gläserne Pantoffeln. Er hat einen wippenden, komischen Gang, verneigt sich stumm vor dem Engel, vor der Diakonissin und zuletzt am tiefsten vor Hannele.*

DORFSCHNEIDER, *immer mit Verbeugungen.* Jungfrau Johanna Katharina Mattern. *Er räuspert sich.* Der Herr Vater, Seine Durchlaucht der Herr Graf, haben geruht, bei mir Brautkleider zu bestellen.

DIAKONISSIN *nimmt dem Schneider den Rock ab und bekleidet Hannele.* Komm, ich ziehe dir's über, Hannele.

HANNELE, *freudig erregt.* Ach, wie das knistert.

DIAKONISSIN. Weiße Seide, Hannele.

HANNELE *sieht entzückt an sich hinunter.* Die Leute werden staunen, wie ich schön geputzt im Sarge liege.

DORFSCHNEIDER. Jungfrau Johanna Katharina Mattern. *Er räuspert sich.* Das ganze Dorf ist voll davon. *Er räuspert sich.* Was Ihr im Tode für ein großes Glück macht, Jungfer Hanna. *Er räuspert sich.* Euer Herr Vater, – *er räuspert sich* – der durchlauchtige Herr Graf, – *Räuspern* – ist beim Herrn Ortsvorsteher gewesen...

DIAKONISSIN *setzt Hannele den Kranz auf.* Nun neige deinen Kopf, du Himmelsbraut!

HANNELE, *vor kindlicher Freude bebend.* Weißt du was, Schwester Martha, ich freu' mich auf den Tod... *Plötzlich an der Schwester zweifelnd.* Du bist es doch?

DIAKONISSIN. Ja.

HANNELE. Du bist doch Schwester Martha? Ach, nein doch: meine Mutter bist du doch?

DIAKONISSIN. Ja.

HANNELE. Bist du beides?

DIAKONISSIN. Die Kinder des Himmels sind eins in Gott.

DORFSCHNEIDER. Wenn's nun erlaubt wäre, Prinzessin Hannele. *Mit den Pantoffeln vor ihr niederkniend.* Es sind die kleinsten Schühchen im Reich. Sie haben alle zu große Füße: die Hedwig, die Agnes, die Liese, die Martha, die Minna, die Anna, die Käthe, die Grete. *Er hat ihr die Pantoffeln angezogen.* Sie passen, sie passen! Die Braut ist gefunden. Jungfer Hannele hat die kleinsten Füße. – Wenn Sie wieder was brauchen! Ihr Diener, Ihr Diener! *Komplimentierend ab.*

HANNELE. Ich kann es kaum erwarten, Mutterchen.

DIAKONISSIN. Nun brauchst du keine Medizin mehr einzunehmen.

HANNELE. Nein.

DIAKONISSIN. Nun wirst du bald gesünder sein wie eine Bachforelle, Hannele!

HANNELE. Ja.

DIAKONISSIN. Nun komm und leg dich auf dein Sterbelager. *Sie faßt Hannele bei der Hand, führt sie sanft an das Bett, und Hannele legt sich darauf nieder.*

HANNELE. Nun werd' ich endlich doch erfahren, was das Sterben ist. – –

DIAKONISSIN. Das wirst du, Hannele!

HANNELE, *auf dem Rücken liegend, die Hände wie um ein Blümchen gefaltet.* Ich hab' ein Pfand.

DIAKONISSIN. Das drücke fest an deine Brust.

HANNELE, *mit neu beginnender Angst, schüchtern nach dem Engel hinüber.* Muß es denn sein?

DIAKONISSIN. Es muß.

Aus weiter Ferne hört man die Töne eines Trauermarsches.

HANNELE, *horchend.* Jetzt blasen sie zu Grabe. Meister Seyfried und die Musikanten. *Der Engel erhebt sich.* Jetzt steht er auf. *Der Sturm draußen hat zugenommen. Der Engel ist aufgestanden und schreitet ernst und langsam Hannele näher.* Jetzt kommt er auf mich zu. Ach, Schwester, Mutter! Ich sehe dich ja nicht mehr. Wo bist du denn? *Zu dem Engel, flehentlich.* Mach's kurz, du schwarzer, stummer Geist! – *Wie unter einem Alp ächzend.* Es drückt mich, drückt mich – wie ein... wie ein Stein – *Der Engel erhebt langsam sein breites Schwert.* Er will mich... will mich – ganz vernichten. *In höchster Angst.* Hilf mir, Schwester!

DIAKONISSIN *tritt zwischen den Engel und Hannele mit Hoheit und legt ihre beiden Hände schützend auf Hanneles Herz. Mit Größe, Kraft und Weihe spricht sie.* Er darf es nicht. – Ich lege meine beiden geweihten Hände dir aufs Herz.

Der schwarze Engel verschwindet. Stille. Die Diakonissin faltet die Hände und blickt milde lächelnd auf Hannele herunter, dann versinkt sie in sich und bewegt die Lippen, lautlos betend. Die Klänge des Trauermarsches haben inzwischen nicht ausgesetzt. Ein Geräusch von vielen vorsichtig trappelnden Füßen wird vernehmlich. Gleich darauf erscheint die Gestalt des Lehrers Gottwald in der Mitteltür. Der Trauermarsch verstummt. Gottwald ist schwarz wie zu einem Begräbnis gekleidet und trägt einen Strauß schöner Glockenblumen in der Hand. Ehrfürchtig hat er den Zylinder abgenommen und wendet sich, kaum eingetreten, mit einer ruheheischenden Gebärde nach rückwärts. Man gewahrt hinter ihm seine Schulkinder: Knaben und Mädchen in ihren besten Kleidern. Auf die Gebärde des Lehrers hin unterbrechen sie ihr Geflüster und verhalten sich ganz still. Sie wagen sich auch nicht über die Türschwelle. Gottwald nähert sich jetzt mit feierlicher Miene der noch immer betenden Diakonissin.

GOTTWALD, *mit leiser Stimme.* Guten Tag, Schwester Martha!

DIAKONISSIN. Herr Gottwald! Gott grüße Sie!

GOTTWALD *schüttelt, auf Hannele blickend, in schmerzlichem Bedauern den Kopf.* Armes Dingelchen.

DIAKONISSIN. Warum sind Sie denn so traurig, Herr Gottwald?

GOTTWALD. Weil sie nun doch gestorben ist.

DIAKONISSIN. Darüber wollen wir nicht traurig sein; sie hat den Frieden, und den Frieden gönne ich ihr.

GOTTWALD, *seufzend.* Ja, ihr ist wohl. Von Trübsal und von Kummer ist sie nun befreit.

DIAKONISSIN, *in den Anblick versunken.* Schön liegt sie da.

GOTTWALD. Ja, schön – jetzt, nun du tot bist, blühst du erst so lieblich auf.

DIAKONISSIN. Weil sie so fromm war, hat sie Gott so schön gemacht.

GOTTWALD. Ja, sie war fromm und gut. *Seufzt schwer, klappt sein Gesangbuch auf und blickt trüb hinein.*

DIAKONISSIN *blickt mit in das Gesangbuch.* Man soll nicht klagen. Still geduldig muß man sein.

GOTTWALD. Ach, mir ist schwer.

DIAKONISSIN. Weil sie erlöst ist?

GOTTWALD. Weil mir zwei Blumen verwelkt sind.

DIAKONISSIN. Wo?

GOTTWALD. Zwei Veilchen, die ich hier im Buche habe. Das sind die toten Augen meines lieben Hannele.

DIAKONISSIN. In Gottes Himmel werden sie viel schöner auferblühn.

GOTTWALD. Ach Gott, wie lange werden wir noch weiterpilgern müssen durch das finstere Erdenjammertal?! *Plötzlich verändert, geschäftig und geschäftlich, Noten hervorziehend.* Was meinen Sie? ich habe mir gedacht: wir singen hier im Hause erst den Choral »Jesus, meine Zuversicht«.

DIAKONISSIN. Ja, das ist ein schöner Choral, und Hannele Mattern war ein gläubiges Kind.

GOTTWALD. Und draußen auf dem Kirchhofe singen wir dann »Laßt mich gehen«. *Er wendet sich, geht auf die Schulkinder zu und spricht.* Nummer zweiundsechzig: »Laßt mich gehen.« *Er intoniert leise, dazu taktierend.* Laßt mich ge–hen, laßt mich ge–hen, daß ich Je–sum möge se–hen. *Die Kinder haben leise mitgesungen.* Kinderchen, seid ihr auch alle warm angezogen? Draußen auf dem Kirchhof wird es sehr kalt sein. Kommt mal rein. Seht euch das arme Hannele noch einmal an. *Die Schulkinder strömen herein und stellen sich feierlich um das Bett.* Seht mal, wie der Tod das liebe, kleine Mädchen schön gemacht hat. Mit Lumpen war sie behangen – jetzt hat sie seidne Kleider an. Barfuß ist sie herumgelaufen, jetzt hat sie Schuhe von Glas an den Füßen. Die wird jetzt bald in einem goldnen Schlosse wohnen und alle Tage gebratenes Fleisch essen. – Hier hat sie von kalten Kartoffeln gelebt – und wenn sie nur immer satt davon gehabt hätte. Hier habt ihr sie immer die Lumpenprinzessin geheißen, jetzt wird sie bald eine richtige Prinzessin sein. Also wer ihr etwas abzubitten hat, der tue es jetzt, sonst sagt sie alles dem lieben Gott wieder, und dann geht es euch schlecht.

EIN KLEINER JUNGE *tritt ein wenig vor.* Liebes Prinzeßchen Hannele, nimm mir's nicht übel und sag's nicht dem lieben Gott, daß ich dich immer Lumpenprinzessin geheißen habe.

ALLE KINDER, *durcheinander.* Es tut uns allen herzlich leid.

GOTTWALD. So, nun wird das arme Hannele euch schon vergeben. Geht nur jetzt ins »Haus« und wartet draußen auf mich.

DIAKONISSIN. Kommt, ich werde euch in das Hinterstübchen führen. Dort will ich euch sagen, was ihr tun müßt, wenn ihr auch solche schöne Engel werden wollt, wie das Hannele bald eins sein wird. *Sie geht voraus, die Kinder folgen ihr; die Tür wird angelegt.*

GOTTWALD, *nun allein bei Hannele. Er legt ihr gerührt die Blumen zu Füßen.* Mein liebes Hannele, hier habe ich dir noch einen Strauß schöner Glockenblumen mitgebracht. *An ihrem Bett kniend, mit zitternder Stimme.* Vergiß mich nicht ganz und gar in deiner Herrlichkeit. *Er schluchzt, die Stirn in die Falten ihres Kleides gedrückt.* Das Herz will mir zerbrechen, weil ich von dir scheiden muß.

Man hört sprechen; Gottwald erhebt sich, deckt ein Tuch über Hannele. Zwei ältere Frauen, wie zu einem Begräbnis gekleidet, Taschentuch und Gesangbuch mit gelbem Schnitt in der Hand, huschen herein.

ERSTE FRAU, *sich umsehend.* Mir sein woll die erschten?

ZWEITE FRAU. Nee, der Herr Lehrer is ja schonn da. Guten Tag, Herr Lehrer!

GOTTWALD. Guten Tag.

ERSTE FRAU. Es geht Ihn woll nahe, Herr Lehrer! Das war Ihn auch wirklich ein zu gutes Kind. Immer fleißig, immer fleißig.

ZWEITE FRAU. Is 's denn wahr, die Leute sprechen... 's is woll nicht wahr? Se hätte sich selber's Leben genommen?

DRITTE FRAU *ist dazugekommen.* Das wär' eine Sinde wider a Geist.

ZWEITE FRAU. Eine Sinde wider den Heiligen Geist.

DRITTE FRAU. Eine solche Sinde, sagt der Herr Paster, wird nie nich vergeben.

GOTTWALD. Wißt ihr denn nicht, was der Heiland gesagt hat? »Lasset die Kindlein zu mir kommen!«

VIERTE FRAU *ist gekommen.* Ihr Leute, ihr Leute, is das a Wetter. Da wird man sich woll die Fisse erfrieren. Wenn ock der Pfarr und macht's nich zu lang. Der Schnee liegt an Meter hoch uff'n Kirchhowe.

FÜNFTE FRAU *kommt.* Ihr Leute, der Pfarr will se nich einsegnen. A will er de geweihte Erde verweigern.

PLESCHKE *kommt.* Habt ihr geheert... habt ihrsch geheert – a scheener Herr ist beim Pfarr gewesen – und hat gesagt: ja... das Mattern Hannla is eine Hei–li–ge.

HANKE, *eilig herein.* Se bringen an gläsernen Sarg getragen.

VERSCHIEDENE STIMMEN. An gläsernen Sarg! An gläsernen Sarg!

HANKE. O Jes's! der mag a paar Talerle kosten.

VERSCHIEDENE STIMMEN. An gläsernen Sarg! An gläsernen Sarg!

SEIDEL *ist eingetreten.* Hier wern wir noch scheene Dinge erleben. A Engel is mitten durchs Dorf gegangen. Aso groß wie a Pappelbaum, kennt er glooben. Am Schmiedeteiche sitzen ooch zwee. Die sein aber kleen wie kleene Kinder. Das Mädel is mehr wie a Bettelmädel.

VERSCHIEDENE STIMMEN. Das Mädel is mehr wie a Bettelmädel. – Se bringen an gläsernen Sarg getragen. – A Engel is mitten durchs Dorf gegangen.

Vier weißgekleidete Jünglinge bringen einen gläsernen Sarg hereingetragen, den sie unweit von Hanneles Bett niedersetzen. Die Leidtragenden flüstern erstaunt und neugierig.

GOTTWALD *nimmt das Tuch ein wenig auf, das Hannele bedeckt.* Da seht euch doch auch die Tote mal an.

ERSTE FRAU, *neugierig darunterschielend.* Die hat ja Haare, die sind ja von Golde.

GOTTWALD, *das Tuch ganz von dem von blassem Licht überhauchten Hannele hinwegziehend.* Und seidne Kleider und gläserne Schuhe.

Alle weichen mit Ausrufen äußersten Erstaunens wie geblendet zurück.

VERSCHIEDENE STIMMEN. Ach, is die scheen! – Wer ist'n das? – Wer ist'n das? Das Mattern Hannla. – Das Mattern Hannla? – Das gloob' ich nich.

PLESCHKE. Das Mädel... das Mädel – ist eine Heilige.

Die vier Jünglinge legen Hannele mit sanfter Vorsicht in den gläsernen Sarg.

HANKE. 's heeßt ja, se wird ieberhaupt nich begraben.

ERSTE FRAU. Sie wird in der Kirche uffgestellt.

ZWEITE FRAU. Ich gloobe, das Mädel is gar nich tot. Die sieht ja wie's liebe Leben aus.

PLESCHKE. Gebt amal... gebt amal – ane Flaumfeder her – mer wern er... mer wern er – ane Flaumfeder vor a Mund halten. Ja. Und sehn, ja – ob se noch – Odem hat, ja. *Man gibt ihm eine Flaumfeder, und er hält sie prüfend vor Hanneles Mund.* Se bewegt sich nicht. Das Mädel is tot. Die hat ooch nich mehr aso viel Leben.

DRITTE FRAU. Ich geb' er mein Sträußel Rosmarin. *Sie legt ein Sträußchen in den Sarg.*

VIERTE FRAU. Mei Richel Lavendel kann se ooch mitnehmen.

FÜNFTE FRAU. Wo is denn Mattern?

ERSTE FRAU. Wo is denn Mattern?

ZWEITE FRAU. Ach der, der sitzt im Gasthause drieben.

ERSTE FRAU. Der weeß woll noch gar nich, was passiert is.

ZWEITE FRAU. Wenn der ock seinen Schnaps hat. Der weeß von nischt.

PLESCHKE. Habt ihrsch'n... habt ihrsch'n ja, denn nich... nich gesagt, daß a eine... eine Leiche – im Hause hat.

DRITTE FRAU. Das sollte der woll von selber wissen.

VIERTE FRAU. Ich will nischt gesagt hab'n, nee, nee, beileibe! Aber wer das Mädel hat ums Leben gebracht, das weeß man woll etwan.

SEIDEL. Das will ich meenen, das weeß, mecht' man sprechen, 's ganze Dorf. Die hat eine Beule wie meine Faust.

FÜNFTE FRAU. Wo der Kerl hintritt, da wächst kee Gras.

SEIDEL. Mer hab'n se doch umgezogen mitsammen. Da hab' ich's doch ganz genau gesehn. Die hat eine Beule wie meine Faust. Und dadran is se zugrunde gegangen.

ERSTE FRAU. Die hat kein andrer auf dem Gewissen wie Mattern.

ALLE, *mit Heftigkeit, aber im Flüsterton durcheinandersprechend.* Kee andrer Mensch.

ZWEITE FRAU. Ein Mörder is das.

ALLE, *voll Wut, aber geheimnisvoll.* A Mörder, a Mörder!

Man hört die grölende Stimme des angetrunkenen Maurers Mattern.

STIMME MATTERNS. Ein ruhi–ges Ge–wissen– ist ein sanf–tes Ru–he–kis–sen. *Er erscheint in der Tür und schreit.* Mädel! Mädel! Balg! Wo steckst du? *Er lümmelt sich am Türpfosten herum.* Bis finfe zähl' ich... aso lange... wart' ich. Länger nich: eens – zwee – drei und eens macht... Mädel!! mach mich nich wilde, sag' ich dir bloß. Wenn ich dich suche und find' dich, Karnallie, ich tu' dich zermantschen. *Stutzt, gewahrt die Anwesenden, welche sich totenstill verhalten.* Was wollt ihr dahier? – *Keine Antwort.* Wie kommt ihr hierher? – Euch schickt woll der Teifel, hä? – Macht, daß der nauskommt. Na, wird's nu bald werden? *Er lacht in sich hinein.* Da wart mer a bissel. Die Fahrten kenn' ich doch. Das is weiter nischt. Ich hab' halt a bissel viel im Koppe. Da macht's een was vor. – – *Er singt.* Ein ruhi–ges Ge–wissen –ist ein sanf–tes Ru–he–kis–sen. *Erschrickt.* Seid ihr immer noch da? *Plötzlich in jähzorniger Wut nach etwas zum Dreinschlagen suchend.* Ich nehm', was ich finde...

Ein Mann in einem braunen, abgetragenen Havelock ist eingetreten. Er ist zirka dreißig Jahr alt, hat langes schwarzes Haar und ein blasses Gesicht mit den Zügen des Lehrers Gottwald. Er hat einen Schlapphut in der linken Hand und Sandalen an den Füßen. Er erscheint wegmüde und staubig. Die Worte des Maurers unterbrechend, hat er ihm mit der Hand sanft den Arm berührt. Mattern fährt jäh herum.

DER FREMDE *sieht ihm ernst und voller Ruhe ins Gesicht und sagt demütig.* Mattern-Maurer – Gott grüße dich!

MATTERN. Wie kommst du hierher? Was willst du hier?

DER FREMDE, *demütig bittend.* Ich hab' mir die Füße blutig gelaufen; gib mir Wasser, sie zu waschen. Die heiße Sonne hat mich ausgedörrt; gib mir Wein zu trinken, daß ich mich erfrische. Ich habe kein Brot gegessen, seit ich auszog am Morgen. Mich hungert.

MATTERN. Was geht mich das an! Wer heeßt dich rumlungern uff der Landstraße? Da arbeite du. Ich muß ooch arbeiten.

DER FREMDE. Ich bin ein Arbeiter.

MATTERN. A Landstreicher bist du. Wer arbeitet, der brauch nich betteln zu gehn.

DER FREMDE. Ich bin ein Arbeiter ohne Lohn.

MATTERN. A Landstreicher bist du.

DER FREMDE, *zaghaft, unterwürfig, dabei aber eindringlich.* Ich bin ein Arzt, du kannst mich vielleicht brauchen.

MATTERN. Ich bin nich krank, ich brauche keenen Dokter.

DER FREMDE, *mit vor innerer Bewegung zitternder Stimme.* Mattern-Maurer, besinne dich! Du brauchst mir kein Wasser zu reichen, und ich will dich doch heilen. Du brauchst mir kein Brot zu essen zu geben, und ich will dich dennoch gesund machen, so wahr mir Gott helfe.

MATTERN. Mach, daß du fortkommst. Geh deiner Wege. Ich habe gesunde Knochen im Leibe. Ich brauche keenen Dokter! Haste verstanden?

DER FREMDE. Maurer Mattern, besinne dich! – Ich will dir die Füße waschen. Ich will dir Wein zu trinken geben. Du sollst süßes Brot essen. Setze deinen Fuß auf meinen Scheitel, und ich will dich dennoch heil und gesund machen, so wahr mir Gott helfe.

MATTERN. Nu will ich bloß sehn, ob du woll gehn wirscht. Und wenn de nich nausfind'st, da sag' ich aso viel...

DER FREMDE, *ernst ermahnend.* Mattern-Maurer, weißt du, was du im Hause hast?

MATTERN. Alles, was reingeheert. Alles, was reingeheert. Du geheerscht nich rein. Sieh, daß du weiterkommst.

DER FREMDE, *einfach.* Deine Tochter ist krank.

MATTERN. Zu der ihrer Krankheet braucht's keenen Dokter. Der ihre Krankheet is nischt wie Faulheet. Die wer ich ihr schonn alleene austreiben.

DER FREMDE, *feierlich.* Mattern-Maurer, ich komme zu dir als Bote.

MATTERN. Von wem werscht du ock als Bote kommen?

DER FREMDE. Ich komme vom Vater – und ich gehe zum Vater. Wo hast du sein Kind?

MATTERN. Was wer ich wissen, wo die sich rumtreibt. Was gehn mich dem seine Kinder an! A hat sich ja sonst nich drum bekimmert.

DER FREMDE, *fest.* Du hast eine Leiche in deinem Hause.

MATTERN *gewahrt das daliegende Hannele, tritt steif und stumm an den Sarg und blickt hinein, dabei murmelnd.* Wo hast du die scheenen Kleider her? Wer hat dir den gläsernen Sarg gekooft?

Die Leidtragenden flüstern heftig und geheimnisvoll. Man hört mehrmals, voller Erbitterung ausgesprochen, das Wort Mörder!

MATTERN, *leise, bebend.* Ich hab' dich doch nie nich schlecht behandelt. Ich hab' dich gekleedet. Ich hab' dich genährt. *Frech zu dem Fremden hinüber.* Was willst du von mir? Was geht mich das an?

DER FREMDE. Mattern-Maurer, hast du mir etwas zu sagen?

Unter den Leidtragenden wird das Geflüster heftiger, immer wütender und öfter schallt es. Mörder! Mörder!

DER FREMDE. Hast du dir gar nichts vorzuwerfen? Hast du sie niemals nachts aus dem Schlafe gerissen? Ist sie niemals unter deinen Fäusten wie tot zusammengesunken? –

MATTERN, *entsetzt, außer sich.* Da schlag mich tot. Hier, gleich uff der Stelle! – Mich soll gleich a Blitz vom Himmel treffen, wenn ich dadran schuld bin.

Schwacher bläulicher Blitz und fernes Donnerrollen.

ALLE, *durcheinander.* 's kommt a Gewitter. Jetzt mitten im Winter!? A hat sich verschworen! Der Kindesmörder hat sich verschworen!

DER FREMDE, *eindringlich, gütig.* Hast du mir noch nichts zu sagen, Mattern?

MATTERN, *in erbärmlicher Angst.* Wer sein Kind liebhat, züchtigt es. Dem Mädel hier hab' ich nur Gutes getan. Ich hab' se gehalten wie mei Kind. Ich kann se bestrafen, wenn se nich gutt tut.

DIE FRAUEN *fahren auf ihn ein.* Mörder! Mörder! Mörder! Mörder!

MATTERN. Die hat mich belogen und betrogen. Die hat mich bestohlen Tag für Tag.

DER FREMDE. Sprichst du die Wahrheit?

MATTERN. Gott soll mich strafen...

In diesem Augenblick zeigt sich in Hanneles gefalteten Händen eine Himmelsschlüsselblume, welche eine gelblich-grüne Glut ausstrahlt. Der Maurer Mattern starrt wie von Sinnen, am ganzen Leibe zitternd, auf die Erscheinung.

DER FREMDE. Mattern-Maurer, du lügst.

ALLE, *in höchster Aufregung durcheinanderredend.* Ein Wunder! – Ein Wunder!

PLESCHKE. Das Mädel... das Mädel – is eine – Heilige; a hat sich – um Leib und Seele... Seele geschworen.

MATTERN *brüllt.* Ich häng' mich u–uf. *Hält sich mit beiden Händen die Schläfen. Ab.*

DER FREMDE *schreitet bis an Hanneles Sarg vor und spricht zu den Anwesenden gewendet; vor der nun mit aller Hoheit dastehenden und sprechenden Gestalt weichen sie alle ehrfürchtig zurück.* Fürchtet euch nicht. – *Er beugt sich und erfaßt wie prüfend Hanneles Hand; voll Sanftmut spricht er.* Das Mägdlein ist nicht gestorben. – Es schläft. *Mit tiefster Innerlichkeit und überzeugter Kraft.* Johanna Mattern, stehe auf!!!

Ein helles Goldgrün erfüllt den Raum. Hannele öffnet die Augen, richtet sich auf an der Hand des Fremden, ohne aber zu wagen, ihm ins Gesicht zu sehen. Sie steigt aus dem Sarge und sinkt sogleich vor dem Erwecker auf die Knie. Alle Anwesenden packt ein Grauen. Sie fliehen. Der Fremde und Hannele bleiben allein. Der graue Mantel ist von seiner Schulter geglitten, und er steht da in einem weißgoldenen Gewande.

DER FREMDE, *weich, innig.* Hannele.

HANNELE, *entzückt in sich, den Kopf so tief beugend, als nur immer möglich.* Da ist er.

DER FREMDE. Wer bin ich?

HANNELE. Du.

DER FREMDE. Nenn meinen Namen.

HANNELE *haucht ehrfurchterzitternd.* Heilig, heilig!

DER FREMDE. Ich weiß alle deine Leiden und Schmerzen.

HANNELE. Du lieber, lieber...

DER FREMDE. Erhebe dich.

HANNELE. Dein Kleid ist makellos. Ich bin voll Schmach.

DER FREMDE *legt seine Rechte auf Hanneles Scheitel.* So nehm' ich alle Niedrigkeit von dir. *Er berührt ihre Augen, nachdem er mit sanfter Gewalt ihr Gesicht heraufgebogen.* So beschenke ich deine Augen mit ewigem Licht. Fasset in euch Sonnen und wieder Sonnen. Fasset in euch den ewigen Tag vom Morgenrot bis zum Abendrot, vom Abendrot bis zum Morgenrot. Fasset in euch, was da leuchtet: blaues Meer, blauen Himmel und grüne Fluren in Ewigkeit. *Er berührt ihr Ohr.* So beschenk' ich dein Ohr, zu hören allen Jubel aller Millionen Engel in den Millionen Himmeln Gottes. *Er berührt ihren Mund.* So löse ich deine stammelnde Zunge und lege deine Seele darauf und meine Seele und die Seele Gottes des Allerhöchsten.

HANNELE, *am ganzen Körper bebend, versucht sich aufzurichten.*

Wie unter einer ungeheuren Wonnelast vermag sie es nicht. Von tiefem Schluchzen und Weinen erschüttert, birgt sie den Kopf an des Fremden Brust.

DER FREMDE. Mit diesen Tränen wasche ich deine Seele von Staub und Qual der Welt. Ich will deinen Fuß über die Sterne Gottes erhöhen.

Zu sanfter Musik, mit der Hand über Hanneles Scheitel streichend, spricht nun der Fremde das Folgende. Indem er spricht, tauchen Engelsgestalten in der Tür auf, große, kleine, Knaben, Mädchen, stehen schüchtern, wagen sich herein, schwingen Weihrauchfässer und schmücken das Gemach mit Teppichen und Blumen.

DER FREMDE

Die Seligkeit ist eine wunderschöne Stadt,
wo Friede und Freude kein Ende mehr hat.

Harfen, erst leise, zuletzt laut und voll.

Ihre Häuser sind Marmel, ihre Dächer sind Gold,
roter Wein in den silbernen Brünnlein rollt,
auf den weißen, weißen Straßen sind Blumen gestreut,
von den Türmen klingt ewiges Hochzeitsgeläut.
Maigrün sind die Zinnen, vom Frühlicht beglänzt,
von Faltern umtaumelt, mit Rosen bekränzt.
Zwölf milchweiße Schwäne umkreisen sie weit
und bauschen ihr klingendes Federkleid;
kühn fahren sie hoch durch die blühende Luft,
durch erzklangdurchzitterten Himmelsduft.
Sie kreisen in feierlich ewigem Zug,
ihre Schwingen ertönen gleich Harfen im Flug,
sie blicken auf Zion, auf Gärten und Meer,
grüne Flöre ziehen sie hinter sich her.
Dort unten wandeln sie Hand in Hand:
die festlichen Menschen durchs himmlische Land.
Das weite, weite Meer füllt rot roter Wein,
sie tauchen mit strahlenden Leibern hinein.
Sie tauchen hinein in den Schaum und den Glanz,
der klare Purpur verschüttet sie ganz,
und steigen sie jauchzend hervor aus der Flut.
so sind sie gewaschen durch Jesu Blut.

Der Fremde wendet sich nun an die Engel, welche ihre Arbeit vollendet haben. Mit scheuer Freude und Glückseligkeit treten sie herzu und bilden um Hannele und den Fremden einen Halbkreis.

Mit feinen Linnen kommt, ihr Himmelskinder!
Lieblinge, Turteltauben, kommt herzu,
hüllt ein den schwachen, ausgezehrten Leib,
den Frost geschüttelt, Fieberglut gedörrt,
sanft, daß sein krankes Fleisch der Druck nicht schmerze;
und weich hinschwebend, ohne Flügelschlag,
tragt sie, der Wiesen saft'ge Halme streifend,
durch linden Mondenschimmer liebreich hin...
durch Duft und Blumendampf des Paradieses,
bis Tempelkühle wonnig sie umschließt. –

Kleine Pause.

Dort mischt, indes sie ruht auf seidnem Bette,
im weißen Marmorbade Bergbachs Wasser
und Purpurwein und Milch der Antilope,
in reiner Flut ihr Siechtum abzuspülen.
Brecht aus den Büschen volle Blütenzweige:
Jasmin und Flieder, schwer vom Tau der Nacht,
und ihrer klaren Tropfen feuchte Bürde
laßt frisch und duftig auf sie niederregnen.
Nehmt weiche Seide drauf, um Glied für Glied
wie Lilienblätter schonend abzutrocknen.
Labt sie mit Wein, kredenzt in goldener Schale,
in den ihr reifer Früchte Fleisch gepreßt. –
Erdbeeren, die noch warm vom Sonnenfeuer,
Himbeeren, voll von süßem Blut gesogen,
die samtne Pfirsich, goldene Ananas,
Orangen, gelb und blank, bringt ihr getragen
auf weiten Schüsseln spiegelnden Metalls.
Ihr Gaumen schwelge, und ihr Herz umfange
des neuen Morgens Pracht und Überfülle.
Ihr Aug' entzücke sich am Stolz der Hallen.
Laßt feuerfarbne Falter über ihr
am malachitnen Grün des Estrichs schaukeln.
Auf ausgespanntem Atlas schreite sie
durch Hyazinthen, Tulpen... ihr zur Seite
laßt grüner Palmen breite Fächer zittern
und alles spiegeln sich im Glanz der Wände.
Auf Felder roten Mohns führt ihren armen Blick,
wo Himmelskinder goldne Bälle werfen
im frühen Strahl des neugebornen Lichts,
und liebliche Musik schlingt ihr ums Herz.

DIE ENGEL

singen im Chor

Wir tragen dich hin, verschwiegen und weich,
eiapopeia ins himmlische Reich.
Eiapopeia ins himmlische Reich.

Über dem Engelsgesang verdunkelt sich die Szene. Aus dem Dunkel heraus hört man schwächer und schwächer, ferner und ferner singen. Es wird nun wieder licht, und man hat den Blick in das Armenhauszimmer, wo alles so ist, wie es war, ehe die erste Erscheinung auftauchte. Hannele liegt wieder im Bett, ein armes, krankes Kind. Dr. Wachler hat sich mit dem Stethoskop über sie gebeugt; die Diakonissin, welche ihm das Licht hält, beobachtet ihn ängstlich. Nun erst schweigt der Gesang gänzlich.

DR. WACHLER, *sich aufrichtend, sagt.* Sie haben recht.

SCHWESTER MARTHA *fragt.* Tot?

DER DOKTOR *nickt trübe.* Tot.

FUHRMANN HENSCHEL

Schauspiel

Entstehungszeit: 1897—1898.

Erstveröffentlichung der Dialektausgabe: Einzelausgabe. Berlin, S. Fischer 1899.

Erstveröffentlichung der Übertragung: Einzelausgabe (bezeichnet als »Neue, der Schriftsprache angenäherte Fassung«). Berlin, S. Fischer 1899.

DRAMATIS PERSONAE

FUHRMANN HENSCHEL
FRAU HENSCHEL
HANNE SCHÄL, später FRAU HENSCHEL
BERTHA
PFERDEHÄNDLER WALTHER
SIEBENHAAR
KARLCHEN
WERMELSKIRCH
FRAU WERMELSKIRCH
FRANZISKA WERMELSKIRCH
HAUFFE
FRANZ
GEORGE
FABIG
MEISTER HILDEBRANT
TIERARZT GRUNERT
FEUERWEHRMÄNNER

Zeit: Die sechziger Jahre.
Ort: Der Gasthof »Zum grauen Schwan« in einem schlesischen Badeort.

ERSTER AKT

Ein Bauernzimmer, Kellerwohnung im Hotel »Zum grauen Schwan«. Durch zwei links hochgelegene Fenster fällt das Dämmerlicht eines Winterspätnachmittags. Unter den Fenstern steht ein Bett aus weichem, gelbpoliertem Holz, darin Frau Henschel krank liegt. Sie ist eine Frau von etwa sechsunddreißig Jahren. Nahe dem Bett die Wiege mit ihrem halbjährigen Töchterchen. Ein zweites Bett an der Hinterwand, die gleich den übrigen blau getüncht und gegen die Decke mit einem dunklen Streifen abgesetzt ist. Rechts vorn ein großer brauner Kachelofen mit Ofenbank. In der geräumigen »Helle«, dem Raum zwischen Ofen und Wand, ist viel kleingehacktes Brennholz aufgestapelt. Die Wand rechts enthält eine kleine Tür zur Kammer. Hanne Schäl, junge stramme Magd, ist in voller Beschäftigung; sie hat die Holzlatschen beiseite gestellt und läuft in den dicken blauen Strümpfen herum. Sie schiebt einen eisernen Topf, in dem etwas kocht, aus dem Röhr und wieder hinein. Kochlöffel, Quirl, Durchschlagsiebe liegen auf der Bank; ein großer, irdener, bauchiger Krug, der in einen Flaschenhals ausläuft und verstöpselt ist; der Bornkrug steht auch darunter. – Hannes Röcke sind in einen Wulst gerafft, ihr Mieder ist schwärzlichgrau, die nervigen Arme trägt sie bloß. – Um den Ofen herum läuft oben eine vierkantige Stange; lange, sogenannte Jagdstrümpfe sind über sie zum Trocknen aufgehängt, außerdem Windeln, Lederhosen mit Bändchen und ein Paar Wasserstiefel. Rechts davon eine Lade und ein Schrank; alte, bunte schlesische Stücke. Durch die offene Tür der Hinterwand sieht man in einen dunklen, breiten Kellergang und gegenüber auf eine Glastür mit bunten Scheiben; hinter ihr eine Holztreppe nach oben. Auf dieser Treppe brennt immer eine Gasflamme, so daß die Scheiben durchleuchtet sind. Es ist Mitte Februar und im Freien stürmisch.
Franz, ein junger Kerl in einfacher Kutscherlivree, zum Ausfahren fertig, guckt herein.

FRANZ. Hanne!

HANNE. Nu?

FRANZ. Schläft de Henscheln?

HANNE. Was denn sonste? Mach bloß nich Lärm.

FRANZ. Die Tieren schlagen woll genung im Hause! Wenn se dadavon nich ufwacht –! Ich fahr' nach Waldenburg mit'm Kutschwagen.

HANNE. Wer fährt denn mitte?

FRANZ. De Madam; einkoofen zum Geburtstag.

HANNE. Wer hat denn Geburtstag?

FRANZ. Karlchen!

HANNE. Die haben ooch aso a bissel Zucht. De Ferde einspann'n wegen dem tummen Jungen; bei so'm Wetter nach Waldenburg reesen!

FRANZ. Ich hab' doch a Pelz!

HANNE. Die wissen reen gar nich, wie se's solln nausschmeißen, 's Geld, mir missen uns abrackern!

Der Tierarzt Grunert erscheint, langsam suchend, hinten im Gange; ein kleiner Mann im schwarzen Schafpelz, mit Baschlikmütze und langen Stiefeln. Er schlägt mit dem Peitschenstiel gegen die Türumrahmung, um sich bemerklich zu machen.

GRUNERT. Is Henschel Willem noch nich zu Hause?

HANNE. Was soll denn sein?

GRUNERT. Ich komm' ebens wegen dem Wallach.

HANNE. Da sein Sie der Dokter aus Freiburg, gelt? A is nich zu Hause, Henschel. A is auch runter uf Freiburg, mit Fracht; mich deucht, Sie mißten 'n getroffen haben!

GRUNERT. In welchem Stalle steht denn der Wallach?

HANNE. 's is halt der große Fuchs mit der Blesse. Se haben ihn, gloob' ich, in a Gaststall gezogen. *Zu Franz.* Kannst amal mittegehn; kannst's 'n zeigen.

FRANZ. Ieber a Hof nieber, immer nunter, unterm Saale, neben der Kutscherstube nein. Fragen S' ock a Friedrich, der wird Ihn Bescheid sagen.

Grunert ab.

HANNE. Nu geh ock mit!

FRANZ. Haste nich a paar Fennige Kleegeld fer mich?

HANNE. Ich soll woll mei Fell verkoofen, wegen deiner?

FRANZ *kitzelt sie.* Ich koof's gleich!

HANNE. Franze! Laß das! De Frau soll woll ufwachen? *Nach dem Gelde kramend.* Wenn du een bloß kannst a paar Beehmen rauslocken! Sonste ist dir ni wohl. Reen abgebrannt is man. – Dahier! *Sie drückt ihm etwas in die Hand.* Nu mach dich!

Eine Schelle wird angezogen.

FRANZ, *erschrocken.* Der Herr! Hadje! *Schnell ab.*

FRAU HENSCHEL *ist erwacht und sagt schwach.* Mädel! – Mädel! – Heerschte denn gar nich, Mädel!

HANNE, *grob.* Was is denn?

FRAU HENSCHEL. Sollst druf heern, wenn man dich ruft!

HANNE. Ich heer' ja; wenn Se nich lauter sprechen, da kann ich nich heern! Ich hab' ooch bloß zwee Ohrn.

FRAU HENSCHEL. Kommste mer wieder fläm'sch, Mädel?

HANNE, *kurz*. Oh, vor mir!

FRAU HENSCHEL. Is das woll recht, hä? Sollst du 'nem kranken Weibe aso iebers Maul fahrn?

HANNE. Wer fängt denn an? Wenn Sie bloß ufwachen, geht's Kujoniern los. Da is ooch reen nischte nich recht, man macht's nu aso oder aso.

FRAU HENSCHEL. Weil du nich folgen kannst.

HANNE. Da machen S' Ihn an Sache selber. Man schind't sich'n ganzen Tag und de halbe Nacht, aber wenn das aso ist, da geh' ich schonn lieber meiner Wege! *Sie läßt den aufgebundenen Rock herunter und rennt hinaus.*

FRAU HENSCHEL. Mädel! Mädel! Tu mer bloß das nich an. – – Was hab' ich denn wieder Beeses gesagt?! – Nee, jemersch, jemersch! was soll denn wern, wenn die Mannsbilder kommen? Die wollen doch essen. – Nee, Mädel – Mädel... *Sie sinkt erschöpft zurück, wimmert leise und fängt an, die Wiege am Bande leise zu wiegen.*

Durch die hinten sichtbare Glastüre drückt sich mit einiger Mühe Karlchen. Er trägt einen Topf Suppe und bewegt sich ängstlich und sorgfältig bis an das Bett der Frau Henschel, dort den Topf auf einen Holzstuhl abstellend.

FRAU HENSCHEL. Nee, Karlchen, bist du's? Nee, sag mir bloß, was bringst'n du, hä?

KARLCHEN. Suppe! Die Muttel läßt grüßen und gute Besserung wünschen! Sie möchten sich's schmecken lassen, Frau Henscheln.

FRAU HENSCHEL. Nee, Junge, du bist doch der Beste von allen. – Hiehnlasuppe! 's is woll nich meeglich! Nu, da sag nur der Mutter, ich ließ' mich ooch vielmals scheene bedanken. – Heerschte's. Tu's bloß nich etwa vergessen! – Nu wer ich der was sagen, Karlchen! Gelt! Du kannst mer amal'n Gefallen tun. Nimm der den Hader, der dorte liegt, steig amal uf de Banke, gelt? Und zieh mer den eisernen Topp a bissel vor. 's Mädel is fort. Se hat'n zu tief ins Rehr geschob'n.

KARLCHEN *steigt sogleich willig, nachdem er einen Hader gefunden, damit auf die Ofenbank und guckt ins Röhr, fragend.* Den schwarzen oder den blauen, Frau Henscheln?

FRAU HENSCHEL. Was is denn im blauen?

KARLCHEN. Sauerkraut.

FRAU HENSCHEL, *aufgeregt.* Zieh 'n raus, 's zerkocht mer ja. – Nee, Mädel, Mädel!

KARLCHEN *hat den Topf ganz nach vorn gezogen.* Is 's so gutt?

FRAU HENSCHEL. Aso kannst'n stehn lassen. Komm amal her, ich wer der a Peitschenschnierla schenken. *Sie langt es vom Fensterbrett und gibt es ihm.* Wie geht's denn der Mutter?

KARLCHEN. Gutt. Sie ist nach Waldenburg einkaufen, für mich, zum Geburtstag.

FRAU HENSCHEL. Mir geht's ni gutt, Jungel! Ich wer woll sterben!

KARLCHEN. O nee, Frau Henscheln.

FRAU HENSCHEL. Ja, ja, kannst's glooben, ich sterbe, Jungel! Kannst's auch meinswegen der Mutter sagen.

KARLCHEN. Ich krieg' eine Baschlikmütze, Frau Henscheln!

FRAU HENSCHEL. Ja, ja, kannst's glooben. Komm amal her. Sei stille. Gib amal Obacht. Heerschte, wie's tickt? Heerschte, wie's tickt im morschen Holze?

KARLCHEN, *den sie fieberisch am Gelenk festhält.* Ich fürcht' mich, Frau Henscheln!

FRAU HENSCHEL. Oh, beileibe! Wir missen ja alle sterben. Heerschte, wie's tickt, hä? – Gelt? – Was is das? Der Totenwurm tickt. *Sie fällt zurück.* Eens, zwee. – Nee, Mädel, Mädel! *Karlchen, den sie losgelassen, zieht sich ängstlich nach der Tür hin zurück. Wie er die Klinke der Glastür schon in der Hand hat, überkommt ihn die Angst; er reißt die Tür auf und schlägt sie hinter sich zu, daß die Scheiben klirren. Gleich darauf wird draußen heftig mit Peitschen geknallt. Von diesem Geräusch berührt, fährt Frau Henschel heftig auf.* Vater kommt!!

HENSCHEL, *noch nicht sichtbar, draußen im Gange.* Dokter, was machen wir denn mit dem Vieche? *Er und der Tierarzt Grunert werden im Türrahmen sichtbar.*

GRUNERT. 's läßt sich nich ankommen; mer wern's missen bremsen.

HENSCHEL, *athletisch gebauter Mann von etwa fünfundvierzig Jahren; Pelzmütze, Schafpelzjacke, darunter blaue Fuhrmannsbluse, lange Wasserstiefel, grüne Jagdstrümpfe, Peitsche, brennende Laterne.* Ich weeß gar nich, was mit dem Vieche is! Ich komm' gestern nach Hause, ich hatte Steenkohlen geladen uf der Fuchsgrube drieben, schirr ab, bringe die

Ferde in 'n Stall – und ooch gleich im Augenblick: schmeeßt sich hin und fängt an, um sich zu schlagen. *Er stellt die Peitsche in die Ecke und hängt die Mütze auf. – Hanne kommt wieder und nimmt ihre alte Arbeit auf, jedoch sichtlich verbost.* Mädel, mach Licht.

HANNE. Eens ums andre!

HENSCHEL *hängt die Laterne auf, nachdem er sie ausgelöscht.* Das weeß auch der liebe Himmel, was das muß sein: da wird mersch Weib krank! da fällt mer a Ferd. 's is balde, als wärsch uf mich abgesehn! – Den Wallach hab' ich gekauft um Weihnachten von Walther Gottfrieden; zwee Wochen, da lahmt a. Ich wer's 'n eintränken. Zweehundert Taler hab' ich gegeben.

FRAU HENSCHEL. 's regnet woll draußen?

HENSCHEL, *beiläufig.* Ju, ju, Mutter, 's regnet. – Bescheeßt mich aso der eigne Schwager. *Er setzt sich auf die Ofenbank. Hanne hat ein Talglicht angezündet und stellt es im Blechleuchter auf den Tisch.*

FRAU HENSCHEL. Vater, du bist halt eemal zu gutt! Du traust halt a Menschen nischt Beeses zu.

GRUNERT *nimmt Platz am Tisch und schreibt ein Rezept.* Ich wer'n was ufschreiben, aus der Ap'theke.

FRAU HENSCHEL. Nee, wenn uns der Fuchs nu auch noch krepiert –! Das wird doch der liebe Gott nich wolln!

HENSCHEL, *indem er Hanne das Bein hinhält.* Kumm, zieh mer amal die Stiefeln runder! – Das hat was gepfiffen hier rein von Freiburg. 's Kirchdach unten im Niederdorfe hat's, gloob' ich, halb abgedeckt, sprechen de Leute. *Zu Hanne.* Das is a Gewirge. Wird's nu balde?!

FRAU HENSCHEL, *zu Hanne.* Ich weeß nich, daß du auch das nich lernst!?

Hanne bekommt den ersten Stiefel herunter, stellt ihn beiseite, greift den zweiten an.

HENSCHEL. Sei stille, Mutter, du machst's nich besser!

HANNE *bekommt den zweiten Stiefel herunter, stellt ihn beiseite, hierauf unfreundlich zu Henschel.* Haben Se mer meine Schirze von Kramstan mitgebracht?

HENSCHEL. Was sollt' ich bloß alles in dem Koppe haben! – Ich bin zufriede, wenn ich mein bißl Gelumpe fer mich beisammen hab' und meine Brunnenkisten heil uf die Bahn bringe. Was bekimmere ich mich um Weiberschirzen!

GRUNERT. Dadafier seid Ihr ooch nich beriehmt.

FRAU HENSCHEL. Das wär' woll ooch gar schlimm!

HENSCHEL, *in Holzpantinen, erhebt sich, zu Hanne.* Nu mach! mach! Daß mir Essen kriegen! Mir missen heut noch in die Schmiede nunter.

GRUNERT *ist aufgestanden, hat das Rezept liegen lassen, steckt das Notizbuch mit Bleistift zu sich und sagt, im Begriff zu gehen.* Bald in die Ap'theke damit! Und morgen beizeiten seh' ich zum Rechten.

Henschel läßt sich am Tisch nieder.

HAUFFE *kommt langsam herein; er ist in Holzpantinen und Lederhosen und trägt ebenfalls eine brennende Laterne in der Hand.* A richtiges Schmeißwetter is das wieder.

HENSCHEL. Wie sieht's denn aus im Ferdestalle, hä?

HAUFFE. 's schlägt halt'n ganz'n Stand entzwee. *Er löscht die Laterne aus und hängt sie neben die Henschels.*

GRUNERT. Gu' Nacht mitnander! Da heeßt's halt abwarten. Mir Duktersch, mir sind eben ooch bloß Menschen!

HENSCHEL. Nu freilich! Das wissen mir woll von ganz alleene. Gu'n Abend, schmeißen Se nich etwa um! *Grunert ab.* Nu sag mer bloß, Mutter, wie steht's denn mit dir?

FRAU HENSCHEL. Ich hab' mich halt wieder so missen ärgern.

HENSCHEL. Wer ärgert dich denn?

Hauffe nimmt Platz am Tische.

FRAU HENSCHEL. Nu, weil ich doch gar nich und kann gar nich zugreifen.

Hanne setzt eine Schüssel mit Klößen und eine Schüssel mit Kraut auf den Tisch, nimmt Gabeln aus dem Tischschub und legt sie zurecht.

HENSCHEL. Dazu da is ja's Mädel da!

FRAU HENSCHEL. A Mädel hat doch keene Gedanken!

HENSCHEL. Mer haben ja zu essen; 's geht ja ganz gutt. – Wärscht du nich ufgestanden zu zeitich, heute kennt'ste schonn wieder tanzen.

FRAU HENSCHEL. Ojemersch, tanzen! Das wär' aso was!

Hanne hat drei Teller mit je einem Stückchen Schweinefleisch zurechtgestellt, rückt nun auch für sich einen Schemel heran und setzt sich zu Tisch.

HAUFFE. Der Haber wird ooch balde alle sein.

HENSCHEL. Ich hab' gekooft, dreiß'g Sackfel, gestern. Uf a Sonnabend kommt ane' Fuhre Heu. 's Futter wird immer teurer.

HAUFFE. Wenn's Viech soll arbeiten, will's halt ooch fressen.

HENSCHEL. Aber die denken, 's lebt von der Luft, a will mer wieder vom Fuhrlohn abdricken.

HAUFFE. A sagte ooch zu mir aso was.

FRAU HENSCHEL. Der Brunneninspekter?

HENSCHEL. Nu, wer denn sonste! Aber fer dasmal kommt a nich an.

FRAU HENSCHEL. Nee, aber ihr Leute, nu heert's doch vollens uf; wo solln ooch mir bleiben bei den schlechten Zeiten?

HANNE. Der Chausseeufseher is dagewest. Ihr sollt, gloob' ich, morgen Gespanne schicken, an die große Walze. Se sein in Hinterhartau jetzunder.

Die Treppe hinter der Glastür herunter kommt Herr Siebenhaar. Anfang der Vierziger; er ist auf das sorgfältigste gekleidet. Schwarzer Tuchrock, weiße Weste, helle englische Beinkleider; Eleganz aus dem Ende der sechziger Jahre. Die schon ergrauten Haupthaare bilden nur noch einen wohlgeordneten Kranz, der Schnurrbart dagegen ist üppig und dunkelblond. Siebenhaar trägt eine goldene Brille und nimmt, wenn er scharf zusehen will, ein ebenfalls goldenes Pincenez zu Hilfe, welches er meist hinter den Brillengläsern aufsetzt; er stellt einen intelligenten Typus dar.

SIEBENHAAR *tritt, in der Rechten einen Blechleuchter mit unangezündetem Licht und ein Schlüsselbund, gegen die offene Stubentür und späht, die Linke über die empfindlichen Augen haltend, herein.* Ist Henschel schon da?

HENSCHEL. Jawoll, Herr Siebenhaar!

SIEBENHAAR. Na, Sie essen ja grade. Ich habe im Keller was zu tun. Wir können das ja dann nachher besprechen.

HENSCHEL. Nee, nee, wegen meiner! Vor mir! Ich bin fertig.

SIEBENHAAR. Kommen Sie lieber dann mal rauf. *Er tritt ein und zündet sein Licht an dem an, welches brennend auf dem Tische steht.* Ich will mir nur mal das Licht anstecken. – In meinem Büro sind wir ungestörter. – Wie geht's, Frau Henschel? Wie hat denn die Hühnersuppe geschmeckt?

FRAU HENSCHEL. Nu sagen Se mer bloß, die hab' ich vergessen!

SIEBENHAAR. Is woll nicht möglich!

HANNE, *den Topf mit der Hühnersuppe entdeckend.* Nu richtig, da steht se!

HENSCHEL. So is das Weib! Da mecht' se gesund wern! Dabei da vergißt se Essen und Trinken.

Heftiger Windstoß.

SIEBENHAAR. Sagen Sie mal, was meinen Sie denn: meine

Frau ist noch rüber nach Waldenburg. Das Wetter scheint immer toller zu werden. Ich mache mir Sorge. Meinen Sie nicht?

HENSCHEL. 's heert sich woll schlimmer an, wie's is.

SIEBENHAAR. Na, na, man soll keine Kunststücke machen! Haben Sie's denn nicht klirren gehört? Eins von den großen Fenstern, Sie wissen doch, an der Terrasse, im Speisesaal, hat mir der Wind doch schon eingedrückt. Das ist ein ganz kolossaler Sturm.

HENSCHEL. Ihr Leute, ihr Leute!

FRAU HENSCHEL. Das kost't wieder was!

SIEBENHAAR, *durch den Kellergang nach links abgehend.* Umsonst ist der Tod!

HENSCHEL. A hat ebens auch a Puckel voll Sorgen!

FRAU HENSCHEL. Was wird a bloß wieder wolln von dir, Vater?

HENSCHEL. O nischte. Wer weeß!? Ich wer's ja heern.

FRAU HENSCHEL. Wenn a bloß nich wieder Geld verlangte!

HENSCHEL. Nee, schwatz ock du keene Tummheeten, Mutter.

HANNE. Wenn aber die Leute un haben's nich dazu, was braucht da de Frau 'nen Hutt fer vier Taler?!

HENSCHEL. Halt du deine Gusche! Du bist nich gefragt! Deine Nase geheert in a Backtrog nein, aber nich in andrer Leute Geschichten. – So'n Haus, das soll man erhalten. Acht Wochen im Jahre kommt was ein, hernach kann a sehn, wo a bleibt.

HAUFFE. Dabei hat a noch missen bauen.

FRAU HENSCHEL. Das hat'n erscht richtig neingeritten. Das hätt' a sollen unterwegens lassen.

HENSCHEL. Weiber verstehn nischt von solchen Sachen. Bauen hat a missen, a konnte nich andersch. – Heute hab'n mer Kurgäste ieber Kurgäste, frieher waren 'r nich halb so viel. Dazumal aber hatten se Geld, heute mechten se alles umsonst. Schenk amal ein, 'nen Korn will ich trinken.

HAUFFE, *indem er langsam sein Taschenmesser zusammenklappt, im Begriff aufzustehen.* Vierzig Stuben, drei große Säle, und nischte drin wie Ratten und Mäuse. Wo soll a da die Interessen ufbringen? *Er erhebt sich.*

Franziska Wermelskirch blickt herein; sie ist ein munteres, hübsches Kind von sechzehn Jahren. Das lange dunkle Haar trägt sie offen. Ihr Kostüm ist ein wenig exzentrisch: das Röckchen weiß und kurz, die Bluse spitz ausgeschnitten, die

Schärpe bunt und lang. Ziemlich weit entblößt sind die Arme; um den Hals trägt sie ein buntes Bändchen mit einem goldenen Kruzifix.

FRANZISKA, *sehr lebendig.* Herr Siebenhaar war doch eben hier? – Ich wünsche wohl zu speisen, die Herrschaften. Ich wollte mir nur zu fragen erlauben, ob nicht Herr Siebenhaar eben unten gewesen ist?

FRAU HENSCHEL, *unfreundlich.* Mir wissen's nich. Bei uns war a nich.

FRANZISKA. Nicht? Ich dachte. *Sie stellt den Fuß kokett auf die Ofenbank und bindet sich ein Schuhband.*

FRAU HENSCHEL. Herr Siebenhaar hinten, Herr Siebenhaar vorne. Was haben Sie bloß immer mit dem Manne?

FRANZISKA. Ich? Nichts! Er mag bloß so gerne Gänseleber. Mama hat grade welche, da schickt mich Papa, ich soll's ihm sagen. – Übrigens, wissen Sie was, Herr Henschel? Sie könnten auch wieder mal zu uns kommen.

FRAU HENSCHEL. Nee, laß du bloß Vatern, wo a is. Das wär' woll gar! Der hat jetzt keene Gedanken uf Wirtshauslaufen.

FRANZISKA. Heut ist aber ganz frisch angesteckt.

HENSCHEL, *während Hauffe grinst und Hanne laut lacht.* Mutter, du kannst dich um dich bekimmern. Wenn ich wer gehn wollen avor a Glas Bier trinken, da frag' ich, kannst glooben! keen'n Menschen darnach.

FRANZISKA. – Wie geht's denn, Frau Henschel?

FRAU HENSCHEL. Morgen mach' ich mir auch eine Schärpe um und tanz' auf'm Seile.

FRANZISKA. Da mach' ich mit. Das kann ich famos. Auf der Wagendeichsel üb' ich das immer.

HENSCHEL. Drum hängen auch alle Deichseln so!

FRANZISKA. Sehn Sie, so macht man's, so balanciert man. *Die Bewegungen einer Seiltänzerin auf dem Seile nachahmend, tanzt sie zur Tür hinaus.* Rechtes Bein, linkes Bein. Au revoir! *Ab.*

HAUFFE, *die Laterne herunternehmend.* Die schnappt bald ieber, wenn se keen'n Mann kriegt. *Ab.*

FRAU HENSCHEL. Wenn die bloß und mißte tichtig mitschuften. Der wollt' ich den Iebermut freilich austreiben.

HANNE. Nuf darf se nich kommen, das leid't die Madam nich.

FRAU HENSCHEL. Da hat se auch recht, ich tät's auch nich leiden.

HANNE. Die is doch ooch her hinterm Herrn wie a Schießhund. Alles was recht is, die treibt's a bissel toll.

FRAU HENSCHEL. Die Leute sollte ooch Siebenhaar nausschmeißen. Die Zucht mit dem Frauenvolk und mit den Kerlen.

HENSCHEL. Nee, Mutter, was red'st'n!

FRAU HENSCHEL. Nu, in der Schenkstube. –

HENSCHEL. Die Leute wolln leben, grade wie mir. Soll a se etwa uf de Straße schmeißen? Der Wermelskirch is kee beeser Mann.

HANNE. Aber das Weib is 'ne alte Hexe.

HENSCHEL. Derwegen, wenn der a Pacht richtig zahlt – und wegen dem Mädel schonn lange nich. *Er ist aufgestanden und hat sich über die Wiege gebeugt.* Mir hab'n ja hier auch so a Dingel, mir werd'n doch derwegen auch nich nausfliegen.

FRAU HENSCHEL. Nu nee, das wär'! – 's schläft egelganz, 's will gar nich ufwachen.

HENSCHEL. 's is halt nich viel dran – – – – Nu, Mutter, du werscht mir doch nich etwa sterben! – *Indem er die Mütze vom Nagel nimmt.* Hanne, ich hab' dich vorhin belogen. Draußen im Wagen liegt deine Schirze.

HANNE, *schnell.* Wo d'nn?

HENSCHEL. In der Kelle; mußt gehn und suchen. *Ab durch die Mitte; Hanne ab in die Kammer.*

FRAU HENSCHEL. Da hat a – die Schirze – doch – mittegebracht! *Hanne kommt schnell aus der Kammer und entfernt sich durch die Mitteltür.* Da hat a – de Schirze – doch – mittegebracht!

Siebenhaar tritt vorsichtig ein, wie vorhin Licht und Schlüssel und noch zwei Flaschen Rotwein tragend.

SIEBENHAAR. Ganz alleine, Frau Henschel?

FRAU HENSCHEL. Da hat a – de Schirze...

SIEBENHAAR. Ich bin's, Frau Henschel; Sie täuschen sich wohl?

FRAU HENSCHEL. Ich gloobe – schwerlich. –

SIEBENHAAR. Ich hab' Sie doch nicht im Schlafe gestört? Ich bin der Siebenhaar!

FRAU HENSCHEL. Freilich! – Nu freilich.

SIEBENHAAR. Ich bring' Ihnen nur ein'n Tropfen Wein, den sollen Sie trinken, der wird Ihnen guttun – Sie erkennen mich wohl am Ende noch gar nicht?

FRAU HENSCHEL. Nu nee! – Das wär' woll! – Sie sein doch... nu freilich! – Sie sein doch unser Herr Siebenhaar. Aso weit is doch noch nich mit mir. Ihn wer ich doch kenn'n. – – – – Ich weeß nich, hab' ich getraumt oder was –?

SIEBENHAAR. Das kann schon sein. – Wie geht's denn so jetzt?

FRAU HENSCHEL. Natierlich sein Sie doch Siebenhaar!?

SIEBENHAAR. Sie dachten wohl, ich wäre Ihr Mann?

FRAU HENSCHEL. Ich weeß nich – ich kann das – – wirklich – nich sagen. – Mir war halt so –

SIEBENHAAR. Sie liegen aber, scheint's, unbequem. Ich will mal das Kopfkissen bißchen zurechtrücken; kommt denn der Doktor noch regelmäßig?

FRAU HENSCHEL, *weinerlich aufgebracht.* Ich weeß auch gar nich: se lassen mich egelganz alleene. – Nee, nee, Sie sein Siebenhaar, ich weeß. Und wissen Se was? Ich wer Ihn was sagen, Sie sein immer gutt mit mir gewest! Sie haben a gutt Herze. Wenn Sie auch manchmal a beeses Gesicht machen. Ihn kann ich's sagen: ich hab' aso Angst! Ich denke halt immer: 's geht'm zu langsam.

SIEBENHAAR. Was denn zu langsam –?

FRAU HENSCHEL, *in Weinen ausbrechend.* Ich lebe zu lange – – –! Was soll denn aber aus Gusteln wern?

SIEBENHAAR. Aber, liebe Frau Henscheln, was reden Sie denn?

FRAU HENSCHEL, *leise in sich schluchzend.* Was soll denn wern, wenn ich sterbe, aus Gusteln? –

SIEBENHAAR. – Frau Henschel, Sie sind 'ne vernünftige Frau! Frau Henscheln, hören Sie mal jetzt auf mich: wenn man so stilliegen muß im Bett, sehen Sie mal an, so Woche um Woche, wie Sie leider jetzt, da hat man natürlicherweise allerlei dumme Gedanken. Dumme Dinge macht's einem vor. Aber da muß man ganz resolut sein, Frau Henschel. Das wär' noch schöner! Solches Zeug! raus aus dem Kopfe! Das sind ja doch Torheiten!

FRAU HENSCHEL. Ihr lieben Leute, ihr wullt's nich glooben: ich weeß, was ich sag'.

SIEBENHAAR. Das wissen Sie nicht. Das wissen Sie eben leider jetzt nicht, und wenn Sie mal später dran zurückdenken, dann werden Sie lachen. Ganz gewiß!

FRAU HENSCHEL, *leidenschaftlich ausbrechend.* Hat a se nich in der Kammer besucht!? – – –

SIEBENHAAR, *in ratlosem Staunen, zugleich durchaus ungläubig.* Was denn? Wer denn?

FRAU HENSCHEL. Nu, Henschel! Das Mädel!

SIEBENHAAR. Ihr Mann? – Die Hanne? Hier, wissen Sie was... Wer Ihnen das eingeredet hat, das ist ein niederträchtiger Lügner.

FRAU HENSCHEL. Und wenn ich tot bin, nimmt er se doch!

Henschel erscheint in der Tür.

SIEBENHAAR. Sie leiden an Einbildungen, Frau Henschel!

HENSCHEL, *gutmütig, erstaunt.* Was hat's denn, Malchen? – Was flennst'n aso?

SIEBENHAAR. Henschel! Sie dürfen die Frau nicht allein lassen!

HENSCHEL *ist freundlich bis ans Bett getreten.* Wer tut der denn was?

FRAU HENSCHEL *wirft sich verbost auf die andere Seite herum, das Gesicht gegen die Wand, Henschel den Rücken kehrend.* – Oh, laß mich zufriede!

HENSCHEL. – Was soll denn das heeßen?

FRAU HENSCHEL, *tränenerstickt, belfernd.* Oh, geh du weg!

Henschel steht sichtlich verdutzt und blickt dann fragend auf Siebenhaar, welcher kopfschüttelnd sein Pincenez putzt.

SIEBENHAAR, *leise.* Lassen Sie nur Ihre Frau jetzt ruhig.

FRAU HENSCHEL, *wie vorher.* Unter die Erde wollt'r mich haben!

SIEBENHAAR, *zu Henschel, der aufbrausen will.* Pst! Tun Sie mir den Gefallen! Stille!

FRAU HENSCHEL. Man hat ja Augen. Man is ja nich blind. Man braucht's een'n nich erscht merken lassen. Man is nischte mehr nitze. Man kann sich packen!

HENSCHEL, *mit Zwang ruhig.* Was meenste denn, Malchen?

FRAU HENSCHEL. Ja, ja, verstell dich.

HENSCHEL, *aufs äußerste ratlos.* Nu sag mer ock bloß...

FRAU HENSCHEL. – Mag's kommen, wie's will... Betriegen lass' ich mich nie und nimmer, und wenn ihr euch auch noch aso sehr versteckt. Ich seh' durch de Wände, ich seh' euch doch. Nu nee! nu doch! Ihr denkt, a Weib, das is leicht zu betriegen. Plompe! sag' ich. Eens kannst der merken: wenn ich sterbe, stirbt Gustel mitte. Ich nehm' se mitte. Eher erwürgen, wie an so'n Frauvolk, verdammtes, ausliefern!

HENSCHEL. Nu, Mutter, was is denn in dich gefahrn?

FRAU HENSCHEL. Unter de Erde wollt'r mich haben!

HENSCHEL. Nu heer aber uf, sonst wer ich wilde!

SIEBENHAAR, *leise warnend.* Ruhig, Henschel! Die Frau ist krank!

FRAU HENSCHEL, *die es gehört hat.* Krank? Wer hat mich denn krank gemacht? Ihr zwee beeden: das Frauvolk und du.

HENSCHEL. Nu mecht' ich bloß wissen, in aller Welt, wer dir

die Raupen hat in a Kopp gesetzt? Das Mädel und ich? Da schlag' doch auch gleich a Gewitter nein. Mir sollten was miteinander haben?

FRAU HENSCHEL. Bringst'r nich Schirzen und Bändel mitte?

HENSCHEL, *aufs neue hilflos*. Schirzen und Bändel?

FRAU HENSCHEL. Ja, Schirzen und Bändel. –

HENSCHEL. Nu heert's doch uf.

FRAU HENSCHEL. Macht se nich alles immer scheen und gutt? Gibst du'r woll a beeses Wort? Is se nich schonn wie Frau im Hause?

HENSCHEL. Mutter, sei stille, sag' ich der bloß!

FRAU HENSCHEL. Du mußt schweigen, weil du nischt weeßt! – –

SIEBENHAAR, *am Bett*. – – Frau Henschel, nehmen Sie sich zusammen. Das ist ja doch rein aus den Fingern gesogen.

FRAU HENSCHEL. Sie sind nich besser, Sie machen's nich andersch! Die armen Weiber, die gehn dran zugrunde! *In weiches Weinen aufgelöst*. Da meegen se doch zugrunde gehn. *Siebenhaar lacht kurz und ernst, tritt an den Tisch und öffnet resigniert eine der Rotweinflaschen*.

HENSCHEL *hat auf der Bettkante sich niedergelassen und begütigt nun*. Mutter! Mutter! Dreh dich ock rum! Ich will der a Wort im guten sagen. *Er wendet sie mit freundlicher Gewalt um*. Nu siehste, Mutter, du hast getraumt! Du hast halt amal an'n Traum gehabt. Unser Spitz, der traumt ja ooch manchmal a Ding. Nu sei aber wach! Verstanden, Mutter!? Du hast ja a Zeug zusammengeschwadroniert, da zerbricht ja der greeßte Frachtwagen, wenn man's will ufladen. Mir is noch ganz wirblich davon im Koppe.

SIEBENHAAR, *der ein Glas gesucht und gefunden hat, in das er nun eingießt*. Mir lesen Sie auch noch die Leviten!

HENSCHEL. Nee, nehmen Se's ock beileibe nich iebel. Aso a Weib! Da hat man sein Leiden. Nee, mach ock und wer du wieder gesund! Sonst kommt's aso weit, du sagst mer amal: ich hätte in Bolkenhain Ferde gestohln.

SIEBENHAAR. Hier, trinken Sie Wein und stärken Sie sich.

FRAU HENSCHEL. Wenn man's bloß wißte!

Siebenhaar unterstützt sie beim Trinken.

HENSCHEL. Was denn nu wieder?

FRAU HENSCHEL, *nachdem sie getrunken*. Kenntest du's versprechen?

HENSCHEL. Alles, was du willst!

FRAU HENSCHEL. Wenn ich nu sterbe, tät'st du se heiraten?

HENSCHEL. Frag nich aso dumm!

FRAU HENSCHEL. Ja oder nee?

HENSCHEL. De Hanne? *Im Spaß.* Natierlich!

FRAU HENSCHEL. Ernstlich gesprochen –!

HENSCHEL. Nu heern Se bloß druf, Herr Siebenhaar! Was soll eener da sagen? Du werscht ja nich sterben!

FRAU HENSCHEL. Aber wenn ich nu sterbe?

HENSCHEL. Da nehm' ich se auch nich. Na siehste! Da weeßte's. Daß mir amal zu Ende kommen.

FRAU HENSCHEL. Kannst du's versprechen?

HENSCHEL. Was denn versprechen?

FRAU HENSCHEL. Daß du das Mädel nich tät'st nehmen!

HENSCHEL. Vor mir auch versprechen.

FRAU HENSCHEL. Hier in die Hand?

HENSCHEL. Ich sag' dersch ja. *Er legt seine Hand in die ihre.* Nu is 's aber gutt. Nu laß mich mit solchen Sachen zufriede! –

ZWEITER AKT

Ein schöner Vormittag im Mai. – Das Zimmer aus dem ersten Akt; das Bett, in dem Frau Henschel gelegen hat, ist nicht mehr da. Die Fensterflügel an der Stelle, wo es gestanden, sind geöffnet. Hanne arbeitet mit aufgestreiften Hemdärmeln am Waschfaß, das Gesicht gegen das Fenster gerichtet. Franz, die Hemdärmel heraufgestreift, die Hosen aufgekrempelt, die bloßen Füße in Holzpantinen, kommt mit einem Holzeimer vom Wagenwaschen.

FRANZ, *täppisch lustig.* Hanne, ich komm' dich amal besuchen. – Herr Gott noch eens. Hast du a bissel warm Wasser, hä?

HANNE, *das Wäschestück, welches sie auf dem Waschbrett hat, unwirsch in die Wanne werfend und zum Ofen hinübergehend.* Oh, komm ock du nich aso ofte rein.

FRANZ. Nanu?! Was hat's denn?

HANNE, *heißes Wasser in seinen Eimer gießend.* Frag nich erscht. Ich hab' keene Zeit.

FRANZ. Ich wasch'n Wagen, ich geh' auch nich mießig.

HANNE, *heftig.* Du sollst mich in Frieden lassen, wenn de's willst wissen, ich hab' der's schonn mehr wie eemal gesagt.

FRANZ. Was tu' ich der denn?

HANNE. Du sollst mer nich nachlaufen!

FRANZ. Du hast woll vergessen, wie mir stehn?

HANNE. Oh, gar nich stehn mir. Wie solln mir ock stehn? Ich zieh' meiner Wege, du ziehst deiner Wege, uf die Art stehn mir, andersch nich.

FRANZ. Das is ja's Neuste!

HANNE. Mir is das was Altes.

FRANZ. 's scheint balde so. – Hanne, was is denn zwischen uns?

HANNE. Nischte! reen nischte! Bloß laß mich zufriede.

FRANZ. Kannst du dich ieber mich beklagen? Bin ich dir etwa nich treu gewest?

HANNE. Oh, vor mir! Was geht mich das an? Treib du dich rum, mit wem du willst! Ich hab' ooch noch nich aso viel dawider.

FRANZ. Seit wann denn, Hanne?

HANNE. Seit Olims Zeiten!

FRANZ, *bewegt und weinerlich.* Du liegst ja, Hanne!

HANNE. Fang mer aso an! Da haste bei mir kee Glicke nich. Ich lass' mir von dir keene Liegen vorschmeißen. Und kurz und gutt, daß amal alle wird. Und weil du aso a dickes Leder nu amal hast und nischt nich willst annehmen, da muß ich dersch halt amal deutlich sagen und uf a Kopp druf: 's is aus zwischen uns!

FRANZ. Is das dein Ernst?

HANNE. Zwischen uns is aus, und merk der das, Franze!

FRANZ. Ich wer mir's ooch merken! *Immer heftiger erregt, am Ende mehr weinend als redend.* Du brauchst nich denken, ich wär' aso tumm, ich hab's woll schonn eher wie heute gemerkt. Ich dachte halt aber, du werscht zur Vernunft kommen...

HANNE. Das bin ich ebens.

FRANZ. Wie's eener uffaßt. Ich bin natierlich a armer Teifel, und Henschel, der hat a Kasten voll Geld. In eener Art, wenn man's recht bedenkt, bist du auch zu Verstande gekommen.

HANNE. Fang du mit solchen Sachen an, da haste schonn ganz und gar verspielt.

FRANZ. Is 's etwa nich wahr? Stellst du's nich egelganz druf an, Frau Henscheln zu werden? – Na, hab' ich nich recht?

HANNE. Das is meine Sache, das geht dich nischt an. A jedes hat fer sich selber zu sorgen.

FRANZ. Nu wenn ich und sorge nu fer mich selber und geh' und spreche zu Henscheln so: Die Hanne, die hat mir die Heirat versprochen, mir waren uns einig!...

HANNE. Versuch's, sag' ich bloß!

FRANZ, *fast weinend vor Wut und Schmerz.* Ich wersch auch versuchen! Du sorgst fer dich, und ich sorge fer mich. Wenn du aso bist, bin ich nich andersch. *Plötzlich verändert.* Aber ich mag dich erscht gar nich mehr. Du sollst dich meinswegen mir an'n Hals schmeißen. Aso a Frauvolk is mir zu schlecht!! *Schnell ab.*

HANNE. Na siehste's, da hat's doch endlich geholfen!

Während Hanne am Waschfaß weiterarbeitet, erscheint hinten im Gange Wermelskirch. Er ist ein Mann in den Fünfzigen, der ehemalige Schauspieler unverkennbar. Er trägt einen abgenutzten Schlafrock, gestickte Pantoffeln und raucht aus einer langen Pfeife.

WERMELSKIRCH, *nachdem er eine Weile hereingeblickt, ohne von Hanne bemerkt zu werden.* Haben Se'n husten gehört?

HANNE. Wen denn?

WERMELSKIRCH. Na, oben ist doch'n Kurgast angekommen.

HANNE. Nu, 's is ooch Zeit, mir hab'n Mitte Mai.

WERMELSKIRCH *tritt langsam über die Schwelle – mit Hüsteln halblaut trillernd.*

Ich bin ein Schwindsuchtskandidat,
widiwidiwitt, bumbum!
Der nicht mehr lang zu leben hat,
widiwidiwitt, bumbum!

Hanne lacht übers Waschfaß hinaus. So was tut einem ordentlich wohl; da merkt man doch, daß der Sommer kommt.

HANNE. Eene Schwalbe macht noch keen'n Sommer!

WERMELSKIRCH *macht sich einen Platz auf der Ofenbank und setzt sich.* Wo ist denn Henschel?

HANNE. Der is doch heut runter uf a Kirchhof.

WERMELSKIRCH. I, freilich, heut hat ja die Frau Geburtstag. *Pause.* Es nimmt doch den Alten höllisch mit! – Sagen Sie mal, wann kommt er denn wieder?

HANNE. Ich weeß ieberhaupt nich, was a erscht nunter hat missen fahren. Mir brauchen de Ferde wer weeß wie sehr! A neuen Kutscher hat a auch mitgenommen!

WERMELSKIRCH. I, Hanne, Ärger verdirbt'n Appetit.

HANNE. Oh, 's is auch wahr! A läßt alles im Stiche. Der Omnibus soll pinktlich abfahren. Der Eenspänner steht noch im Drecke da, und Hauffe, der kommt doch nich mehr vom Flecke. Der alte Kerl is doch steif wie a Bock!

WERMELSKIRCH. Ja, ja, 's fängt an und gibt zu tun! Der Küchenchef oben tritt heut auch an. Vorn in der Bierstube merk' ich's auch schon.

HANNE *lacht kurz heraus.* Bei Ihn, da merkt man's aber noch nich, daß Sie viel zu tun haben.

WERMELSKIRCH, *unbeleidigt.* Das kommt erst später, eleven o'clock. Da stürz' ich mich dann mit Dampf ins Geschäft.

HANNE. Mit Dampf werd's woll gehn, das kann ich mer denken! De Feife werd woll dabei nich kalt werden.

WERMELSKIRCH, *nach einigem Schmunzeln.* Ihr seid spitz, gnäd'ge Frau! Ihr seid nadelspitz! – Wir haben heut – warten Sie mal! – zu Tisch: erstlich – die Baßgeige, zweitens ein Cello, drittens zwei erste, zwei zweite Geigen. Drei erste, zwei zweite, drei zweite, zwei erste: jetzt sind sie mir durcheinandergefallen. Kurzum, zehn Mann von der Kurkapelle. – Was lachen Sie denn? – Sie denken, ich flunkre Ihnen was vor? Was glauben Sie wohl, was die Baßgeige frißt? Sie werden sich wundern! ob das woll zu tun macht?

HANNE, *nachdem sie sich ausgelacht.* Natierlich, de Kochfrau werd woll zu tun haben!

WERMELSKIRCH, *einfach.* Meine Frau, meine Tochter, die ganze Familie, wir müssen uns ehrlich und redlich abrackern. – Und wenn dann der Sommer vorüber ist – da hat man sich fast umsonst geschunden.

HANNE. Ich weeß nich, was Sie zu klagen haben. Sie machen doch's beste Geschäft im Hause. Die Schenkstube wird doch gar nich leer, die geht doch Summersch- wie Winterschzeit. Wenn ich wie Siebenhaar da oben wär', Ihn tät' ich freilich andersch hochnehmen. Mit lumpichten dreihundert Talern Pacht, da kämen Sie freilich nich bei mir weg. Unter tausend wär' nischt nich zu machen, da täten Sie auch noch gutt genug abschneiden.

WERMELSKIRCH *hat sich erhoben und geht pfeifend umher.* Wünschen Sie sonst vielleicht noch was? – Mir geht ja vor Schreck die Pfeife aus.

George, ein junger, geweckter und adretter Kellner, kommt sehr schnell, ein Frühstückstablett tragend, die Treppe hinter der Glastür herunter. Noch hinter der Tür stutzt er, öffnet sie aber doch, blickt den Kellergang rechts hinunter, dann links hinunter.

GEORGE. Schockschwerebrett! Wo bin ich denn hier?

HANNE, *lachend über dem Waschfaß.* Sie haben sich verlaufen, Sie missen zuricke!

GEORGE. Des ist ja, weeß Gott, zum Schwindligwern. Hier kann sich ja doch kee Ferd zurechtfinden in den Kasten!

HANNE. Sie sein woll erscht zugezogen, hä?

GEORGE. Nu freilich, erscht gestern. Nu sagen Se, Herrschaften! Des is mir wahrhaft'ch noch nie passiert. Ich bin schon in manchen Hause gewesen, hier muß man ja immer'n Gebirgsführer mitnehm.

WERMELSKIRCH, *das Sächsische übertreibend.* Sagen Se, sind Se vielleicht aus Dresden?

GEORGE. Meißen ist meine Vaterstadt.

WERMELSKIRCH. Weeß Kneppchen! ach Herr Jeses! wahrhaftig!?

GEORGE. Wo geht's denn hier weiter? Sagen Sie mal.

HANNE, *in Gegenwart des Kellners geweckt, frisch und kokett in ihrer Art.* Immer zuricke de Treppe nuf. Solche Schwalbenschwänze kenn wir hier unten bei uns nich brauchen.

GEORGE. Hier ist woll die Bell Etasche, was?

HANNE. Se meen'n woll a Hundestall oder was? Wir wern Ihn bebelln oder was Sie sagen. Hier unten hausen die vornehmen Leute!

GEORGE, *vertraulicher Schäkerton.* Junge Frau, junge Frau, wissen Sie was, kommen Se, zeigen Sie mir'n Weg: mit Ihn, da tät' ich mich ooch nich färchten, und wenn Se mich ooch wer weeß wohin fiehrn däten tun. In Keller nich und uf'n Heiboden ooch nich.

HANNE. Bleiben Se ock draußen, Sie wärn mir der Rechte! Solche Windhunde gäb's 'r genug.

GEORGE. Junge Frau, soll ich Ihn waschen helfen?

HANNE. Nee! Aber wenn Sie's sonst druf anstellen, da helf' ich Ihn noch uf a Trab dahier! *Indem sie ein Wäschestück halb aus dem Wasser zieht.* Da kenn Sie Ihr weißes Vorhemdchen suchen.

GEORGE. I, gar! So zum Schweine wern Se mich doch nich machen? Nu aber! Äh gar, das geht doch nicht so? Da missen mer erst noch drieber reden. Nich wahr, junge Frau? Nu freilich, natierlich! Wir reden noch drieber. Wenn ich Zeit hab', später, andermal. *Ab. Die Treppe wieder hinauf.*

WERMELSKIRCH. Der wird sich wohl nicht mehr oft verlaufen! Den Weg vom Speisesaale zur Küche wird ihm Siebenhaar schon begreiflich machen. – Hanne, wann kommt denn Henschel wieder?

HANNE. Nu, um a Mittag. – Soll ich vielleichte was bestellen?

WERMELSKIRCH. Ja. – Sagen Se ihm – vergessen Se's nich! –, sagen Se ihm, ich – lasse schön grüßen.

HANNE. Tummheeten da! Ich kann mer's schon denken.

WERMELSKIRCH, *mit leichter Verbeugung an ihr vorüber.* Gedanken sind zollfrei. Wünsche gut Morgen! *Ab.*

HANNE, *allein, heftig waschend.* Wenn ock der Henschel bloß nich so tumm wär'! –

Oben, außen vor dem Fenster, kniet der Handelsmann Fabig und blickt herein.

FABIG. Junge Frau! Morjen! – Wie geht's, wie steht's?

HANNE. Wer sein denn Sie?

FABIG. Nu: Fabig von Quolsdorf. Kenn Sie mich ni mehr? Ich bring' an'n scheen Gruß von Vatern mitte. A läßt Ihn auch sagen... oder soll ich reinkommen?

HANNE. 's is gutt! Ich gloob's schonn; a will wieder Geld haben; ich hab' selber keens.

FABIG. Ich sagt's 'm ja; a wollt's doch nich glooben. Sein Se alleine, junge Frau?

HANNE. Wegen was denn?

FABIG, *die Stimme dämpfend.* Nu sehn S' ock, ich hab' halt das und jen's uf'n Herzen. Durchs Fenster kennten's de Leute heern.

HANNE. Oh, meinswegen, kommen Se rein. *Fabig verschwindet vom Fenster.* Daß der ooch heute grade muß kommen. *Sie trocknet sich die Hände ab.*

Fabig tritt ein. Er ist ein ärmlich gekleideter, seltsam beweglicher, drolliger Hausierer, etwa sechsunddreißig Jahr alt, spärlicher Bart.

FABIG. An'n scheen'n guten Morgen, junge Frau.

HANNE, *heftig.* Zum erschten: ich bin keene junge Frau.

FABIG, *pfiffig.* Nu, wenn ooch; 's dauert doch nich mehr lange.

HANNE. Das is a verpuchtes Liegengemähre und weiter nischt.

FABIG. Ich hab's halt geheert, ich kann nischt dafier. De Leute sprechen's halt ieberall; weil doch die Henscheln is gestorben.

HANNE. Meinswegen ooch! Da meegen se reden! Ich tu' meine Arbeit... Was geht's mich an!

FABIG. Das is auch's beste. Aso mach' ich's auch immer. Was haben mir nich schon die Leute alles ufgehalst! In Altwasser soll ich Tauben gemaust haben. Mir war a kleenes Hundel nachgelaufen... Gleich meenten de Leute, gestohlen hätt' ich's.

HANNE. Wenn Sie und haben was zu reden mit mir, da machen Sie's kurz!

FABIG. Gelt? Sehn S' es, da haben S' es. Das sag' ich auch immer. De Leute mähren mir auch immer zuviel; se haben a paar Lumpen oder so was, gleich machen se a Gerede drum, wie wenn se a Pauergutt sollten verkoofen. Nu wer ich mich halt in der Kirze fassen. 's handelt sich also, junge Frau!... beileibe, nehmen Sie's ock nich iebel, ich hab' mich halt doch schonn wieder versprochen! – Ich wollte sagen, Jungfer! 's handelt sich also um de Tochter.

HANNE, *heftig.* Ich hab' keene Tochter, wenn S'es wolln wissen! Das Mädel, das bei meim Vater is, das is von meiner Schwester de Tochter.

FABIG. Nu da! Da is das was andersch dahier. Wir denken halt alle, das Mädel wär' Ihre. Wo is denn de Schwester?

HANNE. Wer weeß, wo die is! Die wird sich hitten und wird sich mucksen. Die denkt, ihr kennt sehn, wie ihr fertig werd't. –

FABIG. Ihr Leute, ihr Leute; da sieht man's wieder. Da hätt' ich doch Steen und Been geschworn –! aber nich bloß ich, nich bloß ich alleene; wir alle mitnander, drieben in Quolsdorf, daß Sie de Mutter wärn zu dem Dingel.

HANNE. Ju, ju, ich weeß schonn, wer mir das anhängt. Bei Namen kennt' ich se alle genennen! Se mechten mich gerne zum Frauvolk machen. Wenn se mir aber in de Hände laufen, die kriegen a Zahlaus, das kenn'n se sich merken.

FABIG. Das is aber wirklich a beeses Ding! Die Sache liegt nämlich aso, junge Frau: der Alte, der Vater – Sie wern's ja wissen! 's is doch nich andersch! –, a wird doch nich nichtern. A sauft doch immer bloß in eim Biegen fort. Nu is vor zwee Jahren de Mutter gestorben; sonste konnt' a das Dingel daheeme lassen, das Mädel meen' ich; jetze geht das ni mehr, 's Häusel is leer. Da schleppt a se halt in a Gasthäusern rum, in allen Lechern, von Kretscham zu Kretscham. An'n Hund kann's jammern, wenn man's aso sieht.

HANNE, *heftig*. Kann ich dafiere, daß a sauft?

FABIG. Ums Himmels wille, beileibe nich! Den Alten, den kann keen Mensch ni mehr halten. 's is bloß ums Mädel, um das kann's een leed tun. Wenn die nich und werd 'n nich weggenommen und kommt nich in Flege zu gutten Leuten, da lebt die ooch keene zehn Wochen mehr.

HANNE, *verstockt*. Das geht mich nischt an! Ich kann se nich nehmen. Ich hab' fer mich selber Gewirge genug.

FABIG. Kommen Se ock amol nach Quolsdorf und sehn Se sich's an! Das wär' halt's beste. 's is Ihn a Mädel... a gar zu hibsch Dingel, und Händel und Fießel hat se, ojemersch; 's reene Porz'lan, aso zierlich sind se.

HANNE. 's is nich mei Kind, 's geht mich nischt an!

FABIG. Nee, kommen Se ock und schaffen Se Rat. Man kann's reen gar nich mit Augen sehn. Wenn man aso in die Gasthäuser kommt, mitten in der Nacht, oder wenn's nu is – sehn Se, ich muß, mei Geschäfte verlangt's –, und sieht se mit Vatern im Rauche sitzen, das dreht een de Seele im Leibe rum.

HANNE. Die Gastwirte solln 'm nischt nich einschenken. An'n Priegel nehmen und feste nauspriegeln, da wird a schonn zu Verstande kommen. – Jetze is a Wagen in a Hof gefahren. Hier haben Se an Fimfbeehmer. Jetze machen Se lang, ich wer mir die Sache amal beschlafen. Jetze kann ich mich weiter damit nich befassen. Aber wenn Sie hier rumreden, in a Bierstuben, darnach sein mer geschiedene Leute.

FABIG. Ich wer mich hitten, was geht mich denn das an?! Ob das nu Ihr Kind is oder der Schwester, 's Kirchenbuch wer ich derwegen nich einsehn, und's Maul, das wer ich mer auch nich verbrenn. Aber wenn Sie an gutten Rat wollten heern: am besten, Sie sagen's Henscheln gleich, der wird Ihn a Kopp noch lange nich abreißen.

HANNE, *immer aufgeregter, da Henschels Stimme schon hörbar wird.* O mit dem Gemahre! Da mißt' man ja schwarz wern. *Ab in die Kammer.*

Henschel tritt ein; ernst und langsam. Er trägt einen schwarzen Anzug, Zylinder und weiße, gestrickte Handschuh.

HENSCHEL *bleibt stehen und sieht Fabig, sich langsam besinnend, an. Einfach und ruhig.* Wer sein denn Sie?

FABIG, *fix.* Ich kaufe Lumpen, altes Papier, Meebel, abgelegte Kleidung, halt alle Sachen, alles, was de vorkommt.

HENSCHEL, *nach einem langen Blicke, gutmütig, aber fest.* Naus mit dem Kerle! *Fabig ab, verlegen lächelnd. Henschel nimmt den Zylinder ab und wischt sich Stirn und Nacken mit einem bunten Taschentuch; darnach stellt er den Hut auf den Tisch und spricht gegen die Tür der Kammer.* Mädel! wo bist'n?

HANNE. Ich bin bei Gusteln, hier, in der Kammer.

HENSCHEL. 's is gutt, ich kann warten. *Er setzt sich, tiefächzend.* – Jaja! – Nee nee! – Ma hat schonn sei Leiden!

HANNE *kommt sehr geschäftig.* 's Essen is gleich uf der Stelle fertig.

HENSCHEL. Ich kann nischt essen. – Mich hungert nich.

HANNE. Essen und Trinken erhält a Leib. Ich hab' amal bei eim Schäfer gedient, der hat uns mehr wie eemal gesagt: wenn einer a Herzeleid hat oder aso was, wenn den auch nich hungert, der soll immer essen.

HENSCHEL. Da koch ock dei Mittag, wir wern ja sehn!

HANNE. Sie sollten nich nachgeben gar zu sehr! In so was muß man sich eemal finden.

HENSCHEL. War denn der Horand, der Buchbinder, da?

HANNE. Alles in Ordnung. Vierzig neue Billetter hat er gemacht. – Drieben liegen se uf der Kommode! –

HENSCHEL. Da fängt die Schinderei wieder an: Morgen fer

Morgen, Mittag fer Mittag mit dem alten Omnibuskasten nach Freiburg neinkutschen und kranke Menschen ieber a Berg schaffen. – –

HANNE. Sie missen zu viel alleene machen. Der alte Hauffe is eemal zu langsam. Ich kann mer nich helfen, ich tät'n abschaffen.

HENSCHEL *steht auf, tritt ans Fenster.* Ich hab's nu reen satt, das Fuhrgeschäfte. Vor mir kann's ufheeren. Ich hab' nischt dawider. Heut oder morgen, das is mir egal. Die Ferde schafft man nunter zum Abdecker, die Wagen läßt man zu Brennholz zerhacken. Man selber sucht sich a kleen, festes Strickel. – – – – Ich wer amal ruf zu Siebenhaarn gehn.

HANNE. Ich wollt' Ihn gern auch amal was sagen. –

HENSCHEL. Nu was denn, hä?

HANNE. Sehn S' ock, mir wird's wahrhaftig nich leichte. *Ausgeprägt weinerlich.* Aber mei Bruder, der braucht mich doch eemal zu sehr. *Heulend.* Ich wer halt ziehn missen.

HENSCHEL, *aufs äußerste verblüfft.* Du bist woll nich recht... Nu mach ock nich Dinge!

HANNE *steht da, Krokodilstränen flennend, die Schürze vor den Augen.*

HENSCHEL. Nu sag mir ock, Mädel: du werscht mer jetze doch das nich antun? Das wär' aso was! Wer soll denn wirtschaften? Jetze steht mir der Sommer vor der Tiere, und du willst mich aso im Stiche lassen?

HANNE, *wie oben.* 's tutt een'm bloß um das Mädel leid.

HENSCHEL. Wenn du's nich versorgst, wer soll's denn versorgen?

HANNE, *nach einer Weile sich scheinbar gewaltsam fassend und beruhigend.* 's geht eemal nich andersch!

HENSCHEL. 's geht alles in der Welt, man braucht's bloß zu wolln. – Dadervon da hast du doch nie nischt gesprochen! Jetze kommste uf eemal mit 'nem Bruder? – Bin ich dir etwa zu nahe getreten? Paßt dersch vielleichte nich mehr bei mir?

HANNE. Daß 's mit dem Gerede und nimmt a Ende.

HENSCHEL. Was fier a Gerede?

HANNE. O ich weeß nich! – Da geht man schon lieber aus'n Wege.

HENSCHEL. Wenn ich bloß wißte, was du meenst!

HANNE. Ich tu' meine Arbeit, ich nehme mei Lohn. Aso was lass' ich mir eemal nich nachsagen. Wie die Frau noch lebte, hab' ich gerackert a ganzen Tag; jetzt, weil se tot is, wer ich nich faulenzen. Meegen de Leute noch aso schwatzen: ich machte mich niedlich, ich wollte bloß Frau wern. Da such' ich mir lieber a andersch Dienst.

HENSCHEL, *erleichtert.* Da sei ock stille, wenn's weiter nischt is.

HANNE *nimmt irgendeine Arbeit als Anlaß, sich zu entfernen.* Nee, nee, ich geh'! Ich kann ni mehr bleiben. *Ab.*

HENSCHEL, *hinter ihr dreinsprechend.* De Leute, die laß du geruhig reden! Was sollte denn wern aus den vielen Mäulern. – *Er zieht den schwarzen Rock aus und hängt ihn auf, dabei seufzend.* Das Heefel Sorgen wird halt nich kleener! *Siebenhaar kommt langsam herein; er trägt eine gefüllte Wasserflasche und ein Glas.*

SIEBENHAAR. Gu'n Morgen, Henschel.

HENSCHEL. Scheen'n Dank ooch, Herr Siebenhaar.

SIEBENHAAR. Stör' ich Sie?

HENSCHEL. I, wo denn! Das wär' woll! Sein Se willkomm.

SIEBENHAAR, *Flasche und Glas auf den Tisch stellend.* Ich muß nämlich wieder mal die Kur brauchen. Ich hab's wieder mit dem Halse zu tun. Na, Gott ja, an irgendwas muß der Mensch doch sterben.

HENSCHEL. Immer tichtig Brunnen trinken. Der heilt een'm aus.

SIEBENHAAR. Das tu' ich eben.

HENSCHEL. Und nich a Miehlbrunnen, ooch nich a Oberbrunnen! Unsre Quelle, die is am besten.

SIEBENHAAR. Na, nu von was anderem. *Er hat in Gedanken eine Efeuranke ergriffen und damit gespielt, nun gewahrt er sie, stutzt, überfliegt den Zylinder und Henschel mit einem Blick und sagt plötzlich.* Heut war der Geburtstag Ihrer Frau?

HENSCHEL. Heut wär' se geworn sechsundreißig Jahr.

SIEBENHAAR. 's is woll nich möglich.

HENSCHEL. Jaja, nee nee! –

Pause.

SIEBENHAAR. Henschel, ich will Sie jetzt lieber allein lassen, aber wenn's Ihnen paßt, etwa morgen vielleicht, da möcht' ich mal etwas Geschäftliches durchsprechen.

HENSCHEL. 's wär' mer lieber, mir machten's gleich.

SIEBENHAAR. Es handelt sich um die tausend Taler...

HENSCHEL. Eh mer weitersprechen, Herr Siebenhaar, Se kenn se ruhig behalten bis zum Winter. Sehn Se, was soll ich denn liegen dahier? Jetze brauch' ich se nich. Mir liegt nischt dran, und daß se mir sicher sein, das weeß ich.

SIEBENHAAR. Na, Henschel, da bin ich Ihnen sehr dankbar; Sie tun mir einen großen Gefallen. Im Sommer kommt Geld ein, wissen Sie ja, jetzt wär' es mir wirklich schwer geworden.

HENSCHEL. Nu sehn S' es, da kommen mir grade zusammen. *Pause.*

SIEBENHAAR, *umhergehend.* Jaja, ich wundre mich manchmal selbst: in dem Hause bin ich doch groß geworden. Heut, wenn ich nur halbwegs leidlich abschnitte, ich könnte mit Seelenruhe rausgehn.

HENSCHEL. Ich ging' nich gerne, das muß ich sagen. Ich wißte reen gar nich, wohin mit mir!

SIEBENHAAR. Bei Ihnen ist es vorwärtsgegangen, Henschel. Dieselben Verhältnisse, sehn Sie mal an, gegen die ich mich nur mit höchster Mühe behaupten konnte, die eben haben Sie groß gemacht.

HENSCHEL. Dem een'n fehlt's da, 'm andern da. Wer schlimmer dran is, wer will das wissen?! Sehn Se, mir hat's halt a Weizen ooch verschlagen. Und ob er amal wird wieder ufstehn... Ich bin halt noch gar nich bei mir selber. *Pause.*

SIEBENHAAR. Henschel, alles hat seine Zeit! Das müssen Sie nun aber überwinden. Sie müssen unter die Leute gehn, was hören, was sehen, mal'n Glas Bier trinken, sich recht ins Geschäft stürzen meinetwegen, nicht immer der traurigen Sache nachhängen. 's ist nicht zu ändern, nun also vorwärts.

HENSCHEL. 's is auch nich andersch! Sie haben auch recht!

SIEBENHAAR. Gewiß! Ihre Frau war das beste, treueste Weib, überall ist da nur eine Stimme. Aber Sie stehen im Leben, Henschel. Sie sind ein Mann in den besten Jahren. Sie haben noch viel zu tun in der Welt. Sie müssen wer weiß was noch vor sich bringen. Sie brauchen dabei Ihre Frau nicht vergessen, im Gegenteil. Das ist ja bei einem Mann wie Sie auch ganz ausgeschlossen. Aber Sie müssen auf eine gesunde Art ihr Andenken ehren. Das kann ja nichts helfen! Ich habe Sie schon eine ganze Weile beobachtet und hatte mir stillschweigend vorgenommen, Ihnen mal wirklich geradeheraus ins Gewissen zu reden. Sie lassen sich zu sehr unterkriegen.

HENSCHEL. Was soll man aber dawider tun? Sie haben ja recht, ich streit's ja nich; aber man weeß sich halt manchmal keen'n Rat! Will man sich ins Geschäft stirzen, ieberall fehlt's een'n. Vier Augen sehn ebens mehr wie zwee. Vier Hände, die schaffen halt auch weit mehr. Die vielen Kutschen zur Sommerszeit! Wer hält mer daheim 'ne Sache im Stande? Das is ebens wirklich kee leichtes Ding.

SIEBENHAAR. Die Hanne ist, denk' ich, doch ganz tüchtig?

HENSCHEL. Nu sehn Se's, se hat mir halt auch gekindigt! – Ohne a Weib is das halt zu schlimm! Man kann sich uf gar keen'n Menschen verlassen. Das is ja das ebens, was ich sag'.

SIEBENHAAR. Heiraten Sie, Henschel!

HENSCHEL. 's beste wärsch. – Ohne Weib, was soll ich da machen? Unsereens kann ohne Weib nich auskommen. Ich hatte schonn vor, ich wollt' amal nufgehn; ich wollte mit der Madam amal reden, verleichte hätt' die mir'n Rat gegeben. – – – 's is mir doch gar zu pletzlich gekomm! Se is mer so mittenraus gestorben aus allen Geschichten. – Wenn ich Ihn soll de Wahrheit sagen: 's Fuhrgeschäfte geht auch zurick. Wie lange, da kriegen mir Bahne hierher. Nu sehn Se's: mir hatten uns was gespart, da wollten mir uns a klee Gasthaus koofen – vielleicht in zwee Jahren oder so rum: das is halt ohne Weib nich zu machen.

SIEBENHAAR. Auf die Dauer wird das ja auch nicht gehn. Sie werden auch ganz gewiß nicht Witwer bleiben Ihr ganzes Leben. Schon wegen dem Kinde geht das ja nicht.

HENSCHEL. Das sprech' ich halt auch.

SIEBENHAAR. Ich hab' mich ja nicht hineinzumengen, aber schließlich sind wir ja alte Freunde. Warten, Henschel, bloß wegen der Leute, das halt' ich für Unsinn, ganz und gar. Wenn Sie sich tragen mit dem Gedanken, ernstlich tragen, wieder zu heiraten: für Sie und das Kind ist's besser, bald. Nicht überstürzen: natürlich nicht! Sind Sie aber mit sich erst einig, dann vorwärts, Preußen! was ist dann zu zögern!? *Nach einer Pause, während welcher sich Henschel hinter den Ohren kratzt.* Wissen Sie denn schon irgend jemand?

HENSCHEL. – – – Ob ich jemanden weeß, das soll ich Ihn sagen? – Vielleicht ja: bloß ich kann se nich nehmen.

SIEBENHAAR. Warum denn nicht?

HENSCHEL. – Sie wissen's ja selber. –

SIEBENHAAR. Ich? Wissen? Wieso? –

HENSCHEL. – Se brauchen bloß a bissel nachdenken.

SIEBENHAAR. – – – – *Kopfschüttelnd.* Im Augenblick kann ich mich nicht erinnern.

HENSCHEL. Ich hab's doch mein'n Weibe versprechen missen.

SIEBENHAAR. – – – ? – Ach so!! – Sie meinen die Magd!? – die Hanne?

Pause.

HENSCHEL. 's is mer sehr durch a Kopp gegangen. Was soll ich denn hinterm Berge halten. Wenn ich ufwache bei der Nacht, da kann ich manchmal zwee Stunden nich einschlafen. Immer und ewig muß ich dran denken. Drieber wegkommen kann ich nich. – Das Mädel is gutt. Se is a bissel jung fer mich alten Kropp; aber schuften kann se mehr wie vier Männer. Daderbei nimmt se sich Gusteln wahr: mehr kennte de Mutter auch nich machen. Und zu guter Letzt hat das Mädel an'n Kopp: die hat an'n Kopp, der is besser wie meiner. Und rechnen kann se, besser wie ich. An'n Kalkulator kennte die vorstellen. Uf Heller fer Fennig weeß die an Sache; sechs Wochen kenn'n drieber vergangen sein. Ich gloobe, die macht zwee Juristen zum Affen.

SIEBENHAAR. Ja, wenn Sie von alledem so überzeugt sind...

HENSCHEL. Da gäb's keene bessere Frau fer mich! – Jedennoch! Ich komme nich drieber weg.

Pause.

SIEBENHAAR. – Ja, ja, jetzt kann ich mich dunkel erinnern. Das war in der letzten Zeit so ziemlich. – Ich kann Ihnen aber ganz offen sagen: so ernsthaft hab' ich das gar nicht genommen. – Ihre Frau war eben sehr aufgeregt. Das hat doch so mehr in der Krankheit gelegen. – Das scheint mir die Hauptfrage nicht zu sein. Die Hauptfrage kann doch immer nur die sein: paßt die Hanne auch wirklich für Sie? – Sie hat viele Vorzüge, unbedingt! Manches gefällt mir auch nicht an ihr! Aber Fehler: wer hätte die schließlich nicht! – Sie soll ja ein Kind haben, sagen die Leute!

HENSCHEL. Se hat a Kind. Ich hab' mich erkundigt. Nu wenn ooch! Da mach' ich mir nischte ni draus. Sollte se etwa auf mich warten, hä? Se hat ja noch gar nischt von mir gewußt. Vollblittig is se, das will sich doch Luft machen. Wenn de Birnen halt reif sein, da falln se halt runter. Deswegen, da hätt' ich keene Bedenken.

SIEBENHAAR. Nun also! Das andere ist Nebensache. Und wenn auch nicht grade Nebensache – so was geht einem nach, das begreif' ich schon! –, jedenfalls muß man sich davon frei machen. Sich daran binden, trotz besserer Einsicht, ist ausgesprochene Torheit, Henschel!

HENSCHEL. Das hab' ich mir auch schon zehnmal gesagt. Sehn Se, sie wollte doch immer a besten Nutzen fer mich. Ich meene mei Weib, in gesunden Tagen. Se will mer doch nich im Wege stehn. Wo se auch sein mag, se will doch mein Fortkommen.

SIEBENHAAR. Ganz gewiß.

HENSCHEL. Heute bin ich nu uf'n Grabe gewest. – De Madam hat ooch an'n Kranz lassen hinlegen. – Ich dachte: du werscht amal hingehn, dacht' ich. Vielleichte schickt se dir an'n Gedanken. Vielleichte kannst der da schlissig wern. – Mutter, sagt' ich in mein'n Gedanken, gib mir a Zeichen! Ja oder nee? So wie's ausfällt, soll mir's recht sein. An halbe Stunde hab' ich gestanden. – Ich hab' auch gebet't und hab' er ooch alles vorgestellt, aso bei mir selber, meen' ich natierlich: wegen dem Kinde und dem Gasthause und daß ich mer auch im Geschäfte keen'n Rat weeß – aber s' hat mer kee Zeichen gegeben.

Hanne kommt herein, nur Seitenblicke auf die Sprechenden werfend, im übrigen sich sogleich energisch beschäftigend. Sie setzt Schemel und Waschfaß beiseite und hantiert dann beim Ofen.

SIEBENHAAR, *zu Henschel.* Gott lasse die Toten selig ruhn. Sie sind'n Mann, Sie stehen im Leben. Was brauchen Sie Zeichen und Wunder, Henschel! Wir können uns doch ganz gut zurechtfinden, ganz leidlich auskommen mit unserm Verstande. – Gehen Sie einfach Ihren Weg. Auf Ihrem Schiffe sind Sie Kapitän. Alle Flausen und Nücken raus! über Bord! Je mehr ich die Sache überlege, um so ernstlicher leuchtet sie mir auch ein...

HENSCHEL. Hanne, was sagst denn du dazu?

HANNE. Ich weeß ja nich. Ich kann doch nich wissen, von was Sie reden!

HENSCHEL. Nu wart nur, hernach da wer ich der's sagen.

SIEBENHAAR. Gu'n Morgen, Henschel; auf Wiedersehn! Viel Glück auf den Weg!

HENSCHEL. Das mecht' man hoffen.

SIEBENHAAR. Um Sie ist mir keinen Augenblick bange. Sie haben von jeher 'ne glückliche Hand. *Ab.*

HENSCHEL. Man soll es nich beruffen, Herr Siebenhaar.

HANNE. Wir wolln dreimal ausspucken: Tw! Tw! Tw! *Pause.* Ich kann mir nich helfen, Sie sein zu gutt.

HENSCHEL. Wegen was denn, hä?

HANNE. Ihn rauben de Leute aus, mecht' man sagen.

HENSCHEL. Du denkst woll, a hat wolln was haben von mir?

HANNE. Nu was denn sonste? A sollte sich schämen, bei armen Leuten betteln zu gehn.

HENSCHEL. Hanne, du weeßt jetzt nich, was du sagst.

HANNE. O freilich weeß ich's.

HENSCHEL. Du weeßt's ebens nich. Du kannst's auch nich wissen. Aber später wirschte's schonn noch begreifen amal. – Jetz wer ich avor gehn in de Schenkstube und wer mer wieder amal an Kuffe Bier kaufen; das is seit acht Wochen 's erschte Mal. Dernochert kenn mir mitnander essen, und nach'n Mittage – heer amal drauf! –, da wolln mir a Wort mitnander reden. Da wern mir ja sehn, wie sich alles wird einrenken. – Oder hast du ni Lust?

HANNE. – Sie sagen's ja selber: mir wern's ja sehn.

HENSCHEL. Das sag' ich auch noch, mir lassen's druf ankommen. *Ab.*

Pause.

HANNE *schaftert unbeirrt weiter. Als Henschel außer Gehörsweite ist, hält sie plötzlich inne, trocknet sich, die freudige Erregung kaum bemeisternd, die Hände ab, reißt die Schürze herunter etc. und sagt unwillkürlich triumphierend vor sich hin.* Ich wersch euch zeigen, paßt amal uf!

DRITTER AKT

Das Zimmer wie in den beiden vorhergehenden Akten. Es ist ein Abend Ende November; im Ofen brennt Feuer, ein Licht steht auf dem Tisch. Die Mitteltür ist geschlossen. Aus dem oberen Stockwerk des Hauses dringt gedämpft Tanzmusik. Hanne, jetzt Frau Henschel, sitzt am Tische und strickt; sie ist adrett und sauber in blauen Kattun gekleidet, dazu trägt sie ein rotes Brusttuch. Meister Hildebrant, der Schmied, kleine, nervige Erscheinung, kommt.

HILDEBRANT. Gu'n Abend, Henscheln! Wo is denn dei Mann?

FRAU HENSCHEL. Nach Breslau. A holt doch drei neue Ferde.

HILDEBRANT. Da wird a woll heute ni heemkomm'n? gelt?

FRAU HENSCHEL. Vor'n Montage nich.

HILDEBRANT. Heute haben mer Sonnabend. – Mir haben a Brettwagen wiedergebracht. A steht unterm Saale. Mer haben missen alle vier Reifen neumachen. Is Hauffe nich da?

FRAU HENSCHEL. Der is doch schonn lange ni mehr bei uns!

HILDEBRANT. Was Teifel red' ich bloß wieder fier Tummheeten. Ich meente ja ebens a neuen Knecht. Is Schwarzer nich da?

FRAU HENSCHEL. A is mitte nach Breslau.

HILDEBRANT. Nee, nee, mit Hauffe das wer ich woll wissen. A kommt immer nunter in de Schmiede und hat Maulaffen feil, weil mir Eisen uflegen. A hat doch noch immer kee Unterkommen.

FRAU HENSCHEL. De Leute sagen, a fängt an zu saufen.

HILDEBRANT. Ich gloob' immer, 's werd woll nich andersch sein. 's is halt schlimm fer den alten Kerl. 's will'n doch eemal kee Mensch mehr haben. – Was is denn heute da oben los?

FRAU HENSCHEL. Tanzmusik. Halt de Resursche.

HILDEBRANT. Wie wärsch, wenn mer nufgingen, Henscheln, mitnander? Warum solln mir nich auch an'n Walzer mitmachen?

FRAU HENSCHEL. Da wern die nich schlecht die Augen ufreißen. – Was wollten Sie denn von Henscheln, Meester?

HILDEBRANT. Der Oberamtmann hat doch an'n Fuchshengst, das Luder will sich nich lassen beschlagen, da wollten mir Henscheln gern amal bitten. Wenn der den gehangnen Hund nich zum Stehn bringt, hernach da solln der Teifel scharf machen. Gu'n Abend, Henscheln!

FRAU HENSCHEL. Gu'n Abend, Meester!

Hildebrant ab.

FRAU HENSCHEL *horcht auf ein schleifendes Geräusch, welches draußen vom Gange herkommt.* Was is denn das fer a Geschleife da draußen? *Sie geht und öffnet die Tür.* Wer macht denn hier draußen solchen Randal?

FRANZISKA *kommt hereingetanzt.* Platz, Platz, Frau Henscheln, ich hab' keine Zeit! *Sie dreht sich um den Tisch herum nach dem Takte des von oben klingenden Walzers.*

FRAU HENSCHEL. Nanu schlägt's dreizehn! Was fällt denn dir ein!? Dich hat woll a toller Hund gebissen!? *Franziska tanzt unbeirrt weiter und singt die Walzermelodie dazu. Frau Henschel, immer mehr belustigt.* Um Gottes willen, dich riehrt ja der Schlag. – Nee, Mädel, du werscht woll noch ieberschnappen!

Die Musik bricht ab.

FRANZISKA *fällt erschöpft auf einen Stuhl.* Ich könnte mich mausetot tanzen, Frau Henscheln.

FRAU HENSCHEL, *lachend.* Wenn du's aso treibst, das will ich glooben. Da wird man ja drähnig bloß beim Zusehn.

FRANZISKA. Tanzen Sie gar nicht?

FRAU HENSCHEL. Ich? Ob ich tanze? nu freilich tanz' ich. A Paar neue Schuhe, das kam ooch vor, die tanzt' ich ooch durch in eener Nacht.

FRANZISKA. Kommen Sie, tanzen Sie mal mit mir.

FRAU HENSCHEL. Geh ock du nuf und tanz oben mitte.

FRANZISKA. Ja, wenn ich bloß dürfte! Wissen Sie was, ich schleiche mich rauf. Ich schleiche mich rauf auf die Galerie. Sind Sie da schon mal oben gewesen? Im großen Saal auf der Galerie? Wo die Säcke stehen mit den gebackenen Pflaumen. Da geh' ich ganz frech rauf und gucke runter. Da ess' ich Pflaumen und gucke runter. Warum soll ich denn da nicht runtergucken?

FRAU HENSCHEL. Vielleicht läßt dich Siebenhaar runterholn.

FRANZISKA. Ich gucke ganz frech. Das ist mir ganz gleichgiltig. Und wenn eine mit'n Herrn Siebenhaar tanzt, die bombardier' ich mit Pflaumenkernen.

FRAU HENSCHEL. In Siebenhaarn bist du doch reene vernarrt!

FRANZISKA. Der ist auch der allerfeinste von allen. *Musik.* Nu geht's wieder los. Nu spielen sie Polka. *Wieder tanzend.* Mit Herrn Siebenhaar möcht' ich gleich mal tanzen. Da würde ich ihm, eh er sich versieht, ganz einfach 'nen Kuß geben, mir nichts – dir nichts.

FRAU HENSCHEL. Mir wär' der Siebenhaar freilich zu alt.

FRANZISKA. Ihr Mann ist doch ebenso alt, Frau Henscheln.

FRAU HENSCHEL. Du Dare du; mei Mann is um finf Jahr jinger, verstanden?

FRANZISKA. Aber er sieht doch viel älter aus. Der sieht doch so alt aus und so verrunzelt. Puh, nee, dem möchte ich keinen Kuß geben.

FRAU HENSCHEL. Nu sieh, daß du fortkommst, sonste nehm' ich'n Besen. Mach du mer mein'n Mann schlecht! Wo soll ich denn gleich an'n bessern hernehmen? Wart ock, wenn du in de Jahre kommst, du werscht ooch schonn merken, was das heeßt, an'n Mann haben dahier.

FRANZISKA. Ich heirate gar nicht! Ich warte mal ab, bis 'n feiner Herr kommt, am liebsten 'n Russe – im Sommer – 'n Kurgast –, von dem lass' ich mich mitnehmen, raus in die Welt. Weit fort in die Welt; die Welt will ich sehn, nach Paris will ich reisen. Dann schreibe ich Ihnen auch mal, Frau Henschel.

FRAU HENSCHEL. Ich gloob' immer, daß du amal durchgehst, Mädel.

FRANZISKA. Da könn Sie sich heilig drauf verlassen. Herr Siebenhaar war ja auch in Paris, bei der Revolution, der kann fein erzählen. So 'ne Revolution möcht' ich auch mal mitmachen; da muß man mit Barrikaden baun...

WERMELSKIRCHS STIMME. Franziska, Franziska! Wo steckst du denn wieder?

FRANZISKA. Pst. Sagen Sie nichts!

WERMELSKIRCHS STIMME. Franziska! Franziska!

FRANZISKA. Pst. Stille. Ich soll wieder vorne bedienen. Das ist mir scheußlich, das mag ich nicht.

WERMELSKIRCHS STIMME. Franziska!

FRANZISKA. Das ist doch Papas Sache oder Mamas, oder sollen sie sich einen Kellner halten. Ich lasse mich nicht zur Biermamsell machen.

FRAU HENSCHEL. Das is doch's Schlimmste noch lange nich.

FRANZISKA. Ja, wenn das vornehme Herren wären, aber nichts wie Brunnschöpfer, Kutscher und Bergleute. Da dank' ich dafür. Das paßt mir denn doch nicht.

FRAU HENSCHEL. Wenn ich wie du wär', mir wär' das a leichtes: ich tät' mer a scheenes Trinkgeld machen. Du kennt'st der an'n hibschen Beehmen ersparn, an'n hibschen Fennig beiseite legen.

FRANZISKA. Böhmens und Sechser nehm' ich nicht an. Und

wenn der Herr Siebenhaar oder der Baumeister oder der Dr. Vallentiner mir mal was schenkt, da vernasch' ich's gleich.

FRAU HENSCHEL. Das is ja ebens. Der Appel fällt ebens nich weit vom Stamme. Vater und Mutter sein auch nich viel andersch. Ihr nehmt euch die Schenkstube ebens nich wahr. Wenn ihr euch das Geschäfte tät wahrnehmen: ausgeborgt mißt't ihr schonn haben's Geld.

FRANZISKA. Wir sind eben nicht so geizig wie Sie.

FRAU HENSCHEL. Ich bin nich geizig, ich halt's bloß zusammen.

FRANZISKA. Die Leute sagen, Sie wären geizig.

FRAU HENSCHEL. De Leute kenn mich suchen, verstanden! und du da dazu. Mach, daß de nauskommst. Ich hab's nu satt, dei Gelapsche da; und wieder brauchste auch nich zu kommen. Mir is noch nich bange gewest nach dir. Am besten, man sieht und heert nischt von euch! von der ganzen Pakasche mitsammen dahier.

FRANZISKA, *schon an der Tür, sich wendend, böse.* Wissen Sie, was die Leute noch sagen?

FRAU HENSCHEL. Nischt will ich wissen, bloß naus mit dir. Sieh du dich ock vor, daß du nischt zu heern kriegst. Wer weeß, wie du stehst mit Siebenhaarn. Ihr beede werd's wissen, und ich weeß auch. Zwanzig Mal wärt ihr schon rausgeflogen mit eurer pol'schen Wirtschaft da vorne. Man mißte doch Siebenhaarn sonste nich kennen.

FRANZISKA. Pfui, pfui und pfui! *Ab.*

FRAU HENSCHEL. Pakasch, sag' ich!

Die Mitteltür ist offengeblieben. Der eine von oben kommend, der andre den Gang herauf, treffen sich Siebenhaar und der Kellner George, so daß ihre Begegnung im Rahmen der Türe sichtbar wird. George ist wienerisch gekleidet, Hut, Stöckchen, langer Paletot, bunter Schlips.

SIEBENHAAR. Was wünschen Sie hier?

GEORGE. Sie wern verzeihn, ich habe beim Fuhrmann Henschel zu tun.

SIEBENHAAR. Der Fuhrmann Henschel ist nicht zu Hause. Sie haben das nun schon dreimal gehört: in meinem Hause ist kein Platz für Sie. Wenn Sie sich nun das künftig nicht merken, dann lasse ich Ihr Gedächtnis auffrischen; durch den Gendarm, verstehen Sie mich!

GEORGE. Herr Siebenhaar: ich muß doch sehr bitten, ich

komm' nicht zu Ihn. Die Leute wohnen in Ihrem Hause. Sie kenn mir nichts Ehrenrühriges nachweisen.

SIEBENHAAR. Aber wenn ich Ihnen wieder begegne, dann lass' ich Sie durch den Hausknecht rausschmeißen. Also richten Sie sich gefälligst danach. *Ab.*

GEORGE *tritt ins Zimmer ein, fluchend.* Das lass' ich druf ankomm! Das wolln mer erscht abwarten.

FRAU HENSCHEL *schließt heftig die Tür, die Wut über Siebenhaar schwer bemeisternd.* Mir sein auch noch da, a soll's erscht versuchen. Hier is unsre Stube, nich seine Stube, und wer de zu uns kommt, der kommt zu uns! Da hat a keen Wort nich neinzureden.

GEORGE. Wir wolln's amal abwarten, sag' ich bloß, das kennt'n doch teuer zu stehn komm. Das kost Pinkepinke, wenn ma das anzeigt. Er is schon mal äklich reingesaust, mit dem Alfons, der vor zwee Jahren hier war. Mit mir fällt er noch viel äklicher rein: dreißig Taler Schmerzensgeld is mir zu wenig.

FRAU HENSCHEL. Die hat a erscht gar nich mehr in der Tasche, der Hungerleider, verdammte, dahier. Im ganzen Kreese muß a sich rumpumpen. Nischte wie Schulden, wo man hinheert. Wie lange werd's dauern, da is a fertig, da muß a selber naus aus dem Hause, statts daß a andre Leute läßt nausschmeißen.

GEORGE *hat den Überrock abgelegt, den Hut dazu aufgehangen und sucht nun die Federchen von Rock und Beinkleidern.* Nu freilich. Das is ja auch gar kee Geheimnis mehr. Se reden ja schon am Stammtisch davon. Kee Mensch hat Mitleed, se genn's 'n alle. Mei jetziger Chef kann 'n schon gar nich verknusen. Bloß wenn er den Namen hört, wird er schon giftig. *Holt Taschenspiegel und Taschenkämmchen heraus und schniegelt sich.* Weeß Gott, sagt a immer, der Siebenhaar! Wahrhaft'ch, ich hab' in den Manne mehr Haare gefunden wie bloßich sieben.

FRAU HENSCHEL. Das will ich glooben, da werd a woll recht haben.

GEORGE. Nu sag amal, haste was Warmes, Hannchen?

FRAU HENSCHEL. Warum biste denn gestern nich gekommen?

GEORGE. Du denkst woll, ich kann alle Tage weg? Ich hab' mich schwer genug heute kenn losmachen. Gestern ging's bis um dreie in der Nacht.

FRAU HENSCHEL. Was war denn los?

GEORGE. Enne Feuerwehrsitzung. Se ham doch 'ne neue Spritze gekooft, da wolln se halt nächstens 'n Einweihungsfest geben. Da ham se eben 'ne Sitzung gehabt.

FRAU HENSCHEL. Wenn die bloß an'n Vorwand zum Saufen hab'n. Derweil hab' ich alleene gesessen und hab' gewart't bis tief in die Nacht. Eemal – ich weeß nich, was das muß gewest sein! a Vogel muß sein ans Fenster geschlagen –, da dacht' ich, du wärscht's, und da ging ich ans Fenster und macht' es uf. Hernach da ward ich aso verbost, ich konnte die halbe Nacht nich einschlafen. *Sie schlägt mit der Faust schwach auf den Tisch.* Ich weeß nich, ich bin auch noch immer verbost.

GEORGE. I, gar! Was soll mer sich lassen die Laune verderben? *Er faßt sie um.* Das is ja nich neet'ch! Warum nich gar!

FRAU HENSCHEL *entwindet sich ihm.* O nee! 's is wahr! Ich weeß nich, wie's kommt, 's muß een ooch immer alles verquer gehn. De ganze Woche sitzt Henschel daheeme, und wenn a nu wirklich amal a bissel fort is, da muß man de Zeit verstreichen lassen.

GEORGE. Na aber, mer ham doch heute noch Zeit. A kommt doch erscht Montag wieder, denk' ich.

FRAU HENSCHEL. Wer weeß, ob's wahr is?

GEORGE. Warum sollt's 'n nich wahr sein, das wißt'ch doch nich?

FRAU HENSCHEL. Der Mann muß amal daheeme sitzen. Frieher war das nich halb aso schlimm. Da war a wochenlang uf der Reese, heute da barmt a wer weeß wie sehr, wenn a bloß eene Nacht soll woandersch schlafen. Und wenn a sagt, ich bleibe drei Tage, da kommt a mehrschtens am zweeten schonn heem. – Nu heerschte's: ich gloobe, das sein se gar schonn. Wer werd denn sonste aso knallen im Hofe!

GEORGE, *nachdem er gehorcht, unterdrückt.* Da soll 'n doch gleich der Teifel holn. Verfluchtes Gemähre, verdammtes, dahier. Ma hat sich ja kaum ä bißchen erwärmt. Da wer ich wohl gleich wieder fortmissen, was? Das hab' ich mir freilich anders gedacht. *Er zieht den Paletot wieder an und nimmt den Hut in die Hand.*

FRAU HENSCHEL *reißt ihm den Hut aus der Hand.* Hier werd geblieben, was brauchste denn fortgehn? Vor wen soll ich mich firchten, etwan vor Henscheln? Der hat zu kuschen! Das sollte mir einfalln. Wärscht du gestern gekommen, ich hab' dir's gesagt. Da wär' uns kee Mensch nich dazwischen gekommen: kee Henschel nich und kee Siebenhaar auch nich. Heute da is der Teifel los.

Pferdehändler Walther tritt ein, ein hübscher, strammer Kerl, gegen vierzig Jahr alt. Baschlikmütze, Pelzjackett, Jagdstrümpfe und langschäftige Stiefel; Fausthandschuhe an Schnüren.

WALTHER. Henscheln, dei Mann is draußen im Hofe. Gu'n Abend! Ich komm' bloß schnell amal rein: ich will der an'n gutten Abend sagen. Hernach muß ich gleich wieder ufs Ferd. Scheene Brabanter haben mer gehandelt. A hat der ooch sonste was mitgebracht.

FRAU HENSCHEL. Ich dachte, ihr werd't erscht a Montag heemkommen.

WALTHER. Das wär' auch nich andersch sein geworden, mer sein ebens bloß bis Kanth geritten. Dort haben mer die Ferde verladen missen, sonste hätten se Hals und Beene gebrochen: aso schlechtes Laufen war bei dem Glatteis.

GEORGE. Mit der Eisenbahne geht's freilich schneller.

WALTHER. Was is denn das noch fer a Mannsbild dahier? Sie machen sich ja reene unsichtbar! Das is woll Schorschl? Ich gloobe immer! Der Kerl sieht ja aus wie a richt'ger Baron.

GEORGE. Ma verdient äben besser drieben im »Stern«. Ich steh' mich halt äben bei weitem besser. Hier hat man sich alles vom Halse gerissen. Ich war ja dahier fast nackt zuletzt, jetzt kann man sich eben wieder was anschaffen.

WALTHER. Nu rat amal, was a der mitbringt, Henscheln.

FRAU HENSCHEL. Was denn da, hä?

WALTHER. Ob de woll werscht ane Freude haben!?

FRAU HENSCHEL. Mer wern ja sehn. Je nachdem's werd sein.

WALTHER. Nu da leb ock gesund, sonste beißt mei Weib.

FRAU HENSCHEL. Leb gesund!

WALTHER. Leb gesund!

GEORGE. Ich gomme gleich mit, gu'n Abend, Frau Henscheln.

FRAU HENSCHEL. Wollten Sie nich mit Henscheln noch sprechen?

GEORGE. Das hat je doch Zeit, das eilt je doch nich.

WALTHER. Wenn Se was mit'n zu reden haben, da lassen Sie's lieber bis morgen, Schorschl. Heute hat a andre Sachen im Koppe. Weeßte denn, was a der mitbringt, Henscheln?

FRAU HENSCHEL. Was soll a'n mitbringen? Schwatz nich aso!

WALTHER. Nu halt deine Tochter bringt a der mit.

FRAU HENSCHEL. – Was bringt a mer mit? – Ich hab's nich geheert!

WALTHER. Mer warn halt in Quolsdorf und haben se geholt.

FRAU HENSCHEL. Ihr seid woll besoffen, hä, ihr zwee beede?

WALTHER. Nee, nee, was ich sag'!

FRAU HENSCHEL. Wen habt ihr geholt?

WALTHER. Mir hat a ja nischte davon gesagt; mer warn halt uf eemal drieben in Quolsdorf und saßen im Kretscham.

FRAU HENSCHEL. Nu, und was weiter?

WALTHER. Mer saßen halt da, und nach an kleen Weilchen, da kam halt dei Vater und brachte dei Mädel.

FRAU HENSCHEL. 's is nich mei Mädel!

WALTHER. Das weeß ich ja nich. Bloß aso viel weeß ich: a hat's halt draußen. A ging zu dein Vater hin und sagte: das Mädel wär' hibsch. – Darnach nahm a's halt uf a Arm und tat mit'n scheene. »Soll ich dich mitnehmen?« fragt a's darnach, und da wollt's halt gleich.

FRAU HENSCHEL. Nu, und mei Vater?

WALTHER. Dei Vater kannte doch Henscheln nich.

FRAU HENSCHEL. Das is ja noch besser! Weiter nischt?!

WALTHER, *nun mehr an George seine Worte richtend.* Weiter war nich viel. A nahm's halt mit raus und sagte zu Vatern: »Ich will bloß das Mädel amal ufs Ferd setzen.« Die brillte bloß immer: »Reiten, reiten!« Nu setzt' a sich halt uf sein'n großen Brabanter, ich mußt'n 's Mädel geruhig rufreechen. Darnach sagt' er hadje und ritt los.

FRAU HENSCHEL. Und Vater hat sich das lassen bieten?

WALTHER. Was wollt' er'n machen? Da hätte ja dreiste ganz Quolsdorf kenn'n anricken. Was Henschel amal in a Händen hat... das wollt' ich keen'n Menschen nich raten dahier! Da getraut sich ooch keener im ganzen Kreese, im beesen mit Henscheln anzubinden. Der Vater wußt' ja nich, was'n geschah. Uf eemal brillt' a ja dann ganz erbärmlich und schrie und fluchte ja mehr wie genung. De Leute lachten. Sie kannten doch Henscheln. Aber der meente bloß ganz geruhig: »Leb gesund, Vater Schäl, ich nehm' se mitte. De Mutter daheem wart't schonn druf. Heer uf zu saufen«, sagt a'n noch, da werd auch für Vatern bei euch noch a Platz wern.

GEORGE. Adje, ich wer lieber morgen mal vorsprechen. *George ab.*

FRAU HENSCHEL. Und da denkt a, ich sollte se hierbehalten? Und nie und nimmer werd das geschehn. Das is nich mei Kind. Wie soll ich jetze dastehn vor a Leuten? Erst in Quolsdorf, hernach hier. Hat man sich etwa nich genug geschind't! Tag und Nacht, mecht' man sprechen, mit Gusteln. Nu kennte die Schinderei wieder anfangen. Das wär' aso was! A soll sich in acht nehmen.

Henschel, ebenfalls in Pelzjacke, Schaftstiefeln, Jagdstrümpfen und Lederhosen usw., wie er vom Pferde gestiegen, erscheint in der Mitteltür. Er führt ein sechsjähriges Mädchen, welches sehr schmutzig und zerlumpt angezogen ist, herein.

HENSCHEL, *halb fröhlich mit Bezug auf Hannes letzte Worte.* Wer soll sich in acht nehmen?

FRAU HENSCHEL. – Oh, ich weeß nich.

HENSCHEL. Sieh amal, Hanne, wer hier kommt! *Zu dem Mädchen.* Geh amal, Berthel! und sag gu'n Abend. Geh ock und sag's! Sag: Gu'n Abend, Mutter!

Berthel geht, nachdem sie sich schwer von Henschel losgemacht, welcher sie durch einige freundliche Schubse vorwärtsbringt, quer durch das Zimmer auf Hanne zu, die in der Haltung einer Schmollenden auf der Ofenbank sitzt.

FRAU HENSCHEL, *als das Kind ratlos vor ihr steht.* Was willst denn du hier?

BERTHEL. Ich bin geritten uf an scheen Ferdel.

Henschel und Walther lachen herzlich.

HENSCHEL. Nu also: da wern mer se hierbehalten! – Gu'n Abend, Hanne! – Nu? Biste verbost?

FRAU HENSCHEL. Du sagtest doch, du wollt'st erschte am Montag heemkommen. Jetze hab' ich reen nischte zum Abendessen.

HENSCHEL. A Sticke Brot und Speck werd woll da sein. *Er hängt die Mütze auf.*

FRAU HENSCHEL *reißt unsanft an der kleinen Bertha herum.* Wie siehst'n du aus?

HENSCHEL. – Du werscht'r bald missen was koofen zum Anziehn. Se hat bald gar nischte mehr uf'n Leibel. 's war gutt, daß ich tichtig Decken mithatte, sonste wär se mer vollens erstarrt hierieber. *Nachdem er die Pelzjacke aufgehangen, sich die Hände gewärmt usw. usw.* Am besten nein in a Waschtrog mit'r.

FRAU HENSCHEL, *unwillkürlich.* Am besten, du hätt'st se gelassen, wo se war.

HENSCHEL. Was sagste?

FRAU HENSCHEL. Nischte.

HENSCHEL. Ich dachte, du sagst was. – Immer nein in a Waschtrog, hernach ins Bette. A Kopp, den kannst'r ooch a bissel absuchen. Ich gloobe immer, 's hat Einquartierung. *Berthel heult.* Was is denn? Zerr se ock nich aso.

FRAU HENSCHEL. O plärr nich, Mädel, das fehlte noch.

HENSCHEL. Du mußt a bissel freindlich mit'r sein. Das Mädel is dankbar fer jedes Wort. Sei stille, Berthel, sei stille!

BERTHEL. Ich will zu Vatern.

HENSCHEL. Du bist ja bei Muttern. Mutter is gutt. – Ich bin sehr zufriede, daß mer se dahaben; 's war heechste Zeit. Sonste hätt' ich se kenn'n uf'n Kirchhofe suchen.

FRAU HENSCHEL. Das is nich halb aso schlimm, wie du's machst.

HENSCHEL, *stutzig, doch gütig.* Was heeßt denn das?

Pause.

WALTHER. Jetze lebt mer gesund, ich mach' mich davon.

HENSCHEL. Nee, wart ock, mer trinken erscht a Glas Grog.

FRAU HENSCHEL. Ja, ja, wenn bloß Rum im Hause wär'.

HENSCHEL. Du kannst'n doch holn bei Wermelskirchen.

FRAU HENSCHEL. Ich will mit den Leuten nischt nich zu tun haben.

WALTHER. Nee, nee, ich muß heem. Ich hab' keene Zeit. Ich hab' noch an halbe Stunde zu traben. *Zu Hanne.* Ich wer der beileibe nich zur Last liegen.

FRAU HENSCHEL. Wer hat denn dadavon gered't?

WALTHER, *launisch.* Nischte! Ich wollte auch gar nischt gesagt haben. Gott soll mich bewahrn! Ich lass' mich nich ein. Mit dir is a beeses Kirschenessen. Hadje, lebt gesund!

HENSCHEL. Leb gesund! – An scheen'n Gruß fer dei Weib, verstanden?

WALTHER, *schon von außen.* 's gutt! Gu'n Abend! Ich wersch nich vergessen. *Walther ab.*

HENSCHEL. Nu? Hab' ich's nu etwa nich recht gemacht?

FRAU HENSCHEL. Was soll ich denn zu a Leuten sagen?

HENSCHEL. – – – Du werscht dich doch deiner Tochter nich schämen!

FRAU HENSCHEL. – Wer sagt denn das, hä? – Mir is das egal! – Du willst's ja nich andersch, wenn se mich schlechtmachen. Du stellst's ja druf an! *Zu dem Kinde, barsch.* Dahier, trink Milch! Hernach fort und schlafen mit dir. *Berthel trinkt.*

HENSCHEL. Werscht du das dahier aso weitertreiben?

FRAU HENSCHEL. Was treib' ich denn Beeses?

HENSCHEL. Halt mit dem Mädel.

FRAU HENSCHEL. Die wer ich nich fressen, beileibe nich! *Sie bringt das still weinende Kind in die Kammer, zu Bett.*

HENSCHEL, *hinter ihr dreinsprechend.* Zum Fressen is se ja auch nich da. Da hätt' ich se nich erscht brauchen mitbringen. *Kleine Pause. Hanne kommt allein wieder.* Wenn man's bloß wißte, wie man's euch recht macht. 's is eemal keen Auskommen mit euch Frauvelkern. Du hast dich doch immer aso gestellt...

FRAU HENSCHEL, *boshaft weinerlich.* Das is an Liege, wenn de's willst wissen.

HENSCHEL. Was wär' an Liege?

FRAU HENSCHEL, *wie oben.* Ich bin dir mit Bertheln niemals gekommen. Kaum daß ich dir eemal hab' von ihr gered't!

HENSCHEL. Das sag' ich ja nich. Was brillst'n aso! – Drum ebens, weil de nischt hast gesagt, da wollt' ich der weghelfen über dei Schweigen.

FRAU HENSCHEL. Kannst du nich fragen? – Ma fragt doch, eh man aso was anstellt.

HENSCHEL. Nu wer ich der was sagen: 's is heute Sonnabend. Ich hab' mich gesput't aso viel, wie ich konnte, bloß daß ich und wollte daheeme sein. Ich dachte, du werscht mich andersch empfangen. Nu, wenn's halt nich is, da kann ich's nich ändern. Bloß laß mir mein'n Frieden. Haste geheert!

FRAU HENSCHEL. Den raubt dir kee Mensch nich.

HENSCHEL. Haste geheert? Ich will mein Frieden und weiter nischt. So weit hast du's richtig gebracht. Ich hab' mer nischt Beeses dabei gedacht. Gustel is tot. Die kommt nich mehr wieder. Die hat sich de Mutter auch noch geholt; 's Bett is leer; mer sein alleene. Warum sollten mir uns des Mädels nich annehmen? Ich denke aso und bin nich sei Vater. Um wieviel mehr sollt'st du so denken, da du doch Mutter bist zu dem Kinde.

FRAU HENSCHEL. Da haste's! Nu werd's een'n schonn vorgeschmissen.

HENSCHEL. Wenn de nich ufheerst, geh' ich avor zu Wermelskirchen und komme die ganze Nacht nich heem. Du willst mich woll gar aus'm Hause treiben? – Ich denk' immer, 's werd amal andersch wern, aber's wird bloß immer schlimmer. Ich dachte, wenn de dei Mädel werscht haben, da werscht du a bissel zu Verstande kommen. Wenn das nich bald a Ende nimmt...

FRAU HENSCHEL. Aso viel sag' ich: bleibt se im Hause und

sagst du a Leuten, das wär' mei Mädel...

HENSCHEL. Sie wissen's ja alle! Was soll ich denn sagen?

FRAU HENSCHEL. Da kannste druf rechnen: ich laufe fort.

HENSCHEL. Lauf, lauf, was de kannst, aso viel, wie de willst. – Du sollst dich schämen, aso lang wie de bist!!

VIERTER AKT

Die Schenkstube von Wermelskirch. Ein flaches, weißgetünchtes Zimmer; links eine ins Hausinnere führende Tür. Die Rückwand, von links nach rechts, bildet in der Mitte des Raumes eine Ecke und setzt sich rechtwinklig in den Hintergrund fort. So entsteht ein zweiter gangartiger Raum mit einer weit zurückgelegenen Hinterwand. Die rechte Seitenwand dieses Raumes, welche zugleich die des Vorderraumes ist, hat eine Glastür ins Freie und mehr nach vorn ein Fenster. – An der Rückwand vorn links ist das Schenksims etabliert mit vierkantigen Schnapsflaschen, dem Bierapparat, Gläsern etc. etc. Hellpolierte Kirschbaummöbel, Tische und Stühle, sind aufgestellt. Ein roter Vorhang trennt den Querraum von dem dahinter sich anschließenden Längsraum. In diesem ebenfalls viele Tische und Stühle; ganz hinten ein Billard. Öldrucke, meist Jagdszenen darstellend, sind aufgehängt. Wermelskirch, im Schlafrock und mit langer Pfeife, sitzt und spielt das Pianino, welches links an der Wand steht. Drei freiwillige Ortsfeuerwehrmänner spielen Billard. Vorn rechts brütet Hauffe über einem Schnapsglase; er ist merklich herabgekommen. Frau Wermelskirch, eine zigeunerhaft schmudelige Alte, wäscht Gläser hinter dem Schenksims. Franziska hockt auf dem Fensterbrett rechts und spielt mit einem Kätzchen. Kellner George steht bei seinem Glas Bier vor dem Schenktisch; er trägt elegantes Frühjahrskostüm, Lackschuhe, Glacés und hat den Zylinder auf dem Kopf.

WERMELSKIRCH *spielt und singt.*

Als ich einst Prinz war von Arkadien,
lebt' ich in Reichtum, Gut und Geld.

GEORGE, *der die Tanzbewegungen dazu gemacht hat.* Na! immer weiter im Texte.

WERMELSKIRCH, *künstlich hustend.* Geht nicht! – Stockheiser! – Na, überhaupt...! – Nochmal anfangen!

Als ich einst Prinz...

Hustend.

Als ich einst Prinz war von Arkadien,
lebt' ich in Reich... lebt' ich in Reich...

I, hol's der Teufel!

GEORGE. Immer weiter im Texte! Das war doch ganz richt'ch! Das war doch ganz scheene!

WERMELSKIRCH. Ich wer euch was husten! 's geht eben nicht mehr.

GEORGE. Das begreif' ich doch nich. Das is doch die scheenste Kammermusik.

WERMELSKIRCH. Kammerjägermusik!

GEORGE. Meinswegen ooch. Den Unterschied kenn' ich ja so genau nich. Nu, Freilein Franziska, was lachen Sie denn?

FRANZISKA. Weil Sie so schöne Lackschuhe anhaben!

GEORGE. Nu allemal. Ich kann doch nich barfuß gehn. Geben Sie dem Manne ooch'n Glas Bier. Wie wärsch mit'n Gläschen Danziger Goldwasser, Freilein Franziska? Ei ja, meine Lackschuhe, die sind scheene. Kosten mich ooch vier harte Taler. Nu, man kann's ja haben. Man kann sich's ja leisten. Im »Schwert«, da verdient man doch wenigstens was. Freilich, wie ich im »Stern« drieben war, da hätt' ich mer freilich keene Lackschuh nich kenn beschaffen.

WERMELSKIRCH. Gefällt's Ihnen also besser im »Schwert«?

GEORGE. Nu allemal! So'n gemietlichen Chef, wie ich'n jetzt haben tu', hab' ich nich gehabt, solange wie ich in meinen Medjeh drinne bin. Mir stehn Ihnen ja wie zwee Freinde mitnander, wie zwee Brieder, mecht'ch sprechen; zu dem kennt' ich du sagen.

WERMELSKIRCH. Das ging nu mit Siebenhaar freilich nicht. *Franziska lacht heraus.*

GEORGE. Nu sehn Se's: Hochmut kommt vor dem Fall. Vierzehn Tage – drei Wochen, da is Auktion, da kann ich mer seine goldene Uhr koofen.

WERMELSKIRCH. Kaufen Sie doch das ganze Haus.

GEORGE. Einstweilen noch nich; so was muß man abwarten, und's is ja ooch schon verkooft, außerdem prost, meine Herrn – Wohl, meine Herren! Nämlich wenn's alle is, gibt's 'n noch mehr. – Der Käufer heeßt Exner? Was? Der's gekooft hat? A wird ja bloß Brunn fillen und versenden; das Gasthaus will ä ja woll verpachten. – Ich tät's gleich pachten, wenn ich's Geld hätte.

HAUFFE. Gehn S'ock zu Henscheln, der werd's Ihn schonn geben.

GEORGE. I, wissen Se was, das wär' gar nich so unmeeglich.

HAUFFE. Nee, nee, Sie stehn ja sehr gutt mit der Frau. *Franziska lacht heraus.*

GEORGE. Nu warum ooch nich? Die Frau is gar nich so iebel, heern Se! Wersch weeß, wie's gemacht wird, kann ich Ihn sagen, dem fressen de Weiber aus der Hand.

HAUFFE. Nu, wenn Sie und haben das aso weit gebracht, daß de Henscheln und tut Ihn aus der Hand fressen, da missen Sie Ihre Sache verstehn.

Fabig kommt, den Zugstrick um die Schultern. Er setzt sich bescheiden in eine Ecke.

GEORGE. Da sehn S' es, das is ja doch, was ich sage! Das kann mer so bald kee andrer nich nachmachen; wer da nich ganz uf'm Posten is, der kann Ihn die scheenste Keile besehn.

WERMELSKIRCH. Na, 's is ja noch nicht aller Tage Abend. *Siebenhaar tritt ein von links.* Wo Henschel hinhaut, wächst auch kee Gras. Ergebener Diener, Herr Siebenhaar.

SIEBENHAAR, *etwas blaß.* Guten Morgen!

GEORGE. Ich wer mal'n bißchen zum Billard gehn. *Er nimmt sein Bier und verschwindet in die hintere Abteilung.*

SIEBENHAAR, *sich an dem Tische nächst dem Klavier niederlassend.* Sie haben doch eben gesungen, Herr Wermelskirch. Lassen Sie sich nicht stören, bitte.

WERMELSKIRCH. – Wie? Ich? Gesungen? Das ist wohl nicht möglich! Ja, wissen Sie, ich bin tief gerührt. Wenn Sie es sagen, dann muß es wohl wahr sein. Erlauben Sie, daß ich mich zu Ihnen setze? Bring mir auch eine Grätzer, Franziska!

SIEBENHAAR. Na, wenn man bedenkt: vor drei, vier Jahren, damals waren Sie doch absolut stockheiser, da haben Sie sich doch sehr erholt.

WERMELSKIRCH. Was nutzt mir das alles, Sie haben ja recht. Halbwegs hat man sich nu wieder raufgekrabbelt, aber jetzt: wer weiß, was nu wieder wird.

FRANZISKA *stellt die Grätzer vor Siebenhaar; zu Wermelskirch.* Ich bringe deins auch gleich.

SIEBENHAAR, *nachdem er getrunken.* Was soll denn werden, was meinen Sie denn?

WERMELSKIRCH. Ich kann ja nicht recht was Bestimmtes sagen, ich weiß ja nicht recht, aber sehen Sie, es juckt mich in allen Knochen. Ich glaube, wir kriegen ander Wetter. Ohne Spaß, ich habe so allerhand Merkmale, alte Komödiantenroutine. Damals wußte ich, als mir der Brunnen so guttat: hier bringen mich keine zehn Pferde weg, und richtig, keine vier Wochen vergingen, da war meine Schmiere aufgelöst. Jetzt werde ich wohl den verdammten Karren doch wieder weiterschieben müssen. Wer weiß, wohin?

SIEBENHAAR. Wer weiß, wohin! So geht's in der Welt. Ich, meinesteils, bin ganz froh darüber!

WERMELSKIRCH. Sie stehen auch noch in den besten Jahren. Ein Mann wie Sie findet überall seinen Platz in der Welt. Mit mir altem Hunde ist das was ganz andres. Wenn ich mein bißchen tägliches Brot hier verliere, ich meine, wenn ich die Kündigung kriege, was bleibt mir dann übrig, möcht' ich bloß wissen? Ich müßte mir grade 'ne Drehorgel zulegen. Franziska könnte ja sammeln gehn.

FRANZISKA. Da würde ich mich gar nicht genieren, Papa.

WERMELSKIRCH. Das glaube ich, wenn's nämlich Dukaten schneite.

FRANZISKA. Aber nein, Papa, wie du immer redest, du könntest doch wieder zur Bühne gehen.

WERMELSKIRCH. Nicht mal ins Affentheater, mein Kindchen.

SIEBENHAAR. Hat Ihnen Herr Exner was angedeutet? Er wollte doch alles, wie er mir sagte, im großen ganzen beim alten lassen!

WERMELSKIRCH. Zum großen ganzen gehör' ich wohl nicht!

FRAU WERMELSKIRCH *kommt in großer Aufregung an den Tisch.* Herr Siebenhaar, ich muß Ihnen sagen. Sie können mir glauben, Herr Siebenhaar. Ich bin eine alte fünfzigjährige Frau, ich habe schon manches, wahrhaftig, erlebt, aber wie man uns hier so hat mitgespielt – nein, wirklich, das ist ja... da weiß ich schon gar nicht... das ist ja die purste, reine Gemeinheit, die purste, nichtswürdigste Bosheit ist das, die reinste Niedertracht, könn'n Sie mir glauben.

WERMELSKIRCH. I, Mutter, fang du mir auch noch an! Mach mal und zieh dich gefälligst zurück, sei so gut, hinter deine Verschanzung!

FRAU WERMELSKIRCH. Was hat unser Fränzchen diesem nichtswürdigen Weibsbild getan?

FRANZISKA. Ach laß doch, Mama!

FRAU WERMELSKIRCH. Im Gegenteil. Sollen wir denn auch alles ertragen? Soll man sich gar nicht dagegen wehren, wenn sie einen ums Brot bringt? Wenn sie Sachen ausstreut von unsrer Tochter? *Zu Siebenhaar.* Ist Ihnen das Kind je zu nahe getreten?

WERMELSKIRCH. Mama, Mama! Jetzt komm mal, Mama! So! Ruh dich mal aus! Die Stelle ist schon ganz hübsch gegangen. Heut abend repetieren wir wieder. *Er führt sie hinter das Schenksims, wo man sie noch ein Weilchen schluchzen hört.*

WERMELSKIRCH, *der wieder Platz nimmt.* Im Grunde genommen hat sie ja recht. Ich habe auch schon so munkeln gehört, daß Henschel die Schenkstube pachten wird. Da steckt natürlich die Frau dahinter.

HAUFFE. Wer soll denn sonste dahinterstecken? Wo's bloß an Stänkerei gibt irgend im Dorfe, da braucht eens gar nich erscht weiter zu fragen. De Henscheln hat eemal a Teifel im Leibe.

FABIG. Und uf de Schenkstube spitzt se schon lange.

SIEBENHAAR, *zu Hauffe.* Hauffe, man sieht Sie ja gar nicht mehr. Wo sind Sie denn eigentlich hingeraten?

HAUFFE. Wo wer ich ooch hingeraten sein? Ins Unglicke bin ich halt neingeraten, und der mich hat neingestoßen dahier, das war auch das sackermenschte Weibsbild. Nu wer denn sonste, mecht' ich bloß wissen? Mit Henscheln hab' ich doch nie nischt gehabt.

FABIG. Sei Weib hat ebens die Hosen an.

HAUFFE. Ich bin er nich mehr gefirre genug. Der Jingste is man ja freilich nich mehr. Um de Schirzenbändel wer ich er auch nich mehr gehn, und das ebens will se, das muß man kenn'n. Die is aso hitzig, mecht' man sprechen... die kriegt nie genug. – Derwegen aber: arbeiten kann ich. Die jungen Kerle, die se sich anschafft, die sein doch aso stinkmadig faul, die arbeit' ich noch dreimal in a Sack.

SIEBENHAAR. Der alte Henschel kann einem leid tun!

HAUFFE. Is a's zufriede, was geht's mich an! Aber daß ich steif uf de Knochen bin, das sollt' a wissen, woher das kommt. Mit Faulenzen bin ich's nich geworn; und wenn a heute und hat a Kasten voll Geld dahier, a gutt Teel hab' ich'm miterschind't.

SIEBENHAAR. Ich kann mich ja noch ganz gut erinnern, Sie haben doch schon bei Wilhelm Henschels Vater gedient.

HAUFFE. Nu was denn sonste! 's is auch nich andersch. Und Wilhelms Ferde hab' ich gefittert bei achtzehn Jahre dahier und drieber. Hab' eingespannt und hab' ausgespannt, hab' wintersch und summersch Reesen gemacht. Bin nach Freiburg gefahren und nach Breslau gefahren, bis nuf nach Bromberg hab' ich mußt kutschen. Manch liebe Nacht hab' ich missen im Wagen schlafen. Ohren und Hände sein mer verfroren, Frostbeulen hab' ich an beeden Fießen aso groß wie Birnen. Jetze jagt er mich fort, jetze kann ich gehn.

FABIG. Das is alles bloß de Henscheln. Er selber is gutt.

HAUFFE. Was hat a sich mit dem Weibe behängt! Jetze kann a sehn, wie a fertig wird. A konnte's ja kaum erwarten dahier. De Henscheln war ja kaum richtig kalt, da lief a doch schonn, mit der neuen Hochzeit machen.

SIEBENHAAR. Man hat sie ja eben nicht so gekannt.

FABIG. Ich kannt' se genau. Ojemersch nee. Hätt' er mich gefragt, ich hätt's 'm gesagt. Wenn er Gusteln wollte der Mutter nachschicken, da gab's gar kee besseres Mittel dafier; er mußt'r die Hanne zur Stiefmutter geben.

HAUFFE. Ja, ja – nee nee, ich sag' weiter gar nischt. Da hat schon manch eener a Kopp geschittelt. Aber das kommt'm noch amal heem. Dazumal haben sich de Leute gewundert, heute traun s' 'm 's Schlimmste zu.

SIEBENHAAR. Das ist jedenfalls bloß Klatsch und Tratsch!

Pferdehändler Walther tritt ein, Schaftstiefel, Jagdjoppe, Mütze und Peitsche. Er setzt sich an einen der Tische und macht Zeichen zu Franziska, die ihm bald Bier bringt.

HAUFFE. Das sagen Sie aso, wer weeß, ob's wahr is. Wenn aber die Toten wiederkämen und täten sprechen: de alte Henscheln kennte woll was erzählen dahier. Die konnte nich leben, die wollte nich leben. Und was 's Haupt is: die sollte nich leben.

SIEBENHAAR. Hauffe, nehmen Sie sich in Obacht. Wenn Henschel mal von der Sache Wind kriegt...

HAUFFE. Da brauch' ich mich gar nich in Obacht nehmen. Das sag' ich an jeden ins Gesichte. Die alte Henscheln hat missen sterben. Ob s' sie vergift't haben, das weeß ich ja nich, dabei bin ich ja nich gewest. Mit richt'gen Dingen is das nie und nimmermehr zugegangen. Die Frau war gesund, die hätte noch kenn dreißig Jahre leben!

Siebenhaar trinkt aus und steht auf.

WALTHER. Daß die gesund war, das kann ich bezeugen. Meine Schwester wer ich woll kenn am Ende. Die war im Wege, da mußt' se abschieben.

Siebenhaar geht ruhig hinaus.

WERMELSKIRCH. Meine Herren, vielleicht eine Prise gefällig? *Gedämpft, vertraulich.* Meine Herren, Sie gehen doch, scheint mir, zu weit. Sehn Sie sich den Mann mal an. Gestern, spät am Abend, saß er noch hier. Der Mann hat so tief geseufzt, sage ich Ihnen – – – es war weiter niemand im Lokal – es ist mir ordentlich nahegegangen.

HAUFFE. 's beese Gewissen plagt'n halt.

WALTHER. Oh, laßt mich bloß mit den Henschel zufriede. Er kommt mer schon oben zum Halse raus. Mir beede sein lange fertig mitnander.

WERMELSKIRCH. Ach nein, Herr Siebenhaar hat schon recht, es muß einem leid tun um den Mann.

WALTHER. Das kann a halt'n, wie a will, meinswegen. Aber was ich von Henscheln zu denken hab'...: da braucht mir kee Mensch nischte mehr zu sagen.

Henschel und der Schmiedemeister Hildebrant treten von rechts ein. Henschel hat die kleine Bertha, sauberer gekleidet als früher, auf dem Arm. Es entsteht eine kleine Pause der Betretenheit unter den Anwesenden.

WERMELSKIRCH. Schön willkommen, Herr Henschel!

HENSCHEL. Guten Morgen mitnander!

FRANZISKA. Nu, Berthel, wie geht's?

HENSCHEL. Sprich: Sein Se bedankt! Na, kannste nich sprechen? 's geht ja, man muß ja zufriede sein. Guten Morgen, Schwager. *Er reicht Walther lässig die Hand, die die dieser ebenso ergreift.* Wie geht's – wie steht's?

WALTHER. Wie soll mir's gehn? Wenn's besser wär', schad't's nischt! Du bist ja die reene Kinderfrau.

HENSCHEL. Ja, ja, 's is wahr, 's is bald nich andersch.

WALTHER. Man sieht dich ja bald nich mehr ohne das Mädel. Kannste se nich bei der Mutter lassen?

HENSCHEL. Die muß bloß immer scheuern und schaffen. Da is'r das Dingel bloß im Wege. *Er setzt sich auf die Wandbank neben dem Schenksims, unweit seines Schwagers, das Kind auf dem Schoß. Ihm gegenüber nimmt Hildebrant Platz.* Wie steht's, Meester Hildebrant, was wern mer'n trinken? An Kuffe Bier hab'n mer, denk' ich, verdient. Zwee Kuffen Bier und zwee Gläsel Korn!

HILDEBRANT. Das Aas hat mich richtig ufgeschlagen!

HENSCHEL. 's reene Fillen und hat solche Kräfte, und alle vier Eisen hintereinander. – Guden Morgen, Hauffe.

HAUFFE. – Morgen! –

HENSCHEL. – – – A is a bissel brummig. Lassen mer'n zufriede.

FABIG. Herr Henschel, koofen Se mir was ab. A Nadelbichsel vielleicht fier de Frau, a hibsch Kämmel vielleicht, ins Haar zu stecken! *Die Anwesenden lachen.* Der Schorsch, der Kellner, hat auch eens gekooft.

HENSCHEL, *der gutmütig mitlacht.* Oh, laß du mich mit dem Krame in Frieden! *Zu Wermelskirch.* Geben S'n ock ooch ane Kuffe Bier! – A putziges Männel, wo is'n der her?

HILDEBRANT. Das is doch, denk' ich, der Fabig von Quolsdorf. 's nischnitzigste Luder im ganzen Kreese.

HENSCHEL. Da hätt' ich ja auch a klee Pflänzel von Quolsdorf.

FABIG, *zu Bertha.* Mir sein doch ooch gute Bekannte, nich wahr?

BERTHA, *zu Fabig.* Zuckernissel will ich doch haben!

FABIG. Nee... die weeß schonn, wer ich bin. Ich will amal suchen, ob ich was finde!

BERTHA. Draußen, im Wagen!

FABIG. Nee, hier, in der Tasche. *Er gibt dem Kinde Zuckerzeug.* Nu siehste's, Mädel, du kommst aus a Wirtshäusern eemal nich raus. Dazumal nahm dich der Großvater mit, heute mußte mit Henschel Wilhelm rumziehn.

HENSCHEL. Sprich: Kimmer du dich um dei altes Gelumpe. Fier mich is gesorgt. Immer mach und sag's'n!

George kommt lebhaft aus dem Billardzimmer.

GEORGE, *ohne Henschel zu bemerken.* Das hätt' ich doch nimmermehr nich gegloobt, der Kerl frißt je Glos wie nischt Guts, wahrhaft'ch. Immer ran an de Kreide, Freilein Franziska; eene Lage Bier, mir sind fünf Mann!

FRANZISKA *hat Bertha auf den Arm genommen. Sie geht mit dem Kinde hinter das Schenksims.* Berthchen erlaubt's nicht, ich kann jetzt nicht.

GEORGE. Weeß Gott, Meester Henschel, da sind Sie ja ooch!

HENSCHEL, *ohne George zu beachten, zu Hildebrant.* Sollst leben, Hildebrant! *Sie stoßen an und trinken.*

FABIG, *zu George, welcher ein wenig betreten an einem der Tische seine Zigarre ansteckt.* Sag'n S' ock, Herr Schorsch, Sie kenn'n woll hexen?

GEORGE. Nu allemal! Weshalb meen Se denn?

FABIG. Sie waren ja verschwunden vorhin wie a Licht.

GEORGE. Nu eben, was soll man sich denn erst einlassen, ich begeh' mich mit Siebenhaar eemal nich.

FABIG, *mit Ohrfeigengeste.* De Leute sagen, 's hätt' eingeschlagen. *Im Vorübergehen zu Hauffe.* Du hast woll's Große Los gewonnen?

HAUFFE. Mogote, verfluchter.

Lachen.

FABIG. Ja, ja, ich bin auch eener.

HENSCHEL. Is wahr, du bist jetze bei Nentwichen unten?

HAUFFE. – Was geht'n das dich an?

HENSCHEL, *lachend und gleichmütig.* Nu seht ock den widerborschtigen Kerl! Er sticht wie a Igel, wo man 'n tut anfassen.

WALTHER. Na, nu werscht woll du bald hier unser Wirt sein?

HENSCHEL, *nachdem er ihn kurz befremdet angesehen.* – Dadavon is mir nischt nich bekannt!

WALTHER. Ich dachte. Ich weeß nich, wer mir's gleich sagte.

HENSCHEL, *nach einem Trunk, gleichgültig.* Der dir das sagte, der muß getraumt haben.

Pause.

HILDEBRANT. In dem Hause kommt alles jetze untereinander. Wer weeß, wie's werd! Und aso viel sag' ich: nach Siebenhaarn werd ihr alle noch seufzen!

HENSCHEL, *zu Hauffe.* Du kennt'st amal rieber nach Landshut fahren. Dort hab' ich zwee neue Kutschferde zu stehn. Hätt'st mer se kenn'n amal runterreiten.

HAUFFE. Ich wer der was sch...en, wer ich der was!

HENSCHEL, *lachend, doch gleichmütig.* Jetze kannst aber sitzen, biste werscht schwarz wern. Ich kimmere mich nich mehr aso viel um dich.

HAUFFE. Du hast auch vor deiner Tiere zu kehrn!

HENSCHEL. 's is gutt, 's is gutt, wir lassen's gutt sein!

HAUFFE. Du hast Unflat genug im eegnen Hause.

HENSCHEL. – Hauffe, ich sag' dersch, ich tu's nich gerne. Aber wenn de dahier an'n Krakeel willst anfangen, da sag' ich dersch bloß: da schmeiß' ich dich naus.

WERMELSKIRCH. Pst, Friede, Herrschaften! Friede! Friede!

HAUFFE. Du bist hier nich Wirt! Du kannst mich nich nausschmeißen. Du hast hier nich mehr zu sagen wie ich. Ich lass' mir von dir's Maul nich verbieten. Von dir nich und von deim Weibe nich, do meegt ihr schonn aushecken, was ihr wollt, ihr beede mitnander, dei Weib und du, das ficht mich ooch nich aso viel an!

Henschel, ohne sichtbare Aufregung, erfaßt Hauffe vorn an der Brust, steht auf, schiebt den nutzlos Widerstrebenden rückwärts zur Tür, wendet sich selbst kurz vorher, drückt mit der Linken die Klinke der Glastür hinunter und setzt Hauffe hinaus; gesprochen wird dabei folgendes.

HAUFFE. Ich sag' dersch: laß los; laß los, sag' ich bloß!

WERMELSKIRCH. Herr Henschel, das geht nicht, das kann ich nicht zugeben.

HENSCHEL. Ich hab' dersch gesagt. Jetze is nischt zu machen!

HAUFFE. Was? willst du mich wirgen? Sollst loslassen, sag' ich! Du bist hier nich Wirt.

FRAU WERMELSKIRCH, *über das Schenksims*. Was soll denn das heißen?. Das geht doch nicht, Ludwig! Das darfst du dir doch nicht gefallen lassen!

FABIG, *während Henschel mit Hauffe schon nahe der Tür im Seitenraum ist*. Das lassen Se gutt sein, da is nischt zu machen. Der Mann, der is wie a Anthelet. Der beißt in de Tischkante beißt a nein und hebt a Tisch mit a Zähn'n in de Heeh', da fällt auch noch nich a Schnapsgläsel um. Den braucht's bloß einfallen, kann ich Ihn sagen, da liegen mir alle mitnander draußen.

Hauffe ist hinausgeworfen, Henschel kommt zurück.

HENSCHEL, *sich bei allgemeiner Stille niedersetzend*. A läßt eemal keene Ruhe, der Kropp.

ERSTER FEUERWEHRMANN, *welcher, aus dem Billardzimmer hereingekommen, am Schenksims einen Schnaps getrunken hat*. Ich mechte bezahln! 's is besser, man geht. Uf de Letzte fliegt man sonste auch noch naus.

WERMELSKIRCH. I, noch'n Glas Bier! Das fehlte noch grade. Am Ende bin ich doch einstweilen noch da!

WALTHER. Wenn du's aso machst, Henschel Wilhelm, wenn de werscht hinterm Schenksims stehn und werscht hier statts Wermelskirchen der Wirt sein, das kann ich der sagen: viel Gäste werschte aso nich erhalten.

HENSCHEL. Uf solche Gäste kommt's auch nich an.

WALTHER. Aussuchen werschte se halt nich kenn'n. Hauffe zahlt auch nich mit falschem Gelde.

HENSCHEL. Vor mir mag a zahln, mit was a will! Aber jetze sag' ich dersch noch amal: komm mer nich wieder mit der Geschichte. Ich iebernehme die Wirtschaft nich. Wenn ich se tät' iebernehmen dahier: ich mißt's doch am allererschten wissen. Nu also! Koof ich amal an Wirtschaft, da wer ich der's sagen. Hernach kannste mer auch an'n Rat geben; und wenn dersch nich paßt und du kommst nich zu mir, nu jemersch, da mußte's halt bleibenlassen, Schwager.

Der Feuerwehrmann, heftig die Türe zuschlagend, ab.

WALTHER. Man mechte woll auch gehn...! *Er macht Anstalten zu zahlen.*

WERMELSKIRCH. Herr Henschel, das ist doch aber nicht recht, Sie treiben mir ja meine Gäste fort!

HENSCHEL. Nu aber, ihr Leute! Jetzt sagt mir amal, wenn der jetze fortlooft, was geht'n das mich an? Vor mir kann a hocken bis morgen frieh!

WALTHER *steckt das Geld wieder ein, in steigender Heftigkeit.* Du hast hier keen'n Menschen nauszuschmeißen. Du bist hier der Wirt nich!

HENSCHEL. – Weeßt du etwa noch was?

WALTHER. Man weeß gar manches, man schweigt bloß lieber. Beese Geschichten! Wermelskirch weeß das am allerbesten.

WERMELSKIRCH. Wieso denn ich? Aber hören Sie mal an...

HENSCHEL, *gesammelt und fest.* Was wissen Sie, hä? Immer raus mit der Sprache! – Der eene weeß das, und der andre weeß jenes. Damit wissen se beede an'n Dreck.

Pause.

WALTHER, *in veränderter Tonart.* Wenn du bloß und wärscht noch der alte wie frieher; aber wer weeß, was in dich gefahren is. Dazumal hast du doch dagestanden: de Leute kamen von weit und breit und holten bei Henschel Wilhelm Rat. Und was der sagte, das war, mecht' ma sprechen, wie a Gesetze, das stand, kann man sagen. Wie Amen in der Kirche war das. Jetze is gar kee Auskommen mehr mit dir.

HENSCHEL. Immer weiter im Texte.

WALTHER. Nu ebens, das werscht du woll selber merken. Frieher, da hatt'st du bloß Freinde, heute, da kommt kee Mensch mehr zu dir, und wenn se und wollten auch zu dir kommen, da bleiben se wegen dem Weibe weg. Zwanzig Jahre hat euch der Hauffe gedient, uf eemal paßt a dem Weib nich mehr, und du, du nimmst'n bei der Krawatte und schmeißt'n naus! Was is denn das? Die braucht bloß winken, da springst du auch schonn, statts daß du und nimmst der an'n ticht'gen Strick und treibst'r die Mucken grindlich aus.

HENSCHEL. Wenn de nich stille bist, jetzt, uf der Stelle – da nehm' ich dich ooch noch bei der Krawatte.

GEORGE, *zu Henschel.* Meister Henschel, nur bloßig nich hinreißen lassen. Sehn Se, der Mann versteht's halt nich besser. *Schnell ab ins Billardzimmer.*

WALTHER. Jaja, das gloob' ich! Das bist du imstande; wenn eener kommt und sagt der de Wahrheit, der fliegt an de Wand. Aber so a Kerl, so a windiges Luder wie der Schorsch, der kann dich beliegen, Tag und Nacht. Dei Weib und der um die Wette dahier. Du willst belogen sein, da laß dich beliegen! Aber wenn de noch Augen im Koppe hast, da sperr se amal uf und sieh amal um dich, da sieh der den Kerl amal ord'ntlich an. Die betriegen dich ja am lichten Tage!

HENSCHEL *will auf ihn los, bezähmt sich.* Was hast du gesagt, hä –? Nischte! 's is gutt.

Pause.

FABIG. 's richtige Aprilwetter is das heute; bald scheint die Sonne, bald graupelt's wieder.

HAUFFES STIMME, *von außen.* Dir wer ich's heemzahlen, paß amal uf! Laß ock du's gutt sein! Wir sprechen uns wieder, uf'm Gerichte sprechen mir uns.

WALTHER *trinkt aus und steht auf.* Hadje, nischt fier ungutt.

HENSCHEL *legt seine linke Hand um Walthers Handgelenk.* Dableiben! Verstanden?!

WALTHER. Was soll ich denn noch?

HENSCHEL. Das werd sich schonn finden. Du bleibst, sag' ich bloß. *Zu Franziska.* Geh hinunter, mei Weib soll kommen.

Franziska ab.

WERMELSKIRCH. Aber lieber Herr Henschel, um Himmels willen, machen Sie hier doch keinen Skandal. Ich kriege die Polizei auf den Hals, ich...

HENSCHEL, *in furchtbar ausbrechender Wutraserei, blaurot im Gesicht.* Eher schlag' ich euch alle tot –!! Oder Hanne muß kommen, hierher uf der Stelle.

WALTHER, *in fassungsloser Bestürzung.* Willem, Willem, mach keene Tummheeten. Ich wollte ja gar nischt weiter gesagt haben. Wahrhaftig nich! – Und de Leute reden ja lauter Liegen.

HILDEBRANT. Willem, du bist ja a guter Kerl! Komm du ock wieder zu Verstande! Wie siehst denn du aus, hä? Sei ock verninftig! Du hast ja gebrillt! – Was hat's denn mit dir? – Das haben se geheert im ganzen Hause.

HENSCHEL. Das soll jetzt heern meinswegen, wer will; aber du bleibst hier, und Hanne kommt her.

WALTHER. Was wer ich ooch hierbleiben? Ich weeß nich, zu was! Deine Sachen, die gehn mich nischte nich an. Ich meng' mich nich nein, ich will mich nich neinmengen.

HENSCHEL. Hätt'st der das eher ieberlegt!

WALTHER. Was mir sonste noch haben, das kommt vors Gerichte; da wern mer ja sehen, wer recht behält. Ich wer zu mein'n Gelde schonn kommen dahier. Vielleicht ieberlegt sich's dei Weib doch a bissel, ob sie und tut an'n falschen Eid leisten. Das andere geht mich nischt nich an. Ich sag' dersch, laß los, ich hab' keene Zeit. Ich muß nach Hartau, ich kann nich mehr warten.

Siebenhaar kommt wieder.

SIEBENHAAR. Was ist denn passiert?

WERMELSKIRCH. Ja, mein Gott, ich weiß nicht! Ich weiß gar nicht, was Herr Henschel will.

HENSCHEL, *fortgesetzt Walthers Gelenk umklammert haltend.* Hanne soll kommen, weiter nischt.

FRAU WERMELSKIRCH, *zu Siebenhaar.* Die Leute trinken ganz ruhig ihr Bier, da kommt Herr Henschel und fängt hier Streit an, als ob er hier Herr im Hause wäre.

SIEBENHAAR, *abwehrend.* Pst, pst, schon gut. *Zu Henschel.* Henschel, was ist Ihnen denn begegnet?

HENSCHEL. Herr Siebenhaar, ich kann nich dafier. Ich kann nich dafier, daß das aso kommt. Da meegen Se denken, was Se wolln. Ich kann nich dafier, Herr Siebenhaar.

SIEBENHAAR. Aber Henschel, was glauben Sie denn von mir, ich kenne Sie doch als ruhigen Mann.

HENSCHEL. Ich bin schonn bei Ihren Herrn Vater gewest, und wenn's ooch zehntausendmal aso aussieht: ich kann nischt dafier, wie das aso kommt. Ich weeß selber nich, was ich verbrochen hab'! Ich bin niemals nich keen Krakeeler gewest. Aber jetze is 's aso geworn. Se kratzen und beißen mich alle mitnander. Der Mann hat Dinge gesagt uf mei Weib, die soll a beweisen, sonst: gnade Gott!

SIEBENHAAR. Ach lassen Sie doch die Leute schwatzen!

HENSCHEL. Beweise! Beweise! Sonst gnade Gott!

WALTHER. – Ich kann's beweisen, ich wersch beweisen. Da wern er nich viele sein in der Stube, die das nich wissen aso gutt wie ich. Dei Weib is eemal uf schlechten Wegen. Ich kann nischt dafier, ich hätt's nich gesagt, aber soll ich mich etwa lassen von dir ins Gesicht schlagen? Ich bin kee Liegner, ich red' immer die Wahrheet. Frag du meinswegen, wen de willst! Frag a Herr Siebenhaar ufs Gewissen. Die Sperlinge schrein's ja von allen Dächern und noch ganz andre Sachen dazu.

SIEBENHAAR. Überlegen Sie sich, was Sie reden, Walther!

WALTHER. A zwingt mich dazu, a soll mich losgeben. Weshalb soll ich denn leiden fer andre Menschen?! Sie wissen ja alles aso gutt wie ich. Wie haben Sie mit Henscheln frieher gestanden, da er und hatte de erschte Frau noch! Denken Sie etwa, man weeß das nich? Sie betreten ja seine Stube nich mehr.

SIEBENHAAR. Was wir beide haben, das sind Privatsachen. Ich verbitte mir jede Einmischung.

WALTHER. Aber wenn erscht die Frau stirbt und is ganz gesund, und acht Wochen darnach stirbt Gustel auch noch, da sein das, denk' ich, schonn mehr wie Privatsachen.

HENSCHEL. Was? – Hanne soll kommen!

Frau Henschel tritt schnell und plötzlich ein, wie sie von der Arbeit kommt, sie trocknet sich die Hände.

FRAU HENSCHEL. Was brillst'n aso?

HENSCHEL. – 's is gutt, daß de da bist! – Der Mann hier sagt...

FRAU HENSCHEL *will fort.* Verknuchte Tummheet!

HENSCHEL. Hier sollste bleiben!

FRAU HENSCHEL. – Ihr seid woll besoffen alle mitnander? Was fällt euch denn ein? Denkt ihr, ich wer euch an'n Affen abgeben? *Sie will fort.*

HENSCHEL. – Hanne, ich rat' dersch. Der Mann hier sagt...

FRAU HENSCHEL. Oh, vor mir mag er sagen, was er will.

HENSCHEL. ...daß du mich hinten und vorne betriegst.

FRAU HENSCHEL. Was? Was? Was? Was?

HENSCHEL. Ja? Darf a das ooch sagen? – Und daß mir... mei Weib...

FRAU HENSCHEL. – Ich? Liegen verdammte! *Sie schlägt sich die Schürze vor die Augen und rennt fort. Ab.*

HENSCHEL. Daß ich... mei Weib... daß wir mitnander... daß unser Gustel... 's is gutt! 's is gutt! *Er läßt Walthers Hand los und läßt röchelnd den Kopf auf den Tisch sinken.*

WALTHER. Ich wer mich hier lassen zum Liegner machen.

FÜNFTER AKT

Das gleiche Zimmer wie in den ersten drei Akten. Es ist Nacht, ziemlich heller Mondschein dringt durchs Fenster. Das Zimmer ist leer. Seit den Vorgängen im vierten Akt sind wenige Tage vergangen. – In der Kammer wird Licht gemacht; nach einigen Sekunden kommt Henschel, das Licht im Blechleuchter tragend, heraus. Er hat Lederhosen an, seine Füße stecken in Schlafschuhen. Langsam geht er bis an den Tisch, blickt unschlüssig zurück und nach dem Fenster, setzt hierauf das Licht auf den Tisch und nimmt selber am Fenster Platz. Hier stützt er das Kinn in die Hände und blickt in den Mond.

FRAU HENSCHEL, *unsichtbar, aus der Kammer, ruft.* Mann! Mann! Was machst'n da draußen? – Immer das Rumgealber dahier. *Sie guckt, spärlich angezogen, herein.* Wo bist'n? Komm schlafen! 's is nachtschlafne Zeit! Morgen, da kannste wieder nich fort! Da liegste wieder da wie a Sack, und im Hofe geht alles drunter und drieber. *Sie kommt ganz heraus, spärlich angezogen, wie sie ist, stutzig und ängstlich sich Henscheln nähernd.* Was machst'n du, hä?

HENSCHEL. – – Ich?

FRAU HENSCHEL. Was sitzt'n du da und sprichst kee Wort?

HENSCHEL. – Ich seh' mer die Wolken an!

FRAU HENSCHEL. Nee, nee, ihr Leute, 's is reen zum Verwirrtwern. Was hat's denn da oben, mecht' ich bloß wissen! Mit dem Gewirge jetzt, Nacht fer Nacht. Man hat ja in aller Welt keene Ruhe nich mehr. – Was siehst'n du immer? Da red ock a Wort.

HENSCHEL. – Da oben sein se.

FRAU HENSCHEL. Du traumst woll, hä? Du, Willem, wach uf! Leg dich ins Bette und schlaf dich aus! – Da oben sein Wolken und weiter gar nischt.

HENSCHEL. Wer Augen hat, der kann doch auch sehn –!?

FRAU HENSCHEL. Und wer de verwirrt is, verliert a Verstand.

HENSCHEL. Ich bin nich verwirrt.

FRAU HENSCHEL. Das sag' ich ja nich. Aber wenn de's aso treibst, kannste's noch wern. *Sie fröstelt, zieht eine Jacke an und schürt mit der Feuerkrücke die Asche im Ofen auf.*

HENSCHEL. Welche Zeit is denn?

FRAU HENSCHEL. A Viertel uf zwee.

HENSCHEL. – Du hast ja a Seeger umgehangen. – A hing doch sonst immer bei der Tiere.

FRAU HENSCHEL. Was werd bloß dir alles noch einfallen dahier. A hängt, wo a immer gehangen hat.

HENSCHEL *erhebt sich.* Ich wer amal niebergehn in a Stall.

FRAU HENSCHEL. Ich sag' dersch, geh schlafen; ich mach' sonste Lärm. Im Stalle hast du jetzt nischte zu suchen. Ins Bette geheerscht du nein bei der Nacht.

HENSCHEL *bleibt ruhig stehen und blickt Hanne an.* – Wo is denn Gustel? –

FRAU HENSCHEL. Was willst'n? Die liegt doch im Bette und schläft. Was du immer mit dem Mädel kommst! Der geht doch nischt ab. Ich tu'r doch nischt.

HENSCHEL. Der geht nischt ab. Die is schlafen gegangen. – Die hat sich beizeiten schlafen gelegt. De Gustel! Berthel meen' ich nich.

FRAU HENSCHEL *heult, stopft sich die Schürze in den Mund.* Ich laufe fort, ich bleib' nich mehr hier.

HENSCHEL. – Geh schlafen, geh! Ich komme nach. Das Flennen kann jetze weiter nischt helfen. Wer ebens dran schuld is, das weeß unser Herrgott. Du kannst nischt dafier. Du brauchst nich zu flenn'n. – Unser Herrgott und ich: mir beede, mir wissen's. *Er schließt die Tür ab.*

FRAU HENSCHEL *schließt hastig wieder auf.* Was schließt'n du zu, ich lass' mich nich einschließen!

HENSCHEL. – Ich weeß nich, warum ich hab' abgeschlossen.

FRAU HENSCHEL. De Leute, die haben dir a Kopp verdreht. Was die der haben in a Kopp gesetzt, das wern die missen amal verantworten. Ich hab' dei Mädel besorgt wie meis. Dadavon wär' se gewiß nich gestorben. Aber Tote kann ich nich uferwecken. Wenn eens soll sterben, da stirbt's halt dahier. Da is kee Halten nich, da muß a fort. An Gusteln is nie nich viel dran gewest, das weeßt du doch grad aso gutt wie ich. Was fragst'n da immer und siehst mich an, wie wenn ich wer weeß was mit'r gemacht hätte!

HENSCHEL, *mißtrauisch fragend.* – Das kann ja auch sein! Das is ja nich unmeeglich.

FRAU HENSCHEL, *außer sich.* Das hätt' mir solln eener sagen, dazumal, da wär' ich doch lieber betteln gegangen. Nee, nee, ihr Leute, das hätt' ich solln wissen. Aso 'ne Sachen muß man sich anheern. Ich wollte ja gehn, wer hielt mich denn, hä? Wer hat mich denn festegehalten in dem Hause?

Ich hab' doch mei Auskommen immer gefunden. Mir war keene Bange, arbeiten konnt' ich. Aber du hast doch nich nachgelassen. Jetze hab' ich's davon! Jetze kann ich's ausbaden.

HENSCHEL. Kann sein, 's is wahr, daß du und mußt's ausbaden; wie's kommt, aso kommt's! Was will eens da machen. *Er schließt wiederum die Tür.*

FRAU HENSCHEL. Sollst offenlassen, Willem! – Sonst schrei' ich um Hilfe.

HENSCHEL. – Pst, sei amal stille! Haste's geheert? Draußen im Gange kommt was gelaufen. Heerschte, nu geht's an de Wasserstande. Heerschte's planschen? Se steht und wäscht sich.

FRAU HENSCHEL. Du! Mann! Du traumst! De Stande is hier!

HENSCHEL. Nu ebens! Ich weeß schonn! Mir wern se nischt vormachen. Wer's weeß, der weeß's, – *hastig* – weiter sag' ich gar nischt. – Komm, komm, mer gehn schlafen. Kommt Zeit, kommt Rat. *Während er auf die Kammer zuschreitet, schließt Frau Henschel die Tür leise auf und schlüpft schnell hinaus. Ab.*

HENSCHEL, *indem er vom Rahmen der Kammertür eine Peitsche herabnimmt.* Das is ja mei alter Triester Stecken. Wo kommt bloß der alte Stecken her? Den hab' ich doch ieber a Jahr nich gesehn. Der is noch zu Muttersch Zeiten gekooft. *Er horcht.* Was meenst'n? – Gelt! – Nu ganz natierlich! – Nischte! – Wenn ooch! Warum ooch nich gar! 's is gutt! – Ich weeß schonn, was ich zu tun hab'! – Ich wer mich nich sperrn! – Das laß ock du gutt sein.

Durch die angelehnte Tür ist Siebenhaar eingetreten; durch Gesten bedeutet er dem Wermelskirch, welcher ihm folgt, zurückzubleiben, ebenso der Frau Henschel. Er ist vollkommen angezogen, nur hat er statt des Kragens ein seidenes Tuch um den Hals. Wermelskirch ist im Schlafrock.

SIEBENHAAR. Guten Abend, Herr Henschel! Was? Sind Sie noch wach? Sind Sie nicht wohl, wie? Fehlt Ihnen was?

HENSCHEL, *nachdem er ihn einen Augenblick verdutzt angesehen, einfach.* Ich kann halt nich schlafen! Ich hab' gar keen'n Schlaf. Ich mechte was einnehmen, wenn ich was wißte. Ich weeß nich, wie's kommt. Weeß Gott, wie das zugeht.

SIEBENHAAR. Ich will Ihnen was sagen, alter Freund: legen Sie sich jetzt ruhig zu Bett, und morgen beizeiten schick' ich den Doktor. Sie müssen jetzt wirklich was Ernstliches tun.

HENSCHEL. Kee Dukter wird mer woll nich kenn'n helfen.

SIEBENHAAR. Das sagen Sie nicht, das wolln wir mal sehn. Der Dr. Richter versteht seine Sache. Meine Frau hat wochenlang nicht geschlafen, der Kopf tat ihr zum Zerspringen weh. Am Mittwoch hat sie ein Pulver genommen, jetzt schläft sie die ganze Nacht wie tot.

HENSCHEL. Juju, nee nee, 's kann immer sein! Mir wär's schonn recht, wenn ich schlafen kennte. – Is de Madam etwa richtig krank?

SIEBENHAAR. Ach, wir sind alle nicht recht auf dem Damme. Wenn erst der Montag vorüber ist, dann wird sich ja alles wieder machen.

HENSCHEL. Se haben woll Montag die Iebergabe?

SIEBENHAAR. Ja, hoffentlich sind wir bis Montag so weit. Einstweilen häuft sich die Arbeit so, mit Schreiben und Inventariumaufnehmen, ich komme kaum aus den Kleidern heraus. Hören Sie, gehen Sie schlafen, Henschel. Den einen drückt's da, den andern hier. Das Leben ist keine Spielerei, wir müssen alle sehn, wie wir zurechtkommen. Und wenn Ihnen manches durch den Kopf geht: nehmen Sie sich's nicht so zu Herzen.

HENSCHEL. Haben Se scheen'n Dank, Herr Siebenhaar, und nischt fier ungutt, mecht' ich gebeten haben. Leben Sie vielmal gesund mit der Frau!

SIEBENHAAR. Wir sehen uns ja morgen noch wieder, Henschel. Zu danken haben Sie mir für gar nichts. Wir haben uns manchen Dienst getan, solange wir Hausgenossen sind. Das hebt sich auf, da ist nichts zu sagen; wir waren Freunde, und, denk' ich, wir bleiben's.

HENSCHEL *tut stumm einige Schritte bis in die Nähe des Fensters, durch das er hinausblickt.* – – – – Das sein ebens aso Sachen dahier! De Zeiten bleiben halt eemal nich stehn. Daß Karlchen und hat uns nie mehr besucht – – – Man kann ja nischt sagen: Se mochten ja recht haben. Nischt Gutes hätte der Junge nich lern kenn'n. Frieher, da sah das ja andersch aus.

SIEBENHAAR. Henschel, jetzt weiß ich nicht, was Sie meinen.

HENSCHEL. – Sie haben doch de Stube auch nich betreten... Dreiviertel Jahre kann das gutt her sein.

SIEBENHAAR. Ich hatte eben zu viel im Kopfe.

HENSCHEL. Da sein Se frieher erscht recht gekommen. Nee, nee, ich weeß, und Sie haben auch recht. De Leute haben alle mitnander recht. Ich kann mit mir keen'n Staat nich mehr machen.

SIEBENHAAR. Henschel, ruhen Sie sich jetzt aus.

HENSCHEL. Nee, nee, mir kenn'n ja a bissel davon reden. Sehn Se, ich bin ja an allen schuld; ich weeß, daß ich schuld bin, nu gutt damit. Aber eh ich das machte mit der Frau, ich meene, eh ich die Hanne nahm, da fing das schonn an und wurde mitsachten... aso mitsachten ging's halt bergab. A Fischbeenstecken, der brach mer entzwee. Hernach, das weeß ich noch ganz genau, da ieberfuhr ich mer doch mein'n Hund. 's war der beste Spitz, den ich hatte. Dann fielen mer hintereinander drei Ferde, das scheene Hengstferd fer dreihundert Taler. Hernach, zum letzten, da starb mer mei Weib. Ich hab's woll gemerkt in mein'n Gedanken, daß das und war uf mich abgesehen. Da aber mei Weib und war gegangen, da hatt' ich woll auch an'n Augenblick, daß ich und dachte, nu werd's woll genug sein. Nu kann a mer nich mehr viel nehmen dahier. Sehn Se's, er hat's doch fertiggebracht. – Von Gusteln will ich ja gar nich reden. Verliert ma a Weib, verliert ma a Kind. Aber nee: ane Schlinge ward mir gelegt, und in die Schlinge da trat ich halt nein.

SIEBENHAAR. Wer hat Ihnen denn eine Schlinge gelegt?

HENSCHEL. – – Kann sein, der Teifel, kann sein, a andrer. Erwirgen muß ich, das is gewiß.

Pause.

SIEBENHAAR. Das ist eine unglückselige Idee...

HENSCHEL. Nee, nee, ich streit' ja das gar nich amal! Schlecht bin ich geworn, bloß ich kann nischt dafier. Ich bin ebens halt aso neingetapert. Meinswegen kann ich auch schuld sein. Wer weeß 's!? Ich hätte ja besser kenn'n Obacht geben. Der Teifel is eben gewitzter wie ich. Ich bin halt bloß immer gradaus gegangen.

SIEBENHAAR. Henschel, Sie sind Ihr eigner Feind! Sie schlagen sich da mit Phantomen herum, die nie und nirgendwo existieren. Der Teufel hat Ihnen gar nichts getan. Sie sind auch in keine Schlinge getreten. Es erwürgt Sie auch niemand. Das ist alles Unsinn! Gefährliche Einbildungen sind das.

HENSCHEL. Mer wern's ja sehn; mer kenn'n 's ja abwarten.

SIEBENHAAR. Sagen Sie mir mal was Bestimmtes. Sie werden

sehen, da wissen Sie nichts. Sie sind weder schlecht oder wie Sie sagen, noch haben Sie irgendeine Schuld.

HENSCHEL. Das weeß ich besser.

SIEBENHAAR. Nu was denn für eine?

HENSCHEL. – Hier stand a Bette, da lag se doch drinne, da hab' ich'r doch's Versprechen gegeben. Ich hab's 'r gegeben, und ich hab's 'r gebrochen.

SIEBENHAAR. Was für ein Versprechen?

HENSCHEL. Sie wissen's ja! – – – Das hab' ich gebrochen – da hatt' ich verwonnen. Da war ich fertig. Da hatt' ich verspielt. – – – – – Und sehn Se's: jetzt kann se die Ruhe nich finden.

SIEBENHAAR. Sie sprechen von Ihrer verstorbnen Frau?

HENSCHEL. Ju, ju, von derselbigten sprech' ich ebens. – Se kann keene Ruhe nich finden im Grabe. Sie kommt und geht und hat keene Ruhe. – – – – Ich striegle de Ferde, da steht sie da. – Ich nehm' mer a Sieb vom Futterkasten, da seh' ich sie hinter der Tiere sitzen. – Ich will ins Bette gehn, in de Kammer, da liegt se drinne und sieht mich an. – Se hat mer a Seeger umgehangen, se kloppt an de Wand, se kratzt an de Scheiben. – Sie legt mer a Finger uf de Brust, da will ich ersticken, da muß ich nach Luft schnappen. Nee, nee, ich wer's wissen. Aso 'ne Geschichten, die muß man durchmachen, eh man se kennt. Erzählen kann man die eemal nich. Ich hab' was durchgemacht, kenn'n Se mer glooben.

SIEBENHAAR. Henschel, mein allerletztes Wort. Raffen Sie sich von Grund aus zusammen; stellen Sie sich auf beide Beine. Gehn Sie und fragen Sie einen Arzt. Denken Sie sich: ich bin krank, ich bin sehr krank, aber jagen Sie diese Gespenster fort. Das sind Hirngespinste, sind Phantasien.

HENSCHEL. Aso sagten Sie dazumal woll auch. Aso oder ähnlich haben Se gesprochen.

SIEBENHAAR. Kann sein, und ich stehe auch ein dafür. Was Sie damals getan haben mit der Heirat, das war Ihr gutes, vollkommnes Recht. Von Sünde und Schuld ist da gar nicht die Rede.

Wermelskirch tritt vor.

WERMELSKIRCH. Henschel, kommen Sie mit zu mir. Wir zünden das Gas an und spielen Karten. Wir trinken Bier oder was Sie wollen und rauchen unsere Pfeife dazu. Da sollen die Geister doch mal ankommen. Zwei Stunden, da haben wir hellen Tag, dann trinken wir Kaffee und fahren spazieren. Das müßte doch mit dem Deibel zugehen, Sie müssen doch wieder der alte werden.

HENSCHEL. 's kann ja sein. Mer kenn's ja versuchen.

WERMELSKIRCH. Na also, los!

HENSCHEL. – Zu Ihn komm' ich nich mehr.

WERMELSKIRCH. I was, die alberne Sache von neulich! Das war ja bloß alles Mißverständnis! Das hat sich ja alles aufgeklärt. Ich lasse den Hauffe erst gar nicht mehr rein. Der Kerl ist ja wirklich immer besoffen. In der Hitze wird mal'n Wort geredet. Zum einen Ohr rein, zum andern raus. So muß man's machen, so mach' ich's immer.

HENSCHEL. Das wär' auch's beste. Sie haben auch recht. Aber nee – in de Schenkstube komm' ich nich mehr. Ich wer viel rumreesen, denk' ich, vielleicht. Ieberall wern se mer woll nich nachkommen. Jetzt schlaft gesund! Jetzt schläfert mich auch.

SIEBENHAAR. Wie wär's, Henschel, kommen Sie rauf zu mir. Bei mir ist noch Licht, im Büro ist geheizt, da machen wir unser Spiel zu dreien, ich würde mich doch sonst kaum schlafen legen.

HENSCHEL. Ja, ja, das kennten mir machen mitnander. Ich hab' ja schon lange nich Karten gespielt.

FRAU HENSCHEL. Ja, ja, geh nuf; du kannst doch nich schlafen.

HENSCHEL. Ich geh' nich, haste's verstanden dahier?

FRAU HENSCHEL. Nu wenn de halt hierbleibst, dann geh' ebens ich. Wer weeß, was du alles noch anstellst de Nacht. Du fängst wieder an mit a Messern zu spieln. Ja, ja, das hat er gestern gemacht. Da is man ja seines Lebens nich sicher.

HENSCHEL. Das sollte mer einfallen, da nuf sollt' ich gehn! A hat mer's geraten, was ich gemacht hab', dann war er der erschte, der mich veracht't hat.

SIEBENHAAR. Henschel, ich habe Sie niemals verachtet. Sie sind ein Ehrenmann durch und durch, reden Sie sich keine Torheiten ein. Gewisse Schicksale treffen den Menschen. Da hat man zu tragen, das ist nicht leicht. Krank sind Sie geworden, brav sind Sie geblieben, und dafür leg' ich die Hand ins Feuer.

HENSCHEL. Das mechte wahr sein, Herr Siebenhaar! – 's is gutt, mer wolln von was anderm sprechen. Sie kenn'n nischt dafier, das sag' ich ja immer. Der Schwager, den kann ich auch nich verdammen. A werd woll wissen, woher er's hat. Se geht ebens rum bei a Leuten und sagt's 'nen. Die is ieberall, bald hier, bald da. Beim Bruder werd se ja auch gewest sein.

WERMELSKIRCH. Wer soll denn rumgehen bei den Leuten? Da denkt keine Menschenseele dran. Die ganze Geschichte von neulich, Henschel, die haben die Leute längst vergessen.

HENSCHEL. 's bleibt uf mir sitzen, man dreht's, wie man will. Die werd's schonn wissen, wie se's soll anfangen. Die is ieberall, die werd's 'nen schonn einreden. Und wenn's flugs die Leute und täten's verschweigen und wärn nich wie Hunde hinter mir her: 's kann eemal nischt helfen, 's bleibt uf mir sitzen.

SIEBENHAAR. Henschel, wir gehen nicht eher fort, Sie müssen sich das aus dem Sinn schlagen. Sie müssen sich ganz vollkommen beruhigen.

HENSCHEL. Ich bin ja verninftig, ich bin ganz ruhig.

SIEBENHAAR. Nun schön, wir wollen mal offen sein. Sie sehen jetzt, wie Ihre Frau bereut. Der Kellner ist fort, über alle Berge, den kriegen Sie niemals mehr zu sehen. Jeder kann straucheln, er sei, wer er wolle. Jetzt reichen Sie sich ganz einfach die Hände. Begraben Sie, was zu begraben ist, und machen Sie einfach Frieden mitnander.

HENSCHEL. Ich brauche keen'n Frieden weiter zu machen. *Zu Hanne.* Derwegen, de Hand, die kann ich der geben. Daß du und hast an'n Fehltritt begangen, das mag unser Herrgott richten dahier. Ich will dich weiter da nich verdammen. – Wenn man bloß... ich meene, mit Gusteln... wenn man und wißte da was Bestimmtes!

FRAU HENSCHEL. Ihr kennt mich erschlagen uf der Stelle, meinswegen. Tot will ich sein im Augenblick, wenn ich hab' Gusteln ums Leben gebracht.

HENSCHEL. Das sag' ich ja ebens: 's bleibt uf mir sitzen! – Na, morgen kenn'n mer ja weiterreden. Eh mer da wern haben ausgered't, da werd woll noch mancher Troppen ins Meer laufen.

WERMELSKIRCH. Machen Sie sich'n gemütliches Feuer und brauen Sie sich einen heißen Kaffee. Nach dem Regen kommt immer der Sonnenschein. Zwischen Eheleuten ist das nicht anders. Ohne Gewitter kein Ehestand. Aber nach dem Gewitter, da wächst's um so besser. Die Hauptsache ist: su, su, su, su. *Er macht die Geste, als ob er ein Kindchen auf dem Arm wiege.* So was muß sein. Das müßt ihr euch anschaffen. *Jovial Henscheln die Schulter klopfend.* Der Alte mag eemal das Kroppzeug gern. Tut's halt zusammen und kauft euch so'n Spielzeug. Potz Blitz, Henschel Wilhelm! Das wär' doch der Deifel! Ein Hüne wie Sie, nichts leichter als das. Gut' Nacht mitnander!

SIEBENHAAR. Es ändert sich alles, nur immer Mut!

WERMELSKIRCH. Nur immer kalt Blut und warm angezogen!

Siebenhaar und Wermelskirch ab. Henschel geht langsam nach der Tür und will wiederum zuschließen.

FRAU HENSCHEL. Sollst offenlassen.

HENSCHEL. Meinswegen auch. – Was machst'n da?

FRAU HENSCHEL, *die aufrecht vor dem Ofenloch steht, so wie sie eben hastig emporgefahren ist.* Du siehst's ja: Feuer!

HENSCHEL, *nachdem er sich schwerfällig an den Tisch gesetzt hat.* – – Vor mir zind auch de Lampe an! *Er zieht den Tischschub auf.*

FRAU HENSCHEL. Was suchst'n du?

HENSCHEL. Nischte!

FRAU HENSCHEL. Da kannst a doch neinschieben. *Sie geht hin und schiebt den Schub zu.* Berthel soll woll davon noch ufwachen?

Pause.

HENSCHEL. Am Montag geht a. Da sein mer alleene.

FRAU HENSCHEL. Wer geht'n am Montag?

HENSCHEL. Halt Siebenhaar. Wer weeß, wie das sein wird mit dem neuen.

FRAU HENSCHEL. Der neue is reich, der werd dich nich anpumpen.

HENSCHEL. – Hanne, eener von uns muß weichen! – Von uns zwee beeden. Ja, ja, 's is wahr. Du kannst mich ansehn. Das is nich andersch.

FRAU HENSCHEL. Fort soll ich gehn? Fort willst du mich jagen?

HENSCHEL. Das werd sich erscht zeigen, wer da werd gehn missen. Kann sein, ich muß, kann sein, auch du. Wenn ich tät' gehn... Das weeß ich alleene: dir werd deswegen nich bange werden. Du versorgst ja's Fuhrwesen wie a Mann. – Aber wie gesagt: uf mich kommt's nich an.

FRAU HENSCHEL. Wenn eener gehn muß, da geh' halt ich. Ich bin derwegen noch kräftig genug. Da mach' ich mich fort, da sieht mich kee Mensch mehr! Die Ferde, die Wagen, die Sachen sein deine. Du kannst aus der Väterei doch nich rausgehn. Da geh' ebens ich, und hernach is alle.

HENSCHEL. Das is nich gesagt; immer eens nach'n andern.

FRAU HENSCHEL. Kee langes Gemähre. Was aus is, is aus.

HENSCHEL, *indem er sich schwerfällig erhebt und nach der Kammer geht.* Und Berthel? Was soll aus dem Mädel denn wern?

FRAU HENSCHEL. Die muß zu Vatern, nieber nach Quolsdorf.

HENSCHEL, *schon in der Kammertür.* Laß gutt sein, morgen is auch noch a Tag. 's ändert sich alles, sagt Siebenhaar. *Schon in der Kammer.* Morgen hat alles a ander Gesichte. *Pause. Henschel, unsichtbar.* Berthel schwitzt wieder ieber und ieber.

FRAU HENSCHEL. Die kann a bissel schwitzen, das schad't 'r nischte. Mir laufen de Troppen auch ieber a Hals. Aso a Leben, – *sie öffnet ein Fenster* – da lieber gar keens.

HENSCHEL. Was red'st'n du noch? Ich kann nischt verstehn.

FRAU HENSCHEL. Leg dich ufs Ohr und laß mich zufriede!

HENSCHEL. Kommst du nich auch?

FRAU HENSCHEL. Jetze wird's ja Tag. *Sie zieht die Uhr auf.*

HENSCHEL. Wer zieht denn de Uhr uf?

FRAU HENSCHEL. Du sollst jetzt dei Maul halten! Wenn Berthel ufwacht, da haben mer's wieder. Da brillt se doch wieder an halbe Stunde. *Sie läßt sich am Tisch nieder, beide Ellbogen aufstützend.* Am besten wärsch, man ging' uf und davon. –

Siebenhaar guckt herein.

SIEBENHAAR. Ich komme noch mal. Ist Ihr Mann jetzt ruhig?

FRAU HENSCHEL. Ja, ja, a hat sich schlafen gelegt. *Sie ruft.* Mann! – Willem!

SIEBENHAAR. Pst! Henscheln, danken Sie Ihrem Herrgott! Machen Sie auch, daß Sie schlafen kommen! *Ab.*

FRAU HENSCHEL. – Was bleibt een denn iebrig! Ich wer's halt versuchen. *Bis an die Kammertür gelangt, steht sie still, gleichsam gebannt, und horcht.* Willem! Mann! Du kannst doch antworten! – – – – *Lauter, ängstlicher.* Willem! Du sollst mich nich wieder erschrecken! Du denkst woll, ich weeß nich, daß du noch wachst! – *Immer ängstlicher.* Mann! Ich sag' dersch... *Berthel ist aufgewacht und fängt an zu weinen.* Berthel, jetzt sieh, daß de stille bist! Mädel, ich weeß nich, was sonste passiert. – *Fast schreiend.* Willem, Willem!

Siebenhaar blickt wieder herein.

SIEBENHAAR. Frau Henschel, was ist denn?

FRAU HENSCHEL. Ich schrei' immerzu, und a gibt keene Antwort.

SIEBENHAAR. Sie sind wohl verrückt? Was machen Sie denn!?

FRAU HENSCHEL. – 's is aso stille! 's is was passiert!

SIEBENHAAR. Was? – – – – *Er nimmt das Licht und tritt in die Kammertür.* Henschel, sind Sie schon eingeschlafen? *Er geht hinein.*

Pause.

FRAU HENSCHEL, *ohne sich hineinzugetrauen.* Was hat's denn? – Was hat's denn? – Was geht denn vor? – *Wermelskirch blickt herein.*

WERMELSKIRCH. Wer ist denn drin?

FRAU HENSCHEL. Herr Siebenhaar. – 's is aso stille, 's antwort kee Mensch. – – –

SIEBENHAAR, *eilig, totenblaß, kommt wieder, Bertha auf dem Arm.* Frau Henschel, nehmen Sie sich das Kind und gehen Sie rauf zu meiner Frau!

FRAU HENSCHEL, *schon mit dem Kinde auf dem Arme.* Um Gottes willen, was is denn passiert?

SIEBENHAAR. Das erfahren Sie schon noch zeitig genug.

FRAU HENSCHEL, *mit erst zurückgehaltenem, dann hervorbrechendem Schrei.* Ihr Leute, der hat sich was angetan. *Ab mit dem Kinde.*

WERMELSKIRCH. Den Doktor?

SIEBENHAAR. Zu spät! Der kann nichts mehr helfen.

ROSE BERND

Schauspiel

Entstehungszeit: 1903.

Erstveröffentlichung: Einzelausgabe. Berlin, S. Fischer 1903.

DRAMATIS PERSONAE

BERND	
ROSE BERND	
MARTHEL	
CHRISTOPH FLAMM	
FRAU FLAMM	
ARTHUR STRECKMANN	
AUGUST KEIL	
HAHN HEINZEL GOLISCH KLEINERT	Arbeiter bei Flamm
DIE ALTE GOLISCHEN DIE GROSSMAGD DIE KLEINMAGD	in Flamms Diensten
EIN GENDARM	

ERSTER AKT

Eine ebene, fruchtbare Landschaft. Klarer, sonnig warmer Morgen im Mai. Schräg von links nach rechts und aus dem Mittelgrunde nach vorn verläuft ein Feldweg. Die Felder zur Rechten liegen ein wenig höher als dieser. Am weitesten nach vorn ein kleines Fleckchen Kartoffelland, über dem das grüne Kraut schon sichtbar ist. Ein kleiner blumiger Graben trennt Weg und Feld, links auf der etwa mannshohen Böschung ein alter Kirschbaum, rechts Haselnuß- und Weißdornbüsche; ungefähr parallel mit dem Wege und in ziemlicher Entfernung hinter ihm wird durch Weiden und Erlen der Lauf eines Baches bezeichnet. Vereinzelte Gruppen alter Bäume geben der Landschaft etwas Parkartiges. Links im Hintergrund zeigen sich die Dächer und der Turm eines Kirchdorfes zwischen Büschen und Baumwipfeln. Rechts vorn am Weg Kruzifix. Es ist Sonntag.

Rose Bernd, ein schönes und kräftiges Bauernmädchen von zweiundzwanzig Jahren, kommt erregt und mit geröteten Wangen links hinter Büschen hervor und läßt sich an der Wegböschung nieder, nachdem sie scheue Blicke forschend nach allen Seiten gerichtet hat. Sie geht barfuß; ihr Rock ist geschürzt, Arme und Nacken sind bloß; sie bemüht sich, einen ihrer blonden Zöpfe, der aufgelöst ist, schnell wieder zu flechten. Ganz kurz darauf kommt von der andern Seite aus dem Gebüsch ein Mann geschlichen. Es ist der Erbscholtiseibesitzer Christoph Flamm. Auch Flamm macht einen scheuen, aber auch zugleich belustigten Eindruck. Er ist ein stattlicher, sportlich, aber nicht geckenhaft gekleideter Mann, an Jahren dem vierzigsten nahe: Schnürschuhe, Jagdstrümpfe. Er hat einen Riemen mit Lederflasche umgehängt. Im ganzen ist Flamm eine kernige, frische, lebenslustige, breitschultrig imponierende und durchaus sympathische Erscheinung. Nachdem er sich in gemessener Entfernung von Rose ebenfalls an der Böschung niedergelassen hat, blicken beide sich erst stumm an und brechen dann in ein unaufhaltsames Gelächter aus.

FLAMM, *mit steigendem Übermut immer lauter und herzlicher heraussingend und dabei wie ein Kapellmeister Takt schlagend.*

Im Wald und auf der Heide,
da such' ich meine Freude!

Ich bin ein Jägersmann!
Ich bin ein Jägersmann!

ROSE *hat, durch den Gesang zuerst erschreckt, dann immer mehr belustigt, aus der Verlegenheit heraus mehrmals hineingelacht.* Nee aber, Herr Flamm...

FLAMM, *forsch.* Immer sing mit, Rosine!

ROSE. Ich kann ja nich singen, Herr Flamm.

FLAMM. Das is ja nich wahr, Rosine! Ich hör' dich doch oft genug singen im Hofe:

Ein Jäger aus Kurpfalz... Na!? –
der reitet durch den grünen Wald...

ROSE. Das Lied kenn' ich ja gar nich, Herr Flamm.

FLAMM. Du sollst nich immer Herr Flamm sagen! Na?

Mädel, ruck ruck ruck
an meine grüne Sei-ite!

ROSE, *ängstlich.* Die Kirchleute kommen ja gleich, Herr Flamm.

FLAMM. Laß se kommen! *Er steht auf und nimmt aus dem hohlen Kirschbaum links seine Flinte.* Ich wer mir jedenfalls die Knarre wieder umhängen. So. – Hut! Piepe! – Nu kenn se kommen wegen mir. *Er hat das Gewehr umgehängt, den Hut mit Spielhahnfeder zurechtgesetzt, die kurze Tabakspfeife aus der Tasche und in den Mund genommen.* Sieh mal: knüppeldick Vogelkirschen. *Er hebt eine Hand voll Kirschen auf und weist sie Rose. Mit Kraft von innen heraus.* Rosine, ich wünschte, du wärst meine Frau!

ROSE. O jemersch, Herr Flamm!

FLAMM. Bei Gott, Rosine!

ROSE, *mit ängstlicher Abwehr.* Aber nee, nee!

FLAMM. Rosine! Reich mir mal deine grundtreue, grundbrave Tatze her. *Er hält ihre Hand und läßt sich dabei nieder.* Bei Gott, Rosine! – Sieh mal, ich bin ein verflucht eigentümlicher Kerl! Ich hab' meine Mutter ganz verflucht gerne, siehste wohl...

ROSE *verbirgt das Gesicht im vorgehaltenen Arm.* Ich tät' egelganz in de Erde sinken.

FLAMM. ... ich hab' meine Frau ganz verflucht gerne, sag' ich dir... aber *– die Geduld reißt ihm –* das geht se gar nichts an!!

ROSE *muß wiederum gegen ihren Willen lachen.* Nee, ieber Ihn aber o, Herr Flamm!

FLAMM, *herzhaft bewundernd.* Mädel, du bist ein schönes Frauenzimmer! – Ach Mädel, du bist ein bildschönes

Frauenzimmer! – Sieh mal an: Mutter... das is so 'ne eigentümliche Geschichte mit Mutter und mir. Das läßt sich gar nich so einfach auseinanderpolken. Hennerjette, weißt du ja doch, is krank. Se liegt seit geschlagenen neun Jahren im Bette oder kriecht vielleicht mal in den Rollstuhl heraus. – Na, zum Donnerwetter, was soll denn das mir nützen?! *Er faßt sie beim Kopf und küßt sie heftig.*

ROSE, *unter den Küssen erschrocken.* Die Kirchleute kommen!

FLAMM. Denkt niemand dran! – Warum hast du's denn heute so mit'n Kirchleuten?

ROSE. Weil August doch o in der Kirche is.

FLAMM. Die Mucker sind immer in der Kirche! Wo solln denn die Mucker anders sein? Rosine, 's is doch noch nich mal halb elfe; wenn's aus is, fängt doch ooch's Lauten an. – Nee, nee! Und um Mutter brauchst du nich Angst haben.

ROSE. Ach Christoph, die sieht een doch manchmal an, 's is reene zum in de Erde sinken.

FLAMM. Du kennst eben meine Alte nich! Mutter is schlau, die sieht durch drei Bretter! Aber deshalb... sie is ooch so gut wie'n Schaf... Und wenn die flugs wißte, was zwischen uns is –: 'n Kopf würde die uns noch lange nich abreißen.

ROSE. Nee! Nee! Ach! um Gottes wille, Herr Flamm!

FLAMM. Ach was, Rosine! 'ne Prise? Hm? – *Er schnupft.* Ich sage noch mal: Is mir alles ganz gleichgiltig! *Mit Entrüstung.* Wo soll schließlich'n Kerl wie ich hin damit? – Na, was denn? Was is denn nun los, Rosine? – Du weißt doch, wie ernst mir die Sache is. Laß mich doch mal'n bißchen drauflospulvern.

ROSE. Herr Christoph, Sie sind aso gutt mit mir...! *Sie küßt, Tränen im Auge, inbrünstig aufwallend Flamms Hand.* ...Aber...

FLAMM, *einigermaßen betroffen.* Gut? Kunststück! Hol' mich der Schinder, Rosine! Gut zu dir sein is gar nichts gesagt. Wenn ich frei wäre, würd' ich dich heiraten. Ich bin 'n verfahrner Kerl, sieh mal an! Von früheren Chosen gar nicht zu reden! Ich passe vielleicht... ja, wer weiß nu, wohin!? – Ich könnte jetzt Oberforstrat sein! Und doch, wie der Alte starb: heidi nach Hause! Karriere sofort an 'n Nagel gehängt. Ich bin nu mal nich für den höheren Schwindel. Mir is alles hier noch viel zu kultiviert. Blockhaus! Flinte! Bärenschinken! Und wenn eener kommt: Ladung Schrot in 'n Hintern – –

ROSE. Aber das geht doch halt nich, Herr Flamm! – Und... 's muß doch amal ooch a Ende hab'n.

FLAMM, *in sich hinein.* Himmelkreuzschockschwerebrett nich noch mal! Hat denn der Schwerenotsmucker nich Zeit? Bleibt für den Kerl denn nich noch zu viel übrig? Nee, Mädel, den führt' ich gehörig ab.

ROSE. Ich hab'n woll lange genug hingehalten. Über zwee Jahre wart't a nu schonn. Nu drängt er mich eemal. A wart't ni mehr! Und's kann o nu wirklich so ni mehr gehn.

FLAMM, *wütend.* Das is alles Unsinn, versteht ihr mich! Bis jetzt hast du für deinen Vater geschuftet, hast gar keine Ahnung, was leben heißt, und jetzt willst du dich noch bei dem Buchbinder vorspannen. Das is 'ne Gemeinheit, sag' ich bloß: einen Menschen so bis auf die Knochen ausnützen! Wenn du weiter nichts willst, dazu ist immer noch Zeit.

ROSE. Nee, Christoph... Das sagen Sie so, Herr Flamm! Aber wenn Sie in solchen Umständen wären: Sie möchten woll auch andrer Meinung sein. – Ich weeß, wie wacklig der Vater is! De Herrschaft hat uns die Wohnung gekindigt. 's soll, gloob' ich, 'n neuer Kihschaffer rein! Und dann is das halt o sei Lieblingsgedanke, daß endlich amal nu ane Ordnung wird.

FLAMM. Da soll doch dein Vater den Keil August heiraten! Wenn er so vernarrt in den Menschen is. Er is ja förmlich verbohrt in den Menschen. Das streift ja schon an Besessenheit.

ROSE. Sie sind eben ungerecht, Herr Flamm.

FLAMM. Sag lieber... Na was denn?... Was sag' ich denn gleich?... Ich kann die Gebetbuchvisage nich riechen! Er kostet mich Überwindung, der Mensch. Gott verzeih' mir's und dir hauptsächlich, Rosine! Weshalb soll ich vor dir denn nich offen sein? Kann sein, daß er seine Meriten hat. Er soll sich ja wohl sechzehn Groschen erspart haben. Deshalb kriecht man doch nich in den Kleisterpott.

ROSE. Nee, Christoph! Reden Se bloß ni aso! das darf ich wahrhaftigen Gott nich mit anheeren! – August hat o ausgestanden genug! – Dem seine Krankheit und dem sei Unglicke... das tutt een ja in de Seele leid...

FLAMM. Euch Frauenzimmer begreift einer nich! Eine kluge und resolute Person, und dann plötzlich soll man auf einen Punkt treffen, da staunt man, wie dumm ihr doch eigentlich seid. So stupide, weiß Gott, wie de Gans, wenn's donnert. In der Seele weh tun: was heißt denn das? Da kannst du ja ooch'n Zuchthäusler heiraten: aus Mitleid oder aus Blödigkeit. Du sollst deinem Vater geheerig was uffmucken. Was geht denn dem August ab, sag eemal? Er is im Waisenhaus großgewachsen und hat schließlich doch seinen Weg gemacht. Willst du nich, suchen se dem eene andre. Damit wissen die Brüder im Herrn ja Bescheid.

ROSE, *mit Entschluß*. Ich will ni! Und – 's muß eemal sein, Herr Flamm! – Was de geschehn is, bereu' ich nich, wenn ich o hab' genug in der Stille mußt leiden. Ich meene, für mich aso in der Zeit. Mag's doch! Das is o jetz nich mehr zu ändern. Aber: 's muß eemal nu o sei Ende han – und's geht und geht nu ni mehr asu weiter.

FLAMM. 's geht ni mehr! Sag mal: was heißt denn das?

ROSE. Halt... weil's eben eemal ni anderscher is. Hinziehen kann ich'n nu ni mehr länger: das leid o der Vater weiter ni. Und a hat o deswegen ganz recht in der Sache. Ach Gott, Maria und Jesus Christ! 's mag meinethalben ni leichte sein! Aber wenn man's wird von der Seele hab'n... ich weeß ni, – *sie faßt an ihre Brust* – man heeßt's, gloob' ich, Herzgespann. Ich hab' ord'ntlich manchmal richtig Herzschmerzen... Da muß een doch ooch wieder anderscher wern.

FLAMM. Na, dann is jetz weiter nich viel zu machen. – 's is Zeit! Ich muß nu nach Hause gehn. *Er steht auf und wirft das Gewehr über die Schulter.* Auf Wiedersehn! – Adje, Rosine. *Rose starrt, ohne zu antworten, vor sich hin.* Was is denn, Rosine? Auf Wiedersehn. *Rose schüttelt den Kopf verneinend.* Nich? Hab' ich dich etwa beleidigt, Rosine?

ROSE. Aber ni mehr aso – wie jetz – Herr Flamm.

FLAMM, *von plötzlicher Liebesraserei hingerissen.* Mädel, und wenn ich mich unglücklich mache... *Er umarmt und küßt sie leidenschaftlich.*

ROSE, *nach einigen Augenblicken, jäh erschrocken.* Um Gottes wille! – 's kommt eens, Herr Flamm.

Flamm, bestürzt, springt auf, hinter den Busch und verschwindet. Rose steht schnell auf, streicht hastig das Haar und die Kleider zurecht, sieht sich angstvoll um, bemerkt niemand, nimmt alsdann die Hacke und beginnt das Kartoffelland zu bearbeiten...

Nach einem Weilchen kommt, von ihr nicht bemerkt, der Lokomobilenmaschinist Arthur Streckmann im Sonntags-

staat. Er ist ein sogenannter schöner Mann, groß, breitschultrig, in seinem Wesen von einer geckenhaften Gewichtigkeit. Er hat einen langen, bis auf die Brust reichenden blonden Bart. Man sieht an seiner Haltung, seiner Kleidung, die, vom rückwärts sitzenden Försterhütchen an bis zu den spiegelblank geputzten Schaftstiefeln, dem Gehrock und der gestickten Weste, tadellos ist, daß Streckmann außergewöhnlich viel sowohl von sich hält als auch auf sich hält und daß er sich seiner besonderen Schönheit vollkommen bewußt ist.

STRECKMANN, *als ob er jetzt erst Rose bemerkte, mit geschraubt schönem Organ.* Tag, Bernd Rosine.

ROSE *wendet sich erschrocken.* Tag, Streckmann! *Unsicher.* Wo kommst'n du d'nn her? – Aus der Kirche?

STRECKMANN. Ich hab' mich zeitlicher fortgemacht.

ROSE, *erregt und mit Vorwurf.* Weg'n waas denn? – Kunnt'st ni aushalt'n de Predigt?

STRECKMANN, *forsch.* Halt... weil's aso scheen heute draußen is! – Ich hab' o mei Weib in der Kirche gelassen. Ma muß o amal für sich selber sein.

ROSE. Ich tät' lieber in der Kirche sein.

STRECKMANN. Weiber geheeren ooch in de Kirche.

ROSE. Du hast wull o Sünd'n genug uff'n Puckel! Du kennst o deswegen was abbeten gehn.

STRECKMANN. Mit unsen Herrgott steh' ich sehr gutt! A nimmt's ni sehr genau mit meinen Sinden.

ROSE. Na, na.

STRECKMANN. A bekimmert sich nich viel um mich.

ROSE. A eingebild'ter Laps bist du! *Streckmann lacht voll und affektiert.* Wenn du a richtiger Moan bist dahier, da brauchst du dei Weib derheeme ni durchpriegeln.

STRECKMANN, *mit leuchtenden Augen.* Erscht grade! Erscht recht! Das geheert sich aso! Euch Weibern muß ma a Meister zeigen.

ROSE. Bild d'r ock keene Schwachheiten ein.

STRECKMANN. Jawull! Aso is! Was Recht is, muß Recht bleiben! Und da bin ich o stets immer zum Ziele gekomm. *Rose lacht gezwungen auf.* Die Leute sagen, du willst wegziehn von Flamm?

ROSE. Ich bin doch bei Flamm weiter gar nich im Dienste. Du siehst's ja, ich hab' woll ernt andres zu tun.

STRECKMANN. Du hast doch erscht gestern bei Flamm geholfen.

ROSE. Meinswegen! Ich helfe, ich helfe ni! – Bekimmert ihr euch ock um eure Sachen.

STRECKMANN. Is's wahr, d'r Voter is umgezogen?

ROSE. Zu wem denn?

STRECKMANN. Zu Augusten ins Lachmannsche Haus.

ROSE. Das hat August ersch noch gar nich gekooft! – Da wissen se mehr wie ich, de Leute.

STRECKMANN. Se sagen o jetz, ihr wollt balde Huxt machen.

ROSE. O red't ihr meinswegen immerzu.

STRECKMANN, *nach einigem Stillschweigen, nachdem er sich ihr einige Schritte genähert hat, breitbeinig aufgepflanzt.* Recht haste! Das kommt o noch immer zurecht! – A Prachtmädel wie du hat's ni ängstlich mit Heirat'n: die soll sich irscht richtig ausamisiern! Ich lacht'n ja ooch ins Gesicht nei. Und's mocht's ja dem Kerle a keener nich glooben.

ROSE, *schnell.* Wer sagt's denn?

STRECKMANN. Keil August!

ROSE. August sagt's? – Das hat a von dem verdammten Rumred'n.

STRECKMANN, *nach einigem Stillschweigen.* August is zu a kräklicher Kerl...

ROSE. Ich will nischt heern! Laßt ihr mich zufriede! Euer Gehändel schert mich nischt! Da is eener akrat a soviel wert wie d'r andre.

STRECKMANN. Das heeßt!! Ock bloßig uf Forsche nich.

ROSE. O jee! Deine Forsche, die kennt ma schonn. Ma braucht bloß a wing bei a Weibern rumheeren. Asu eener is woll ernt August ni.

STRECKMANN *lacht schwerenöterhaft.* Streit' ich das etwan?

ROSE. Das kennt'st du o ni.

STRECKMANN, *scharf durch gekniffene Lider blickend.* Mit mir is eemal schlecht Kirschen essen. Was ich will bei am Weibe, das setz' ich o durch.

ROSE, *höhnisch.* Na hee!!

STRECKMANN. Na hee! Was wett mer, Rosine! Du hast woll o oft schonn nach mir geschielt. *Er hat sich ihr genähert und will sie umfassen.*

ROSE. Bild d'r nischt ein, Streckmann! – Bleib mer vom Leibe.

STRECKMANN. Wersch doch...

ROSE *stößt ihn zurück.* Streckmann!! – Ich hab' dirsch

gesagt! – Ich will von euch ganzem Mannsvolk nischt wiss'n. – Geh deiner Wege.

STRECKMANN. Was tu' ich d'r denn? – – – *Nach einigem Stillschweigen, mit halb boshaftem, halb verlegenem Lachen.* Nu wart ock! Du kommst mer schonn noch amal! Ich sag' d'rsch: Du mußt mer schonn noch amal kumma! Magst du doch noch so sehr scheinheilig tun. – – – Da steht a Kreuze! Da steht a Baum! – Verpucht noch amol! Das sind so 'ne Sachen! – Ich hab' manches ausgefressen, jawoll! – Aber... unter am Kreuze... Aso mecht' ma sprechen... Ich bin sonst ni aso, aber da schamt' ich mich woll. Was wär wull d'r Voter und August sagen? Zum Beispiel: der Birnbaum dahier, der is hohl. Nu also: hie hat ane Flinte gestand'n.

ROSE *hat unter der Arbeit immer mehr aufgehorcht. Nun unwillkürlich, wachsbleich und bebend.* Woas red'st du? –

STRECKMANN. Nischte! – Ich sag' weiter nischt. – Aber wo eener gar keene Ahnung dran hat und tutt o mit gar keener Ader ni dran denken, da tutt sich aso eene schauderhaft.

ROSE, *erschrocken, ihrer nicht mächtig, springt vor ihn hin.* Waas hast du gesoat?

STRECKMANN, *ihren furchtbaren Blick aushaltend.* Ich soate: asu eene!

ROSE. Woas heeßt doas: asu eene?

STRECKMANN. Das heeßt weiter nischt.

ROSE *ballt die Fäuste, durchbohrt ihn in einer ungeheuren Aufwallung von Wut, Haß, Angst und Bestürzung mit den Augen, bis sie im Gefühle ihrer Ohnmacht die Arme sinken läßt und fast wimmernd die Worte hervorstößt.* Ich wer mir mei Recht schonn verschaffen dahier! – *Den rechten Arm vor die weinenden Augen haltend, mit der Linken die Schürze heraufnehmend und sich schneuzend, begibt sie sich schluchzend und gebrochen an ihre Arbeitsstelle zurück.*

STRECKMANN *blickt ihr noch mit dem alten Ausdruck boshafter Kälte und Entschlossenheit nach. Allmählich aber setzt bei ihm ein unwillkürliches Lachen ein, das sich zu einem lauten Ausbruch Bahn bricht.* Das is ni and'rsch! Mach d'r nischt draus. – Was denkst du ock eegentlich von mir, Bernd Rose? – Was denn? – Was hat's denn? Das schad't doch ernt nischt!! –? Warum soll man a Leuten kee X fer a U machen? Weshalb denn ni? Warum sein s' aso tumm! – Die de das kenn, das sein mir de liebsta Frauvelker! Freilich, enner wie ich bin, der weeß Bescheid! – Gloobst d'es, ich hab' das schonn immer gewußt.

ROSE, *außer sich.* Streckmann! Ich tu' mer a Leeds a! Verstanden! Oder geh von dem Ackerfleckl weg! – Iich bin... mir is... 's passiert a Unglicke!!! –

STRECKMANN *sitzt am Rain, schlägt sich mit den flachen Händen auf die Knie.* Nu jemersch, ock jemersch! Jeses, nee nee! Ich wer woll glei gehn und dich ieberall ausrichten? Dich ieberall durch a Hechel zerrn? Was geht denn das mich an, mecht' ich bloß wissen, was du fer Fahrten und Zicken machst.

ROSE. Ich häng' mich d'rheeme an a Stubenbalken! Schubert Mariele hat's o so gemacht.

STRECKMANN. Mit der, das war a ganz and'r Ding! Die hat andre Collazien hat die verbrochen! Und ich hab' ieberhaupt nischt mit'r gehabt. Aso was is lange noch nich zum Uffhängen. Da gäb's woll längst keene Weiber ni mehr! – Das is ebens, wie's ebens ieberall is: ma sitt, wo man hinsitt, es is eemal ni andersch. Nu ja... ma muß lachen! Mehr is weiter nich. Wie sitt bloßig dei Voter von oben runter! A schielt een'n ei Grund und Boden nei! Da is ma... da mecht' man sich reene verkriech'n, weil man monchmal a bißl nischnitzig is. Nu da! Kehr du ock vor deiner Tiere!

ROSE, *zitternd, in Angstschweiß.* O Jesus, Maria und Joseph, nee nee!

STRECKMANN. Nu sag mir amal, hab' ich etwa ni recht, ihr hatt doch's Frommtun mit Leffeln gefressen: Keil August, d'r Vater und du d'rzu!? Mit der Bigotterie kann ich freilich nich mitmachen.

ROSE, *mit neuem, verzweifeltem Anlauf.* Das is an Lieche, du hast nischt gesehn...!

STRECKMANN. Was? nischt gesehn? – Nu verknucht noch amal! Da muß ich getraumt han! – Ich weeß nu nich and'rsch! – Wenn das ni Flamm-Schulze von Dießdorf war! Ich ha heute noch kee Treppla getrunka. Hoot a dich ni bei a Zeppa kutschiert? Hoot a dich ni ei de Weida geschmissa? *Mit unbändigem Gelächter.* Er hoot dich wull urntlich beim Kuppe gehoat. –

ROSE. Streckmann! Ich schlo d'r a Schadel ei!

STRECKMANN, *immer noch lachend.* Na heer ock! Was denn? Du werscht doch nich etwan! Weshalb denn ni? Ich verdenk' d'rsch ni. Wer zuerscht kommt, mahlt zuerscht: das is hier ni andersch. Bloß wenn a's ernt wißte, da sähg ich ni hin.

ROSE, *ohnmächtig weinend und wimmernd, dabei krampfhaft arbeitend.* Darf sich asu a Kerl asu was rausnahma?

STRECKMANN, *brutal, wütend.* Du nimmst dir was raus! Ich nahm' mir nischt raus! Ich weld' mir ju gerne genug o was rausnahma: wo Flamm-Schulze hiereicht, kumm' ich o no mit.

ROSE, *fassungslos schreiend und weinend zugleich.* Ich hab' mich mei Lebtag orndtlich gehalten! 's soll eener kommen und red't mir was nach! Ich hab' drei kleene Geschwister versorgt! Ich bin morgens um drei bin ich uffgestanden! Ich hab' mir kee Treppla Milch nich vergönnt! Das wissen de Menschen! Das weeß jedes Kind...

STRECKMANN. Deswegen brauchst du kenn suna Lärm macha! – De Kirchleute kumma, se läuten schonn. Du kannst umgänglich mit an Mensch'n sein! Ihr tutt ja grade vor Huchmutt platza. Kann sein... 's sieht ju o oll's d'rnach aus! Ich wer o das weiter ni etwan verreden, daß du urd'ntlich rackern und knausern kannst. Aber suster seid ihr ni mehr wie mir andern.

ROSE, *in höchster Angst in die Ferne blickend.* Is das ni August, der dorte kommt?

STRECKMANN *blickt in der gleichen Richtung gegen das Kirchdorf. Mit Geringschätzung.* Wo denn? – Nu freilich! – Das sein die zwee beeda! – Se stiefeln grade ums Pfarrgartla rum. – Nu was denn? – Du meenst woll, ich sollde mich furtmacha? – Vor den Gebetbichla-Hengsta fürcht' ich mich nich!

ROSE, *in fliegender Angst.* Streckmann, ich hoa mir zwelf Toler eriebricht...

STRECKMANN. Rosinla, du hust dir viel mehr derspart!

ROSE. Nu gutt! Ich geb' d'r mei ganzes Bißla! Ich schmeiß' d'r doas ganze Gelumpe hin!... Ich bring' dirsch uff Heller fer Pfennig, Streckmann, ock hab du Derbarma... *Sie sucht flehentlich seine Hände zu ergreifen, die er zurückzieht.*

STRECKMANN. Ich nehme kee Geld.

ROSE. Streckmann!!! Um all's ei d'r Welt, nee nee...

STRECKMANN. Nu mecht' ich bloß sehn, ob du wirscht zur Vernunft kumma.

ROSE. Wenn doas e Mensch im Dorfe derfährt...

STRECKMANN. Das leit bei dir. Das braucht kee Mensch wissa. Du brauchst bloß ni druf anlegen, do heert keener nischt. – *Verändert, leidenschaftlich.* Nu was denn? Ich bin ebens vernarrt ei dich...

ROSE. In welches Frovolk tätst du ni vernorrt sein!

STRECKMANN. Nu gutt! Das kann ich ni ändern dahier. Wo unsereens hinkommt mit d'r Dreschmaschine, uff all den Gietern eim Lande rum, da braucht eener o ni fer Nachrede sorg'n. Ich weeß am best'n, wie's mit mir steht. Ehb Flamm kam – vu Augusten red' ich ni! –, hatt' ich schon a Auge uff dich geschmissa! Was ich dadran gewirgt hab', das weeß keener nich. *Mit eisernem Eigensinn.* Aber sull mich d'r Teifel ärschlich hulln... mag's doch! 's kommt, wie's kommt, Rosine! Zu spaßa is weiter jetzt mit mir ni! – 's is m'r eemol jitzt ieber a Weg gelauf'n! –

ROSE. Woas denn?

STRECKMANN. Das wirscht du schonn balde sahn.

Auf dem Feldwege kommt Marthel, die jüngere Schwester Roses, gesprungen, sauber und sonntäglich gekleidet. Sie ist noch ausgesprochen ein Kind.

MARTHEL *ruft.* Rose, bist du's? – Was machst du denn hier?

ROSE. Ich muß doch das Fleckel noch fertig hacken. Warum habt ihr's am Sonnabend liegen gelassen!

MARTHEL. O Jeeses nee, Rosla, wenn Vater kommt!

STRECKMANN. Wenn's was einbringt, wird a d'r a Kopp ni abreißen! Da kennt ma doch etwa a alten Bernd.

MARTHEL. Wer is denn das, Rosla?

ROSE. O frag mich ni!

Auf dem Feldwege vom Kirchdorfe her kommt der alte Bernd in Gemeinschaft mit August Keil. Beide, sowohl der alte weißhaarige als auch der jüngere, etwa fünfunddreißigjährige Mann, sind im schwarzen Sonntagsstaat, und jeder trägt in der Hand das Gesangbuch. Der alte Bernd ist weißbärtig, sein Organ ist weich, ähnlich, als ob er früher einmal ein schweres Lungenleiden überstanden hätte. Er sieht ungefähr aus wie ein ausgedienter, würdiger, herrschaftlicher Kutscher. August Keil, der Buchbinder ist, hat ein bleiches Gesicht, dünnen, dunklen Schnurrbart und Spitzbart, schon stark gelichtetes Haupthaar und mitunter zuckende Bewegungen. Er ist mager, engbrüstig, und die ganze Gestalt verrät den Stubenhocker.

BERND. Is das ni de Rusla?

AUGUST. Jawohl, Vater Bernd.

BERND. Das is dem Mädel ni auszutreiben: wenn's ieber se kommt, muß se rackern gehn! 's is nu wochentags oder am Feiertage. – *Schon nahe bei ihr.* Is ei der Woche denn ni dazu Zeit?!

AUGUST. Du iebertreibst, Rose! Das is ni neetig.

BERND. Wenn das unser guter Herr Pastor sähg, das tät'n ja in der Seele bekimmern. A traute gewiß seinen Augen ni.

AUGUST. A hat o wieder gefragt nach dir.

STRECKMANN, *anzüglich.* 's heeßt ja o, er will se fer Wirtschaftern annehm!

BERND *sieht ihn jetzt erst.* Das is ja Streckmann!

STRECKMANN. Aso lang wie a iis! Das Mädel is fleißig trotz Omsa und Bien'n! Und wenn ihr de Rippa eim Leibe zerbrecha. Zum ei d'r Kirche schlofa hat die ni Zeit.

BERND. Dorte schloaf'n wir beede o woll schwerlich dahier! Ehnder denk' ich, daß andre hier draußen schlafen, die de leider no nich geweckt wolln sein. D'r Bräutigam is nahe...

STRECKMANN. Das stimmt wie geschmiert! Aber de Braut gieht d'rweil ei de Wick'n.

AUGUST. Du bist ju recht spoßig uffgelegt.

STRECKMANN. Das stimmt o: ich kennde an Prellsteen umarma... meinswegen an Klingelbeutelstiel! Mir is ganz verknucht uchsamäßig zumute. Ich lach' mer de Plautze zum Halse raus.

BERND, *zu Rose.* Leg zusamma, mir wulln zu Hause gehn! – Asu nich! Asu geh' ich ni heem mit dir! – Leg du de Hacke dort ei a Kirschbaum! Dad'rmit gäb' ma a bieses Ärgernis.

AUGUST. Andere laufen sogar mit d'r Flinte rum.

STRECKMANN. Und andre Teifel sogar mit d'r Schnapsflasche. *Er zieht seine Schnapsflasche.*

AUGUST. Das tutt jeder uff eegne Verantwortung.

STRECKMANN. Stimmt! Und derzune uff eegne Kost'n! Kumm, faß d'r a Herze und trink amal mit. *Er reicht die Flasche Augusten, der ihn nicht beachtet.*

BERND. Du weeßt ja, August trinkt nie keenen Schnaps! – Wo steht denn de Dreschmaschine jetzt?

STRECKMANN. Aber Ihr, Vater Bernd, Ihr mißt mer Bescheid tun! Wovor seid Ihr denn Branntweinbrenner gewest? – De Maschine steht uff'n Dominium unten.

BERND *nimmt zögernd die Flasche.* Weil Ihrsch seid, Streckmann, suster tät' ich's ni! – Wie ich noch uff'n Dominium war, als Verwalter, da mußt' ma ja alles machen. Aber gerne hab' ich keen Schnaps ni gebrannt, und ei der Zeit hab' ich erscht recht ni getrunken.

STRECKMANN, *zu August, der eine daliegende Schaufel in den Kirschbaum stellt.* Immer siehch d'r amal den Kirschbaum an! Piff, paff, puff! Brauchst bloß oanleg'n und lusdricka.

BERND. 's gibt Menscha, die giehn sonntags uff de Jagd.

STRECKMANN. Flamm-Schulze.

BERND. Ebens! Mir hoan a getroffa! 's is schlimm! Um die Leute tutt's een leed! *Streckmann bewirft Rose mit Maikäfern.*

ROSE, *zitternd.* Streckmann!!!

BERND. Was hat's denn?

AUGUST. Was soll denn das sein?!

STRECKMANN. Nischte! Mir hoan a Hiehnla zu pflicka!

AUGUST. Pflick deine Hiehnla mit wem du willst! O assa koanst se meinswegen alleene.

STRECKMANN, *tückisch, feindlich.* Nimm dich in acht, August, uffgepaßt!

BERND. Friede! Verträglich! In Gottes Namen.

STRECKMANN. Die Kräte pufft immer glei uba naus!

AUGUST. Ane Kräte is der, der im Groba liegt.

STRECKMANN. August, wir wulln verträglich sein. Der Vater hat recht, mir wulln uns beliebt macha! Das is o ni christlich, wie du glupscht! Kumm her! Trink miit! Mir trinka amal! Hibsch biste ja ni, daß muß d'r d'r Neid lussen, aber mit Lasen und Schreiben tuste Bescheid wiss'n und hust o dei Lämmla ins Trockne gebracht! – Nu also, ihr sullt balde fröhliche Huxt mach'n. *Bernd nimmt, weil August keine Miene macht, die Flasche und trinkt.* Das rechn' ich mir aber o, Vater Bernd.

BERND. Uff an frehliche Huxt, da macht ma ane Ausnahme!

STRECKMANN. Akkurat! Das geheert sich! Aso is recht! – Das is ni, als wenn ich noch Anspanner wär', wie dazumal uf'm Dominium drieben, wo Ihr mich habt unter d'r Fuchtel gehabt. Heute bin ich woll repetierlich geworn. Wer eemal Kopp hat, der tutt sein Weg machen.

BERND. Nu ja, wie Gott ebens Segen verleiht! *Zu August.* Trink amal mit uff an fröhliche Huxt.

AUGUST *nimmt die Flasche.* Die soll Gott geben, dadruff braucht ma nich trinken.

STRECKMANN, *mit den Händen seine Schenkel schlagend.* Und kleene Augustla soll er geb'n! Daß de Großvater kann seine Freude erleb'n! Und der Älste vo all'n sull Schulze wern! – Jetze lußt aber Rosla o amal mittrinka.

BERND. Du flennst ja, Rosla, was hat's denn mit dir?

MARTHEL. 's tutt ihr ock immerzu aus a Auga truppa.

AUGUST, *zu Rose.* Trink an Schluck, doß er a Willn hat! *Rose nimmt mit größter Überwindung und angeekelt die Flasche.*

STRECKMANN. Na hopp! Immer lustig! Runder d'rmit! *Rose trinkt zitternd und reicht die Flasche in unverhohlenem Ekel an August zurück.*

BERND, *leise mit Vaterstolz zu Streckmann.* Das is a Mädel! Die soll a sich warmhalten.

ZWEITER AKT

Die große Wohnstube im Hause des Erbscholtiseibesitzers Flamm. Der große, niedrige Raum, der zu ebner Erde liegt, hat eine Tür nach rechts in den Hausflur. Eine zweite Tür in der Hinterwand verbindet das große Zimmer mit einem kleineren, das Herr Flamm seine Jagdkammer nennt. Es sind darin Vorrichtungen zur Anfertigung von Patronen, Kleider und Gewehre hängen an der Wand, ausgestopfte Vögel, die man bemerkt, wenn die Türe geöffnet wird, und der standesamtliche Aktenschrank. Der große Wohnraum macht mit seinen drei Fenstern auf der linken Seite, seiner braunen Balkendecke und seiner übrigen Einrichtung einen wohnlichen und behaglichen Eindruck. Links in der Ecke steht ein großes, altmodisch geblümtes Sofa, davor ein eichener, dunkel gebeizter Ausziehtisch. Über dem Sofa an der Wand dicht beieinander Hirschgeweihe und Rehgehörne. Über der Jagdkammertür hängt ein Glaskasten mit einer ausgestopften Rebhuhnfamilie. Weiter nach rechts zunächst dieser Tür das Schlüsselbrett mit Schlüsseln daran. Nicht weit davon ein Glasschrank, dicht mit Büchern gefüllt. Auf diesem Glasschrank steht ein ausgestopfter Uhu, neben dem Glasschrank hängt an der Wand eine Kuckucksuhr. Ein großer, bläulich gesprenkelter Kachelofen nimmt die rechte Ecke des Raumes ein. Vor den drei Fenstern der Linkswand blühende Blumenstöcke. Das Fenster in der Nähe des Tisches steht offen. Auch das andere weiter nach vorn. Vor diesem Fenster sitzt im Rollstuhl Frau Flamm. Die Fensterchen haben Mullgardinen. Unweit des vordersten Fensters eine alte, geschweifte Kommode mit Spitzendecke, Gläsern und allerhand Familienerinnerungen, Nippes und dergleichen darauf. An der Wand darüber Familienphotographien. Zwischen Ofen und Flureingang, mit der Klaviatur zum Ofen gekehrt, steht ein alter Flügel mit gesticktem Sessel. Über dem Klavier mehrere Kästen einer Schmetterlingssammlung. Vorn rechts ein hellpolierter Rollschreibtisch, davor ein einfacher Stuhl. Mehrere solcher Stühle, dicht bei dem Schreibtisch, an der Wand. Zwischen den Fenstern ein alter, mit braunem Leder bezogener Großvaterstuhl. Über den Tisch herab hängt eine große englische Hängelampe mit breitem Messingrand. Über dem Rollschreibtisch an der Wand befindet sich die große Photographie eines fünfjährigen, hübschen Knaben in einfachem Holzrahmen. Das Bildchen ist von einem Kranz frischer Feldblumen eingefaßt. Eine große gläserne Schale mit

Vergißmeinnicht darunter, die in feuchten Sand gesteckt sind. Herrlicher Spätfrühlingstag gegen elf Uhr früh.

Frau Flamm ist eine matronenhaft aussehende, anziehende Frau von vierzig Jahren. Sie trägt ein glattes, schwarzes Alpakakleid mit altmodischem Blusenschnitt, ein weißes Spitzenhäubchen auf dem Kopf, ein Spitzenkrägelchen um den Hals, und ihre abgezehrten und feinen Hände sind halb bedeckt von Spitzenmanschetten. Ein Buch und ein dünnes Battisttaschentuch liegen in ihrem Schoß. Das Gesicht der Frau Flamm hat große, imponierende Verhältnisse. Ihre Augen sind hellblau und durchdringend, die Stirn hoch, die Schläfe breit. Ihr Haar ist bereits grau und dünn, sie trägt es in korrektestem Scheitel. Sie streicht es zuweilen leicht mit den Fingerspitzen der flachen Hand zurück. Der Ausdruck ihres Gesichtes verrät Wohlwollen. Der Ernst ist ohne Härte darin. Um Auge, Nase und Mund spielt viel Schalkhaftigkeit.

FRAU FLAMM *blickt nachdenklich ins Freie, seufzt, vertieft sich ins Buch, horcht alsdann, schließt das Buch, nachdem sie ein Buchzeichen hineinlegt, wendet sich nach der Tür und spricht mit gesteigerter und sympathischer Stimme.* Immer wer draußen is... ock immer rein! *Es klopft, die Flurtür öffnet sich ein wenig, und der Kopf des alten Bernd wird sichtbar.* Na, wer denn? – Das is woll d'r Vater Bernd, unser Waisenrat und Kirchenvorsteher! Immer kommt ock, ich beiße Euch nicht, Vater Bernd.

BERND. Mir wollden gern a Herr Leutnant sprechen. *Er tritt ein, ihm folgt August Keil, beide sind wiederum sonntäglich gekleidet.*

FRAU FLAMM. Na, na! Das sieht ja sehr feierlich aus.

BERND. Gu'n Morg'n, Frau Leutnant.

FRAU FLAMM. Scheen gut'n Tag, Vater Bernd! – Mein Mann war vorhin in der Jagdkammer drinne. *Mit Bezug auf August.* Da is ja auch der Herr Schwiegersohn?

BERND. Jawohl, mit Gottes Hilfe, Frau Flamm.

FRAU FLAMM. Nu da nehm Se ock Platz! Da welln Se woll anmelden? Nu soll's woll endlich amal vor sich gehn.

BERND. Jawohl, 's is Gott sei Dank nu so weit.

FRAU FLAMM. Das freut mich! Das Warten führt ja zu nischte! Wenn's eemal sein soll, kurzen Prozeß! – Da hat se sich nu entschlossen?

BERND. Jawohl! Und mir is auch jetz wirklich a Stein von

der Seele. Se hat ja a langes Gewirge gemacht. Jetze drängt se dazu aus freien Sticken. Lieber heute wie morgen soll Hochzeit sein.

FRAU FLAMM. Das freut mich, Herr Keil! Das freut mich ja, Bernd! – Christel! – Ich denke, mein Mann wird gleich komm! – Also wär' das nu o ins Gleise gebracht. Nu, Vater Bernd, da kennt Ihr von Glick sagen! Da mißt Ihr ja nu sehr zufrieden sein.

BERND. Nu 's is auch! Se haben auch recht, Frau Flamm! – Vorgestern haben wir gesprochen zusamm. Und da hat Gott sogar noch mehr Segen gegeben: dann is August beim Gnadauer Freilein gewest, und die is aso ieberaus mildtätig gewesen und hat'n dreitausend Mark geborgt. Dad'rmit hat a nu kenn das Lachmannsche Haus kaufen.

FRAU FLAMM. Ach! wirklich? Is das die Möglichkeit! – Nu da haben Sie's wieder amal, Vater Bernd: wie Se von der Herrschaft entlassen wurden ohne a Stickel Gnadenbrot, da warn Se verzagt und hoffnungslos – 's war ja auch ane richtige Gemeinheit! – Nu hat Gott doch alles zum Gutten gekehrt.

BERND. Aso is! Der Mensch is halt immer kleinmittig.

FRAU FLAMM. Nu da! Da sein Se ja scheene raus! Erschtlich liegt ja das Haus direkt vor der Kirche, und dann is auch das scheene Stick Land ja dabei! Und Rose – das dächt' ich! – versteht zu wirtschaften. Nee, nee, da kenn Se zufrieden sein.

BERND. Was so eine Dame fer Segen stift! Nächst Gott, wem hat man's am meisten zu danken? Wär' ich beim Gnadauer Freilein im Dienste gestanden und hätt' mich für die so rungeniert wie hier im Dienst von unser Herrschaft, da mecht' ich woll ni so zu klagen haben.

FRAU FLAMM. Sie haben jetz nich mehr zu klagen, Bernd.

BERND. Beileibe! gewiß nich! In eener Art ni.

FRAU FLAMM. Uff Dankbarkeit kann man im Leben nich rechnen. Mei Vater war vierzig Jahr Oberferster, und Mutter hat doch hernachert gedarbt. – Sie haben jetz an braven Schwiegersohn! Sie kenn in am netten Hause wohn und haben sogar Ihre Landarbeit. Daß all's orndlich vorwärts statts rickwärts geht, dafier lassen Sie ock Ihre Kinder sorgen.

BERND. Das hofft man wahrhaftig o ganz gewiß! – Sehn Se, da zweifle ich mitnichten dran. Wer sich aso hat ruffgearbeit, erschtlich mit Schriften-Kolpotieren...

FRAU FLAMM. Wollten Sie nich auch mal Missionar werden?

AUGUST. Da war leider meine Gesundheit zu schwach.

BERND. ...mit Schreiben und Lesen und Handwerklern, und dabei asu christlich und rechtschaffen is, da kann ich mei Haupt ganz geruhigt hinlegen, und wenn's flugs zum letzten Schlafe is.

FRAU FLAMM. Wißt Ihr denn ieberhaupt, Vater Bernd, daß mein Mann seine Standesamtssachen abgibt? Eure Rose wird a woll schwerlich noch traun.

BERND. Se sind uff'n Rapse...

FRAU FLAMM. Ich weeß woll, ich weeß! Rose hilft ja ooch mitte. Se is heute morgen schonn bei mir gewesen. Wenn Se mal gehn wolln... glei hinterm Hofe... Christel!... Da is a...

FLAMM, *unsichtbar, ruft.* Zur Stelle! Sofort!

FRAU FLAMM. Standesamtliche Sachen.

Flamm, ohne Rock und Weste, erscheint in der Jagdkammertür. Sein glänzend weißes Hemd steht vorn offen. Er ist damit beschäftigt, den Doppellauf einer Jagdflinte zu reinigen.

FLAMM. Jawohl. Der Maschinist Streckmann war eben hier. Ich mechte am liebsten gleich ausdreschen lassen. Die Maschine steht auf'm Dominium. Aber da sind se noch lange nich fertig... Herr Gott ja! Da is ja d'r Vater Bernd.

BERND. Jawohl, Herr Flamm, wir sind hergekommen. Wir wollten...

FLAMM. Eins nach'n ander! Geduld! *Indem er die Flintenläufe vor die Augen hält.* Wenn Ihr Standesamtschosen habt, Vater Bernd, da solltet Ihr lieber 'ne Weile noch warten. Mein Nachfolger wird Rendant Steckel sein, der nimmt das bedeutend feierlicher.

FRAU FLAMM, *die, ihre Häkelnadel am Kinn, ihren Mann aufmerksam betrachtend, zugehört hat.* Nee, Christel, was red'st'n du da fier Zeug!

AUGUST, *bleich von Anfang an, ist bei Erwähnung Streckmanns noch bleicher geworden, nun erhebt er sich feierlich und erregt.* Herr Leutnant, ich will eine Trauung anmelden. – Ich bin mit der Hilfe Gottes bereit, in den Stand der heiligen Ehe zu treten.

FLAMM *nimmt die Gewehrläufe von den Augen, sagt obenhin.* Das is woll nich meeglich! Pressiert d'nn das so?

FRAU FLAMM, *mit Humor.* Was geht denn das dich an, Christel, nee, nee! Laß du doch de Menschen geruhigt heiraten! Du bist schon d'r richtige Prediger, du! Wenn's dem Manne nach ginge, Vater Bernd, gäb's nischt wie bloß ledige Mannsen und Weibsbilder.

FLAMM. Die Ehe is auch bloß'n Gimpelfang. – Sie sind doch der Buchbinder August Keil?

AUGUST. Zu dienen!

FLAMM. Sie wohnen in Wandriß drüben? Und hab'n das Lachmannsche Haus gekauft?

AUGUST. Zu dienen!

FLAMM. Sie wolln einen Buchladen einrichten?

AUGUST. Buch- und Papierladen. Ja. Vielleicht.

BERND. Hauptsächlich denkt a, Erbauungsschriften.

FLAMM. Zu dem Lachmannschen Haus gehört doch auch Land. Das muß doch beim großen Birnbaum sein?

BERND und AUGUST, *gleichzeitig.* Jawohl.

FLAMM. Da grenzen wir ja aneinander. *Er legt die Gewehrläufe weg und sucht in den Taschen nach einem Schlüsselbund, hernach ruft er hinaus.* Minna! Schiebe mal die Frau Leutnant raus! *Er nimmt, einige Unruhe verratend, aber mit Resignation, am Schreibtisch Platz.*

FRAU FLAMM. Ein sehr ein cheval'resker Mann! A hat aber recht! Ich bin ieberflissig! *Zu dem propren Stubenmädchen, das hereinkommt und sich hinter sie gestellt hat.* Mädel, schieb mich ock in de Jagdkammer rein. Du kannst d'r dei Haar o amal besser uffstecken. *Frau Flamm und das Mädchen ab in die Jagdkammer.*

FLAMM. Mir tun die Lachmannschen Leute leid! *Zu Keil.* Sie hatten Ersparnisse auf dem Grundstick? *Keil hustet erregt und verlegen.* Na schließlich ist das ja einerlei! Wer das Grundstick hat, kann sich gratulieren. – Sie wollen also?... Da fehlt ja die Braut? – Wie denn? – Die Braut ist wohl widerspenstig?

AUGUST, *sehr erregt und entschlossen.* Mir sein uns einig, soviel ich weiß.

BERND. Ich geh' und hol' se herzu, Herr Flamm. *Schnell ab.*

FLAMM, *der sichtlich zerstreut den Rollschreibtisch geöffnet hat, bemerkt zu spät Bernds Verschwinden.* Unsinn, das eilt ja deswegen noch nich. *Er blickt konsterniert einige Augenblicke nach der Tür, hinter der Bernd verschwunden ist, dann zuckt er die Achseln.* Macht, was ihr wollt, tut, was ihr sollt! – Ich will mir doch aber 'ne Pfeife angokeln. *Er steht auf, nimmt aus dem Bücherschrank einen Tabaksbeutel, von der Wand eine kurze Pfeife, stopft sie und zündet an. Dabei zu August.* Rauchen Sie?

AUGUST. Nein.

FLAMM. Und auch schnupfen nich?

AUGUST. Nein.

FLAMM. Und Sie trinken kein Bier, keinen Schnaps, keinen Wein?

AUGUST. Nichts außer dem Wein beim Abendmahle.

FLAMM. Eiserne Grundsätze! – Musterhaft! – Herein! – Es hat doch geklopft? – Oder nich? – Das sind die verfluchten Tackel gewesen! – Sie quacksalbern manchmal zum Zeitvertreib? – *August schüttelt den Kopf.* Ich dachte, Sie heilen vielleicht durch Gebet! Mir is so, als hätt' ich geheert von der Sache.

AUGUST. Das wär' wohl was anders als Quacksalberei.

FLAMM. Wieso?

AUGUST. Der Glaube kann Berge versetzen. Und was man bittet im rechten Geist... da is der Vater auch heut noch allmächtig.

FLAMM. Herein! –? Es hat doch schon wieder geklopft? – Herein! Herein! In drei Deibels Namen... *Der alte Bernd selbst sehr bleich, drückt die bleiche und widerstrebende Rose herein. Sie und Flamm sehen einander einen Augenblick lang fest in die Augen. Danach fährt Flamm fort.* Schön! Warten 'n kleinen Augenblick! *Er geht, wie um etwas zu holen, in die Jagdkammer.*

Die nachfolgende Auseinandersetzung zwischen Bernd, Rose und August geschieht im heftigen Flüstertone.

BERND. Was hat denn Streckmann zu dir gesagt?

ROSE. Wer denn? Nee, Vater...

BERND. Streckmann war draußen. A hat immer in se reingered't.

ROSE. Nee, was soll a ock in mich neingered't haben?

BERND. Das frag' ich dich eben.

ROSE. Und ich weeß ebens nich.

AUGUST. Du sollst dich mit so an Schubiack nich einlassen!

ROSE. Kann ich was derfier, wenn a mit mir red't?

BERND. Nu da siehst's doch, daß er mit dir gered't hat.

ROSE. Nu wenn o; da hab' ich nich druff geheert.

BERND. Den Streckmann, den wär ich noch miss'n anzeigen. Ich wer'n noch amal miss'n verklagen. Da mer vorhin voriebergign'n, wo se arbeiten tun mit d'r Dreschmaschine

– heertersch, nu fang se wieder an! –, *man hört das ferne Summen und Dröhnen der Dreschmaschine* – da hat er uns irgendwas nachgerufen. Was, hab' ich bloß ebens nich deutlich geheert.

AUGUST. Wenn a Mädel mit dem zwee Worte red't, da is o ihr guder Ruf schon zuschanden.

ROSE. Da such du d'r ock ane Bessere aus.

FLAMM *tritt wieder ein. Er hat einen Kragen umgelegt und ein Jagdjackett angezogen. Sein Wesen ist fest und gesetzt.* Allerseits guten Morgen! – Was steht nu zu Diensten? Wann soll nun also die Trauung sein? Was gibt's denn? Ihr seid wohl nich einig mitnander? Da red' doch mal einer gefälligst ein Wort! – Na, Leute, dann seid ihr wohl noch nich so weit!? – Ich will euch da mal'n Vorschlag machen: geht nach Hause, beschlaft's euch noch mal! Und wenn ihr schlüssig seid, kommt ihr wieder.

AUGUST, *diktatorisch.* Die Sache wird jetzt ei Ordnung gebracht.

FLAMM. Ich habe gewiß nichts dagegen, Keil! *Im Begriffe, mit einem Bleistift die Notizen zu machen.* Also: wann soll dann die Sache stattfinden?

BERND. Aso bald wie's ebens meeglich wär', dachten wir halt.

AUGUST. Ei vier, fünf Wochen, jawohl, wenn's sein kennte.

FLAMM. Schon in vier, fünf Wochen?

AUGUST. Jawohl, Herr Flamm!

FLAMM. Dann bitt' ich um den genauen Termin! Es geht ja nicht übers Knie zu brechen, und...

ROSE, *in peinlicher Erregung, unwillkürlich.* 's hätte o gutt noch a bißl Zeit! –

FLAMM. Was meinst du? Was meinen Sie, wollt' ich sagen. Wir kennen uns ja von Kindheit an. Aber wenn eine Braut ist, duzt man nich mehr. Also bitte: Sie ist, scheint's, nich einverstanden.

AUGUST, *der bei der Äußerung Roses zusammengefahren ist, hat sie von da ab angestarrt. Jetzt kämpft er seine Erregung nieder und sagt mit unheimlicher Ruhe.* Nu also! – Lebt wohl und gesund, Vater Bernd!

BERND. Hier bleibst du, August, sag' ich d'r bloßig! *Zu Rose.* Und du! Dir will ich amal was sagen! Entweder oder! Verstehst du mich! Ich hab' lange Geduld gehabt mit dir! Und August ooch mehr wie neetig is! Wir haben deine Mucken uff uns genommen. Wir dachten immer: Geduld, Geduld!

Unse Herrgott wird se schon noch zu Vernunft bring'n. Aber es wird immer schlimmer und schlimmer mit dir. Vor drei Tagen hast du's mir in die Hand gelobt und hast Augusten o de Hand druff gegeben, und du selber konnt'st 's gar ni derwarten dahier. Heute willste davon wieder nischte wiss'n. Was heeßt das? Was denkst du'n eegentlich von dir? Denkst du, du kannst dir alles rausnehmen, weil du a jung proper Mädel bist? Weil du uff dich gehalten hast und arbeitsam bist und weil dir kee Mensch ni kann etwa was nachreden? In der Art bist du die eenzige nich. Das geheert sich! Man braucht sich dadruff nischt einbilden! – 's sein noch andere, die nich zum Tanze gehn! 's han andere ooch kleene Geschwister erzogen und an alt'n Vater a Haushalt gefiehrt! Se sind nich alle Schlumpen und Wischhadern, weil du a fromm anständig Mädel bist. Was sollte denn sein, wenn's anderscher wär'? Da lägst du längst uff d'r Straße draußen! Aso ane Tochter hätt' ich nich. Der Mann hier, der August, der brauch dich nich! Aso a Mann brauch a Finger ausstrecken... da hat a an Haufen Frauenzimmer dran, Frauenzimmer aus a besten Familien. Ganz andere vielleicht noch, wie du eene bist. Wahrhaftig! Da reißt een woll die Geduld. Da muß een woll die Geduld amal reißen. Hochmutt! Hoffart! Iebermutt! – Entweder du wirscht dei Versprechen jetzt einleesen...

FLAMM. Na, na, Vater Bernd! Immer sanftmietig sein!

BERND. Herr Leutnant, Sie kenn die Geschichte nich! Will a Mädel an Ehrenmann so hinzerren und rumreißen, da kann se nich meine Tochter sein.

AUGUST, *dem Weinen nahe.* Rose, was hast du mir vorzuwerfen? Weshalb bist du jetzt aso schlecht gegen mich? Ich hab' zwar nie kee Vertrauen in mei Glick nich gehabt, denn warum? Ich bin ebens bestimmt zum Unglicke! Das hab' ich o Ihn, Vater Bernd, schon immer gesagt! – Jedennoch, ich hab' gesorgt und gearbeitet, und in der Art hat Gott ooch Segen gegeben, daß ich nich bin zuschanden geworden. Ma flennt! Das kommt asu! 's is eemal nich andersch! Fer mich wär' das eemal zuviel gewest! Ma is eim Waisenhaus uffgewachsen! Ma hat keene Häuslichkeit niemals gekannt! Keene Schwester nich und keen Bruder nich... nu, ma muß sich halt an a Heiland halten. – Mag sein, daß ich nich der Scheenste bin! Ich hab' dich gefragt, du hast ja gesagt! Uffs Inwendige kommt's an! Gott sieht uffs Herze! Du wirst's aber noch amal bitter bereun! *Er will fort, Bernd hält ihn zurück.*

BERND. Noch amal, August! Hiergeblieben! – Verstehste, Rosine! Wort fier Wort! Der Mann hier... entweder... das wer ich nich zugeben. – Dahier, der is meine Stütze gewest, lange ehb a um dich hat angehalten. Da ich krank war und nischt erwerben konnte und keener sich um uns bekimmern tat: a hat a Bissen Brot mit uns geteelt. *August kann seiner Erregung nicht mehr Herr werden, nimmt seinen Hut und geht ab.* A is wie a Engel vom Himmel gewesen! – August!

ROSE. Ich will ja. Ihr kennt mir doch Zeit lassen!

BERND. A hat dir drei Jahre lang Zeit gelassen! D'r Herr Paster hat in dich neingered't... Nu hat a genug! Wer will's 'n verdenken! All's hat ane Grenze! Recht hat a dermit! Aber nu sieh du, wo du bleibst... was du willst... ich mag mit dir o keen'n Staat nich mehr mach'n. *Bernd ab.*

FLAMM. Na! Na! Na! Na! Schockschwerebrett nich noch mal! *Rose ist abwechselnd totenblaß und rot geworden. Man merkt ihrem Wesen schwerste innere Erregungen an, die oft so stark sind, daß es mehrmals den Anschein hat, als wollten sie durchbrechen. Nachdem auch Bernd verschwunden ist, erscheint das Mädchen zu einer unheimlichen Blässe erstarrt. Flamm, nachdem er das Register zugeklappt und den Mut gefunden hat, Rose anzusehen.* Rose! – Wach auf! – Was ist denn mit dir? – Du wirst dir doch aus dem Geschwefel nichts draus machen!? *Da sie einen Frostanfall bekommt und ihre starren großen Augen voll Tränen stehen.* Rose! – Verständig! – Was heißt denn das?

ROSE. Ich weeß – was ich will, und – ich wärsch o – schon durchsetz'n. – Und wenn's – ni is, da is – ooch – weiter nischt!

FLAMM *geht erregt hin und her, lauscht nach der Tür.* Natierlicherweise, warum denn nich! – *Scheinbar nur für das Schlüsselbrett interessiert, von dem er Schlüssel nimmt, flüstert er mit steigender Hast.* Rose! – Du! – Rose! – Rose, heerst du denn nich?! – Wir missen uns hinterm Vorwerk treffen! – Ich muß alles noch mal bereden mit dir. – Pst! – Mutter is in der Jagdkammer drin. – Hier geht's nich.

ROSE, *mühsam hervorgerungen, aber mit Energie.* Nie und nimmer, Herr Flamm!

FLAMM. Du willst uns wohl alle mitnander verrückt machen!?

Du bist wohl des Deibels, sage mal an!? – Ich laufe dir nun schon vier Wochen nach und will'n verninftiges Wort mit dir sprechen: du tust ja, als wenn ich aussätzig wär' – – so is's dann! Dann kommen dann solche Geschichten...

ROSE, *wie vorher.* Und wenn das noch zehnmal so schlimm kommt dahier. Immer schlagt uff mir rum, ich verdien' das nich besser! Immer putzt euch an mir eure Stiefeln ab, aber...

FLAMM *steht am Tisch, wendet sich mit entrüstetem Staunen jäh nach Rose um. Hält an sich. Plötzlich schlägt er unwillkürlich mit der Faust auf die Tischplatte, daß alles dröhnt.* Kreuzmillionendonnerwetter noch mal!!!

ROSE. Um's Himmels wille...

Frau Flamm in ihrem Rollstuhl, von einem Mädchen geschoben, erscheint in der Jagdkammertür.

FRAU FLAMM. Was gibt's denn, Flamm? *Flamm ist aschfahl geworden, faßt sich mit Entschluß, nimmt Stock und Hut von der Wand, geht durch die Tür rechts ab. Frau Flamm blickt erst ihrem Mann betroffen nach, begleitet sein Verschwinden mit Kopfschütteln und wendet sich dann fragend an Rose.* Was is denn geschehen? – Was hat denn der Mann?

ROSE, *überwältigt von tiefer Erschütterung.* Ach, liebe Frau Leutnant, ich bin doch zu unglicklich!! – *Sie bricht vor Frau Flamm zusammen und verbirgt ihr Gesicht in deren Schoß.*

FRAU FLAMM. Nu sag mer amal... nu jemersch nee, Mädel... was is denn in dich gekrochen dahier? – Was hat's denn? – Du bist ja rein umgeändert. – Das versteh' ich im ganzen Leben nich. – *Zu dem Stubenmädchen, das sie hereingeschoben hat.* Ich brauch' dich jetzt nich! – Hernach kommste wieder! Mach alles soweit in der Kiche zurecht. *Das Stubenmädchen ab.* Nu also! – Wo fehlt's denn? – Was hat's denn gegeben? – Immer sprich du dich aus! Erleichtere dich! – Was? – Wie? – Was sagste? – Was haste gesagt? – Willste den Kleister-August nich heiraten? – Oder steckt dir a andres Sehndel im Kopf? – I was denn: 's taugt eener soviel wie d'r andre, und richtig was wert is dir keener nich.

ROSE, *endlich sich fassend und sich erhebend.* Ich weeß, was ich will, und damit is gutt.

FRAU FLAMM. So?! Siehste, ich dachte, vielleicht tätste das nich wiss'n. D' Weiber wiss'n das manchmal nich. Geschweige in deinen Jahren mitunter. Manchmal kann da an Alte behilflich sein. Aber wenn du's weeßt, nu da is ja gutt! Da wirscht du dich schon alleene rausfind'n. *Mit scharfem Blick, nachdem sie eine Brille aufgesetzt hat.* Rosine! Biste denn etwa krank?

ROSE, *erschrocken, verwirrt.* Krank? – Wie denn...?

FRAU FLAMM. Halt krank, wie das ebens so is. Frieher bist du doch ebens anders gewesen.

ROSE. Ich bin doch nich krank...?!...

FRAU FLAMM. Ich sag's ja ooch nich. Ich frage ja. Deswegen frag' ich ja eben! – Mir missen uns recht verstehn, sieh ock amal an! – 's is wahr! – Mir wollen doch nich um uns rumtanzen! Versteckenspieln wolln mir doch nich. – Du denkst doch nich, daß ich's mit dir ni gut meene? *Rose schüttelt energisch den Kopf.* Das wär' woll ooch etwan! – Na, abgemacht. Du hast noch mit mein Kurtel gespielt. Ihr seid nebeneinander hergewachsen, bis Gott und a nahm mir mei eenziges Kind. – Und da um die Zeit deine Mutter o starb – ich weeß woll, sie lag uff'n Sterbebette! –, da hat se sogar noch gered't mit mir: ich sollt' mich a bissel, wenn's ging', deiner annehm.

ROSE *starrt vor sich hin.* 's beste wär' schon, ins Wasser mit mir! – Wenn's aso is... Gott verzeih' mir die Sinde!

FRAU FLAMM. Wenn's aso is? – Was? – Ich versteh' dich nich! Du kennt'st dich vielleicht a wing deutlicher ausdricken. – Erschtlich bin ich an Frau, mir verschlägt's weiter nich! Und dann war ich ooch eine Mutter deswegen, wenn ich o jetzt ohne Kinder bin. Mädel, wer weeß, was mit dir is! Ich hab' dich beobachtet seit vielen Wochen, du hast vielleicht nischt nich gemerkt davon, du sollt'st mit der Wahrheit nu bald amal rausricken. – Schieb mich amal an de Kommode hin. *Rose tut es.* So! – Hier in den Schieben sein alte Sachen! – Noch die Kindersachen von Kurtel her... Deine Mutter sagte amal zu mir: meine Rose, das wird ane Kindermutter! Sonste aber, ihr Blutt is a wing gar zu heeß! – Ich weeß ja nich: 's kann immer sein, daß se recht hatt'. *Sie nimmt eine große Puppe aus einem der Schübe.* Nu siehste's! Das mag sein, wie's will dahier! Ane Mutter is auch nich zu verachten! – Mit der Puppe hast du und Kurtel gespielt. Hauptsächlich du hast se großgezogen, gewaschen, gefittert und trockengemacht, und eemal is Flamm derzune gekommen, da hast d'r se gar an de Brust gelegt. – – Du hast heute morgen Blumen gebracht. Nich wahr, die Vergißmeinnicht dorte im Schälchen?! Hast o Kurtels Grab wieder am Sonntag bekränzt. Kinder und Gräber sein Weibersachen. *Sie hat ein Kinderhemdchen aus dem Schube genommen, hält es mit beiden Händen an den Ärmeln auseinander und spricht darüber hinweg.* Gelt, Rose? – Ich dank' dir o scheene dafier! Dein Vater, der hat's mit der Mission, mit a Bibelstunden und all solchen Sachen. A spricht: Alle Menschen sein Sinder dahier, und a will se alle zu Engeln mach'n. Kann sein, a hat recht, ich versteh's ebens nich. Ich hab' ane eenzige Sache gelernt: neemlich was ane Mutter is hier uff der Erde und wie die mit Schmerzen gesegnet ist. *Rose ist überwältigt und röchelnd auf die Knie gesunken und küßt zum Bekenntnis und dankbar unzählige Male die Hände der Frau Flamm. Frau Flamm verrät durch ein blitzartiges Aufleuchten ihrer Augen, daß sie die Wahrheit erkannt und das Bekenntnis verstanden hat, spricht aber ruhig weiter.* Siehste, Mädel, das hab' ich gelernt. Ich hab's gelernt, und die Welt hat's vergessen. Von viel andern Sachen da weeß ich nischt; da weeß ich nich mehr, als was jeder so weeß, und was de jeder so weeß, das nenn' ich kee Wissen. *Sie legt das Kinderhemdchen vorsichtig auf den Schoß.* Nu da geh jetzt nach Hause und sei gutes Muts! Ich will mir jetzt alles erscht fer mich ieberlegen. 's is gutt! Weiter frag' ich dich jetze nich. Du bist jetze ni mehr die und das... Und da heeßt das getoppelt behutsam sein. Ich will nischt wissen! Verlaß dich uff mich! Mir sein ieberhaupt de Väter ganz gleichgiltig: ob's a Landrat oder a Landstreicher is. Mir miss'n de Kinder doch selber zur Welt bring'n. Daderbeine hilft uns doch keener nich. Drei Dinge muß ma sich ieberleg'n: mit Vatern, mit Augusten... und manches noch: dazu hab' ich ja Zeit! Ich will mersch recht durchdenk'n. Wingsten is ma noch zu was gutt in der Welt.

ROSE *hat sich wieder starr aufgerichtet.* Ach nee, Frau Leutnant, tun Se das nich! – Es geht nich! – Sie sollen sich nich meiner annehm! – Ich hab's um Ihn und niemanden verdient. – Das weeß ich. – Ich muß das alleene durchfress'n! – Uff andre verlass'n darf ich mich nich! – 's is... deutlicher kann ich mich nich erklären!... Sie sind aso gutt wie a Engel, Frau Leutnant!... Gott im Himmel: Sie sein viel zu gutt mit mir!... 's geht aber nich! – Ich kann's ebens nich annehm. Adje, Frau Leutnant...

FRAU FLAMM. Bleib amal noch! Ich kann dich aso jetze nich von mir fortlass'n. Wer weeß, was du noch fier Geschichten machst.

ROSE. Nee, da kenn Se ganz ruhig sein, Frau Flamm: zum Letzten greif' ich noch lange nich! Im Notfalle kann ich fiers Kind ja arbeit'n: d'r Himmel is hoch, und de Welt is weit! – Wenn's uff mich bloß ankäm' und Vater nich wär' und August tät' een nich gar zu leid tun... und a Kind muß eemal an Vater han!

FRAU FLAMM. Gutt! Sei du a resolutes Ding! Du bist ja immer a forsches Frauvolk gewesen! Um so besser, wenn d' a Kopp oben behältst! – Aber wenn ich dich recht verstanden hab', da kann ich dich glei wieder nich begreif'n: weshalb de dich gegen de Hochzeit sperrst.

ROSE, *wieder verstockt, bleich und ängstlich.* Was soll ich'n sagen? – Ich weeß ja nich! – Ich will mich ja ooch weiter kinftig nich sperr'n, bloß... Streckmann...

FRAU FLAMM. Sei off'n, verstehste mich! – Meinshalben geh jetze nach Hause, meinswegen! Komm morgen wieder! – Heer du uff mich! – Freu dich! Ma soll sich freun uff sei Kind...

ROSE. Das tu' ich weeß Gott woll! – Ich wärsch o schon durchsetzen, bloß, helfen kann mer dabei niemand nich. *Schnell ab.*

FRAU FLAMM, *allein, blickt ihr nach, seufzt, nimmt das Hemdchen vom Schoß, spannt es wie vorhin auseinander und sagt.* Nu, Mädel, 's is doch a Glick, was du hast! Fer a Weib gibt's kee greeßeres! Halt du's feste.

DRITTER AKT

Eine fruchtbare Landschaft. Vorn rechts zwischen Feldern auf einem dreieckigen, etwas vertieften Rasenplatz ein alter Birnbaum, darunter eine klare Quelle in primitiver Steinfassung. Der Mittelgrund besteht aus Wiesen. Im Hintergrund liegt, umgeben von Erlen, Haselnuß-, Weiden- und Buchengebüsch, ein seeartiger Teich mit Schilfrändern und Wasserpflanzen. Wiesen schließen sich daran und im Halbkreis umher uralte Eichen, Rüstern, Buchen und Birken. Durch Lücken zwischen Gebüsch und Bäumen werden die Türme und Dächer ferner Kirchdörfer sichtbar, links hinter Büschen die Strohdächer eines Vorwerks. Heißer Sommernachmittag zu Anfang August. Man hört aus der Ferne das Summen der Dreschmaschine.
Von rechts kommen, mit dem Ausdruck der Arbeitsermüdung und der Erschlaffung durch Hitze, der alte Bernd und August Keil. Beide Männer sind nur mit Hemd, Hose, Stiefeln und Mütze bekleidet; jeder trägt die Hacke über der Schulter, in der Hand eine Sense und am Ledergurte das Kuhhorn mit Wetzstein.

BERND. 's is reechlich heeß heute! – Ma muß amal ausruhn! – Aber's macht Freede uf so an eegnen Grundstick.

AUGUST. Ma is'n das Grashaun gar ni gewehnt.

BERND. Du hast dich sehr proper hast du dich gehalt'n.

AUGUST. O jee nee! Wie lange wird'n das gehn! Mir zuckt's und reißt's schonn in allen Gliedmaßen.

BERND. Du magst zufrieden sein, Schwiegersohn. Gewehnt will aso ane Arbeit sein. Und bei dir is ja ieberhaupt bloß ane Ausnahme. Aber wie gesagt, du kennst glei mit a Gärtnern gehn.

AUGUST. Een Tag. A zweeten klapp' ich zusammen. 's kränkt een! 's is eemal a Leiden mit mir. Ich bin o wieder beim Kreisphisikusse gewesen. Wie immer. A hat bloß mit a Achseln gezuckt.

BERND. Du bist gesund und ei Gotteshänden. A paar rostige Nägel heechstens ei Wasser tun und zwee-, dreimal die Woche an Abguß trinken. Das reenigt's Geblitte und stärkt's Herz. Wenn ock 's Wetter aushalten mechte dahier.

AUGUST. 's is zu sehr ane brittnige Hitze. Mir warsch undern Haun, 's donnerte schonn.

BERND, *am Rand der Quelle niedergekniet, hat mit dem Munde vom Spiegel weg getrunken.* Wasser is doch der beste Trunk!

AUGUST. Wie spät is'n?

BERND. Viere wird's sein. Mich wundert's, wo Rose bleibt mit der Vesper. *Er erhebt sich und betrachtet die Schneide der aufgestellten Sense, gleichwie August tut.* Mußt du tengeln? Meine geht noch a wing.

AUGUST. Ich kann's o noch amal so versuchen.

BERND *läßt sich unter den Birnbaum ins Gras fallen.* Komm lieber und setz dich neber mich. Und wenn de dei Testament tätst bei dir haben, da kennt'n mer uns glei a bissel erbaun.

AUGUST, *sich erschöpft und befreit ebenfalls niederlassend.* Ich sage bloß: Gott sei Lob und Dank.

BERND. Siehste, August, ich hab' dir das gleich gesagt: laß se! Das Mädel find sich zurechte! Nu is se o zur Vernunft gekomm. In frieheren Zeiten... vor deiner Zeit, da hab' ich mir manchmal a Kopp schon zerbrochen! Da kam manchmal schonn so a Eigensinn! Am besten geruhig laufen lassen! – Manchmal war das wirklichen Gott aso, wie wenn se tät' gegen an Mauer anloofen: ane unsichtbare, die niemand ni sah, und da mußt' se sich erscht reen wie richtig drumrum tappen.

AUGUST. Was de dazumal in se gefahren is... jetze will ich ja Gott uff a Knien danken... aber dazumal wußt' ich mir nich Bescheed! – Daß se plötzlich... mit was das zusammenhing: da kann ich mir heute noch keen Versch nich druff machen.

BERND. Wie war se dasmal gegen vorichtes Mal, da mir nunderging'n zum Standesbeamten.

AUGUST. 's is mer lieb, daß's ni mehr der Flamm-Schulze is.

BERND. Dasmal hat se ooch nich keene Miene verzogen, und ei vier, fünf Minuten war alles glatt. Asu is se manchmal! Wie de Weiber halt sein.

AUGUST. Ehb das mit Streckmann zusammenhing? A hatte Euch doch was nachgeruffen und vorher o in se neingered't.

BERND. Koan sein, koan o ni sein! Doas weeß ich d'r ni. Man kann ebens manchmal von er nischt rauskriegen. 's is ni hibsch! Grade deshalb o freut ma sich, daß se an an Mann kommt, der de kann uff se einwirken und kann er das sterrische Wesen benehm. Ihr beede seid zueinander bestimmt. Se is gutt! Se braucht ock ane richtige Leitung, und du hast ane gude und sanfte Hand.

AUGUST. Wenn ich a Maschinist Streckmann seh', da is mersch, als sähg ich a Gottseibeiuns...

BERND. Dacht' se, der Kerl wär an Unfug stiften... a is ja von Kind uff verderbt genug! Manch liebes Mal hat seine Mutter geklagt drieber!... Kann immer sein! 's is'n ja zuzutraun.

AUGUST. Wenn ich den Mann seh', kenn' ich mich ni. Kalt und heeß looft mir's da ieber a Ricken, und ich mechte a himmlischen Vater verklagen... ich mechte, a hätt' mich zum Simson gemacht! Da, verzeih' mersch ock Gott, hab' ich beese Gedanken. *Man hört den Pfiff der Lokomobile.* Da is a!

BERND. Kimmer dich nich um den!

AUGUST. Nu gutt! Wenn all's erscht vorieber is, da tu' ich mich in unsere vier Wände einschließen, und da wolln mer a stilles Leben fiehren.

BERND. A scheenes stilles Leben, Gott geb's.

AUGUST. Und von der Welt will ich nischt ni meh wissen. – Mich widert das ganze Gemächte an! Ich hab' so an Ekel vor Welt und Menscha, doaß ich orndtlich... ja, Vater, wie sool ich glei soan?... Wenn mir oll's asu bitter bis hierhar stieht, da lach' ich! Da hab' ich an Freede, zu sterba! Do freu' ich mich orndtlich wie kindsch dadruff.

Eine Anzahl durstender Feldarbeiter, ein altes Weib und zwei junge Mädchen, alle vom Gute des Erbscholzen Flamm, kommen eilig über die Felder heran. Es sind Hahn, Heinzel, Golisch, die alte Golischen, seine Frau, der alte Kleinert, die Großmagd und die Kleinmagd. Die Männer tragen nur Hose und Hemd, die Frauenzimmer geraffte Röcke, Brusttücher und bunte Tücher überm Kopf.

HAHN, *dreißigjährig, braun, frisch.* Ich biin ebens doch d'r irschte am Born! Ihr miegt immer hetza! Ihr kinnt mir nee nachkumma! *Er kniet und beugt sich über den Brunnen.* Am liebsta spräng' ich gleich mittanei.

KLEINMAGD. Nu untersteh dich! Mir hoan o Durscht. *Zur Großmagd.* Hust du a Tippla miete zum Scheppa?

GROSSMAGD. Harr ock! Irscht kimmt de Grußemagd.

HEINZEL *zieht beide Weiber an den Schultern zurück und drängt sich zwischen ihnen durch vor den Brunnen.* Irscht kumma de Manne, hernochert de Weibsbilder.

KLEINERT. Mir han hie olle mitnander Platz! – Gelt ja, Vater Bernd? Prost Vasper.

BERND. Ja, ja – mir hab'n bloß ebens noch keene Vesper. Mir wart'n noch immer vergebens druff.

GOLISCH. Ich... ich... ich... zum Auswinda bin ich! Meine Zunge leit wie a Stick Hulz ei men Maule.

DIE ALTE GOLISCHEN. Woasser!!

KLEINERT. Hie hat's 'n fer alle genung.

Alle trinken gierig, teils direkt vom Wasserspiegel, teils aus hohlen Händen, teils aus dem Hut, teils aus Töpfen oder Flaschen. Dabei vernimmt man nichts als das Geräusch des Schluckens und wohligen Aufatmens.

HEINZEL, *im Aufstehen.* Woasser is gutt, aber Bier wär' besser.

HAHN. O a Gläsla Branntwein kennde jetz sein.

GOLISCH. Au... August, kennst ju a Quart zum besta gahn.

DIE ALTE GOLISCHEN. A sol uns lieber zur Huchzeit eilada.

GOLISCH. Mir kumma alle zur Huxt. Se soll doch bale sein.

HEINZEL. Ich kumm' ni, a gibbt ins bloß Woasser zu saufa. Doas koan ich o hie am Borne hoan. Oder wegen a bißla Koffeloppern...

HAHN. Und bata und singa ubanei. – War weeß, vielleicht kimmt gar dar Jenkauer Pfarr und tutt een die zahn Gebote abhiern.

HEINZEL. Oder die sieba Bitta gor! Das wär ni gutt ausfalln. Ich hab' all's vergassa.

KLEINERT. Leute, laßt mir da August zu Ruh'. Doas sag' ich, wenn ich suster a Madel hätte, a bessern Schwiegersohn winscht' ich mir ni: a verstieht seine Sache! A is uff'n Pust'n.

Die Arbeiter und Arbeiterinnen haben sich im Halbkreis gelagert und verzehren ihre Vesper: Kaffee aus Blechkannen und große Keile Brot, von denen sie mit Taschenmessern Bissen abschneiden.

DIE ALTE GOLISCHEN. Do kimmt Bernd Rusla hinga ims Vorwerk rum.

GOLISCH. Nu saht bloß oa, wie die springa koan.

KLEINERT. Die hebt sich an Weizasaak salber uf und schleppt a biis uf a Oberboden. Heute morga hab' ich se schonn gesahn, da hatt' se an Kleederschrank uff d'r Radwer, den karrt' se nieber eis neue Haus. Das Madel hat Saft und Kraft dohie, die werd ihre Wertschaft zusammenhalten.

HAHN. Wenn mir das sonste wie Augusten gäng', meiner Seele, ihr Leute, ich tät' m'r nischt draus mach'n: ich versucht's amal mit d'r Heiligkeet.

GOLISCH. Ma muß druff zu laufa verstehn, da geht's.

HAHN. Wenn ma denkt, wie a erscht mit d'r Tasche ging und

ei a Derfern Schriftla verkoofte, hernoert, wie a a Leuta Briefe schrieb... Heut hoat a ei Wandriß 's schienste Anwesen und koan's schienste Madel eim Kreese heirota.

Rose Bernd kommt. Sie bringt in einem Korbe die Vesper für August und den alten Bernd.

ROSE. Prost Vesper!

DIE LEUTE. Prost Vesper! Prost Vesper! Schien Dank!

GOLISCH. Du läßt ja a Liebsta verhungern, Rusla!

ROSE, *heiter auspackend.* Ach wo ock! Aso leichte verhungert sich's ni!

HEINZEL. Ock gutt fittern, Rusla, suster legt a ni aus.

GOLISCH. Ja, ja, suster bleibt er d'r gar zu derre!

BERND. Wo bleibste denn so lange, hä? Mir worten ja schon ane halbe Stunde.

AUGUST, *halblaut, ärgerlich.* Nu is wieder de ganze Menschheet da! Sonste wern mir wer weeß wie lange schon fertig.

DIE ALTE GOLISCHEN. Luß a brumma, Madel, mach der nischt draus.

ROSE. Wer brummt denn, Golischen? Wer sol denn hie brumma? August brummt doch eim Leben nich.

DIE ALTE GOLISCHEN. Und wenn o! Ich sag' ja: du sollst d'r nischt draus mach'n.

HEINZEL. Wenn a jitz noch nich brummt, das kimmt schonn noch.

ROSE. Da is mir ni Angst, daß das seld' amal komm.

GOLISCH. Ihr seid ja uff eemal so betulich dahie.

ROSE. Gelt, mir waren immer schon einig, August!? *Sie küßt August. Gelächter unter den Leuten.* Was lacht ihr denn? Anderscher is das nich.

GOLISCH. Nee... nu hatt' ich mir das doch eingebild't, iich... iich kennde amal eis Fenster steiga...

KLEINERT. Da trägste de Knoch'n eim Schnupptiechla heem.

DIE GROSSMAGD, *anzüglich.* O jeemersch! O jeemersch! O jeemersch nee nee! Derweg'n versucht' ich's! Wer will das wiss'n.

BERND, *verfinstert, ruhig.* Halt a wing an dich, Großemagd.

KLEINERT. Heerscht's: a sagt d'rsch. Halt a wing an dich! D'r ale Bernd, der versteht manchmal keen Spoß.

ROSE. Se sagt ja nischt weiter! Laßt se ock.

KLEINERT, *sich die Tabakspfeife anbrennend.* A sitt meinswegen schafgutt jitze aus, oader wenn a luslät, das werd't ihr nit glooba. – Iich wiß, wie a dieba noch Wirtschafter war, da hotta de Frauvelker nischt ni zu lacha. Dar wurd' mit zahn sulcha fertig wie du, do goab's nischte miit a Kerl'n sich rimtreiba.

GROSSMAGD. War treibt sich d'nn mit a Kerl'n rum?

KLEINERT. Da mißt m'r a Maschinist Streckmann frag'n.

GROSSMAGD, *blutrot.* O fragt ihr meinsweg'n a Herrgott salber!

Gelächter unter den Leuten.

Der Maschinist Streckmann erscheint, bestaubt, so wie er von der Dreschmaschine kommt, und außerdem durch Schnaps leicht angeheitert.

STRECKMANN. Wer red't was vo Maschinist Streckmann dahie? Hie iis a! Hie stieht a! War will mit mir anbinda? – Guda Mittag! Prost Vasper, alle mitsamm.

DIE ALTE GOLISCHEN. Wenn ma vom Teifel red't, iis a schon do.

STRECKMANN. Und dich estimier' ich fer Teifels Großmutter. *Er nimmt die Kokardenmütze ab und wischt den Schweiß von der Stirne.* Ihr Leute, ihr Leute, ich mach' ni meh miit: bei dar Schinderei läßt ma ja Haut und Knucha! – Tag, August! Tag, Rusla! Tag, Vater Bernd! – – Herr Jesus Christus, kinnt ihr ni antworta? –

HEINZEL. Luß se! Da Leuta gieht's zu gutt.

STRECKMANN. A Seinen gibt's ebens der Herr im Schlaf. Unsereens schind't sich und kann's zu nischt bringa. *Er hat sich zwischen Heinzel und Kleinert niedergelassen und eingequetscht und gibt seine Schnapsflasche an Heinzel.* Luß se amal in d'r Runde gehn.

DIE ALTE GOLISCHEN. Du labst doch's schienste Laba, Streckmann! Was hätts du um's Himmels wille zu klag'n. A getuppelt und dreifaches Geld verdient a und brauch bloß a wing bei d'r Maschine stehn.

STRECKMANN. Kopparbeet! Nochmacher! Ma hot ebens Kopp! Do kinn sulche Strohschadel freilich ni mitkumma! Macht's ock! Woas weeß a alt Weib d'rvon! – Aber suster: was iich o fer Kummer ha...

GOLISCH. Jees's, Streckmann hat Kummer.

STRECKMANN. Mehr wie genung! – – Mir iis im a Steppel, kann ich euch sag'n... meinswegen ooch um Bauch oder ums Herze!... Mir is aso kotzärschlich zumutt: ich mechte was recht was Verwerrtes verrichta. – Kleenemagd, soll ich mich zu d'r leg'n?

KLEINMAGD. Ich schlag' dir a Wetzsteen ieber a Schadel.

GOLISCH. Das iis ebens sei ales Leiden dahier: 's wird'n schwarz vor a Aug'n, a sitt nischt mehr, und uff eemal liegt a bei am Madel im Bette. *Lautes Gelächter.*

STRECKMANN. Lacht ock, ihr Kruppzeug! Lacht euch aus! Bei mir, das sag' ich, gibt's nischt ni zum Lach'n. *Bramarbasierend.* Ich luss' mir a Arm ei de Maschine drähn! Ich luss' mich meinswegen vom Kolb'n d'rstuß'n! Meinsweg'n, Kleenemagd, schlag mich tut.

HAHN. Da kannste ja o ane Scheuer oazinda.

STRECKMANN, *abwehrend.* Beileibe! Feuer iis ei mir genung. August, doas is a glicklicher Mann...

AUGUST. Ehb ich glicklich biin oder ich biin unglicklich – das gieht keen'n andern eim Leben was an. –

STRECKMANN. Was tu' ich d'r denn? Da sei doch du umgänglich.

AUGUST. Iich such' mer mein Umgang woanderscher aus.

STRECKMANN *betrachtet ihn lange, gehässig und dumpf, verschluckt dann seine Wut und greift nach der ihm zurückgereichten Schnapsflasche.* Gebt her! Ma muß sich a Kummer versaufa! *Zu Rose.* Du brauchst mich nich ansehn, 's is abgemacht! *Er steht auf.* Ich geh'! – Ich will nich dazwischentreten.

ROSE. For mir kannste gehn, for mir magste bleib'n.

DIE ALTE GOLISCHEN, *Streckmann zurückrufend.* Streckmann, wie is denn das neulich geworn? – Vor drei Woch'n aso bei d'r Dreschmaschine! Da mir a Raps rausmacht'n dohier? – *Mägde und Arbeiter platzen heraus.*

STRECKMANN. Das iis vorbei! Davon weeß ich nischt.

DIE ALTE GOLISCHEN. Da hast du dich doch hoch und teuer vermess'n...

KLEINERT. Ihr Leute, heert uff mit der Rederei.

DIE ALTE GOLISCHEN. A soll bloß 's Maul ni immer aso vollnehma.

STRECKMANN *kommt zurück.* Was ich gesagt ha, das tu' ich o durchdrick'n. Ich will sunst ni seelenselig sein. – Und nu is gutt! Mehr red' ich nich. *Geht.*

DIE ALTE GOLISCHEN. A tutt sich ebens leichte mit Schweig'n.

STRECKMANN *kommt zurück, will reden, überwindet sich dann.* Nischte! – Uff da Leim kriech' ich d'r nich! – Aber wenn de willst an'n genauen Bescheid wiss'n: frag August'n dorte und ooch Vater Bernd. –

BERND. Was is das dahier? Was solln mir wiss'n?

DIE ALTE GOLISCHEN. Ehb ihr dazumal uff'n Standesamt... da ihr dazumal doch voriebergingt und Streckmann tat euch'n Sache nachbrilln...

KLEINERT. Hust Zeit, doaß de uffhierscht!

DIE ALTE GOLISCHEN. Warum denn ni? Doas sein doch bloßig gespoßige Sach'n... Ehb ihr dazumol seid eis reene gekumm? Oder ob Rusla no ni wollte miitmach'n? – – –

BERND. Gott verzeih' euch de Sind'n allen mitsamm! – Iich will euch nu aber doch amal fragen, weshalb ihr uns nich kennt mit Fried'n lass'n? – Oder hätt'n mir irgendwem hier was getan?

GOLISCH. Mir tun doch au wetter kenn Mensch'n nischt.

ROSE. Ehb ich dazumal wullde oder nich: lußt euch darieber kei graues Haar ni mehr wachsen. Heute will ich, und damit is abgemacht.

KLEINERT. Asu is recht, Rusla! Gutt gegeb'n!

AUGUST *hat bisher scheinbar vertieft in einem Neuen Testamente gelesen, nun klappt er es zu und steht auf.* Komm, Vater, mir wolln an de Arbeit gehn.

HAHN. Das kust andersch Brust wie Gebatbichla leima und a Mahlkleister durcheinanderriehrn.

HEINZEL. Und nu erscht nach d'r Huchzeit, das werd erscht recht Brust kusta. A Madel wie Rusla beoaspruchtwoas. *Gelächter.*

STRECKMANN, *ebenfalls loslachend.* O jee!! Iich hätte beinahe woas gesoat. *Er tritt wieder in die Reihe.* Iich war euch amol a Ratsel uffgahn! – Sool ich? – Stille Woasser sein tief! – 's iis biese: Ma sool ieberhaupt ni erscht Blutt lecka! A werd doch bloß immer schlimmer, d'r Durscht.

DIE ALTE GOLISCHEN. Woas denn? Wo hast du denn Blutt geleckt?

BERND. Er meent wahrscheinlich's Branntweintrinken.

STRECKMANN. Ich geh' meiner Wege! – Hadje! – Ich biin gutt! Hadjee, Vater Bernd! Hadjee, August! Hadjee, Rusla! *Zu August.* Was iis denn? – August, spiel dich ni uff! – 's iis gutt! Ich soa's ju! Ihr saht mich ni wieder! – Aber du... du hust Grund, mir dankbar zu sein. Du hust immer a hinterticksch Wesen gehabt! – Ich hoa dir die Sache doch bewilligt! – Ich hoa's bewilligt, und da ging's glatt. *Streckmann ab.*

ROSE, *heftig und energisch.* Luß a red'n, August, kimmer dich ni.

KLEINERT. Flamm kummt! *Er sieht nach der Uhr.* 's is ieber an halbe Stunde! – *Man hört den Pfiff der Lokomobile.*

HAHN, *im allgemeinen Aufbruch.* Vorwärts, Preißen! 's Elend pfeift!

Die Arbeiter mit ihren Sensen und die Mägde eilig ab. Gegenwärtig sind nur noch Rose, der alte Bernd und August.

BERND. Sodom und Gomorra dahier! – Was hat bloß d'r Streckmann fier a Geschwatze! Sag amal, Rose, verstehst du das?

ROSE. Nee! Denn ich hab' an was Besseres zu denk'n! *Gibt August ein Kopfstück.* Gelt, August? Mir han fer den Unsinn nich Zeit! Mir miss'n uns federn in da sechs Wuch'n! *Sie räumt die Vesperüberreste in den Korb.*

AUGUST. Komm ock hernach a wing rieber zu uns.

ROSE. Ich muß waschen, biegeln und Knopplecher mach'n. Wenn's eemal und is nu bald aso weit.

BERND. Mir kumma nach sieb'n zum Abendess'n. *Bernd ab.*

AUGUST, *bevor er geht, ernst.* Bist du mir gutt, Rosla?

ROSE. Ich bin d'r gutt!

August ab.

Rose ist allein. Man hört das Brummen der Dreschmaschine und Gewittermurren am Horizont. Nachdem Rose Brot, Butter, Vesperkannen und Tassen in den Korb zurückgelegt hat, richtet sie sich, den Korb am Arm, auf und scheint in der Ferne etwas zu gewahren, was sie anzieht und bannt. Mit plötzlichem Entschluß rafft sie das ihr entglittene Kopftuch auf und eilt davon. Bevor sie jedoch dem Gesichtskreise entschwunden ist, erscheint Flamm, das Gewehr auf der Schulter, und ruft sie an.

FLAMM. Rose! Stillgestanden! Donnerwetter noch mal! – *Rose steht, das Gesicht abgekehrt.* Du sollst mir amal zu trinken geben – bin ich etwa nich'n Trunk Wasser wert?

ROSE. Da hat's ja Wasser.

FLAMM. Ich bin ja nich blind! Ich will aber nich wie de Kälber saufen. – Hast du nich Tassen im Korbe, was? *Rose schiebt den Deckel beiseite.* Na also! Sogar einen Bunzeltopp! Aus Bunzlauer Teppen trinkt sich's am best'n. *Sie reicht ihm den Kaffeetopf, wiederum mit abgekehrtem Gesicht.* Sei so gutt! – Etwas mehr Höflichkeit! du wirst dich woll noch mal bequemen miss'n! *Rose geht zum Brunnen, spült den Topf aus, füllt ihn mit Wasser, stellt ihn neben den Brunnen, begibt sich zu ihrem Korbe, nimmt ihn auf und wartet, mit dem Rücken gegen Flamm.* Nee, Rose, so geht das noch immer nich! – So läßt sich vielleicht'n Pennbruder abfind'n: mit Pennbrüdern weiß ich nich so Bescheid! Einstweilen bin ich noch immer der Flamm-Schulze! – Krieg' ich'n Trunk, oder krieg' ich'n nich? – Nanu eins! Nanu zwei! Nanu drei und – Schluß! Jetzt bitte mit Anstand! Nich weiter gefackelt! *Rose ist nun wieder an den Quell getreten, hat den Krug aufgenommen und hält ihn Flamm hin; wieder mit abgekehrtem Gesicht.* So! Heeher! – Heeher! – Geht immer noch nich.

ROSE. Nee, Sie missen's doch halten.

FLAMM. Wer soll denn so trinken?

ROSE, *wider Willen erheitert, muß den Kopf herumwenden.* Nee...

FLAMM. So is schon besser! – So is gutt! *Gleichsam absichtslos und nur um den Krug zu halten, legt er seine Hände auf Roses Hände und läßt sich, den Mund am Krug, immer tiefer herab, bis er sich auf ein Knie stützen muß.* So! – Dank' scheen, Rose! – Nu kannste mich loslass'n.

ROSE *macht gelinde Versuche, sich zu lösen.* Ach nee! Lass'n Sie mich ock los, Herr Flamm.

FLAMM. So? – Meenste? – Du meenst also, ich sollte dich loslassen? Jetzt, wo ich dich endlich jetz hab' amal?! Nee, Mädel, so leichte geht das nich! – Es geht ni! – Verlang das nich erscht von mir! – Mach erscht keene Versuche! Du kannst mir nich auswischen! – Erschtlich sieh mich amal wieder richtig an! – Ich bin noch derselbe! – Auge in Auge! – Ich weeß! Ich weeß ieber alles Bescheid! – ieber alles! – Ich hab' mit Rendant Steckel gesprochen, wo ihr euch ja nu geeinigt habt. Gott sei Dank bin ja ich nich mehr Kuppelbeamter! An der Fuchsfalle steht jetz'n andrer Mann. Ich weeß ooch, wenn das Begräbnis is... Donnerwetter! die Hochzeit, wollt' ich ja sagen! Und außerdem hab' ich mit mir selber gered't. Rose, 's is 'ne sehr harte Nuß! Hoffentlich wird man sich nich die Zähne dran ausbeißen.

ROSE. Ich darf aso ni mit Ihn hier stehn, Herr Flamm.

FLAMM. Du mußt. Ob du darfst, is mir vollkommen gleichgiltig! Ganz ungeheuer Wurscht is mir das! – Wenn das wirklich bestimmt is in Gottes Rat, verlangt'n Soldat den geheerigen Abschied: so kalt vor die Tier setzen läßt man sich nich. – Rose, hab' ich dir irgendwas abzubitt'n?

ROSE, *heftig den Kopf schüttelnd, weich.* Sie hab'n mir nischt abzubitt'n, Herr Flamm.

FLAMM. Nich? – Is das ehrlich? *Rose nickt heftig bejahend.* Das freut mich wenigstens! So hab' ich mir das auch immer gedacht! Man kann da doch an was Ganzes zurickdenk'n! – Ach, Rose, das war eine scheene Zeit!...

ROSE. Und Sie miss'n zurückgehn zu Ihrer Frau...

FLAMM. Wenn so was bloß nich so vorieberflitzte! Eine scheene Zeit! Was hat man davon?

ROSE. Sie solln gutt sein zu Ihrer Frau, Herr Flamm! – Ihre Frau is a Engel, die hat mich gerettet.

FLAMM. Komm! Wir wolln mal unter den Birnbaum gehn! – Scheen! – Was denn? Ich bin immer gutt zu der Frau. Wir stehen auf dem besten Fuß miteinander. – Komm, Rose! Erzähl mir das mal genau. Also: wie is das? – Gerettet? Was? – Vor was hat sie dich denn gerettet, Rose? Natierlich doch interessiert mich das. Was war damals eigentlich los mit dir? Mutter macht allerlei Anspielungen: draus klug geworden bin ich noch nich.

ROSE. Herr Christoph!... Herr Flamm! Ich kann mich nich hinsetz'n! – Das schad't ja doch nischt!... Das fiehrt ja zu nischt: 's is nu alles vorbei – gutt! 's is alles erledigt. Ich weeß: Gott wird mir de Sinde verzeihn. A wird's ooch an unschuldig'n Kindl ni anrechnen. Dazu is a ja viel zu barmherzig dazu.

FLAMM, *mit Bezug auf das lauter vernehmliche Summen der Dreschmaschine.* Das verfluchte Gesumme in einem fort! – Was? – Rose, du sollst dich'n Augenblick hinsetz'n! Ich tu' dir nichts! Ich beriehre dich nicht! Ehrenwort, Rose! Du sollst dich mal aussprech'n! – Hab doch'n bißchen Vertrauen zu mir!

ROSE. Nu ja... 's is ebens... ich weeß weiter nischt! – Wenn ich amal erscht verheiratet bin, da kenn Se amal de Frau Leutnant frag'n, vielleicht tutt se Ihn sagen, was jetz mit mir is. Ich hab' Augusten o noch nischt gesagt! – Ich weeß, a is gutt! Deshalb is mir ni bange! Weil a weechherzig is und o christlich is. Und nu hadje, Christoph! Hadje, lebt gesund! – Ma hat a Lebenlang vor sich jetz, da kann eens recht treu sein, sich kastein, recht arbeit'n, Schuld bezahln und abverdien.

FLAMM *hält Rosens Hand fest.* Rose, bleib noch'n Augenblick! Meinswegen bin ich ja einverstand'n! – Zu deiner

Hochzeit komm' ich weeß Gott nich! – Aber wenn ich auch nich zur Hochzeit komme, so seh' ich doch ein, daß du recht hast jetz. – Mädel, ich hab' dich so gerne gehabt... so ehrlich... ich kann dir's nicht sagen, wie gerne!... Weiß der Teufel, seit... seit ich denken kann. – Schon dazumal hast du mir's angetan, wie du als Kind schon immer so ehrlich warst... so offen in tausend kleinen Sachen... wenn man dich fragte... so treuherzig raus!... Niemals irgendwie Schwindeleien und Finten, und wenn flugs'n Spiegel in Scherben ging. Ich hab' ja Weiber genug gekannt in Tharandt und hernach auch in Eberswalde auf der Akademie und beim Militär, wo ich fast meistens'n blödsinniges Glick hatte, und doch weiß ich von Glick erst jetzt was durch dich.

ROSE. Ach, Christel, ich hab' Sie auch gerne gehabt.

FLAMM. Du warst ja von klein auf verliebt in mich! Du hast mich ja schon manchmal angefunkelt... Wirst du noch manchmal denken dran? An den alten verdrehten Sinder Flamm?

ROSE. Das wer ich! Ich hab' ja a Unterpfand.

FLAMM. Ach so: das Ringelchen mit dem Steine. Wirst du denn manchmal zu uns kommen?

ROSE. Das geht nich. Das schneid't een zu sehr ins Herze. Das wär' bloß gedoppelte Marter und Leed! 's muß aus sein! Ich vergrab' mich eis Haus! Ich will fer zwee rackern und arbeiten! 's fängt amal a neues Leben an, und da darf man uffs alte ooch ni mehr zurickblicken. Uff Erden is halt bloß Jammer und Not, und mir miss'n halt uff a Himmel wart'n.

FLAMM. Soll das nun der letzte Abschied sein, Rose?

ROSE. Vater und August verwundern sich schonn!

FLAMM. Und wenn sich die Fische im Wasser verwundern und die Rohrdommeln auf'm Kopfe stehn, deshalb wer ich jetzt keine Sekunde wegschmeißen. – Es soll also ganz und gar alle sein? – Auch Mutter willst du nich mehr besuchen?

ROSE, *kopfschüttelnd.* Ich kann ihr nich mehr ins Gesichte sehn! – Vielleicht o später amal! Nach zehn Jahren amal! – Vielleicht hat man's dann doch noch amal ieberwunden. Hadje, Herr Christoph! Hadje, Herr Flamm!

FLAMM. Schön! – Mädel, ich sag' dir, wenn Mutter nich wär'... noch jetz... ich wirde erscht gar nich fackeln... da machte ich sehr kurzen Prozeß mit dir.

ROSE. Ja, wenn ock das Wörtel »wenn« nich wär'! – Ohne

August und Vater, wer weeß, was ich machte! Am liebsten fleeg' ich ei alle Welt.

FLAMM. Ich mit, Rose! – Also! – So wär' also das! – Und da kannste mer halt noch amal deine Hand geben... *Er drückt ihre Hand, sie blicken einander heiß zum Abschied in die Augen.* 's is so: was sein muß, muß eemal sein! – Und da wolln mir halt jetzt auseinandergehn! *Er wendet sich entschlossen und geht mit festen Schritten, ohne sich umzublicken.*

ROSE, *ihm nachblickend, sich überwindend, mit äußerster Willenskraft.* Was sein muß, muß sein! – Und nu is gutt! – *Sie tut den Krug wieder in den Korb und ist im Begriff, nach der anderen Richtung davonzugehen. Streckmann erscheint.*

STRECKMANN, *blaß, verzerrt, kriechend, scheu.* Rose! – Bernd Rusla! – Heerschte nich? – Das war doch wieder der nischnitzige Flamm-Schulze?! – Wo der mir amal ei de Finger kommt... dem tu' ich de Rippa eim Leibe zerbrecha! – Was hat's denn? Was wollt' a denn wieder von dir? Das sag' ich dir aber: das geht nich aso, ich leid's ni! Eener is aso gutt wie d'r andere! Ich luss' mir da ooch ni a Laufpaß geb'n.

ROSE. Was sag'n Sie? Wer sein Sie denn ieberhaupt?

STRECKMANN. Wer ich bin? Verflucht ja: das werscht du schonn wiss'n.

ROSE. Wer sein Sie? Wo hätt' ich Ihn denn schonn gesehn?

STRECKMANN. Du? Miich? Wo du mich gesahn hätt'st, Madel? – Fer an Aff'n such du d'r an andern aus.

ROSE. Was wolln Sie? Wer sein Sie? Was wulln Sie vo mir?

STRECKMANN. An Dreck wiil ich! Nischte! Huste verstand'n! In Gottes Nam'n... prill ni aso!

ROSE. Ich ruffe die ganze Welt zusammen, wenn Sie mer jetz ni von a Fers'n giehn.

STRECKMANN. Denk an a Kerschbaum! Denk du ans Kruzifix...

ROSE. Wer sein Sie? Liege! Was wolln Sie vo mir? Entweder Sie sehn, doaß Sie weiterkumma... ich schrei', was ich kann, um Hilfe dahier.

STRECKMANN. Madel, du hast a Verstand verloren.

ROSE. Da brauch' ich a wengsten nimmeh zu schleppa! Wer sein Sie? Liege! Sie hoa nischt gesahn! Ich schrei'! Ich prill', was d'r Odem hält, wenn Sie itze ni uff d'r Stelle lang machen.

STRECKMANN, *erschrocken.* Rüsla, ich geh'! Bis stille, 's is gutt.

ROSE. Aber glei! Glei uff d'r Stelle! Verstanda?

STRECKMANN. Glei, glei! Meinswegen! Warum ooch ni! *Er macht eine faxenhafte Bewegung, als ob er sich vor einem Regenschauer flüchtete.*

ROSE, *mit wahnsinnigem Ingrimm.* Da leeft a! Aso a nichtswerdiger Schuft! Wenn ma da Kerl von hinga sitt, da hat ma noch immer de beste Seite, und doch muß ma sich vor dam Kerle verfiehrn! – Pfui, sag' ich! Auswendig is a geschniegelt, inwendig is a von Mad'n zerfress'n: d'r Ekel kommt een zum Halse raus.

STRECKMANN *wendet sich, bleich, unheimlich.* Ach — ! – 's is woll ni meeglich!? – Was du ni sagst! – Das iis kee sehr app'titliches Fress'n! Weshalb warscht d'nn du da asu hitzig druf?

ROSE. Iich? Hitzig uff dich?

STRECKMANN. Du hust's wull vergess'n?

ROSE. Schuft!

STRECKMANN. Ich biin au enner.

ROSE. Schubiack! Schuft! Was hust du jetzt noch um mich rumzuschnuppern? Wer bist du? Wer sein Sie? Was hätt' ich gemacht? – Du hust dich an meine Fersen gehängt! Du hust mich gehetzt... ei de Heechsen gebissa... Schuft!... Schlimmer als wie a Fleescherhund.

STRECKMANN. Du bist mir nachgelauf'n dahie!

ROSE. Was...?

STRECKMANN. Bist in meine Wohnung gekomm'n und hast mir de Helle heeß gemacht.

ROSE. Und du...

STRECKMANN. Nu was denn?

ROSE. Und du? Und du?

STRECKMANN. A Kostverächter biin ich halt ni.

ROSE. Streckmann! Du mußt amal sterben dahier! Hierscht es! Denk an dei letztes Stindla! Du mußt amal o vor am Richter stehn! Ich biin zu dir gelaufa in Himmelsangst! Ich hoa dich um's Himmels wille gebattelt... du sullst m'r mit August'n a Weg freigahn. Ich biin uff a Knien gekruchen vor dir und du sagst itz, ich wär' dir nachgelaufa? Asu is: du hust a Verbrecha geton!! Du hust an mir a Verbrecha beganga!! Das is mehr als an Niederträchtigkeet! Getuppelt, gedreifacht a Verbrecha! D'r Herrgott wird dich bestrofa d'rfier.

STRECKMANN. Nu hiert ock! Da lassen mirsch ebens druf akumma.

ROSE. Das sagst du? Das willst du druff akumma loon? Teifel!! Do spuck' ich dir ins Gesichte.

STRECKMANN. Denk an a Kerschbaum! Denk ock ans Kruzifix!

ROSE. Du hust mir geschworen, du wulld'st ni davon red'n! Du hust mir heilige Eide geschworen! Du hust deine Hand uffs Kreuze gelegt und hust mir an Eid uffs Kreuze geleistet, und itze fängst die Hetzjagd von frischen an! Was willst du?

STRECKMANN. Ich bin aso gutt wie Flamm. Und du sollst dich mit dem ebens o ni mehr einlass'n.

ROSE. Ich spring' ei sei Bette, Karnallje du! Das tät' dich ooch noch nich keen Pfifferling angehn.

STRECKMANN. Das werd sich ja rausstelln, wie das kommt.

ROSE. Was? Du hust mir Gewalt agetan! Du hast mich verwerrt! Hust mich niedergebrocha! Wie a Raubvogel bist du gestußa uff mich! Ich wiß! Ich wullde zum Tierla rauskumma! Du hust mir Jacke und Rock zerzaust! Ich hoa geblutt! Ich wullde no rauskumma! Do hatt'st du a Riegel virgelegt! Das iis a Verbrecha! Ich bring's zur Oanzeige...

Bernd und August treten hintereinander auf. Nach ihnen Kleinert und Golisch und die anderen Arbeiter.

BERND, *dicht vor Streckmann.* Was iis hier? Was hast du mein Mädel getan?

AUGUST *zieht Bernd zurück, er drängt sich vor.* Ich, Vater! – A fragt, was du Roslan getan hast.

STRECKMANN. Nischte!

BERND, *sich wieder vordrängend.* Was hast du dem Mädel getan?

STRECKMANN. Nischte!

AUGUST, *sich vordrängend.* Itz sagst du, was du er getan hast!

STRECKMANN. Nischte! An Teifel hab' ich er getan!

AUGUST. Entweder du sagst itze, was du er getan hust – oder...

STRECKMANN. Oder? Na, was denn, hä, »oder« dohie? – Hände weg... Hand von d'r Gurgel!

KLEINERT *versucht zu trennen.* Halt!

STRECKMANN. Hand von d'r Gurgel!

BERND. Jetze muß du droa gleeba. Entweder...

AUGUST. Was hast du dem Mädel getan?!

STRECKMANN, *in plötzlicher Angst, an den Birnbaum sich retirierend, schreit.* Hilfe!

AUGUST. Was hast du dem Madel getan? Antwort! Antwort! Iich will das wiss'n. *Er hat sich losgemacht und stellt Streckmann.*

STRECKMANN *holt aus, schlägt ihm mit der Faust ins Gesicht.* Das is meine Antwort! – Das hab' iich getan!

KLEINERT. Streckma –

DIE ALTE GOLISCHEN. Halt August'n uff! A fällt.

GROSSMAGD *fängt den taumelnden August auf.* August!

BERND, *ohne auf August zu achten, zu Streckmann.* Du werscht Rechenschaft geb'n! Jetze muß dir das heemkumma!

STRECKMANN. Die Schweinerei! Wegen dem Frovolke da, die mit all'r Welt a Gestecke hat... *Er geht ab.*

BERND. Was war das for a Wort?

KLEINERT, *der mit Golisch und der Großmagd, Hahn und der alten Golischen zusammen den fast besinnungslosen August aufrecht erhält.* 's Auge is raus!

DIE ALTE GOLISCHEN. Vater Bernd! Augusten is ni sehr gutt gegangen.

KLEINERT. Der Mensch hat an beese Brautschaft dahier.

BERND. Was? Wie denn? Du lieber Heiland eim Himmel! *Bei ihm.* August?!

AUGUST. Mir tut's linke Auge aso weh.

BERND. Rose, bring Wasser!

DIE ALTE GOLISCHEN. Doas iis a Unglicke.

BERND. Rose, bring Wasser, heerschte denn nich?

GOLISCH. Doas werd wull a Jährla Gefängnis kust'n.

ROSE, *gleichsam jetzt erst aufwachend.* A soat... A soat... Ja, was heeßt denn nu das?... Ich hoa doch... an Puppe gekriegt zu Weihnachta.

KLEINMAGD, *zu Rose.* Du schläfst woll?

ROSE. ... Ma koan das niemanda soan!... Nee, Kleenemagd: 's gieht ni! 's läßt sich ni mach'n! – Ma sellde vielleicht... doch ane Mutter han...

VIERTER AKT

Das gleiche Zimmer im Hause Flamms wie im zweiten Akt. Ein Sonnabendnachmittag zu Anfang des Monats September. Am Rollschreibtisch sitzt Flamm über Rechnungen. Nicht weit von der Flurtür steht Streckmann.

FLAMM. Demnach hätten Sie also noch zweihundertundsechs Mark und dreißig Pfennige zu bekommen.

STRECKMANN. Jawohl, Herr Flamm.

FLAMM. Was war denn an der Maschine los? Einen Vormittag haben Sie doch feiern missen.

STRECKMANN. Ich hatte Termin auf'n Landgericht. Die Maschine is ganz in Ordnung gewesen.

FLAMM. War das in der Sache mit... mit dem Keil?

STRECKMANN. Ja. Und außerdem hatt' mich doch Bernd verklagt, ich soll doch die Tochter beleidigt haben.

FLAMM *hat aus einem besonderen Fach Geld genommen und zählt es auf den großen Tisch.* Hier sind also zweihundert... zweihundertsechs Mark und finfzig... bekäm' ich noch zwanzig Pfennig.

STRECKMANN *streicht das Geld ein und legt dagegen zwanzig Pfennige auf den Tisch.* Da soll ich'm Herrn Oberamtmann sagen: gegen Mitte Dezember wärsch wieder so weit.

FLAMM. Zwei Tage! Sagen wir, Anfang Dezember. Da mecht' ich die große Scheuer leer mach'n.

STRECKMANN. Anfang Dezember. Jawohl, Herr Flamm. – Adje!

FLAMM. Adjee, Streckmann! – Sagen Sie mal: wie wird's denn nu werden mit Ihrer Geschichte?

STRECKMANN *bleibt stehen, zuckt mit den Achseln.* Da wird woll ni gar viel werden, Herr Flamm.

FLAMM. Wieso?

STRECKMANN. Ma wird halt dran glooben missen.

FLAMM. Was 'ne Kleinigkeit manchmal für Folgen hat. – Wie kamt ihr denn eigentlich so an'nander?

STRECKMANN. Ich bin mer reen gar nischt mehr bewußt! Ich bin damals... Ich muß sein reen kullrig gewest!... Aber ich kann mich an gar nischt nich mehr erinnern.

FLAMM. Der Buchbinder gilt doch für äußerst friedfertig.

STRECKMANN. Mit mir fängt a immer Händel an! Aber sunster wie ausgelescht is mer das! – Ich weeß bloß, se sein ieber mich hergefalln, grade als wie zwee reißnige Welfe! Ich dachte, 's wär mer ans Leben gehn! Wenn ich das dahier nich gedacht hätte, da wär' mer die Hand o ni ausgerutscht.

FLAMM. Und das Auge war nich mehr zu retten?

STRECKMANN. Nein! 's tutt een leed. Und... Nu, es is ni zu ändern! Schuld an dem Unglick bin ich nich!

FLAMM. So 'ne Sache is an sich beese genug! Wenn erst das Gericht eingreift, wird se noch schlimmer! Hauptsächlich tut mir das Mädel leid.

STRECKMANN. Mir schlottert's Zeug ock am Leibe rum, so is mir de Sache zu Herzen gegangen. Was Schlaf is, Herr Leutnant, das weeß ich ni mehr. Ich hab' o im Grunde mit Augusten nischt! Mir is ebens... reen wie nich gegenwärtig!

FLAMM. Sie sollten doch mal zu Bernd riebergehn. Wenn Sie die Tochter beleidigt haben und auch gar nich recht bei sich gewesen sind, so kennten Sie doch das ganz einfach zuricknehm.

STRECKMANN. Das geht mich nischt an! Das is seine Sache! Wenn a freilich wißte, wonaus das geht, da tät' a woll seine Klage zuricknehm! das mißt'n freilich'n andrer sagen, daß a dem Mädel kein Dienst tutt damit. Aso is! Adjes, Herr Leutnant!

FLAMM. Adieu! *Streckmann ab.*

FLAMM, *für sich, erregt.* Wenn man so'm Kerl an die Gurgel könnte!

Frau Flamm wird aus der Jagdkammer von dem Hausmädchen hereingeschoben.

FRAU FLAMM. Was brummelste denn da wieder, Flamm? *Auf ihren Wink entfernt sich das Mädchen.* Haste Ärger gehabt?

FLAMM. Ja, danke, es geht!

FRAU FLAMM. War das nich Streckmann?

FLAMM. Der schöne Streckmann! – Das war der schöne Streckmann, jawohl!

FRAU FLAMM. Wie steht's d'nn nu eigentlich damit, Flamm? Habt ihr ni ieber Keil gered't?

FLAMM, *kritzelnd.* I, was, ich hab' Rechnereien im Kopf!

FRAU FLAMM. Steer' ich dich etwa, Christel?

FLAMM. Nee! Du mußt dich bloß etwas ruhig verhalten.

FRAU FLAMM. Wenn ich sonst nischt nich kann: da bürg' ich für mich.

Stillschweigen.

FLAMM, *aufbrausend.* Himmelkreuzschockschwerebrett nicht

noch mal! Manchmal mechte man bloß in die Jagdkammer laufen und so'n lausigen Kerl einfach niederknalln! Das wär' bloß'n Spaß, so was zu verantwort'n.

FRAU FLAMM. Nee, Christel, was du een erschrickst dahier!

FLAMM. Ich kann nischt dafier! Ich bin selber erschrocken! — — So gemein is der Mensch, Mutter, sag' ich dir, so unter aller Kanallje nichtswirdig... ich sage, so kann er wenigstens sein!... daß einem Kerl wie mir, der seinen Tabak verträgt, sich manchmal de Därme im Leibe umwenden. In der Sache lernt unsereiner nich aus. Man kann alle vier Fakultäten verschluckt haben, Hanfstricke und Kieselsteine verdauen, aber so was... in Niederträchtigkeiten kommt man ieber Propädeutik nich raus!

FRAU FLAMM. Was hat dich d'nn wieder so aufgebracht?

FLAMM, *wieder schreibend.* Ich spreche nur so ganz im allgemeinen.

FRAU FLAMM. Ich dachte, das hing' mit dem Streckmann zusamm! Nämlich, Christel, mich tutt die Geschichte nich loslass'n! Und wenn dirsch amal mehr gelegen wird sein, da mecht' ich mich wirklich amal mit dir aussprechen.

FLAMM. Mit mir? Was geht mich denn Streckmann an?

FRAU FLAMM. Wenn o Streckmann nich grade: der Mann ja nich! Aber doch d'r alte Bernd und o Bernd Rose. — Sieh amal: was das Mädel betrifft, das is a 'ne bitterernste Geschichte! Und wenn ich ni aso gefesselt wär', da wär' ich schonn längst amal bei 'ner gewesen. Blicken lassen tutt se sich nich.

FLAMM. Du? Bei der Rose? Was willst du denn dort?

FRAU FLAMM. Nu heer amal zu, Christel. Sieh amal an, es is ja nich so bloß de erschte beste! Ich muß halt amal doch zum Rechten sehn.

FLAMM. Na ja, Mutter! Tu, was de nich lassen kannst! Du wirst bei dem Mädel bloß schwerlich was ausrichten.

FRAU FLAMM. Wie denn, Christel? Wie meenste denn das?

FLAMM. Man soll sich in fremde Sachen nich einmischen! Man hat doch bloß Ärger und Undank davon.

FRAU FLAMM. Wenn schonn! An Ärger muß ma vertragen! Und Undank is eemal der Welt Lohn! Und was gerade die Bernd Rose anbetrifft, ich weeß ni, mir is das halt immer gewesen, halb und halb, als wär' se mei Kind. Sieh ock, Christel, solange ich denken kann... wie Vater noch Oberferster war, da wusch ihre Mutter schonn bei uns im Hause. Hernach uff'm Kirchhof an Kurtels Grab, da seh' ich das

Mädel noch stehn wie heute, wenn ich o selber mehr tot wie lebendig war. Außer mir und dir, das kann ich dir sagen, is keener wie die so untreestlich gewest.

FLAMM. Meinswegen! Was haste denn aber fer Absichten? Ich kann m'r dabei gar nischt denken, Kind!

FRAU FLAMM. Erscht will ich jetzt erscht amal neugierig sein.

FLAMM. Wieso?

FRAU FLAMM. Wegen nischt und wieder nischt! Ich meng' mich ja o sonst nich in deine Sachen. Aber jetzt... nu mecht' ich amal doch Bescheid wiss'n! was hat's denn mit dir in der letzten Zeit?

FLAMM. Mit mir? Ich denke, du red'st von der Bernd Rose!

FRAU FLAMM. Jetze red' ich ebens amal von dir.

FLAMM. Das kannst du dir aber ersparen, Mutter! Meine Angelegenheiten kümmern dich nicht.

FRAU FLAMM. Das sagst du aso! Das is leichte gesagt! Aber wenn man so sitzt, wie ich sitzen muß, und sieht, wie a Mensch immer unruhig is, und weeß, daß a nachts ni schlafen tutt, und heert'n in eenem Biegen seufzen, und's is zufälligerweise d'r eegne Mann, da macht ma sich halt ebens seine Gedanken.

FLAMM. Nee, Mutter, du bist woll ganz verrickt. Du willst mich woll ganz und gar lächerlich machen! Seufzen! Da mißt' ich ja blödsinnig sein. Was d'nn noch? Ich bin doch keen Schneidergeselle!

FRAU FLAMM. Nee, Christel, aso entwischt du mir nich.

FLAMM. Mutter, was bezweckst du denn nu damit? Du willst mich woll öden? Was? Willst mich woll langweiln? Aus dem Hause rausgraulen? Oder so was? – Da kannst du's weiß Gott gar nich schlauer anfangen.

FRAU FLAMM. Ich bleibe dabei, du verheimlichst mir was!

FLAMM, *achselzuckend.* Wenn du meinst! Nu dann wer ich dir wohl was verheimlichen! – Nimm aber mal an, Mutter, daß es so is... Du kennst mich! In der Hinsicht kennst du mich doch!... Da mag sich die ganze Welt auf'n Kopp stelln, da kriegt keiner auch noch nich mal so viel raus! *Er schnippt mit den Fingern.* Ärger hat jeder genug in der Welt! Gestern hab' ich'n Brauknecht missen rausschmeißen, vorgestern hab' ich'n Brenner zum Teufel gejagt. Und schließlich, ganz abgesehen davon, so'n Leben, wie man's hier führen muß, is wirklich ausreichend fade genug, einen anständigen Menschen spleenig zu machen.

FRAU FLAMM. Such d'r doch Umgang! Fahr in de Stadt!

FLAMM. Richtig! Im Roß mit den Rössern Skat dreschen oder mit'n Herrn Landrat auf Stelzen gehn! Gott bewahre, die Scherze habe ich dick! Das kann mich noch nich vor de Haustüre locken! Hätt' man nich noch das bißchen Jagd und könnte sich nich seine Knarre mal umhäng, da... Seemann mißt' man geworden sein!

FRAU FLAMM. Na siehst es, da hast es! Das sag' ich ja! Du bist ebens ganz von Grund aus verwechselt! Bis vor zwee, drei Monaten warste vergniegt, hast Veegel geschossen und ausgebalgt, hast botanisiert und Eier gesammelt und gesungen a lieben langen Tag. 's war ane Freude, dich anzusehn, und jetzt biste uff eemal wie ausgewechselt.

FLAMM. Wenn uns wenigstens Kurtel geblieben wär'!

FRAU FLAMM. Wie wärsch denn, wenn mir a Kind täten annehmen?

FLAMM. Jetzt uff eemal!? Nee, Mutter. Jetzt mag ich nich! Frieher hast du dich nicht kenn entschließen; heute is der Moment ooch bei mir verpaßt.

FRAU FLAMM. 's is leichte gesagt, a Kind ins Haus nehm! Erscht kommt's een natierlich vor wie a Verrat! Mir kam's wie Verrat am Kurtel vor, bloß ock aus d'r Ferne so a Gedanke. Asu war mir's... wie soll ich denn sagen, Flamm! Als wenn ma da Jungen nu gänzlich ausstieße, aus'm Haus, aus'm Stiebel und Bettel raus und ni zuletzt o aus unsen Herzen. – Hauptsächlich aber: wo gleich a Kind hernehmen, wo ma hoffen kann, daß ma Freude erlebt. – Aber laß das amal uff sich beruhn! Nu wolln w'r amal uff de Rose zurickgreifen! Und ob de denn weeßt, Flamm, was mit ihr los is!

FLAMM. Ja nu... Ja freilich!... Weshalb denn nich? – Streckmann hat ihren Lebenswandel verdächtigt, und das leid't der alte Bernd eben nich. 's is freilich 'ne Dummheit, klagbar zu werden. De Kosten trägt immer die Frau zuletzt.

FRAU FLAMM. Ich hab' a paar Briefe an de Rose geschrieben und hab' m'r das Mädel herbestellt. Wahrhaftig in ihrer Lage, Flamm, die kann jetzt wahrhaftig nich aus und nicht ein wiss'n!

FLAMM. Wieso?

FRAU FLAMM. Weil Streckmann im Rechte is!

FLAMM, *stutzig, dumm.* Was, Mutter? Du mußt dich deutlich ausdrücken.

FRAU FLAMM. Aber, Christel, nich gleich wieder jähzornig sein! Ich hab' d'r die Sache bis jetzt verheimlicht, weil ich weeß, wie du in den Sachen bist; erinner dich ock an die kleene Magd, die de Knall und Fall hast aus'n Hause geschmissen, und a Täschner, den de gepriegelt hast! – Das Mädel hat m'r a Bekenntnis gemacht vor langer Zeit, schonn vor ieber acht Wochen, und da is se nich bloß mehr de Rose Bernd... sondern es kommt ooch a zweetes Wesen in Frage... halt ebens das, was unterwegens is... Flamm, haste verstanden!?... Verstehste mich?

FLAMM, *gepreßt.* Nee! Nich so ganz, Mutter, offengestanden. Ich hab' neemlich... hier neemlich... heut neemlich... jetzt... mir steigt jetzt manchmal das Blut so zu Kopfe. Das is wie so'n... scheußlich... Schwindelanfall!... Aber ja... aber nee... ich muß doch woll Luft schepfen. 's is weiter nichts, Mutter, beunruhige dich nich.

FRAU FLAMM, *mit der Brille.* Wo willst denn du mit der Patronentasche hin?

FLAMM. Gar nichts. Was mach' ich denn mit der Patronentasche? *Er schleudert die Patronentasche fort, die er unwillkürlich in die Hände bekommen hat.* Man weiß von nichts! Man erfährt von nichts! Und da wird eenem manchmal ganz blöde zumute. Da fühlt man sich manchmal ganz fremd in der Welt.

FRAU FLAMM, *mißtrauisch.* Nu sag amal, Christel, was heeßt denn das?

FLAMM. Nichts, Mutter! Gar nichts! Durchaus weiter nichts! Mir is auch schon wieder ganz frei im Kopfe! Aber manchmal kommt so'n Gefühl ieber mich, so 'ne Angst, ich weeß nich, mit einem Male, als wenn nirgend was Festes mehr unter mir wär' und man sollte sich gleich's Genick abstirzen.

FRAU FLAMM. Du red'st ja seltsame Sachen dahier. *Es wird an die Tür gepocht.* Wer pocht denn? – Herein!

AUGUST, *noch unsichtbar.* Ich bin's bloß, Frau Flamm!

Flamm schnell in die Jagdkammer.

FRAU FLAMM. Ach Sie sein's, Herr Keil. Sie kenn immer eintreten.

Keil August wird ganz sichtbar; er ist bleicher als früher, auch abgezehrter und trägt eine dunkle Brille. Das linke Auge ist mit einem schwarzen Verband bedeckt.

AUGUST. Ich soll um Entschuldigung bitten, Frau Leutnant! Gut'n Tag, Frau Leutnant!

FRAU FLAMM. Scheen Dank, Herr Keil.

AUGUST. Meine Braut hat Termin uff'n Landgericht, Frau Leutnant, sonst wär' se selber gekomm. Vielleicht kommt se aber am Abend noch!

FRAU FLAMM. 's is mer lieb, daß ich Ihn wenigstens amal zu sehn kriege. Wie geht's Ihn denn iebrigens? Setzen Sie sich!

AUGUST. Gottes Wege sein wunderbar! Und wie a een heimsucht, darf man nicht murren. Im Gegenteil, ma soll sich freun. Und sehn Se, Frau Flamm, so geht mirsch beinah jetze. Mir is recht! Um so besser, je schlimmer's kommt. Um so mehr wächst der Schatz in der Ewigkeit.

FRAU FLAMM, *schwer aufatmend.* Ich winschte, Se hätten recht, Herr Keil. – Hat Rose denn meine Briefe gekriegt?

AUGUST. Se hat m'r se o zu lesen gegeben. Und ich hab' ihr o ganz bestimmt gesagt: 's ging' nich. Sie mißte jetzt zu Ihn gehn.

FRAU FLAMM. Ich muß Ihn sagen, 's wundert mich, Keil, daß se nach all den letzten Geschichten noch nich amal zu mir gefunden hat. Daß ma Anteil nimmt, das weeß se ja doch.

AUGUST. Se is ebens reen scheu in a letzten Zeit'n. Und Frau Leutnant, wenn ich was sagen derf: Sie sollten er das nich übelnehm: erschtlich hatte se immer mit mir zu tun, weil ich doch sehr aner Pflege bedurfte – und se hat sich an Gotteslohn um mich verdient! Und dann, seit se der Mensch aso gräßlich beschimpft hat, da wagt se sich kaum aus d'r Stube raus.

FRAU FLAMM. Ich nehm's er o weiter nich iebel, Keil! Wie geht's er denn sonst? Was treibt se denn so?

AUGUST. O jee, nee... das is... was sag' ich d'nn glei... wie se heut um a elf uffs Gerichte sollte – das war Ihn a richtiger Tanz dahier! Reen war das, Frau Flamm... ma konnte fast Angst kriegen, aso eigentiemlich hat se gered't. – Erscht wollde se ieberhaupt nich gehn, dann meente se, daß se mich wollte mitnehm, uff de letzte war se dann fort wie a Licht und schrieg mer zu, daß ich nich sollte nachkomm. Manchmal hat se geflennt a ganzen Tag! – Man macht sich natierlich seine Gedanken.

FRAU FLAMM. Was denn für welche?

AUGUST. So allerhand! Erschtlich, daß mich das Unglick betroffen hat! Das hat se mir mehrmal ausgesprochen! Das schneid'r woll sehr in de Seele dahier! Und o was a Vater Bernd betrifft und daß a sich's hat so zu Herzen genomm.

FRAU FLAMM. Mir sein ja hier unter uns, Herr Keil. Warum solln wir denn nich amal deutlich reden: is Ihn das nie durch a Kopp gegangen... ich meene mit Streckmann die Geschichte... Ihn oder'n Vater Bernd vielleicht? Daß daran etwa kennte was Wahres sein.

AUGUST. Ich mach' mir dadrieber keene Gedank'n.

FRAU FLAMM. Das is recht! Das tadle ich durchaus weiter nich! Ma kann manchmal wirklich nischt Besseres tun, als wie a Strauß a Kopp in a Sand steck'n. Fer an Vater aber geheert sich das nich.

AUGUST. Nu, Frau Flamm, was a alten Bernd anbetrifft, aso himmelweit is der von solchen Gedanken, daß da irgendwas kennte nich richtig sein... aso felsenfest in der Sache dahier: der ließ sich d'rfier beede Hände abhacken. A is aso strenge, das gloobt eener nich. D'r Herr Leutnant Flamm is o bei'm gewest und hat'n wolln von d'r Klage abbringen...

FRAU FLAMM, *erregt.* Wer is bei'm gewest?

AUGUST. D'r Herr Leutnant!

FRAU FLAMM. Mei Mann?

AUGUST. Jawohl! A hat lange mit'm gered't. Sehn Se, mir – ich hab' zwar a Auge verloren! –, mir liegt nischte dran, daß der Streckmann bestraft wird! Mein is das Gerichte, spricht ja der Herr! Aber Vater, der is ni verseehnlich zu kriegen, a spricht: Verlangt all's, aber das nich von mir!

FRAU FLAMM. Mei Mann is beim alten Bernd gewest?

AUGUST. Ja, wie a die Vorladung hatte bekommen.

FRAU FLAMM. Was fier 'ne Vorladung war denn das?

AUGUST. Halt o vor a Untersuchungsrichter.

FRAU FLAMM, *erregter.* D'r alte Bernd?

AUGUST. D'r Herr Leutnant Flamm.

FRAU FLAMM. Ja, is denn mei Mann auch vernommen worden? Was hat denn der mit der Sache zu tun?

AUGUST. A is auch vernommen worden, jawoll.

FRAU FLAMM, *erschüttert.* So!? – Das is mir ganz neu! Davon wußt' ich nichts! Auch daß Christel beim alten Bernd is gewesen! – Wo bloß meine Odekolonje is! – Nee, August, da gehn Se ock nach Hause jetzt! Ich bin jetzt a bissel... ich weeß nich, wie! An besondern Rat kann ich Ihn so ni mehr geben! Mir is was sehr in de Glieder gefahren. Gehn Se nach Hause, und tun Se's abwarten. Wenn Se aber das Mädel liebhan dahier, da... sehn Se uff mich, ich kann a

Lied sing'n! – Wenn eemal a Mensch so geartet is – 's is nu a Mann, dem de Weiber nachlaufen, oder's kann o meinsweg'n a Weibsbild sein, dem de Männer wie nerrsch uff a Hacken liegen –, da heeßt's dulden! dulden! geduldig sein. Ich hab' zwelf Jahre lang so gelebt. *Sie hält die Hand vor die Augen und sieht durch die Finger.* Und wenn ich ieberhaupt noch was sehn wollte, da hab' ich mußt durch de Finger sehn.

AUGUST. Ich kann das halt nimmermehr glooben, Frau Flamm!

FRAU FLAMM. Ja, ob Sie mir das glooben oder nich; dad'rnach wird nich gefragt im Leben. 's geht mer wie Ihn; ich begreif's ooch fast ni; mir miss'n halt sehn, wie mir uns damit abfinden. – Ich hab' Rosen a Versprechen gegeben! Ma verspricht manchmal leichte, und halten is schwer! Nu all's, was in meinen Kräften steht. – Adje! – Ich kann Ihn ja freilich nich zumuten... D'r Himmel muß ebens gnädig sein.

August ergreift bewegt die dargebotene Hand der Frau Flamm und entfernt sich dann schweigend.

Frau Flamm lehnt den Kopf weit im Stuhl zurück, blickt versonnen gen Himmel und seufzt zweimal schwer. – Flamm kommt herein, sehr bleich, wirft Seitenblicke auf Frau Flamm und fängt an, leise zu pfeifen, während er den Bücherschrank öffnet und angelegentlich etwas zu suchen scheint.

Ja, ja, du pfeifst eben auf alles, Flamm! Und – das hätt' ich dir doch nich zugetraut. – *Flamm kehrt sich um, schweigt, sieht sie gerade an, hebt beide Hände ein wenig, beide Achseln sehr hoch und läßt alles wiederum schlaff heruntersinken, während er einfach und ohne Verlegenheit mehr nachdenklich als beschämt zu Boden blickt.* Ihr macht euch das eben leichte, ihr Männer. – – Was soll d'nn nu werden?

FLAMM, *die Bewegung wie vorher, nur schwächer.* Das weiß ich nich. – Ich will jetzt amal vollständig ruhig bleiben. Ich will mal erzählen, wie das kam. – Vielleicht kannst du mich da etwas milder beurteilen. Wo nich... na, dann tu' ich mir eben sehr leid.

FRAU FLAMM. So an Leichtsinn kann ma nich milde beurteilen.

FLAMM. Leichtsinn? Bloß Leichtsinn war das wohl nich! Was is dir denn aber lieber, Mutter, wenn's a Leichtsinn oder wenn's ernster is –? –

FRAU FLAMM. Grade so a'm Mädel die Zukunft zersteeren, wo mir hier... wo ma alle Verantwortung hat! Wo ma se hat ins Haus gezogen! Wo se haben a blindes Vertrauen gehabt! – Oh, nee, 's is zum ei de Erde sink'n! Als hätt' man's reen heimlich druff angelegt.

FLAMM. Bist du fertig, Mutter?

FRAU FLAMM. Noch lange nich!

FLAMM. Nu, da kann ich ja noch a bissel wart'n!

FRAU FLAMM. Christel, was hab' ich dir damals gesagt, da du rausgerickt kamst und du woll'st mich heiraten?

FLAMM. Was?

FRAU FLAMM. Ich bin viel zu alt fer dich. A Weib kann sechzehn Jahre jinger sein, aber ni drei oder vier Jahre älter. Hätt'st du mir ock gefolgt dahier.

FLAMM. Sind das nich recht mießige Sachen, jetz von solchen alten Geschichten zu reden? Haben wir jetz gar nichts Wichtigeres zu tun? – Ich kann mir nich helfen, mir scheint's so, Mutter. – Davon, was mit Rose eigentlich is, hab' ich bis heut keine Ahnung gehabt. Sonst hätt' ich natierlich doch anders gehandelt. Nu heißt's sehn, ob was nachzuholen is. Und eben aus diesem Grunde, Mutter, wollt' ich dich bitten, nich kleinlich zu sein, und wollte zunächst den Versuch mal machen, ob du für den Fall wohl'n Verständnis kriegst. So lange... bis zu dem Augenblick, wo es hieß, der Veitstänzer soll Rose heiraten, ist alles in allen Ehren gewest. Wie das aber feststand, hernach war's aus. Kann sein, meine Begriffe verwirren sich. Ich hatte das Mädel aufwachsen sehn... es hing was von der Liebe zu Kurtel dran. Erstlich wollt' ich sie nur von dem Unglück zurickhalten, und schließlich, ganz plötzlich mal, wie das so is... das hat ja schon Plato so richtig geschrieben von den zwei Rossen, im »Phaidros« steht's: da ging eben der schlechte Gaul mit mir durch, und da sind eben alle Dämme gebrochen.

Längeres Stillschweigen.

FRAU FLAMM. Du hast ja recht scheene Geschichten erzählt – und sogar mit gelehrten Sachen durchflochten –, danach tut ihr dann immer im Rechte sein! A armes Weib mag dann sehn, wo se hinkommt! – Womöglich hast du se bloß glicklich gemacht und hast dich dabei selber noch uffgeopfert... Fer so was gibt's keene Entschuldigung.

FLAMM. Gut, Mutter, also vertagen wir das! Erinner dich

aber, wie Kurtel starb, da konnt' ich das Mädel nich sehn mehr im Hause. Wer hat se gehalten und hergelockt?

FRAU FLAMM. Weil's ebens ni sollte zu tot um uns werden! Um meinetwillen braucht' ich se nich.

FLAMM. Und ich hab' nischt gesagt um deinetwillen.

FRAU FLAMM. Schade für jede Träne dahier, die eens etwa sollte um euch vergissen! Deine Reden kannst d'r ersparen, Flamm.

Das Hausmädchen bringt den Kaffee herein.

DAS HAUSMÄDCHEN. De Bernd Rose is in d'r Kiche draußen.

FRAU FLAMM. Komm, Mädel! Schieb mich! Faß amal an! *Zu Flamm.* Du kannst mich ja helfen beiseite dricken. Irgendwo wird woll fer mich ane Kammer noch sein! Ich bin ni im Wege! Hernach kannst se ja reinrufen.

FLAMM, *zum Hausmädchen, streng.* Das Mädel soll wart'n 'n Augenblick. *Das Hausmädchen ab.* Mutter, du mußt mit ihr reden a Wort! Ich kann nich! Mir sind de Hände gebunden.

FRAU FLAMM. Was soll ich d'nn mit'r reden, Flamm?

FLAMM. Mutter, du weißt das besser wie ich! Du weißt das selbst... du hast selber gesagt... bloß jetzt nich erbärmlich um's Himmels will'n! So darf sie nich von der Schwelle gehn.

FRAU FLAMM. Ich kann ihr die Schuhe nich putzen, Flamm!

FLAMM. Das sollst du auch nich! Davon is nich die Rede! Aber du hast se herbestellt. – Du kannst dich so nich verändern plötzlich, daß du alles Erbarmen und Mitleid vergißt. Was hast du vorher zu mir gesagt? – So is das Mädel zugrunde gerichtet! Und wenn das Mädel zugrunde geht... fer so 'ne Kanallje hältst du mich nich, daß ich dann noch mechte mei Leben fristen. Entweder – oder, vergiß das nich.

FRAU FLAMM. Na, Christel... wert seid ihr das freilich ni, jedennoch im Grunde: was will ma machen!? 's Herz blutt een! 's is unsere eegene Schuld. Warum tutt man sich immer wieder was weismachen, wo ma alt genug is und verständig is, und sitt a Wald vor a Bäumen nich. Ock darieber, Christel, täusch dich ni... 's is gutt! Meinswegen! Ich rede mit ihr! Ni um deinetwillen, sondern weil's richtig is! Aber bild d'r nich ein, ich kennte jetz ganzmachen, was du verbrochen und was du zerbrochen hast. – Ihr Männer seid wie de Kinder dahier...

Das Hausmädchen kommt wieder.

DAS HAUSMÄDCHEN. Sie will ni mehr wart'n!

FRAU FLAMM. Schick se rein!

Das Hausmädchen ab.

FLAMM. Verständig, Mutter, auf Ehrenwort...

FRAU FLAMM. Du brauchst's ni geben! Da brauchst's ni brechen.

Flamm ab. Frau Flamm seufzt, nimmt die Häkelei auf. Darnach tritt Bernd Rose ein.

ROSE, *im Sonntagsstaat, aufgedonnert, von verfallenen Gesichtszügen, im Auge einen krankhaften Glanz.* Gut'n Tag, Madam.

FRAU FLAMM. Setz dich! Gut'n Tag! Nu, Rose, ich hab' dich hergebeten... Was wir damals mitnander gesprochen haben, das wird dir woll noch in Erinnerung sein. Inzwischen hat sich ja manches geändert!... In vieler Beziehung jedenfalls!... Nu, da wollt' ich erscht recht mit dir amal sprechen. Du sagt'st zwar damals, ich kennt' d'r nich helfen: du wollt'st alles alleene durchfechten dahier! Heute is m'r ja o manches klargeworden. Damals dei sonderbares Verhalten und daß de von mir keene Hilfe wollt'st haben. – Wie de aber selber willst durchkommen, das seh' ich noch nich. Komm, trink ane Tasse Kaffee mit! *Rose nimmt in der Nähe des Kaffeetisches auf einer Stuhlecke Platz.* August war eben hier bei mir! Wenn ich wie du gewesen wär', Mädel, ich hätt's längst gewagt und'm de Wahrheit gesagt. *Ihr scharf in die Augen sehend.* Jetzt darf ich d'r dazu nich amal mehr raten. Hab' ich nicht recht?

ROSE. Ach, warum denn, Madam?

FRAU FLAMM. 's is ja wahr, je älter a Mensch eemal wird, um so weniger kann a de Menschheet begreifen! A jedes is uff de Welt gekomm uff de nämliche Art und Weise dahier, aber dadavon darf ni de Rede sein. – Wodurch se doch alle leben dahier, vom Kaiser und Erzbischof angefangen bis runter zum Pferdejungen dahier, das kenn se gar nich genug gemein machen. Und wo ock a Storch ieber a Schornstein fliegt, da is de Verwirrung riesengroß. Da reißen se aus nach allen Richtungen. Aso a Gast kommt niemals zupaß.

ROSE. Ach, Madam, das wär' längst ins reene gebracht, wenn so a Verbrecher und Schurke dahier... aso a Liegner, wie Streckmann is...

FRAU FLAMM. Nee, Mädel, da begreif' ich dich nich. Wie

kannst du bloß sagen, der Mann tut liegen? Ma sieht dirsch doch fast schonn von außen an.

ROSE. A liegt! A liegt! Ich weeß eben ni andersch.

FRAU FLAMM. In welcher Art liegt er denn aber da?

ROSE. Ei jeder Art und ei jeder Richtung.

FRAU FLAMM. Du scheinst mir nich ganz bei d'r Sache zu sein! Wen haste denn vor dir? Besinn dich a wing! – Erschtlich hast du mir all's ja hinlänglich gestand'n, und außerdem weeß ich jetzt mehr als das, auch das, was du mir verschwiegen hast.

ROSE, *fröstelnd, zitternd, verstockt.* Und wenn Se mich totschlagen, ich weeß weiter nischt.

FRAU FLAMM. So?! – Ach! – Das sein deine Springe jetzt!? Nach der Richtung hätt' ich dich andersch beurteilt. Das kommt mir doch unerwartet dahier! – Hoffentlich, wenn de vernommen worden bist, haste da a wing weniger konfuse gesprochen.

ROSE. Da hab' ich o ock das gleiche gesagt.

FRAU FLAMM. Mädel, komm zu Verstande dahier! Du red'st ja hier hellen Unsinn zusammen; aso schwindelt man doch vorm Richter nich! Heer amal zu, was ich sagen tu'! Trink an Schluck Kaffee, du brauchst nee erschrecken! 's verfolgt dich ja keener, und ich fress' dich o nich! – Du hast zwar an mir ni zum besten gehandelt, das kann keener weiter behaupt'n dahier! Hätt'ste mir wingsten damals de Wahrheet gesagt, vielleicht hätt' ma da leichter an Ausweg g'fund'n, was jetzt ane schwere Sache is. Jedennoch, mer wolln nich mießig sein und wolln o heut noch ane Rettung versuchen! Irgendwo kann's vielleicht noch meeglich sein. Nu also... hauptsächlich... so viel is gewiß... und da kannst de dich o dadruff ganz fest verlassen... keene Not sollt ihr niemals nich leiden dahier! – Ooch wenn Vater sollte de Hand von dir abziehen und August vielleicht seiner Wege gehn! Fer dich und o fer dei Kind wird gesorgt sein.

ROSE. Ich weeß halt ni – was Sie meenen, Madam.

FRAU FLAMM. Na, Mädel, da sag' ich dirsch uff a Kopp druff: wenn du das ni weeßt und vergessen hast, da hast du ganz einfach a beeses Gewissen! Da hast du noch andre Sachen gebahnt! Und wenn du noch a Geheimnis hast, da hängt das mit nischt wie mit dem Streckmann zusammen; da is das der Kerl, der dich unglicklich macht.

ROSE, *heftig.* Nee, wie kenn Sie aso was denn denken, Madam! Das sagen Sie... nee, ach, um Gottes willn... wie hab' ich ock das um Ihn verdient!... Wenn das bloß mei Kurtel... mei liebes Kind... *Sie ringt die Hände hysterisch vor dem Bilde des Knaben.*

FRAU FLAMM. Rose, ock das nich, das bitt' ich dich! Kann sein, daß du o was um mich verdient hast! Dadrieber streiten wir jetzt aber nich. Du bist ja aso verändert dahier... das is ja schonn gar nich mehr zu begreifen, wie du dich aso sehr verändert hast.

ROSE. Warum hat mich mei Mutterle ni geholt! Se sagte, ich hol' dich nach, wenn ich sterbe.

FRAU FLAMM. Jetzt komm zu Verstande, Mädel, du lebst. Was hast du?

ROSE. Mit Streckmann ha ich nischt! Der Lump hat's Blaue vom Himmel gelogen.

FRAU FLAMM. Was hat a gelogen? Hat er's beschworen?

ROSE. Ob a's schweert oder nich, mir is das gleichgiltig.

FRAU FLAMM. Hast du o missen schweeren?

ROSE. Das weeß ich nich. – – – Ma is doch kee schlechter Mensch dahier!... Suster hätt' ich ja a Verbrechen begangen!... Daß August sei Auge hat verloren, das hat ma... das hoa ich ni angestift!... 's verfolgt een vorher o Tag und Nacht... was der Mann fer Schmerzen hat missen leiden... suster mißt' a mich ja oaspein dahier. Nu hält ma immer a Arm ei de Hieh, ma will immer was aus'm Feuer rett'n... da brechen se een alle Knoch'n entzwee. *Flamm erregt herein.*

FLAMM. Wer zerbricht dir de Knochen? Sieh Mutter doch an! Im Gegenteil, wir wolln dich rett'n.

ROSE. Das is jetzt zu spät! Das geht jetzt ni mehr!

FLAMM. Was heeßt das?

ROSE. Nischte! – Ich kann ni mehr warten. Adje! Ich will meiner Wege gehn.

FLAMM. Hierbleiben!! Nich von de Stelle geriehrt!! Ich hab' an der Tiere alles geheert, und jetzt will ich die ganze Wahrheit wiss'n.

ROSE. Ich sag' ja die Wahrheet!

FLAMM. Mit Streckmann die!

ROSE. 's is nischt zwischen uns gewest, a liegt!

FLAMM. Sagt a, daß zwischen euch was gewest ist! –?

ROSE. Ich sag' weiter nischte, als daß a liegt!

FLAMM. Hat a de Liege beschworen? *Rose schweigt. Flamm, Rose scharf und lange betrachtend, hernach.* Nu, Mutter, da nimm mir nur alles nich übel, verzeih mir nur, was du verzeihen kannst! – Von der Sache weiß ich nu klipp und klar, daß sie mich nu auch ganz und gar nichts mehr angeht! Ich lache drieber! Ich niese drauf.

FRAU FLAMM, *zu Rose.* Hast du denn alles ganz abgeleugnet?

ROSE. — — —

FLAMM. Ich habe natierlich die Wahrheit gesagt. Und Streckmann liegt auch nich in solchen Momenten! Auf Meineid steht Zuchthaus, da liegt einer nich!

FRAU FLAMM. Mädel, du hast nich die Wahrheit gesagt? Du hast unterm Eide womöglich gelogen? – Hast du denn gar keine Ahnung davon, was du damit getan und begangen hast? – Wie kommt dir denn so ein unsinniger Gedanke? – Wie kommst du auf so was?

ROSE, *gebrochen, schreit heraus.* Ich hoa mich geschaamt!

FRAU FLAMM. Aber Rose...

FLAMM. Schade fer jedes Wort! Weshalb hätt'st du a Richter angelogen?

ROSE. Ich hoa mich geschaamt!!! Ich hoa mich geschaamt!

FLAMM. Und mich? Und Mutter? Und August dahier? Weshalb hast du uns alle mitnander beschwindelt? Und wahrscheinlich o Streckmann zu guter Letzt, und mit wem du sonst noch dei Gestecke hast... Ja, ja, du hast a treuherzig Gesichte, aber dennoch, du hast dich mit Recht geschaamt!

ROSE. A hat mich verfolgt und gehetzt wie a Hund.

FLAMM, *lachend.* Nu was denn, ihr Weiber macht uns zu Hunden. Heute der, morgen der, 's is bitter genug! – Tutt ihr, was ihr wollt jetzt! Macht, was d'r wollt! – Wenn ich noch an Finger riehr' in der Sache, da such' ich mir selber an Strick dahier und hau' mer den um meine Eselsohren, bis ich de Hand vor a Augen ni seh'!

Rose starrt Flamm groß und entsetzt an.

FRAU FLAMM. Es bleibt dabei, Rose, was ich gesagt habe: es wird immer gesorgt sein für euch zwei.

ROSE, *wie vorher und mechanisch flüsternd.* Ich hoa mich geschaamt! – Ich hoa mich geschaamt!

FRAU FLAMM. Heerst du, Rose?

Rose schnell ab.

Rose! – Das Mädel is fort! – Da mecht' ma an Engel im Himmel bitten...

FLAMM, *in Grund erschüttert, bricht in verhaltenes Schluchzen aus.* Gott verzeih' mir's, Mutter... ich kann nich anders.

FÜNFTER AKT

Die Wohnstube im Häuschen des alten Bernd. Sie ist ziemlich geräumig, hat graue Wände und eine alte geweißte Balkendecke. Eine Tür im Hintergrund führt zur Küche, eine Tür links zum Hausflur, rechts sind zwei Fensterchen. Zwischen diesen Fensterchen steht eine gelbe Kommode, auf ihr eine Petroleumlampe, unangezündet, darüber an der Wand hängt ein Spiegel. In der Ecke links ein Bauernofen. In der Ecke rechts Wachsleinwandsofa, Tisch mit Tischdecke und Hängelampe darüber. Über dem Sofa an der Wand ein biblisches Bild: »Lasset die Kindlein zu mir kommen!«, darunter Photographien Bernds aus seiner Militärzeit und einige: er und seine Frau gemeinschaftlich. Vorn links steht ein Glasschrank, angefüllt mit gemalten Tassen und Gläsern usw. Auf dem Tisch steht ein Kruzifix. Auf der Kommode liegt eine Bibel, über der Flurtür hängt ein Ölbild »Christus mit der Dornenkrone«. Auf der Diele liegen Fleckeldecken. Die Fenster haben Mullgardinen. Vier bis fünf gelbe Holzstühle sind jeder auf seinen Platz geordnet. Alles macht einen sauberen und sehr frostigen Eindruck. Einige Bibeln und Gesangbücher liegen auf dem Schrank. Am Türpfosten der Flurtür hängt eine Sammelbüchse.
Es ist abends gegen sieben Uhr des gleichen Tages, an dem die Vorgänge des vierten Aktes stattgefunden haben. Die Tür zum Flur steht offen, ebenso die in den Küchenraum. Es herrscht tiefe Dämmerung.

Man hört außer dem Hause Stimmen, danach wird mehrmals an das Fenster geklopft. Danach sagt eine Stimme durchs Fenster. Bernd! – Is denn gar kee Mensch nich d'rheeme? – M'r gehn amal an de Hingertier! *Nun wird es still, bald aber geht die Hintertür, und man hört Stimmen und Schritte im Hausflur. Jetzt erscheinen in der Flurtür Kleinert und Rose Bernd, diese sichtlich erschöpft und von Kleinert gestützt.*

ROSE, *schwach, mühsam.* 's is niemand d'rheeme! 's is alles finster.

KLEINERT. So kann ich dich jetzt ni alleene lass'n!

ROSE. Weshalb denn ni, Kleinert! Mir fehlt ja nischt.

KLEINERT. Das gloob' ock a andrer, daß dir nischt fehlt! Suster hätt' ich dich woll ni uffgelasa.

ROSE. Nee – ich bin doch bloß a wing schwindlig geword'n. – Wirklich! – 's geht jetzt! – Ich brauch' Euch ni weiter.

KLEINERT. Nee, nee, Madel, nee, das gieht ni asu.

ROSE. Ja, ja, Vater Kleinert! Ich dank' scheen! 's is gutt! Mir fehlt nischt! Ich biin wieder ganz eim Stande! Das kommt aso manchmal, das is weiter nischt.

KLEINERT. Du lagst ja halb tot dahier hinger a Weida! Du hust dich ja wie a Wurm gekrimmt.

ROSE. Kleinert, gieht Euer Wege... ich mache glei Licht! – Ich muß Feuer uffzinda... gieht Eurer Wege!... Se wern glei kumma zum Abendbrot!... Ach nee, Kleinert, Kleinert, ich bin aso miede! Aso schauderhaft miede, das gleebt eener nich!

KLEINERT. Und da willste no Feuer uffzind'n dahier? Das is nischt fer diich, du gehierscht eis Bette.

ROSE. Kleinert, gieht Eurer Wege, gieht! Wenn Vater... wenn August... die derfen nischt wiss'n! Tutt mer die Liebe – tutt mer das ni oa!

KLEINERT. Will ich d'r etwa was Bieses oatun?

ROSE. Nee, nee, ich wiß schunn. Ihr wart immer gutt! *Hat sich von dem Stuhl rechts an der Tür, auf den sie hingesunken war, erhoben und ein Licht hinterm Ofen vorgezogen und angesteckt.* Jedennoch... ich bin gutt zuwege jetzt wieder. – Mir fählt nischt! – Da kennt Ihr ganz ruhig sein.

KLEINERT. Das sagst du aso!

ROSE. Weil's werklich so is. *Marthel kommt mit bloßen Armen und barfuß vom Felde herein.* Da is ja ooch Marthel!

MARTHEL. Rose, bist du's? – Wo bist'n a ganzen Tag gewesen?

ROSE. Mir hat getraumt, ich war uff'n Gericht.

KLEINERT. Nee, nee, sie war wirklich uff'n Gerichte! – Paß a wing uff, uff de Schwester, Marthla, zum wingsten aso lange, bis Vater kommt: 's is mit dam Madel ni all's ganz richtig. – –

ROSE. Marthla, feder! Zind Feuer uff! Daß m'r schnell de Kartoffeln kenn zusetzen. – Wo is denn Vater?

MARTHEL. Uff Augustens Land.

ROSE. Und August?

MARTHEL. Das weeß ich nich, wo a is. A war heute nich uff'n Felde draußen.

ROSE. Hast du neue Kartoffeln?

MARTHEL. De Scherze vull! *Sie schüttet Kartoffeln gleich hinterm Kücheneingang auf den Boden.*

ROSE. Bring ane Schissel und an Topp, da kann ich glei mit Schälen anfang'n. Selber holn kann ich mirsch nich.

KLEINERT. Sool ich etwa was bestelln ergendwo?

ROSE. Wo denn?... Beim Totengräber vielleicht? – Nee, nee, Pate Kleinert, wegen meiner nich! Ich kumm' uf a ganz besondres Fleckla.

KLEINERT. Na adje!

ROSE. Na adje!

MARTHEL, *frisch.* Komm Se wieder, Pate Kleinert! *Kleinert, wie immer die Pfeife im Munde, kopfschüttelnd ab. Marthel, das Feuer anzündend.* Is dir ni gutt, Rusla?

ROSE. O ja, mir is gutt! – *Leise, mit gerungenen Händen zum Kruzifix.* Jesus, Maria, erbarm dich ock meiner!

MARTHEL. Rose?

ROSE. Was denn?

MARTHEL. Was hat's denn mit dir?

ROSE. Nischte! Bring mir a Topp und Kartoffeln!

MARTHEL *hat das Feuer in Gang gebracht, kommt nun mit einer irdenen Schüssel voll Kartoffeln, auch ein Messer liegt darin.* Ach nee, Rusla, ich ängst' mich, wie siehst du ock aus!

ROSE. Wie säh' ich d'nn aus, hä, sag mer amal? Wie denn? Hoa ich ernt was oa a Händen? Is mer ernt was ieber de Augen gebrannt? 's kommt mer oll's aso wie gespenstig vor! *Unheimlich lachend.* Nee, Jeses! Jetze säh' ich von dir kee Gesichte! Jetze säh' ich an Hand! Jetze säh' ich zwee Augen! Jetze Punkte! Marthla, ich wer woll blind.

MARTHEL. Rosla, dir is wull ernt was passiert?

ROSE. Behitt' dich ock Gott davor, was mir passiert is... Winsch du d'r lieber an friehzeitigen Tod. Denn's heeßt ja, wenn eener o zeitlich stirbt, da is a doch, heeßt's ja, ei d'r Ruhe. Da braucht a nich leben und Oden hulln. – – Wie is mit'n kleenen Kurt Flamm gewest? – Ich wiß nee!... Mir schwindelt!... Ich ha's vergess'n!... Ich ha alles vergess'n... 's Leben is schwer! – Wenn's ock aso bliebe! – Wenn ma ock ni mehr uffwachte! – Fer was das ock alles mag vorfalln dahier!? –

MARTHEL, *ängstlich.* Wenn ock Vater bloß heemkäm'...

ROSE. Marthla, kumm, heer uff mich! Du derfst Vater nischt sag'n, daß ich hier war... hier biin. Gelt, Marthla, gelt, das versprichst du mir?!... Ich ha dir o manches zuliebe getan... gelt, Marthla? Das hast du no ni vergess'n... wenn's o jetze um mich... gar aso dunkel is!

MARTHEL. Willste a Neegel Kaffee haben, 's steht noch a Neegel in d'r Rehre. Ich ängst' mich aso, Rusla...

ROSE. Ängst dich ock ni! Ich will a wing nuff in de Kammer gehn! – Ich will mich a wing... ock a bissel hinlegen! Sonste is mer ganz wohl – sonste is weiter nischt.

MARTHEL. Vatern soll ich nischt sagen?

ROSE. Kee Sterbenswort!

MARTHEL. Und Augusten o nischt?

ROSE. Mit keener Silbe! Mädel, du hast keene Mutter gekannt, und ich hab' dich ei Ängsten großgezogen. Wie manche Nacht hab' ich durchgewacht ei Sorgen um dich in schwerer Krankheet. Aso alt wie du war ich no nich, da hatt' ich mich an dir fast schief geschleppt, da kamst du dahier von dem Arm gar ni runter! Verrätst du mich jetze, is's aus zwischen uns.

MARTHEL. Rosla, 's werd doch nischt Bieses sein...? Nischt Gefährliches, meen' ich...?

ROSE. Das gloob' ich ni! Kumm, Marthla, greif a wing... stitz mich a wing! – – Ma is halt zu sehr ei d'r Welt verlass'n! Ma is eemal zu sehr alleene dahier! – Wenn ma bloß nich aso alleene wäre! – Ma is zu sehr alleene hier uff d'r Erde!

Rose und Marthel ab durch die Hausflurtür.

Einige Sekunden bleibt das Zimmer leer, hernach erscheint in der Küche der alte Bernd, er setzt einen Korb und eine Kartoffelhacke ab und guckt dann mit ernstem Gesicht forschend herein. Inzwischen tritt wieder Marthel vom Flur aus ins Wohnzimmer.

MARTHEL. Sein Sie's, Vater?

BERND. 's is ja kee heeßes Wasser! Du weeß doch, ich muß doch mei Fußbad haben. Is Rose ni da? –

MARTHEL. Se is noch ni da, Vater!

BERND. Was? is se noch ni vom Gerichte zurück? Das is ja ni meeglich, 's is ja bald achte. – War August ni hier?

MARTHEL. Noch ni!

BERND. O noch ni? Nu, da wird se vielleicht bei Augusten sein. Haste de große Wolke gesehn, Marthel? So gegen sechse vom Streitberge her?

MARTHEL. Ja, Vater. 's war ganz finster geworden.

BERND. 's wird amal noch viel finsterer werden! Zind mer amal de Tischlampe an und leg mer de Heilige Schrift zurechte! Hauptsache is: in Bereitschaft sein. Marthel, denkst du o immer ans ewige Leben? – Daß du kannst vor'n ewigen Richter stehen? – De wenigsten Menschen denken dran. Eben wie ich am Wasser nach Hause ging, da heert' ich mir wieder amal eenen nachschimpfen. Wo wär' ich a Leuteschinder gewest? – A brillte und schrie nämlich: Leuteschinder! Ich hab' nischt als bloß meine Pflicht getan. De Rotte Korah lebt immer noch! – Durchstechereien! Zwee Augen zudricken! Ruhig zusehen, wie ma betriegt! Da is ma unter a Menschen gelitten. – – An a Herrn Jesus halt' ich mich. – Wir Menschen brauchen alle die Stitze! Bloß gute Werke tun macht's eben nicht! Hätte Rose das mehr in Gedanken gefaßt, vielleicht wären wir um allerlei Heimsuchung und um manches Schwere und Bittre gekomm. *Der Gendarm erscheint im Türrahmen.* Wer kommt denn?

DER GENDARM. Ich hab' eine Zustellung, ich mechte amal Ihre Tochter sprechen.

BERND. Meine ältste Tochter?

DER GENDARM *liest.* »An Rose Bernd.«

BERND. Meine Tochter is noch nich zurück vom Gerichte. – Kann ich den Brief ni abgeben?

DER GENDARM. Nein. – Ich muß auch persönlich amal recherchieren. Morgen gegen acht wer ich da wiederkomm. *August erscheint eilig.*

BERND. Da is ja o August.

AUGUST. Is Rose nich hier?

BERND. Nee. – Der Herr Wachtmeester frägt ooch nach er; ich dachte, ihr wärt mitnander sein.

DER GENDARM. Ich muß ieber an Punkt noch Recherchen anstellen, und dann hab' ich o hier ane Zustellung.

AUGUST. Ewig und immer die Streckmann-Geschichte. Ni bloß, daß ma sei Auge hat eingebießt, aber nu noch die Scherereien dazu. Das nimmt ja, Gott verzeih' mir's, kee Ende!

DER GENDARM. Gu'n Abend! Morgen vormittag um acht. *Ab.*

AUGUST. Marthel, geh amal in de Kiche jetzt! – Vater, ich hab' was mit Ihn zu sprechen. Geh, Marthel, geh, mach de Tiere zu. – Marthel, hast du nischt von Rose bemerkt?

MARTHEL. Nee, nischte. *Sie winkt ihm verstohlen mit dem Zeigefinger.* Ich wer d'r was sagen, August.

AUGUST. Mach de Tiere zu, Mädel, ich hab' keene Zeit. *Er schließt selbst die Küchentür.* Vater, Ihr mißt Eure Klage zuricknehm!

BERND. Alles, August! Das kann ich nich.

AUGUST. Es is nich christlich. Ihr mißt se zuricknehm.

BERND. Ich gloobe ni, daß das ni christlich is! – Denn warum? Das bleibt eine Ruchlosigkeit, aso a'm Mädel de Ehre abschneiden. Das is a Verbrechen, das Strafe verdient.

AUGUST. Wie soll ich ock anfang. Vater Bernd... Ihr seid in der Sache zu hitzig gewesen.

BERND. Das beansprucht mei Weib, das im Grabe liegt! O meine Ehre beansprucht das! Meine Hausehre und meines Mädels Ehre! Und o deine Ehre zu guter Letzt.

AUGUST. Vater Bernd, Vater Bernd, wie soll ich da anfang, wenn Ihr gar aso unverseehnlich seid! Ihr habt von so vieler Ehre gered't! Ma soll aber seine Ehre ni suchen, sondern Gottes Ehre und sonst keene nich!

BERND. In der Sache is das a ander Ding: da is Weibes Ehre o Gottes Ehre! Oder kannst du dich ieber Rose beklagen?

AUGUST. Ich hab' d'rsch gesagt, ich beklag' mich nich.

BERND. Oder hast du dir mit ihr was vorzuwerfen?

AUGUST. In der Sache da kennt Ihr mich woll, Vater Bernd. Ehb ich da eim geringsten vom Wege abwiche...

BERND. Nu also! Das weeß ich! Das hab' ich gewußt! Und da soll die Gerechtigkeit o ihren Gang gehn.

AUGUST, *den Schweiß von der Stirn wischend.* Wenn ma ock wißte, wo Rose is.

BERND. Wer weeß, is se schonn von Striegau zurick!

AUGUST. So ane Vernehmung, die dauert ni lange. Um Uhre fünf wollt se d'rheeme sein.

BERND. Se wird haben die Einkäufe gleich mitgemacht. Sollt' se nich das und jenes noch einkoofen? – Ich denke, 's fehlt euch noch das und das?

AUGUST. Kee Geld hat se aber nich mitgenommen. Und was wir noch for a Laden brauchten: Stoff forsch Schaufenster und an der Eingangstier, da wollten wir ja miteinander gehn.

BERKD. Ich war ja der Meinung, se käm' mit dir.

AUGUST. Ich bin ihr ieber ane Meile entgegengelaufen, aber nischt ni gesehn und geheert von ihr. Stattsdessen hab' ich a Streckmann begegnet.

BERND. Das nenn' ich'm Teifel begegnet sein!

AUGUST. Ach, Vater, der Mann hat o Weib und Kind! Was kenn die fer dessen seine Sind'n! Was habe ich davon, daß a sitzen muß! Wenn eener bereut... mehr will ich nich.

BERND. Der schlechte Kerl und bereun! O jee.

AUGUST. 's hat aber doch's Aussehen darnach.

BERND. Hast du mit'n gesprochen?

AUGUST. A ließ ni nach. A lief neben mir her und tat in mich neinsprech'n. 's war weit und breit keene Seele zu sehn. Uff d'r Jenker Schussee! Zuletzt tat a mer leed. Ich kunnde ni andersch.

BERND. Du hast'n geantwort? – Was sagt er denn?

AUGUST. A sagte, Ihr sullt de Klage zuricknehm.

BERND. Eender kann ich ni seelnselig sein! 's wär' wetter nischt, wenn's mich beträf'! Ich kann's ertragen, ich lache drieber! Ich bin a Mann und a Christ obendrein! Bei an Kinde is das ane andre Geschichte! – Wie sold' ich denn dir ins Gesichte sehn, wenn ich daas an ihr sitzen ließ' dahier! Und nu erscht gar nach dem schrecklichen Unglicke! Sieh ock, August, das geht ni, das darf ni sein! – Alle sein se uns uff a Fersen gewest, weil mir anderscher lebten wie andre Leute! Alle han se uns Mucker und Heuchler genannt! Und Leisetreter und was aso is! Und wollten uns stets was am Zeuge flicken! Was wär das fier die fer a Fressen sein. Und o sonst... das Mädel ist so erzogen: ei der Furcht Gottes und arbeitsam, daß, wenn a christlicher Mann die heirat, a auch a christliches Haus kann uffricht'n! Aso is das! Aso geb' ich se aus d'r Hand! – Und ließ ich den Gift an ihr hängen dahier? – Liebersch wollt' ich da Salz und Kartoffeln essen, als da noch an Pfennig annehmen von dir.

AUGUST. Vater Bernd, Gottes Wege sein wunderbar! – A kann eem täglich Priefungen schicken! – Selbstgerecht darf eemal der Mensch ni sein! – Und wenn ich o wollte, 's geht eemol ni! Ich kann's Euch ni länger ersparen, Vater! Unse Rose war o ock a Menschenkind.

BERND. Wie meenst du das, August?

AUGUST. Vater, fragt weiter nich!

BERND *hat an der Seite des Tisches auf einem Stuhl so Platz genommen, daß sein Gesicht der Wand zugekehrt ist. Auf die letzte Äußerung hin blickt er August groß und fremd einige Sekunden lang an, alsdann wendet er sich dem Tische zu und schlägt mit zitternden Händen das Bibelbuch auf, dessen Blätter er in steigernder Erregung bald so, bald so herumwirft. Damit innehaltend, blickt er wiederum August an. Schließlich faltet er die Hände über dem Buche und läßt den Kopf darauf niedersinken, während sein Körper mehrmals konvulsivisch zuckt. So bleibt er eine Weile, dann richtet er sich wieder auf.* Aber nee! Ich hab' dich ni richtig verstanden! – Sieh ock, wenn ich dich richtig verstanden hoa... da wär' das ja wirklich... da wißt' ich ja nich... da geht m'r de ganze Stube im Kreise... da mißt' ich ja taub und blind mißt ich ja sein. – Nee, August! Taub und blind bin ich ja ni! Laß du dir ni etwan von Streckmann was uffbinden. Dam Streckmann is jetz jedes Mittel recht! A sitzt ei d'r Falle! Es kommt'n heem! Nu will a sich... irgendwie will a sich rausschwindeln! Und da bringt a dich gegen das Mädel uff. – Nee, August... bloß, August... uff die Bricke ni!... Uff die Bricke muß du beileibe nich treten!... Da durchschaut ma die Niederträchtigkeit!... Nachgestellt hat a dem Mädel genung. Geht's uff jene ni, geht's uff'n andre Weise!... Nu will a's uff die Art versuchen dahier! – Kann sein, daß a euch ausnanderbringt! Mehr wie eemal is das schonn vorgekommen, daß Leute aso getrennt worden sein, durch a Teifel und seine nichtsnutzigen Ränke, die de Gott fiereinander geschaffen hat. Se han dich dem Mädel so niemals vergennt. Meinswegen! Ich wer d'r de Rose nich nachschmeißen. Mir sein ja bis jetzt o so satt geworden! Wenn de aber von mir a Wort willst heeren: da läg' ich dir hier meine Rechte eis Feuer...

AUGUST. Herr Flamm hat aber'n Eid geschworen.

BERND. Zehn Eide for mir! Zwanzig Eide for mir! Da hat a falsche Eide geschworn! Sich zeitlich und ewig zugrunde gericht!!

AUGUST. Vater Bernd...

BERND. Itze wart amal eene Sekunde – eh de weiter ee Wort zu der Sache rädst! – Hier nehm' ich de Bücher! – Hier nehm' ich a Hutt! – Hier nehm' ich o de Missionsbichse runter. – Das stell' ich hier alles zusammen dahier. – Und wenn das richtig is, was du sagst, da geh' ich jetzt zum Herrn Paster nieber... wenn bloß a Funke wahrer dran is!... und spreche: Herr Pastor, so und so... ich kann ni mehr Kirchenvorsteher sein! Ich kann de Missionskasse nich meh verwalten! Adje! Und dann sitt mich kee Mensch hier ni meh! Nee, nee, nee, um's Himmels wille ni! – Nu red du weiter! Sag, was de zu sagen hast! Ock quäl mich weiter ni unnitz lange.

AUGUST. Ich hab' o denselben Gedanken gehabt! Ich will o

Haus und Land wieder verkoofen! Man kann ja vielleicht woandersch sehn.

BERND, *in unsäglichem Staunen.* Haus und Land willste verkoofen, August? – Woher kommt denn das alles uff eemal dahier! – Das is ja... Da mecht' ma sich ja fast bekreuzen, gleichwoll ma kee Katholike is. – Is denn de Welt gar ringlich geword'n? Oder stieht gar der Jingste Tag vor der Tiere? – 's kann o mei letztes Stindla sein! Itze antwort, August, mehr will ich ni wiss'n!... Antwort uff Seelenseligkeit!

AUGUST. Wie's o is, Vater Bernd, ich verlass' se nich!

BERND. Das magst du halen, wie du willst dahier! Das geht mich nischt an! Das brauch' ich ni wiss'n, ob a Mann so a Mensch ei sen Hause mag hab'n. Ich nich! Denn aso a Mann bin ich nich! Nu also...?

AUGUST. Ich kann weiter nischt ni sagen – als daß amal irgendwie was muß mit'r gewest sein! Ehb das nu mit Flamm oder mit Streckmann is –

BERND. Das wern'r glei zweee!

AUGUST. Ich kann's ja ni wiss'n.

BERND. Nu, da wär ich ock zum Herrn Paster gehn! Birscht mich ab, August, putz mich ab! Mir is, als hätt' ich de Kretze am Leibe! *Er geht in den Hausflur, im gleichen Augenblick kommt Marthel aus der Küche gestürzt und redet in höchster Angst zu August.*

MARTHEL. Mit Rose is, gloob' ich, a Unglück passiert! Rose is oben! Se is längst zu Hause.

BERND *kommt wieder, durch einen gelinden Schreck verändert.* 's muß jemand uff'n Boden sein!

AUGUST. Marthel sagt eben, Rose is da.

MARTHEL. Ich heer' se! Se kommt schonn de Treppe runter.

BERND. Gott verzeih' mir de Sinde. Ich mag se ni sehn! *Er setzt sich wie vorher an den Tisch, hält mit den Daumen die Ohren zu und senkt den Kopf tief in die Bibel. Rose wird in der Tür sichtbar. Sie hat den Hausrock und eine lose Kattunbluse an. Ihre Haltung ist krampfhaft aufrecht. Das Haar hängt aufgelöst zur Hälfte herunter, zur Hälfte in einem Zopf geflochten. Etwas furchtbar Gefaßtes, Bitter-Trotziges liegt in Roses Gesicht. Sie überschaut einige Augenblicke lang das Zimmer: den Alten über der Bibel, August, der sich langsam auch von der Tür abgewandt hat und sich stellt, als blicke er angelegentlichst durchs Fenster.*

Dann beginnt sie, eine Stütze suchend, mit erzwungener Energie zu reden.

ROSE. Gut'n Abend mitnander! – –? – Gut'n Abend!

AUGUST, *nach einigem Kilstern.* Scheen Dank!

ROSE, *bitter, eisig.* Meegt ihr mich hier nich, da geh' ich wieder.

AUGUST, *nüchtern.* Wo willst'n noch hin? Wo bist'n gewest?

ROSE. Wer viel frägt, der derfährt viel! Manchmal mehr als'n lieb is. – Marthel, komm amal rieber zu mir! *Marthel kommt. Rose hat unweit des Ofens Platz genommen und faßt ihre Hand. Dann laut.* Was hat's denn mit Vatern?

MARTHEL, *betreten, ängstlich, halblaut.* Das weeß ich doch nich.

ROSE. Was hat's denn mit Vatern? Du kannst immer laut sprechen! Und, August, mit dir o... was hat's denn mit dir?... Du hätt'st Grund, August, wirklich, du kennt'st mich veracht'n! Das kennt'st du! Jawull! Das bestreit' ich nich!

AUGUST. Ich verachte niemanda hier ei d'r Welt!

ROSE. Ich aber! Alle! Alle miteinander!

AUGUST. Das is mir dunkel, was du da red'st!

ROSE. 's is dunkel! Jawull! Ich geb's zu! 's is dunkel! Und reißende Tiere heert ma schrein! – Hernachert aber uff eemal, hernachert werd's helle! Do kann eens spieren, wie de Helle brennt. – Marthla...

BERND *hat ein wenig gehorcht, erhebt sich und macht Marthels Handgelenk von Roses Hand frei.* Vergift mer ni noch das Kind! – Hand weg! – Marsch in de Kammer, schlafen! *Marthel weinend ab.* Nischt heeren! Nischt sehen! Tot mechte man sein! *Er vertieft sich wie vorher ins Bibelbuch.*

ROSE. Vater! – Ich lebe! – Ich sitze hier! – Das iis was! – Das heeßt was, daß ich hier sitze! Ich dächte, Voater, Sie mißten das sehn! Das iis ane Welt... da sein Sie versunka... da kinn Sie mer nischt nimeh antun dahier! O Jees, ei een kleen Kämmerla lebt ihr mitnander! Ihr wißt nischt, was außern der Kammer geschieht! Ich wiß! ei Krämpfen hab' ich's gelernt! Da is... ich weeß ni... all's von mir gewichen... als wie Mauer um Mauer immerzu... und da stand ich drauß'n, im ganz'n Gewitter... und nischt mehr war unter und ieber mir... da seid ihr de reenst'n kleen Kinder dagegen.

AUGUST, *angstvoll.* Nu, Rose, wenn's wahr is, was Streckmann sagt, da hätt'st du ja falsche Eide geschworen...

ROSE, *bitter lachend.* Ich weeß ni! Das kann ja all's meeglich sein – ich kann mich dadruff ni besinnen jetzunder: aus Lieg'n und Trieg'n besteht de Welt.

BERND *seufzt.* Herr Gott, meine Zuflucht fier und fier.

AUGUST. Aso nimmst du's falsche Eide schweeren?

ROSE. Das iis gar nischt! Nischte! Was soll das denn sein? Da liegt was! Das is was! Das liegt bei a Weida! – Das is was! Das andre schiert mich ni. Do hoa ich wull ernt in de Sterne gesehn! Da hoa ich wull ernt geschrien und geruffa! Kee himmlischer Vater hat sich geriehrt.

BERND, *erschrocken, zitternd.* Du lästerst a himmlischen Vater dahier? Is das aso weit, da kenn' ich dich ni!

ROSE *nähert sich ihm auf den Knien.* Aso weit is! Und Ihr kennt mich o, Vater! Ihr hat mich ja uff a Knien gewiegt, und ich hoa Euch ja au manchmal beigestand'n! – Itze is halt was ieber uns alle gekomm – ma hat sich dagegen gewohrt und gewohrt...

BERND, *betroffen.* Was is das?

ROSE. Ich weeß ni! – Ich weeß das ni! *Sie bleibt zitternd, in die Knie gesunken, vor sich hinstarrend auf der Erde hocken.*

AUGUST, *von dem Anblick überwältigt, hingerissen.* Rosla, steh uff, ich verluss' dich ni! Steh uff, ich kann dich ni daliegen sehn! Mir sein alle mitnander sein mir Sinder! Wer aso bereut, dem wird o verziehn. Steh uff, Rose! Vater, hebt Ihr se uff! Mir sein ni von den'n, ich wenigstens nich! Ich kann a Pharisäer ni machen! Ihr seht ja, wie's 'r zu Herzen geht! Mag kumma, was will, ich halte zu dir! Ich bin kee Richter! Ich richte ni! Unse Heiland eim Himmel hat o ni gerichtet! Fierwahr, a hat unsre Krankheet getragen, mir aber hielten ihn fier den, der von Gott geschlagen und gemartert were! Vielleicht habt Ihr o manchen Fehler begangen! Ich hab' nachgedacht! Ich sprech' mich ni frei! Eh se mich hat recht richtig gekannt, hat se schunn missen ihr Amen sagen! Was geht mich de Welt an? Nach der frag' ich nich!

ROSE. August, se han sich an mich wie de Klett'n gehang'n... ich konnte ne ieber de Straße laufen!... Alle Männer warn hinter mir her!... Ich hab' mich versteckt... Ich hab' mich gefircht! Ich hab' solche Angst vor a Männern gehabt!... 's half nischt, 's ward immer schlimmer dahier! Hernach bin ich von Schlinge zu Schlinge getreten, daß ich gar ni bin mehr zur Besinnung gekomm.

BERND. Du hast friher de strengste Meinung gehabt! Du hast de Leichnern verdammt und de Kaisern veracht! Du hast geprahlt, dir soll eener kumma! Hust a Müllerknecht ei de Fresse geschlag'n! A Madel, die das tutt, haste gesoat, die verdient kee Mitleed, die soll sich uffhenka! Jetzt red'st du von Schlingen.

ROSE. Itze weeß ich Bescheed!

AUGUST. Mag kumma, was will, ich halte zu dir, Rose! Ich verkoofe mei Land! Mer ziehn ei de Welt! A Onkel von mir is ei Brasilien drieben. Mir wern mitnander a Auskumma hoan! Ei jeder Beziehung, aso und aso. Itze sein mer vielleicht erst reif dazu.

ROSE. O Jesus, Jesus, was is denn mit mir? – Warum bin ich denn irschte heemgekrucha? Warum bin ich denn ni bei mein Kindla geblieben?

AUGUST. Bei wem geblieben?

ROSE *steht auf*. August, mit mir is aus! Erst hat's een wie rasnig eim Kerper gebrannt! Hernach wurd' ma nei ei a Taumel geschmissen! Hernoernt kam ane Hoffnung: da is ma gerannt wie ane Katzenmutter, 's Kitschla eim Maule! Nu han's een de Hunde abgejoat.

BERND. Verstehst du a Wort, August?

AUGUST. Nee! Von dem ni...

BERND. Weeßt du, wie mir jetzt zumute is? Das is, das tutt sich ock immer uffreißa... immer ee Abgrund underm andern dahier. Was wird ma ock hier noch miss'n heern!

ROSE. An Fluch! An Fluch werd Ihr missa hiern! Dich sah ich! Dich treff' ich! Am Jingsten Gerichte! Dir reiß' ich a Schlunk mit a Kiefern raus! Du stiehst mir Rede! Du sollst mir antworta.

AUGUST. Wen meenste denn, Rosla?

ROSE. War's is, der wiß's! *Eine Erschöpfung überkommt sie, und fast ohnmächtig sinkt sie auf einen Stuhl nieder. Längeres Stillschweigen.*

AUGUST, *um sie bemüht*. Wie is denn das ieber dich gekumma? Du bist ja uff eemal...

ROSE. Das weeß ich nich! – Hätt ihr mich ock friher d'rnach gefragt, verleichte... heute kann ich's ne wissa! – 's hat een kee Mensch ne genung liebgehat.

AUGUST. Wer weeß, welche Liebe stärker is: ob nu de glickliche oder de unglickliche.

ROSE. Ich bin stark! Ich bin stark! Ich bin stark gewest! Nu bin ich schwach! Itze bin ich am Ende.

Der Gendarm erscheint.

DER GENDARM, *mit ruhiger Stimme.* De Tochter soll doch im Hause sein! Der alte Kleinert sagte: se wär' schonn zu Hause.

AUGUST. 's is so, wir haben's nich gewußt vorhin.

DER GENDARM. Da wollt' ich's doch lieber gleich mit abmachen. – 's is was zu unterschreiben hier. *Er legt, ohne Rose in dem schlecht beleuchteten Raum zu bemerken, einige Papiere auf den Tisch.*

AUGUST. Rose, du sollst hier was unterschreiben. *Rose lacht heraus mit grausig hysterischer Ironie.*

DER GENDARM. Sein Sie die, da gibt's nischt zu lachen, Freilein. – Bitte!

ROSE. Sie kenn... noch an Augenblick... bleiben.

AUGUST. Nu weshalb denn?

ROSE, *mit brennenden Augen, tückisch.* Ihr hott mei Kind derwergt.

AUGUST. Was spricht se? Was sagst du, um Himmels willen?

DER GENDARM *richtet sich auf, betrachtet sie prüfend, fährt aber fort, als ob er nichts gehört hätte.* 's wird wegen der Streckmann-Sache sein.

ROSE, *wie vorher, kurz, bellend.* Streckmann? Der hat mei Kind derwergt!

BERND. Mädel, schweig stille, du bist ja unsinnig!

DER GENDARM. Sie haben doch ieberhaupt kein Kind – –?

ROSE. Was? – Hätt' ich's sonst kenn mit a Hända derwerga? – Ich ha mein Kind mit a Hända derwergt!!

DER GENDARM. Sie sind woll besessen? Was fehlt Ihnen denn?

ROSE. Ich bin ganz klar! Ich bin ni besessen! Ich bin ganz klar bin ich uffgewacht! *Kalt, wild, grausam-fest.* 's sullde ni laba! Ich wullte's ni!! 's sullde ni meine Martern derleida! 's sullde durt bleib'n, wo's hiegeheert.

AUGUST. Rose, besinn dich! Zermartre dich ni! Du weeßt woll nich, was du sprichst dahier! Du machst uns ja alle mitnander unglicklich.

ROSE. Ihr wißt ebens nischt! Ihr seht ebens nischt! Ihr habt nischt gesehn mit offnen Augen. A kann hinger de große Weide sehn... bei a Erlen... hinten am Pfarrfelde draußen ... am Teiche... da kann a das Dingelchen sehn.

BERND. Aso was Furchtbares hätt'st du getan?

AUGUST. Aso was Unsägliches hätt'st du verbrochen?

Sie wird ohnmächtig, die Männer sehn sich bestürzt und ratlos an, August stützt Rose und bemüht sich um sie.

DER GENDARM. 's beste is, Sie komm mit ihr uffs Amt. Da kann se a freies Geständnis ablegen. Wenn das ni bloß Phantasien sind, da wird ihr das sehr zugute komm.

AUGUST, *ernst aus der Tiefe.* Das sein keene Phantasien, Herr Wachtmeester. Das Mädel... was muß die gelitten han!

DIE RATTEN

Berliner Tragikomödie

Entstehungszeit: 1909–1910.
Erstveröffentlichung: Einzelausgabe. Berlin, S. Fischer 1911.

DRAMATIS PERSONAE

HARRO HASSENREUTER, ehemaliger Theaterdirektor
SEINE FRAU
WALBURGA, seine Tochter
PASTOR SPITTA
ERICH SPITTA, Kandidat der Theologie, sein Sohn
ALICE RÜTTERBUSCH, Schauspielerin
NATHANAEL JETTEL, Hofschauspieler
KÄFERSTEIN, DR. KEGEL } Schüler Hassenreuters
JOHN, Maurerpolier
FRAU JOHN
BRUNO MECHELKE, ihr Bruder
PAULINE PIPERKARCKA, Dienstmädchen
FRAU SIDONIE KNOBBE
SELMA, ihre Tochter
QUAQUARO, Hausmeister
FRAU KIELBACKE
SCHUTZMANN SCHIERKE
ZWEI SÄUGLINGE

ERSTER AKT

Im Dachgeschoß einer ehemaligen Kavalleriekaserne zu Berlin. Ein fensterloses Zimmer, das sein Licht von einer brennenden Lampe erhält, die von der Mitte der Decke über einen runden Tisch herunterhängt. In die Hinterwand mündet ein gerader Gang, der den Raum mit der Entreetür verbindet, einer eisenbeschlagenen Tür mit einer primitiven Schelle, die der Eintritt Begehrende von außen durch einen Drahtzug in Bewegung setzt. Eine Tür in der Wand links schließt ein Nebengemach ab. An der Wand rechts führt eine Treppe auf den Dachboden.

Auf diesem Dachboden, sowie in den sichtbaren Räumlichkeiten, hat der Extheaterdirektor Harro Hassenreuter seinen Theaterfundus untergebracht.

Man kann, bei dem ungewissen Licht, im Zweifel sein, ob man sich in der Rüstkammer eines alten Schlosses, in einem Antiquitätenmagazin oder bei einem Maskenverleiher befindet.

Zu beiden Seiten des Ganges sind auf Ständern Helme und Brustharnische Pappenheimscher Kürassiere aufgestellt, ebenso in je einer Reihe an der rechten und linken Wand des vorderen Raums. Die Dachbodentreppe steht zwischen zwei Geharnischten. Die Decke darüber schließt die übliche Bodenklappe ab.

Ein Stehpult ist vorn links an die Wand gerückt. Tinte, Federn, alte Geschäftsbücher und ein Kontorbock sowie einige Stühle mit hohen Lehnen um den runden Mitteltisch lassen erkennen, daß der Raum zu Bürozwecken dienen muß. Wasserflasche mit Gläsern auf dem Tisch und einige Photographien über dem Stehpult. Die Photographien zeigen Direktor Hassenreuter als Karl Moor sowie in verschiedenen anderen Rollen.

Einer der Pappenheimschen Kürassiere trägt einen ungeheuren Lorbeerkranz um den Nacken gehängt, mit einer Schleife, deren Enden in goldenen Lettern die Worte tragen: »Unserem genialen Direktor Hassenreuter! Die dankbaren Mitglieder.« Eine Serie mächtiger roter Schleifen trägt nur die Aufschriften: »Dem genialen Karl Moor«... »Dem unvergleichlichen, unvergeßlichen Karl Moor«... usw. usw.

Der Raum ist nach Möglichkeit zu Magazinzwecken ausgenutzt. Wo irgend angängig, hängen an Kleiderhaken deutsche, spanische und englische Kostümstücke aus verschiedenen Jahrhunderten. Man sieht schwedische Reiterstiefel, spanische Degen und deutsche Flamberge.

Die Tür links hat die Aufschrift: Bibliothek.

Das ganze Gemach zeigt eine malerische Unordnung. Alte Scharteken und Waffen, Pokale, Becher usw. liegen umher.
Es ist eines Sonntags, Ende Mai.
Frau John, über Mitte der Dreißig hinaus, und das blutjunge Dienstmädchen Piperkarcka sitzen am Mitteltisch. Die John, den Oberkörper weit über den Tisch gelehnt, redet lebhaft auf das Dienstmädchen ein. Die Piperkarcka, dienstmädchenhaft aufgedonnert, mit Jackett, Hut und Schirm, sitzt aufrecht. Ihr hübsches rundes Lärvchen ist verweint. Ihre Gestalt zeigt Spuren noch nicht vollendeter Mutterschaft. Sie malt mit der Schirmspitze auf der Diele.

FRAU JOHN. Na ja doch! Freilich! Ick sag't ja, Pauline.

DIE PIPERKARCKA. Nu ja. Ick will nu also Schlachtensee oder Halensee. Muß jehn un muß nachsehn, ob ick ihm treffe! *Sie trocknet ihre Tränen und will sich erheben*

FRAU JOHN *verhindert die Piperkarcka am Aufstehen.* Pauline! Um Jottes willen, bloß det nich! Det nich, um keenen Preis von de Welt. Det macht Skandal, kost Jeld und bringt nischt. Wat wolln Se woll, und wo Se noch in den Zustande sind, dem schlechten Halunken noch weiter nachloofen!?

DIE PIPERKARCKA. Denn soll meine Wirtin heute soll warten umsonst verjeblich auf mir. Ick spring' im Landwehrkanal und versaufe.

FRAU JOHN. Pauline! Warum denn? warum denn, Pauline? Jeben Se Obacht, heeren Se jetzt bloß um Jottes willen 'n janz 'n eenziges . . . bloß ma'n janzen kleenen Oochenblick uff mir, und passen Se dadruff uff, wat ick Ihn vorstelle! Det wissen Se doch, ick hab' et Ihn doch bei de Normaluhr, wo ick an Alexanderplatz aus de Marchthalle bin jekomm, jleich anjesehn und hab' et Ihn uff'n Kopp druff jesacht. Wat hab' ick jesacht? Jelt, hab' ick Ihn uff'n Kopp druff jefragt, jelt, kleenet Aas, er will nischt von wissen! – Det jeht hier vielen, det jeht hier allen, det jeht hier vielen Millionen Mächens so! Und denn hab' ick jesacht . . . wat hab' ick jesacht? komm, hab' ick jesacht, ick will dir helfen.

DIE PIPERKARCKA. Zu Hause darf ick mir nu janz natürlich nich blicken lassen, wie ick verändert bin. Mutter schreit doch auf'n ersten Blick! Vater haut mir Kopf an die Wand und schmeißt mir Straße. Jeld hab' ick nu ebenfalls ooch weiter nu weiter keens nich! als wie Stücker zwei Joldstücke, was ick mich Jackettfutter einjenäht. Hätte mich schlechter Mensch nich Mark nich Pfennig übriggelassen.

FRAU JOHN. Freilein, mein Mann ist Mauerpolier. Freilein: wenn Se bloß wollten Obacht jeb'n... jeb'n Se doch um Jottes willen Obacht, wat ick Ihn for Vorschläge unterbreiten tu'. Freilein, denn is doch uns beede jeholfen. Ihn is jeholfen und so desselbijenjleichen ooch mir. Außerden is Pauln, wat mein Mann is, jeholfen, wo sterbensjerne een Kindeken will, weil det uns doch unser eenziget, unser Adelbertchen, an de Bräune jestorben is. Ihr Kind hat et jut wie'n eejnet Kind. Denn kenn Se jehn Ihrem Schatz wieder uffsuchen, kenn wieder in'n Dienst, kenn wieder bei Ihre Eltern jehn, det Kind hat et jut, und keen Mensch uff die janze Welt nich braucht wat von wissen.

DIE PIPERKARCKA. I jrade! Ick stürze mir Landwehrkanal! *Sie steht auf.* Ick schreibe Zettel, ick lasse Zettel in mein Jackett zurück: du hast mit deine verfluchte Schlechtigkeit deine Pauline im Wasser jetrieben! dann setze vollen Namen Alois Theophil Brunner, Instrumentenmacher, zu. Denn soll er sehn, wie er mit sein Mord auf Jewissen man meinswegen fertig wird.

FRAU JOHN. Warten Se, Freilein, ick muß erst uffschließen. *Frau John stellt sich, als wolle sie die Piperkarcka hinausbegleiten. Noch bevor beide Frauen den Gang erreichen, tritt Bruno Mechelke langsam forschend aus der Tür links und bleibt stehen. Bruno Mechelke ist eher klein als groß, hat einen kurzen Stiernacken und athletische Schultern. Niedrige, weichende Stirn, bürstenförmiges Haar, kleiner runder Schädel, brutales Gesicht mit eingerissenem und vernarbtem linkem Nasenflügel. Die Haltung des etwa neunzehnjährigen Menschen ist vornübergebeugt. Große, plumpe Hände hängen an langen, muskulösen Armen. Die Pupillen seiner Augen sind schwarz, klein und stechend. Er bastelt an einer Mausefalle herum.*

BRUNO *pfeift seiner Schwester wie einem Hunde.*

FRAU JOHN. Ick komme jleich, Bruno. Wat wiste denn?

BRUNO, *scheinbar in die Falle vertieft.* Ick denke, ick soll hier Fallen uffstellen.

FRAU JOHN. Haste dem Speck denn rinjemacht? *Zur Piperkarcka.* 't is bloß mein Bruder. Erschrecken sich nicht, Freilein.

BRUNO, *wie vorher.* Ick ha heute dem Kaisa Willem jesehn, Jette. Ick war mit de Wachparade jejang.

FRAU JOHN, *zur Piperkarcka, die durch Brunos Erscheinung angstvoll gebannt ist.* Et is bloß mein Bruder, bleiben Se man. *Zu Bruno.* Junge, wie siehst du bloß wieder aus? Det Freilein muß sich ja von dich Angst kriejen.

BRUNO, *wie vorher. Ohne aufzublicken.* Schuberle buberle, ick bin 'n Jespenst.

FRAU JOHN. Mach uff'n Boden und stell deine Mausefallen!

BRUNO, *wie vorher. Tritt langsam an den Tisch.* Jawoll, det is ooch man wieder so'n Jeschäft zum Vahungern. Wenn ick mit Streichhölzer handeln du', denn ha ick wahrhaftig mehr Pinke von.

DIE PIPERKARCKA. Atje, Frau John.

FRAU JOHN, *wütend auf den Bruder los.* Wiste woll jehn und wist mir in Frieden lassen!

BRUNO, *geduckt.* Hab dir man nich. Ick jeh' ja schonn. *Er zieht sich folgsam wieder in das anstoßende Zimmer zurück, dessen Tür Frau John resolut hinter ihm schließt.*

DIE PIPERKARCKA. Den mecht' ick Tierjarten, Jrunewald nicht bejejnen. Bei Nacht nich und nich ma bei Dage nich.

FRAU JOHN. Jnade Jott, wo ick Brunon hetze und der ma hinter een hinter is!

DIE PIPERKARCKA. Atje. Hier jefällt mir nich. Wenn mich wieder sprechen wollen, lieber Bank bei Wasserkunst Kreuzberg, Frau John.

FRAU JOHN. Pauline, ick ha Brunon mit Sorje un Kummer Tag un Nacht jroßjebracht. Ihr Kindeken hat et noch zwanzigmal besser. Also, Pauline, wenn et jeboren is, nehm' ick det Kind, un bei meine in Jott vastorbene Eltern, wo ick an Totensonntag immer noch und keen Mensch mich zurückhält nach Rüdersdorf jeh' und Lichter uff beede Jräber ansteche: det kleene Wurm soll et madich jut hab'n, wie et besser keen jeborener Prinz und keene jeborene Prinzessin haben tut.

DIE PIPERKARCKA. Ick jeh', mit meine letzten Pfennig kaufen mir Vitriol – trefft, wen trefft! – un jießen dem Weibsbild, wo mit ihm jeht — trefft, wen trefft! –, mitten in Jesicht! Trefft, wen trefft! Brennt ihm janze verfluchte hübsche Visage kaputt! Mir jleich! Brennt ihm Bart kaputt! Brennt ihm Augen kaputt! wenn er mit andres Frauenzimmer jeht. Trefft, wen trefft! Hat mir betrogen! zujrunde jerichtet! hat mir Jeld jeraubt! hat mich Ehre jeraubt! hat mich verfluchtiger Hund verführt, verlassen, belogen, betrogen, in Elend jestoßen! Trefft, wen trefft! Soll blind sein! Nase soll wegjefressen sein! Soll jar nich mehr überhaupt auf Erde sein!

FRAU JOHN. Freilein Pauline, bei meine ewige Seligkeit, von Stund an, wo det kleene Wurm erst ma uff de Welt is... von den Augenblick an!... det soll et haben, als wenn et, ick weeß nich wo! in Samt und Seide jeboren wär'. Bloß jutes Zutrauen! und, det Se ja sachen! – Ick habe mir allens ausjedacht. Et jeht zu machen, Pauline, et jeht, et jeht, sach' ick Ihn! Und weder'n Dokter noch Polizei noch Ihre Wirtin merkt wat von. – Und denn kriejen Se erst ma hundertunddreiundzwanzig Mark, wat ick mir von det Reinmachen hier beim Direkter Hassenreuter abjespart habe, ausjezahlt.

DIE PIPERKARCKA. Denn lieber bei die Jeburt erwürgen! verkaufen nich!

FRAU JOHN. Wer redet denn von verkoofen, Pauline?

DIE PIPERKARCKA. Wat hab' ick Oktober vorijen Jahr bis heutijen Tag for Himmelsangst ausjestanden. Bräutijam steeßt mir fort! Mietsfrau steeßt mir fort. Schlafbodenstelle is mir jekindigt. Wat du' ick denn, daß man mir so verachtet und von die Leute verflucht un ausstoßen muß?

FRAU JOHN. Det sach' ick ja, det kommt, weil der Deibel unsern Herrn Christus Heiland noch immer ieber is.

Ohne bemerkt zu werden, ist Bruno, bastelnd wie vorher, geräuschlos wiederum in die Tür getreten.

BRUNO *sagt in eigentümlicher Weise, scharf, aber wie nebenbei.* Lampen!

DIE PIPERKARCKA. Der Mensch erschrickt mir. Lassen mir fort!

FRAU JOHN *geht heftig auf Bruno los.* Willst du woll jehn, wo de hinjeheerst! Ick ha dir jesacht, ick wer dir rufen.

BRUNO, *wie vorher.* Na Jette, ick ha doch bloß »Lampen« jesacht.

FRAU JOHN. Biste verrickt? Wat heeßt denn det: Lampen? –

BRUNO. Na, klinkt et denn nich an de Einjangstier?

FRAU JOHN *erschrickt, horcht, hält die Piperkarcka zurück, die im Begriff ist davonzugehen.* Pst, Freilein! Halt! Warten Se man noch'n Oochenblick.

Bruno schnitzelt weiter. Die beiden Frauen horchen.

FRAU JOHN, *leise, angstvoll, zu Bruno.* Ick heer' nischt.

BRUNO. Du ollet vatrockentes Kichenspinde, denn schaff da man bessare Lauscha an.

FRAU JOHN. Det wär' in det janze Vierteljahr det erste Ma, det der Direkter kommt, wenn Sonntag is.

BRUNO. Wenn der Theatafritze kommt, kann a mir meinswejen jleich angaschieren.

FRAU JOHN, *heftig.* Quatsch nich!

BRUNO, *grinsend zur Piperkarcka.* Jlooben S'et, Freilein, ick ha bei Zirkus Schumann 'n dummen Aujust sein Esel dreimal rum die Manesche jebracht. Det mach' ick allens! Ick wer mir woll furchten.

DIE PIPERKARCKA *scheint die phantastische Sonderbarkeit der Umgebung erst jetzt zu bemerken, erschrocken, stark beunruhigt.* Josef Maria, wo bin ick denn?

FRAU JOHN. Wer kann denn det sind?

BRUNO. Da Direkta nich, Jette. Det is eha 'ne Tülle, wo elejante Trittlinge hat.

FRAU JOHN. Freilein, jehn Se man zwee Minuten, sein so jut, hier uff'n Oberboden. 's kommt eener, kann sind, der bloß wat wissen will.

In ihrer zunehmenden Angst tut die Piperkarcka das Verlangte. Sie klettert über die Treppe auf den Oberboden, dessen Klappe geöffnet ist. Frau John hat sich so gestellt, daß im Notfalle die Piperkarcka gegen die Entreetür gedeckt ist. Die Piperkarcka verschwindet. Frau John und Bruno bleiben allein.

BRUNO. Wat wiste denn mit die barmherzige Schwester?

FRAU JOHN. Det jeht dir nischt an, verstehste mich.

BRUNO. Ick frage ja man, weil det de vor det Mächen so ängstlich 'ne Wand machen dust. Sonst is et mich doch wahaftig Pomade.

FRAU JOHN. Det soll dir ooch immer Pomade sind.

BRUNO. Danke Komma, denn kann ick woll abtippeln.

FRAU JOHN. Lump, weeßt du woll, wat du mir schuldig bist?

BRUNO, *pomadig.* Wat regste dir denn uff? Wo stoß' ick dir denn? Wat wiste? Ick muß jetzt zu meine Braut. Mir schläfert. Vorichte Nacht hab' ick unter Sträucher in Tierjarten plattjemacht. Und juterletzt is Kohlmarcht bei mich. *Er kehrt seine Hosentaschen um.* Folgedessen muß ick jehn 'n Stück Brot verdienen.

FRAU JOHN. Hierjeblieben! – und nich von de Stelle! – oder

du krist, und wenn det de jaulst wie'n kleener Hund, kriste nimmermehr, wenn't bloß'n Pfennich is, krist de von mich! Bruno, du jehst uff schlechte Weje.

BRUNO. Ick wer woll immer jejen de janze Welt... noch wat!... wer ick der Potsdamer sind. Soll ick etwa nich jehn, wo ick scheen bei Huldan zu leben krieje? *Er zieht eine schmutzige Brieftasche.* Nich ma'n dreckigen Pfandschein ha ick mehr in de Plattmullje drin. Wat wiste von mich, un denn laß mir abschrenken.

FRAU JOHN. Von dir? Wat ick will? For wat wärst du woll nitze? Du bist zu nischt weiter nitze, als det eene Schwester, wo nich richtig in Koppe is, mit so'n Lump un Tagedieb Mitleid hat.

BRUNO. Kann sind, det de in Koppe manchmal nich richtig bist.

FRAU JOHN. Unser Vater hat oft zu mich jesacht, wo du schonn mit fünf, sechs Jahre alt schlechte Dinge jetrieben hast, det mit dir in Leben keen Staat weiter nich zu machen is un det ick dir sollte loofen lassen. Un mein Mann, wo richtig un orntlich is... vor so'n juten Mann: du darfst dir nich blicken lassen.

BRUNO. Jewiß doch, det weeß ick ja allens, Jette! Aber so eenfach schiebt sich det nu eemal nu eben nich. Wat wiste? Ick weeß, ick bin mit'n Ast uff'n Puckel, wenn det'n ooch det'n keener sieht, un nich in Zangzuzih uff de Welt jekomm. Ick muß sehn un mir mit mein Ast mangmang helfen. Na jut so! wat wiste? von wejen de Ratten brauchst du mir nich. Du wist bloß wat mit die Dohle vertussen.

FRAU JOHN, *die Faust drohend unter Brunos Nase.* Verrat du een eenziget kleenet Sterbenswort: denn mach' ick dir kalt. Denn bist du 'ne Leiche!

BRUNO. Na weeßte, vastehste, ick mache mir dinne. *Er steigt die Treppe hinauf.* Womeeglich komm' ick, mir nischt dir nischt, noch ma in Schokoladenkasten rin. *Er verschwindet durch die Bodenklappe. Frau John löscht eilig die Lampe und tappt sich zur Bibliothekstür. Sie geht in die Bibliothek, schließt aber die Tür hinter sich nicht ganz.*

Die Geräusche eines verrosteten Schlosses und Schlüssels, der darin umgedreht wurde, sind vernehmlich gewesen. Ein leichter Schritt kommt nun den Gang herauf. Vorübergehend war der Berliner Straßenlärm, auch Kindergeschrei aus den Hausfluren vernehmlich geworden. Leierkastenmusik vom Hof herauf.

Mit scheuen Bewegungen erscheint Walburga Hassenreuter. Das Mädchen ist noch nicht sechzehn Jahre alt und sieht hübsch und unschuldig aus. Sonnenschirm, fußfreies helles Sommerkleidchen.

WALBURGA *stutzt, horcht, sagt dann ängstlich.* Papa! – Ist schon jemand hier oben? – Papa! Papa! *Sie horcht lange gespannt und sagt dann.* Es riecht ja hier so nach Petroleum! *Sie findet Streichhölzer, entzündet eines davon, will die Lampe anstecken und verbrennt sich an dem noch heißen Zylinder.* Au! – Donnerwetter, wer ist denn hier? *Sie hat aufgeschrien und will fortlaufen. Frau John erscheint wieder.*

FRAU JOHN. I, Freilein Walburga, wer wird denn jleich Lärm machen! Sein Se man friedlich! Det bin ja bloß ick.

WALBURGA. Gott, hab' ich aber einen ganz entsetzlichen Schreck bekommen, Frau John.

FRAU JOHN. Weshalb denn, Freilein? Wat suchen Se denn heit an Sonntag hier?

WALBURGA, *Hand auf dem Herzen.* Mir steht noch immer das Herz ganz still, Frau John.

FRAU JOHN. Wat hat's denn, Freilein Walburga? Wer ängstigt Se denn? Sie missen det doch von Ihren Herrn Vater wissen, det ick Sonntag und Wochentag hier oben mang die Kisten und Kasten zu tun habe, mit Staub-Abbürsten und Motten-Auskloppen. In drei, vier Wochen, wenn ick jlicklich mit die zwölf- oder achtzehnhundert Theaterlumpen eemal rum bin und fertig bin, fängt et doch immer wieder von frischen an.

WALBURGA. Ich hab' mich erschrocken, weil sich der Lampenzylinder noch ganz heiß anfaßte, Frau John.

FRAU JOHN. Nu ja, de Lampe hat ebent jebrannt, un ick hab' se vor eene halbe Minute ausjepustet. *Sie hebt den Zylinder ab.* Mir brennt et nich! Ick hab' harte Hände! *Sie zündet das Docht auf.* Na, nu wird Licht! Nu hab' ick se wieder anjestochen. Wat is nu Jefährliches los? Ick sehe nischt.

WALBURGA. Hu, Sie sehen ja aus wie ein Geist, Frau John.

FRAU JOHN. Wie soll ick aussehn?

WALBURGA. Das ist, wenn man so aus der prallen Sonne ins Finstere kommt... in diese muffigen Kammern hinein, da ist man wie von Gespenstern umgeben.

FRAU JOHN. Na, kleenet Jespenst, weshalb kommen Se denn? – Sind Se alleene, oder is noch jemand? – Kommt am Ende Papa noch nach?

WALBURGA. Nein! Papa ist heute zu einer wichtigen Audienz nach Potsdam hinaus.

FRAU JOHN. Und wat suchen denn also Sie nu woll hier?

WALBURGA. Ich? Ich bin einfach spazieren gewesen.

FRAU JOHN. Na, denn sehn Se man wieder, det Se fortkomm. In Papan seine Rumpelkammer scheint keene Pfingstsonne nich.

WALBURGA. Sie sollten auch, so grau wie Sie aussehen, mal lieber raus an die Sonne gehn.

FRAU JOHN. I, Sonne is bloß for feine Leite! Wenn ick man alle Dache meine paar Pfund Staub und Dreck uff de Lunge krieje – jeh man, Kindken, ick muß an de Arbeet! –, mehr brauch' ick nich: ick lebe von Müllstoob und Mottenpulver. *Sie hustet.*

WALBURGA, *ängstlich.* Sie brauchen Papa nicht sagen, daß ich hier oben gewesen bin.

FRAU JOHN. Ick? Ick habe woll sonst nischt besseret zu tun.

WALBURGA, *scheinbar leichthin.* Und sollte Herr Spitta nach mir fragen...

FRAU JOHN. Wer?

WALBURGA. Der junge Herr, der bei uns im Hause Privatstunde gibt...

FRAU JOHN. Na, und?

WALBURGA. Sind Sie so freundlich und sagen Sie ihm, daß ich hier gewesen, aber gleich wieder gegangen bin.

FRAU JOHN. Also Herrn Spitta soll ick et sagen, Papan nich?

WALBURGA, *unwillkürlich.* Um Gottes willen nicht, liebste Frau John.

FRAU JOHN. Na wacht du, wacht! Jib du bloß man Obacht. Manch eene hat ausjesehn wie du und is aus die Jejend jekomm wie du, wo nachher in de Drajonerstraße in Rinnsteen oder jar in de Barnimstraße hinter schwed'sche Jardinen zujrunde jejangen is.

WALBURGA. Sie werden doch damit nicht sagen wollen, Frau John, oder glauben wollen, daß in meiner Beziehung zu Herrn Spitta etwas Unerlaubtes oder Ungehöriges ist?

FRAU JOHN, *in höchstem Schreck.* Mund zu! – Et hat jemand dem Schlüssel im Schloß jestochen.

WALBURGA. Auslöschen! *Frau John bläst schnell die Lampe aus.* Papa!

FRAU JOHN. – Freilein, ruff uff'n Oberboden! *Sie und Wal-*

burga verschwinden über die Treppe durch den Bodenverschlag, der verschlossen wird.

Zwei Herren, der Direktor Harro Hassenreuter und der Hofschauspieler Nathanael Jettel, erscheinen durch die Flurtür im Gange. Der Direktor ist mittelgroß, glattrasiert, fünfzig Jahre alt. Er pflegt große Schritte zu nehmen und bekundet ein lebhaftes Temperament. Sein Gesichtsschnitt ist edel, das Auge von kühnem Ausdruck. Sein Betragen ist laut. Sein Wesen überhaupt durchaus feurig. Er trägt einen hellen Sommerüberzieher, den Zylinder nach hinten gerückt und übrigens Frackanzug und Lackschuhe. Der leger geöffnete Paletot enthüllt eine mit Ordensternen überdeckte Brust. – Hofschauspieler Jettel trägt unter dem leichtesten Sommerüberzieher einen weißen Flanellanzug. Er hat einen Strohhut nebst elegantem Stock in der linken Hand, gelbe Schuhe an den Füßen. Er ist ebenfalls glattrasiert und über die Fünfzig alt.

DIREKTOR HASSENREUTER *ruft.* John! – Frau John! – Ja, das sind nun hier meine Katakomben, lieber Jettel! Sic transit gloria mundi! Hier hab' ich nun alles, mutatis mutandis, untergebracht, was von meiner ganzen Theaterherrlichkeit übriggeblieben ist: alte Scharteken! alte Lappen und Lumpen! – John! John! Sie ist hier gewesen, denn der Lampenzylinder ist heiß! *Er zündet mit einem Streichholz die Lampe an.* Fiat lux, pereat mundus! So! Jetzt können Sie mein Motten-, Ratten- und Flohparadies bei Lichte besehen.

NATHANAEL JETTEL. Haben Sie also meine Karte bekommen, bester Direktor?

DIREKTOR HASSENREUTER. Frau John! – Ich werde mal sehn, ob sie auf dem Boden ist. *Er steigt sehr gewandt die Treppe hinauf und rüttelt an der Bodenklappe.* Verschlossen! Den Schlüssel hat die Kanaille natürlich am Schürzenband. *Er pocht wütend mit der Faust gegen die Klappe.* John! John!

NATHANAEL JETTEL, *etwas ungeduldig.* Direktor, geht es nicht ohne die John?

DIREKTOR HASSENREUTER. Was? Glauben Sie, daß ich Ihnen den miserablen Lappen, den Sie gerade da für Ihr Gastspiel brauchen, aus meinen dreihundert Kisten und Kasten ohne die John, im Frack und mit sämtlichen Orden, so, wie ich vom Prinzen komme, selber heraussuchen kann?

NATHANAEL JETTEL. Erlauben Sie mal! In Lappen absolviere ich meine Gastreisen nicht.

DIREKTOR HASSENREUTER. Mensch, spielen Sie doch in Unterhosen! Meinethalben! Mich stört das nicht! Nur vergessen Sie nicht, wer vor Ihnen steht! Deshalb, wenn der Hofschauspieler Jettel – na wenn schon! – gnädigst zu pfeifen geruhen, springt der Direktor Harro Hassenreuter noch lange nicht. Sapristi! Wenn irgendein Komödiant einen schäbigen Turban oder zwei alte Transtiefel braucht, muß sich ein pater familias, ein Familienvater, den einzigen Sonntagnachmittag unter den Seinen abknapsen? Soll womöglich wie'n Tackel auf allen vieren in alle Bodenwinkel hinein? Nein, Freundchen, da müßt ihr euch andere aussuchen.

NATHANAEL JETTEL, *sehr ruhig*. Könnten Sie mir nicht sagen, Direktor, wer Ihnen in Gottes Namen auf die Krawatte getreten hat?

DIREKTOR HASSENREUTER. Mein Junge, ich habe noch vor kaum einer Stunde die Beine unterm Tisch eines Prinzen gehabt: post hoc, ergo propter hoc! – Ich setze mich Ihretwegen in einen verfluchten Omnibus und kutsche in diese verfluchte Gegend... wenn Sie meine Gefälligkeit nicht zu würdigen wissen: scheren Sie sich!

NATHANAEL JETTEL. Sie haben mich auf vier Uhr hierherbestellt. Sie haben mich eine volle geschlagene Stunde in dieser entsetzlichen Mietskaserne, auf diesem lieblichen Korridore unter dem Kinderpöbel warten lassen... Ich habe gewartet, Ihnen nicht den geringsten Vorwurf gemacht! und jetzt sind Sie geschmackvoll genug, mich als eine Art Spucknapf zu betrachten.

DIREKTOR HASSENREUTER. Mein Junge...

NATHANAEL JETTEL. In's Teufels Namen, der bin ich nicht! Eher mache ich Sie zu meinem Hanswurst und lasse Sie für sechs Groschen Purzelbaum schießen! *Er nimmt entrüstet Hut und Stock und geht.*

DIREKTOR HASSENREUTER *stutzt, bricht dann in ein tolles Gelächter aus und schreit hinter Jettel her.* Machen Sie sich nicht lächerlich! – Und übrigens bin ich kein Maskenverleiher. *Man hört die Flurtür ins Schloß knallen. Direktor Hassenreuter zieht die Uhr.* – Rindvieh verdammtes! – Schafskopf verfluchter! – Ein Segen, daß das Rindvieh, verdammte, gegangen ist! *Er steckt die Uhr ein, zieht sie gleich darauf wiederum und lauscht. Hierauf geht er unruhig hin und her, bleibt stehen, blickt in den Zylinderhut, dessen Inneres einen Spiegel enthält, und kämmt sich sorgfältig. Er tritt an den Mitteltisch und öffnet einige von den Briefschaften, die dort gehäuft liegen. Dazu singt er trällernd.*

O Straßburg, o Straßburg,
du wunderschöne Stadt.

Abermals sieht er nach der Uhr. Plötzlich geht die Türschelle über seinem Kopf. Auf die Minute! Was doch die Dinger, wenn es drauf ankommt, pünktlich sind! *Er eilt und öffnet die Flurtür, jemand laut und fröhlich begrüßend. Die Trompetentöne seiner Stimme werden bald von glöckchenartigem Lachen einer weiblichen akkompagniert. Sehr bald erscheint der Direktor wieder, von einer eleganten jungen Dame begleitet, Alice Rütterbusch.* Alice! Kleine Alice! Komm erst mal näher, kleine Alice! Komm mal ans Licht! Ich muß doch sehen, ob du noch dieselbe kleine, schockscharmante, tolle Alice aus den besten Tagen meiner reichsländischen Direktionsperiode bist!? Mädel, ich hab' dich ja gehen gelehrt! ich hab' deine ersten Schritte gegängelt... das Sprechen! Du sagtest ja immer Cheef statt Chef! Ha ha ha! Hoffentlich hast du das nicht vergessen.

ALICE RÜTTERBUSCH. Schaun S', Direktor, Sie glauben doch net, daß i undankbar bin?

DIREKTOR HASSENREUTER *nimmt ihr den Schleier ab.* Mädel, du bist ja noch jünger geworden!

ALICE RÜTTERBUSCH, *hochrot, beglückt.* Da müßt' einer auch gehörig daherlügen, wenn einer behaupten wollt', daß du dich zum Nachteil verändert hast. Aber weißt, arg finster hast's bei dir oben und a bissel – Harro, wenn's d' mechst a Fenster aufmachen! – so a bissel a schwere Luft.

DIREKTOR HASSENREUTER.

Pillicock saß auf Pillicocks Berg!
– –
Doch Mäus' und Ratten und solch Getier
aß Thoms sieben Jahr lang für und für.

Im Ernst, ich hab' finstere und schwere Zeiten durchgemacht! Du wirst ja schließlich, trotzdem ich dir lieber nichts geschrieben habe, liebe Alice, davon unterrichtet sein.

ALICE RÜTTERBUSCH. Das war aber net grad, weißt, sehr freindschaftlich, daß d' mir auf alle die sauberen und langen Brief' kein Wörtel geantwort hast.

DIREKTOR HASSENREUTER. Wozu, ha ha ha, einem kleinen Mädchen antworten, wenn man genug mit sich selber zu tun hat und in keiner Beziehung was nützen kann? Sessa! E nihilo nihil fit! Das heißt auf deutsch: aus nichts kann nichts werden! Motten und Staub! Staub und Motten! ha ha ha! Das ist alles, was ich von meiner deutschen Kulturarbeit an der westlichen Grenze geerntet habe.

ALICE RÜTTERBUSCH. Du hast also den Fundus net an den Direktor Kurz abgetreten?

DIREKTOR HASSENREUTER. »O Straßburg, o Straßburg, du wunderschöne Stadt.« Nein, meine Kleine, ich habe den Fundus nicht in Straßburg gelassen! Dieser ehemalige Kellner, Kneipwirt und Pächter von anrüchigen Tanzlokalen, der mein Nachfolger wurde – dieser Kretin, diese bête imbécile –, wollte den Fundus nicht! – Sessa, den Fundus hab' ich nicht dort gelassen: dafür aber vierzigtausend Mark sauerverdientes Geld, von Gastspielreisen aus meiner Mimenzeit! außerdem fünfzigtausend Mark zugebrachtes Vermögen meiner braven Frau. Sessa! – Übrigens, daß ich den Fundus behielt, war ein Glück für mich. – Da! – Ha ha ha! Diese Kerle hier, – *er berührt einige der Geharnischten* – du kennst sie doch?

ALICE RÜTTERBUSCH. I kenn' doch meine Pappenheimer.

DIREKTOR HASSENREUTER. Nun also: diese Pappenheimschen Kerle hier, und was drum und dran baumelt, haben den alten Lumpensammler und Maskenverleiher Harro Eberhard Hassenreuter nach seiner Hedschra tatsächlich über Wasser gehalten! – Aber reden wir lieber von heiteren Dingen: ich habe mit Vergnügen aus der Zeitung ersehen, daß du von Exzellenz für Berlin engagiert werden wirst.

ALICE RÜTTERBUSCH. I mach' mir nix draus! I möcht' lieber bei dir spielen, und das mußt mir versprechen, wann's du wieder eine Direktion übernehmen tust... das versprichst mir, daß i augenblickli kontraktbrüchig werden kann! *Der Direktor bricht in Lachen aus.* I hab' mi drei Jahre lang gnua auf die Provinzschmieren rumgeärgert. Berlin mag i net! und a Hoftheater schon lang net. Jessas die Leit! das Komödiespielen! – Weißt, i g'hör' zum Fundus, i hab' immer bloß daher g'hört! *Sie nimmt unter den Pappenheimern Aufstellung.*

DIREKTOR HASSENREUTER. Ha ha ha ha! Also komm, du getreuer Pappenheimer. *Er öffnet die Arme weit, sie fliegt hinein, und beide begrüßen einander mit einigen lange anhaltenden Küssen.*

ALICE RÜTTERBUSCH. Geh, Harro, jetzt sagst mir: was macht deine Frau?

DIREKTOR HASSENREUTER. Therese geht's gut, außer daß sie trotz Kummer und Sorgen von Tag zu Tag dicker wird. – Mädel, Mädel, wie du duftest! *Er drückt sie an sich.* Weißt du auch, daß du teufelsmäßig gefährlich bist?

ALICE RÜTTERBUSCH. Meinst, daß i blöd bin? Freili bin i gefährlich.

DIREKTOR HASSENREUTER. Sakra!

ALICE RÜTTERBUSCH. Meinst, i sollt' mir in der schönen Gegend, drei Stiegen hoch, unter an muffigen Dach, mit dir a Rendezvous geben, wann ich net wißt', daß das für uns zwei, ans wie's andere, gefährlich is? Übrigens hab' i ja, Gott sei Dank, weil i halt immer a Glück haben muß, wann i schon amal auf Schleichwegen geh', auf der Treppen den Nathanael Jettel troffen, bin dem Herrn Hofschauspieler bei eim Haar direkt in die Arme g'rannt. Wird schon sorgen, daß das nicht unter uns bleibt, daß i di b'sucht hab'.

DIREKTOR HASSENREUTER. Ich muß das Datum verschrieben haben: der Mensch behauptet, ha ha ha, ich hätte ihn ganz ausdrücklich für heut nachmittag herbestellt.

ALICE RÜTTERBUSCH. Das war aber net etwa die einzige Bassermannsche Gestalt, der i auf die sechs Treppenabsätz' begegnet bin, und was mir die lieben kleinen Kinderln, die auf die Stufen rumkugeln, nachgeschrien haben, das is dermaßen unparlamentarisch, das is von solche Kröten, noch net drei Käs' hoch sind s', schon die allergrößte Gemeinheit, die mir noch vorkommen is.

DIREKTOR HASSENREUTER *lacht, wird dann ernst.* Ja, siehst du: daran gewöhnt man sich; was so hier in diesem alten Kasten mit schmutzigen Unterröcken die Treppe fegt und überhaupt schleicht, kriecht, ächzt, seufzt, schwitzt, schreit, flucht, lallt, hämmert, hobelt, stichelt, stiehlt, treppauf treppab allerhand dunkle Gewerbe treibt, was hier an lichtscheuem Volke nistet, Zither klimpert, Harmonika spielt – was hier an Not, Hunger, Elend existiert und an lasterhaftem Lebenswandel geleistet wird, das ist auf keine Kuhhaut zu schreiben. Und dein alter Direktor, last not least, rennt, ächzt, seufzt, schwitzt, schreit und flucht, ha ha ha, wie der Berliner sagt, immer mittenmang mit. Ha ha ha, Mädel, mir ist es recht dreckig gegangen.

ALICE RÜTTERBUSCH. Weißt übrigens, wen i, wie i grad auf den Bahnhof Zoologischer Garten zusteuer', troffen hab'? Den alten guten Fürst Statthalter hab' i troffen. Und sixt, unverfroren wie i amal bin, bin i zwanzig Minuten lang neben ihm herg'schwenkt und hab' ihn in an langen Diskurs verwickelt, und auf Ehre, Harro, wie ich dir sag', so is es buchstäblich tatsächlich g'schegn. Auf'n Reitweg is plötzlich Majestät mit großer Suite vorüberg'ritten. I denk', i versink'! Und hat übers ganze Gesicht gelacht und Durchlaucht so mit dem Finger gedroht. Aber g'freit hab' i mi, das kannst mir glauben. Aber jetzt kommt d' Hauptsach'. Jetzt paß auf. – Ob i mi freun tät', hat mi Durchlaucht plötzli g'fragt, und ob i wieder nach Straßburg mecht', wann der Direktor Hassenreuter das Theater tät' wieder übernehmen. Na weißt: beinah hab' i an Sprung getan!

DIREKTOR HASSENREUTER *wirft seinen Überzieher ab und steht in seinen Orden da.* Du hast wahrscheinlich bemerken müssen, daß die kleine Durchlaucht vorzüglich gefrühstückt hat. Sessa! Wir haben zusammen gefrühstückt. Wir haben ein exquisites kleines Herrenfrühstück beim Prinzen Ruprecht draußen in Potsdam gehabt. Ich leugne nicht, daß sich vielleicht eine Wendung zum Guten im miserablen Geschicke deines Freundes vorbereitet.

ALICE RÜTTERBUSCH. Liebster, wie a Staatsmann, wie a Gesandter siehst du ja aus.

DIREKTOR HASSENREUTER. Ah, du kennst diese Brust voll hoher und höchster Orden noch nicht!? Klärchen und Egmont! Hier magst du dich satt trinken! *Neue Umarmung.* Carpe diem! genieße den Tag! Sekt, kleine Naive, steht allerdings auf dem jetzigen Repertoire deines alten Direktors, Erweckers und Freundes nicht! *Er öffnet eine Truhe und entnimmt ihr eine Flasche Wein.* Aber dieser Stiftswein ist auch nicht von Pappe! *Er zieht den Korken. Die Türschelle geht.* Was? – Pst! – Wer hat denn die ungeheure Dreistigkeit, am Sonntagnachmittag hier anzuklingeln? *Es klingelt stärker.* Kleine, zieh dich doch mal in die Bibliothek zurück. *Alice eilt in die Bibliothek ab. Es klingelt wieder.* Donnerwetter noch mal, der Kerl ist ja irrsinnig. *Er eilt nach der Tür.* Gedulden Sie sich, oder scheren Sie sich! *Man hört ihn die Tür öffnen.* Wer? Wie? »Ich bin's, Fräulein Walburga«? Was? Fräulein Walburga bin ich nicht. Ich bin nicht die Tochter! Ich bin der Vater! Ach, Sie sind's, Herr Spitta! Gehorsamer Diener, ich bin der Vater! Ich bin der Vater! Was wünschen Sie denn? *Im Gange erscheint wiederum der Direktor, geleitet von Erich Spitta, einem einundzwanzigjährigen jungen Menschen, der Brille und Zwicker trägt und übrigens scharfe und nicht unbedeutende Züge hat. Spitta gilt als Kandidat der Theologie und ist entsprechend gekleidet. Er hält sich nicht gerade, und seiner Körperentwicklung ist die Studierstube und mangelhafte Ernährung anzumerken.* Wollten Sie meiner Tochter Walburga hier auf dem Speicher Privatstunde geben?

SPITTA. Ich fuhr im Pferdebahnwagen vorüber und glaubte wirklich, ich hätte Fräulein Walburga unten durch das Portal ins Haus eilen sehen.

DIREKTOR HASSENREUTER. Gar keine Ahnung, mein lieber Spitta. Meine Tochter Walburga ist augenblicklich mit ihrer Mutter in der englischen Kirche, ich glaube, zu einem liturgischen Gottesdienst.

SPITTA. Dann verzeihen Sie vielmals, wenn ich gestört habe. Ich nahm mir die Freiheit, heraufzukommen, weil ich mir sagte: eine Begleitung in dieser Gegend, vielleicht auf dem Rückwege nach dem Westen, wäre Fräulein Walburga am Ende nicht unangenehm.

DIREKTOR HASSENREUTER. Wohl, wohl, aber sie ist nicht hier, bester Spitta. Ich bedauere sehr. Ich selber bin nur zufällig hier: der Post wegen! und ich habe auch leider andere dringende Sachen vor. – Wünschen Sie sonst was, mein guter Spitta?

Spitta putzt seinen Kneifer und gibt Zeichen von Verlegenheit.

SPITTA. Man gewöhnt sich nicht gleich an die Dunkelheit.

DIREKTOR HASSENREUTER. Sie benötigen vielleicht Ihr Stundengeld. Schade: ich habe leider die Gewohnheit, nur mit einem Notpfennig in der Westentasche auf die Straße zu gehn. Ich muß Sie schon bitten, sich zu gedulden, bis ich wieder in meiner Wohnung bin.

SPITTA. Hat durchaus keine Eile, Herr Direktor.

DIREKTOR HASSENREUTER. Ja, das sagen Sie so: aber ich bin ein gehetztes Wild, guter Spitta...

SPITTA. Und doch möchte ich, da ich dieses Zusammentreffen wirklich als eine Art höherer Fügung ansehen muß, um eine Minute Ihrer kostbaren Zeit bitten. Dürfte ich, kurz, eine Frage tun?

DIREKTOR HASSENREUTER, *mit den Augen auf der Uhr, die er gezogen hat.* Genau eine Minute. Die Uhr in der Hand, bester Spitta.

SPITTA. Frage und Antwort wird, denk' ich, kaum von so langer Dauer sein.

DIREKTOR HASSENREUTER. Also los!

SPITTA. Habe ich wohl Talent zum Schauspieler?

DIREKTOR HASSENREUTER. Um Gottes willen, Mensch, sind Sie denn irrsinnig? – Verzeihen Sie, bester Herr Kandidat, wenn ich in einem solchen Fall bis zur Unhöflichkeit außer dem Häuschen bin. Es heißt zwar: natura non facit saltus, aber Sie haben da einen unnatürlichen Sprung gemacht. Da muß ich mal erst zu Atem kommen. Und nun Schluß davon! Denn glauben Sie mir, wenn wir beide jetzt über diese Frage zu diskutieren anfangen, so würden wir in drei bis vier Wochen, sagen wir Jahren, darüber noch nicht zum Schluß gekommen sein. – Sie sind doch Theologe, mein Bester, und stammen aus einem Pastorhaus: wie kommen Sie denn auf solche Gedanken? wo Sie doch Konnexionen haben und Ihnen die Wege zu einer behaglichen Existenz geebnet sind.

SPITTA. Ja, das ist eine lange innere Geschichte, eine lange Geschichte schwerer innerer Kämpfe, Herr Direktor, die allerdings bis zu dieser Stunde nur mir bekannt und also absolutes Geheimnis gewesen sind. Da hat mich das Glück in Ihr Haus geführt, und von diesem Augenblick an fühlte ich, wie ich dem wahren Ziel meines Lebens näher und näher kam.

DIREKTOR HASSENREUTER, *mit peinlicher Ungeduld.* Das ehrt mich. Das ehrt mich und meine Familie! *Er legt ihm die Hände auf die Schulter.* Dennoch muß ich Ihnen jetzt die ganz inständige Bitte vortragen, von der Erörterung dieser Angelegenheit im Augenblicke abzusehen. Meine Geschäfte sind unaufschieblich.

SPITTA. Dann möchte ich nur noch so viel hinzusetzen – damit Sie's wissen! –, daß ich absolut fest entschlossen bin.

DIREKTOR HASSENREUTER. Aber mein lieber Herr Kandidat: wer hat Ihnen denn diese Raupen in den Kopf gesetzt? Ich habe mich über Sie gefreut. Habe Sie schon im Geist Ihres friedlichen Pfarrhauses wegen beneidet. Gewissen literarischen Ambitionen, die einem hier in der Großstadt anfliegen, habe ich keinen Wert beigelegt. Das ist nur so nebenbei und verliert sich zweifellos wieder bei ihm, dachte ich mir! – Mensch, und nun wollen Sie Komödiant werden? Kurz: Gnade Gott, wenn ich Ihr Vater wär'! Ich würde Sie bei Wasser und Brot einsperren und Sie nicht eher herauslassen, als bis Ihnen jede Erinnerung an diese Torheit entschwunden wäre. Dixi! und nun adieu, guter Spitta.

SPITTA. Einsperren oder irgendeine andere Gewaltmaßregel würde bei mir durchaus nichts helfen, fürcht' ich.

DIREKTOR HASSENREUTER. Aber Mensch: Sie wollen Schauspieler werden? Mit Ihrer schiefen Haltung, mit Ihrer Brille und vor allem mit Ihrem heiseren und scharfen Organ geht das doch nicht.

SPITTA. Wenn es im Leben solche Käuze gibt wie mich, warum soll es nicht auch auf der Bühne solche Käuze geben? Und ich bin der Ansicht, ein wohlklingendes Organ, womöglich verbunden mit der Schiller-Goethisch-Weimarischen Schule der Unnatur, ist eher schädlich als förderlich. Die Frage ist nur: würden Sie mich, wie ich nun einmal bin, als Schüler annehmen?

DIREKTOR HASSENREUTER *zieht hastig seinen Sommerpaletot über.* Nein! denn erstens ist meine Schule auch nur eine Schule Schillerisch-Goethisch-Weimarischer Unnatur! Zweitens könnte ich es vor Ihrem Herrn Vater nicht verantworten! Und drittens zanken wir uns so schon genug, jedesmal nach den Privatstunden, die Sie in meinem Hause geben, beim Abendbrot. Das würde dann bis zur Prügelei ausarten. Und nun, Spitta: ich muß auf die Pferdebahn.

SPITTA. Mein Vater ist bereits informiert. Ich habe ihm in einem zwölf Seiten langen Brief Punkt für Punkt die Geschichte meiner inneren Wandlung eröffnet...

DIREKTOR HASSENREUTER. Sicherlich wird der alte Herr äußerst davon geschmeichelt sein! Mensch, und nun kommen Sie mit mir, ich werde sonst wahnsinnig. *Der Direktor zieht Spitta gewaltsam mit sich fort und hinaus. Man hört die Tür ins Schloß fallen.*

Es wird still bis auf das ununterbrochene Rauschen Berlins, das nun lauter hervortritt. Nun wird die Bodenklappe geöffnet, und Walburga Hassenreuter steigt in wahnsinniger Hast, gefolgt von Frau John, die Treppe herunter.

FRAU JOHN, *flüsternd, heftig.* Wat is denn? Et is doch jar nischt jeschehn.

WALBURGA. Frau John, ich schreie! Ich muß gleich losschreien! – Um Gottes willen, ich kann gar nicht an mich halten, Frau John.

FRAU JOHN. Taschentuch mang die Zähne, Mächen! – Et is ja jar nischt! Wat haste dir denn?

WALBURGA, *zähneklappernd, ihr Röcheln gewaltsam bezwingend.* Ich bin ja des Todes... ich bin ja des Todes erschrocken, Frau John!

FRAU JOHN. Wenn ick man wißte, for wat du erschrocken bist?

WALBURGA. Haben Sie nicht diesen schrecklichen Menschen gesehn?

FRAU JOHN. Wat is denn da schrecklich? Det is doch mein Bruder! wo mich manchmal bei Papans seine Sachen ausloppen helfen dut.

WALBURGA. Und das Mädchen, was mit dem Rücken am Schornstein sitzt und wimmert?

FRAU JOHN. Det is deine Mutter nich anders jejangen, eh det du zur Welt jekommen bist.

WALBURGA. Ich bin hin. Ich bin tot, wenn Papa wiederkommt.

FRAU JOHN. Na, denn sieh, det de fortkommst, und fackel nich lange. *Frau John begleitet die entsetzte Walburga den Gang hinunter und läßt sie hinaus. Dann kommt sie wieder.* Det Mächen weeß, Jott sei Dank, von hellichten Dache nischt. *Sie nimmt die entkorkte Weinflasche, gießt einen der Römer voll und nimmt ihn mit auf den Boden, wo sie verschwindet.*

Kaum ist das Zimmer leer, so erscheint der Direktor wieder.

DIREKTOR HASSENREUTER, *noch an der Tür, singend.* »Komm herab, o Madonna Teresa!« *Er ruft.* Alice! *Noch immer an der Tür.* Komm mal! Hilf mir mal die eiserne Stange mit dem doppelten Schloß vor die Tür legen. Alice! *Er kommt nach vorn.* Wer jetzt noch unsere Sonntagsruhe zu stören wagt: anathema sit! – Heda! Kobold! Wo steckst du, Alice? *Er wird auf die Weinflasche aufmerksam und hebt sie in die Höhe.* Was? – Halb leer? – Schlingel! *Man hört eine hübsche weibliche Singstimme hinter der Bibliothekstür sich in Koloraturen ergehen.* Ha ha ha ha! Himmel! sie hat sich schon einen Schwips angetrunken.

ZWEITER AKT

Die Wohnung der Frau John im zweiten Stock des gleichen Hauses, in dessen Dachgeschoß der Fundus des Direktors Hassenreuter untergebracht ist: ein weitläufiges, ziemlich hohes, graugetünchtes Zimmer, das seine frühere Bestimmung als Kasernenraum verrät. Die Hinterwand enthält eine zweiflügelige Tür nach dem Flur. Über ihr ist eine Schelle angebracht, die von außen an einem Draht gezogen werden kann. Rechts von der Tür beginnt eine etwas mehr als mannshohe Tapetenwand, die geradlinig nach vorn geht, hier einen rechten Winkel macht und wiederum geradlinig mit der rechten Seitenwand verbunden ist. So ist eine Art von Verschlag abgeteilt, über den einige Schrankgesimse hervorragen und der das Schlafzimmer der Familie ist.

Tritt man durch die Flurtüre ein, so hat man zur Linken ein Sofa, überzogen mit Wachsleinwand. Es ist mit der Rücklehne an die Tapetenwand geschoben. Diese ist über dem Sofa mit kleinen Familienbildchen geschmückt: Maurerpolier John als Soldat, John und Frau als Brautpaar usw. Vor dem Sofa steht ein ovaler Tisch, mit einer verblichenen Baumwolldecke. Man muß von der Tür aus an Tisch und Sofa vorübergehen, um den Zugang zum Schlafraum zu erreichen. Dieser ist mit einem Vorhang aus buntem Kattun verschlossen.

An der nach vorn gekehrten Schmalwand des Verschlages steht ein freundlich ausgestatteter Küchenschrank. Rechts davon, an der wirklichen Wand, der Herd. Wie denn der hier verfügbare kleine Raum vornehmlich zu Küchen- und Wirtschaftszwecken dienen muß.

Ein etwa auf dem Sofa Sitzender blickt gerade gegen die linke Zimmerwand und zu den beiden großen Fenstern hinaus. Am vorderen Fenster ist ein saubergehobeltes Brett als eine Art Arbeitstisch angebracht. Hier liegen zusammengerollte Kartons (Baupläne), Pausen, Zollstock, Zirkel, Winkelmaß usw. Am hinteren Fenster ein Fenstertritt, darauf ein Stuhl und ein Tischchen mit Gläsern. Die Fenster haben keine Gardinen, sind aber einige Fuß hoch mit buntem Kattun bespannt.

Das ganze Gelaß, dessen dürftige Einrichtung ein alter Lehnstuhl aus Rohr und eine Anzahl von Holzstühlen vervollständigen, macht übrigens einen sauberen und gepflegten Eindruck, wie man es bei kinderlosen Ehepaaren des öfteren trifft.

Es ist gegen fünf Uhr am Nachmittag, Ende Mai. Die warme Sonne scheint durch die Fenster.
Maurerpolier John, ein vierzigjähriger, bärtiger, gutmütig aussehender Mann, steht behaglich am vorderen Fenstertisch und macht sich Notizen aus den Bauplänen.
Frau John sitzt mit einer Näharbeit auf dem Fenstertritt des anderen Fensters. Sie ist sehr bleich, hat etwas Weiches und Leidendes an sich, zugleich aber einen Ausdruck tiefer Zufriedenheit, der nur zuweilen von einem flüchtigen Blick der Unruhe und der lauernden Angst unterbrochen wird. An ihrer Seite steht ein Kinderwagen — sauber, neu und nett —, darin ein Säugling gebettet ist.

JOHN, *bescheiden.* Mutter, wie wär' det, wenn ick det Fenster 'n Ritzen uffmachen däte und ick machte mir dann 'n bißken de Piepe an?

FRAU JOHN. Mußte denn rauchen? sonst laß et man lieber.

JOHN. I, ick muß ja nich, Mutter! Ick mechte bloß jern! Aber laß man! 'n Priem, Mutter, tut et am Ende in selbijenjleichen ooch. *Er präpariert sich mit behaglicher Umständlichkeit einen neuen Priem.*

FRAU JOHN, *nach einigem Stillschweigen.* Wat? Du mußt noch ma hin uff't Standesamt?

JOHN. Det hat er jesacht, det ick noch ma hin müßte und janz jenau anjeben... det ick det müßte janz jenau anjeben Ort und Stunde, wo det Kindchen jeboren is.

FRAU JOHN, *Nadel am Mund.* Warum haste denn det nich anjejeben?

JOHN. Weeß ick et denn? Ick weeß et doch nich.

FRAU JOHN. Det weeßte nich?

JOHN. Bin ick dabei jewesen?

FRAU JOHN. Na, wenn de mir hier in meine Berliner Wohnung sitzen läßt und liechst det janze jeschlagene Jahr in Altona, kommst heechstens ma monatlich mir besuchen: wat wiste denn wissen, wat in deine Behausung vorjehn dut.

JOHN. Wo soll ick nich jehn, wo der Meester de mehrschte Arbeet hat? Ick jeh' dorthin, wo ick scheen verdiene.

FRAU JOHN. Ick ha et dir doch in Briefe jeschrieben, det unser Jungeken hier in de Wohnung jeboren is.

JOHN. Det weeß ick. Det hab' ick ihm ooch jesacht! Det is doch janz natierlich, hab' ick jesacht, det et in meine Wohnung jeboren is. Da hat er jesacht: Det is jar nich natierlich! – Na denn, sach' ick, mag et meinswegen uff'n Oberboden bei de Ratten und Mäuse jewesen sind! So kreppte ick mir, weil er doch sachte, det et womeechlich jar nich sollte in meine eijene Wohnung sind jewesen. Denn schrie er: Wat sind det for Redensarten! – Wat? sag' ick, ick bin for Lohn un Brot! for Redensarten, Herr Standesbeamter, bin ick nich! Un nu sollte ick Tag und Stunde anjeben...

FRAU JOHN. Ick hab' et dir doch sojar jenau uff'n Zettel jeschrieben, Paul.

JOHN. Wenn eener jekreppt is, denn is er verjeßlich. Ick jloobe, wenn er mir hätte jefracht: sind Sie Paul John, der Mauerpolier?, ick hätte jeantwort: ick weeß et nich. Na, nu war ick doch'n bißken verjnügt jewesen un hatte mit Fritzen eenen jekippt; denn war noch Schubert und Schindler Karl zujekomm; denn hieß et: ick muß nu 'ne Lage jeben, weil ick doch Vater jeworden bin! – Na! un die Brieder wollten mir ooch nich loslassen un warteten unten an de Tür von't Standesamt. Un nu dachte ick, det se unten stehen! und wo er mir frachte, an welchen Dache det meine Frau entbunden is, denn wußte ick nischt un mußte laut loslachen.

FRAU JOHN. Häste man nachher jetrunken, Paul, un häste vorher besorcht, wat neetig is!

JOHN. Det sachste so! Aber wenn du uff deine ollen Dache noch so 'ne Zicken machst! denn wa ick verjnügt! denn freut' ick mir, Mutter.

FRAU JOHN. Nu jehste und sachst bein Standesamt, det dein Kindeken an fünfundzwanzigsten Mai von deine Ehefrau in deine Wohnung jeboren is.

JOHN. War et denn nich an sechsundzwanzigsten? Ick ha nämlich schlankweg dem sechsundzwanzigsten Mai jesacht! Denn hieß et, weil er doch merkte, det ick an Ende nich so janz sicher war: stimmt's, denn is jut! sonst komm Se wieder.

FRAU JOHN. I, denn laß et man, wie et is. *Die Tür wird geöffnet, und Selma Knobbe schiebt einen elenden Kinderwagen herein, der im traurigsten Gegensatz zu dem der Frau John steht; darin liegt, in jämmerlichsten Lumpen, ebenfalls ein Säugling.* Nee nee, Selma, mit det kranke Kind bei uns in de Stube rieber, det jing woll vordem, nu jeht det nich.

SELMA. Et keucht so ville mit sein Husten. Drieben bei uns wird zu ville jeroocht, Frau John.

FRAU JOHN. Ick ha dir jesacht, Selma, du kannst immer komm, ma Milch un ma Brot holen. Aber wo hier mein Adelbertchen womeechlich mit Auszehrung oder derjleichen anfliejen dut, laß du det arme Wurm drieben bei seine feine Mama drieben.

SELMA, *weinerlich.* Mutter is jestern und heut nich zu Hause jekomm. Ick kann nachts nich schlafen mit det Kind. Helfjottchen quarrt de janze Nacht ieber. Ick muß doch ma schlafen. Ick spring' zum Fenster raus, oder ick lass' Helfjottchen mitten uff de Straße und nehme Reißaus, det mir keen Polizist nich mehr finden kann.

JOHN *betrachtet das fremde Kind.* Sieht beese aus! Mutter, nimm dich ma mit det Häufchen Unglick 'n bißken an.

FRAU JOHN, *resolut, drängt Selma mit dem Kinderwagen hinaus.* Marsch, fort aus der Stube! Det jeht nich, Paul. Wer eejnet hat, kann sich mit fremde nich abjeben. Soll de Knobben sehn, wo se bleiben dut. Wat anders is Selma! Du kannst immer rieberkomm. Du kannst dir hier ooch hernach 'n bißken uffs Ohr leejen. *Selma mit dem Kinderwagen ab. Frau John verschließt die Tür hinter ihr.*

JOHN. Hast dir doch frieher mit die Knobbeschen Rotznäsen immer bekümmert!

FRAU JOHN. Det vastehste nich. Det sich Adelbertchen womeechlich mit schlimme Oochen un Krämpfe von een andret anstecken dut.

JOHN. Det mag sind. Bloß nenn ihm nich Adelbertchen, Mutter. Det dut nich jut, 'n Kind 'n selbichten Namen zu jeben wie een andret, det mit acht Dache, unjedooft, mit Dot abjejang'n is. Det laß man! davor ha ick Manschetten, Mutter.

Es wird an die Tür geklopft. John will öffnen.

FRAU JOHN. Wat denn?

JOHN. Na, Jette, 't will eener rin.

FRAU JOHN *dreht hastig den Schlüssel herum.* Ick wer mir woll, wo ick marode bin, von alle Welt ieberloofen lassen. *Sie horcht und ruft dann.* Ick kann nich uffmachen: wat wollen Se denn?

EINE FRAUENSTIMME, *aber tief und männlich.* Ich bin Frau Direktor Hassenreuter.

FRAU JOHN, *überrascht.* Ach Jott nee! *Sie öffnet die Tür.* Nehm Se't nich iebel, Frau Direkter! Ick ha ja nich ma jewußt, wer't is.

Frau Direktor Hassenreuter ist nun, gefolgt von Walburga, eingetreten. Sie ist eine kolossale, asthmatische Dame, älter als fünfzig. Walburga ist ein wenig unscheinbarer gekleidet als im ersten Akt. Sie trägt ein ziemlich umfangreiches Paket.

FRAU DIREKTOR HASSENREUTER. Guten Tag, Frau John! Ich wollte doch nun – obgleich mir das Treppensteigen schwer wird... wollte doch nun mal sehen, wie's nach dem frohen Ereignis... ja... Ereignis mit Ihnen beschaffen ist.

FRAU JOHN. Et jeht mir, Jott sei Dank, wieder so hallweeje, Frau Direkter.

FRAU DIREKTOR HASSENREUTER. – Das ist doch wahrscheinlich Ihr Mann, Frau John? Das muß man sagen... muß man sagen – daß Ihre liebe Frau – sich in der langen Wartezeit niemals beklagt und immer... immer fröhlich und guter Dinge – ihre Arbeit oben bei meinem Mann im Theatermagazin verrichtet hat.

JOHN. Det is ooch. Se hat ihr mächtig jefreit, Frau Direkter.

FRAU DIREKTOR HASSENREUTER. Nun, da wird man wohl auch... da wird Ihre Frau wohl die Freude haben – Sie öfters... öfters als wie bisher – zu Hause zu sehn.

FRAU JOHN. Ick ha'n juten Mann, Frau Direkter, wo sorjen dut und solide is. Und deshalb, weil Paul auswärts uff Arbeet jeht, denn hat er mir längst nich sitzen lassen. Aber for so'n Mann, wo'n Bruder schon 'n Jungen von zwölf in de Unteroffiziersschule hat... det is ooch keen Leben, ohne Kinder! denn kricht er Jedanken! denn macht er in Hamburg scheenet Jeld! denn is alle Dache Jelejenheet, un denn will er fort nach Amerika auswandern.

JOHN. I, Jette, det war ja man bloß so'n Jedanke.

FRAU JOHN. Sehn Se, det is mit uns kleene Leite... det is'n sauer verdientes Durchkommen, wo unsereens hat, aber jedennoch... *Sie fährt John schnell mit der Hand durchs Haar.* Wenn ooch eener mehr is un Sorjen mehr sin – sehn Se, det Wasser läuft ihm de Backen runter! – denn freut er sich.

JOHN. Det is, wir haben schon vor drei Jahre 'n Jungchen jehabt, und det is mit acht Dache einjejang.

FRAU DIREKTOR HASSENREUTER. Das hat mir mein Mann... mein Mann bereits... hat mir mein Mann bereits gesagt – wie sehr Sie sich – um den Sohn gegrämt haben. Sie wissen ja... wissen ja, wie mein braver Mann – Aug' und

Herz... Herz und Auge für alles hat. Und wenn es sich gar... gar um Leute handelt – die um ihn sind und ihm Dienste leisten – da ist alles Gute... und Schlimme... alles Gute und Schlimme... was ihnen zustößt... zustößt, so, als wär' es ihm selbst passiert.

FRAU JOHN *klopft John auf die Schulter.* Ick seh' ihm noch, wie er mit det kleene Kindersärjiken uff beede Knie dazumal in Kinderleichenwachen jesessen hat. Det durfte d'r Dotenjräber nich anriehren.

JOHN *wischt sich Wasser aus den Augen.* Det war ooch so. Det jing ooch nich.

FRAU DIREKTOR HASSENREUTER. Denken Sie... denken Sie, heute mittag bei Tisch – mußten wir... mußten wir plötzlich Wein trinken. Wein! wo Leitungswasser in den letzten Jahren... Karaffen mit Leitungswasser – unser einziges... einziges Getränk bei Tische ist. Liebe Kinder, sagte mein Mann. – Er ist, wie Sie wissen, elf oder zwölf Tage in den Elsaß verreist gewesen!... Also ich trinke, sagte mein Mann, auf meine gute, brave Frau John, weil... rief er mit seiner schönen Stimme!... weil sie sichtbares Zeichen dafür ist, daß unserem Herrgott... Herrgott der Schrei eines Mutterherzens nicht gleichgültig ist. – Und da haben wir auf Sie angestoßen! – So! – Und nun bringe ich... bringe ich Ihnen hier im ganz besonderen... ganz besonderen Auftrage meines Mannes einen sogenannten Soxhlet-Kinder-Milchapparat. – Walburga, du magst den Kessel mal auspacken.

Direktor Hassenreuter tritt ohne Umstände durch die nur angelehnte Flurtür herein. Er trägt Zylinder, Sommerpaletot, Handschuhe, spanisches Rohr mit Silbergriff, im ganzen die etwas abgeschabte Garnitur des Wochentags. Er spricht hastig und fast ohne Pausen.

DIREKTOR HASSENREUTER, *sich den Schweiß von der Stirn wischend.* Heiß! Berlin macht heiß, meine Herrschaften! In Petersburg ist die Cholera! Sie haben meinen Schülern Spitta und Käferstein gegenüber geklagt, daß Ihr Kindchen nicht zunehmen will, Frau John. Eigentlich ist es ja ein Verfallssymptom unserer Zeit, daß die meisten Mütter ihre Kinder selber zu nähren nicht mehr fähig oder nicht willens sind. Sie haben schon einmal einen Jungen am Brechdurchfall eingebüßt, Mutter John. Hilft alles nichts: wir müssen hier deutsch reden! Damit Sie nun diesmal nicht wieder Pech haben und nicht etwa gar in die Scheren von allerlei alten Basen fallen, deren gute Ratschläge meistens für Säuglinge tödlich sind, hat Ihnen meine Frau auf meine Veranlassung diesen Milchkochapparat mitgebracht. Ich habe damit meine ganze kleine Gesellschaft, auch die Walburga, großgezogen... Sapristi! da sieht man ja auch mal wieder den Herrn John! Bravo! der Kaiser braucht Soldaten! und Sie hatten einen Stammhalter nötig, Herr John! Gratuliere Ihnen von ganzem Herzen. *Er schüttelt John kräftig die Hand.*

FRAU DIREKTOR HASSENREUTER, *am Kinderwagen.* Wieviel... wieviel hat es gewogen bei der Geburt?

FRAU JOHN. Et hat jenau acht Pfund und zehn Jramm jewogen.

DIREKTOR HASSENREUTER, *jovial, laut und lärmig.* Ha ha ha, strammes Produkt! Acht Pfund zehn Gramm frisches deutschnationales Menschenfleisch.

FRAU DIREKTOR HASSENREUTER. Die Augen! das Näschen! der ganze Vater! – Das Kerlchen ist Ihnen wirklich... wirklich wie aus dem Gesicht geschnitten, Herr John.

DIREKTOR HASSENREUTER. Sie werden den Bengel doch hoffentlich in die Gemeinschaft der christlichen Kirche aufnehmen lassen.

FRAU JOHN, *glücklich und gewichtig.* Det wird richtig in de Parochialkirche, richtig am Taufstein, richtig von Jeistlichen wird et jetauft.

DIREKTOR HASSENREUTER. Sessa! Und welche sind seine Taufnamen?

FRAU JOHN. Det hat natierlich, wie Männer nu eemal sind, 'n langet Jerede abjesetzt. Ick dachte: Bruno! Det will er nich.

DIREKTOR HASSENREUTER. Aber Bruno ist doch kein übler Name.

JOHN. Det mag immer sind, det Bruno weiter keen iebler Name is. Da will ick mir weiter drieber nich ausdricken.

FRAU JOHN. Wat sachste nich, det ick'n Bruder habe, wo Bruno heeßt und wo zwölf Jahre jinger is: und jeht manchmal'n bißken uff leichte Weje. Det is bloß de Verführung! Der Junge is jut! Det jloobste nich!

JOHN *bekommt einen roten Kopf.* Jette... du weeßt, wat det mit Brunon for'n Kreuz jewesen is! – Wat wiste?! Soll unser Jungeken so'n Patron kriejen? – Et is'n Patron!

Aber eener, ick kann et nich ändern... eener, wo unter polizeiliche Uffsicht is.

DIREKTOR HASSENREUTER, *lachend.* Um's Himmels willen, dann suchen Sie ihm einen anderen Patron!

JOHN. Jott soll mir bewahren... ick ha mir bei Brunon anjenommen, in de Maschinschlosserei Stellung verschafft, nischt davon jehat als Ärjer un Schande! Jott soll bewahren, det er womeechlich kommt un mein Jungeken anfassen dut! *Er krampft die Faust.* Denn, Jette... denn kennt' ick nich for mir jutsachen.

FRAU JOHN. Immerzu doch, Paul. Bruno kommt ja nich! – Soviel kann ick dir aber jewißlich sachen, det mein Bruder mich in die schweren Stunden redlich bei Seite jewesen is.

JOHN. Warum haste mir nich lassen kommen, Jette?

FRAU JOHN. So'n Mann, wo Angst hat, mocht' ick nich.

DIREKTOR HASSENREUTER. Sind Sie nicht Bismarckverehrer, John?

JOHN *kratzt sich hinter den Ohren.* Det kann ick nu so jenau nich sachen: aber, wat meine Jenossen in't Mauerjewerbe sind, die sind et nich.

DIREKTOR HASSENREUTER. Dann habt ihr kein deutsches Herz im Leibe! Ich habe meinen ältesten Sohn, der bei der Kaiserlichen Marine ist, Otto genannt! Und glauben Sie mir, – *er weist auf das Kindchen* – diese neue künftige Generation wird wissen, was sie dem Schmiede der deutschen Einheit, dem gewaltigen Heros schuldig ist. *Er nimmt den Blechkessel des Milchapparates, den Walburga ausgepackt hat, in die Hände und hebt ihn hoch.* Also, die ganze Geschichte mit diesem Milchapparat ist kinderleicht: das ganze Gestell mit sämtlichen Flaschen – jede Flasche zunächst ein Drittel mit Milch und zwei Drittel mit Wasser gefüllt! – wird in diesen Kessel mit kochendem Wasser gestellt. Auf diese Weise, wenn man das Wasser im Kessel anderthalb Stunden lang auf dem Siedegrade hält, wird der Inhalt der Flaschen keimfrei gemacht: die Chemiker nennen das sterilisieren.

JOHN. Jette, bei de Frau Mauermeester ihre Milch, womit sie die Zwillinge uffziehen dut, wird et ooch sterilililililisiert.

Die Schüler des Direktors Hassenreuter, Käferstein und Dr. Kegel, zwei junge Leute im Alter zwischen zwanzig und fünfundzwanzig, haben angeklopft und die Tür geöffnet.

DIREKTOR HASSENREUTER, *der seine Schüler bemerkt hat.*

Geduld, meine Herren, ich komme gleich. Ich arbeite hier einstweilen noch im Fache der Säuglingsernährung und Kinderfürsorge.

KÄFERSTEIN, *ausgesprochener Kopf, große Nase, bleich, ernster Gesichtsausdruck, bartlos, einen immer schalkhaften Zug um den Mund. Mit Grabesstimme, weich, zurückhaltend.* Wir sind nämlich die drei Könige aus dem Morgenlande.

DIREKTOR HASSENREUTER, *der noch immer den Milchkochapparat hoch in den Händen hält.* Was sind Sie?

KÄFERSTEIN, *wie vorher.* Wir wollen das Kindelein grüßen.

DIREKTOR HASSENREUTER. Ha ha ha ha! Wenn Sie schon Könige aus dem Morgenlande sind, meine Herren, dann fehlt doch, soweit ich sehn kann, der dritte.

KÄFERSTEIN. Der dritte ist unser neuer Mitschüler auf dem Felde dramaturgischer Tätigkeit, Kandidat der Theologie Erich Spitta, der durch einen gesellschaftspsychologischen Zwischenfall einstweilen noch Ecke Blumen- und Wallnertheater-Straße festgehalten ist.

DR. KEGEL. Wir machten uns eiligst aus dem Staube.

DIREKTOR HASSENREUTER. Sehen Sie, es steht ein Stern über Ihrem Hause, Frau John! – Aber sagen Sie mal, hat sich etwa unser braver Kurpfuscher Spitta wieder mal öffentlich an die Heilung sogenannter sozialer Schäden gemacht? Ha ha ha ha! Semper idem! das ist ja ein wahres Kreuz mit dem Menschen.

KÄFERSTEIN. Es war ein Auflauf, und da hat er wohl, wie es scheint, in der Volksmenge eine Freundin wiedererkannt.

DIREKTOR HASSENREUTER. Meiner unmaßgeblichen Meinung nach würde der junge Spitta viel besser zum Sanitätsgehilfen oder zum Heilsarmeeoffizier geeignet sein. Aber so ist es: der Mensch wird Schauspieler.

FRAU DIREKTOR HASSENREUTER. Der Lehrer der Kinder, Herr Spitta, wird Schauspieler?

DIREKTOR HASSENREUTER. Wenn du erlaubst, Mama, hat er mir die Eröffnung gemacht. – Aber nun, wenn Sie Weihrauch und Myrrhen bringen, packen Sie aus, lieber Käferstein. Sie sehen, Ihr Direktor ist vielseitig. Bald verhelfe ich meinen Schülern, die ihr nach dem Inhalt der Brüste der Musen durstig seid, zu geistiger Nahrung, Nutrimentum spiritus! bald...

KÄFERSTEIN *klappert mit einer Sparkasse.* Nun, ich stelle also das Ding, es ist eine feuersichere Sparkasse, hier neben die

Equipage des jungen Herrn Maurerpoliers, mit dem Wunsche, daß er es mindestens mal bis zum Regierungsbaumeister bringen möge.

JOHN *hat Schnapsgläschen auf den Tisch gestellt, nimmt und entkorkt eine unangebrochene Likörflasche.* Na, nu muß ick det Danziger Joldwasser uffmachen.

DIREKTOR HASSENREUTER. Wer da hat, Sie sehen, dem wird gegeben, Frau John.

JOHN, *während er eingießt.* Det is nich jesacht, det for Mauerpolier John sein Kind nich jesorcht wäre, meine Herrn! Aber ick rechen et mir an, meine Herrn. *Frau Direktor und Walburga ausgenommen, ergreifen alle die Gläser.* Wohlsein! – Mutter, nu komm, wir wolln ooch ma anstoßen. *Es geschieht, sie trinken.*

DIREKTOR HASSENREUTER, *im Ton der Rüge.* Mama, du mußt selbstverständlich mittrinken.

JOHN, *nachdem er getrunken hat, aufgeräumt.* Ick jeh' nu ooch nich mehr nach Hamburg hin. D'r Meester mag ma'n andern hinschicken. Ick zerjle mir schonn mit'n Meester deswejen drei Dache rum. Ick muß mir nu wieder jleich mein Hut nehmen; hat mir wieder ma jejen sechs uffs Büro bestellt! Wenn er nich will, denn laßt er't bleiben: det jeht nich, det'n Familienvater immer un ewich wech von seine Familie is. Ick ha'n Kollegen... et kost mir een Wort, da wer ick, wo se de Fundamente lejen, bei't neue Reichstagsjebäude einjestellt. Zwölf Jahre bin ick bei meinen Meester! Et kann ja ooch ma woanders sind.

DIREKTOR HASSENREUTER *klopft John ebenfalls auf die Schulter.* Sessa! ganz Ihrer Ansicht, Herr Maurerpolier. Unser Familienleben ist eine Sache, die man uns mit Geld und guten Worten nicht abkaufen kann.

Kandidat Erich Spitta tritt ein. Sein Hut ist beschmutzt, sein Anzug trägt Schmutzflecken. Er ist ohne Schlips. Er sieht bleich und erregt aus und säubert mit dem Taschentuch seine Hände.

SPITTA. Verzeihung. Könnte ich mich bei Ihnen mal eben 'n bißchen säubern, Frau John?

DIREKTOR HASSENREUTER. Ha ha ha! Um Gottes willen, was haben Sie denn angebahnt, guter Spitta?

SPITTA. Ich habe nur eine Dame nach Hause begleitet, Herr Direktor, weiter nichts.

DIREKTOR HASSENREUTER, *der an einem allgemeinen Lach-*

ausbruch ob der Worte Spittas teilgenommen hat. Na hören Sie mal an! Und da setzen Sie noch hinzu: »weiter nichts«? Und verkünden es offen vor allen Leuten?

SPITTA, *verblüfft.* Wieso nicht? Es handelte sich um eine gutgekleidete Dame, die ich hier im Hause auf der Treppe schon öfters gesehen hatte und die leider auf der Straße verunglückt ist.

DIREKTOR HASSENREUTER. Ach, was Sie sagen: erzählen Sie mal, bester Spitta. Augenscheinlich hat die Dame Ihnen Flecke auf den Anzug und Schrammen auf die Hände gemacht.

SPITTA. Ach nein. Das war wohl höchstens der Janhagel. Die Dame erlitt einen Anfall. Ein Schutzmann griff sie dabei so ungeschickt, daß sie auf den Straßendamm, und zwar dicht vor einem Paar Omnibuspferde, niederfiel. Ich konnte das absolut nicht mit ansehen, obgleich der Samariterdienst auf der Straße im allgemeinen, wie ich zugebe, unter der Würde gutgekleideter Leute ist.

Frau John schiebt den Kinderwagen hinter den Verschlag und kommt wieder mit einem Waschbecken voll Wasser, das sie auf einen Stuhl setzt.

DIREKTOR HASSENREUTER. Gehörte die Dame vielleicht jener internationalen guten Gesellschaft an, die man je nachdem nur reglementiert oder auch kaserniert?

SPITTA. Das war mir in diesem Falle ebenso gleichgültig, wie ich sagen muß, Herr Direktor, wie dem Omnibusgaul, der seinen linken Vorderhuf geschlagene fünf, sechs oder acht Minuten lang, um die Frau nicht zu treten, die unter ihm lag, in der Schwebe gehalten hat. *Spitta erhält eine Lachsalve zur Antwort.* Sie lachen! Für mich ist das Verhalten des Gauls nicht lächerlich. Ich konnte ganz gut verstehen, daß einige Leute ihm Bravo zuriefen, Beifall klatschten, andre eine Bäckerei stürmten und Semmeln herausholten, womit sie ihn fütterten.

FRAU JOHN, *fanatisch.* I, hätt' er man feste zujetreten! *Die Bemerkung der John löst wieder allgemeines Gelächter aus.* Und ieberhaupt, wat die Knobben is: die jehört öffentlich uff'n Schandarmenmarkt, öffentlich uff de Bank jeschnallt und jehörig mit Riemen durchjefuchtelt! Stockhiebe, det det Blut man so spritzt.

SPITTA. Ich habe mir niemals eingebildet, daß das sogenannte Mittelalter eine überwundene Sache ist. Es ist noch nicht lange her. Man hat eine Witwe Mayer noch im Jahre achtzehnhundertundsiebenunddreißig hier in Berlin, auf dem Hausvogteiplatz, von unten herauf geradebrecht. *Er zieht Scherben einer Brille hervor.* Übrigens muß ich sofort zum Optiker.

JOHN, *zu Spitta.* Entschuldijen Se man! Se haben die feine Dame doch hier am Flur jejenieber rinjebracht? Na ja! Det hat Mutter ja jleich jemerkt, det det keen andrer Mensch wie de Knobben jewesen is, wo bekannt for is, det se Mädel mit zwölf uff de Jasse schickt, selber fortbleibt, trinkt und allerhand Kundschaft hat, um Kinder nich kümmert und, wo berauscht is und uffwachen dut, allens mit Fäuste und Schirme durchpriejelt.

DIREKTOR HASSENREUTER, *sich raffend und besinnend.* Allons, meine Herren, wir müssen zum Unterricht. Es fehlt uns schon eine Viertelstunde. Meine Zeit ist gemessen. Unser Stundenschluß muß leider heute ganz pünktlich sein. Komm, Mama. Auf Wiedersehn, meine Herrschaften. *Der Direktor gibt seiner Frau den Arm und geht, gefolgt von Käferstein und Dr. Kegel, ab. Auch John nimmt seinen Kalabreser.*

JOHN, *zu seiner Frau.* Adje, ick muß ooch zum Meester hin. *Auch John geht.*

SPITTA. Könnten Sie mir mal einen Schlips leihen?

FRAU JOHN. Ick will mal sehn, wat sich bei Paul in de Schublade vorfinden dut. *Sie öffnet den Tischschub und verfärbt sich.* Jesus! *Sie nimmt ein durch ein buntes Band zusammengehaltenes Büschelchen Kinderhaar aus der Schublade.* Da hab' ick ja'n Büschelschen Haar jefunden, wo mein Jungeken, wo mein Adelbertchen schon in Sarch mit Vaters Papierschere abjeschnitten is. *Tiefe, kummervolle Traurigkeit zieht plötzlich über ihr Gesicht, das sich aber ebenso plötzlich wieder aufhellt.* Un nu liecht et doch wieder in Kinderwachen! *Sie geht mit eigentümlicher Fröhlichkeit, das Haarbüschel in der Hand den jungen Leuten vorweisend, zur Tür des Verschlages, wo der Kinderwagen, zwei Drittel sichtbar, sich befindet. Dort angelangt, hält sie das Haarbüschel an das Kinderköpfchen.* Na nu kommt mal, kommt mal! *Sie winkt mit seltsamer Heimlichkeit Walburga und Spitta, die auch neben sie an den Kinderwagen treten.* Seht mal det Härchen und det! —? ob det nich detselbichte... ob det nich janz und jänzlich een und detselbichte Härchen is.

SPITTA. Richtig! Bis auf die kleinste Nuance, Frau John.

FRAU JOHN. Jut so! jut so! mehr wollt' ick nich! *Sie ververschwindet mit dem Kinde hinter dem Verschlag.*

WALBURGA. Findest du nicht, Erich, daß das Betragen der John eigentümlich ist?

SPITTA *faßt Walburgas Hände und küßt sie scheu und inbrünstig.* Ich weiß nicht, weiß nicht —... oder ich zähle heut nicht mit, weil ich alles von vornherein subjektiv düster gefärbt sehe. Hast du den Brief bekommen?

WALBURGA. Jawohl. Aber ich konnte nicht herausfinden, warum du so lange nicht bei uns gewesen bist.

SPITTA. Verzeih, Walburga, ich konnte nicht kommen.

WALBURGA. Warum nicht?

SPITTA. Weil ich innerlich zu zerrissen bin.

WALBURGA. Du willst Schauspieler werden? Ist's wahr? Du willst umsatteln?

SPITTA. Was schließlich noch mal aus mir wird, steht bei Gott! Nur niemals ein Pastor! niemals ein Landpfarrer!

WALBURGA. Du, ich habe mir lassen die Karten legen.

SPITTA. Das ist Unsinn, Walburga. Das sollst du nicht.

WALBURGA. Ich schwöre dir, Erich, es ist kein Unsinn. Sie hat mir gesagt, ich hätte einen heimlichen Bräutigam, und der sei Schauspieler. Natürlich hab' ich sie ausgelacht, und gleich darauf sagt Mama, du wirst Schauspieler.

SPITTA. Tatsächlich?

WALBURGA. Tatsächlich! Und dann hat mir die Kartenlegerin noch gesagt, wir würden durch einen Besuch viel Not haben.

SPITTA. Mein Vater kommt nach Berlin, Walburga, und das ist allerdings wahr, daß uns der Alte Herr etwas zu schaffen machen wird. – Vater weiß das nicht, aber ich bin mit ihm innerlich längst zerfallen, auch ohne diese Briefe, die mir hier in der Tasche brennen und mit denen er meine Beichte beantwortet hat.

WALBURGA. Über unserm verunglückten Rendezvous hat wirklich ein böser, neidischer, giftiger Stern geschwebt. Wie habe ich meinen Papa bewundert! Aber seit jenem Sonntag werde ich aller Augenblick' rot für ihn, und sosehr ich mir Mühe gebe, ich kann ihm seitdem nicht mehr gerade und frei ins Auge sehn.

SPITTA. Hast du mit deinem Papa auch Differenzen gehabt?

WALBURGA. Ach, wenn es bloß das wäre! Ich war stolz auf

Papa! Und jetzt muß ich zittern, wenn du es wüßtest, ob du uns überhaupt noch achten kannst.

SPITTA. Ich und verachten! Ich wüßte nicht, was mir weniger zukäme, gutes Kind. Sieh mal: ich will mit Offenheit gleich mal vorangehn. Eine sechs Jahre ältere Schwester von mir war Erzieherin, und zwar in einem adligen Hause. Da ist etwas passiert... und als sie im Elternhaus Zuflucht suchte, stieß mein christlicher Vater sie vor die Tür. Er dachte wohl: Jesus hätte nicht anders gehandelt! Da ist meine Schwester allmählich gesunken, und nächstens werden wir beide mal nach dem kleinen sogenannten Selbstmörderfriedhof bei Schildhorn gehn, wo sie schließlich gelandet ist.

WALBURGA *umarmt Spitta.* Armer Erich, davon hast du ja nie ein Wort gesagt.

SPITTA. Das ist eben nun anders: ich spreche davon. Ich werde auch hier mit Papa davon sprechen, und wenn es darüber zum Bruche kommt. – Du wunderst dich immer, wenn ich erregt werde und wenn ich mich manchmal nicht halten kann, wo ich sehe, wie irgendein armer Schlucker mit Füßen gestoßen wird, oder wenn der Mob etwa eine arme Dirne mißhandelt. Ich habe dann manchmal Halluzinationen und glaube am hellichten Tage Gespenster, ja meine leibhaftige Schwester wiederzusehn.

Pauline Piperkarcka, ebenso wie früher gekleidet, tritt ein. Ihr Gesichtchen erscheint bleicher und hübscher geworden.

DIE PIPERKARCKA. Jun Morjen.

FRAU JOHN, *hinter dem Verschlage.* Wer ist denn da?

DIE PIPERKARCKA. Pauline, Frau John.

FRAU JOHN. Pauline? – Ick kenne keene Pauline.

DIE PIPERKARCKA. Pauline Piperkarcka, Frau John.

FRAU JOHN. Wer? – Denn wachten Se man 'ne Minute, Pauline.

WALBURGA. Adieu, Frau John.

FRAU JOHN *erscheint vor dem Verschlage, schließt sorgfältig den Vorhang hinter sich.* Jawoll! Ick ha mit det Freilein wat zu verabreden. Seht ma, det ihr naus uff de Straße kommt.

Spitta und Walburga schnell ab. Frau John schließt die Tür hinter beiden. Sie sind et, Pauline? Wat wollen Se denn?

DIE PIPERKARCKA. Wat werde wollen? Et hat mir herjetrieben. Habe nich länger warten können. Muß sehn, wie steht.

FRAU JOHN. Wat denn? Wat soll denn stehn, Pauline?

DIE PIPERKARCKA, *mit etwas schlechtem Gewissen.* Na, ob jesund is, ob jut in Stand.

FRAU JOHN. Wat soll denn jesund, wat soll denn in Stande sind?

DIE PIPERKARCKA. Dat sollen woll wissen von janz alleine.

FRAU JOHN. Wat soll ick denn von alleene wissen?

DIE PIPERKARCKA. Ob Kind auch nich zujestoßen is.

FRAU JOHN. Wat for'n Kind? Un wat zujestoßen? Reden Se deitsch! Se blubbern ja man keen eenziget richtiget deitsches Wort aus de Fresse raus.

DIE PIPERKARCKA. Wenn ick nur sagen, was wahr is, Frau John.

FRAU JOHN. Na wat denn?

DIE PIPERKARCKA. Mein Kind...

FRAU JOHN *haut ihr eine gewaltige Backpfeife.* ...Det sache noch mal, un denn kriste so lange den Schuh um de Ohren, bis et dir vorkommt, det du 'ne Mutter von Drillinge bist. Nu raus! Un nu laß dir nich wieder blicken!

DIE PIPERKARCKA *will fort. Rüttelt an der Tür, die aber verschlossen ist.* Hat mir jeschlagen, zu Hilfe, zu Hilfe! Brauche mir nich jefallen zu lassen! *Weinend.* Aufmachen! Hat mir mißhandelt Frau John!

FRAU JOHN, *vollkommen umgewandelt, umarmt Pauline, sie so zurückhaltend.* Pauline, um Jottes willen, Pauline! Ick weeß nich, wat in mir jefahren hat! Sein Se man jut, ick leiste ja Abbitte! Wat soll ick tun? Pauline, soll ick fußfällig uff de Knie, Pauline, Pauline, Abbitte tun?

DIE PIPERKARCKA. Was haben mir ins Jesicht jeschlagen? Ick jehe zu Wache und zeigen an, det mir hier ins Jesicht jeschlagen hat. Ick zeigen an, ick gehen zu Wache.

FRAU JOHN *hält ihr Gesicht hin.* Da! hauste mir wieder in't Jesicht! denn is et jut! denn is et verjlichen.

DIE PIPERKARCKA. Ick jehe zu Wache...

FRAU JOHN. Denn is et verjlichen. Ick sache, Mächen, denn is et, Mächen, sag' ick, akkurat mit de Waage verjlichen! Wat wiste nu, Mächen? Nu jeradezu.

DIE PIPERKARCKA. Wat soll mich nützen, wenn Backe jeschwollen is.

FRAU JOHN *haut sich selbst einen Backenstreich.* Da! Meine Backe is ooch jeschwollen. Mächen, hau zu, und jeniere dir nich. – Un denn komm, denn raus, watte uff'n Herzen hast. Ick will mittlerweile... ick koche inzwischen for Sie und for mir, Freilein Pauline, 'n rechten juten Bohnenkaffee, Jott weeß et, und keene Zichorientunke.

DIE PIPERKARCKA, *weicher.* Warum sin denn auf einmal so niederträchtig und jrob zu mich armes Mächen, Frau John?

FRAU JOHN. Det is et! det mecht' ick alleene wissen! Komm Se, Pauline, setzen sich. So! Scheeneken sag' ick! Setzen sich! Scheen, det Se mich ma besuchen komm! Wat ha ick von meine Mutter deswejen schon for Schmisse jekricht, ick bin doch aus Brickenberch jebürtig! weil ick mir manchmal ja nich jekannt habe. Die hat mehr wie eemal zu mich jesacht: Mädel, paß uff: du machst dir ma unglücklich. Det kann ooch sin, det se recht haben dut. Wie jeht's, Pauline, wat machen Se denn?

DIE PIPERKARCKA *legt Scheine und Silbergeld, die Hand voll, ohne zu zählen, auf den Tisch.* Hier is det Jeld: ick brauchen ihm nicht.

FRAU JOHN. Ick weeß doch von keenen Jelde, Pauline.

DIE PIPERKARCKA. Oh, werden woll janz jut wissen von Jeld! Et hat mir jebrannt. Et war mich wie Schlange unter Kopfkissen...

FRAU JOHN. I wo denn...?

DIE PIPERKARCKA. Is vorjekrochen, wo ick müde bin einjeschlafen. Hat mir jepeinigt, hat mir umringt! hat mir jequetscht, wo ick habe laut aufjeschrien, und meine Wirtin hat mir jefunden, wo ick fast abjestorben längelang auf Diele jelegen bin.

FRAU JOHN. Lassen Se det man jut sind, Pauline! – Trinken Se erst ma'n kleenen Schnaps! *Sie gießt ihr Kognak ein.* Un dann essen Se erst ma'n Happenpappen: mein Mann hat jestern Jeburtstag gehat.

Sie holt einen Streuselkuchen, von dem sie Streifen schneidet.

DIE PIPERKARCKA. I wo denn, ick mag nich essen, Frau John.

FRAU JOHN. Det stärkt, det dut jut, det mussen Se essen! Aber ick muß mir doch freuen, Pauline, det Se doch wieder mit Ihre jute Natur bei Ihre Kräfte jekommen sin.

DIE PIPERKARCKA. Nu will ick et aber mal sehn, Frau John.

FRAU JOHN. Wat denn, Pauline? Wat wolln Se denn sehn?

DIE PIPERKARCKA. Hätt' ick laufen jekonnt, wär' ick früher jekomm. Das will jetzt sehn, warum jekommen bin.

Frau John, deren fast kriechende Freundlichkeiten von angstvoll bebenden Lippen gekommen sind, erbleicht auf eine unheilverkündende Weise und schweigt. Sie geht nach dem

Küchenschrank, reißt die Kaffeemühle heraus und schüttet heftig Kaffeebohnen hinein. Sie setzt sich, quetscht die Kaffeemühle energisch zwischen die Knie, faßt die Kurbel und starrt mit einem verzehrenden Ausdruck namenlosen Hasses zur Piperkarcka hinüber.

FRAU JOHN. So? – Ach! – Wat wiste sehen? – Wat wiste nu jetzt uff eemal sehn? – Det, det watte hast mit deine zwee Hände erwürjen jewollt.

DIE PIPERKARCKA. Ick? –

FRAU JOHN. Wiste noch liejen? Ick werde dir anzeijen.

DIE PIPERKARCKA. Nu haben mir aber jenug jequält und bis auf't Blut jemartert, Frau John. Mir nachjestellt! mir Schritt und Tritt nich Ruhe jelassen. Bis haben Kind auf Oberboden auf Haufen alter Lumpen zu Welt jebracht. Mich Hoffnung jemacht, mit schlechten Spitzbubenjungen Angst jemacht. Mich Karten jelegt von wegen mein Bräutigam un weiterjehetzt, bis bin wie verrückt jeworden.

FRAU JOHN. Det bist du ooch noch! Jawoll: du bist janz und jar verrückt! Wat, ick hab' dir jequält? Wat hab' ick? Ick habe dir aus'n Rinnstein jelesen! Ick hab' dir jeholt bei Schneejestöber, bei de Normaluhr, wo de hast mit verzweifelte Oochen – un wie de hast ausjesehen! – hintern Lanternanzünder herjestarrt. Jawoll: denn ha ick dir nachjestellt, det dir der Schutzmann, det dir der jrüne Wachen, det dir der Deibel nich hat holen jekonnt! Ick habe dir keene Ruhe jelassen, ick ha dir jemartert, bis det de nich sollst mit dein Kind unterm Herzen in't Wasser jehn. *Äfft ihr nach.* Ick jeh' im Landwehrkanal, Mutter John! Ick erwürje det Kind! Ick ersteche det Wurm mit meine Hutnadel! Ick jeh', ick lauf', wo der Lump von Vater sitzen un Zither spielen dut, mitten in't Lokal, und schmeiß' ihn det tote Kind vor die Fieße. Det haste jesacht, so haste jesprochen, so jing et den lieben langen Dach, un manchmal de halbe Nacht noch dazu, bis ick dir hab' hier ins Bette jebracht un so lange jestreichelt, det de bist endlich injeschlafen un bist mittags um zwölf, wie die Glocken von alle Kirchen jeläut't haben, an andern Dache erst wieder uffjewacht. Jawoll, so ha ick dir Angst jemacht, wieder Hoffnung jemacht, so ha ick dir keene Ruhe jelassen! Haste det allens verjessen, wat?

DIE PIPERKARCKA. Aber et is doch mein Kind, Mutter John...

FRAU JOHN *schreit.* Denn hol et dir aus'n Landwehrkanale! *Sie springt auf, läuft umher und nimmt bald diesen, bald jenen Gegenstand in die Hand, um ihn sogleich wieder wegzuwerfen.*

DIE PIPERKARCKA. Soll ick mein Kind nich ma sehen dürfen?

FRAU JOHN. Spring in't Wasser un such et! denn haste et! Weeß Jott, ick halte dir nu weiter nich.

DIE PIPERKARCKA. Jut! Meejen mich schlachen, meejen mir prügeln, meejen mir schmeißen Wasserflasche an Kopp: eh nich weiß, wo Kind is, eh nich haben mit Augen jesehn, bringen mich keiner und niemand von Stelle fort.

FRAU JOHN, *einlenkend.* Pauline, ick ha et in Flege jejeben.

DIE PIPERKARCKA. Lieje! Ick hör' et doch schmatzen, wo et janz jenau hintern Vorhang is! *Das Kind hinter dem Tapetenverschlag beginnt zu schreien. Die Piperkarcka eilt auf den Vorhang zu, dabei nicht ohne falsche Note ein wenig pathetisch weinerlich rufend.* Weine nicht, armes, armes Jungchen, jutes Mutterchen kommen schon! *Frau John, fast von Sinnen, ist vor den Eingang gesprungen, den sie der Piperkarcka verstellt. Die Piperkarcka, ohnmächtig wimmernd, mit geballten Fäusten.* Soll mir jetzt zu mein Kinde reinlassen.

FRAU JOHN, *furchtbar verändert.* Sieh mir ma an, Mächen! Mächen, sieh mir ma in't Jesicht! – Jloobst du, det mit eene, die aussieht wie ich... det mit mir noch zu spaßen is? *Die Piperkarcka hat wimmernd Platz genommen.* Setz dir! flenne! wimmere! bis dir, ick weeß nich wat... jammere, bis det dir die Jurjel verschwollen is! det, wenn de hier rinwillst – denn bist du tot, oder ick bin tot – un denn is ooch det Jungchen nich mehr am Leben!

DIE PIPERKARCKA *erhebt sich entschlossen.* Denn jeben acht, was jeschehen, Frau John!

FRAU JOHN, *wiederum einlenkend.* Pauline, die Sache is zwischen uns richtig un abjemacht. Wat wollen Se sich mit det Kindchen behängen, wo jetzt mein Kindeken und in beste Hände jeborjen is? Wat wollen Se denn mit det Kindeken uffstellen? Jehn Se zu Ihren Breitijam! da sollen Se woll mit den Besseres zu tun haben als Kinderjeschrei, Kindersorjen und Kimmernis.

DIE PIPERKARCKA. Erst recht! Nu jerade! Nu muß er mir heiraten! – Haben alle... hat Frau Kielbacke, als ick mir mussen haben behandeln lassen, zu mich jesacht. Soll nich nachjeben! Muß mir heiraten. Auch Standesbeamte gab mich Rat. Hat jesacht, janz wütend, als ick haben erzählt, wohin jekrochen un habe Kind auf Dachboden Welt jebracht... schreit janz wütend: ick muß nich nachlassen. Hat jesacht arme jeschundene Kreatur zu mich, Tasche jejriffen, Taler zwei Jroschen Jeld jeschenkt. Jut! lasse mir weiter nich ein, Frau John. Adje! Bin bloß jekommen, sowieso, daß morjen nachmittag fünf zu Hause sind. Warum? weil morjen einjesetzter Pfleger von Jemeinde nachsehn kommt. Ick werde mir weiter hier noch rumärgern.

FRAU JOHN, *starr, entgeistert.* Wat? du hast et jemeld uff't Standesamt?

DIE PIPERKARCKA. Etwa nich? Ick soll woll Jefängnis komm?

FRAU JOHN. Wat hast du jemeldet beim Standesbeamten?

DIE PIPERKARCKA. Sonst janischt, als det mit Knaben niederjekommen bin. Ick hab' mir jeschämt, o Jott! bin über un über rot jeworden! Mir is, ick sink' jleich in de Erde rin.

FRAU JOHN. So! – Wenn de dir so jeschämt hast, Mächen, warum haste's denn aber anjezeigt?

DIE PIPERKARCKA. Weil mich meine Wirtin und ooch Frau Kielbacke, wo mich hinjeführt hat, mich partout nich Ruhe jejeben.

FRAU JOHN. So! – Denn wissen se't also uff't Standesamt?

DIE PIPERKARCKA. Na ja, det mussen se wissen, Frau John.

FRAU JOHN. ...Aber ha ick dir dat nich einjeschärft...?...

DIE PIPERKARCKA. Det muß man melden! Soll ick denn abjeführt Untersuchung und Plötzensee gesteckt?

FRAU JOHN. Ick ha doch jesacht: ick jeh' et anmelden.

DIE PIPERKARCKA. Habe jleich bei Standesbeamte jefracht. Is keene jekommen, hat anjemeld't.

FRAU JOHN. Un wat haste nu also anjejeben?

DIE PIPERKARCKA. Daß Aloisius Theophil heißen soll un daß bei Sie, Frau John, in Pflege is.

FRAU JOHN. Un morjen will eener nachsehn komm?

DIE PIPERKARCKA. Det is een Herr von de Vormundschaft. Was is denn weiter? Nun sin doch ruhig un sin vernünftig! Haben mich wirklich vorher Schrecken in alle Jlieder jejagt.

FRAU JOHN, *abwesend.* Nu freilich: det is nu nich mehr zu

ändern. Det is ja nu ooch in Jottes Namen nu jroß weiter nischt.

DIE PIPERKARCKA. Gelt, un kann nu mein Kindchen auch sehn, Frau John?

FRAU JOHN. Heute nich! Morjen, morjen, Pauline.

DIE PIPERKARCKA. Warum nich heut?

FRAU JOHN. Weil det det Beschreien nich jut dut, Pauline! Also morjen, um Uhre fünfen nachmittag?

DIE PIPERKARCKA. Steht jeschrieben, sagt mir Wirtin, daß Herr von die Stadt Uhren fünfen morjen nachsehn kommt.

FRAU JOHN, *indem sie die Piperkarcka hinausschiebt und selbst mit hinausgeht, im Tone der Abwesenheit.* Jut so. Laß er man kommen, Mächen.

Frau John ist einen Augenblick auf den Flur hinausgetreten und kommt ohne die Piperkarcka wieder herein. Sie ist seltsam verändert und geistesabwesend. Sie tut einige hastige Schritte gegen die Verschlagstür, steht jedoch plötzlich wieder still mit einem Gesichtsausdruck vergeblichen Nachsinnens. Dieses Grübeln unterbricht sie, heftig gegen das Fenster zu eilend. Hier wendet sie sich, und wieder erscheint der hilflose Ausdruck schwerer Bewußtlosigkeit. Langsam, wie eine Nachtwandlerin, tritt sie an den Tisch und läßt sich daran nieder, das Kinn in die Hand stützend. Nun erscheint Selma Knobbe in der Tür.

SELMA. Mutter schläft, Frau John. Ick ha solchen Hunger. Kann ick'n Happen Brot kriejen? *Frau John erhebt sich mechanisch und schneidet ein Stück von einem Laib Brot, wie unter dem Einfluß einer Suggestion. Selma, der die Verfassung der Frau auffällt.* Ick bin's! – Wat is denn? – Schneiden sich man bloß nich etwa mit Brotmesser.

FRAU JOHN, *mit trockenem Röcheln, das sie mehr und mehr überwältigt, indem sie Brot und Brotmesser willenlos auf den Tisch gleiten läßt.* Angst! – Sorje! – Da wißt ihr nischt von! *Sie zittert und sucht einen Halt, um nicht umzusinken.*

DRITTER AKT

Alles wie im ersten Akt. Die Lampe brennt. Auf dem Gange schwaches Ampellicht.

Direktor Hassenreuter gibt seinen drei Schülern, Spitta, Dr. Kegel und Käferstein, dramatischen Unterricht. Er selbst sitzt am Tisch, öffnet fortgesetzt Briefe und schlägt skandierend mit dem Falzbein auf den Tisch. Vorn stehen auf der einen Seite Kegel und Käferstein, auf der anderen Spitta einander als beide Chöre der »Braut von Messina« gegenüber. Ihre Füße befinden sich innerhalb eines Schemas aufgestellt, das mit Kreide auf den Fußboden gezeichnet ist und diesen in die vierundsechzig Felder des Schachbretts einteilt. Auf dem Kontorbock am Stehpult sitzt Walburga, in ein großes Kontobuch eintragend. Im Hintergrund, wartend, steht der Vizewirt oder Hausmeister Quaquaro, ein vierzigjähriger, vierschrötiger Mensch, der Inhaber eines wandernden Zirkus und, als Athlet, Hauptmitglied desselben sein könnte. Seine Sprache ist tenorhaft guttural. Er trägt Schlafschuhe. Die Beinkleider durch einen gestickten Gürtel gehalten. Ein offenes Hemd, nicht unsauber, ein leichtes Jackett und die Mütze in der Hand.

DR. KEGEL *und* KÄFERSTEIN, *mit gewaltiger Pathetik.*

Dich begrüß' ich in Ehrfurcht,
prangende Halle,
dich, meiner Herrscher
fürstliche Wiege,
säulengetragenes herrliches Dach.
Tief in der Scheide...

DIREKTOR HASSENREUTER *schreit wütend.* Pause! Punkt! Punkt! Pause! Punkt! Sie drehen doch keinen Leierkasten! Der Chor aus der »Braut von Messina« ist doch kein Leierkastenstück! »Dich begrüß' ich in Ehrfurcht« noch mal von Anfang an, meine Herren! »Dich begrüß' ich in Ehrfurcht, prangende Halle!« Etwa so, meine Herren! »Tief in der Scheide ruhe das Schwert.« Punktum! »Herrliches Dach«, wollt' ich sagen: Punktum! Meinethalben fahren Sie fort.

DR. KEGEL *und* KÄFERSTEIN.

Tief in der Scheide
ruhe das Schwert,
vor den Toren gefesselt
liege des Streits schlangenhaarigtes Scheusal.
Denn...

DIREKTOR HASSENREUTER, *wie vorher.* Halt! Wissen Sie nicht, was ein Punkt bedeutet, meine Herren? Haben Sie denn keine Elementarkenntnisse? »Schlangenhaarigtes Scheusal.« Punkt! Denken Sie sich einen Pfahl eingerammt: halt! Punkt! Alles ist totenstille! als wenn Sie gar nicht mehr in der Welt wären, Käferstein! Und dann raus mit der Posaunenstimme aus der Brust! Halt! Um Gottes willen nicht lispeln! – »Denn...« weiter! los!

DR. KEGEL *und* KÄFERSTEIN.

Denn des gastlichen Hauses
unverletzliche Schwelle
hütet der Eid, der Erinnyen Sohn...

DIREKTOR HASSENREUTER *springt auf, brüllt, läuft umher.* Eid, Eid, Eid, Eid!! Halt! Wissen Sie nicht, was ein Eid ist, Käferstein? »Hütet der Eid!! – der Erinnyen Sohn.« Der Eid ist der Erinnyen Sohn, Dr. Kegel! Stimme heben! Tot! Das Publikum, bis zum letzten Logenschließer, ist eine einzige Gänsehaut! Schauer durchrieselt alle Gebeine! Passen Sie auf: »Denn des Hauses Schwelle hütet der Eid!!! – der Erinnyen Sohn, der furchtbarste unter den Göttern der Hölle!« – – Nicht wiederholen, weiter im Text! Sie können sich aber jedenfalls merken, daß ein Eid und ein Münchner Bierrettich zwei verschiedene Dinge sind.

SPITTA, *deklamiert.*

Zürnend ergrimmt mir das Herz im Busen...

DIREKTOR HASSENREUTER. Halt! *Er läuft zu Spitta und biegt an seinen Armen und Beinen herum, um eine gewünschte tragische Pose zu erzielen.* Erstlich fehlt die statuarische Haltung, mein lieber Spitta. Die Würde einer tragischen Person ist bei Ihnen auf keine Weise ausgedrückt. Dann sind Sie nicht, wie ich ausdrücklich verlangt habe, von Feld I D mit dem rechten Fuß auf II C getreten! Endlich wartet Herr Quaquaro: unterbrechen wir einen Augenblick! *Er wendet sich an Quaquaro.* So, jetzt steh' ich zu Diensten, Herr Vizewirt! das heißt, ich habe Sie bitten lassen, weil mir leider, wie sich bei der Inventur herausstellt, mehrere Kisten mit Kostümen abhanden gekommen, mit andern Worten: gestohlen sind. Bevor ich nun meine Anzeige mache, wozu ich natürlich entschlossen bin, wollte ich erst mal Ihren Rat hören. Um so mehr, da sich auch sonst noch etwas, wie soll ich sagen, eine sonderbare Bescherung statt der verlornen Kleiderkisten in einem Winkel des Bodens angefunden hat: ein Fund, um Virchow zu benachrichtigen. Erstlich ein blaukariertes Plumeau, wahrhaft prähistorisch, und eine unaussprechliche Scherbe, deren Bestimmung im ganzen harmlos, aber ebenfalls unaussprechlich ist.

QUAQUARO. Herr Direkter, ick kann ja ma oben steigen.

DIREKTOR HASSENREUTER. Tun Sie das. Sie finden oben Frau John, die durch den Fund eigentlich noch mehr wie ich selbst beunruhigt ist. Diese drei Herren, die meine Schüler sind, lassen es sich partout nicht ausreden, daß da oben etwas wie eine Mordgeschichte vorgefallen ist. Aber bitte: wir wollen keinen Skandal schlagen.

KÄFERSTEIN. Wenn bei meiner Mutter in Schneidemühl im Laden irgend etwas abhanden kam, hieß es immer, das hätten die Ratten gefressen. Und wirklich, was man in diesem Hause von Ratten und Mäusen sieht – auf der Treppe hätt' ich beinahe eine totgetreten! – warum sollten Kisten und Theatergarderobe – Seide schmeckt süß – nicht ebenfalls von ihnen vertilgt worden sein?

DIREKTOR HASSENREUTER. Geschenkt, geschenkt! Alle weiteren Schnittwarenladen-Phantasien, ha ha ha ha! sind Ihnen geschenkt, bester Käferstein. Es fehlt nur noch, daß Sie uns Ihre Gespenstergeschichten nochmals auftischen, vom Kavalleristen Sorgenfrei, der sich nach Ihrer Behauptung seinerzeit, als das Haus noch Reiterkaserne war, mit Sporen und Schleppsäbel auf meinem Boden erhangen hat. Und daß Sie den noch in Verdacht nehmen.

KÄFERSTEIN. Sie können den Nagel noch sehn, Herr Direktor.

QUAQUARO. Det wird in janzen Hause rumerzählt von den Soldat, namens Sorjenfrei, der sich irgendwo hier oben in Dachstuhl mit 'ne Schlinge jeendigt hat.

KÄFERSTEIN. Die Tischlersfrau auf dem Hof und eine Mäntelnäherin aus dem zweiten Stock haben ihn wiederholt bei hellichtem Tage aus dem Dachfenster nicken und militärisch stramm heruntergrüßen sehn.

QUAQUARO. Een Unteroffizier hat dem Soldaten Sorjenfrei ja woll eene Dunstkiepe jenannt und 'n aus Fez eene rinjelangt. Det hat sich der Dämlack zu Herzen jenomm.

DIREKTOR HASSENREUTER. Ha ha ha! Militärmißhandlungen und Geistergeschichten! Diese Verquickung ist originell, aber zur Sache gehört sie nicht. Ich nehme an, der Diebstahl, oder was sonst in Frage kommt, ist während jener elf oder zwölf Tage vor sich gegangen, als ich in Geschäften im Elsaß gewesen bin. Also sehen Sie sich die Geschichte mal an, und bitte, Sie werden mir nachher Bescheid sagen! *Der Direktor wendet sich seinen Schülern zu. Quaquaro steigt über die Bodentreppe und verschwindet in der Bodenluke.* All right, bester Spitta: schießen Sie los.

SPITTA *rezitiert nur sinngemäß und ohne Pathos.*

Zürnend ergrimmt mir das Herz im Busen,
zu dem Kampf ist die Faust geballt,
denn ich sehe das Haupt der Medusen,
meines Feindes verhaßte Gestalt.
Kaum gebiet' ich dem kochenden Blute.
Gönn' ich ihm die Ehre des Worts?
Oder gehorch' ich dem zürnenden Mute?
Aber mich schreckt die Eumenide,
die Beschirmerin dieses Orts,
und der waltende Gottesfriede.

DIREKTOR HASSENREUTER *hat sich niedergelassen und lauscht, den Kopf in die Hand gestützt, voll Ergebenheit. Erst einige Sekunden, nachdem Spitta geendet hat, blickt er wie zu sich kommend auf.* Sind Sie fertig, Spitta?! – Ich danke sehr! – Sehen Sie, lieber Spitta, ich bin nun Ihnen gegenüber wieder mal in die allerverzwickteste Lage geraten: entweder ich sage Ihnen frech ins Gesicht, daß ich Ihre Vortragsart schön finde – und dann habe ich mich der allerniederträchtigsten Lüge schuldig gemacht – oder ich sage, ich finde sie scheußlich, und dann haben wir wieder den schönsten Krach.

SPITTA, *erbleichend.* Ja, alles Gestelzte, alles Rhetorische liegt mir nicht. Deshalb bin ich ja von der Theologie abgesprungen, weil mir der Predigerton zuwider ist.

DIREKTOR HASSENREUTER. Da wollen Sie wohl die tragischen Chöre wie der Gerichtsschreiber ein Gerichtsprotokoll oder wie der Kellner die Speisekarte herunterhaspeln?

SPITTA. Ich liebe überhaupt den ganzen sonoren Bombast der »Braut von Messina« nicht.

DIREKTOR HASSENREUTER. Sagen Sie das noch mal, lieber Spitta.

SPITTA. Es ist nicht zu ändern, Herr Direktor: unsre Begriffe von dramatischer Kunst divergieren in mancher Beziehung total.

DIREKTOR HASSENREUTER. Mensch, Ihr Gesicht in diesem Augenblick ist ja geradezu ein Monogramm des Größenwahns und der Dreistigkeit. Pardon! aber jetzt sind Sie mein Schüler und nicht mehr mein Hauslehrer! Ich! und Sie!? Sie blutiger Anfänger! Sie und Schiller! Friedrich Schiller! Ich habe Ihnen schon zehnmal gesagt, daß Ihr pueriles bißchen Kunstanschauung nichts weiter als eine Paraphrase des Willens zum Blödsinn ist.

SPITTA. Das müßte mir erst bewiesen werden.

DIREKTOR HASSENREUTER. Sie beweisen es selbst, wenn Sie den Mund auftun! – Sie leugnen die Kunst des Sprechens, das Organ, und wollen die Kunst des organlosen Quäkens dafür einsetzen! Sie leugnen die Handlung im Drama und behaupten, daß sie ein wertloses Akzidens, eine Sache für Gründlinge ist. Sie negieren die poetische Gerechtigkeit, Schuld und Sühne, die Sie als pöbelhafte Erfindung bezeichnen: eine Tatsache, wodurch die sittliche Weltordnung durch Euer Hochwohlgeboren gelehrten und verkehrten Verstand aufgehoben ist. Von den Höhen der Menschheit wissen Sie nichts. Sie haben neulich behauptet, daß unter Umständen ein Barbier oder eine Reinmachefrau aus der Mulackstraße ebensogut ein Objekt der Tragödie sein könnte als Lady Macbeth und König Lear.

SPITTA, *bleich, putzt seine Brille.* Vor der Kunst wie vor dem Gesetz sind alle Menschen gleich, Herr Direktor.

DIREKTOR HASSENREUTER. So? Ach!? Wo haben Sie diesen hübschen Gemeinplatz her?

SPITTA, *unbeirrt.* Dieser Satz ist mir zur zweiten Natur geworden. Ich befinde mich dabei vielleicht mit Schiller und Gustav Freytag, aber keinesfalls mit Lessing und Diderot im Gegensatz. Ich habe die letzten zwei Semester mit dem Studium dieser wahrhaft großen Dramaturgen zugebracht, und der gestelzte französische Pseudoklassizismus bleibt mir durch sie endgültig totgeschlagen, sowohl in der Dichtkunst als in den grenzenlos läppischen späteren Goetheschen Schauspielervorschriften, die durch und durch mumifizierter Unsinn sind.

DIREKTOR HASSENREUTER. So!

SPITTA. Und wenn sich das deutsche Theater erholen will, so muß es auf den jungen Schiller, den jungen Goethe des »Götz« und immer wieder auf Gotthold Ephraim Lessing zurückgreifen: dort stehen Sätze, die der Fülle der Kunst und dem Reichtum des Lebens angepaßt, die der Natur gewachsen sind.

DIREKTOR HASSENREUTER. Walburga! Ich glaube, Herr Spitta verwechselt mich. Herr Spitta, Sie wollen Privatstunden halten. Bitte, zieh dich doch mit Herrn Spitta zur Privatstunde in die Bibliothek zurück! – Wenn die menschliche Arroganz und besonders die der jungen Leute kristallisiert werden könnte, die Menschheit würde darunter wie eine Ameise unter den Granitmassen eines Urgebirges begraben sein.

SPITTA. Ich würde dadurch aber nicht widerlegt werden.

DIREKTOR HASSENREUTER. Mensch! Ich habe nicht nur zwei Semester Königliche Bibliothek hinter mir, sondern ich bin ein ergrauter Praktiker, und ich sage Ihnen, daß der Goethesche Schauspielerkatechismus A und O meiner künstlerischen Überzeugung ist. Paßt Ihnen das nicht, so suchen Sie sich einen anderen Lehrmeister.

SPITTA, *unbeirrt.* Goethe setzte sich mit seinen senilen Schauspielerregeln, meiner Ansicht nach, zu sich selbst und zu seiner eigenen Natur in kleinlichsten Gegensatz. Und was soll man sagen, wenn er dekretiert: jede spielende Person, gleichviel welchen Charakter sie darstellen soll – wörtlich! –, müsse etwas Menschenfresserartiges in der Physiognomie zeigen – wörtlich! –, wodurch man sogleich an ein hohes Trauerspiel erinnert werde.

Käferstein und Kegel versuchen Menschenfresserphysiognomien.

DIREKTOR HASSENREUTER. Ziehen Sie doch das Notizbuch, mein guter Spitta, und schreiben Sie, bitte, hinein, daß Direktor Hassenreuter ein Esel ist! Schiller ein Esel! Goethe ein Esel! natürlich auch Aristoteles – *er fängt plötzlich wie toll zu lachen an* – und, ha ha ha! ein gewisser Spitta ein Nachtwächter!

SPITTA. Es freut mich, Herr Direktor, daß Sie doch wenigstens wieder bei guter Laune sind.

DIREKTOR HASSENREUTER. Nein, Teufel, ich bin bei sehr schlechter Laune! Sie sind ein Symptom. Also nehmen Sie sich nicht etwa wichtig! – Sie sind eine Ratte! aber diese Ratten fangen auf dem Gebiete der Politik – Rattenplage! – unser herrliches neues geeinigtes Deutsches Reich zu unterminieren an. Sie betrügen uns um den Lohn unserer Mühe! und im Garten der deutschen Kunst – Rattenplage! – fressen sie die Wurzeln des Baumes des Idealismus ab: sie wollen die Krone durchaus in den Dreck reißen. – In den Staub, in den Staub, in den Staub mit euch!

Käferstein und Dr. Kegel wollen ernst bleiben, brechen indessen bald in lautes Gelächter aus, in das der Direktor hineingerissen wird. Walburga macht große Augen. Spitta behält seinen Ernst.

Nun steigt Frau John über die Leiter vom Boden herunter, nach einiger Zeit folgt ihr Quaquaro, der Vizewirt.

DIREKTOR HASSENREUTER *bemerkt Frau John, weist heftig mit beiden Armen auf sie, wie wenn er eine Entdeckung gemacht hätte.* Da kommt Ihre tragische Muse, Spitta.

FRAU JOHN, *die sich unter dem Gelächter des Direktors, Kegels und Käfersteins genähert hat, verdutzt.* Wat ha ick denn an mir, Herr Direkter?

DIREKTOR HASSENREUTER. Alles Gute und Schöne, beste Frau John! Danken Sie Gott, wenn Ihr stilles, eingezogenes, friedliches Leben Sie zur tragischen Heldin ungeeignet macht. – Aber sagen Sie, haben Sie etwa Gespenster gesehen?

FRAU JOHN, *mit unnatürlicher Blässe.* I, weshalb denn nu det?

DIREKTOR HASSENREUTER. Etwa gar wieder den famosen Soldaten Sorgenfrei, der dort oben als Deserteur ins bessere Jenseits seine Militärkarriere beschlossen hat?

FRAU JOHN. I, wenn't 'n lebendijer Mensch wär', det kennte sind: vor tote Jeister furcht' ick mir nich.

DIREKTOR HASSENREUTER. Na, wie war's, Herr Quaquaro, unter den Bleidächern?

QUAQUARO, *der einen schwedischen Reiterstiefel mitbringt.* Ick habe mir allens jut umjesehen un bin zur Ieberzeijung jekomm, det mindestens obdachloses Jesindel oben, durch wat for'n Zujang weeß ick noch nich, jenächtigt hat. Un denn hab' ick det hier in Stiefel jefunden. *Er zieht aus dem Reiterstiefel ein Kinderfläschchen mit Gummipfropfen, halb mit Milch gefüllt.*

FRAU JOHN. Det erklärt sich: ick ha oben zu'n Rechten jesehn und ha Adelbertchen bei mich jehat. – Ick bin an die janze Jeschichte unschuldig!

DIREKTOR HASSENREUTER. Das Gegenteil hat wohl auch niemand behauptet, Frau John.

FRAU JOHN. Wo Adelbertchen zur Welt kam... wo Adelbertchen jestorben war... der soll ma komm und soll mir sachen, wat eene richtije Mutter is... aber nu muß ick fort, Herr Direkter... Nu kann ick zweeer Tage, ooch drei nich oben komm. Atje! ick muß mich ma bißken mit Adelbertchen bei meine Schwäjern zeijen uff Sommerfrische. *Sie trottet durch die Flurtür ab.*

DIREKTOR HASSENREUTER. Was hat sie da durcheinandergefaselt?

QUAQUARO. Schon wo se det erste Kindeken hatte, nu jar nachdem, wie et jestorben is, wa eene Schraube los bei die John. Seit se nu jar det zweete hat, wackeln zweee. Hinjejen, deswejen, rechnen kann se. Die hat manchen juten Jroschen bei scheene Prozente uff Fänder ausjeborcht.

DIREKTOR HASSENREUTER. Was soll ich nun als Bestohlener tun?

QUAQUARO. Det kommt druff an, wo Verdacht hin is.

DIREKTOR HASSENREUTER. In diesem Hause? – Sagen Sie selbst, Herr Quaquaro...

QUAQUARO. Det is ja nu wahr, aber et is nu doch ooch so weit, det nächstens bißken jesäubert wird. De Witwe Knobbe mit ihren Anhang wird rausjeschmissen! Und denn is eene Blase uff Fliejel B, wo Schutzmann Schierke mir hat jesacht, det sich schwere Jungen mangmang befinden: wo de Polizei nächstens ausheben wird.

DIREKTOR HASSENREUTER. Irgendwo hier im Hause ist doch ein Gesangverein. Ich höre wenigstens manchmal wirklich hübsche Männerstimmen »Deutschland, Deutschland über alles«, »Wer hat dich, du schöner Wald«, »In einem kühlen Grunde« und dergleichen absingen.

QUAQUARO. Det sind se! det sind se! die singen so jut wie de blaue Zwiebel! det sind se, jewiß! Wo man singt, da laß dir jeruhig nieder, heeßt et zwar, aber det wollt' ick keenen raten... Ick wage mir ooch man bloß mit mein Prinz, wat meine Bulldogge is, mang die feine Jesellschaft rin. Immer anzeijen, anzeijen, Herr Direkter! *Quaquaro geht ab.*

DIREKTOR HASSENREUTER. Sein Auge blitzt Kaution. Sein Wort heischt Preußisch-Kurant. Seine Faust bedeutet Kündigung. Wer um Ultimo nicht von ihm träumt, kann von Glück sagen. Wer von ihm träumt, der brüllt nach Hilfe. Ein scheußlicher, schmalziger Kerl! aber ohne ihn bekämen die Pächter dieser Staatsbaracke die Miete nicht, und der Militärfiskus könnte die Pacht in den Rauchfang schreiben. *Die Türschelle geht.* Das ist Fräulein Alice

Rütterbusch! die junge Naive, die ich leider bei dem Hangen und Bangen auf die Entscheidung der Straßburger Stadtväter mir noch immer kontraktlich nicht sichern kann. Nach meiner Ernennung, zu der Gott mir helfe, wird ihr Engagement meine erste direktoriale Handlung sein. – Walburga und Spitta, marsch auf den Oberboden! Zählt die sechs Kisten durch, wo der Vermerk »Journalisten« steht, daß wir im geeigneten Augenblick mit der Inventur fertig sind. *Zu Käferstein und Dr. Kegel.* Sie mögen derweil in die Bibliothek treten. *Er geht, um die Flurtür zu öffnen. Walburga und Spitta verschwinden eilig und sehr bereitwillig auf den Oberboden. Käferstein und Kegel gehen in die Bibliothek. Direktor Hassenreuter im Hintergrund.* Bitte, kommen Sie nur herein, meine Gnädige! Pardon! Bitte sehr um Pardon, mein Herr! Ich erwartete eine Dame... ich erwartete eine junge Dame... Aber bitte, treten Sie doch herein.

Der Direktor kommt mit Pastor Spitta wieder nach vorn. Pastor Spitta, sechzig Jahre alt, ist ein etwas verbauerter kleiner Landpfarrer. Man könnte ihn ebensogut für einen Feldmesser oder kleinen Gutsbesitzer nehmen. Er ist von kräftiger Erscheinung, kurznackig, wohlgenährt und hat ein etwas zusammengequetschtes, breites Luthergesicht. Er trägt Schlapphut, Brille, Stock, einen Lodenmantel überm Arm; ungeschlachte Stiefel und die Verfassung seiner übrigen Kleidung zeigen, daß sie an Wetter und Wind schon seit lange gewöhnt sind.

PASTOR SPITTA. Wissen Sie, wer ich bin, Herr Direktor?

DIREKTOR HASSENREUTER. Nicht durchaus bestimmt, aber...

PASTOR SPITTA. Wagen Sie's nur daraufhin, Herr Direktor: nennen Sie mich bis auf weiteres Pastor Spitta aus Schwoiz in der Uckermark, dessen Sohn Erich Spitta, jawohl, in Ihrer Familie als Hauslehrer oder so ähnlich tätig gewesen ist. Erich Spitta: das ist mein Sohn. Das sag' ich mit schwerer Bekümmernis.

DIREKTOR HASSENREUTER. Zunächst freue ich mich, Sie begrüßen zu können. Ich möchte Sie aber im gleichen Atem bitten, Herr Pastor, des bewußten Seitensprunges wegen, den Ihr Sohn Erich sich leistet, nicht allzu bekümmert, nicht allzu besorgt zu sein.

PASTOR SPITTA. Oh, ich bin sehr besorgt. Ich bin sehr bekümmert! *Er sieht sich mit großem Interesse, auf einem*

Stuhl sitzend, in dem seltsamen Raume um. Es ist schwer zu sagen, äußerst schwer begreiflich zu machen, bis zu welchem hohen Grade ich bekümmert bin. Aber verzeihen Sie eine Frage, Verehrtester: ich war im Zeughaus. *Er berührt mit dem Stock einen der Pappenheimschen Kürassiere.* Was sind das für Rüstungen?

DIREKTOR HASSENREUTER. Das sind Pappenheimsche Kürassiere.

PASTOR SPITTA. Ah, ah, ich stellte mir Schiller ganz anders vor! *Sich sammelnd.* O dieses Berlin! Es verwirrt mich ganz! Sie sehen in mir einen Mann, Herr Direktor, der nicht nur bekümmert, nicht nur durch dieses Sodom Berlin im Innersten aufgewühlt, sondern geradezu durch die Tat seines Sohnes gebrochen ist.

DIREKTOR HASSENREUTER. Eine Tat? Welche Tat?

PASTOR SPITTA. Das fragen Sie noch? Der Sohn eines redlichen Mannes und... und... Schauspieler.

DIREKTOR HASSENREUTER, *gereckt, mit Haltung.* Mein Herr, ich billige den Entschluß Ihres Sohnes nicht. Aber ich selbst, der ich, honny soit qui mal y pense, der Sohn eines redlichen Mannes und selber, will ich hoffen, ein Mann von Ehre bin, ich, wie ich hier stehe, ich war selbst Schauspieler und habe noch vor kaum sechs Wochen bei einem Lutherfestspiel in Merseburg – ich bin Kulturkämpfer! – nicht nur als Regisseur, sondern auch als Schauspieler meinen Fuß auf die weltbedeutenden Bretter gestellt. In bezug auf bürgerliche Ehre und vom Standpunkt der allgemeinen Ehrenhaftigkeit dürfte also, nach meinen Begriffen wenigstens, der Entschluß Ihres Herrn Sohnes nicht zu beanstanden sein. Aber es ist ein schwerer Beruf, und man muß auch außerdem dazu sehr viel Talent haben. Auch geb' ich zu: für schwache Charaktere ist es ein Beruf, der besonders gefährlich ist. Und schließlich habe ich selbst die ungeheure Mühsal meines Standes so bis auf die Nagelprobe kennengelernt, daß ich jeden davor behüten möchte. Deshalb gebe ich meinen Töchtern Ohrfeigen, sobald auch nur der leiseste Gedanke, zur Bühne zu gehen, sich geltend macht, und eh ich sie an einen Mimen verheiratete, würde ich jeder von ihnen einen Stein um den Hals hängen und sie ertränken im Meer, wo es am tiefsten ist.

PASTOR SPITTA. Ich wollte niemand zu nahe treten. Ich gebe auch zu, ich habe als schlichter Landpfarrer von alledem keine Vorstellung. Aber denken Sie sich einen Vater an, eben einen solchen armen Landpfarrer, der seine Pfennige mühsam zusammenkratzt, um seinem Sohne das Studium zu ermöglichen. Denken Sie, daß dieser Sohn kurz vor seinem Examen steht und daß Vater und Mutter – ich hab' eine kranke Frau zu Haus! – mit Schmerzen oder mit Sehnsucht, wie Sie wollen, auf den Augenblick warten, jawohl, wo er in irgendeiner Pfarre seiner Bestimmung von der Kanzel die Probepredigt halten wird. Und nun kommt dieser Brief! der Junge ist wahnsinnig.

Die Erregung des Pastors ist nicht gerade gespielt, aber beherrscht. Das Zittern, womit er nach seinem Briefe in die Brusttasche greift und ihn dem Direktor hinhält, ist nicht ganz überzeugend.

DIREKTOR HASSENREUTER. Junge Leute suchen. Allzusehr dürfen wir uns nicht wundern, wenn eine Krise im Leben eines jungen Mannes zuweilen nicht zu vermeiden ist.

PASTOR SPITTA. Nun, diese Krise war zu vermeiden. Sie werden aus diesem Briefe unschwer erkennen, wer verantwortlich für den verderblichen Umschwung in der Seele eines so jungen, braven und immer durchaus gehorsamen Menschen zu machen ist. Ich hätte ihn nie sollen nach Berlin schicken. Jawohl: die sogenannte wissenschaftliche Theologie, die mit allen heidnischen Philosophen liebäugelt und die uns den lieben Herrgott in Rauch, den Herrn und Heiland in Luft verwandeln will, die mache ich für den schweren Fehltritt meines Kindes verantwortlich. Und nun kommen dazu die anderen Verführungen: Herr Direktor, ich habe Dinge gesehen, wovon zu sprechen mir ganz unmöglich ist! Hier habe ich Zettel in allen Taschen: Elite-Ball! Fesche Damenbedienung! und so fort. Ich gehe halb ein Uhr nachts ganz ruhig durch die Passage zwischen Linden und Friedrichstraße, schmeißt sich ein scheußlicher Kerl an mich an, halbwüchsig, und fragt mit einer schmierigen, scheuen Dreistigkeit: ob der Herr vielleicht etwas Pikantes will? Und nun diese Schaufenster, wo neben den Bildern der hohen und allerhöchsten Herrschaften nackte Schauspielerinnen, Tänzerinnen, kurz die anstößigsten Nuditäten zu sehen sind! Und dann dieser Korso, dieser Korso! wo die geschminkte, aufgedonnerte Sünde die Bürgersfrau vom Bürgersteig auf die Straße drängt! Das ist einfach Weltuntergang, Herr Direktor!

DIREKTOR HASSENREUTER. Ach, Herr Pastor, die Welt! die geht nicht unter! nicht wegen der Nuditäten und ebensowenig der heimlichen Sünde wegen, die nachts durch die Straßen schleicht. Sie wird mich und wahrscheinlich das ganze skurrile Menschheitsintermezzo noch überleben.

PASTOR SPITTA. Was diese jungen Leute vom rechten Wege ablenkt, ist das böse Beispiel, ist die Gelegenheit.

DIREKTOR HASSENREUTER. Mit Erlaubnis, Herr Pastor: ich habe eigentlich eine Neigung zum Leichtsinn in Ihrem Sohne niemals bemerkt. Er hat einen Zug zur Literatur, und er ist nicht der erste Pastorensohn – Lessing, Herder et cetera –, der in den Weg der Literatur und Poeterei eingebogen ist. Möglicherweise hat er schon Stücke im Schubfach liegen. Allerdings muß ich sagen: die Ansichten, die Ihr Herr Sohn auch auf dem Felde der Literatur vertritt, sind selbst für mich mitunter beängstigend.

PASTOR SPITTA. Das ist ja furchtbar! das ist ja entsetzlich! und geht über meine schlimmsten Befürchtungen weit hinaus. Und so sind mir die Augen denn aufgegangen. – Mein Herr, ich habe acht Kinder gehabt, von denen Erich unsre schönste Hoffnung, seine nächstälteste Schwester unsre schwerste Prüfung von Gott bedeutete und die nun, dem Anschein nach, beide von der gleichen verruchten Stadt als Opfer gefordert worden sind. Das Mädchen war früh entwickelt, war schön! – doch... Jetzt muß ich zu etwas anderem kommen. – Ich bin seit drei Tagen in Berlin und habe Erich noch nicht gesehen. Als ich ihn heute aufsuchen wollte, war er in seiner Wohnung nicht anwesend. Ich habe eine Weile gewartet und mich natürlich dabei in seiner Behausung umgesehen. Nun: betrachten Sie dieses Bild, Herr Direktor! *Er hat eine kleine Photographie, indem er Erichs Brief zurücklegt, aus der Brieftasche genommen und hält sie dem Direktor unter die Augen.*

DIREKTOR HASSENREUTER *nimmt und betrachtet das Bild, bald wie ein Kurzsichtiger, bald wie ein Weitsichtiger, stutzt.* Wieso?

PASTOR SPITTA. An dem albernen Lärvchen liegt weiter nichts. Aber lesen Sie bitte die Unterschrift.

DIREKTOR HASSENREUTER Wo?

PASTOR SPITTA *liest.* »Ihrem einzigen Liebsten, seine Walburga.«

DIREKTOR HASSENREUTER. Erlauben Sie mal! – Was heißt das, Herr Pastor?

PASTOR SPITTA. Irgendein Nähmädchen, heißt das! Wenn nicht gar irgendeine obskure Kellnerin!

DIREKTOR HASSENREUTER, *sehr bleich.* Hm. *Steckt das Bild ein.* Ich werde das Bild behalten, Herr Pastor.

PASTOR SPITTA. In solchem Schmutz wälzt sich dieser Sohn. Und nun denken Sie sich in meine Lage: mit welchen Gefühlen, mit welcher Stirn soll ich künftig vor meiner Gemeinde auf der Kanzel stehn...?

DIREKTOR HASSENREUTER. Donnerwetter, was geht mich das an, Herr Pastor! Was habe ich mit Ihrem Sprengel, mit Ihren verlorenen Söhnen und Töchtern und dergleichen zu tun? *Er zieht wieder die Photographie.* Und übrigens, was dieses kernige, tüchtige Mädchen betrifft, »Kellnerin und dergleichen«, so irren Sie sich! Weiter sage ich nichts! Alles weitere wird sich finden, Herr Pastor. Adieu.

PASTOR SPITTA. Ich gestehe frei, ich begreife Sie nicht. Wahrscheinlich ist das der Ton, der in Ihren Kreisen der übliche ist. Ich gehe und werde Sie nicht mehr belästigen. Aber ich habe als Vater das Recht vor Gott, Sie, Herr Direktor, zu verpflichten: verweigern Sie künftig – oder ich werde Mittel und Wege zu finden wissen – meinem verblendeten Sohne diesen sogenannten dramatischen Unterricht!

DIREKTOR HASSENREUTER. Nicht nur das, Herr Pastor: sondern ich werde ihm ganz direkt den Stuhl vor die Tür setzen. *Er geleitet den Pastor hinaus, schlägt die Tür zu und kommt ohne ihn wieder. Er schleudert die Arme in die Luft.* Hier kann man nur sagen: Neandertaler! *Er stürmt die Bodentreppe hinauf.* Spitta, Walburga, kommt mal herab! *Walburga und Spitta kommen. Direktor Hassenreuter zu Walburga, die ihn fragend ansieht.* Geh auf deinen Kontorbock. Setz dich auf deinen humoristischen Körperteil! – Na, und Sie, lieber Spitta, was wollen Sie noch?

SPITTA. Sie hatten gerufen, Herr Direktor.

DIREKTOR HASSENREUTER. Gut. Sehen Sie mir ins Angesicht!

SPITTA. Bitte. *Er tut es.*

DIREKTOR HASSENREUTER. Ihr macht einen dumm! Aber mich sollt ihr nicht dumm machen! Still! – Kein Wort! Ich hätte mich von Ihnen eines anderen versehen als eines so exemplarischen Beweises von Undankbarkeit! – Still! – Im übrigen war ein Herr hier! er fürchtet sich! Vorwärts! Gehen Sie ihm nach! – Begleiten Sie ihn auf die Straße hinunter. Suchen Sie ihm begreiflich zu machen, daß ich nicht euer Schuhputzer bin. *Spitta zuckt die Achseln, nimmt seinen Hut, geht ab. Direktor Hassenreuter schreitet energisch auf Walburga zu und zieht sie am Ohr.* Und du, meine Liebe, du bekommst Ohrfeigen, wenn du mit diesem Schlingel von verkrachtem Theologen noch jemals ohne meine Erlaubnis zwei Worte sprichst.

WALBURGA. Au, au, Papa.

DIREKTOR HASSENREUTER. Dieser Wicht, der mit Vorliebe schafsdumme Gesichter macht, als ob er kein Wässerchen trüben könnte, und dem ich den Zutritt in mein Haus zu eröffnen so unvorsichtig war, ist leider ein Mensch, hinter dessen Maske die unverschämteste Frechheit lauert. Ich und mein Haus, wir dienen dem Geiste der Wohlanständigkeit. Willst du den Schild unserer Ehre beflecken, etwa wie die Schwester von diesem Burschen, die zur Schande ihrer Eltern, wie es scheint, in Gasse und Gosse geendigt ist?

WALBURGA. Über Erich bin ich nicht deiner Ansicht, Papa.

DIREKTOR HASSENREUTER. Was?! Nun, jedenfalls kennst du meine Ansicht! und weißt, einen Appell gegen meine Ansichten gibt es nicht! Du gibst ihm den Laufpaß oder siehst selber zu, wo du außerhalb deines Elternhauses mit deinem ehr- und pflichtvergessenen lockeren Lebenswandel durchkommen wirst! Dann fort mit dir! von solchen Töchtern mag ich nichts wissen!

WALBURGA, *bleich, finster.* Du sagst ja immer, Papa, du hast dir deinen Weg auch ohne deine Eltern selbständig suchen müssen.

DIREKTOR HASSENREUTER. Du bist kein Mann.

WALBURGA. Gewiß nicht. Aber denke doch mal an Alice Rütterbusch.

Vater und Tochter sehen einander fest in die Augen.

DIREKTOR HASSENREUTER. Wieso? – Bist du heiß? was? oder bist du irrsinnig? *Er lenkt ab, merklich aus dem Konzept, und pocht an die Bibliothek. Kegel und Käferstein erscheinen.* Wo blieben wir stehen? Setzen Sie ein.

KEGEL, KÄFERSTEIN *deklamieren.*

Weisere Fassung
ziemet dem Alter,
ich, der Vernünftige, grüße zuerst.

Geführt von Spitta, erscheint die Piperkarcka, straßenmäßig gekleidet, und Frau Kielbacke, die einen Säugling im Steckkissen trägt.

DIREKTOR HASSENREUTER. Was wollen Sie? Mit was für Weibsleuten überlaufen Sie mich?

SPITTA. Es ist nicht meine Schuld, Herr Direktor, die Frauen wollten zu Ihnen hinein.

FRAU KIELBACKE. Nee. Wir wollen man bloß Frau Mauerpolier John sprechen.

DIE PIPERKARCKA. Ist doch immer bei Sie hier oben Frau John?!

DIREKTOR HASSENREUTER. Ja! Aber ich fange an zu bedauern, daß das so ist, und wünschte jedenfalls, daß sie ihre privaten Empfänge nicht hier bei mir, sondern unten bei sich erledigt. Sonst richte ich nächstens vor der Tür Selbstschüsse oder Fußangeln ein. – Wo fehlt's Ihnen eigentlich, bester Spitta? Sie müssen jetzt schon die Gnade haben und diese Damen nach unten zurechtweisen.

DIE PIPERKARCKA. Unten in ihre Wohnung war nich zu finden Frau John.

DIREKTOR HASSENREUTER. Hier oben bei uns ist sie auch nicht zu finden.

FRAU KIELBACKE. Det junge Freilein hat nämlich ihr Söhneken bei die Frau Mauerpolier John in Flege jehat.

DIREKTOR HASSENREUTER. Freut mich! Ohne Umstände los! Retten Sie mich, Käferstein.

FRAU KIELBACKE. Nun is'n Herr von de Stadt als wie vormundschaftswejen nachsehn jekomm: wie't steht mit det Kind und det jut versorcht und in Stande is. Und denn is er, denn sind wir bei Frau John mitsamt den Herrn sind wir rinjejang. Denn stand det Kind und 'n Zettel bei, det Frau John hier oben uff Arbeet is.

DIREKTOR HASSENREUTER. Wo ist das Kind in Pflege gewesen?

FRAU KIELBACKE. Bei de Frau Mauerpolier John.

DIREKTOR HASSENREUTER, *ungeduldig*. Das ist vollkommen blödsinnig! Das ist unrichtig! – Hätten Sie doch lieber den alten humorvollen Herrn begleitet, dem ich Sie nachgesendet habe, Spitta, statt mir diese Damen hier auf den Hals zu ziehn.

SPITTA. Ich suchte den Herrn, aber er war schon verschwunden.

DIREKTOR HASSENREUTER. Die Damen scheinen mir nicht zu trauen. Sagen Sie ihnen doch, meine Herren, daß Frau John kein Kind in Pflege hat und daß sie also bezüglich des Namens im Irrtum sind!

KÄFERSTEIN. Ich soll Ihnen sagen, meine Damen, daß Sie wahrscheinlich bezüglich des Namens im Irrtum sind.

DIE PIPERKARCKA, *heftig, verweint.* Hat Kindchen in Fleje! Hat mein Kindchen in Fleje jehabt. Is Herr von die Stadt jekommen, hat jesacht, daß Kindchen in schlechte Hände, verwahrlost is. Hat mich mein Kindeken zujrunde jerichtet.

DIREKTOR HASSENREUTER. Sie müssen unbedingt, meine Damen, bezüglich des Namens der Frau, von der Sie reden, im Irrtum sein. Frau Maurerpolier John hat kein Kind in Pflege.

DIE PIPERKARCKA. Hat mein Kindchen in Klauen jehabt, hat verhungern lassen, zujrunde jerichtet! Will sehn Frau John. Will auf Kopf draufsagen! Soll mich jesund machen kleinet Kind! Muß vor Jericht! Herr hat jesacht, mussen jehn an Jerichtstelle anzeijen.

DIREKTOR HASSENREUTER. Ich bitte Sie, sich nicht aufzuregen. Tatsache ist: Sie irren sich! Wie kommen Sie nur auf den Gedanken, meine Damen, daß Frau John ein Kindchen in Pflege hat?

DIE PIPERKARCKA. Weil ick ihr selbst überjeben habe.

DIREKTOR HASSENREUTER. Frau John hat aber doch ihr eigenes Kind, mit dem sie, wie mir jetzt einfällt, auf Besuch zu der Schwester ihres Gatten zu gehen beabsichtigte.

DIE PIPERKARCKA. Hat kein Kind. Janz und jar nich, Frau John. Ick jeh' unten auf Polizeibüro. Hat jelogen, betrogen. Hat kein Kind. Hat mich mein Aloischen zujrunde jerichtet.

DIREKTOR HASSENREUTER. Bei Gott, meine Damen, Sie irren sich.

DIE PIPERKARCKA. Glaubt mich kein Mensch, daß ich Kindchen jehabt habe. Hat mich mein Bräutijam Brief jeschrieben, daß nich wahr is, daß schlechtes, verlogenes Frauenzimmer bin. *Sie berührt das Tragbettchen.* Is mein! will nachweisen vor Jericht! Will schwören bei heilige Mutter Jottes.

DIREKTOR HASSENREUTER. Decken Sie doch mal auf, das Kind. *Es geschieht. Direktor Hassenreuter betrachtet den Säugling aufmerksam.* Hm! Die Sache wird sich bald aufklären, sicherlich! – Erstens... ich kenne Frau John! – hätte Frau John diesen Säugling in Pflege gehabt, er könnte ganz unmöglich so aussehn! ganz einfach, weil

Frau John, soweit Kinder in Frage kommen, das Herz auf dem rechten Flecke hat.

DIE PIPERKARCKA. Will sprechen Frau John. Weiter sagen nichts. Brauche mir nicht vor alle Welt aufdecken. Alles will haarklein vor Jericht will aussagen, Tag, Stunde, auch janz jenau Ort, wo jeboren is! Jlauben mir: sollten wohl Augen aufreißen.

DIREKTOR HASSENREUTER. Sie meinen also, mein Fräulein, wenn ich Sie recht verstehe, die Frau John besitze kein eigenes Kind, und das, was dafür gegolten hat, wäre das Ihre.

DIE PIPERKARCKA. Schlag' Blitz mich nieder, wenn nich so is.

DIREKTOR HASSENREUTER. Und dies hier sei eben das strittige Kind? Gott möge Sie diesmal nicht beim Wort nehmen! – Nämlich, wie Sie mich sehen, ich bin der Direktor Hassenreuter, und ich habe persönlich das Kind meiner Aufwartefrau, der Frau John, drei- oder viermal in Händen gehabt. Ich hab' es sogar auf der Waage gewogen. Es wiegt über acht Pfund. Dieses arme Wurm hier dürfte noch nicht zwei Kilo wiegen. Auf Grund dieses Umstandes versichere ich Ihnen, dies hier ist in der Tat nicht das Kind der Frau John. Es mag richtig sein, daß es das Ihre ist. Ich könnte das schlechterdings nicht bezweifeln. Das Kind der Frau John aber kenne ich und bin sicher, daß es mit diesem durchaus nicht identisch ist.

FRAU KIELBACKE, *respektvoll.* Nee, nee, det muß wahr sind: et is nich identisch.

DIE PIPERKARCKA. Det Kindken is janz jenug identisch, wenn ooch bißchen schlecht jenährt und schwächlich is. Det is janz richtig hier mit det Kind! Will Eid schwören, daß richtig identisch is.

DIREKTOR HASSENREUTER. Ich bin sprachlos. *Zu den Schülern.* Unser Unterricht steht heute unter einem feindlichen Stern, werte Jünglinge! Ich weiß nicht wieso, aber der Irrtum der Damen beschäftigt mich. *Zu den Frauen.* Sie werden sich in der Tür geirrt haben.

FRAU KIELBACKE. Ick ha selbst mit det Freilein und mit den Herrn von die Vormundschaft det Kindeken aus die Stube mit Schild »Frau Mauerpolier John« uff'n Hausflur jeholt. Frau John war nich da, und Mauerpolier John ist in Altona abwesend.

Schutzmann Schierke kommt, behäbig und gemütlich.

DIREKTOR HASSENREUTER. Ah, da ist ja Herr Schierke! Was wünschen Sie denn?

SCHIERKE. Herr Direkter, ick habe erfahren, det zwee Frauensleute hier oben jeflichtet sind.

DIREKTOR HASSENREUTER. Zwei Frauen sind hier. Aber wieso denn geflüchtet?

FRAU KIELBACKE. Wir sind nich jeflichtet.

DIREKTOR HASSENREUTER. Sie fragten nach meiner Aufwärterin.

SCHIERKE. Erlauben Se, det ich se ooch mal wat frache.

DIREKTOR HASSENREUTER. Bitte.

DIE PIPERKARCKA. Laß er man frachen. Deswejen kann ruhig sind.

SCHIERKE, *zur Frau Kielbacke*. Wie heißen Sie?

FRAU KIELBACKE. Ick bin Frau Kielbacke.

SCHIERKE. Woll von det Landeskindererziehungsheim. Wo wohnen Sie?

FRAU KIELBACKE. In de Linienstraße neun.

SCHIERKE. Ist das Ihr Kind, was Sie bei sich haben?

FRAU KIELBACKE. Det is Freilein von Piperkarcka ihr Kind.

SCHIERKE, *zur Piperkarcka*. Ihr Name?

DIE PIPERKARCKA. Paula von Piperkarcka aus Skorzenin.

SCHIERKE. Die Frau will behaupten, das wäre Ihr Kind. Wollen Sie das also auch behaupten?

DIE PIPERKARCKA. Herr Schutzmann, ick muß erjebenst um Schutz bitten, weil hier unrechtmäßigerweise verdächtigt bin. Is Herr von die Stadt mit mich hier jewesen. Haben mein Kind aus Stube Frau John, wo in Flege jewesen, rausjeholt...

SCHIERKE, *mit durchbohrendem Blick*. Et kann ooch die Tiere jejenüber bei de Restaurateurswitwe Knobbe jewesen sind. Wer weeß, wat Sie mit det Kindeken vorhaben, wovon Sie abjesandt und bestochen sind. 'n jutes Jewissen haben Se nich. Jenommen un denn hier ruffjeschlichen, weil det die rechtmäßige Mutter, Witwe Knobbe, wo bestohlen is, Treppen und Jänge absucht und weil schräg jejenüber Polizeiwache is.

DIE PIPERKARCKA. Is mich janz jleichgiltig Polizeiwache, bin...

DIREKTOR HASSENREUTER. Sie sind widerlegt, meine beste Person! Wollen Sie denn das gar nicht begreifen? Sie sagen, unsere John hätte kein Kind. Sie sagen, wollen Sie bitte gefälligst aufpassen, Sie hätten Ihr Kind, das angeblich für das von Frau John gegolten habe, aus Frau Johns Zimmer herausgeholt! Nun also: wir alle hier kennen Frau Johns Kind, und das, was Sie da haben, ist ein anderes! Verstanden?! Was Sie behaupten also, kann, nach Adam Riese, unter gar keinen Umständen zutreffend sein! – Übrigens wär' mir's jetzt lieb, Herr Schierke, Sie nehmen die Damen mit sich fort und ich könnte hier meinen Unterricht fortsetzen.

SCHIERKE. Ja, denn kommen wir bloß mang die Knobben mit ihren Anhang rin. Nämlich das Kind ist jestohlen worden.

DIE PIPERKARCKA. Aber nich von mich. Is jeraubt von Frau John.

SCHIERKE. Schon jut! *Unbeirrt zum Direktor.* Und es soll ja, wie't heeßt, von Vaters Seite blaublütig sind. Die Knobbe meent ja, et is'n Komplott von Feinde, weil man ihr die Rente un womeechlich Kadettenerziehung in 'ne jewisse Jejend nich jennen dut. *Es wird mit Fäusten an die Tür geschlagen.* Det is de Knobbe. Da is se schonn.

DIREKTOR HASSENREUTER. Herr Schierke, Sie sind mir verantwortlich: dringen die Leute bei mir ein und erleide ich eine Schädigung, so wende ich mich an den Polizeipräsidenten: ich bin mit Herrn Madai gut bekannt. Keine Furcht, liebe Kinder, ihr seid meine Kronzeugen.

SCHIERKE, *an der Tür.* Draußen jeblieben! Hier rin kommen Se nich.

Ein kleiner Janhagel heult auf.

DIE PIPERKARCKA. Soll schreien, was will, bloß mein Kindchen nich nah kommen.

DIREKTOR HASSENREUTER. Es ist besser so. Treten Sie einstweilen hier in die Bibliothek hinein. *Er bringt die Piperkarcka, die Kielbacke und das Kind in die Bibliothek.* Und jetzt, Herr Schierke, wollen wir meinethalben diese Megäre da draußen hereinlassen.

SCHIERKE, *der die Tür ein wenig öffnet.* So! Aber bloß de Knobben! Komm Se mal rin.

Frau Sidonie Knobbe erscheint. Sie ist eine hohe, abgezehrte Erscheinung mit stark ramponierter modischer Sommertoilette. Ihr Gesicht trägt die Stigmata der Straße, zeugt aber übrigens nicht von schlechter Abkunft. Ihre Allüren sind merkwürdig damenhaft. Sie redet mit Affektation, ihre Augen deuten auf Alkohol und Morphium.

FRAU KNOBBE, *indem sie hereingesegelt kommt.* Es ist keine Ursache zur Besorgnis, Herr Direktor. Vorwiegend sind es kleine Jungens und kleine Mädchen, da ich kinderlieb bin, wie Sie wissen, die mit mir gekommen sind. Verzeihen Sie gütigst, wenn ich hier eindringe. Eines der Kinder sagte mir, es hätten sich zwei Frauen mit meinem Söhnchen zu Ihnen heraufgeschlichen. Ich suche mein Söhnchen, genannt Helfgott Gundofried, da es tatsächlich aus meiner Wohnung verschwunden ist. Ich möchte Sie aber nicht inkommodieren.

SCHIERKE. Darum wollt' ick ooch janz jehorsamst bitten, verstehn Se mich.

FRAU KNOBBE, *diese Worte mit hochmütiger Kopfbewegung übergehend.* Ich habe unten im Hof zu meinem Leidwesen einen gewissen Lärm erregt. Man überblickt von da aus die Fenster, und ich habe mich bei den Leuten erkundigt, bei der armen Zigarrenarbeiterin im zweiten Stock, bei der kleinen schwindsüchtigen Näherin am Fenster im dritten Stock, ob meine Selma mit meinem Söhnchen etwa bei ihnen ist. Es liegt mir fern, Skandal zu erregen. – Sie müssen wissen, Herr Direktor – ich weiß sehr wohl, daß ich hier unter den Augen eines Mannes von Bedeutung, ja eines berühmten Mannes bin! –, Sie müssen wissen, ich bin, was Helfgott Gundofried angeht, gezwungen, auf meiner Hut zu sein! *Mit schwankender Stimme, das Taschentuch zuweilen an die Augen führend.* Ich bin eine arme, vom Schicksal verfolgte Frau, mein Herr, die gesunken ist und die bessere Tage gesehen hat. Aber ich will Sie damit nicht langweilen. Ich werde verfolgt! man will mir die letzte Hoffnung nun auch rauben.

SCHIERKE. Sagen Se kurz, wat Se wünschen. Sputen Se sich.

FRAU KNOBBE, *wie vorher.* Nicht genug: man hat mich veranlaßt, hat mich gezwungen, meinen ehrlichen Namen abzulegen. Ich habe dann in Paris gelebt und schließlich einen brutalen Menschen geheiratet, den Pächter von einem süddeutschen Schützenhaus, weil ich den blöden Gedanken hatte, in meinen Angelegenheiten dadurch gebessert zu sein. O diese Schurken von Männern, Herr Direktor!!

SCHIERKE. Det fiehrt zu weit. Menagieren Se sich.

FRAU KNOBBE. Es freut mich, daß ich Gelegenheit finde, endlich mal wieder einem Manne von Bildung und Geist in die Augen zu sehn. Mein Herr, ich könnte Ihnen eine Geschichte vortragen... im Volksmund heiße ich hier die »Gräfin«, und Gott ist mein Zeuge, in meiner frühen Jugend war ich nicht weit entfernt davon! Eine Zeitlang war ich auch Schauspielerin! Wie sagte ich: eine Geschichte vortragen aus meinem Leben, aus meiner Vergangenheit, die den Vorzug hat, nicht erfunden zu sein.

SCHIERKE. Na, wer weeß ooch.

FRAU KNOBBE, *mit Emphase*. Mein Elend ist nicht erfunden. Trotzdem es erfunden klingt, wenn ich sage, wie ich eines Nachts im tiefsten Abgrunde meiner Schande einen Vetter, einen Jugendgespielen, der jetzt Garderittmeister ist, nachts auf der Straße traf. Er lebt oberirdisch, ich unterirdisch, seit mich mein adelstolzer Herr Vater verstieß, nachdem ich als junges Ding einen Fall getan hatte. Oh, Sie ahnen nicht, welcher Stumpfsinn, welche Roheit, welche Gemeinheit in meinen Kreisen üblich ist. Ich bin ein zertretener Wurm, Herr Direktor, und doch, dorthin, nach diesem glänzenden Elend, sehne ich mich nicht eine Sekunde zurück.

SCHIERKE. Nun wolln wir jefälligst zur Sache kommen.

DIREKTOR HASSENREUTER. Bitte, Herr Schierke, mich interessiert das! unterbrechen Sie zunächst mal die Dame nicht! *Zur Knobbe.* Sie hatten von Ihrem Vetter gesprochen. Sagten Sie nicht, daß er Garderittmeister ist?

FRAU KNOBBE. Er war in Zivil. Er ist Garderittmeister. Er erkannte mich, und wir feierten schmerzlich selige Stunden alter Erinnerung. In seiner Begleitung befand sich – ich nenne den Namen nicht! – ein blutjunger Leutnant. Kerlchen wie Milch und Blut, aber zart und schwermütig. Herr Direktor, ich habe die Scham verlernt! man hat mich neulich sogar aus einer Kirche herausgewiesen: warum soll eine so zertretene, entehrte, verlassene, mehrmals vorbestrafte Person vor Ihnen nicht offen bekennen, daß er der Vater meines Helfgott Gundofried geworden ist.

DIREKTOR HASSENREUTER. Des Kindes, das Ihnen entwendet wurde?

FRAU KNOBBE. Wie die Leute sagen. Es kann ja sein! ich selbst, obgleich meine Feinde mächtig sind und jedwedes Mittel in der Hand haben, ich bin noch nicht ganz überzeugt davon. Vielleicht ist es aber doch ein Komplott, von den Eltern des Vaters angezettelt, Menschen, die, Sie würden erstaunen, Träger eines der ältesten und berühmtesten Namens und Geschlechtes sind. Adieu! Herr Direktor, was Sie auch von mir hören sollten, denken Sie nicht, mein besseres Fühlen ist in dem Sumpfe total erstickt, in den ich mich stürzen muß. Ich brauche den Sumpf, wo ich gleich und gleich mit dem Abschaum der Menschheit bin. Da, hier! *Sie weist ihren nackten Arm vor.* Vergessen! Betäubung! Ich verschaffe es mir mittels Chloral, mittels Morphium! Ich finde es in den menschlichen Abgründen. Warum nicht? wem bin ich verantwortlich? Einst wurde meine geliebte Mama meinetwegen von meinem Vater heruntergemacht! Die Bonne bekam meinetwegen Krampfanfälle! Mademoiselle und eine englische Miß rissen sich, weil jede behauptete, daß ich sie mehr liebte, in der Wut gegenseitig die Chignons vom Kopf. Jetzt...

SCHIERKE. ...sage ick Ihnen, jetzt hören Se uff: wir kenn hier Leute nich Freiheit berauben. *Er öffnet die Bibliothekstür.* Jetzt sagen Se, ob det hier Ihr Kindeken is.

Zuerst tritt die Piperkarcka, mit haßerfüllten Augen Frau Knobbe anstarrend, aus der Tür. Die Kielbacke mit dem Kinde folgt. Schierke nimmt das Tuch von dem Kindchen.

DIE PIPERKARCKA. Was wollen von mich? Was kommen mir nachsetzen? Bin ick Zijeuner? Sollen wohl Kinder stehlen in Häuser jehn? Was? Sind nich gescheit! Werden mich schön hüten! Hab' selber für mich und mein Kind kaum Essen jenug! Wer rumjehn, wer fremde Kinder auflesen und jroßfüttern, wo eijnes mir schon jenug Kummer und Ärjer macht.

Frau Knobbe glotzt, sieht sich fragend und hilfesuchend um. Holt dann schnell ein Flakon aus der Tasche und gießt den Inhalt auf ihr Schnupftuch. Das Schnupftuch führt sie dann an Mund und Nase und saugt den Duft des Parfüms, um nicht ohnmächtig zu werden. Hierauf glotzt sie wie vorher.

DIREKTOR HASSENREUTER. Ja, warum sprechen Sie nicht, Frau Knobbe? Das Mädchen behauptet, daß sie selbst und nicht Sie, Frau Knobbe, Mutter des kleinen Kindes ist.

Frau Knobbe erhebt den Schirm, um damit zu schlagen. Man fällt ihr in den Arm.

SCHIERKE. Det jibt's nich! Det is hier nich Kindererziehung! Det machen Se, wenn Se unter sich in de Kinderstube alleene sind! – Die Hauptsache bleibt, wen jeheert hier det Kind? – Und nu... und jetzt... Frau verwitwete

Knobbe, ieberlejen Se sich, det Se hier reenste Wahrheit sachen! So! Is et Ihret? oder'n fremdet Kind?

FRAU KNOBBE *bricht los.* Ich schwöre bei der heiligen Mutter Gottes, bei Jesus Christus, Vater, Sohn und Heiliger Geist, daß ich Mutter von diesem Kinde bin.

DIE PIPERKARCKA. Und ick schwöre bei heilije Mutter Jottes...

DIREKTOR HASSENREUTER. Halt, Fräulein, retten Sie Ihre Seele! – Es mag meinethalben ein Fall von den allerverwickeltsten Umständen sein! Sie schwören dabei vielleicht vollständig gutgläubig, aber Sie werden mir das gewiß zugeben: jede von Ihnen könnte zwar die Mutter von Zwillingen sein – ein Kind mit zwei Müttern ist nicht zu denken!

WALBURGA, *die unverwandt und starr, gleich Frau Knobbe, aus der Nähe das Kind betrachtet.* Papa! Papa! So sieh doch mal erst das Kind.

FRAU KIELBACKE, *weinerlich, entsetzt.* Ja, det Kindeken stirbt schon, jloob' ick, seit ick hier drin im Zimmer jewesen bin.

SCHIERKE. Wat?

DIREKTOR HASSENREUTER. Wie? *Er tritt energisch näher und betrachtet einige Zeit ebenfalls das Kind.* Das Kindchen ist tot! Das ist ohne Frage! – Hier ist ohne Zweifel einer gewesen, unsichtbar, der über das unbeteiligte arme kleine Streitobjekt ein wahrhaft salomonisches Urteil gesprochen hat.

DIE PIPERKARCKA *versteht nicht.* Wat jiebt denn?

SCHIERKE. Ruhe! – Komm Sie mit.

Frau Knobbe scheint die Sprache verloren zu haben. Sie steckt ihr Taschentuch in den Mund. Tief in ihrer Brust röchelt es. Schierke, die Kielbacke mit dem toten Kinde, gefolgt von Frau Knobbe und der Piperkarcka, ab. Man hört Gemurmel auf dem Flur.

Der Direktor kommt wieder, nachdem er hinter den Abgehenden die Tür verschlossen hat.

DIREKTOR HASSENREUTER. Sic eunt fata hominum. Erfinden Sie so was mal, guter Spitta.

VIERTER AKT

Die Wohnung des Maurerpoliers John, wie im zweiten Akt. Es ist früh gegen acht Uhr sonntags.
Maurerpolier John befindet sich unsichtbar hinter dem Verschlage. Man kann aus seinem Planschen und Prusten entnehmen, daß er bei der Morgenwäsche ist. Quaquaro ist eben eingetreten und hat die Klinke der Flurtür in der Hand.

QUAQUARO. Sache ma, is deine Frau zu Hause, Paul?

JOHN, *hinterm Verschlag.* Noch nich, Emil. Meine Frau is mit den Jungen bei meine verheirate Schwester in Hangelsberg. Will aber heut morjen noch wiederkomm. *John erscheint, sich abtrocknend, in der Tür des Verschlages.* Scheen juten Morjen, Emil.

QUAQUARO. Morjen, Paul.

JOHN. Na, wat jibt et Neies? Ick bin vor 'ne halbe Stunde erst von de Bahn aus Hamburch jekomm.

QUAQUARO. Ick sah dir ins Haus jehn un Treppe ruffsteijen.

JOHN, *aufgeräumt.* Na ja, Emil, du bist eben so'n richtijer Zerberus.

QUAQUARO. Sache ma, Paul: wie lange is deine Frau mit det Kleene in Hangelsberg?

JOHN. I, det muß so um die acht Dache so rum sind, Emil. Wiste wat von ehr? Miete hat se doch woll richtich abjeführt. Iebrigens kann ick jleich kindigen, Emil. Denn et is nu soweit: wir ziehn an erschten Oktober. Ick ha Muttern nu endlich breitjekricht, det wir aus det olle wacklige Staatsjebäude raus und in 'ne beßre Jejend ziehn.

QUAQUARO. Nach Altona wiste nu nich mehr zurick?

JOHN. Nee! bleibe in Lande und nähre dir redlich! Ick jeh' nich mehr auswärts! Nich in die Hand! – Schon erstlich: immer uff Schlafstelle rumdricken! und denn ooch: jinger wird eener nich! De Mächens wolln ooch all nich mehr recht mehr so anbeißen... Nee nee, et is jut so, det ma det ewije Wanderleben zu Ende is.

QUAQUARO. Deine Frau hat et jut anjeschlachen, Paul.

JOHN, *gut gelaunt.* Na, junge Ehe, wo ebent erst Kindchen jekomm is!? Ick ha zum Meester jesacht: ick bin jung verheirat! Denn hat er jefracht, ob meine erschte Frau jestorben is? O konträr! Janz in't Jejenteil, hab' ick jeantwort: die is so lebendig und quietschfidel, die hat sojar noch'n quietschfidelen kleenen Berliner zujekricht! – Wie ick heute morjen, Berlin–Hamburg–Stendal–Uelzen, zum letztenmal uff'n Lehrter Bahnhof mit mein janzes Zeug aus de vierte Klasse jestiegen bin, hab' ick'n lieben Jott, der Deibel hol mir! so alt wie ick bin, mit een Seufzer jedankt. Er wird ihm wohl bei den Lärm uff'n Lehrter nich jeheert haben.

QUAQUARO. Haste jeheert, Paul, det drieben de Knobbe ihr Jüngstes ooch wieder mit Dot abjejang is?

JOHN. Nee! Wie soll ick davon wat jeheert haben. Aber wenn et dot is, denn is et doch jut, Emil. Als ick det Wurm vor acht Dache jesehn habe, wo Krämpfe hatte und Selma jekomm is und ick und Mutter haben ihm noch'n Löffel Zuckerwasser injejossen, da war et doch schon reichlich reif for't Himmelreich.

QUAQUARO. Sache ma, haste denn von die Umstände jar nich jeheert, wie und wo det Kindchen zu Dode jekomm is?

JOHN. Nee! *Er zieht eine lange Tabakspfeife hinter dem Sofa hervor.* Wart ma! ick brenne mir erst ma 'ne Piepe an. Nee! wo soll ick davon wat jeheert haben.

QUAQUARO. Ick verwunder' mir aber doch, det deine Frau dir nischt von jeschrieben hat.

JOHN. I, mit Jette und mit die Knobbekinder is det, seit det mir'n eejnet Kind haben, bei Muttern uff eema wie abjeschnappt.

QUAQUARO, *lauernd.* Deine Frau wollte ja doch immer brennend jerne'n Sohn haben.

JOHN. Na, det is ooch! Meenste woll etwa, ick nich? For wat rackert eens denn? For wat schind' ick mir denn? Det is doch wat anders, wenn 'n scheenet rundet Stück Jeld for'n eejnen Sohn oder for Schwesterkinder uffjespart bleiben dut.

QUAQUARO. Weeste denn nich, det'n fremdet Mächen jekomm is, Paul, und hat behauptet, det det Kind von de Knobbe jar nich ihr eejnet, sondern det Kind von det fremde Mächen jewesen is?

JOHN. Nanu? De Knobben und Kinder stehlen? Wenn't Mutter wär'! aber de Knobben doch nich. Sach ma, Emil, wat is denn det for 'ne Jeschichte.

QUAQUARO. Na, nu, d'r eene sagt so, d'r andre sagt so. De Knobben sagt, det von een Komplott mit Detektivs aus jewisse Kreise det kleene Balch nachjestellt worden is. Un det is nu ja ooch richtig janz festjestellt: et war det Kind von de Knobben jewesen! – Kannst du mich irgendeenen Wink jeben, wo de letzten Dache dein Schwager is?

JOHN. Meenste dem Schlachtermeester in Hangelsberg?

QUAQUARO. I nee, durchaus nich wat der Mann von deine Schwester, sondern von deine Frau der Bruder is.

JOHN. Da meenst du Brunon?

QUAQUARO. Jewiß doch.

JOHN. Na, noch wat, da kimmere ick mir noch wat eher drum, ob de Hunde noch immer bei Prellsteine jehn. Von Brunon will ick weiter nischt wissen.

QUAQUARO. Heer mich ma zu, Paul. Ärjer dir nich. Nämlich uff Polizeistelle is bekannt, det Bruno mit det polnische Mächen, wo uff det Kindeken Anspruch machen wollte, jleich neulich hier vor de Haustür und dann ooch an eene jewisse Stelle von de Uferstraße, wo de Jerber de Felle wegschwimmen, jemeinsam jesichtet is. Nu is det Mächen janz jänzlich verschwunden. Weiter wat Näheres weeß ick nu freilich nich! Bloß, det se von Polizei wejen det Mächen suchen.

JOHN *stellt entschlossen die lange Pfeife weg, die er sich angesteckt hatte.* Ick weeß nich, ick ha keen Justo heut morjen! – Ick weeß nich, wat in mir jefahren hat, ick war so verjnügt wie'n Eckensteher. Uff eemal is mich so kodderig zumut, det ick an liebsten jleich wieder nach Hamburg mechte un jar nischt weiter heeren und sehn! – Wat kommst de denn mir, Emil, mit so 'ne Jeschichten?

QUAQUARO. Ick wollte dir man bloß bißken uffklären, wat inzwischen, wo ja du un wohl ja ooch deine Frau auswärts jewesen is, in deine Behausung jeschehn is.

JOHN. In meine Behausung?

QUAQUARO. Det is ja! Jawoll! Selma hatte ja, heeßt et, det Knobbesche Jungchen in Kinderwachen hier rieberjeschoben, wo et det fremde Frauenzimmer mit ihre Begleitung aus deine Wohnung jenommen und wechjetragen hat. Oben bei de Kamedienspieler is se ja dann noch jlicklich jestellt worden.

JOHN. Wat is se?

QUAQUARO. Und da haben sich ooch de Knobbe un det fremde Mächen ieber det dote Kind bei de Haare jekricht.

JOHN. Wenn ick man wißte, wat mir det soll, Emil, wo doch alle Oochenblicke hier mit Frauenzimmer een Jewürge is.

Laß se man kampeln! Mir is det jleichjiltig! Nämlich, Emil, wenn da nich sonst wat dahinter is!?

QUAQUARO. Deshalb komm' ick ja, Paul! Et is wat dahinter! Det Mächen hat nämlich mehrmals vor Zeujen ausjesacht: erstlich, det Wurm von de Knobbe, det wär' ihr Kind und det hätt' se ausdricklich bei deine Frau, Paul, in de Fleje jejeben.

JOHN *stutzt, lacht befreit.* Der pickt et! der is woll ma nich janz unwohl jeworden!

Erich Spitta kommt.

SPITTA. Guten Morgen, Herr John.

JOHN. Juten Morjen, Herr Spitta. *Zu Quaquaro, der noch in der geöffneten Tür steht.* 's jut, Emil! Ick wer mir wissen zu richten nach. *Quaquaro ab. John fährt fort.* Nu sehn Se ma so'n Männeken, Herr Spitta! Mit een Fuß steht er in't Jefängnis, mit'n andern is er Liebkind beim Bezirkskommissar uff't Polizeibüro! un denn jeht er bei ehrliche Leute rumschnüffeln.

SPITTA. Hat Fräulein Walburga Hassenreuter nach mir gefragt, Herr John?

JOHN. Bis jetzt noch nich. Nee, det ick nich wißte! *Er öffnet die Flurtür.* Selma! – Entschuldjen Se mir ma'n Oochenblick. – Selma! – Ick muß ma det Mächen wat aushorchen.

Selma Knobbe kommt.

SELMA, *noch in der Tür.* Wat is?

JOHN. Mach ma de Tier zu, komm ma'n bißken rin! Un nu sach mal, Mächen, wat det hier in de Stube mit dein kleenet verstorbenet Briederchen und mit det fremde Weibsbild jewesen is.

SELMA, *die, mit merkbar schlechtem Gewissen, lauernd näher getreten ist, jetzt sehr wortgewandt.* Ick hatte den Kinderwachen hier rieberjeschoben. Ihre Frau war nich da, und da dacht' ick, det hier drieben, wo doch det Briederken sowieso krank war und immer schrie, det hier drieben bei Sie mehr Ruhe is. Nu kam een Herr un kam eene Dame un noch 'ne Frau kam uff eemal hier rin. Und denn ham se det Kindeken hier aus'n Wachen raus, frische Wäsche jewickelt un mit fortjenomm.

JOHN. Und denn hat die Dame jesacht, et wär' ihr Kind und se hätt' et bei Muttern, als wie det meine Olle is, hätt' se's, sagt se, in Fleje jejeben?

SELMA *lügt.* I, jar keene Ahnung, da wißt' ick wat von.

JOHN *schlägt auf den Tisch.* Na zum Kreuzdonnerwetter, det wär' ja ooch bleedsinnig!

SPITTA. Erlauben Sie mal, das hat sie gesagt: wenn nämlich von dem Vorfall zwischen den beiden Frauen oben bei Direktor Hassenreuter die Rede ist.

JOHN. Det haben Se mit anjesehn, Herr Spitta, wo de Knobben und de andere um det Würmchen jezerjelt hat?

SPITTA. Allerdings. Das hab' ich mit angesehn.

SELMA. Weiter kann ick nischt sachen, und wenn mir ooch Schutzmann Schierke und meinswejen der lange Polizeileitnam janzem zwee Stunden und länger verhören dut. Ick weeß eben nischt. Ick kann eben nischt sachen.

JOHN. 'n Polizeileitnam hat dir ausjefracht?

SELMA *knutscht.* Se wollen doch Maman in Kasten bringen, weil et Leute anjezeicht un jelogen haben, det unser Kindeken vahungert is.

JOHN. Ach! so! – Na, Selma, jeh, laß ma'n Kaffee durchloofen.

Selma begibt sich an den Herd, wo sie den Kaffee für John zubereitet. John selbst geht an den Arbeitstisch, nimmt den Zirkel und zieht dann mit der Schiene einige Linien.

SPITTA, *mit Überwindung.* Eigentlich hoffte ich Ihre Frau hier zu treffen, Herr John. Mir hat jemand gesagt, Ihre Frau hätte gegen Sicherheit mitunter kleine Beträge an Studenten geliehen. Ich bin nämlich in Verlegenheit.

JOHN. Det mag sind. Aber det is Mutterns Sache, Herr Spitta.

SPITTA. Ganz offen gesagt, wenn ich bis heute abend kein Geld schaffe, werden meine paar Bücher und Habseligkeiten von meiner Zimmerwirtin mit Beschlag belegt, und man setzt mich eigentlich auf die Straße.

JOHN. Ick denke, Ihr Vater ist Paster, Herr Spitta.

SPITTA. Das ist er. Aber gerade deshalb, und weil ich selber nicht Pastor werden mag, habe ich gestern abend einen furchtbaren Krach mit meinem Vater gehabt. Ich werde von ihm keinen Pfennig mehr annehmen.

JOHN, *arbeitend.* Det jeschieht Vatern recht, wenn ick verhungern tu' oder'n Hals breche.

SPITTA. Ein Mensch wie ich wird nicht verhungern, Herr John. Geh' ich aber zugrunde, so ist mir's auch gleichgültig.

JOHN. Det jloobt eener nich, wat unter euch Studenten for

ausjehungerte arme Ludersch sind. Aber keener will wat Reelles anfassen. *Ferner Donner. John blickt durchs Fenster.* Heute wird schwule. Et donnert schon.

SPITTA. Von mir dürfen Sie das nicht sagen, Herr John, daß ich etwas Reelles nicht anfassen möchte: Stunden geben! für Geschäfte Adressen schreiben! Ich habe das alles schon durchgemacht und damit, wie mit manchem anderen Versuch, nicht nur Tage, sondern auch Nächte um die Ohren geschlagen. Dabei hab' ich gebüffelt und Bücher gewälzt.

JOHN. Mensch, jeh nach Hamburg und laß dir als Maurer instellen! Wie ick so alt war wie Sie, ha ick in Altona in Akkord schon bis zwelf Mark täglich verdient.

SPITTA. Das mag sein. Aber ich bin Geistesarbeiter.

JOHN. Det kennt man.

SPITTA. So?! Mir scheint nicht, daß Sie das kennen, Herr John. Vergessen Sie aber bitte nicht: Ihre Herrn Bebel und Liebknecht sind auch Geistesarbeiter.

JOHN. Na jut! Denn komm Se! denn wollen wir man wenigstens frühstücken. Allens sieht sich janz andersch an, wenn det eener'n Happenpappen jefrühstückt hat. Se haben woll noch nich jefrühstückt, Herr Spitta?

SPITTA. Nein, offen gestanden, heute noch nicht.

JOHN. Na, denn machen Se man, det Se wat Warmes in Leib kriejen.

SPITTA. Das hat Zeit.

JOHN. I nee, Se sehen sehr vakatert aus. Und ick ha ooch die Nacht uff de Bahn jelejen. *Zu Selma, die ein Leinwandsäckchen mit Semmeln hereingeholt hat.* Bring ma schnell noch 'ne Tasse ran. *Er hat breit auf dem Sofa Platz genommen, tunkt Semmel ein und trinkt Kaffee.*

SPITTA, *der noch nicht Platz nimmt.* Eine Sommernacht bringt man doch lieber im Freien zu, wenn man im übrigen doch nicht schlafen kann. Und ich habe nicht eine Minute geschlafen.

JOHN. Dem wollt' ick ma sehn, der in Dalles is und jut schlafen kann! Wer in Dalles is, hat ooch in Freien de meeste Jesellschaft. *Er vergißt plötzlich zu kauen.* Komm ma her, Selma, sache noch ma janz jenau, wie det mit det fremde Mächen und det fremde Kind, det se hier aus de Stube jeholt hat, jewesen is.

SELMA. Ick weeß nich, det frächt mich'n jeder, frächt mir Mama jetzt 'n lieben langen Dach! ob ick Brunon Mechelke jesehn habe! ob ick wissen soll, wer oben uff'n Boden bei de Kamedienspieler Kleider jestohlen hat! Wenn det so fortjeht...

JOHN, *energisch.* Mächen, wat haste nich Lärm jeschlagen, wie der Herr und det Freilein dir dein Brüderken aus'n Wachen jenommen hat?

SELMA. Jeschieht ihm ja nischt, dacht' ick! krist ma reene Wäsche.

JOHN *faßt Selma beim Handgelenk.* Na, nu komm ma mit, wollen ma rieber bei deine Mutter jehn. *John mit Selma an der Hand ab.*

Sobald John verschwunden ist, fällt Spitta über das Frühstück her. Bald darauf erscheint Walburga. Sie ist in großer Eile und sehr aufgeregt.

WALBURGA. Bist du allein?

SPITTA. Augenblicklich ja. Guten Morgen, Walburga.

WALBURGA. Komm' ich zu spät? Ich habe mich ja nur mit der allergrößten Schlauheit, mit der allergrößten Entschlossenheit, mit der allergrößten Rücksichtslosigkeit, komme was wolle, von Hause losgemacht. Meine jüngere Schwester hat mir die Tür vertreten. Das Dienstmädchen! Ich sagte aber zu Mama, wenn sie mich nicht durch das Entree hinausließen, so möchten sie nur die Fenster vergittern: sonst würde ich drei Stock hoch durchs Fenster direkt auf die Straße gehn. Ich fliege. Ich bin mehr tot wie lebendig. Aber ich bin zum Letzten bereit. Wie war es mit deinem Vater, Erich?

SPITTA. Wir sind auseinander. Er meinte, ich würde Treber fressen wie weiland der verlorene Sohn, und ich möchte mir ja nicht einfallen lassen, als Luftspringer oder Kunstreiter, wie er sich auszudrücken beliebt, jemals wieder die Schwelle des Vaterhauses betreten zu wollen. Für Gesindel öffne sich seine Haustür nicht. Ich werd's verwinden! Nur meine arme gute Mutter bedaure ich. – Du kannst dir nicht denken, mit welchem abgrundtiefen Haß ein solcher Mann gegen alles und alles, was mit dem Theater zusammenhängt, geladen ist! Der schrecklichste Fluch ist ihm nicht stark genug. Ein Schauspieler ist in seinen Augen von vornherein der allerverächtlichste, schlechteste Lumpenhund, der sich denken läßt.

WALBURGA. Ich habe auch nun herausgekriegt, wie Papa dahintergekommen ist.

SPITTA. Mein Vater hat ihm dein Bild gegeben.

WALBURGA. Erich, Erich, wenn du wüßtest, mit welchen schrecklichen, mit welchen grauenvollen Ausdrücken mich Papa in der Wut überschüttet hat, und ich mußte zu allem stillschweigen. Ich hätte ihm etwas sagen können, das hätte ihn vielleicht mit seinen Tiraden von hoher Moral stumm und hilflos vor mir gemacht. Beinahe wollt' ich es auch: doch ich schämte mich so entsetzlich für ihn! Meine Zunge versagte! Ich konnte nicht, Erich! Mama mußte schließlich dazwischentreten. Er hat mich geschlagen. Er hat mich acht oder neun Stunden lang in den finsteren Alkoven eingesperrt, um meinen Trotz zu brechen, wie er sagt, Erich. Nun, das gelingt ihm nicht, Erich! Er bricht ihn nicht.

SPITTA *nimmt Walburga in den Arm.* Du Brave! du Tapfere! Siehst du, jetzt weiß ich erst, was ich an dir besitze! weiß ich erst, was für ein Schatz du eigentlich bist. *Heiß.* Und wie schön du aussiehst, Walburga.

WALBURGA. Nicht! Nicht! – Ich vertraue dir, Erich, weiter ist es doch nichts.

SPITTA. Und du sollst dich nicht täuschen, süße Walburga. Sieh mal, ein Mensch wie ich, in dem es gärt und der was Besonderes, Dunkles, Großes will, was er einstweilen noch nicht recht deutlich machen kann, hat mit zwanzig Jahren die ganze Welt gegen sich und ist aller Welt lästig und lächerlich. Aber glaub mir: einst wird das anders werden. In uns liegen die Keime. Der Boden lockert sich schon! Wir sind, wenn auch noch unterirdisch, die künftige Ernte! Wir sind die Zukunft! Die Zeit muß kommen, da wird die ganze weite, schöne Welt unser sein.

WALBURGA. Sprich weiter, Erich, das ist mir so wohltätig.

SPITTA. Walburga, ich habe gestern abend meinem Vater auch von der Leber weg die Anklage des Verbrechens an meiner Schwester ins Gesicht geschleudert. Das hat den Bruch unheilbar gemacht. Er sagte verstockt: von einer Tochter wie der von mir geschilderten wisse er nichts. Sie existiere in seiner Seele nicht, und wie es den Anschein habe, werde auch bald sein Sohn dort nicht mehr existieren. O diese Christen! O diese Diener des guten Hirten, der das verlorene Schaf doppelt zärtlich in seine Arme nahm! O du lieber Heiland, wie sind deine Worte verkehrt, deine ewigen Lehren in ihr Gegenteil umgefälscht worden. Aber als ich heut nacht bei Donnerrollen und Wetterleuchten auf einer Bank im Tiergarten saß und gewisse Berliner Hyänen um mich herumschlichen, da fühlte ich die ruhelose und zertretene Seele meiner Schwester neben mir. Wie oft mag sie selbst im Leben Nächte hindurch obdachlos auf solchen Bänken und vielleicht auf derselben Tiergartenbank gesessen haben, um in ihrer Verlassenheit, Ausgestoßenheit und Entwürdigung darüber nachzudenken, wie triefend von Menschenliebe, triefend von Christentum zweitausend Jahre nach Christi Geburt diese allerchristlichste Welt sich manifestiert. Aber was sie auch dachte, ich denke so: Die arme Dirne, die Sünderin, die vor neunundneunzig Gerechten geht, die von dem Drucke der Sünde der Welt belastet ist, die arme Aussätzige und ihre fürchterliche Anklage soll in meinem Inneren lebendig sein! Und alles Elend, allen Jammer der Gemißhandelten und Entrechteten werfen wir mit in die Flamme hinein! Und so soll die Schwester leben, Walburga, und soll Herrlicheres wirken vor Gott durch das Ethos, das meine Seele beflügelt, als die ganze kalte, herzlos böse Moralpfafferei der Welt nicht vermag.

WALBURGA. Du warst die Nacht im Tiergarten, Erich? Deshalb sind deine Finger noch so eiskalt, und du siehst so entsetzlich müde aus. Erich, du mußt mein Portemonnaie nehmen! Erich! nein bitte, du mußt! Ich versichere dich! Was mein ist, ist dein! Sonst liebst du mich nicht, Erich! Erich, du darbst! Wenn du meine paar Groschen nicht nimmst, verweigere ich zu Hause jede Nahrung! bei Gott, ich tu's! bis du vernünftig wirst.

SPITTA *würgt Tränen hinunter. Muß sich setzen.* Ich bin nur nervös. Ich bin abgespannt.

WALBURGA *steckt ihr Portemonnaie in seine Hosentasche.* Nun sieh mal, Erich, deshalb habe ich dich eigentlich hier zu Frau John bestellt. Zu allem Unglück bekomme ich gestern noch hier diese gerichtliche Vorladung.

SPITTA *betrachtet ein Schriftstück, das sie ihm gereicht hat.* Du? Und weshalb denn das, sag mal, Walburga.

WALBURGA. Ich bin mir sicher, daß es mit den gestohlenen Sachen auf dem Oberboden zusammenhängt. Aber es macht mich furchtbar unruhig. Wenn Papa das erfährt... ja, was tu' ich dann?

Frau John, das Kind auf dem Arm, straßenmäßig angezogen, sehr gehetzt, sehr verstaubt, kommt herein.

FRAU JOHN, *erschrocken, mißtrauisch, halblaut.* Nu? Wat wollt ihr hier? Is Paul schon zu Hause? Ick war eben ma'n bißken mit det Kindken uff de Jasse jejang'n. *Sie trägt das Kind hinter den Verschlag.*

WALBURGA. Bitte, Erich, sprich doch mal über meine Vorladung mit Frau John.

FRAU JOHN. Paul is ja zu Hause, da liejen ja seine Sachen.

SPITTA. Fräulein Hassenreuter wollte Sie gern mal sprechen. Sie hat nämlich, wahrscheinlich wegen der gestohlenen Sachen, Sie wissen ja, auf dem Oberboden, eine gerichtliche Vorladung.

FRAU JOHN *tritt aus dem Verschlage.* Wat? Eene Vorladung ham Sie jekricht, Freilein Walburga? Na, denn nehm sich in Obacht! ick spaße nich! un phantasieren Se womeechlich von Schwarzen Mann.

SPITTA. Was Sie da sagen, Frau John, ist unverständlich.

FRAU JOHN, *zur häuslichen Beschäftigung übergehend.* Habt ihr jeheert, det draußen in eene Laubenkolonie vor't Hallesche Tor der Blitz heute morjen Mann, Frau und 'n Mächen von sieben unter eene hohe Pappel erschlagen hat?

SPITTA. Nein, Frau John.

FRAU JOHN. Et pladdert schon wieder.

Man hört, wie ein Regenschauer niedergeht.

WALBURGA, *ängstlich.* Komm, Erich, wir wollen trotzdem ins Freie gehn.

FRAU JOHN, *lauter und lauter werdend.* Und wissen Se wat: ick habe die Frau kurz vorher noch jesprochen, wo nachher von Blitze erschlachen is. Die hat jesacht – nu heern Se ma zu, Herr Spitta... een dotet Kindeken, det man in Kinderwachen legt und raus in die warme Sonne rickt – det muß aber Sommersonne und Mittagssonne sind, Herr Spitta! –, det zieht Atem! det schreit! det is wieder lebendig! – Det jlooben Se nich? wat? det ha ick mit meine Oochen jesehn. *Sie geht in eigentümlicher Weise im Kreise herum, ohne scheinbar mehr etwas von der Gegenwart der beiden jungen Leute zu wissen.*

WALBURGA. Du, die John ist unheimlich, komm!

FRAU JOHN, *noch lauter.* Det jlooben Se nich, det det wieder lebendig is? Denn kann Mutter kommen und nehmen. Denn muß et jleich Brust kriejen.

SPITTA. Adieu, Frau John.

FRAU JOHN, *noch lauter, bringt, seltsam aufgeregt, die beiden jungen Leute bis zur Tür.* Sie jlooben det nich! Det is aber heilig so, Herr Spitta. *Spitta und Walburga ab. Frau John hält die Tür in der Hand, ruft noch auf den Flur hinaus.* Wer det nich jloobt, der weeß von det janze Jeheimnis, wo ick entdeckt habe, nischt.

Maurerpolier John steht in der Tür und tritt gleich darauf ein.

JOHN. I, da bist du ja, Mutter! Scheen willkomm! Von wat for'n Jeheimnis sprichst du denn?

FRAU JOHN, *wie aufwachend, faßt sich an den Kopf.* Ick? – Ha ick denn von 'n Jeheimnis jesprochen?

JOHN. Na, ick denke doch, wenn ick nich schwerheerig bin. Biste nu'n Jeist oder bist et wirklich?

FRAU JOHN, *befremdet, ängstlich.* Woso soll ick'n Jeist sind?

JOHN *schlägt seine Frau gutmütig auf den Rücken.* Jette, beiß mir man nich. Ick freu' mir ja reichlich deswejen, det de nu wieder mit dein Patenjeschenk bei mich bist! *Er geht hinter den Verschlag.* Et sieht aber'n bißken miserich aus, Jette.

FRAU JOHN. Et vertrug de Milch nich. Det kommt, weil draußen uff'n Lande de Kühe schon jrienet Futter kriejen. Hier von de Vereinichte Molkerei ha ick wieder welche, wo trocken jefüttert is.

JOHN *erscheint wieder.* Ick sag's ja, was biste erst mit det Kind uff de Bahn und raus aus de Stadt jeturnt! Ick spreche, die Stadt is an allerjesindsten.

FRAU JOHN. Nu bleib' ick ooch wieder zu Hause, Paul.

JOHN. In Altona, Jette, is ooch nu allet in't reene jebracht. Jejen Mittag treff' ick mit Karln zusamm, und denn will er mir sachen, wenn ick beim neuen Meester antreten kann! – Hör ma: ick ha ooch wat mitjebracht. *Er schüttelt eine kleine Kinderklapper, die er aus der Hosentasche nimmt.*

FRAU JOHN. Wat denn?

JOHN. Det Leben wird in de Kinderstube, weil et doch in Berlin manchma immer'n bißken zu stille is! – Horch ma, wie't kräht! *Man hört das Kindchen allerlei vergnügte Geräusche machen.* Nee, Mutter, wenn so'n Kindeken kräht, dafor jeb' ick Amerika.

FRAU JOHN. Haste schonn jemand jesprochen, Paul?

JOHN. Nee! – Ick ha heechstens heut morjen Quaquaron jesprochen.

FRAU JOHN, *scheu, gespannt.* Nu? und?

JOHN. I, laß man, jar nischt, et war weiter nischt.

FRAU JOHN, *wie vorher.* Wat hat er jesacht?

JOHN. Wat soll er jesacht haben? – Na, wenn de schon keene Ruhe jeben dust – wat soll det nitzen an Sonntagmorjen? –, er hat mir ma wieder nach Brunon jefracht.

FRAU JOHN, *hastig, bleich.* Wat soll denn Bruno wieder jemacht haben?

JOHN. Jar nischt! – Hier komm und trink 'n Schluck Kaffee, Jette, und ärjer dir nich! – Wat kannst de dafür, wenn eener so'n sauberet Brüderken hat? – Wat brauchen wir uns um andre bekimmern?

FRAU JOHN. Det mecht' ick wissen, wat so 'ne olle dußliche Dromlade, wo'n janzen Tag spionieren dut, immer von Brunon zu quasseln hat.

JOHN. Jette, mit Brunon laß mir in Frieden! – – – Sieh ma... i wat denn?... lieber nich!... Aber wenn ick da wieder wat sollte von sachen: det soll mir nich wundern, wo mit Bruno ma jelejentlich in Jefängnishof, haste nich jesehn! ma'n schnellet Ende is. *Frau John läßt sich am Tisch nieder, wird grau im Gesicht, stützt sich auf beide Ellenbogen und atmet schwer.* Vielleicht ooch nich! nimm et dir man nich jleich so zu Herzen! – – Wat macht denn de Schwester?

FRAU JOHN. Ick weeß et nich.

JOHN. Na, ick denke, de bist bei se draußen jewesen.

FRAU JOHN *sieht ihn geistesabwesend an.* Wo bin ick jewesen?

JOHN. Siehste woll, Jette, det is mit euch Weiber! de schudderst ja! bein Arzt und bein Doktor wiste nich hinjehn! womeechlich det de noch nachträglich zum Liejen kommst. Det is, wenn eens die Natur vernachlässigt.

FRAU JOHN *fällt ihrem Mann um den Hals.* Paul, du wist mir verlassen! Jott im Himmel, Paul, sach et! sach et bloß, tu mir nich hinters Licht fiehren! Sach et! Fiehr mir nich hinters Licht.

JOHN. Wat is mit dich heute los, Hennerjette?

FRAU JOHN, *plötzlich verändert.* Hör man nich druff, Paul, wat ick so herschwatze. Ick ha wieder die Nacht keene Ruhe jehat! Und denn war ick früh uff, und denn is et nich anders, als wie det ick'n bißken von Kräfte bin.

JOHN. Denn leg dir man lang und ruh dir'n bißken. *Frau John wirft sich lang auf das Sofa und starrt gegen die Decke.* Kannst dir dann ooch ma'n bißken kämmen, Jette! – –

Uff de Bahn war et wohl sehr staubig jewesen, det de so ieber und ieber mit Sand injepulvert bist? – – *Frau John antwortet nicht, sie starrt gegen die Decke.* Ick muß ma det Bengelchen 'n bißken an't Licht holen. *Er begibt sich hinter den Verschlag.*

FRAU JOHN. Wie lange sind wir verheirat, Paul?

JOHN. *Die Kinderklapper geht hinterm Verschlag, dann.* Det war achtzehnhundertundzweeundsiebzig, jleich wie ick bin aus'n Kriege jekomm.

FRAU JOHN. Nich, denn kamst de zu Vater hin? – und denn hast de in Positur jestanden? – und denn hast de't Eiserne Kreuz an de linke Brust jehat.

JOHN *erscheint, das Kind im Steckkissen auf dem Arme, die Kinderklapper schwingend. Er sagt lustig.* Jawoll! det ha ick ooch heute noch, Mutter! Und wenn de't sehn willst, denn stech' ick's mir an.

FRAU JOHN, *noch immer lang ausgestreckt.* Und denn kamst de zu mich, und denn hast de jesacht: ick sollte nich immer so fleißig... nich immer so hin und her, treppuff, treppab... ick sollte ma'n bißken pomadich sind.

JOHN. Det sach' ick so jut ooch heute noch, Jette.

FRAU JOHN. Und denn haste mir mit dein Schnurrbart jekitzelt und hast mir links hinter't Ohr jeküßt! – Und denn...

JOHN. Denn sind wir wohl einig jeworden? –

FRAU JOHN. Denn ha ick jelacht und ha mir nach und nach, apee apee von oben bis unten in alle Uniformknöppe abjespiejelt. Und da ha ick noch anders ausjesehn! – Und denn haste jesacht...

JOHN. I Mutter, de kannst dir wahrhaftig sehn lassen, det jloobt eener nich, wat du for'n Jedächtnis hast.

FRAU JOHN. Und denn haste jesacht: wenn ick nu bald 'n Jungen krieje, der soll ooch ma mit Jott für Keenich und Vaterland und Wacht am Rhein hinter de Fahne her zu Felde ziehn.

JOHN *singt, über das Kindchen, zur Klapper.*

> Er blickt hinauf in Himmels Aun,
> wo Heldenväter niederschaun:
> zum Rhein, zum Rhein, zum deutschen Rhein!...

Nu ha ick so'n Kerlchen, und nu bin ick wahrhaftig jar nich so wilde druff, det ick ihm mechte womeechlich als Kanonenfutter in Krieg schicken. *Er geht mit dem Kindchen in den Verschlag.*

FRAU JOHN, *wie vorher.* Paulicken, Paulicken, det allens is hundert Jahre her!

JOHN *kommt, ohne das Kind, wieder aus dem Verschlag.* Janz so lange woll doch nich, Jette.

FRAU JOHN. Sach ma, wie wär' det? du nähmst mir mit und jingst mit mich und mein Kindeken jingst du fort nach Amerika?

JOHN. Na, nu heer ma, Jette: wat is mit dich? Wat is det? Bin ick denn hier von Jespenster umjeben? Du weeßt, det ick uff'n Bau, wenn de Arbeeter mit Klamotten iebereinander her sind, ieberhaupt mir nich uffreje und, wat se mir nennen, Paul is immer jemietlich, bin! Aber nu: wat is det? De Sonne scheint! et is hellichter Tag! ick weeß nich: sehen kann ick et nich! Det kichert, det wispert, det kommt jeschlichen! und wenn ick nach jreife, denn is et nischt. Nu will ick ma wissen, wat an die Jeschichte mit det fremde Mächen hier in de Stube Wahret is.

FRAU JOHN. Paul, du hast jeheert, det Freilein is ieberhaupt jar nich mehr wiederjekomm. Dadraus kannst de sehn...

JOHN. Det sachst de zu mich mit blaue Lippen und machst Augen, wie wennste jerädert bist.

FRAU JOHN, *verändert.* Jawoll! Wat läßte mir jahrelang alleene, Paul? wo ick in mein Käfije sitzen muß und keen Mensch nich is, mir ma auszusprechen. Manch liebet Mal hab' ick hier jesessen und jefracht, warum det ick immer rackern du', warum det mir abdarbe, Jroschens mühsam zusammenscharre, dein Verdienst jut anleje und wie ick uff jede Art wat zuzuverdien mir abjrübeln du'. Warum denn? Det soll allens for fremde Leite sind? Paul, du hast mir zujrunde jerichtet! *Sie legt den Kopf auf den Tisch und bricht in Schluchzen aus.*

In diesem Augenblick ist, katzenartig leise, Bruno Mechelke eingetreten. Er hat seine Sonntagskluft an, hat Flieder an der Mütze und einen großen Fliederzweig in der Hand. John trommelt ans Fenster und bemerkt ihn nicht.

FRAU JOHN *hat Bruno wie eine Geistererscheinung nach und nach ins Auge gefaßt.* Bruno, bist du's?

BRUNO, *der blitzschnell den Maurerpolier erkannt hat, leise.* Na jewiß doch, Jette.

FRAU JOHN. Wo kommst de denn her? Wat wiste denn?

BRUNO. Na, ick habe de Nacht durchjescherbelt, Jette. Det siehste doch, det ick bei jute Laune bin.

JOHN *hat Bruno bis jetzt unverwandt angesehen, wobei eine gefährliche Blässe sein Gesicht überzogen hat. Jetzt geht er langsam zu einem kleinen Schrank und zieht einen alten Kommißrevolver hervor, den er ladet. Dies wird von Frau John nicht beobachtet.* Du! – Hör ma! – Nu will ick dir ma wat sachen! – Wat, wat de vielleicht verjessen hast – det de weiter nu keene Ausrede hast, wenn ick det Dinges hier uff dir abdricke! – Du Lump! Unter Menschen jeheerst du nich! Ick ha dir jesacht, det ick dir niederknalle, det war vorichten Herbst, wo du mich jemals wieder uff meine Schwelle unter de Oochen trittst. – Nu jeh! sonst kracht et! – Hast de verstanden?

BRUNO. Vor deine Musspritze furcht' ick mir nich.

FRAU JOHN, *die bemerkt, daß John, seiner selbst nicht mächtig, den Revolver langsam gegen Bruno erhebt.* Denn mach mir dot, Paul! Et is mein Bruder! *Sie ist John in den Arm gefallen, so daß sein Revolver gegen sie gerichtet ist.*

JOHN *sieht sie lange an, scheint zu erwachen, wird anderen Sinnes.* Jut! *Er legt den Revolver wieder sorgfältig in das Schränkchen.* Hast ooch recht, Jette! – Pfui Deibel, Jette, det dein Name ooch in de Fresse von so'n Schubiack is! – Jut! – Det Pulver wär' ooch zu schade! – Det Dinges hat Blut von zwee franzeesche Reiter jekost! Zwee Helden! – Nu soll et am Ende Dreck saufen.

BRUNO. Det kann immer sind, det Dreck... in dein Schädel is! Und wenn du nich jerade, det de bei meine Schwester uff Schlafstelle wärscht, denn hätt' ick dir woll ma wat Luft jemacht, Rotzjunge, det de häst vierzehn Dache 't Loofen jekricht.

JOHN *gewaltsam ruhig.* Sach noch ma, Jette, det det dein Bruder is.

FRAU JOHN. Paul, jeh man, ick wer ihm schon wieder fortschaffen! Det weeßt de doch, det ick et nu ma doch nich ändern kann, det Bruno von mich der Bruder is.

JOHN. Na, denn bin ick hier iebrig, denn schnäbelt euch man. *Er ist fertig gekleidet und schickt sich zum Gehen an. Dicht bei Bruno steht er still.* Schuft! du hast deinem Vater im Jrabe jeärjert! Deine Schwester hätte dir sollen hinterm Zaune in Jraben verhungern lassen, statt jroßjezogen, und det eene Lumpenkanaille mehr uff de Erde is. In eene halbe Stunde komm' ick zurück! aber nich alleene! Ick komm' mit'n Wachmeester! *John geht durch die Flurtür ab, seinen Kalabreser aufstülpend. Bruno wendet sich, sowie John hinaus ist, und spuckt ihm nach, gegen die Eingangstür.*

BRUNO. Wenn ick dir ma in de Wuhlheide hätte.

FRAU JOHN. Woso kommste nu, Bruno? Sache, wat is!

BRUNO. Pinke mußte mich jeben, sonst jeh' ick verschütt, Jette.

FRAU JOHN *verschließt und verriegelt die Flurtür.* Wacht ma, ick schließe die Diere zu! – Nanu, wat is? – Wo kommste her? Wo biste jewesen?

BRUNO. Jetanzt ha ick, Jette, de halbe Nacht, und denn wa ick 'n bißken jejen Morjenjrauen in't Jrüne jejang.

FRAU JOHN. Hat dir Quaquaro sehn reinkomm, Bruno? Denn nimm dir in Obacht, det de nich in de Falle sitzt.

BRUNO. I Jott bewahre. Ick bin iebern Hof, denn bei mein Freind durch'n Knochenkeller und hernach iebern Oberboden rinjekomm.

FRAU JOHN. Na? Und wat is nu jewesen, Bruno?

BRUNO. Wuddel nich, Jette. Jieb Reisejeld! Ick jeh' verschütt, oder ick muß abtippeln.

FRAU JOHN. Und wat haste nu mit det Mächen jemacht?

BRUNO. I, et hat Rat jejeben, Jette.

FRAU JOHN. Wat heeßt det?

BRUNO. Ick ha ihr soweit wenigstens bißken jefiege jemacht.

FRAU JOHN. Und det se nich wiederkommt, is nu sicher?

BRUNO. Jawoll! Det se nu noch ma kommt, jloob' ick nich! Aber det wa keen leichtet Stick Arbeet, Jette. Du hast mich mit deine verdammte Pillenkrajerei – ick ha Durscht, Jette, jieb mich zu saufen, Jette!... hast du mir kochend heeß jemacht. *Er trinkt eine Wasserflasche leer.*

FRAU JOHN. Se haben dir vor de Diere jesehn mit det Mächen.

BRUNO. Ick ha mir mit Artur verabred, Jette. Von mich wollt' se nischt wissen. Denn is Artur in feine Kluft anjetänzelt jekomm und hat ihr ooch richtig verschleppt in Bolljongkeller. Det hat se jejloobt, uff dem Leim is se jekrochen, det ihr Breitjam dort warten tut! *Er trällert und tänzelt krampfhaft.*

Unser janzet Leben lang
von det eene Ristorang
in det andre Ristorang.

FRAU JOHN. Na und denn?

BRUNO. Denn wollt' se fort, weil Adolf jesacht hat, det ihr Breitjam jejangen is! Denn ha ick wollen ihr noch'n Stickchen bejleiten, Artur und Adolf sind mitjejang. Denn sind wir bei Kalinich in de Hinterstube injefallen, und denn is se ja ooch von den vielen Nippen an Groch und Schnäpse molum jeworn. Und denn hat se in'n Bullenwinkel bei eene jenächtigt, wo Arturn seine Jeliebte is. Den nächsten Dach sind wir immer zwee, drei Jungs hinterher jewesen, nich losjelassen, immer von frischen Quinten jemacht, und in de Schublade is et ja nu ooch lustig zujejang. *Die Kirchenglocken des Sonntagmorgens beginnen zu läuten. Bruno fährt fort.* Aber't Jeld is futsch. Ick brauche Märker und Pfennije, Jette.

FRAU JOHN *kramt nach Geld.* Wieviel mußte haben?

BRUNO *lauscht den Glocken.* Wat denn?

FRAU JOHN. Jeld!

BRUNO. Der olle Verkümmler unten in Knochenkeller meent, det ick an liebsten muß ieber de russische Jrenze jehn! – Heer ma, Jette, de Jlocken läuten.

FRAU JOHN. Weshalb mußte denn ieber de Jrenze jehn?

BRUNO. Nimm ma'n nasses Handtuch, Jette, un du ooch'n bißken Essig druff. Ick weeß nich, wat mich det Nasenbluten janze Nacht schon jeärjert hat. *Er drückt sein Taschentuch an die Nase.*

FRAU JOHN *holt ein Handtuch, atmet krampfhaft.* Wer hat dir an Handjelenk so 'ne Striemen jekratzt, Bruno?

BRUNO *lauscht den Glocken.* Heute morjen halb viere hätt' se det Jlockenläuten noch heeren jekonnt.

FRAU JOHN. O Jesus, mein Heiland, det is ja nich wahr! det kann ja nich menschenmeechlich sein! Det ha ick dir nich jeheeßen, Bruno! Bruno! ick muß mir setzen, Bruno. *Sie tut es.* Det hat ja Vater noch uff'n Sterbebette zu mich vorausjesacht.

BRUNO. Mit Brunon is nich zu spaßen, Jette. Wenn de zu Minnan hinjehst, denn sache, det ick ma ooch uff so wat vastehe und det mit Karln und Fritzen det Jehänsel'n Ende hat.

FRAU JOHN. Bruno, wenn se dir aber festsetzen.

BRUNO. Na jut, denn mache ick Bammelmann, und denn ham se uff Charité wieder ma wat zum Sezieren.

FRAU JOHN *gibt ihm Geld.* Det is ja nich wahr! Wat hast du jetan, Bruno?

BRUNO. Du bist 'ne olle vadrehte Person, Jette. *Er faßt sie nicht ohne Gemütsanwandlung.* Ihr sagt immer, det ick zu jar nischt nitze bin, aber wenn't jar nich mehr jeht, denn braucht ihr mir, Jette.

FRAU JOHN. Na, und wie denn? Haste den Mächen jedroht, det se soll nich mehr blicken lassen? – Det haste jesollt, Bruno. Haste det nich?

BRUNO. De halbe Nacht hab' ick mit ihr jetanzt. Nu sind wir uff de Straße jejang. Denn war'n Herr mitjekomm, vastehste! Und wie det ick jesacht habe, det ick von meinswejen mit die Dame 'n Hiehnchen zu pflicken habe und'n Schneiderring aus de Buxen jezogen, hat er natierlich Reißaus jenomm. – Nu ha ick zu ihr jesacht: »Ängsten sich nich, Freilein! wo jutwillig sind und wo keen Lärm schlachen und nie nich mehr bei meine Schwester nachfrachen nach Ihr Kind, soll allet janz jietlich in juten vereinigt sind!« Und denn is se mit mich jejondelt 'n Sticksken.

FRAU JOHN. Na und?

BRUNO. Na und? – Und da wollte se nich! – Und da fuhr se mit eemal nach meine Jurjel, det ick denke... wie'n Beller, der toll jeworden is! und hat noch Saft in de Knochen jehat... det ick jleich denke, det ick soll alle werden! Na, und da... da war ick nu ooch'n bißken frisch – und denn war et – denn war et halt so jekomm.

FRAU JOHN, *in Grauen versunken.* Um welche Zeit war et?

BRUNO. So rum zwischen vier und drei. Der Mond hat'n jroßen Hof jehat. Uff'n Zimmerplatz hinter de Planken is een Luder von Hund immer ruffjesprung und anjeschlagen. Denn dreppelte et, und denn is'n Jewitter niederjejang.

FRAU JOHN, *verändert, gefaßt.* 's jut! Nu jeh! Die verdient et nich besser.

BRUNO. Atje! Na, nu sehn wa uns ville Jahre nich.

FRAU JOHN. Wo wiste denn hin?

BRUNO. Erst muß ick ma Stunde zweee längelang uff'n Ricken liejen. Ick ooch! Ick jeh' zu Fritzen, wo eene Kammer in't olle Polizeijefängnis jejenieber de Fischerbrücke zu Miete hat. Dort bin ick sicher. Wo Uffstoß is, kannste mich Nachrich zukomm lassen.

FRAU JOHN. Wiste det Kindeken noch ma ankieken?

BRUNO *zittert.* Nee.

FRAU JOHN. Warum nich?

BRUNO. Nee, Jette, in diesen Leben nich! Atje, Jette! – Wacht ma, Jette: hier is noch'n Hufeisen! *Er legt ein Huf-*

eisen auf den Tisch. Det ha ick jefunden! Det bringt Glick! Ick brauche ihm nich.

Bruno Mechelke, katzenartig, wie er gekommen, ab. Frau John blickt mit entsetzt aufgerissenen Augen nach der Stelle, wo er verschwunden ist, wankt dann einige Schritte zurück, preßt die wie zum Gebet verkrampften Hände gegen den Mund und sinkt in sich zusammen, immer mit dem vergeblichen Versuch, Gebetsworte gegen den Himmel zu richten.

FRAU JOHN. Ick bin keen Merder! ick bin keen Merder! det wollt' ick nich!

FÜNFTER AKT

Zimmer bei Johns. Frau John liegt schlafend auf dem Sofa. Walburga und Spitta treten vom Flur her ein. Man vernimmt von der Straße herauf laute Militärmusik.

SPITTA. Es ist niemand hier.

WALBURGA. Frau John! Doch, Erich! Hier liegt ja Frau John.

SPITTA, *mit Walburga an das Sofa tretend.* Schläft sie? Wahrhaftig. Das begreife einer, wie man bei diesem Lärm schlafen kann. –

Die Militärmusik ist verklungen.

WALBURGA. Ach, Erich, pst! diese Frau ist mir grausenvoll. Verstehst du denn übrigens, weshalb unten am Eingang Polizeiposten stehn und weshalb sie uns nicht auf die Straße lassen? Ich hab' eine solche furchtbare Angst, daß man womöglich arretiert wird und mit zur Wache muß.

SPITTA. Aber gar keine Idee! Du siehst ja Gespenster, Walburga.

WALBURGA. Als der Mann in Zivil auf dich zutrat und uns anblickte und du ihn fragtest, wer er sei, und er seine Legitimationsmarke aus der Tasche nahm, wahrhaftig, da fing sich Treppe und Flur auf einmal um mich im Kreise zu drehen an.

SPITTA. Sie suchen einen Verbrecher, Walburga. Das ist eben eine sogenannte Razzia, eine Art Kesseltreiben auf Menschen, wie die Kriminalpolizei sie zuweilen veranstalten muß.

WALBURGA. Und außerdem kannst du mir glauben, Erich, ich habe Papans Stimme gehört, der laut mit jemand geredet hat.

SPITTA. Du bist nervös. Du kannst dich getäuscht haben.

Die John spricht im Schlaf.

WALBURGA *erschrickt.* Horch mal, die John.

SPITTA. Große Schweißtropfen stehen ihr auf der Stirn. Komm mal, sieh mal das alte rostige Hufeisen, das sie mit beiden Händen umklammert hat.

WALBURGA *horcht und erschrickt wieder.* Papa!

SPITTA. Ich verstehe dich nicht. Laß ihn doch kommen, Walburga. Die Hauptsache ist, daß man weiß, was man will, und daß man ein reines Gewissen hat. Ich bin bereit.

Ich ersehne die Aussprache. *Es wird laut an die Tür geklopft. Spitta, fest.* Herein!

Frau Direktor Hassenreuter erscheint, mehr als sonst außer Atem. Über ihr Gesicht geht ein Ausdruck der Befreiung, als sie ihrer Tochter ansichtig wird.

FRAU DIREKTOR HASSENREUTER. Gott sei gelobt! Da seid ihr ja, Kinder. *Walburga fliegt zitternd in ihre Arme.* Mädel, wie du deine alte Mutter geängstet hast! –

Längeres Atmen und Stillschweigen.

WALBURGA. Verzeih, Mama: ich konnte nicht anders.

FRAU DIREKTOR HASSENREUTER. Nein! Solche Briefe mit solchen Gedanken schreibt man an eine Mutter nicht. Besonders an eine Mutter wie mich nicht, Walburga! Hast du Seelensnöte, so weißt du auch, daß du mich noch immer mit Rat und Tat dir zur Seite hast. Ich bin kein Unmensch und auch früher mal jung gewesen. Aber ins Wasser springen... ins Wasser springen und so dergleichen, mit solchen Drohungen spielt man nicht. Ich habe doch hoffentlich recht, Herr Spitta. Und nun auf der Stelle... wie seht ihr denn aus? – auf der Stelle kommt mit mir beide nach Hause mit! – Was hat denn Frau John?

WALBURGA. Ja, hilf uns! steh uns bei! nimm uns mit, Mama! Ich bin so froh, daß du da bist. Ich hab' plötzlich eine so lähmende Angst gehabt.

FRAU DIREKTOR HASSENREUTER. Also kommt, das wäre noch schöner, daß man sich von Ihnen, Herr Spitta, und diesem Kinde solcher verzweifelter Torheiten zu gewärtigen hat. Man hat Mut in Ihren Jahren! Man verfällt nicht auf Ausflüchte, wenn alles nicht gleich nach dem Schnürchen geht, bei denen man nur – man lebt ja nur einmal! – zu verlieren und nichts zu gewinnen hat.

SPITTA. Oh, ich habe Mut! Ich denke auch nicht daran, etwa als Lebensmüder feige zu endigen! außer wenn mir Walburga verweigert wird. Dann freilich ist mein Entschluß gefaßt! Daß ich vorläufig arm bin und meine Suppe hie und da in der Volksküche essen muß, untergräbt meinen Glauben an mich und eine bessere Zukunft nicht. Auch Walburga ist sicherlich überzeugt, es muß ein Tag kommen, der uns für alle trüben und schweren Stunden entschädigt.

FRAU DIREKTOR HASSENREUTER. Das Leben ist lang. Und ihr seid heut noch Kinder. Es ist vielleicht nicht so schlimm, wenn ein Student oder Kandidat in der Volksküche essen muß. Für Walburga als Ehefrau wäre das ärger. Und ich möchte doch für euch beide hoffen, daß da erst etwas vorher wie ein eigner Herd mit dem nötigen Holz und der nötigen Kohle und so weiter geschaffen wird. Im übrigen habe ich bei Papa eine Art Waffenstillstand für euch ausgewirkt. Es war nicht leicht und wäre vielleicht unmöglich gewesen, wenn nicht die Morgenpost seine definitive Ernennung und Wahl zum Direktor in Straßburg gebracht hätte.

WALBURGA, *freudig.* Mama! ach, Mama! das ist ja ein Sonnenblick.

FRAU JOHN *hat sich mit einem Ruck emporgerichtet.* Bruno!

FRAU DIREKTOR HASSENREUTER, *entschuldigend.* Wir haben Sie aufgeweckt, Frau John.

FRAU JOHN. Is Bruno wech?

FRAU DIREKTOR HASSENREUTER. Wer? Welcher Bruno?

FRAU JOHN. Na Bruno! Kenn Se denn Brunon nich?

FRAU DIREKTOR HASSENREUTER. Richtig, so heißt ja Ihr jüngerer Bruder.

FRAU JOHN. Ha ick jeschlafen?

SPITTA. Fest! Aber Sie haben eben im Schlaf laut aufgeschrien, Frau John.

FRAU JOHN. Ham Se jesehn, Herr Spitta, wo Jungs in Hof... ham Se jesehn, wo Jungs in Hof Adelbertchen sein Jräbken jesteenicht ham? Aber ick war zwischen, wat? und ha rechts und links jar nich schlecht Maulschellen ausjeteilt.

FRAU DIREKTOR HASSENREUTER. Demnach haben Sie also von Ihrem ersten, verstorbenen Kindchen geträumt, Frau John?

FRAU JOHN. Nee nee, det war wahr, ick ha nich jetraumt, Frau Direkter. Und denn jing ick mit Adelbertchen, jing ick bein Standesbeamten hin.

FRAU DIREKTOR HASSENREUTER. Aber wenn Adelbertchen nicht mehr am Leben ist... wie können Sie denn...

FRAU JOHN. I, wenn een Kindchen meinswejen jeboren is, denn is et jedennoch noch in de Mutter, und wenn es meinswejen jestorben is, denn is et immer noch in de Mutter. Ham Se den Hund jeheert hintern Plankenzaun? Der Mond hat'n jroßen Hof jehat! Bruno, du jehst uff schlechte Weje.

FRAU DIREKTOR HASSENREUTER *rüttelt Frau John.* Wachen Sie auf, gute Frau! Frau John! Frau John! Sie sind krank! Ihr Mann soll mit Ihnen zum Arzte gehen.

FRAU JOHN. Bruno, du jehst uff schlechte Weje. *Die Glocken beginnen wieder zu läuten.* Sind det de Jlocken? –

FRAU DIREKTOR HASSENREUTER. Der Gottesdienst ist zu Ende, Frau John.

FRAU JOHN *erwacht völlig, starrt um sich.* Warum wach' ick denn uff? Warum habt ihr mir denn in Schlaf nich mit de Axt iebern Kopp jehaut? – – – – – – – Wat ha ick jesacht? Pst! Bloß zu niemand een Sterbenswort, Frau Direkter. – *Sie ist aufgesprungen und ordnet ihr Haar mit vielen Haarnadeln.*

Der Direktor erscheint durch die Flurtür.

DIREKTOR HASSENREUTER *stutzt beim Anblick der Seinigen.* Sieh da, sieh da, Timotheus, die Kraniche des Ibykus! – Sagten Sie nicht, es wohne hier ganz in der Nähe ein Spediteur, Frau John? *Zu Walburga.* Jawohl, mein Kind: während du in deinem jugendlichen Leichtsinn auf dein Vergnügen und wieder auf dein Vergnügen denkst, ist dein Papa schon wieder drei Stunden lang in Geschäften herumgelaufen. *Zu Spitta.* Sie würden es nicht so eilig haben, junger Mann, eine Familie zu begründen, wenn Sie auch nur die geringste Ahnung davon hätten, wie schwer es ist, es durchzusetzen, von Tag zu Tag mit Weib und Kind wenigstens nicht ohne das elende und verschimmelte bißchen täglichen Brotes dazustehn. Möge das Schicksal jeden davor bewahren, sich eines Tages mittellos in die Subura Berlins geschleudert zu finden, um mit andern Verzweifelten, Brust an Brust, in unterirdischen Löchern und Röhren, um das nackte Leben für sich und die Seinen zu ringen. Gratuliert mir! In acht Tagen sind wir in Straßburg. *Frau Direktor, Walburga und Spitta drücken ihm die Hand.* Alles übrige findet sich.

FRAU DIREKTOR HASSENREUTER. Papa, du hast wirklich für uns, und zwar ohne dir etwas zu vergeben, die Jahre einen heroischen Kampf gekämpft.

DIREKTOR HASSENREUTER. Wie bei Schiffbruch, wenn der Kampf um die Balken im Wasser beginnt. Meine edlen Kostüme, gemacht, um die Träume der Dichter zu veranschaulichen, in welchen Lasterhöhlen, auf welchen schwitzenden Leibern haben sie 'nicht – odi profanum vulgus –, damit nur der Groschen Leihgebühr im Kasten klang, ihre Nächte zugebracht. Sessa! Wenden wir uns zu heiteren Bildern. Der Rollwagen, alias Thespiskarren, ist schon angeschirrt, um den Transport unsrer Penaten in hoffentlich glücklichere Gefilde zu bewerkstelligen. *Plötzlich zu Spitta.* Und daß ihr beide nicht etwa aus sogenannter Verzweiflung irreparable Dummheiten macht, darauf verlang' ich Ihr Ehrenwort, werter Herr Spitta. Zur Kompensation verspreche ich Ihnen, jeder wirklich vernünftigen Äußerung Ihrerseits gegenüber nicht taub zu sein. – Im übrigen komme ich zu Frau John: erstlich weil Schutzleute in den Eingängen niemanden auf die Straße lassen, ferner, weil ich gerne von Ihnen wissen will, weshalb ein Mann wie ich, gerade in diesem Augenblick, wo seine Wimpel wieder flattern, Gegenstand einer niederträchtigen Zeitungskampagne geworden ist.

FRAU DIREKTOR HASSENREUTER. Lieber Harro, Frau John versteht dich nicht.

DIREKTOR HASSENREUTER. Dann wollen wir also ab ovo anfangen. Hier habe ich Briefe, – *er zeigt einen Stoß Briefschaften* – eins, zwei, drei, fünf, zirka ein Dutzend Stück! Darin wird mir in boshafter Weise von Unbekannten zu einem Ereignis gratuliert, das angeblich oben auf meinem Magazinboden vor sich gegangen ist. Ich würde die Sache nicht beachten, wenn nicht gleichzeitig diese Lokalnotiz, wonach in der Bodenkammer eines Maskenverleihers, sic!... eines Maskenverleihers in der Vorstadt ein neugeborenes Kindchen gefunden worden ist!... ich sage, wenn diese Lokalnotiz mich nicht stutzig machte. Zweifellos handelt sich's hier um eine Verwechselung. Dennoch mag ich die Sache nicht auf mir sitzen lassen. Besonders da dieser Lümmel von einem Reporter von dem Herrn Maskenverleiher auch noch als einem verkrachten Schmierendirektor spricht. Lies, Mama: »Adebar beim Maskenverleiher«. Der Kerl bekommt Ohrfeigen! Heut abend soll meine Ernennung in Straßburg durch die Zeitungen gehn, und gleichzeitig werde ich urbi et orbi als humoristischer Bissen ausgeliefert. Als ob man nicht wüßte, daß von allen Flüchen der Fluch der Lächerlichkeit der schlimmste ist.

FRAU JOHN. An Hauseingang stehn Schutzleute, Herr Direkter?

DIREKTOR HASSENREUTER. Ja! Und zwar so, daß sogar das

Kinderbegräbnis der Witfrau Knobbe ins Stocken gekommen ist. Man läßt sogar den kleinen Sarg mit dem greulichen Kerl von der »Pietät«, der ihn trägt, nicht in den Wagen hinaus.

FRAU JOHN. Wat wär' denn det for'n Kinderbejängnis?

DIREKTOR HASSENREUTER. Wissen Sie das nicht? Das Söhnchen der Knobbe, das auf eine mysteriöse Weise von zwei fremden Weibsbildern zu mir heraufgebracht wurde und förmlich unter meinen Augen, wahrscheinlich an Entkräftung, gestorben ist. Apropos...

FRAU JOHN. Det Kind von de Knobbe is jestorben?

DIREKTOR HASSENREUTER. Apropos, Frau John, wollt' ich sagen, Sie sollten doch eigentlich wissen, wie die Sache mit den beiden übergeschnappten Frauenspersonen, die sich des Kindchens bemächtigt hatten, schließlich verlaufen ist?

FRAU JOHN. Nu sachen Se, is det nich Jottes Finger, det se womeechlich nich Adelbertchen erwischt haben und det nich mein Adelbertchen mit Dot abjejang is?

DIREKTOR HASSENREUTER. Wieso? Diese Logik verstehe ich nicht. Dagegen habe ich mich schon gefragt, ob nicht die wirren Reden des polnischen Mädchens, der Kleiderdiebstahl auf meinem Boden und das Milchfläschchen, das Quaquaro im Stiefel herunterbrachte, irgendwie mit der Zeitungsnotiz zusammenzubringen sind.

FRAU JOHN. Da mang, Herr Direkter, is jar keen Zusammenhang. Haben Se Pauln jesehn, Herr Direkter?

DIREKTOR HASSENREUTER. Paul? Ach so: Ihren Mann! jawohl! und zwar, wenn ich recht gesehen habe, im Gespräch mit dem fetten Kriminalinspektor Puppe, der wegen des Diebstahls auch schon mal bei mir gewesen ist.

Maurerpolier John tritt ein.

JOHN. Na, Jette, ha ick nu recht? Det is schnell jekomm.

FRAU JOHN. Wat denn?

JOHN. Soll ick mich tausend Marcht verdien, wo mit Anschläje von Polizeipräsidium an de Litfaßsäulen als Belohnung for Denungsiation is bekanntjejeben?

FRAU JOHN. Woso denn?

JOHN. Weeßte denn nich, det det janze Manöver mit Schutzleute und Jeheimpolizisten Brunos wejen in Jange is?

FRAU JOHN. Wie denn? Wo denn? Wat denn? Warum denn in Jange?

JOHN. Det Kinderbejängnis is sistiert und zwee Burschen

von de Leidtrachenden, wat richtig dufte Kunden sind, festjenomm! jawoll! Det is nu soweit, Herr Direkter! Ick bin nu'n Mann, wo mit eene Frau verkuppelt is, wo een Bruder hat, wo hinterher sind, mit Rejierungsräte und Mordkommission, weil er draußen, nich weit von de Spree, unter een Fliederstrauch eene hat umjebracht.

DIREKTOR HASSENREUTER. Aber werter Herr John: das mag Gott verhüten.

FRAU JOHN. Det is jelochen! Mein Bruder tut so wat nich.

JOHN. I, det is det Neieste, Jette. Herr Direkter, ick ha neilich schonn jesacht, wat det for 'ne Sorte Bruder is. *Er bemerkt und nimmt einen Fliederstrauß vom Tisch.* Sehen Se ma det hier! Det Unjeheuer is hier jewesen. Wo wiederkommt, bin ick der erschte, wo ihm, Hände und Füße jebunden, an der Jerechtigkeet ausliefern dut. *Er sucht den Raum ab.*

FRAU JOHN. Mach du Rotznäsen wat wees von Jerechtigkeet. Jerechtigkeet is noch nich ma oben in Himmel. Keen Mensch nich war hier! Und det bißken Flieder ha ick von Hangelsberg mitjebracht, wo'n jroßer Strauch hintern Hause bei deine Schwester is.

JOHN. Du warst ja jar nich bei meine Schwester, Jette. Det hat mich Quaquaro ja ebent jesacht! det ham se uff Polizei ja festjestellt. Se ham dir jesehn bei de Spree in de Anlachen...

FRAU JOHN. Lieje!

JOHN. Und ooch in de Laubenkolonie, wo du in 'ne Laube jenächtigt hast.

FRAU JOHN. Wat? Kommst du in dein eejnet Haus allens kurz und kleen demolieren?

JOHN. Jut so! recht so! det so weit jekommen is! Nu is det mit uns weiter keen Verstecken! Det ha ick allens vorausjewußt.

DIREKTOR HASSENREUTER, *mit Spannung.* Hat sich das polnische Mädchen wieder gezeigt, das neulich wie eine Löwin um das Knobbesche Kindchen gestritten hat?

JOHN. Eben det is et. Det ham se heut morjen dot jefunden. Und det sach' ick so hin, ohne det mir de Zunge im Maule absterben dut: det Mächen hat Bruno Mechelke ums Leben jebracht.

DIREKTOR HASSENREUTER, *schnell.* Dann ist es wohl seine Geliebte gewesen.

JOHN. Fragen Se Muttern! Det weeß ick nich! Det war meine Angst, deshalb bin ick schonn lieber jar nich zu Hause jekomm, det mein eejnet Weib mit so 'ne Jesellschaft behaftet is und hat keene Kraft nich abzuschütteln.

DIREKTOR HASSENREUTER. Kommt, Kinder!

JOHN. Warum denn? Immer bleiben Se man.

FRAU JOHN. De brauchst nich jehn und Fenster uffreißen und alle Welt uff de Jasse schrein! Det is schlimm jenug, wenn uns Schicksal mit so'n Unjlück jetroffen hat. Plärr! aber dann siehste mir bald nich mehr wieder.

JOHN. Jerade! Nu jerade! Ick rufe, wer't wissen will, von de Jasse, von Flur, dem Tischler vom Hof, de Jungs, de Mächens, wo in de Konfirmationsstunde jehn, die ruf' ick rin und erzähle, wie weit eene Frau mit ihre Affenliebe zu ihren Lump von Bruder jekommen is.

DIREKTOR HASSENREUTER. Diese hübsche junge Person, die das Kind beanspruchte, ist heute tatsächlich tot, Herr John?

JOHN. Kann sind, det se hibsch is, ick weeß et nich, ob se hibsch oder häßlich jewesen is. Aber det se in Schauhaus liecht, det is sicher.

FRAU JOHN. Ick weeß et, wat se jewesen is! Een schlechtet, jemeinet Weibstick is et jewesen! Wo mit Kerle hat abjejeben und von een Tiroler, der nischt hat von wissen jewollt, hat Kind jehat! Det hat se an liebsten in Mutterleibe schon umjebracht. Denn is se't holen jekomm mit de Kielbacke, wo als Engelmachersche schon ma anderthalb Jahre Plötzensee abjesessen hat. Ob se mit Brunon ooch wat jehabt hat, wo soll ick det wissen? Kann sind, kann ooch nich sind! Und wat soll mir det allens ieberhaupt anjehn, wat Bruno meinsweejen verbrochen hat.

DIREKTOR HASSENREUTER. Also haben Sie doch das Mädchen gekannt, Frau John.

FRAU JOHN. Woso? ick ha jar nich jekannt, Herr Direkter! Ick sache bloß, wat'n jeder, wie'n jeder von det Mächen jeäußert hat.

DIREKTOR HASSENREUTER. Sie sind eine ehrenhafte Frau, Sie ein ehrenhafter Mann, Herr John. Die Sache mit Ihrem mißratenen Schwager und Bruder ist schließlich etwas, was meinethalben eine furchtbare Tatsache ist, aber Ihr Familienleben doch im Grunde nicht ernstlich erschüttert.... aber bleiben Sie ehrlich...

JOHN. Nich in de Hand! In so 'ne Nähe, bei solchet Jesindel bleib' ick nich. *Er schlägt mit der Faust auf den Tisch, klopft an die Wände, stampft auf den Fußboden.* Horchen Se ma, wie det knackt, wie Putz hinter de Tapete runterjeschoddert kommt! Allens is hier morsch! Allens faulet Holz! Allens unterminiert, von Unjeziefer, von Ratten und Mäuse zerfressen! *Er wippt auf der Diele.* Allens schwankt! Allens kann jeden Oochenblick bis in Keller durchbrechen. *Er öffnet die Tür.* Selma! Selma! – Hier mach' ick mir fort, eh det allens een Schutthaufen drunter und drieber zusammenbricht.

FRAU JOHN. Wat wiste mit Selma?

JOHN. Selma nimmt det Kind, und ick reise mit Selman und det Kind und bringe mein Kind zu meine Schwester.

FRAU JOHN. Denn soste Bescheid kriejen! Versuch det man!

JOHN. Soll mein Kind in so 'ne Umjebung jroßwachsen, womeechlich det ma wie Bruno ieber Dächer jehetzt und det ooch ma womeechlich in Zuchthaus endet?

FRAU JOHN *schreit ihn an.* Det is jar nich dein Kind! Vastehste mich?

JOHN. So? Det wolln wir ma sehn, ob een rechtlicher Mann nich Herr sollte sind ieber sein eejnet Kind, wo Mutter nich bei Verstande is und in de Hände von Mordjesindel. Det will ick ma sehn, wer in Rechte is un wer stärker is! Selma!

FRAU JOHN. Ick schrei! ick reiße det Fenster uff! Frau Direkter, se wollen eene Mutter ihr Kind rauben! Det is mein Recht, det ick Mutter von mein Kindeken bin! Det is doch mein Recht? Ha ick nich recht, Frau Direkter? Se umzingeln mir! Se wollen mir mein Recht versetzen! Soll mir det nich jeheeren, wat ick for Wechwurf uffjelesen, wo for dot in Lumpen jelejen hat und wo ick ha miehsam erscht missen reiben und kneten, bis bißken Atem jeholt und langsam lebendig jeworden is? Wo ick nich war, det wäre schonn vor drei Wochen längst in de Erde verscharrt jewesen.

DIREKTOR HASSENREUTER. Herr John, zwischen Eheleuten den Schiedsmann spielen ist meine Sache im allgemeinen nicht. Dazu ist dies Geschäft zu undankbar, und man macht dabei meistens böse Erfahrungen. Sie sollten aber in Ihrem zweifellos mit Recht verwundeten Ehrgefühl sich nicht zu Übereilungen hinreißen lassen. Denn schließlich ist doch Ihre Frau für die Tat ihres Bruders nicht verantwortlich. Lassen Sie ihr das Kind! Machen Sie nicht das Unglück schlimmer durch eine überflüssige Härte, die Ihre Frau aufs empfindlichste kränken muß.

FRAU JOHN. Paul, det Kind is aus meinen Leibe jeschnitten! Det Kind is mit meinen Blute erkooft. Nich jenug, alle Welt is hinter mich her und will et mich abjagen! Nu kommst ooch du noch und machst et nich anders, det is der Dank! als wenn det ick ringsum von hungrige Welfe umjeben bin. Mir kannste dotmachen! mein Kindeken soste nich anfassen.

JOHN. Ick komme zu Hause, Herr Direkter! Ick bin heut morjen erst mit mein janzes Zeug quietschverjnügt von de Bahn jekomm! Hamburg, Altona, allens abjebrochen. Wenn ooch Verdienst jeringer is, dachte ick, wist lieber bei deine Familie sind! Bißken Kind uff'n Arm nehmen! Bißken Kind uff'n Knie nehmen! Det war unjefähr so meine Inbildung...

FRAU JOHN. Paul! Hier, Paul! *Sie tritt ihm ganz nahe.* Reiß mir det Herz aus'n Leibe! *Sie starrt ihn lange an, dann läuft sie in den Verschlag, wo man sie laut weinen hört.*

Selma kommt vom Flur. Sie trägt Trauerkleidung und einen kleinen Grabkranz in der Hand.

SELMA. Wat soll ick? Se ham mir jeruft, Herr John.

JOHN. Zieh dir an, Selma. Frach deine Mutter, ob det de kannst mit mir jehn zu meine Schwester nach Hangelsberg. Kannst dir'n Jroschen Jeld bei verdienen. Nimmst mein Kindeken uff'n Arm und bejleitest mir.

SELMA. Nee! det Kind fass' ick nu nich mehr an, Herr John.

JOHN. Woso nich?

SELMA. Nee, ick furcht' mir, Herr John. Ick ha so 'ne Angst, so hat mir Mama und Polizeileutnam anjeschrien.

FRAU JOHN *erscheint.* I, weshalb ham se dir anjeschrien?

SELMA *heult los.* Schutzmann Schierke hat mich sojar eene runterjehaut.

FRAU JOHN. I, dem wer ick noch ma... det soll der noch ma versuchen.

SELMA. Wat soll ick denn wissen, warum mich det polsche Mächen hat mein Brüderken wegjenomm. Hätt' ick jewußt, det mein Brüderken sterben soll, ick hätt' ihr ja lieber an Hals jesprung. Nu steht Jundofriedchen in Särjiken uff de Treppe. Ick jloobe, Mama hat Krämpfe jekricht und liecht bei Quaquaron hinten in Alkoven. Mir wolln se in Fiersorje schaffen, Frau John. *Sie flennt.*

FRAU JOHN. Denn freu dir! Schlimmer kann et nich komm, als et bei dich zu Hause is.

SELMA. Ick komm' vor Jericht! womeechlich wer Moabit jeschafft.

FRAU JOHN. Woso det?

SELMA. Weil ick soll haben det Kindeken, wat det polsche Freilein jeboren hat, von Oberboden runter bei Sie, Frau John, in de Wohnung jetrachen.

DIREKTOR HASSENREUTER. Also ist tatsächlich oben ein Kindchen geboren worden?

SELMA. Jewiß.

DIREKTOR HASSENREUTER. Auf welchem Boden?

SELMA. Na, bei de Kamedienspieler doch! Wat jeht det mich an? Wat soll ick von wissen? Ick kann bloß sachen...

FRAU JOHN. Nu mach, det de fortkommst! Selma, du hast'n reenet Jewissen! Wat de Leute quasseln, kimmert dir nich.

SELMA. Ick will ja ooch nischt verraten, Frau John.

JOHN *packt Selma, die fortlaufen will, und hält sie fest.* Et wird nich jejang! et wird herjekomm! – Wahrheet! Ick verrate nischt, hast du jesacht: det ham Se doch ooch jeheert, Frau Direkter? Hat Herr Spitta und hat det Freilein jeheert! – Wahrheet! – Bevor ick nich weeß, wat mit Bruno und seine Jeliebte is und wo ihr womeechlich det Kindchen habt wechjeschafft, det is mich ejal, kommst du nich von de Stelle!

FRAU JOHN. Paul, ick schweere vor Jott, wechjeschafft ha ick et nich.

JOHN. Na, und?... Raus, wat du weeßt, Mächen! Det ha ick schon lange jemerkt, det zwischen dich und meine Frau een jeheimet Jestecke is. Det Zwinkern und Anplinkern is jetzt verjebliche Miehe. Is det Kind tot, oder lebt et noch?

SELMA. Nee, det Kind is lebendich, Herr John.

DIREKTOR HASSENREUTER. Was du unter deiner Schürze oder sonstwie hier hast heruntergebracht?

JOHN. Wenn et dot is, denn rechne druff, denn wirst du wie Bruno een Kopp kürzer jemacht.

SELMA. Ick sach't ja: det Kindeken is lebendich.

DIREKTOR HASSENREUTER. Ich denke, du hast gar kein Kind vom Boden heruntergebracht?

JOHN. Und von die janze Jeschichte, Mutter, wist du nischt

wissen? *Frau John sieht ihn starr an, Selma blickt hilflos und verwirrt auf Frau John.* Mutter, du hast det Kindchen von Brunon und die polsche Person beiseite jeschafft, und denn, wo se jekomm is, haste det Würmiken von de Knobbe unterjeschoben.

WALBURGA *sehr bleich, mit Überwindung.* Sagen Sie mal, Frau John, was ist denn an jenem Tage geschehen, wo ich dummerweise, als Papa kam, mit Ihnen auf den Boden geflüchtet bin? Ich will dir das später erklären, Papa. Damals habe ich, wie mir nach und nach deutlich geworden ist, das polnische Mädchen, und zwar erst mit Frau John und dann mit ihrem Bruder zusammen, gesehn.

DIREKTOR HASSENREUTER. Du, Walburga?

WALBURGA. Ja, Papa. Bei dir war damals Alice Rütterbusch, und ich hatte mich mit Erich verabredet, der dann auch, aber ohne mich zu treffen, denn ich blieb versteckt, zu dir gekommen ist.

DIREKTOR HASSENREUTER. Ich kann mich dessen nicht mehr erinnern.

FRAU DIREKTOR HASSENREUTER, *zum Direktor.* Das Mädel hat um dieser Sache willen, Papa, wirklich schon schlaflose Nächte gehabt.

DIREKTOR HASSENREUTER. Wenn Ihnen an dem Rate eines ehemaligen Juristen, der durchs Referendarexamen gepurzelt und dann erst zur Kunst abgesprungen ist... wenn Ihnen an dem Rat eines solchen Mannes irgendwie etwas liegt, so lassen Sie sich jetzt sagen, Frau John, daß in Ihrem Fall ganz rücksichtslose Offenheit die beste Verteidigung ist.

JOHN. Jette, wo habt ihr dem Kindeken hinjeschafft? Kriminalinspektor hat mich jesacht, det fällt mir jetzt in, det se nach det Kind von de dote Person suchen. Jette, um Jottes Himmels willen! mag sind, wat will, bloß det du dir nich in Verdacht kommen dust, det du, um Foljen von Liederlichkeit von dein Bruder womeechlich aus de Welt zu schaffen, dir an det Neujeborne vergriffen hast.

FRAU JOHN *lacht.* Ick – und mir an Adelbertchen verjreifen, Paul?

JOHN. Hier redet keener von Adelbertchen. *Zu Selma.* Ick dreh' dir den Hals um, oder du sachst, wo det Kleene von Brunon und det polsche Mächen – uff de Stelle! – jeblieben is.

SELMA. Et is doch bei Sie in Verschlage, Herr John.

JOHN. Wo is et, Jette?

FRAU JOHN. Det sach' ick nich. –

Das Kind beginnt zu schreien.

JOHN *zu Selma.* Wahrheet! oder ick ieberliefer' dir uff de Polizei, vastehst de! siehste dem Strick! an Hände und Fieße zusammenjebunden.

SELMA, *in höchster Angst, unwillkürlich.* Et schreit doch! Se kenn doch det Kindeken janz jut, Herr John.

JOHN. Ick? – *Er sieht verständnislos erst Selma, dann den Direktor an. Ihn durchblitzt eine Ahnung, als er seine Frau ins Auge faßt. Er glaubt zu begreifen und gerät ins Wanken.*

FRAU JOHN. Laß dir von so 'ne niederträchtije Lieje nich umjarnen, Paul. Det is allens von ihre feine Mutter aus Rache bloß mit det Mächen anjestellt! Paul, wat dust du mir denn so ankieken?

SELMA. Det is Jemeenheet, det Se mich nu ooch noch wolln schlechtmachen, Mutter John. Dann wer ick mir hieten, noch Blatt vorn Mund nehmen. Wissen janz jut, det ick ha det Kindchen von det Freilein runterjetragen und ha bei Ihn hier in frisch jemachte Bettchen jelegt. Det kann ick beschwören! det will ick beeidijen!

FRAU JOHN. Lieje! Du sagst, det mein Kind nich mein Kindeken is?

SELMA. Sie haben ieberhaupt jar keen Kind nich jehat, Frau John.

FRAU JOHN *umklammert Johns Knie.* Det is ja nich wahr.

JOHN. Laß mich in Ruh! beschmutze mir nich, Hennerjette.

FRAU JOHN. Paul, ick konnte nich anders, ick mußte det tun. Ick war selber betrochen, denn hatt' ick dir in Brief nach Hamburg Bescheed jesacht. Denn warste vajnügt, und denn mocht' ick nich mehr zurick, und denn dacht' ick, et muß sind! Et kann ooch uff andere Weise sind, und denn ...

JOHN, *unheimlich ruhig.* Laß mir man ieberlejen, Jette. *Er geht an eine Kommode, zieht einen Schub auf und schleudert allerlei Kinderwäsche und Kinderkleidungsstücke, die er daraus nimmt, mitten in die Stube.* Versteht eener det, wat se Woche um Woche, Monat um Monat, janze Tage und halbe Nächte lang mit blutige Finger jestichelt hat?

FRAU JOHN *sammelt in wahnsinniger Hast die Wäsche und Kleidungsstücke auf und versteckt sie sorgfältig im Tisch-*

schub oder wo sonst. Paul, det nich! Allens kannste dun! aber reiß mich nich Fetzen von nackten Leibe!

JOHN *hält inne, faßt sich an die Stirn, sinkt auf einen Stuhl.* Wenn det wahr is, Mutter, da schäm' ick mir ja in Abjrund rin. –

Er kriecht in sich zusammen, legt die Arme über den Kopf und verbirgt sein Gesicht. Es tritt eine Stille ein.

DIREKTOR HASSENREUTER. Wie konnten Sie sich nur auf einen solchen Weg des Irrtums und des Betruges drängen lassen, Frau John? Sie haben sich ja verstrickt auf das allerfurchtbarste! Kommt, Kinder! Wir können hier leider nichts weiter tun.

JOHN *steht auf.* Nehm Se mir man mit, Herr Direkter.

FRAU JOHN. Jeh! immer jeh! ick brauche dir nich!

JOHN *wendet sich, kalt.* Also det Kind haste dich beschafft, und wie Mutter hat wiederhaben jewollt, hast se lassen von Brunon umbringen?

FRAU JOHN. Du bist nich mein Mann! Wat soll det heeßen? Du bist von de Polizei jekooft! Du hast Jeld jekricht, mir an't Messer zu liefern! Jeh, Paul! du bist jar keen Mensch! Du bist eener, wo Jift in de Oochen und Hauer wie Welfe hat! Immer pfeif, det se kommen und det se mir festnehmen! Immerzu doch! Nu seh' ick dir, wie det du bist! Ick verachte dir bis zun Jüngsten Dache. *Frau John will durch die Tür davonlaufen. Da erscheinen Schutzmann Schierke und Quaquaro.*

SCHIERKE. Halt! Aus die Stube raus kommt keener nich.

JOHN. Immer komm rin, Emil! Herr Schutzmann, immer komm Se ruhig rin. Et is allens in Ordnung! Allens is richtich.

QUAQUARO. Reg dir nich uff, Paul, dir betrifft et ja nich.

JOHN, *mit aufsteigendem Jähzorn.* Hast du jelacht, Emil?

QUAQUARO. I, Menschenskind! Herr Schierke soll bloß det Kleene per Droschke in't Waisenhaus wechschaffen.

SCHIERKE. Jawoll. So is et. Wo steckt det Kind?

JOHN. Soll ick wissen, wo jedet ausgestoppte Balch von Lumpenspeicher, womit olle Hexen mit Besen Fez treiben, an Ende hinjekomm is? Paßt ma uff Schornstein uff, det se nich oben rausfliejen.

FRAU JOHN. Paul!! – Nu soll et nich leben! Nu jerade! Nu ooch nich! Nu brauch et nich leben! Nu muß et mit mich mit unter de Erde komm.

Frau John war blitzschnell hinter den Verschlag gelaufen. Sie kommt mit dem Kinde wieder und will mit ihm zur Tür hinaus. Der Direktor und Spitta werfen sich der Verzweifelten entgegen, in der Absicht, das Kind zu retten.

DIREKTOR HASSENREUTER. Halt! Hier greife ich ein! Hier bin ich zuständig! Wem das Knäblein hier auch immer gehören mag – um so schlimmer, wenn seine Mutter ermordet ist! –, es ist in meinem Fundus geboren! Vorwärts, Spitta! Kämpfen Sie, Spitta! Hier sind Ihre Eigenschaften am Platz! Vorwärts! Vorsicht! So! Bravo! Als wär' es das Jesuskind! Bravo! Sie selber sind frei, Frau John! Wir halten Sie nicht. Sie brauchen uns nur das Jungchen hierlassen.

Frau John stürzt hinaus.

SCHIERKE. Hierjeblieben!

FRAU DIREKTOR HASSENREUTER. Die Frau ist verzweifelt! Aufhalten! Festhalten!

JOHN, *plötzlich verändert.* Jebt uff Muttern acht! Mutter! Uffhalten! Festhalten! – Mutter! Mutter!

Selma, Schierke und John eilen Frau John nach. Spitta, der Direktor, Frau Direktor und Walburga sind um das Kind bemüht, das auf den Tisch gebettet wird.

DIREKTOR HASSENREUTER, *der das Kind sorgfältig auf den Tisch bettet.* Meinethalben mag diese entsetzliche Frau doch verzweifelt sein! Deshalb braucht sie das Kind nicht zugrunde richten.

FRAU DIREKTOR HASSENREUTER. Aber liebster Papa, das merkt man doch, daß diese Frau ihre Liebe, närrisch bis zum Wahnsinn, gerade an diesen Säugling geheftet hat. Unbedachtsame harte Worte, Papa, können die unglückselige Person in den Tod treiben.

DIREKTOR HASSENREUTER. Harte Worte habe ich nicht gebraucht, Mama.

SPITTA. Mir sagt ein ganz bestimmtes Gefühl: erst jetzt hat das Kind seine Mutter verloren.

QUAQUARO. Det stimmt. Vater is nich, will nischt von wissen, hat jestern in de Hasenheide mit eene Karussellbesitzerswitwe Hochzeit jemacht! Mutter war liederlich! Und bei de Kielbacken, wo Kinder in Fleje hat, sterben von's Dutzend mehrschtens zehn. Nu is et soweit: det jeht jetzt ooch zujrunde.

DIREKTOR HASSENREUTER. Sofern es nämlich bei dem Vater dort oben, der alles sieht, nicht anders beschlossen ist.

QUAQUARO. Meen Se Pauln? den Mauerpolier! Nu nich mehr! dem kenn' ick! wo der uff'n Ehrenpunkt kitzlich is.

FRAU DIREKTOR HASSENREUTER. Wie das Kindchen da liegt! es ist unbegreiflich. Feine Leinwand! Spitzen sogar! Schmuck und frisch wie ein Püppchen. Es wendet sich einem das Herz um, zu denken, wie es so plötzlich zu einer von aller Welt verlassenen Waise geworden ist.

SPITTA. Wäre ich Richter in Israel...

DIREKTOR HASSENREUTER. Sie würden der John ein Denkmal setzen! Mag sein, daß in diesen verkrochenen Kämpfen und Schicksalen manches heroisch und manches verborgen Verdienstliche ist. Aber Kohlhaas von Kohlhaasenbrück konnte da mit seinem Gerechtigkeitswahnsinn auch nicht durchkommen. Treiben wir praktisches Christentum! Vielleicht können wir uns des Kindchens annehmen.

QUAQUARO. Lassen Se da bloß de Finger von!

DIREKTOR HASSENREUTER. Warum?

QUAQUARO. Außer det Se Jeld wollen loswerden und uff de Quengeleien und Scherereien mit de Armenverwaltung, mit Polizei und Jericht womeechlich happich sind.

DIREKTOR HASSENREUTER. Dazu hätte ich allerdings keine Zeit übrig.

SPITTA. Finden Sie nicht, daß hier ein wahrhaft tragisches Verhängnis wirksam gewesen ist?

DIREKTOR HASSENREUTER. Die Tragik ist nicht an Stände gebunden. Ich habe Ihnen das stets gesagt.

Selma, atemlos, öffnet die Flurtür.

SELMA. Herr John, Herr John, Herr Mauerpolier.

FRAU DIREKTOR HASSENREUTER. Herr John ist nicht hier. Was willst du denn, Selma?

SELMA. Herr John. Se solln uff de Straße komm'n.

DIREKTOR HASSENREUTER. Nur Ruhe, Ruhe. Was gibt's denn, Selma?

SELMA, *atemlos*. Ihre Frau... Ihre Frau... Janze Straße steht voll... Omnibus, Pferdebahnwagen is jar keen Durchkommen... Arme ausjestreckt... Ihre Frau liecht lang uff Jesichte unten.

FRAU DIREKTOR HASSENREUTER. Was ist denn geschehen?

SELMA. Herrjott, Herrjott in Himmel, Mutter John hat sich umjebracht.

DIE SCHWARZE MASKE

Schauspiel

Entstehungszeit: 1928.

Erstveröffentlichung: Als Einzelausgabe zusammen mit »Hexenritt« unter dem Titel »Spuk«. Berlin, S. Fischer 1930.

DRAMATIS PERSONAE

SILVANUS SCHULLER, Bürgermeister von Bolkenhain
BENIGNA, seine Frau
ARABELLA, eine junge Mulattin
ROSA SACCHI, Benignas Vertraute und Hausdame
JEDIDJA PÖTTER, Jansenist, Diener im Hause des Bürgermeisters
FRANÇOIS TORTEBAT, Hugenotte, Gärtner ebenda
DAGA, Magd ebenda
LÖWEL PERL, Kaufmann, Freund des Bürgermeisters
ROBERT DEDO, Fürstabt von Hohenwaldau
PLEBANUS WENDT, Pastor in Bolkenhain
HADANK, Organist ebenda
SCHEDEL
DOKTOR KNOBLOCHZER } Stadträte in Bolkenhain
GRAF EBBO HÜTTENWÄCHTER
GRÄFIN LAURA HÜTTENWÄCHTER
EIN MASKENTÄNZER
EIN HALBNEGER

Das Eckhaus des Bürgermeisters Schuller am Marktplatz zu Bolkenhain ist eines jener mehrfach umgebauten, mysteriösen alten Gebäude, die in den Städten Schlesiens nicht selten sind. Mit ursprünglich romanischen Teilen sind gotische in Gestalt von Kreuzgewölben und dicken Säulen später verbunden, denen andere im Baustil der Renaissance angegliedert sind.

Bürgermeister Schuller hat es erneuern und wohnlich ausstatten lassen. Er hat darin seine Sammlungen untergebracht: Bilder, Bücher und alte Werke der Goldschmiedekunst. Alle verfügbaren Wände sind mit flandrischen Bildwebereien bedeckt. Aber nicht der Prunk aller Stoffe, Möbel und Fußteppiche, kein Metallglanz der Messingkronleuchter und Armleuchter kann eine gewisse Düsternis aus der Wohnlichkeit der Räume ausschalten.

Der Saal, der dem Zuschauer sichtbar ist und in dem alle Fäden der Handlung zusammenschießen, hat hohe Fenster, eine Galerie und liegt im ersten Stock. Niedrige Pforten und gewundene Treppen münden in ihn und gestalten ihn dielenartig. Schwere runde Tische unter kostbaren Decken tragen Buckelbecher und Pokale, unter anderem den Nautilus von Wenzel Jamnitzer.

Die Handlung geht vor im Jahre 1662. Das Stück verläuft ohne Zwischenakt.

Es ist gegen zwölf Uhr vormittags. Februar. Der Raum liegt in einem Halblicht, denn draußen herrscht Schneegestöber und Dunkelheit.

Löwel Perl, mit Schal und Mantel vermummt, wie er aus dem Postschlitten gestiegen ist, wird durch den vornehm gekleideten alten Diener Jedidja hereingeführt.

JEDIDJA. Bitte, nur weiter, Herr Löwel Perl, Sie sind sehnlichst erwartet.

LÖWEL PERL. Ich habe mich in Hannover und Braunschweig über Voraussicht versäumen müssen.

JEDIDJA, *Perl Hut, Mantel usw. abnehmend.* Was macht das liebe Haarlem? das liebe Amsterdam?

LÖWEL PERL, *gelinde schalkhaft.* Augenblicklich schlechte Geschäfte.

JEDIDJA. O du mein! muß ich erschrecken, Herr Löwel Perl?

LÖWEL PERL. Keine Angst, dein Erspartes hat um ein reichliches Dritteil zugenommen.

JEDIDJA *streichelt Perl voll Entzücken.* Gotteslohn! Gotteslohn! Sozusagen ein Gnadenstrahl in der Finsternis.

LÖWEL PERL. Wie steht's im Hause? ist man gesund, Potter?

JEDIDJA, *zögernd.* Der Herr Bürgermeister selbst ist gesund.

LÖWEL PERL. Die hohe Frau?

JEDIDJA. Etwas Bestimmtes ist schwer zu sagen. Es ist das beste, Ihr urteilt selbst.

Auf der Galerie erscheint Arabella, gefolgt von François Toriebat.

ARABELLA. Bring alles, was du von blühenden Tulpen und Hyazinthen hast, François. Tante Benigna hat es befohlen.

FRANÇOIS. Kann sie befehlen, daß die Zwiebeln treiben und Blumen tragen, wo Kälte und keine Sonne ist?

ARABELLA. Was Tante will, das kann sie befehlen.

FRANÇOIS. Madame peut commander, mais l'accomplissement est chose de Dieu.

ARABELLA. Sprich deutsch. Dein Kauderwelsch versteh' ich nicht. – Warum brennt denn kein Feuer im Kamin?

JEDIDJA. Weil keins gemacht worden ist.

ARABELLA. Das ist Jedidja. Was tust du hier?

JEDIDJA. Ich bediene Herrn Löwel Perl.

ARABELLA. Löwel Perl, Löwel Perl, um Gottes willen! wo kommt Ihr her? *Sie stürmt die Treppe herunter und schüttelt Perl beide Hände.*

LÖWEL PERL. Nu was, Arabellachen, aus dem Postschlitten. Meine Füße sind wie zwei Eisklumpen.

ARABELLA. Endlich! Wir haben Euch sehnlichst erwartet. Gott sei Dank, heut wird es bei Tische lustig werden.

LÖWEL PERL. Lustig sieht es nun gerade hierzulande nicht aus, Arabellachen! Und wie geht es unserer Frau Tante?

ARABELLA, *schnell.* Tante Benigna geht es gut.

LÖWEL PERL. Ich habe dir allerlei hübsche Kleinigkeiten aus der großen Welt da draußen mitgebracht. Aber tue so, als wüßtest du nichts, wir verstimmen sonst Seine Magnifizenz, den Herrn Bürgermeister.

ARABELLA. Ach, liebstes Perlchen, liebstes Löwelchen, flüstern Sie mir wenigstens ganz leise ins Ohr, was es ist. *Löwel Perl nimmt einige Etuis aus der Brusttasche, öffnet sie schweigend und läßt das Mädchen den Inhalt bewundern. Arabella schlägt vor Entzücken in die Hände.* O Gott, o Gott, still!

Bürgermeister Silvanus Schuller, in vornehmer und reicher Haustracht, tritt ein: ein würdiger Mann von noch nicht fünfzig Jahren. Er spricht leise und weich.

SCHULLER. Also doch wahr: Löwel Perl!

LÖWEL PERL. Nicht zu vermeiden, nicht zu umgehen, nicht loszuwerden, Herr Bürgermeister.

ARABELLA. Guten Morgen, Onkel. *Sie umarmt und küßt Schuller.*

SCHULLER. Guten Morgen, mein Kind, wenn das ein Morgen zu nennen ist. Kerzen, Potter! und Feuer in den Kamin! – *Zu Perl.* Schon daß Ihr da seid, macht es heller.

LÖWEL PERL. Ihr denkt, er leuchtet wie faules Holz.

SCHULLER *reicht Perl beide Hände.* Arabella, sage der Tante, wer eingetroffen ist. *Zu Perl.* Habt Ihr uns schöne neue Sorten Tulipane mitgebracht?

Arabella ist davongeeilt. Potter ist mit dem Anheizen des Kamins beschäftigt.

LÖWEL PERL. Ich habe bessere Dinge als Tulpenzwiebeln für Euch mitgebracht.

SCHULLER. Ich ahne, ich bin bankrott geworden.

LÖWEL PERL. Kauft das halbe Herzogtum Schlesien, Magnifizenz.

SCHULLER. Nennt mich doch um Gottes und Christi willen nicht Magnifizenz! Ich habe aus Mitleid mit einer Handvoll Bettler in einem halb verkohlten Trümmerhaufen das sogenannte Bürgermeisteramt angenommen. Die dreißig Jahre Krieg haben furchtbar gehaust.

LÖWEL PERL. Die Niederlande und hier – ein gewaltiger Unterschied!

SCHULLER. Sie schwelgen in Freiheit und Fett, die guten Holländer.

LÖWEL PERL. Aber sie geben Euch immerhin, wie Ihr aus meinen Belegen ersehen werdet, ein wohlgerütteltes Maß von ihrem Fette ab.

SCHULLER. Setzt Euch! Ich sollte mich freuen, bester Perl, aber Ihr findet mich leider ein bißchen abgestumpft. Die ganze Umgebung ist so trübselig. Man kann sich gar nicht denken, daß irgendwo in der Welt ein Mensch sich über irgend etwas freut oder fröhlich ist. Scheint denn die Sonne noch in Italien? Der Friede hat hier wenig verändert. Das Land ist entvölkert. Man darf Euch gratulieren, wenn Ihr ohne einen Raubüberfall durchgekommen seid. Auch die Wölfe, die man hier nicht mehr kannte, sind wieder aufgetreten. François! hörst du, François?! geh und sage, man soll das Quartier für den Herrn Löwel Perl zurechtmachen.

LÖWEL PERL. Ist das immer noch der alte Hugenotte François?

SCHULLER. Der Hugenotte François.

LÖWEL PERL. Den Ihr als Bettler von der Landstraße aufgegriffen habt?

SCHULLER *nickt zustimmend.* Exemplarischer Christ! Exemplarischer Blumenzüchter!

LÖWEL PERL. Darf man Euch guten Tag wünschen, Herr François Tortebat.

FRANÇOIS *steigt einige Stufen die Galerietreppe herunter und verbeugt sich mehrmals mit zusammengelegten Händen höflich.* Merci, monsieur, merci, monsieur! *Nachdem er sich noch mehrere Male verbeugt hat, entfernt er sich rückwärtsgehend.*

LÖWEL PERL. Warum lebt Ihr hier, da Ihr doch leben könnt, wo Ihr wollt: Amsterdam, Paris, meinetwegen Venedig?

SCHULLER. Tut etwas gegen den inneren Zwang.

JEDIDJA, *einen Armleuchter mit brennenden Kerzen auf den Tisch stellend.* Der Herr Bürgermeister will nichts mehr wissen von Amsterdam.

SCHULLER. Was sagst du, Potter?

JEDIDJA. Ebendas!

SCHULLER, *milde belustigt zu Perl.* Er gibt mir hie und da Nüsse zu knacken, oder sagen wir milde: Unterricht in niederländischer Höflichkeit.

JEDIDJA, *wieder am Kamin.* Lieber doch in Borneo bei den Affen.

SCHULLER *macht Perl Zeichen.* Sprecht bitte weiter, beachtet ihn nicht.

LÖWEL PERL. Der Aufschwung in den Niederlanden ist ungeheuer. Seit ihm die Unabhängigkeit garantiert worden ist, taumelt das ganze Land. Es wird geschafft, es wird Gold gerafft! Wenn es erlaubt ist: gefressen, gesoffen und noch etwas.

SCHULLER. Apropos, es wird auch gemalt! Habt Ihr mir wieder etwas Schönes erstehen können? *Potter stampft mit dem Fuß auf und geht hinaus. Schuller, achselzuckend.* Von seinem Standpunkt hat er ja recht. Für ihn ist wirklich hier gar nichts zu holen. *Rosa Sacchi kommt.* Rosa, was gibt's?

ROSA. Die Frau Bürgermeisterin lassen bitten hinaufzukommen, Ihro Gnaden der Fürstabt von Hohenwaldau wären da.

SCHULLER. Ist der Fürstabt schon lange im Haus?

ROSA. Mag sein, eine kleine Stunde. Er hat die neuen Bilder besichtigt.

SCHULLER. Siehst du, wer da ist?

ROSA, *freudig überrascht.* Herr Löwel Perl.

LÖWEL PERL *steht auf, reicht ihr die Hand.* Noch immer gut bei Wege, Frau Rosa!? Wie macht man es, daß man von Jahr zu Jahr jünger wird?

ROSA. Laßt Euch nicht durch das Zwielicht täuschen! Welche Freude, daß Ihr gekommen seid. Es wird die Frau Bürgermeisterin, dessen bin ich gewiß, wie im Handumdrehen gesund machen.

LÖWEL PERL. Ist sie krank?

SCHULLER. Nicht gerade krank...

ROSA. Werden Sie bald hinaufkommen? Kann ich Sie anmelden?

LÖWEL PERL. Wie darf ich mich blicken lassen, wo ein Fürstabt zugegen ist!

SCHULLER. Kaum über dreißig. Einfacher Mensch. Augsburger Kaufmannssohn. Gehen Sie, Rosa, wir würden bald nachkommen. *Rosa Sacchi geht erregt und mit beschleunigtem Schritt ab.* Potter! – Potter!! – *Als er nicht erscheint.* Bist du verbost, so schicke mir einen anderen!

JEDIDJA, *unwirsch eintretend.* Ich bin nicht verbost.

SCHULLER. Wir werden heut hier am runden Tisch speisen! – *Zu Perl.* Es haben sich nämlich zu heut mittag Graf und Gräfin Hüttenwächter angesagt.

LÖWEL PERL. Ich weiß, mit der Hütte stimmt es so ziemlich, wüßte man nur, was da zu bewachen ist.

SCHULLER. Hat blutige Sträuße mit den Wilddieben. Sonst geistigen Getränken, Weibern und gebratenem Hirschrücken zugeneigt, tut sich noch Pfeffer in den Wein.

LÖWEL PERL. Evangelisch-lutherisch.

SCHULLER. Ja, wie ich.

LÖWEL PERL. Wird er sich mit dem Abte vertragen?

SCHULLER. Benigna hat einen wirklichen Burgfrieden zustande gebracht.

LÖWEL PERL. Sie ist eine königliche Frau.

SCHULLER. Hoch über den Dingen, Löwel Perl. – Ihr habt sie gekannt vor meiner Zeit.

LÖWEL PERL. Nicht früher, als sie die Witwe von Mijnheer van Geldern wurde.

SCHULLER. Sie ist mir hierher gefolgt. Sagt selber, ist das nicht immer noch staunenswert? In die entlegenen Wüsteneien, die der entsetzliche Glaubenskrieg geschaffen hat, diese Frau, der das ganze reiche, üppige, prunkstrotzende Holland zu Füßen lag! Ist es ein Wunder, daß alle blindlings in ihren Lichtkreis hineinfliegen? – Übrigens habe ich mir eine kleine Überraschung für sie ausgedacht: das Glockenspiel – sie weiß nichts davon –, das Ihr mir in Utrecht habt besorgen müssen, ist jetzt in den Turm der Stadtkirche eingebaut und wird heute zum erstenmal in Gang gebracht.

JEDIDJA. Ich möchte noch sagen, daß die Kammer für Herrn Löwel Perl gerichtet ist.

LÖWEL PERL. Mit Erlaubnis, es ist um ein wenig Säuberung. *Jedidja Potter öffnet die Tür und läßt Perl vorangehen. Er folgt.*

SCHULLER *ist allein. Die Hände auf dem Rücken, schreitet er einige Male nachdenklich im Zimmer auf und ab. Dann bleibt er stehen und sagt deutlich hörbar.* Wo Gott sie mir nimmt, die Strafe wäre für einen Verdammten zu grausam! *Er schreitet weiter und entschwindet durch eine offenstehende Tür. Jedidja und François erscheinen. Jedidja trifft Anstalten, die Tafel zu decken. Von einem runden Tisch werden die Kunstgegenstände abgeräumt.*

JEDIDJA. Zieh dich um, du mußt bei Tische bedienen helfen, François.

FRANÇOIS. Die Leichname der Verhungerten faulen in den Gräben – und hier wird gepraßt.

JEDIDJA. Holländisches Geld. *Er läßt Geld in der Tasche erklingen.* Ich kann hopsen und springen, sagt Löwel Perl.

FRANÇOIS. Jesus, sit tibi gloria.

JEDIDJA. Zieh dich um, François. Hast du nicht auch Gold verscharrt, als die blutigen Dragonaden über euch gekommen sind?

FRANÇOIS. Gott at mir befreien won Sündengeld.

JEDIDJA. Wieso Sündengeld? Wieso Sündengeld?

FRANÇOIS. Haller Reichtum hist Sündengeld.

JEDIDJA. Bin ich ein Heiliger? Bin ich kein Sünder? Schlage ich nicht stündlich mit Winseln um Gnade zu Gott an meine Brust?

FRANÇOIS. Die da reich werden wollen, fallen in Wersuchung und Strick.

JEDIDJA. Will ich reich werden?

FRANÇOIS. Frag Löwel Perl! – Wie siehst du mich an? –

Sieh mich nicht an, Jedidja. Du ast den bösen Blick, sagen Madame, die Wrau Bürgermeisterin.

JEDIDJA. A bah! das geile Weib! *François geht schnell rückwärts, mit den Fingern das Abwehrzeichen gegen den bösen Blick machend. – Jedidja, im Tischdecken.* Ketzer bedienen! Papisten bedienen! – Würgengel über sie! – – – Verdammte bedienen! – Höllenfürsten bedienen!

Rosa Sacchi kommt.

ROSA. Ist Perl nicht mehr hier?

JEDIDJA. Wäscht sich, spült sich den Mund und putzt sich die Zähne.

François geht hinaus.

ROSA. Wo ist der Herr?

JEDIDJA. Auf und ab, auf und ab in der Seufzergalerie.

ROSA. Was willst du denn damit sagen, Potter?

JEDIDJA. »Schreit, ihr Seufzer, rinnt, ihr Tränen« – was weiß ich? Wie lange ist Seine Gnaden der Fürstabt schon bei der Bürgermeisterin?

ROSA. Bist du verrückt, Potter?

JEDIDJA, *ohne die Arbeit des Tischdeckens zu unterbrechen.*

Brüllt, ihr vermaledeiten Drachen,
ihr Höllengluten, macht euch groß,
ihr Feinde, laßt die Stücke krachen,
ihr Lügner, schmäht nur auf mich los!
Was werft ihr Teufel mir die Sünden
mit so ergrimmten Schreien für...

ROSA. Das Tollhaus für Euch, und zwar bald, guter Potter. *Mit seinen letzten Worten hat sich Potter entfernt. Löwel Perl tritt wieder ein, in vornehmer Haustracht. Rosa, schnell auf ihn zu.* Ich war auf der Suche nach Euch. Gott sei Dank! Habt Ihr etwas für uns? Sie hat sich nicht mehr in der Hand, sie ist außer sich, bevor sie weiß, was sie zu gewärtigen hat.

LÖWEL PERL, *er spricht, indem er Rosa einen Brief übergibt.* Nur das alte Lied, immer das alte Lied.

ROSA. Was für ein altes Lied?

LÖWEL PERL. Geld!

ROSA. Also wiederum frei?

LÖWEL PERL. Ja, entsprungen! – Antwerpen oder Paris! – Armesdicke Stäbe von Eisen halten ihn nicht.

ROSA. Ihr saht ihn? wo?

LÖWEL PERL. Hat mich wie immer, diesmal in Hamburg, zu finden gewußt.

ROSA. Acqua in bocca! Still! Kein Wort!

Rosa Sacchi ab.

Von der einen Seite treten herein Graf und Gräfin Hüttenwächter und Plebanus Wendt, von der anderen Schuller, der ihnen entgegengeht.

SCHULLER. Willkommen, Gräfin, willkommen, lieber Graf! *Zum Pastor.* Hochwürdigster Herr, willkommen! Es wird heller und heller durch Eure Gegenwart!

GRAF EBBO. Das täte not! Nacht und Schnee, die Wege verweht und verschwunden, kaum durchzukommen. Die Schlittenglocken klingen wie in Watte gepackt.

SCHULLER, *heiter vorstellend.* Herr Löwel Perl, vom Hause Perl Söhne, Prag, Hannover und Amsterdam.

GRAF EBBO. Kennen wir uns?

LÖWEL PERL. Hatte leider bis jetzt noch nicht die Ehre.

GRAF EBBO. Nun, dann war es ein Glaubensgenosse. Wir haben erwogen, wie man meine Wälder nach den Seestädten schaffen könnte, dann wäre ich ein gemachter Mann.

ARABELLA *tritt ein. Zur Gräfin.* Tante läßt bitten. Ich soll Sie hinaufführen.

Arabella mit Gräfin Hüttenwächter ab.

GRAF EBBO, *zu Schuller.* Gefährliche Blicke wirft Ihre Nichte! Augen wie Tausendundeine Nacht.

SCHULLER. Armes Kind. Hat viel weißes Blut. Mijnheer van Geldern, dem ersten Gemahl Benignas, ist das Mädchen in einem Transportschiffe aufgefallen.

GRAF EBBO. Wie ich höre, der Fürstabt ist da.

SCHULLER *drückt Plebanus Wendt die Hand.* Der konfessionelle Friede in diesem Hause wird trotzdem nicht gestört werden.

GRAF EBBO. Nein, aber es ist mit diesem jungen Heiligen schlecht Kirschen essen.

SCHULLER. Verwandter der Fugger, Kaufmannssohn.

GRAF EBBO. Man muß sich um jede Hufe Land mit dem Kloster herumbalgen. – Auch bei den Frauen haben wir meistens das Nachsehen.

SCHULLER. Der Himmel ist trüb, aber der Graf ist, wie immer, aufgeräumt.

François, in reicher Dienertracht, präsentiert Wein.

Sie trinken, Daga geht durchs Zimmer.

GRAF EBBO. Wer ist das schöne Kind, das eben durchs Zimmer geht?

SCHULLER. Gefällt sie Euch? – Komm, bitte, doch einmal

näher, Daga! *Daga steht still und bewegt sich nicht.* Oder willst du nicht kommen? *Daga kommt, stellt sich dar, blickt auf ihre verschlungenen Finger herab.* Habt Ihr genug? – Du kannst gehen, Daga. *Daga geht hinaus.*

GRAF EBBO. Man ist verblüfft! So stellt sich vielleicht ein Maler die heilige Jungfrau Immaculata vor.

SCHULLER. Überbleibsel von Mordbrand und Pest, aus einem verschütteten Keller herausgegraben.

Jedidja, einen Armleuchter mit brennenden Kerzen haltend, erscheint, eine Tür von außen öffnend, um die Bürgermeisterin Benigna Schuller, begleitet vom Fürstabt Robert Dedo, der Gräfin Hüttenwächter und der kleinen Arabella, eintreten zu lassen.

FÜRSTABT, *im Gespräch mit der Bürgermeisterin.* Der Druck der Zeit ist ungeheuer! Fraglich, ob er schon je über diesen Ländern so gelastet hat. Aber ein noch so starker Druck schreckt gerade den Zisterzienser nicht. Er ist auf der Wetterseite gewachsen. Unser Orden hat in den fünfhundert Jahren seines Bestehens so manchen Sturm überlebt. Die grauen Mönche schlagen sich durch! Kriegsnot, hartes Brot, im Schweiße des Angesichts gegessen, Hunger, Entbehrungen aller Art sind ihnen seit Robert von Cîteaux gewohnte Kost. Der Zisterzienser schläft, wenn es sein muß, auf faulem Stroh, schläft mit Hacke und Spaten im Arm.

SCHULLER. Untertänigst willkommen in unserer niederen Hütte, Fürstliche Gnaden!

FÜRSTABT. Der übliche Gruß aller königlichen Kaufleute.

SCHULLER. Ich bin höchstens der Schatten eines Schattens davon.

BENIGNA, *zu Plebanus Wendt.* Willkommen, Hochwürden!

PLEBANUS WENDT. Ohne den Herrn Grafen wäre ich nicht hier. Er hat mich in einer Schneewehe aufgegriffen. Es handelte sich um eine Nottaufe.

BENIGNA. Willkommen, Graf. Und vor allen Dingen, wie geht es Euch, wie seid Ihr gereist, bester Löwel Perl?

LÖWEL PERL. Wer gut ankommt, ist schließlich auch gut gereist.

BENIGNA. Wir wollen uns also zu Tische setzen. – Jedidja, stelle dich mir nicht so gegenüber. Stelle dich besser hinter mich. *Leiser zum Fürstabt.* Er hat den faszinierenden Blick.

FRANÇOIS, *ins Ohr zu Plebanus Wendt, dem er einen Stuhl*

unterschiebt. Err gann Ünde et des chats mit die Blick töten.

Man hat um den Tisch Platz genommen. Der Fürstabt sitzt links, Graf Ebbo rechts von der Bürgermeisterin. Die Reihe links vom Fürstabt setzt sich so fort: Gräfin Laura, Pastor Plebanus Wendt, Bürgermeister Schuller, Löwel Perl, Arabella.

SCHULLER *erhebt sich nochmals, alle folgen ihm.* Lassen Sie uns ein stilles Gebet sprechen.

Es geschieht, man setzt sich abermals. Es wird serviert und gegessen. Nach einer Weile beginnt das Tischgespräch.

GRAF EBBO. Sind wir hier eigentlich in dem Lande, in dem wir sind?

SCHULLER. Inwiefern nicht, lieber Graf?

PLEBANUS WENDT. Eine Oase, meint Ihr, ist nicht die Wüste?

GRAF EBBO. Ich habe dieses Gefühl nicht der spanischen und französischen Weine wegen, auch nicht um der flandrischen Bildwirkereien willen an den Wänden, ebensowenig der Zimmetstangen wegen, die vom Kamin duften, auch der fremdartige Reiz meiner jugendlichen Nachbarin macht es nicht. Es liegt sozusagen im Geist dieses Hauses.

FÜRSTABT. Also im Wesen des Herrn Bürgermeisters und der Frau Bürgermeisterin.

GRAF EBBO, *unterstreichend.* Und der Frau Bürgermeisterin.

BENIGNA. Erscheine ich Ihnen wirklich so abwesend?

GRAF EBBO. Im Gegenteil: das Wunder des ganz Fremden schafft Eure Anwesenheit. Wißt Ihr ein anderes Haus im Herzogtum, wo so viele einander wesensfremde Menschen um den gleichen Tisch sitzen?

FÜRSTABT. Nun verstehe ich Sie vollkommen, Erlaucht. Ich werde immer der erste sein, abgesehen von anderen großen Eigenschaften, den friedebringenden, versöhnlichen Geist unserer Egeria anzuerkennen.

GRAF EBBO. Ist Egeria nicht eine Göttin gewesen?

PLEBANUS WENDT. Soviel ich aus der Lateinstunde weiß: des Königs Numa nächtliche Beraterin.

GRAF EBBO. Ihr danken wir es, unserer Göttin Egeria, daß wir dem unversöhnlichen Kampfe, der noch immer, trotz des Westfälischen Friedens, trotz der zugesicherten freien Religionsübung aller christlichen Konfessionen, tobt, hier für einige Stunden enthoben sind.

LÖWEL PERL. Sind wir ihm auch wirklich enthoben?

GRAF EBBO. Dafür ist Ihre Gegenwart am Tische der beste Beweis, Löwel Perl.

LÖWEL PERL. Ich bin höchstens mein eigener Beweis, aber kein Beweis für den Religionsfrieden.

Alle lachen.

Hadank tritt ein, ein spitzes, schiefes Männchen von vierzig Jahren, das sich seiner Straßenvermummung noch nicht entledigt hat.

GRAF EBBO, *mit Mund und Nase Arabellas Scheitel angenähert.* Ah, die Molukken! – Ah, die Molukken!

HADANK, *gänzlich ungeniert.* Aber sagen Sie, Schuller, was heißt denn das?

SCHULLER, *Hadank zurechtweisend.* Wir wünschen vor allem gute Gesundheit und guten Tag!

HADANK. Man sagte mir, daß um ein Uhr gegessen wird. Um ein Uhr, hieß es, würde gegessen. Es ist noch nicht eins, ich komme zu früh, und Sie speisen schon.

GRAF EBBO, *wie vorher über Arabellas Scheitel, leise zu Arabella.* Eine Verfehlung, die man hoffentlich nicht an uns allen rächen wird. *Wie oben.* Ah, die Molukken!

BENIGNA. Meister, Sie werden uns nun noch die Ehre geben und werden alles in Ruhe nachholen.

HADANK. Warum kamen Sie nicht zum Unterricht?

BENIGNA. Hoher und allerhöchster Besuch, wie Sie sehen.

GRAF EBBO, *halblaut zum Fürstabt.* Sagen Sie mir doch, falls Sie es wissen, Fürstliche Gnaden, mit welchem Rechte man sich in solcher Gesellschaft so ungebührlich betragen darf.

FÜRSTABT. Höchstens mit dem Recht des Genies, lieber Graf.

BENIGNA. Bitte nehmen Sie Platz, lieber Meister.

HADANK. Ich brauche nicht stören, ich gehe wieder. *Er entfernt sich.*

SCHULLER. Keine Angst. Er legt draußen nur Hut und Mantel ab.

BENIGNA. Ein tongewaltiger Mann, den wir leider nicht lange behalten werden.

PLEBANUS WENDT. Ein gottbegnadeter Organist und Musikus.

BENIGNA. Vertrieben! Opfer der Unduldsamkeit. Wenn aber der Meister nach Holland geht, man baut ihm binnen kurzem Altäre.

GRAF EBBO, *ironisch.* Müssen wir uns vielleicht von den Sitzen erheben, wenn der Meister wiederkommt?

BENIGNA. Das würde Sie ehren. Es gibt wenige, bester Graf, die dessen so würdig sind.

PLEBANUS WENDT. Sein letztes Tedeum ist ungeheuer!

Hadank kommt wieder und nimmt auf dem angewiesenen Stuhl Platz.

HADANK. Wissen Sie, daß der Schwarze Tod wieder aufflackert?

SCHULLER. Empfehlen wir uns der Gnade des Himmels.

GRAF EBBO. Darf ich um etwas Pfeffer bitten? Pfeffer ist gut gegen den Schwarzen Tod.

HADANK. Die ominösen krepierten Ratten liegen bereits da und dort herum.

PLEBANUS WENDT. Tote Ratten sind üble Vorboten.

GRAF EBBO. Hat der Meister der Töne vielleicht eine tote Ratte mitgebracht?

JEDIDJA, *unwillkürlich vor sich hin.*

Das Finsternis tritt ein!
Doch wird die Nacht dem Licht
noch gleichwohl ähnlich sein.

BENIGNA. Was sagst du?

JEDIDJA, *servierend, über der Schüssel.* Ein Kirchenlied.

FRANÇOIS, *während des Servierens.* Ik abe tote Ratte hauf Ausflur gefunden.

GRAF EBBO. Auch mir kommt da ein Kirchenlied in den Kopf.

Er hebt sein Glas.

Wir machen unser Kreuz und Leid
nur größer durch die Traurigkeit.

Er trinkt einen tiefen Schluck. Man weiß jetzt übrigens, wie Wallenstein ermordet worden ist. Ich kam darauf, als ich die schöne Schale zum Munde führte.

PLEBANUS WENDT. Für uns Protestanten der schwerste Schlag.

HADANK. Die ganze Geschichte ist von einem schmalzigen Wiener Hofrat namens Schlick angezettelt.

PLEBANUS WENDT. Blieb Friedland am Leben, weder Spanier noch Schweden hätten einen Fuß ins Reich gesetzt.

GRAF EBBO. Friedland hatte gebadet. Sein Mundschenk hatte ihm eben in einer großen goldenen Schale den Schlaftrunk kredenzt, da stürmte Kapitän Devereux mit den Seinen herein. Wallenstein stand im langen Hemd. Er hielt dem Mörder die Brust entgegen. Kapitän Devereux stieß eine Hellebarde mit voller Wucht mittenhinein.

Betretenes Schweigen.

HADANK. Devereux war Katholik und Irländer.

SCHULLER. Es gibt räudige Schafe in jeder Herde.

BENIGNA. Es gab einen Tag, wo die Spaltung, die Deutschland zerreißt, sich zu schließen schien. Der Kardinal Contarini und Philipp Melanchthon hatten ein Kolloquium. Sie stimmten auf das glücklichste überein. Der Kardinal empfand deshalb, wie er sagte, ein Wohlgefühl, wie es keine Harmonie der Töne ihm hätte schaffen können.

FÜRSTABT. Die Kirche ist für das rohe und blutige Ringen weltlicher Mächte nicht verantwortlich.

Das Glockenspiel in der Stadtkirche beginnt zu arbeiten. Melodie: »Aus tiefer Not schrei ich zu dir.«

GRAF EBBO. Ahmen wir den Kardinal Contarini und Philipp Melanchthon nach, und schaffen wir uns, wenigstens hier, das gleiche Wohlgefühl. — Aber was ist das?

SCHULLER, *zu Benigna.* Du hast das Glockenspiel in der Marienkirche zu Amsterdam immer so gern gehört. Ich habe es nachbilden und in den Turm unserer Stadtkirche einsetzen lassen.

PLEBANUS WENDT *horcht und erkennt die Melodie.* »Aus tiefer Not schrei ich zu dir.«

BENIGNA *bestätigt bebend.* »Aus tiefer Not schrei ich zu dir.« Du meintest es gut, aber fast ergreift es mich über die Maßen.

ARABELLA. Genau das Glockenspiel wie in der Nieuwe Kerk zu Amsterdam, der unser Haus gegenüberlag!

Rosa Sacchi kommt aufgeregt herein.

ROSA. Ach gnädige Frau, gnädige Frau, hören Sie das? genau das Glockenspiel wie in der Nieuwe Kerk, am Dam!

Jedidja, mit einem schweren Silbertablett voller Gläser, bleibt auf halbem Wege zum Tische stehen, gerät ins Zittern, und es gibt Scherben.

SCHULLER. Seid Ihr unsinnig?

JEDIDJA. Ich bleibe nicht eine Stunde länger. Wälder, Wölfe, Brandstätten, Straßenraub, Schwarzer Tod...!

LÖWEL PERL. Überraschung bringt manchmal viel Überraschendes.

HADANK. Ich habe solche Glockenspiele immer nur für ein höchst barbarisches Geklimper gehalten.

GRAF EBBO, *lachend.* Besonders, wenn es eine so schlagende Wirkung hat.

ARABELLA *lacht wider Willen heraus.* Entschuldige, Tante,

wenn ich so furchtbar über Onkel Schullers verdutztes Gesicht lachen muß!

Das Gelächter Arabellas hat ansteckend gewirkt, die ganze Gesellschaft bricht in ein befreiendes Lachen aus. Es wird lebhaft weiter serviert, gegessen und getrunken.

SCHULLER. Ich möchte mir untertänigst von Seiner Fürstlichen Gnaden die Erlaubnis erbitten: Ihre Gesundheit!

Alle haben sich erhoben.

FÜRSTABT. Großen Dank.

Man nimmt wieder Platz.

HADANK, *zur Bürgermeisterin.* Darf man fragen, seit wann ist eigentlich Frau Rosa Sacchi von der Tafelrunde ausgeschlossen?

BENIGNA. Man ist ja nicht immer ausgeschlossen, wenn man zufällig einmal anders beschäftigt ist.

Rosa Sacchi macht entsetzte Zeichen und verschwindet. Das Glockenspiel schweigt.

FÜRSTABT. Venediger Glas.

SCHULLER. Ja, Glas aus Venedig.

FÜRSTABT. Kennt Ihr Venedig? – Ich habe es vor drei Jahren auf der Rückkehr von Rom besucht.

SCHULLER, *mit Bezug auf Löwel Perl.* Ich kenne es nicht. Aber wenn Eure Fürstliche Gnaden will, sitzt dort sozusagen der Kaufmann von Venedig.

LÖWEL PERL. Ich leugne nicht, daß ich im Fondąco dei Tedeschi und auf dem Rialto kein Fremder bin.

FÜRSTABT. Es gibt ja ein Stück »Der Kaufmann von Venedig«, soviel ich gehört habe. – Oder nicht?

LÖWEL PERL. Ich sah es vor kaum vierzehn Tagen. Die Darsteller waren englische Schauspieler.

BENIGNA. Aber ein solcher Kaufmann von Venedig, Gott sei gelobt, bester Löwel Perl, seid Ihr nicht.

LÖWEL PERL. Ich möchte behaupten, es gibt keine anderen.

FÜRSTABT. Die so auf ihrem Scheine bestehen?

LÖWEL PERL *nickt.* Die so auf ihrem Scheine bestehen!

FÜRSTABT. Auch Kaufleute üben doch wohl christliche Barmherzigkeit.

LÖWEL PERL. Euer Gnaden, zeigt mir doch solche Kaufleute.

FÜRSTABT. Nun, ganz einfach christliche Kaufleute.

GRAF EBBO. Besteht die Kirche, bestehen die Bischöfe, bestehen die Klöster etwa nicht auf ihrem Schein?

FÜRSTABT. Unser menschenfreundlicher Wirt und allgemeiner Wohltäter hat ganz gewiß noch keinem Mitmenschen ein Stück Fleisch aus der Brust geschnitten.

SCHULLER. Nein, das gerade nicht.

HADANK. Obgleich von allen Fleischsorten, die es gibt, Menschenfleisch die billigste ist.

PLEBANUS WENDT. Sie denken an Sklavenhandel. O Gott!

GRAF EBBO, *überm Scheitel Arabellas.* Ah, die Molukken! – Ah, die Molukken!

ARABELLA, *zum Grafen.* Ich bin Ihre Sklavin: kaufen Sie mich!

GRAF EBBO. Keine Summe ist mir zu hoch, Arabella.

Das Geschrei einer weiblichen Stimme wird hörbar. Es kommt näher. Daga stürzt herein.

BENIGNA. Was ist? Was ist dir begegnet? Was ist dir geschehen?

DAGA. Ein Mensch in einer Maske!

BENIGNA. Was denn? Was denn, so rede doch!

Rosa Sacchi kommt eilig.

ROSA. Sie sagt, ein Mensch in einer Maske sei über die Gartenmauer gestiegen.

DAGA. Ein Mensch in einer schwarzen Maske...

BENIGNA. Ein Mensch in einer schwarzen Maske? –

DAGA. Ein Mensch in einer kohlschwarzen Maske...

BENIGNA. ... ist über die Gartenmauer gestiegen?

HADANK. Erst der Kaufmann und nun der Karneval von Venedig.

ROSA. Um Jesu Christi willen, sie sagt, ein Mensch in einer kohlschwarzen Maske sei über die Gartenmauer gestiegen.

GRAF EBBO. Ein Faschingsspaß! Eine Faschingsmaske. Wir begegneten einigen auf der Straße.

DAGA. Schwarz, ganz schwarz, und wulstige Lippen.

HADANK. Also auch noch der Mohr von Venedig. Es gibt ein Stück »Der Mohr von Venedig«. Ich wollte es einmal in Musik setzen.

PLEBANUS WENDT. Er hatte eines Dogen Tochter zur Frau und erwürgte sie nächtens im Bette.

Die Bürgermeisterin erhebt sich.

SCHULLER *streichelt Dagas Scheitel.* Beruhige dich, meine liebe Kleine! Meine liebe Kleine, beruhige dich! *Er winkt François und geht, wie um die Sache aufzuklären, schnell mit ihm hinaus.*

GRAF EBBO. Der Mohr von Venedig erwürgt seine Frau? Weshalb tut er denn das?

HADANK. Aus Eifersucht. – *Halb ohnmächtig wird Daga von den Frauen hinausgebracht. Zurückgeblieben im Raume sind außer Jedidja Potter: der Graf, Löwel Perl, Plebanus Wendt, Hadank und der Fürstabt.* Ist es zu verwundern, daß man in solchen Zeiten, an einem solchen Tage, in einem solchen Lande und, nicht zu vergessen, in einem solchen Hause alle naselang Gespenster sieht?

FÜRSTABT. In einem solchen Hause, wieso?

HADANK. Mir macht es nichts, ich glaube nicht an Gespenster. Aber haben Eure Fürstliche Gnaden einmal in den unterirdischen Gang hineingeblickt?

PLEBANUS WENDT. Wo die Totengerippe an der Wand lehnen?

FÜRSTABT. Nein, man hat mir davon erzählt.

JEDIDJA. Wir haben sie, als wir einzogen, fortbringen lassen.

PLEBANUS WENDT. Ehe Bürgermeister Schuller das alte Eckhaus bezog, war es ein förmlicher Leichnam von einem Hause.

GRAF EBBO. Wenn es so blind auf den Marktplatz sah, war es ein ewiges Ärgernis.

FÜRSTABT. Das kann man heute gewiß nicht sagen. Wer wollte bezweifeln, daß es unter seinem neuen Bewohner eine Stätte des Segens geworden ist.

PLEBANUS WENDT. Schuller ist ein Berater für jedermann.

LÖWEL PERL. Und nicht zu vergessen, meistens ein Helfer.

PLEBANUS WENDT. Und nun die Frau Bürgermeisterin!

HADANK. Und warum sich diese Frau hier vergräbt, das will mir durchaus nicht in den Kopf gehen.

FÜRSTABT. Man muß bekennen, sie hat ein förmliches Fieber, gute Werke zu tun.

HADANK. Gold in der Kehle. Spricht alle Sprachen. Kennt in der Musik keine Schwierigkeit.

GRAF EBBO *macht eine zynische Tanzbewegung.* Auch nicht mit den Beinen, wie man sagt.

HADANK. Ist überdies unermeßlich reich.

GRAF EBBO. Darf man fragen, Fürstliche Gnaden, ob es richtig ist, daß sie eine beträchtliche Schenkung an das Zisterzienserkloster beabsichtigt?

FÜRSTABT, *achselzuckend.* Mag sein, daß dergleichen im Gange ist. – Aber wir sind vielleicht störend, wir wollen aufbrechen.

GRAF EBBO. Wo stammt denn eigentlich diese moschusduftende Arabella her?

LÖWEL PERL. Van Geldern hat sie an Kindes Statt angenommen.

GRAF EBBO. Sie ist eine gute Partie, wie man sagt.

HADANK. Frau Benigna selbst, glaub' ich, war die bessere. Sie hat Schuller den ganzen fast unübersehbaren Reichtum van Gelderns zugebracht.

PLEBANUS WENDT. Es heißt, sie war achtzehn, van Geldern siebzig, als er sie heiratete.

GRAF EBBO. Wenn man sie kennt, so scheint es einem natürlich, daß der alte Herr bald darnach an allgemeiner Körperschwäche verschieden ist.

LÖWEL PERL. Nun, er war eben kränklich und alt.

GRAF EBBO. Aber man sagt...

LÖWEL PERL. Ich weiß, was man sagt.

GRAF EBBO. Man hat gesagt...

LÖWEL PERL. Man hat gesagt, aber Beweise dafür nicht erbringen können.

GRAF EBBO, *unbeirrt.* ...daß der alte Willem van Geldern keines natürlichen Todes gestorben ist.

LÖWEL PERL. So!? Ist das Gerücht auch bis hierher gedrungen?

PLEBANUS WENDT, *mit betontem Ernst.* Das Gerücht ist bis hierher gedrungen!

GRAF EBBO. Welcher Herkunft ist eigentlich die Frau Bürgermeisterin?

HADANK. Darüber hat sich die hohe Frau jederzeit freimütig ausgesprochen, daß sie von der Frau eines Schiffskapitäns auf der Fahrt von Neu-Amsterdam nach Amsterdam mitten auf dem Meere des Lebens geboren worden ist.

GRAF EBBO *stürzt sein Glas, lacht zynisch.* Mitten auf dem Meere des Lebens: dort wird auch wahrscheinlich Arabella geboren worden sein.

FÜRSTABT. Möchten wir nicht unsere Stimmen dämpfen?! Es wäre gut, wenn wir nicht vergäßen, wo wir sind.

GRAF EBBO. Es tut nichts. Benigna kennt meine Tollheiten. *Die Frau Bürgermeisterin kommt wieder. Sie erscheint aufgeräumt. Wenn eine Erregung bei ihr zu merken ist, so nur eine unbefangen heitere. Schuller folgt ihr, in gleicher Weise verändert, wie auf Verabredung. Man nähert sich schnellen Schrittes und nimmt, neu belebt, die alten Plätze am Tisch ein. Der gleiche Geist hat sich der Dienerschaft bemächtigt, inbegriffen Jedidja und François. Es ist, als ob man Versäumtes nachholen wollte. Man hört Rosa draußen lachen.*

BENIGNA. Der schwarze Mann ist entlarvt und wird bereits in der Küche gefüttert.

GRAF EBBO. Also Karneval von Venedig.

PLEBANUS WENDT. Daß sich doch die Menschen trotz ihres unaussprechlichen Jammers und allen Strafgerichten des Himmels zum Trotz keine Gelegenheit, den Fasching der Sünde mitzumachen, entgehen lassen!

SCHULLER. Und nun herbei mit dem Nautilus! François, François, fülle die Becher! Törichte, abergläubische Dienstleute.

GRAF EBBO, *bereits stärker unter der Wirkung des Weins.* Habt Ihr die Kleine getröstet, Herr Bürgermeister? Schöne Mädchen sind schöner, wenn sie sich ängstigen.

HADANK. Und wirklich, sie ist eine schöne Abisag.

BENIGNA. Was ist Abisag? Wer ist Abisag?

HADANK. Sie wurde dem alten und kranken König David ins Bett gelegt, um ihm die Jugend wiederzugeben.

SCHULLER, *ablenkend.* Schade, daß kein alter und kranker König David im Hause ist.

GRAF EBBO. Darf man wissen, was den Schrecken der schönen Abisag verursacht hat?

SCHULLER. Es ist wirklich ein Mensch, wahrscheinlich mit einer schwarzen Larve, über die Gartenmauer gestiegen.

FRANÇOIS. Die Spuren zeigen einen sehr großen, ungewöhnlich großen Fuß.

GRAF EBBO. Also säße der Störenfried nicht in der Küche?

SCHULLER. Es sitzt eine arme, frierende Maske in der Küche und wird mit Essen und heißem Weine gelabt.

FRANÇOIS. Es ist keine Maske, es ist nur der wirkliche Rauchfangkehrer, der in der Küche sitzt.

PLEBANUS WENDT. Dann war es also der Rauchfangkehrer?

FRANÇOIS. Nein, die Fußabdrücke im Neuschnee müßten sonst Ruß zeigen.

GRAF EBBO. Nun, ich trage auf dem bloßen Leibe gewöhnlich ein sehr dünnes – *zu Arabella* – wollen Sie es sehen, hübsches Kind? – ein sehr dünnes, silberdrahtgeflochtenes Panzerhemd, und dann hier, für den Nahkampf, den Dolch mit drei Schneiden. *Er zeigt ihn vor.*

LÖWEL PERL. Darf man ihn einmal in die Hand nehmen?

GRAF EBBO. Wenn Sie ihn mir entreißen können, sonst nicht.

FÜRSTABT. Sie sind ein furchtbarer Mann, lieber Graf.

GRAF EBBO, *mit einem düsteren Blick in die Augen des Abtes.* Ich schrecke vor nichts und vor niemand zurück.

FÜRSTABT. Übrigens ist es fast völlig Nacht, und ich werde nun bald an die Heimfahrt denken. Der Herzog hat mir, wie Sie wissen, für alle Fälle ein kleines Detachement Reiter zur Verfügung gestellt, und ich habe einige Stabularios des Klosters beritten gemacht. Darf ich unsern allverehrten Conversus hospitalarius bitten, daß sie sogleich beim Eintreffen gemeldet werden?

SCHULLER. Oh, es ist noch früh am Tag! Die Sonne ist noch in vollem Glanz, leider freilich hinter stöbernden Wolken. Ihr kommt so leicht nicht fort, Euer Gnaden Herr Abt! Eh Ihr uns Eure Gesellschaft entzieht, müssen wir die schwebende Angelegenheit nochmals durchsprechen. –

FÜRSTABT. Alles schwebt, wir leben im Schwebenden. Aber natürlich, gern und dankbar bereit.

HADANK, *nach einer Pause der Betretenheit.* Ein Engel ist eben durchs Zimmer gegangen.

GRAF EBBO. War es einer, so warf er düstere Schatten voraus.

HADANK. Was sind das eigentlich für sonderbare Pfeif- oder Wimmergeräusche ums Haus?

SCHULLER. Was machst du mir immer für Lippenbewegungen, Potter?

JEDIDJA. Das Leichenhuhn.

PLEBANUS WENDT. Die Steinkäuze heißen hier so bei den Leuten.

GRÄFIN LAURA. Wir lieben diese Käuzchen nicht. Man hatte sie viele Jahre nicht um das Schloß gespürt. Plötzlich schrien sie dann ohne Unterlaß, da gebar ich ein totes Kind.

ROSA *tritt ein.* Darf ich bitten, daß vielleicht Potter oder Tortebat einmal hinunter in den Hausflur kommt, ein Trupp Masken will sich nicht abweisen lassen.

Man hört Mandolinengeklimper und Gitarrengezupf.

BENIGNA. Weshalb habt ihr die Haustür nicht geschlossen?

ROSA. Sie mußte wohl aus Versehen von irgend jemand offengelassen worden sein.

SCHULLER. Offengelassen? offengelassen?

Plötzlich tanzt ein seltsames, longinusartiges Wesen um Tisch und Tafelende herum, das durch irgendeine Tür unbemerkt eingetreten ist. Der Maskentänzer, der an Stelle des

Kopfes einen Totenschädel unter einem breitkrempigen schwarzen Hute trägt, kann sich, in einen schwarzen Mantel gehüllt, zu unnatürlicher Größe verlängern und zu unnatürlicher Kleinheit verkürzen. Es geschieht dies durch einen Stock, an dem oben der Schädel mit dem Hut und der Mantel befestigt ist. Eine Art Knochengeklapper wird durch Kastagnetten hervorgerufen. Die Musik schweigt, alles ist von einer Art Entsetzen ergriffen und erwacht erst aus der Erstarrung, als die Maske verschwunden ist.

FÜRSTABT. Die Bürgermeisterin!

BENIGNA. Nichts, nichts.

GRAF EBBO. Frau Benigna, was ist?

BENIGNA. Nichts – nichts –

Sie war zurückgesunken, wie in einer Ohnmacht, und hatte mit der Linken das Handgelenk des Abtes, mit der Rechten den Unterarm des Grafen ergriffen.

ARABELLA. Tante, das Riechfläschchen. *Sie hält es ihr unter die Nase.*

BENIGNA. Es war nur ein Augenblick, aber wirklich, ich hatte das Bewußtsein verloren. – Laßt Rosa kommen.

ROSA, *ihr behilflich.* Ich bin da, Madame, ich war hier.

BENIGNA. Ruhe, ein wenig, weiter nichts. – Aber bitte, Herr Fürstabt, keine Flucht! Bitte, lieber Graf, keine Flucht! Herren, Damen, laßt mir das Haus nicht etwa öde und leer zurück.

Ab mit Rosa und Arabella.

SCHULLER. Erlaubt nur, daß ich zum Rechten sehe und ähnlichem weiteren Unfug steure.

PLEBANUS WENDT. Erlauben Sie, daß ich das Meine dazu tue?

Der Bürgermeister und Plebanus Wendt, gefolgt von François, ab.

GRAF EBBO. Ich denke, Laura, du bietest der Bürgermeisterin deine Hilfe an. *Die Gräfin ab. Graf Ebbo, sich die Füße vertretend.* Es geht um, es geht um, fast wird einem unheimlich.

FÜRSTABT. Dazu war die Erscheinung auch angetan.

LÖWEL PERL. Darf ich den Majordomus machen? Man wird Licht anzünden in der Galerie, und wir betrachten die alten und neuen Ölbilder.

GRAF EBBO. Gut! *Mit Bezug auf den Nautilus, der, von Jedidja gefüllt, auf der Kredenz steht.* Aber hier steht ein edler Pokal!

LÖWEL PERL. Köstlich genug. Der Nautilus, Goldschmiedearbeit von Wenzel Jamnitzer.

GRAF EBBO. Gefüllt bis zum Rand. Wer wollte das ausschlagen?! *Er faßt den Pokal mit zwei Händen und gießt seinen Inhalt hinunter.*

HADANK. Das Clavicembalo stand früher in diesem Saal.

FÜRSTABT. Ich habe gesehen, es steht nebenan.

HADANK. Wir wollen den peinlichen Eindruck hinwegmusizieren. *Er geht hinaus, und das Clavicembalo erklingt sofort.*

JEDIDJA *empfängt den Pokal aus des Grafen Hand und beginnt ihn mit einem seidenen Tuche zu reinigen. Dabei grölt er plötzlich, als ob er allein wäre.* »O Haupt voll Blut und Wunden...« *Dann besinnt er sich, erschrickt, wie erwachend, und geht rückwärts mit tiefen Verbeugungen hinaus, den Blick voll Grauen auf den Fürstabt gerichtet. Er flüstert.* Der Antichrist! – Der Antichrist!

FÜRSTABT. Ist das noch ein vernünftiger Mensch? Was will dieser Mann? –

GRAF EBBO. Sind Sie mit Bürgermeister Schuller einig geworden, wenn man fragen darf?

FÜRSTABT. Das ist mit Ja oder Nein ohne weiteres nicht zu beantworten.

GRAF EBBO. Sie wissen, daß der Besitztitel der fraglichen Ländereien strittig ist.

FÜRSTABT. Das will der Bürgermeister nicht Wort haben.

GRAF EBBO. Dokumente, und zwar Dokumente in meinen Archiven, beweisen es. Diese dreißig großen Hufen sind einem meiner Vorfahren widerrechtlich entrissen worden.

FÜRSTABT. Wenn es also zu einem Prozeß käme, so würde das Kloster Sie zum Gegner haben, Erlaucht?

GRAF EBBO. Zum entschlossensten Gegner, ja!

FÜRSTABT. Der Prozeß würde riesige Summen verschlingen.

GRAF EBBO. Sie haben mich ausgestochen bei der Bürgermeisterin. Aber es ist noch nicht aller Tage Abend.

FÜRSTABT. Wieso bei der Bürgermeisterin?

GRAF EBBO. Die Antwort verträgt, wie wir beide wissen, das Licht des Tages nicht. Vielleicht kann man indessen die Scharte noch auswetzen.

FÜRSTABT. Sie reden da mysteriöse Worte. – Aber, was ist das für ein sonderbares Geräusch, Erlaucht?

GRAF EBBO. Sie meinen den verrückten Kantor auf dem Wimmerholz?

FÜRSTABT. Nein, es klingt wie Nägeleinschlagen.

GRAF EBBO. In diesem Hause ist etwas Lauerndes, etwas einstweilen noch an die Kette Gelegtes, aber sprungbereit Lauerndes, wie ich immer denken muß.

Unbemerkt ist ein schöner herkulischer Halbneger eingetreten mit einem edlen, mehr europäischen Kopf, etwa vierzig Jahre alt, schon ein wenig ergraut um die Schläfen. Er trägt ein gestricktes anliegendes Hemd und kurze weite Hosen, was ihn irgendwie einem Matrosen ähnlich macht. Langsam durchs Zimmer schreitend, von einer Ecke zur anderen, hält er die Augen, aus denen das Weiße hervorleuchtet, unausgesetzt auf die Herren gerichtet. An der Tafel unterbricht er seinen Gang einen Augenblick und drückt seine gespreizte Hand auf das Tischtuch. Weiterschreitend, verläßt er lautlos, wie er gekommen, den Raum durch die Tür.

FÜRSTABT, *bleich.* Saht Ihr das?

Jedidja guckt scheu herein, einen Armleuchter mit brennenden Kerzen in der Hand.

JEDIDJA. Ich soll die Herren zur Galerie führen.

GRAF EBBO. Potter, es sind noch Masken im Haus – oder ihr habt Stechapfelpulver verbrannt – oder irgendeinen sonstigen Teufelsdreck aus der Dreckapotheke in den Wein getan.

JEDIDJA, *devot.* Bitte, Euer Fürstliche Gnaden! – Zu dienen, Erlaucht! *Er leuchtet den beiden Herren voran und verläßt mit ihnen den Raum.*

Die Bürgermeisterin erscheint sehr aufgeregt mit Löwel Perl, einen Brief in der Hand.

BENIGNA *spricht mit größter Heftigkeit.* Ich habe den Brief gelesen, Perl. Johnson soll mich in Ruhe lassen. Ihr wißt Bescheid. Ihr seid der einzige, der es weiß, was ich für ihn getan, was ich seinerzeit für ihn geopfert habe! Was habe ich gelitten und habe ich von ihm leiden müssen, ehe ich Arabella gebar – und dann habe ich sie vor ihm schützen müssen. Ich war ihm treu bis ans Ende der Welt, aber ich konnte mich nicht mein ganzes Leben von diesem verbrecherischen, goldgierigen Tier mißbrauchen lassen.
Er hielt mich mit Recht für seine Hörige! Aber ich war erst fünfzehn Jahr! – und achtzehn, als mich van Geldern tanzen sah. Dann hat mich dieser farbige Hund nach und nach, in wachsender Habgier, in die Ehe mit van Geldern hineingestoßen. Welche Unsummen hat er damals im

Spiel vertan, mit Weibern vergeudet und durch die Gurgel gejagt!

Aber dann kam bei mir die Sinnesänderung. Van Geldern war eine Kernnatur und ein Edelmann. Er nahm das farbige Kind, dessen Herkunft er kannte, weil es mein Kind war, als seines an, und alles, was nur getan werden konnte, es hochzubringen, es gut zu erziehen, wurde von ihm getan. Da lernte ich zum erstenmal einen Mann schätzen, und damit kam es ganz anders, wie es Johnson beabsichtigt hatte.

Wenn ich anfänglich einige Male seinem bestialischen Gelüsten doch noch erlegen bin, habe ich ihm dann meinen eisernen Willen entgegengesetzt und später sogar van Geldern geraten, nichts, aber auch gar nichts weiter für ihn zu tun, seine unverschämten und erpresserischen Betteleien ein für allemal abzuweisen. Dann trat ein, was Ihr wißt. Mit dem Leben hat mein armer Gatte meinen verhängnisvollen Ratschluß gebüßt!

Mit Bezug auf den Clavicembalo spielenden Hadank. Aber bitten Sie doch den lieben Meister Hadank aufzuhören, und schicken Sie ihn in die Galerie: wir hätten miteinander zu reden! *Löwel Perl geht ins Nebenzimmer, die Musik schweigt. Er kommt wieder.* Und wissen Sie, was das für ein verwünschtes Gehämmer ist? – Handwerker sind ja doch nicht im Hause! *Sie setzt eine silberne Klingel in Bewegung, Jedidja Potter kommt.* Potter, ich wünsche, daß man aufhört mit Nägeleinschlagen! *Potter schnell ab.* Nun ja, wo blieben wir stehen, Perl?

LÖWEL PERL. Wo diese schreckliche Sache geschah, bei der man immer noch nicht weiß, wer der Täter gewesen ist.

BENIGNA, *hastig.* Der ist es gewesen – obgleich er es leugnet –, der leider der Vater meines Kindes ist.

LÖWEL PERL. Das sagtet Ihr immer.

BENIGNA, *hastig.* Ich weiß es gewiß.

Sein Gedanke war, und so kam es ja auch, ich würde van Gelderns Erbin sein und er dann naturgemäß mit mir freie Hand haben. Aber Gott sei Dank mußte er fort, die Häscher waren hinter ihm her.

Trotzdem gab er die Hoffnung nicht auf, wie Ihr wißt, mich unter das alte Joch zu biegen und Nutznießer meines Vermögens zu sein. Ich stieß ihn fort, und er wagte es nicht mehr, irgendwie oder -wo vor mir aufzutauchen. Er klammerte sich an Euch, weil er wußte, wann man Euch treffen konnte. Ihr spracht mir von seinen Forderungen und Drohungen und rietet mir, ihn mit Geldsummen zu beschwichtigen. Und, Ihr wißt es, Perl, sie waren groß! groß genug für ihn, um einen Patrizierhausstand mit Dienern und Köchen bis an sein Lebensende zu führen. Er mußte denken, mich völlig enteignet zu haben, denn das immense Vermögen Gelderns kannte er nicht.

Inzwischen habe ich Schuller geheiratet. Habe ich unrecht daran getan, einen Mann zu nehmen, der mich mit einer heiligen Liebe liebt und dem ich mich doch nicht hingeben kann? Ich habe ihm Daga beigegeben. Er leidet still. – Ich bewundere, ich liebe, liebe ihn! Unsere Seelen sind innig verbunden! Es hatte sich bei mir das Bedürfnis nach einer ganz anderen Existenz geltend gemacht – er hat mir nie einen Wunsch versagt, aber was hatte ich schließlich für Wünsche. Und auch Schuller wünschte, wie ich, ein Leben in Zurückgezogenheit. Wir haben uns also hier vergraben. Und nun drängt Johnson sich wieder mit diesem Briefe ein! er sei am Verhungern, er habe Sehnsucht nach seiner Tochter, ich dürfe ihm seine Tochter nicht vorenthalten! Will er Schullers Leben zugrunde richten, der nicht weiß, daß Arabella meine Tochter ist: er greift zum Strick, wenn er erfährt, daß ich, ich, ich mich mit einem Neger vergangen habe! mich einem Farbigen preisgegeben habe! – Ich kann nicht weiter, ich werde wahnsinnig! –

Und ich habe Schuller zum Verwalter meines Vermögens gemacht. Ohne daß er es merkt, kann ich keinen Gulden fortnehmen: was soll ich ihm über die Verwendung der Riesensumme sagen, die Johnson wieder von mir erpressen will?! *Die Bürgermeisterin ist immer erregter geworden und in die Nähe des Tisches gekommen. Plötzlich erblickt sie irgend etwas auf der Decke von weißem Damast, was sie anzieht und bannt.* Was ist das? –

LÖWEL PERL. Es hat jemand seine Hand in Kienruß gesteckt und mit allen fünf Fingern auf dem weißem Damast abgedrückt.

Jedidja tritt ein.

JEDIDJA. Es war kein Hämmern, es war die Kugel des Rauchfangkehrers – hier an dieser Stelle ist der Kamin –, die durch den Schornstein hinunter- und hinaufgepoltert hat. Das Schleifen, Magnifizenz, kommt von dem Besen! *Das beschriebene Geräusch hört man jetzt nochmals deutlich.*

BENIGNA. Mich schaudert's vor dieser schwarzen Hand! mich schaudert's vor diesem Klopfgeräusch! mich schaudert's vor jeder Kleinigkeit! alle Gesichter schneiden mir Fratzen! der Graf, der Abt sind mir schreckliche Masken! Ich wittere Komplotte! mich umgibt etwas Gruftiges!! Was wird geschehen sein, wenn die Uhr eine Stunde weitergelaufen ist?! –

LÖWEL PERL. Ich denke, wir sollten denn doch einen Arzt rufen!

BENIGNA. Wer kommt?

JEDIDJA. Der Herr Bürgermeister.

BENIGNA, *zu Perl.* Kein Wort von dem allen! totenstill! *Sie eilt fort.*

SCHULLER. Sind die Herrschaften oben in guter Verfassung, Potter?

JEDIDJA. Sie haben die Bilder betrachtet und sich dann zum Kartenspiel niedergesetzt.

SCHULLER. Trinken sie Wein?

JEDIDJA. Sie sind sehr mächtig ins Trinken gekommen.

SCHULLER. Reiche mir auch einen großen Becher voll. Ich habe das ganze Haus vom Boden bis zum Keller durchsuchen lassen, wahrscheinlich hat sich einer von unseren Leuten den Spaß gemacht. Nun sind alle Türen fest verschlossen. – Aber guter Perl, guter, guter Perl, mir ist weinerlich!

LÖWEL PERL. Das geht nicht so weiter, Herr Bürgermeister. Steigen wir zu den anderen hinauf, lasset uns essen, trinken und fröhlich sein.

SCHULLER. Denn morgen sind wir tot, heißt es weiter. Perl, ich war lange unbeweibt. Aber erst seit ich ein Weib habe, bin ich einsam, bin ich ein Witwer geworden, seitdem erst spüre ich meine Verlassenheit. Ich erfülle ihr jeden Wunsch, unterschreibe um ihretwillen Vermächtnisse, verschleudere Grafschaften mit einem Federzug, nur weil ich auf bettelhafte Weise sie doch noch zu gewinnen hoffe, mich wenigstens an eine Hoffnung anklammern muß. *Daga tritt ein.* Was willst du, Daga? Daga, komm her! *Sie folgt gehorsam, er streichelt ihr Scheitel und Wange.* Sie ist schön wie ein griechisches Bild und so stumm wie ein griechisches Bild. Sie leidet Gehorsam, sie liebt Gehorsam, und im Gehorsam läßt sie sich lieben. Eine Nacht mit ihr macht mich besser und reiner. Und doch...und doch...

Jedidja bringt den bestellten großen Becher Weins, den der Bürgermeister gierig leert. Jetzt hört man, von oben dringend, Tanzmusik, zugleich die Geräusche von Tanzschritten, Händeklatschen und Gelächter.

SCHULLER, *mit erregter Genugtuung.* Ah, gut so.

JEDIDJA. Fräulein Arabella tanzt.

SCHULLER *lauscht.* Einen Niggertanz.

LÖWEL PERL. Einen Niggertanz.

SCHULLER. Habt Ihr mir hübsche Sachen für das liebe Kind mitgebracht?

LÖWEL PERL. Hier, seht! *Er zeigt ihm Schmuckstücke.*

SCHULLER. Nun, so wollen wir denn hinaufgehen.

Im Betrachten der Schmuckstücke entfernen sich Löwel Perl und der Bürgermeister.

JEDIDJA *blickt ihnen nach und ballt die Faust.* Hurerei! Völlerei! Heidengreul oben und unten! *Er wendet sich um und erkennt Daga. Düster blickend, tritt er ihr dicht unter die Augen.* Und du! du! du! Abisag!

DAGA, *abwesend.* Als die Reiter kamen... als die Reiter kamen...

JEDIDJA. Ja, ja, ich sehe ein fahles Pferd, und der darauf saß, dessen Name hieß Tod, und die Hölle folgte ihm nach. –

DAGA. ...banden sie meinen Vater an einen Baum...

JEDIDJA. Ich habe seit zwanzig Jahren kein Weib angesehen. Und Jesus sprach: »Ich rate dir, daß du Gold von mir kaufest, das mit Feuer durchläutert ist, daß du reich werdest...« Das habe ich getan. Dir wollte ich es in den Schoß werfen, Abisag! – Abisag! du! du! du!

DAGA, *wie vorher.* Die Finger bohrten sie ihm in die Augen, Messer wühlten in seinem Leib –

JEDIDJA. Wie spricht der Herr? – »Sei wacker und stärke das andere, das sterben will...« Ich habe es getan. Weh über dich, daß du des Königs Kebse geworden bist, Abisag! Abisag! – Puh! Luft herein! Nacht herein! Schnee herein! *Er öffnet eins der hohen Bogenfenster. Eine Wolke von Schnee dringt herein, zugleich Gerumpel und Rufe vom Markt.*

RUFE. Feurioh! Rettioh!

JEDIDJA. Was gibt's dort unten?

RUFE. Wir sind überfallen! Tote im Wagen! Würgsdorf brennt!

JEDIDJA *schlägt das Fenster zu.* Verdammtes Land! Verfluchtes Land! *Er bepackt Daga mit Schüsseln, Tellern usw.* Da, hier, trag hinaus! *Er singt.*

Stürme, Teufel und du, Tod,
was könnt ihr mir schaden –

Daga weiter beladend. Schaff fort die Gefäße der Sünde, die Fallen des höllischen Geistes, die Lockungen zur Unzucht, fort! fort! *Er schiebt Daga hinaus und ist allein. Er singt.*

Deckt mich doch in meiner Not
Gott mit seiner Gnaden.

Er unterbricht sich und horcht auf.

Der Gott, der mir seinen Sohn
selbst verehrt aus Liebe...

Er schweigt und dreht sich, wie von einer tiefen Angst ergriffen, um sich selbst, den ganzen Raum mit den Augen absuchend. Er duckt sich ein wenig und wird auch von Plebanus Wendt und dem Grafen Hüttenwächter nicht gesehen, die eintreten und das Zimmer durchqueren. Plebanus Wendt ist ruhig und würdig geblieben, der Graf stark angetrunken.

PLEBANUS WENDT. Unerhört! Unerhört!

GRAF EBBO. Ein Schubiack, dieser Abt! Ein Lumpenhund, ein Lausbub, dieser Abt! Ein Ladenschwengel aus einer Augsburger Ladenschwengelfamilie, dieser Abt! Ein ausgemachtes – *er flüstert etwas Unverständliches in das Ohr des Geistlichen* – dieser Abt! Sie hat mir geschworen, unter Küssen hat sie mir geschworen, unter inbrünstigen Küssen, Pastor Wendt – ich kann nichts dafür! –, sie werde dafür sorgen, daß ich meine Ländereien wiedererhalte, die man meinen Vorfahren gestohlen hat... Nun kriegt das Kloster den fetten Bissen...

PLEBANUS WENDT. »Mein Reich ist nicht von dieser Welt«: man hat nicht gehört, daß dieses Wort den Römischen je zu Herzen gegangen ist.

Beide Männer entfernen sich durch eine Tür, die derjenigen gegenüberliegt, durch die sie eingetreten sind.

JEDIDJA. Pater noster... Pater noster, qui es in coelis... *Er wankt an den Tisch und ergreift den Nautilus. Abermals beginnt er.* Pater noster, qui es in coelis... *Jetzt ist irgendwoher lautlos derselbe Neger ins Zimmer und hinter ihn getreten, den der Graf und der Fürstabt gesehen haben. Er holt aus und schlägt Jedidja mit der Hand auf die Schulter. Jedidja knickt ein und wendet sich um.*

DER NEGER. Kennst du mich? – Du hast mir den Weg gezeigt in van Gelderns Schlafzimmer... *Er verschwindet. Jedidja bricht leblos zusammen und fällt, den Nautilus in der Hand, so, daß er zum größten Teil durch den Tisch verdeckt wird. Plebanus Wendt und der Graf kommen durch dieselbe Tür zurück, durch die sie hinausgegangen sind, und bewegen sich gegen die, durch die sie zuerst eintraten. Die Heftigkeit des Grafen hat nichts eingebüßt.*

GRAF EBBO. Die Augen öffnen! Die Augen öffnen! Ich möchte dem Bürgermeister die Augen öffnen! Wenn nichts anderes hilft, werde ich dem Bürgermeister die Augen öffnen und ihm sagen, wie er betrogen wird. Wenn es um solche Dinge geht, erledigt sich auch die Schweigepflicht. Dieser Fuchs muß mir vor das Gewehr! Dieser Fürstabt-Fuchsabt soll mir nicht mit der fetten Gans durch das Fenster springen! Passen Sie auf, Pastor Plebanus Wendt...

PLEBANUS WENDT. Unerhört! Unerhört!

Sie verschwinden durch die Tür, durch die sie zuerst eintraten. Rosa Sacchi und Hadank, der die schöne Frau mit sanfter Gewalt hereinzieht, kommen.

ROSA. Nein, Maestro, nein, nein!

HADANK. Sie sollen mir Ihren schönen und süßen Mund reichen, Rosa, graciosa coeli Rosa!

ROSA. Er ist weder süß noch schön, und ich habe das ganze Herz voll Ängste.

HADANK. Ich will ein Glück! Ich will ein Glück! *Schließt ihren Mund mit einem Kuß.*

ROSA, *sich halb losmachend.* Still, es ist, glaub' ich, jemand im Zimmer.

HADANK. Nichts, kein Mensch, keine Fliege ist hier, Rosa.

ROSA. Ich schwöre, daß jemand im Zimmer ist.

HADANK. Dann haben Sie bessere Ohren als ich.

ROSA. Ich fühl's! Ich höre, ich sehe es nicht!

HADANK. Ich habe heute einen Entschluß gefaßt, Rosa, Rosa: ich will ein Glück! Wir müssen fort. Ich habe meinethalben den Gott in mir! Ich kann unter Leichentüchern nicht atmen.

ROSA. Leichentücher? Wie fürchterlich!

HADANK. Ich will ein Glück. Ich nehme dich mit, Rosa, graciosa coeli Rosa! *Umarmung.*

ROSA, *sich losreißend.* Ich schwöre bei Gott und allen Heiligen, Maestro, daß noch jemand im Zimmer ist...

HADANK. Wir haben von niemand etwas zu fürchten. Rosa, machen Sie endlich, endlich keine Vorbehalte mehr. Ich weiß, wer ich bin, ich weiß, wer Sie sind. Warum wollen Sie eine lebendig Begrabene, eine eingemauerte Nonne sein?!

ROSA. Ich kann Benigna nicht allein lassen. Aber um Gottes und Christi willen komm von hier fort! Mich friert es bis ins innerste Mark, mich graust es vor dem, was außer uns noch im Zimmer ist. *Sie ruft in ein anstoßendes Zimmer.* Jedidja, sieh einmal nach, wer im Zimmer ist!

HADANK. Potter ist oben bei den Herrschaften. – Was heißt das, du kannst diese Frau nicht allein lassen?

ROSA. Ich werde sie nie und nimmer allein lassen!

HADANK. Gut! ich werde dich zwingen dazu!

ROSA. Komm! Komm! Fort! Fort! *Rosa zieht Hadank fluchtartig mit sich hinaus.*

Das Glockenspiel beginnt wieder. Die Bürgermeisterin, gefolgt vom Bürgermeister, tritt ein.

BENIGNA. Schon wieder! Nur nicht dieses Glockenspiel!

SCHULLER. Wie kann es dich so erregen, Benigna?

BENIGNA. Wenn ich es höre, seh' ich immer van Geldern aufgebahrt.

SCHULLER. Potter! Potter, laufe und sage dem Glöckner... Potter, wo bist du?... er soll das Glockenspiel augenblicklich abstellen. – Ich habe den Doktor und den Notar bestellt. Dein Wunsch wird erfüllt: die Schenkung an Hohenwaldau wird heute rechtskräftig.

BENIGNA. Meine Sünden sind schwer nach allen Seiten. Zu was für Dingen verleite ich dich!

SCHULLER. Benigna, ein Engel kann nicht sündigen.

BENIGNA. Ich möchte reisen, ich möchte fort –

SCHULLER. Befiehl nur, wann und wohin, Benigna.

BENIGNA. Silvanus, besuche mich heute nacht! Ich will dir gehören, ich will dir abbitten!

SCHULLER. Was willst du mir abbitten? Hast du mich nicht trotz allem unaussprechlich glücklich gemacht?

BENIGNA. Ich will dir abbitten, und ich will aller Welt abbitten! Aller Welt will ich beichten, aller Welt will ich abbitten! Denk an van Geldern! Stoße mich von dir, wie man die Otter von sich stößt! Verstoß mich, Silvanus, du wirst wieder froh werden! Komm, Silvanus, küsse mich! Aber nein, laß uns fliehen, Silvanus! Licht! Licht! Ich brauche das Licht!

SCHULLER. Reisen wir über Prag, Wien nach Venedig hinunter.

Umarmung. François tritt ein.

FRANÇOIS. Excusez! ik aben zu melden Monsieur Schedel und Monsieur den Namen ik nicht aussprechen kann.

Benigna reißt sich los und eilt fort.

SCHULLER. Führe sie in mein Arbeitszimmer und verständige Seine Fürstliche Gnaden den Herrn Abt. *Er geht nachdenklich in anderer Richtung hinaus als die Bürgermeisterin.*

FRANÇOIS *hat sich vor dem Bürgermeister verbeugt. Er ist allein, als er sich aufrichtet. Er blickt sich um und ruft dann mehrmals im Flüsterton.* Potter! Wo steckst du, Jedidja!? Potter! Potter! – Und nun kommen gar noch Gäste hinzu! willst du mik Bedienung von diese trunkene Kumpanei allein hüberlassen? *Er blickt sich überall um und geht kopfschüttelnd ab.*

Die Bürgermeisterin und Rosa Sacchi treten auf.

BENIGNA. Was hast du gesehen, verheimliche nichts.

ROSA. Ich habe mehr geahnt als gesehen.

BENIGNA. Rosa, Rosa, was hast du geahnt?

ROSA. Etwas wie eine fürchterliche unsichtbare Gegenwart.

BENIGNA. Warum fürchterlich? warum fürchterlich?

ROSA. Mir ist, als ob das Verbrechen hinter jedem Schrank laure, der Mord hinter jeder Wand, der Raub hinter jeder Tür...

BENIGNA. Rosa, du lügst, ich fühle, du denkst nur an ihn! – Ich hab' es gewußt...

ROSA. Um des Himmels willen, was hast du gewußt?

BENIGNA. Ich hab' es auf der Stelle gewußt, sobald ich den Brief hier in Händen hielt...

ROSA. Was um Christi willen hast du gewußt?

BENIGNA. Durch meinen Pulsschlag hab' ich's gewußt, durch das qualvolle Hüpfen meines Herzens hab' ich's gewußt, jeder Windstoß verriet es, der an der Tür plärrte, jeder Schatten, den das Kaminfeuer auf die Mauern warf: er ist hier! er ist da! Es gibt gegen ihn keinen Widerstand...

ROSA. Löwel Perl leugnet alles ab. Er nennt dich krank, er sagt, du müßtest aus dieser toten Gegend fort.

BENIGNA. Er lügt, Löwel Perl, er weiß es anders. Oder aber, Rosa, du lügst! lüge nur jetzt nicht, nur jetzt nicht, Rosa!

ROSA. Nun, so will ich dir sagen, was er sagt: Postpferde nehmen und davonjagen! du und vor allen Dingen der Bürgermeister.

BENIGNA. Es ist also richtig, Johnson ist da?

ROSA. Ich weiß nur, was Perl dir geraten hat.

BENIGNA. Er ist hier! er ist da! jeder Augenblick kann das Verhängnis herabrufen. Ich kenne Johnson. Ich weiß in dieser Sekunde ganz genau, wessen sein Haß, seine Wut, seine Eifersucht, seine Verzweiflung fähig ist. Schuller ist keine Minute mehr sicher. Geh! er verhandelt in seinem Arbeitszimmer mit dem Abt, bring es ihm bei, wie du willst, Rosa, wenn es sein muß, stelle mich bloß, gib mich preis – nur mach, daß er flieht, und zwar auf der Stelle!

ROSA. Und du? – Jedidja! wir wollen Jedidja zum Postmeister schicken! Jedidja! François! die Pelze für die Frau Bürgermeisterin!

BENIGNA, *verwandelt.* Rosa, ich kann nicht fort, wenn er im Hause ist! kein Engel und kein Teufel kann mich dazu bereden, wenn er im Hause ist! Oder wenigstens muß ich ihn sehn, wenn auch nur einmal, ein letztes Mal! wenn er im Hause ist, sehen, nur einmal sehen, Rosa! Ich bin ein verworfenes Tier, hat er oft gesagt, verachtet, geschlagen, niedergetreten... Johnson ist ein entlaufener Sklave. Nenne mir jemand, der wie Johnson mit Essig und Galle getränkt worden ist... van Gelderns Vermögen ist Blutgeld vom Sklavenhandel.

ROSA. Sprich diesen Namen nicht aus, Benigna!

BENIGNA. Ich spreche ihn aus! warum nicht? warum nicht? ich werfe ihn aller Welt in die Zähne. Führ mich hin! bring ihn her! ihn allein! schaffe mir alle anderen Menschen fort! schaffe mir alle diese zappelnden, plappernden, schmatzenden Leichname fort! laß mich allein mit diesem Verworfenen! im nächsten Stall, in der nächsten Branntweinspelunke meinethalb...!

ROSA. Man muß dich fesseln, du bist eine Tobsüchtige! *Rosa sucht die Bürgermeisterin, die außer sich ist, zu bändigen. Da entdeckt diese plötzlich durch einen Blick den halb durch den Tisch verdeckten Leichnam des Jedidja und wird von einer schweigenden Erstarrung befallen. Rosa, durch die Veränderung erschreckt, die mit der Bürgermeisterin vorgeht.* Was hast du, Benigna, was ist mit dir?

BENIGNA, *gleichsam um sich schlagend.* Es ist alles nicht wahr! es ist alles Trug! weck mich, Rosa! mach mich aufwachen! oder sage mir... sage mir, was das ist...

ROSA *folgt nun dem starren Blick der Bürgermeisterin, entdeckt den Leichnam, wird von ihm angezogen und erkennt Jedidja. Sie weicht zurück.* Jedidja, hast du es büßen müssen?! *Benigna nähert sich nun ebenfalls dem Toten, erkennt ihn, schreit laut auf und rennt in sinnloser Angst davon. Rosa geht rückwärts hinaus, immer wiederholend.* Jedidja, hast du es büßen müssen?

Der Raum ist leer. Von den oberen Räumen her erklingt immer noch Tanzmusik. Unter den Fenstern hört man nach Jedidja rufen. Jedidja! Jedidja! Jedidja–a–a! Jedidja–a–a!

Nun tritt Bürgermeister Schuller herein.

SCHULLER. Wer hat hier geschrien? was geht hier vor?

SCHREIE. Jedidja! Jedidja–a–a! Jedidja! Jedidja–a–a!

SCHULLER *öffnet das Fenster.* Was schreit ihr Jedidja? ist er nicht hier?

ANTWORTSTIMME. Jedidja Potter ist nirgends zu finden.

SCHULLER. Dann sitzt er vielleicht in der nächsten Branntweinschänke!

Der Graf taumelt hastig herein.

GRAF EBBO. Es schleichen Gerüchte wie giftige Schwaden herum. Müssen wir etwa an unsere Terzerole denken?

SCHULLER. Wieso? Sie meinen, weil Würgsdorf brennt. Brände sind heute etwas Alltägliches. Ich bin nur erschrocken, weil ich glaube, den Schrei einer weiblichen Stimme gehört zu haben. Höchstwahrscheinlich täusche ich mich.

Die Stadträte Schedel und Knoblochzer sowie Hadank und Plebanus Wendt treten ein.

HADANK, *zum Grafen.* Ich erzählte Ihnen bei Tisch, daß der Schwarze Tod wieder aufflackere. Sie nahmen es mir übel, Herr Graf.

PLEBANUS WENDT. Ist irgend etwas passiert? ich meine, weil es uns allen so in die Glieder gefahren ist.

SCHULLER. Ich sagte schon, mir war, als hätte ich einen Schrei gehört.

HADANK. Ich habe den Schrei auch gehört.

STADTRAT SCHEDEL. Ich auch!

Rosa Sacchi tritt ein, wachsbleich.

SCHULLER. Rosa, wo ist die Bürgermeisterin?

GRAF EBBO. Bewaffnen wir uns, bewaffnen wir uns!

HADANK. Die Hunde im Hofe rasen an ihren Ketten.

GRAF EBBO. Bewaffnen wir uns, bewaffnen wir uns!

SCHULLER. Rosa, Rosa, wo ist meine Frau?

ROSA. Sie hat sich gelegt, sie will einen Beichtvater.

SCHULLER. Einen Beichtvater? sage: wieso.

PLEBANUS WENDT. Ich werde zu Frau Benigna hinaufgehen.

ROSA. Nein, sie will einen echten Beichtvater.

GRAF EBBO. Dann schickt ihr doch den Augsburger Kaufmannsschwengel hinauf.

SCHULLER. Schweigen Sie, Graf. Ich muß diesen Ton in meinem Hause zurückweisen.

GRAF EBBO. Meint Ihr, man sollte nicht wissen, was vor einer Viertelstunde zwischen Euch, dem Abt und dem Notar vor sich gegangen ist?

SCHULLER. Wir haben eine Urkunde ausgefertigt und unsere Namen daruntergesetzt.

GRAF EBBO. Das wird Euch teuer zu stehen kommen.

SCHULLER. Billig sind Schenkungen freilich nicht.

GRAF EBBO. Aber die Eurige hat Euch zu viel gekostet. Sie ist von der Gegenpartei erschlichen worden. Die Gegenpartei nahm dabei den Weg durch das Schlafzimmer einer hohen Frau.

SCHULLER. Was wollt Ihr damit sagen, Graf?

GRAF EBBO. Gerade das, was ich eben gesagt habe.

Stadtrat Doktor Knoblochzer tritt ein.

DOKTOR KNOBLOCHZER. Ich bitte die hohen Herrschaften um Gehör für den Ernst des Augenblicks.

Die Gräfin kommt fluchtartig herein.

GRÄFIN LAURA. Ebbo, laß anspannen! Ebbo, laß anspannen!

SCHULLER. Was wolltet Ihr damit sagen, Graf? Wascht Euch rein, oder ich vergesse mich! Ihr wolltet nichts gegen eine Frau sagen, der auch nur den Saum des Kleides zu küssen Ihr nicht würdig seid!

DOKTOR KNOBLOCHZER. Ich erbitte Gehör, Herr Bürgermeister.

SCHULLER. Nicht, eh ich in anderer Sache Klarheit erlangt habe.

GRÄFIN LAURA. Ebbo, laß anspannen! Ebbo, laß anspannen! Oben geht etwas Schreckliches vor.

DOKTOR KNOBLOCHZER. Ich erbitte Gehör, Herr Bürgermeister. Wir dürfen uns keinem Zweifel mehr hingeben, das Sterben wütet in unserer Stadt! Die Leute kommen aus den Häusern gesprungen, werfen sich in den Schnee und verfallen in Zuckungen. Der Bader hat sieben Leichen gezählt von meiner Wohnung bis hierher. *Er gewahrt den*

Toten unterm Tisch. Halt! Was ist das? – Tretet zurück! zurück einen Augenblick!

PLEBANUS WENDT. Das ist ein Toter oder ein Ohnmächtiger.

DOKTOR KNOBLOCHZER. Faßt ihn nicht an! – Schieben wir lieber den Tisch zurück!

Plebanus Wendt, Hadank und Knoblochzer rücken gemeinsam den Tisch von dem Leichnam ab.

HADANK. Vielleicht ein Dieb, er hält in der Hand den Nautilus.

PLEBANUS WENDT. Die Muschel liegt unter seiner Hüfte.

SCHULLER. Es ist Jedidja Potter, mein Diener.

DOKTOR KNOBLOCHZER. Es ist die Schwarze Pest, meine Herrschaften, gleichsam die Kampfansage der Schwarzen Pest.

GRÄFIN LAURA. Zu Hilfe! Zu Hilfe! *Sie rennt besinnungslos davon.*

GRAF EBBO, *zynisch.* Dann wollen wir, denk' ich, zunächst Reißaus nehmen.

SCHULLER, *forschend über Jedidja gebeugt, nimmt ihm die Serviette aus der Faust.* Ja, nehmt Reißaus! nehmt Reißaus! oder ich werfe Euch diesen Pestlappen mitten ins Gesicht!

GRAF EBBO. Mir? alter Hahnrei! alter Wucherer! alter Menschenfleischhändler! das fehlte noch! *Der Graf weicht zurück, reißt dabei einen Stuhl um und wirft die Tür hinter sich krachend ins Schloß.*

PLEBANUS WENDT. Seid ruhig, bleibt ruhig, Herr Bürgermeister! die Trunksucht raubt ihm die Zurechnungsfähigkeit, sie wird ihn heut oder morgen umbringen.

Fünf oder sechs Gäste eilen in höchster Angst durch den Raum, von einer Tür zur anderen davonstürzend, dabei Überröcke anziehend und dergleichen.

SCHULLER, *wie betäubt, faßt sich an den Kopf.* Ist die Erde die Hölle? was geht hier vor?

Draußen fallen Schüsse. François stürzt herein.

FRANÇOIS. Der Graf schießt gottlos um sich herum, als ob er Gottes Gericht damit von sich abhalten könnte.

Rosa Sacchi kommt und flüstert dem Bürgermeister etwas hastig ins Ohr. Er wankt mit ihr, von François gestützt, hinaus.

PLEBANUS WENDT. Es bricht zusammen über diesem Hause. Ich fürchte, der Tag des Gerichtes steht vor der Tür.

HADANK, *wild.* Ich denke nicht. – Ich will ein Glück! Ich glaube, daß ich noch lange lebe. Ich will ein Glück, ich will mein Glück.

FRANÇOIS *kommt wieder.* Doktor Knoblochzer soll sofort hinaus kommen. *Im Abgehen mit Doktor Knoblochzer um sich her sprechend.* Alles flieht, alles sieht Gespenster, alles rennt zu den Hintertüren kopflos in Nacht und Nebel hinaus!

Ab mit Doktor Knoblochzer. Der Fürstabt erscheint, sehr still, sehr bleich, in ruhigster Fassung.

FÜRSTABT. Ist jemand da?

HADANK. Außer mir nur ein Toter.

FÜRSTABT. Oben hat sich ein anderes Leben vollendet, Meister. Und irret Euch nicht, Gott läßt sich nicht spotten – mein persönlicher Schmerz darf nicht in Betracht kommen –, ein verdientes Geschick!

HADANK. Was ist es mit der Frau Bürgermeisterin?

FÜRSTABT *zieht seine Handschuhe über, blickt ihn durchdringend an.* Rosa Sacchi ist durch nichts mehr gebunden.

HADANK. Frau Benigna ist tot?

FÜRSTABT. Sie hat ausgelebt.

HADANK. Wie ist das gekommen?

FÜRSTABT *zuckt die Achseln.* Ihr seid ein Freigeist. An die körperliche Tatsächlichkeit des bösen Geistes glaubt Ihr nicht. Sage ich Euch, er ist im Spiel, so werdet Ihr höchstens die Achseln zucken.

HADANK. Hat sie selbst ihrem Leben ein Ende gemacht?

FÜRSTABT. Es könnte ebensogut der Fall sein, daß es ein anderer gewesen ist. Vielleicht ist sie auch nur an der Pest gestorben. Dann hätte sie etwa in den Delirien des Fiebers Hand an sich selbst gelegt. Es waren in dieser Frau edle Züge vorhanden. Freilich hat sie eine schwere ungesühnte Sündenlast auf dem Gewissen gehabt. Unter den Menschen ist es unmöglich, nämlich, daß ihr verziehen wird, aber bei Gott ist nichts unmöglich. Ich werde veranlassen, daß für ihre verirrte Seele Messe gelesen wird. – Was für Pläne, Maestro, hättet Ihr wohl?

HADANK. Rosa zu meinem Weibe zu machen.

FÜRSTABT. Das gibt eine Mischehe. Aber Ihr seid ein Genie, das über den Konfessionen steht. Und wie wäre es, wenn Ihr zu uns kämet und meinen Patres und Fratres den Palestrina aufschlösset?

HADANK. Untertänigsten Dank, Fürstliche Gnaden. Rosa Sacchi ist eine Römerin. Mich zieht es nach Rosas Vaterstadt, dort will ich mir selbst Palestrina aufschließen.

FÜRSTABT *reicht ihm die Hand.* Möge der Aufenthalt in Rom Euch auch in anderer... in jeder Beziehung zum Segen gereichen. *Im Begriff sich zu entfernen, verweilt er einen Augenblick bei dem Leichnam.* Der Blitz des Himmels hat ihn gerichtet! *Er versinnt sich einen Augenblick, nimmt ein großes Dokument aus der Tasche und blickt hinein, alles mit fürstlichem Anstand.* Lebt wohl! *Er steckt das Dokument wieder ein. Nach kurzem Nachdenken.* Wäre es nicht das beste, die kleine Mulattin zur Nonne zu machen? *Er geht ab, mit einer Handbewegung grüßend.*

HADANK *tritt ans offene Fenster.* Ah, wie das schnaubt, wie das klirrt, das nenn' ich gesund. Die Reiter des Abts, die Pferde des Abts, sie hauchen Dampf, eine Wolke von Dampf hüllt sie ein. – Ich will ein Glück! *Geht ab.*

Schuller und Löwel Perl treten ein.

SCHULLER, *von Löwel Perl gestützt.* François!

LÖWEL PERL. In diesem Augenblick ist kein François mehr im Haus. Aber alles wird wieder zurechtkommen.

SCHULLER. Arabella!

LÖWEL PERL. Ach, Ihr ruft vergeblich, auch nach ihr. Das arme Mädchen hat schlimme Instinkte.

SCHULLER. Ist sie fort?

LÖWEL PERL. Fort! Später davon.

SCHULLER. Alles weicht. Alles entfernt sich von mir! Sogar ich selbst entferne mich von mir selbst, guter Perl. Habe ich sie denn nicht geliebt, frage ich mich? Alles läßt mich so grausam gleichgültig! *Er sinkt erschöpft auf einen Stuhl.*

LÖWEL PERL. Ihr könnt in diesem zerstörten Heimwesen nicht bleiben, Schuller, ich nehme Euch mit.

SCHULLER. Nie wieder werdet Ihr mich von hier fortbringen.

LÖWEL PERL. Ihr geht mit mir, und das auf der Stelle! Ich nehme Euch mit.

SCHULLER. Perl, Perl, den von Gott Verlassenen... geht! geht!! laßt ihn in Gottes Namen allein!

LÖWEL PERL. Nicht länger, als bis die Schlitten hergerichtet sind. *Er geht. Nach gewaltigem Ächzen und Röcheln wirft Schuller die Arme über die Stuhllehne, und ein hemmungsloses Weinen erschüttert ihn.*

Ohne daß er es merkt, erscheint im Hintergrunde Daga, nähert sich ihm von rückwärts langsam, bis sie schließlich in dichter Berührung hinter ihm steht. Da fühlt er sie, lehnt den Kopf zurück, erkennt sie, und Daga beugt sich über ihn und küßt seine Stirn.

DIE FINSTERNISSE

Requiem

Entstehungszeit: Februar 1937.
Erstveröffentlichung: Einzelausgabe, herausgegeben von Walter A. Reichart. Aurora (New York), Hammer Press 1947.

DRAMATIS PERSONAE

LUTZ JOEL, Sohn des verstorbenen Kommerzienrats Joel
ESTHER JOEL, geb. Israel, seine Frau
SIEGMUND ISRAEL, deren Bruder, Arzt
PROFESSOR FRIEDLÄNDER
KRONER, Bildhauer
VON HERDBERG, Dichter
FRAU VON HERDBERG
ROTHERFUSS } Diener im Hause Joel
AUMILLER }
DER PROPHET ELIAS }
DER JÜNGER JOHANNES } Erscheinungen
AHASVER }
KOMMERZIENRAT JOEL }

Ort der Handlung: eine kleine schlesische Stadt. Zeit: 1934

Ein hoher Raum. Schwere Renaissance. Lastende Stuckdecke. Nacht. Eine Tafel für acht Personen gedeckt. Das Weiß der Damasttischtücher und -servietten tritt besonders hervor. Kristallglas, schwere Bestecke, ebensolche Armleuchter mit Kerzen. Eine Standuhr mit Glockenspiel schlägt zwölf Uhr.

ERSTE SZENE

Siegfried Kroner und der Diener Rotherfuß treten ein. Rotherfuß ist im Frack.

KRONER. Wann ist er gestorben?

ROTHERFUSS. Samstag vormittag. Wir haben heut Dienstag – schon Mittwoch, da es ja eben zwölf geschlagen hat. Also heute wird er begraben. – Aber Sie müssen sich umziehen.

KRONER. Wo ist die Leiche?

ROTHERFUSS. Drüben im andern Haus.

KRONER. Es wird zu spät sein für die Maske. Man hätte mich früher rufen müssen. Kein Wunder, wenn die Leute dann unzufrieden sind.

ROTHERFUSS. Am besten, wir gehen gleich hinüber. Haben Sie Gips oder Wachs oder was Sie sonst für den Abguß brauchen zur Hand?

KRONER. Natürlich wohl. Es liegt beim Chauffeur. Übrigens lag ich zirka acht Stunden auf der Landstraße. Hätten Sie wenigstens etwas zu trinken? Die Sache geht schnell. Mit dem Essen warte ich bis nachher.

ROTHERFUSS. Der Hausmeister beim verstorbenen Kommerzienrat wird sicherlich eine Flasche Bier haben. – Wir erwarten hier einen Herrn von Herdberg – Sie wissen, den Dichter mit seiner Gemahlin. Er kommt mit dem Auto. Wegen des heftigen Regens wohl stark verspätet. Er war ein Freund des verstorbenen Kommerzienrats. Man wartet mit der Tafel auf ihn.

KRONER. Ich will mich beeilen, so gut es geht. Ich bin mit dem Dichter sehr befreundet.

ROTHERFUSS. Aber – Herr Kroner, Sie müßten sich umziehen. Sie haben doch hoffentlich wenigstens einen schwarzen Rock im Koffer mit?

KRONER. Dies Gewerbe, zu dem die Not mich zwingt, macht ihn zu einer Art Berufskleidung.

ROTHERFUSS. Also kommen Sie! Der Gärtner bringt Sie zum Hausmeister.

Beide gehen ab.

ZWEITE SZENE

Rotherfuß und Aumiller. Aumiller ebenfalls im Frack.

ROTHERFUSS. Was wird mit uns, guter Aumiller?

AUMILLER. Mit dir wird alles beim alten bleiben, Rotherfuß. Denn schließlich, du stehst bei Lutz im Dienst. Ich war bei dem Vater, und der ist tot. Ich sitze mit Weib und Kind demnächst auf der Straße.

ROTHERFUSS. Gott weiß es, ob sich Lutz halten wird. Schlecht Wetter auf einmal für die Juden!

AUMILLER. Himmel, ich beneide sie nicht.

ROTHERFUSS. Wenn man bedenkt: der Kommerzienrat... er hat Rahstadt mit seinen Fabriken groß gemacht. Die Damaste gingen in alle Erdteile. Schlesisches Leinen ist weltberühmt. Er hat auch die Juden nicht vernachlässigt; aber denk an die interkonfessionellen Krankenhäuser, Kinderheime! Und niemand ging ungetröstet von ihm.

AUMILLER. Alles, was recht ist: verbrenn dir nicht deine Schnauze!

ROTHERFUSS. Und heut, statt daß die ganze Stadt hinter seinem Sarge zieht, wird man seinen Tod erst bekanntmachen, wenn er heimlich bei Nacht und Nebel verscharrt worden ist.

AUMILLER. Ein Auto ist eben vorgefahren.

Sie nehmen beide Handleuchter und gehen etwas beschleunigt hinaus.

DRITTE SZENE

Von drei verschiedenen Seiten treten drei Schattengestalten ein und nehmen am Tisch Platz: der Prophet Elias, der Jünger Johannes und Ahasver.

ELIAS. Bist du zu Tische geladen? Bist du von Joel zu Tische geladen?

AHASVER. Ich bin von Joel zu Tische geladen.

ELIAS. Und du, Johannes? Auch du bist geladen?

JOHANNES. Auch ich.

Sie nehmen getrennt voneinander am Tische Platz.

ELIAS. Weiß Joel, daß wir gekommen sind? *Zu Johannes.* Geh, sag ihm, wir sind gekommen.

Johannes entfernt sich schwebend wie ein Gewölk durch eine der Türen.

ELIAS. Dies ist die Last, welche der Prophet Habakuk gesehen hat.

AHASVER. Ich trage von Ewigkeit zu Ewigkeit diese Last. Joel ist tot. Aber Israel stirbt nicht.

Johannes schwebt wiederum herein. Neben ihm Joel in weißen Grabtüchern. Sie nehmen beide Platz, Joel an der Spitze der Tafel.

JOEL. Ich habe vieles im Leben von euch gehört. Nun seid ihr bei mir.

ELIAS, AHASVER, JOHANNES, *gleichzeitig.* Ja!

JOEL. Ihr werdet bittere Speise zu essen bekommen.

ELIAS. Ich habe niemals andere gegessen, Joel.

JOEL. Eßt!

AHASVER. Ich würge an der Speise des Lebens. Die unversöhnliche Grausamkeit stopft sie mir in den Mund. Ich schlafe tags unter marternden Träumen. Ich wandere nachts von Grabstätte zu Grabstätte, gefoltert von lechzendem Todesdurst. Oft schwebt ein taubenflügliger Engel auf mich zu. Endlich! jauchzt es in mir. Aber er bringt einem andern den Tod.

JOEL. Bin ich gestorben?

ELIAS. Ja, du bist's. Und ich der Gesandte des gnädigen Gottes.

JOEL. Kannst du nicht sterben wie der?

ELIAS. Ich lebe auf einer höheren Ebene.

JOEL. Und du? Und du?

JOHANNES. Ich warte geduldig der Rückkehr des allbarmherzigen Gottessohnes auf diese Erde.

JOEL. So bist du denn besser dran als Ahasver?

Johannes blickt auf seinen Teller und antwortet nicht.

JOEL. Eßt!

ELIAS. Und was hast du zu trinken, Joel?

JOEL. Trinkt, saugt an dem gallenbittern Essigschwamm!

Die Erscheinungen verblassen und verschwinden.

VIERTE SZENE

Esther tritt ein mit Rotherfuß und Aumiller.

ESTHER. Ist alles gerichtet?

ROTHERFUSS. Ja, gnädige Frau. – Wir freuen uns, daß Herr von Herdberg und seine Gemahlin nun doch gekommen sind.

ESTHER. Sie freuen sich, Rotherfuß? – Ach so! Sie meinen, weil selbst die wenigen unter den Nichtjuden, die meinem Schwiegervater ganz nahegestanden haben, nicht zum Begräbnis gekommen sind. – Sagen Sie nur in der Küche, man kann anrichten. *Sie prüft die Gedecke.* Hier mein Mann – Frau von Herdberg zur Rechten – neben Frau von Herdberg Professor Friedländer – dann komme ich und dann Herr von Herdberg. – Hier Fräulein Zeiß – sie war zwar nur die Haushälterin des Verstorbenen, aber sie hat ihn ja doch verloren, und so wird Herr von Herdberg über seine Nachbarschaft diesmal nicht böse sein. Da sind nun zwei Gedecke zuviel. Möglich, daß mein Bruder noch kommt. Er steht noch aus, bei den schlechten Wegen. Aber dies Gedeck könnt ihr wegräumen.

ROTHERFUSS. Der Bildhauer aus Berlin hat eben die Maske des Herrn Kommerzienrats abgenommen. Er rechnet darauf, mit am Tisch zu essen.

ESTHER. Ach, dieser Kroner! dieser Kroner! dieses Bleigewicht! – Was rumpelt denn da durch den Torweg, Aumiller?

Die Diener sehen sich an und geben keine Antwort.

ESTHER. Ach ja, ich weiß. Er wird abgeholt. – Ist es still vor dem Tor? oder haben sich Gaffer angesammelt?

ROTHERFUSS *blickt durch die Fenstergardine.* Ganz still, gnädige Frau.

ESTHER. So ist Gott sei Dank das Geheimnis gewahrt worden.

AUMILLER. Kein Mensch in der ganzen Stadt weiß davon.

Lutz Joel tritt herein, im Frack.

LUTZ. Ich höre, die Herdbergs sind eingelaufen.

ESTHER. Ja. Gott sei Dank, daß du da bist, Lutz.

LUTZ. Man ahnt nicht, was alles zu tun ist, bis man einen Verstorbenen unter die Erde bringt. – Ich habe mich auch erst umziehen müssen.

AUMILLER. Der Herr von Herdberg wird ebenfalls im Frack

kommen. Dem Bildhauer Kroner habe ich einen alten vom gnädigen Herrn hingelegt.

LUTZ. Der Bildhauer Kroner! Der Bildhauer Kroner! – Sieh mal, Esther, was Vater in der letzten Nacht vor seinem Tod auf diesen Zettel geschrieben hat!

ESTHER. Ich werde es später lesen, Lutz!

LUTZ *liest.* »Herr, wie lange soll ich schreien, und du willst nicht hören? Wie lange soll ich zu dir rufen über Frevel, und du willst nicht helfen?« – Was war das für ein dumpfes Geräusch im Hof?

ESTHER. Irgend etwas wird auf den Wagen geschoben.

LUTZ *seufzt schwer.* Ja, schließlich wird man zu irgend etwas. – Übrigens Kroner: ein guter Bildhauer! Vater hielt große Stücke auf ihn!

ESTHER. Er höhlt einen aus mit endlosen Fragen.

Man hört wiederum das Rumpeln eines Wagens durch die Toreinfahrt hinaus. Alle stehen lautlos.

LUTZ. So. Das war nun der Augenblick. Alles muß man am Ende zurücklassen. Kroner kam scheinbar noch gerade im letzten Augenblick.

ESTHER. Der Mensch mit seinem Gewerbe wird einem ganz unheimlich. Mir widersteht fast das Essen neben ihm.

LUTZ. Er reist herum und nimmt Totenmasken. Mit seinen Plastiken kann er nicht durchdringen. Was soll er tun, wenn er nicht verhungern will?

ESTHER. Hu! Leichenwäscher und ähnliche Leute mag ich nicht.

Bildhauer Kroner tritt ein, einigermaßen grotesk im schlechtsitzenden Frack. Er hat den Gipsabguß der Totenmaske des Kommerzienrats Joel in der Hand.

KRONER. Guten Abend. Wo darf ich die Gipsmaske abgeben?

LUTZ. Sie hätten sie können dem Hausmeister abgeben.

KRONER. Ich dachte, sie wäre ein Heiligtum. – Übrigens ist die Maske sehr merkwürdig.

LUTZ. Esther, hol ein seidenes Tuch. Wir wollen sie sorgfältig einhüllen und ins Musikzimmer legen.

ESTHER. Sie können sie nebenan auf den Steinway legen.

KRONER. Die Maske ist wirklich überaus merkwürdig. Sie scheint Gesicht und Seele eines ganz anderen Menschen als Ihres Vaters zu sein. Ich kenne ja jeden Zug im Gesicht Ihres Vaters, weil ich eine Büste von ihm modelliert habe. Der Kaufmann, der Fabrikant und – entschuldigen Sie! –

die sitzende Lebensweise, die Wohlhabenheit, der Reichtum und gewissermaßen die Fettlebe waren ihm anzusehen.

LUTZ. Wie meinen Sie das – was heißt das: Fettlebe?

KRONER. Ein Mann, der nie ein Hotel zweiten Ranges besucht, in Berlin bei Borchardt und Hiller ißt, eine exquisite Tafel im Hause führt und so fort und so fort. Das ist nun alles wie weggeblasen. Dieses Gesicht hier könnte einem Araber angehören, vielleicht einem Beduinenscheich, sehnig, noch nicht vierzig Jahr, einer, der auf feurigem weißem Hengst durch die Wüste fliegt, den Koran am Sattel hängen hat und den scharfen Säbel immer wieder vom frischen Blute reinigen muß. So einer, von dem Goethe im Diwan sagt: »Laßt mich nur auf meinem Sattel gelten!« und: »Über meiner Mütze nur die Sterne.«

LUTZ. Ich kann in der Tat meinen Vater nicht wiedererkennen.

ESTHER, *ebenfalls in Betrachtung der Maske*. Nein. Es ist wahr.

Aumiller, der sich entfernt hatte, kommt mit einer großen, dampfenden silbernen Suppenterrine wieder.

KRONER. Ich lege sie also auf den Konzertflügel.

Er geht mit der Maske ins Nebenzimmer.

ESTHER. Wir müssen die Herdbergs nun wohl persönlich heraufholen.

Esther und Lutz ab. Kroner kommt wieder.

KRONER, *hinter einem Stuhl am Tisch stehend, zu dem Diener.* Wer leidet am meisten im Hause unter dem Tod des Kommerzienrats?

ROTHERFUSS. Mit den Söhnen stand er sich nicht. Gut stand er sich mit der Schwiegertochter. Ich glaube, daß er Frau Esther Joel am meisten fehlt.

KRONER. Sie ist eine Makkabäerin. Sie müßte von Feuerbach gemalt werden.

ROTHERFUSS. Wenn Sie nur nicht darüber sprechen wollen: Sie ist die allerstolzeste Frau, die sich denken läßt. Ich habe mich oft gefragt, ob es heutzutage auf irgendeinem Throne der Welt eine zweite so stolze Frau geben kann. In ihr ist der unnahbare Stolz und Gram einer entthronten Königin.

KRONER. Ihr seid ja poetisch, hierzulande!

ROTHERFUSS. Oh, ich habe das Gymnasium bis über die Hälfte durchgemacht. Es dauerte dann eine Weile, bis mein Leben diese Wendung nahm. Es hängt mir noch von den alten Tragikern mancherlei an, und das tritt einem nun recht nahe in dieser Zeit, wenn man mit dem, was diese Menschen heut erleben, so eng wie unsereiner verbunden ist.

AUMILLER. Rotherfuß, die Suppe wird kalt werden!

Herr von Herdberg, Frau von Herdberg, Professor Friedländer, Lutz und Esther treten gemeinsam ein.

LUTZ. Darf ich Ihnen, gnädige Frau und Herr von Herdberg, den Bildhauer Kroner vorstellen?

VON HERDBERG. Oh, wir kennen uns indirekt. Sie hatten im vorigen Jahr in der Kunsthandlung Gurlitt eine Ausstellung.

KRONER. Ohne damit dem geringsten Interesse zu begegnen.

VON HERDBERG. Dann außer bei mir. Vielleicht reden wir einmal später davon.

ESTHER. Ich bitte nun, hier, da, dort, Herr Professor hier, Sie da Platz zu nehmen.

Es geschieht, wie sie angedeutet hat. Die Uhr mit dem Glockenspiel schlägt eins.

VON HERDBERG. Die erste Stunde im neuen Tag.

Die Suppe ist aufgetragen worden. Man beginnt zu löffeln. Kurzes Schweigen.

ESTHER, *nach einigen Löffeln Suppe.* Ich will keine großen Worte machen. Aber mir ist es beinahe gleichgültig geworden, ob Tag oder ob Nacht ist.

LUTZ. Wir wollen davon nicht reden, Esther.

VON HERDBERG. Wie ist der alte Herr gestorben?

LUTZ. Plötzlich. In seiner Bibliothek.

VON HERDBERG. Man müßte ihn eigentlich auch darin beisetzen. Er hat ja fast nur noch mit seinen Büchern gelebt.

PROFESSOR FRIEDLÄNDER. Jawohl. Und mit Ping und Pong, seinen beiden Hunden.

LUTZ. Jawohl. Und seinem Eigensinn.

PROFESSOR FRIEDLÄNDER. Der Kommerzienrat hat einen starken Willen gehabt.

LUTZ. Einen unbeugsamen Starrsinn! sagen Sie lieber. Er wollte durchaus noch zu Ihnen nach Ronstock, Herr von Herdberg. Hätte ich ihn nicht zurückgehalten, er wäre an Ihrem Kamin gestorben.

FRAU VON HERDBERG. Er saß gerne abends mit uns an unserm Kamin.

LUTZ. Es war nicht leicht mit dem alten Mann.

VON HERDBERG. Aber er war auch dafür nicht der erste beste! Wir wollen auf sein Andenken trinken.

Es geschieht mit dem Champagner, den die Diener serviert haben.

VON HERDBERG. Warum sollen wir nicht über Ihren Herrn Vater offen sprechen? Sie haben recht, Herr Lutz Joel. Ein Mann seines Schlages kann es vertragen. Er hat seine Unternehmungen großartig ausgebaut. Außer seinen Steuern gab er für die Zwecke der städtischen Wohlfahrt große Summen aus. Orthodox als Jude war er nicht, und doch auch, was sie nicht waren, seinen Glaubensgenossen zu Diensten bereit. Kaisertreu war er bis in die Knochen. Nach Sprache und Seele war er ein Deutscher, und kein zweiter liebte wie er Schlesien, seine Provinz. Das beweist ja wohl schon ohne Worte seine monumentale Bücherei, die alles enthält, was je und je die schlesische Seele, das schlesische Herz, der schlesische Geist hervorbrachte.

LUTZ. Herr von Herdberg, mein Vater hat Sie geliebt. Fast glaube ich: mehr wie seine Söhne.

VON HERDBERG. Wir sind gute Freunde gewesen, nun ja.

PROFESSOR FRIEDLÄNDER. Wenn der Verewigte von Ihnen sprach, hatte er meistens Tränen in den Augen.

VON HERDBERG. Er war gern bei uns auf dem Schlosse, nun ja. Es gab Zeiten, wo er des Anschlusses dringend bedurfte. *Es sind Austern serviert worden.* Erstaunlich: Austern und Kaviar. Ganz frisch. Wo haben Sie das wohl herbezogen?

LUTZ. Ein Schwager von mir, der durchschnittlich hundert Kilometer die Stunde fährt, hat beides im Auto von Hamburg mit heruntergebracht.

KRONER. Ich habe mit dem alten Herrn Joel einmal in London Austern gegessen. Ein Kunsthändler hatte mich kommen lassen. Es wurde mir mit meinen Sachen ein großer Erfolg prophezeit. Leider verlief danach alles im Sande. Da hörte ich, daß der Kommerzienrat im Carlton sei. Und da lud er mich zum Abendessen ein. Schließlich hat er mir noch eine kleine Bronze abgekauft.

PROFESSOR FRIEDLÄNDER. Er half, wo er konnte. Das ist nicht zu leugnen.

ESTHER. Ihre Bronze steht auf dem Schreibsekretär meines Schwiegervaters.

PROFESSOR FRIEDLÄNDER. Der nackte, zusammengekauerte Mann, der sich in sich selbst zu verkriechen scheint?

KRONER. Er will nichts sehen, er will nichts hören.

ESTHER. Wenn's ihm gelingt, tut er recht daran.

KRONER. Wir leben in einer großen Stunde.

LUTZ. Das ist ein Wort. – Wieso, Herr Kroner?

KRONER. Ich lese jetzt viel den Josephus. Titus schleifte Jerusalem.

VON HERDBERG. Ich las jüngst wieder die Makkabäer. Zweihundertundfünfzig Jahre früher ungefähr tat Antiochus so ziemlich das gleiche. Ich kenne kein Schicksal irgendeines Volkes – da wir nun schon einmal dem, was uns alle in diesen Zeiten beschäftigt, nahegekommen sind –, das an Gewalt und tragischer Größe dem des jüdischen Volkes gleichkommt. – Aber verzeihen Sie mir diese Banalität.

LUTZ. Ich könnte aufspringen, ich könnte umherlaufen, ich könnte alle Welt, Gott und den Teufel zum Zeugen aufrufen, daß man uns widerrechtlich, widernatürlich, unsinnig und barbarisch mißhandelt. Aber ich habe diesen Kampf bereits in mir selber ausgekämpft und zum Schweigen gebracht. – Trinken Sie diesen Johannisberger! Sie werden sehen, daß mein Vater von deutschen Weinen etwas verstanden hat.

KRONER. Ich habe nie anders gelebt, wie Sie heute leben. Was Ihnen heute wieder einmal deutlich wird, war mir niemals undeutlich. Glauben Sie nicht, daß ich je irgend etwas anderes als die Klagelieder Jeremias modelliert und in Marmor gemeißelt habe?

LUTZ. Jawohl. Ihre Frau hat darüber geklagt. Sie sollen ja stundenlang in Ihrer verschlossenen Werkstatt zwischen Ihren Bildhauerarbeiten, als wenn Sie gefoltert würden, herumheulen und herumschreien.

KRONER. Und ich habe auch meine Familie hereingeholt. Sie mußten um einen Altar knien, den ich aus Ton gemacht und in Gips gegossen habe. Und ich sprach ihnen vor, was sie nachsprechen mußten: »Herr, wie lange soll ich schreien, und du willst nicht hören? Wie lange soll ich zu dir rufen über Frevel, und du willst nicht helfen?«

LUTZ. Hat das mein Vater von Ihnen, oder haben Sie es von ihm? Denn auf dieses Papier hat er es in der letzten Nacht eigenhändig geschrieben.

KRONER. Wir haben es beide vom Propheten Habakuk. Da steht auch noch ein anderes Wort: »Wehe dem, der die Stadt mit Blut baut und zurichtet die Stadt mit Unrecht!«

VON HERDBERG, *zu Lutz.* Wie stand Ihr Vater im ganzen zu dem plötzlichen Wandel der Zeit?

ESTHER. Davon kam nie ein Wort über seine Lippen.

LUTZ, *zu Kroner.* Wie kamen Sie eigentlich zu solch einem Prügelgefühl? Sie stammen aus einem reichen Hause. Was soll Gott dafür können, wenn Sie Ihr schönes Vermögen verlottert haben?

KRONER. Der Ausdruck ist falsch. Bevor ich Bildhauer wurde, wo ich es hätte brauchen können, habe ich es aus Überzeugung, wie Franz von Assisi, von mir getan.

VON HERDBERG. Da nun einmal unsere Unterhaltung diesen allzu naheliegenden Weg genommen hat und es vielleicht sogar das beste ist, das rückhaltlos vor die Seele zu führen, was ist, ihm ins Auge zu blicken sozusagen, möchte ich auch die Frage tun, ob Sie meinen, daß alle Schuld auf der anderen Seite ist. Wenn Sie zum Beispiel das Buch der Makkabäer lesen, finden Sie bei Judas Makkabäus eine grenzenlose Wut entfesselt, weil die Griechen ein Abbild des olympischen Zeus in den Tempel zu Jerusalem gestellt haben. Und dieser Zeus wird ein Greuel genannt. Ebenso wollten die Römer vor Titus nichts anderes als im Tempel ein Bild des römischen Kaisers aufstellen. Das absolut und durchaus zu verneinen, war das nicht äußerst starrsinnig? Verriet es nicht ein Unverständnis gegenüber allem Nichtjudentum?

LUTZ. Aber wir gerade sind keine Juden in diesem Sinne mehr! Wir haben den Starrsinn aufgegeben! Wir sind ganz aufgegangen in der europäischen, in der deutschen Kultur!

ROTHERFUSS *sagt Esther ins Ohr.* Ihr Bruder ist eben eingetroffen.

ESTHER. Er möchte heraufkommen.

Rotherfuß geht zur Tür und gibt den Auftrag weiter an jemanden, der draußen steht.

LUTZ. Da kommt nun mein Schwager. Ein Deutscher in jeder Faser, in jedem Atemzug. Er war Assistent an der Charité. Er hat seine Stellung verlassen müssen.

VON HERDBERG. Für die Betroffenen bitterste Tatsache. Aber was brauchen wir weitere Beispiele, da Ihr Vater mit seinen Verdiensten um den schlesischen Geist und den deutschen Geist doch das überzeugendste ist! Doch gerade er hat mir manchmal gesagt: seine Glaubensgenossen, wie er sie nannte, hätten doch auch manchen Fehler gemacht.

Ein heftiger Wind stößt ein Fenster auf und einige Türen. In einer der aufgerissenen steht Siegmund Israel.

FRAU VON HERDBERG. Um Gottes willen! Um Gottes willen!

ROTHERFUSS. Es ist nichts, gnädige Frau. Schon seit Wochen ist es trocken und schwül. Das Getreide verdorrt auf den Feldern. So ein Gewitter ist goldeswert! Prozessionen um Prozessionen winseln um Regen.

Die Diener und Lutz schließen Fenster und Türen. Nachdem es geschehen, geht Lutz auf seinen Schwager zu und zieht ihn in den Raum.

LUTZ. Sei herzlich willkommen, wenn auch der Anlaß ein trauriger ist. Hier ist dein Gedeck. Nimm Platz ohne Umstände. Mein Schwager, Dr. Siegmund Israel – Freiherr von Herdberg und seine Gemahlin. Alles übrige kennt sich ja.

Esther steht auf, faßt nach ihrem Herzen.

PROFESSOR FRIEDLÄNDER. Haben Sie eine gute Fahrt gehabt?

SIEGMUND ISRAEL. Wie soll eine schlechte Fahrt gut werden? Eine gute Fahrt müßte schlecht werden, wenn sie einen solchen Anlaß hat.

PROFESSOR FRIEDLÄNDER. Sehr wahr, sehr wahr, Dr. Israel!

SIEGMUND ISRAEL. Warum siehst du mich so erschrocken an, Taube?

ESTHER. Kein Wunder, wenn man in solchen Zeiten Gespenster sieht! ... weil du mir so gänzlich verändert scheinst, Siegmund!

SIEGMUND ISRAEL. Ich bin auch grundgründlich verändert, Taube. Ich bin anderthalbtausend und mehr Jahre jünger geworden.

VON HERDBERG. Die vielen Umleitungen sind dieses Jahr ganz unerträglich.

SIEGMUND ISRAEL. Ganz unerträglich! Nur zu wahr! Aber alle Straßen sind unerträglich! alle Fahrten sind unerträglich! alles Wandern ist unerträglich! Ich traf den Wagen mit dem Sarg des Kommerzienrats. Diese Fahrt – und nur diese – würde nach meinem Sinne sein. Ich würde sie ihm mit Freuden abkaufen.

LUTZ. Nimm dir die Sache mit deiner verlorenen Stellung nicht so zu Herzen, Siegmund.

SIEGMUND ISRAEL. Vor eine Lokomotive, wie Professor Rahn und Geheimrat Landsberg, werde ich mich nicht werfen.

Es würde mir auch durchaus nichts nützen. Diese Auskunft Senecas und Marc Aurels habe ich nicht.

LUTZ. Was ist dir, Esther?

ESTHER. Ich weiß es nicht.

Sie ist aufgestanden und wankt gegen die Tür. Lutz geht ihr nach und stützt sie.

ESTHER. Entschuldige mich bei den Gästen! Ich ruhe mich nur einen Augenblick. *Sie faßt sich an die Stirn und rafft sich.* Nein! Man wird sich in solchen Minuten nicht gehen lassen! Herr von Herdberg hat recht: Man muß der nackten Wahrheit ins unversöhnliche Auge sehen.

SIEGMUND ISRAEL. Ja, Taube, du bist eines Hohenpriesters Tochter! Du hast den Herodes abgewiesen, hoch und stolz, als er dich um Liebe anbettelte. Du hast das Mysterium Juda durch die Zeiten getragen bis heut.

ESTHER. Ich höre nur immer Worte an mein Ohr schlagen und weiß nicht, ob sie gesprochen werden und wer sie spricht. Mir ist, wenn ihr mich anhören wollt, als ob wir auf einer schwarzen Arche beisammen wären, auf schwarzen Wogen, in schwarzer Luft. Spreche ich, oder spreche ich nicht? Die schwarze Arche schwimmt durch die schwarzen Zeiten. Das Wasser, mit dem sie flutet, verläuft sich nicht. Wir sind die Bürger der Sintflutgewässer. Stets log uns noch jeder Ararat.

SIEGMUND ISRAEL *erhebt sich.* So halten wir denn den schwarzen Schild der eisernen Wahrheit über uns. *Er verschwindet. Es ist eine allgemeine Erregung ausgebrochen. Professor Friedländer und Lutz sind um Esther bemüht, die bewußtlos geworden scheint. Kroner geht auf und ab und hält sich mit beiden Händen die Schläfen.*

KRONER. Was ging da vor? Stehen wir noch in der Wirklichkeit?

VON HERDBERG. Ich muß gestehen, mir war, als wäre die Luft mit Magie geladen. Irgendeine Hypnose kam über uns. Das Gewitter war schuld und der Wolkenbruch, nehme ich an. Aber wir wollen ins nüchterne Dasein zurückkehren.

KRONER, *mit schwachem Pathos.*

Wo bist du hin verschlagen, schwarzer Nachen?
Ihr aber, die er trägt, wo kommt ihr her?
Ich muß euch heilig nennen, unterm Wind
des Fluchs, der eure schwarzen Segel bläht.

Es ist nun so, als habe das einsetzende Gewitter die Gesellschaft derangiert, die Diener abgelenkt und man finde sich nun in die Ordnung zurück.

PROFESSOR FRIEDLÄNDER. Das Wetter ist vorübergezogen. Der Sternenhimmel ist wieder da.

VON HERDBERG, *zu Kroner.* Wo haben Sie diese Verse gefunden?

KRONER. In meinem Kopf! Ich habe sie an die Plinthe einer Sintflutgruppe gesetzt.

ESTHER, *sich zwingend, mit weit aufgerissenen Augen, noch aufrecht.* Der Sternenhimmel ist wieder da! Der Sternenhimmel! der Sternenhimmel!

VON HERDBERG. Jawohl. Und es liegt ein Trost darin. Was ist ein Menschenschicksal dagegen! Wie groß und erhaben kann wohl ein Schicksal sein, das sich um uns armselige Menschlein überhaupt bemüht!

ROTHERFUSS. Servieren wir weiter, gnädige Frau?

LUTZ. Den Château d'Yquem, Rotherfuß!

ROTHERFUSS. Aumiller hat ihn schon in Händen.

VON HERDBERG, *dem Aumiller eingießt.* Flüssige Sonne nannte ihn der Kommerzienrat.

KRONER. Flüssige Sonne! Flüssige Sonne!

PROFESSOR FRIEDLÄNDER. Mir ist, als sei er noch unter uns.

VON HERDBERG. Ich weiß nicht, ob es die Tibetaner sind, die behaupten, die höchste Erkenntnis gewinne man im Augenblick des Todes.

PROFESSOR FRIEDLÄNDER. Sie sagen auch, der Tote habe zunächst nach dem Übergang gar nicht das Bewußtsein, nicht mehr unter den Menschen zu leben, ja er lebe unter den Menschen und begreife nicht, daß man ihn weder höre noch sehe.

KRONER. Ich glaube, wir haben etwas erlebt. Ich glaube, der Tote war gegenwärtig.

LUTZ. Reden Sie doch nicht solchen Unsinn, Kroner!

VON HERDBERG. Standen wir wirklich in einem Mysterium – und was ist schließlich nicht Mysterium! –, so soll man nicht nach dem Wahr oder Falsch fragen. Hat Herr Kroner etwas dergleichen gefühlt: mir ging es ähnlich, ich muß ihm recht geben.

PROFESSOR FRIEDLÄNDER. Es gibt Wellen und Fluiden aller Art. Man hat schon geheimnisvollste unter ihnen in den praktischen Dienst des Menschen gezogen. Unzählige rätselvolle und wunderbarste aber noch nicht.

ESTHER. Ja. Mein Schwiegervater ist hier gewesen! Er saß dort drüben. Der Stuhl ist leer.

LUTZ. Kein Wunder! Wir haben in diesen letzten Tagen eben ein bißchen viel durchgemacht. Wir werden, wenn alles geordnet ist, irgendwohin zur See eine längere Reise tun.

VON HERDBERG. Haben Sie je einer spiritistischen Sitzung beigewohnt?

LUTZ. Ich habe nie etwas davon gehalten.

PROFESSOR FRIEDLÄNDER. Wo ist denn Herr Dr. Israel hingekommen?

ROTHERFUSS. Er sagte, ich solle ihn entschuldigen. Er müsse unbedingt erst ein Bad nehmen. Er werde sich eilen und so schnell wie möglich oben sein.

VON HERDBERG. Es gibt seltsame Tatsachen einer verwirrenden Suggestion.

KRONER. Das Tor ist nicht sogleich zu schließen, durch das ein Toter davongegangen ist. Es gibt dann ein Hin und Her zwischen zwei Reichen.

PROFESSOR FRIEDLÄNDER. Der Tod eines nahen, geliebten Wesens ist wohl das gewaltigste unter allen Ereignissen, die einen gebildeten Geist treffen können. Die Seele des Menschen wird davon unbarmherzig gepackt und vorübergehend mit einem neuen, qualvollen Sinn ausgestattet.

VON HERDBERG. Das innere Sehen und Fühlen erfährt eine ungeheure Steigerung.

KRONER. Und dermaßen ober- und überweltlich ist diese Steigerung, daß man darüber geneigt wird, alles, was sonst den Menschen treffen kann und was uns Juden getroffen hat, als geringfügig anzusprechen.

VON HERDBERG. Jetzt sind wir nun im Gebiete der Religion.

KRONER. Es ist den meisten abhanden gekommen.

VON HERDBERG. Sie macht beinahe unangreifbar, die wahre Religion.

KRONER. Meinen Sie die katholische Kirche?

VON HERDBERG. Ich meine das Beheimatetsein auf Erden und mehr noch im bodenlosen Mysterium.

LUTZ. Wollen wir uns in so tiefe Gespräche einlassen?

KRONER. Ja! Es wäre falsch, sich dagegen zu sträuben, da wir doch fühlen, daß wir von immer dunkler werdenden Nächten und Mächten ins Leere gezogen werden, vielleicht nie wieder in unserem Leben so wie bei dieser Zufallsnachtwache, die unserem toten Wohltäter gewidmet ist.

VON HERDBERG. Wir wollen uns vor Charon nicht fürchten. Warum sollen wir nicht an das stygische Ufer ganz nahe herantreten, ja, sei es, mit dem Schatten im Nachen Gespräche halten?

ESTHER. Ja. Mir wird wohler, freier, ja heiterer dadurch. Und die Wunde der Schmach brennt weniger.

LUTZ. Mein Vater hat einmal selbst den Tod gesucht. Ich weiß eigentlich nicht, warum ich das sage.

ESTHER. Das sagst nicht du, dein Gewissen spricht.

FÜNFTE SZENE

Siegmund Israel, im Frack, tritt ein. Die Uhr schlägt.

SIEGMUND ISRAEL. Ich bitte sehr um Entschuldigung.

LUTZ. Nun bist du es aber doch wirklich, Siegmund?

SIEGMUND ISRAEL. Wirklich?

LUTZ. Du warst schon einmal hier, hast dort gesessen und mit uns gesprochen.

SIEGMUND ISRAEL *lacht.* Es wird der Prophet Elias oder der Ewige Jude gewesen sein.

KRONER. Oder der Jünger Jesu, Johannes.

Die Vorstellungen werden abgemacht. Dr. Israel nimmt hinter seinem Gedeck Platz und beginnt zu essen.

SIEGMUND ISRAEL. Kinder, ich habe einen Wolfshunger. – Die Spießbürger haben also alle dem Begräbnis abgesagt.

LUTZ. Nein. Wir übten Barmherzigkeit. Wir wollten sie nicht in Konflikte stürzen. Die Todesanzeige steht morgen im Abendblatt, wenn Vater schon unter der Erde ist.

SIEGMUND ISRAEL. Wohl ihm! So hat er ausgelitten!

ESTHER. Und wie geht es dir selber, Siegmund?

SIEGMUND ISRAEL. Gut. Ich bin die Treppe hinaufgefallen. Ich habe einen Ruf nach New York erhalten, als leitender Arzt eines Krankenhauses der Columbia-Universität. – Habt ihr die Maske nehmen lassen?

KRONER *erhebt sich.* Darf ich sie holen? Man muß diese Maske als ein unlösliches Rätsel ansprechen.

LUTZ. Wir gehen ja nachher ins Musikzimmer.

SIEGMUND ISRAEL. Bringen Sie sie nur! Ich bin Chirurg. Mich

stört so was nicht. Wir Mediziner sind abgehärtet.

Aumiller kommt mit einer gewaltigen Fruchtschale.

VON HERDBERG. Woher haben Sie dieses herrliche Obst, gnädige Frau?

LUTZ. Alles aus Vaters Gärtnerei.

ESTHER *legt Herdberg vor.* Versuchen Sie diese schwarze Weintraube!

KRONER *hat sich entfernt und kommt mit der Maske wieder, hält sie Dr. Israel vor.* Ein Berberhäuptling! Ein Hamit, der auf weißem Hengst durch die Wüsten fliegt!

SIEGMUND ISRAEL. Das – wirklich? – ist der Kommerzienrat? Ich würde ihn niemals wiedererkennen!

VON HERDBERG. Und doch – es hat ihm nichts ausgemacht – ist er zwei- oder dreimal rings um den Erdball gereist, nicht auf Wüsten-, sondern auf Wellenrossen. – Wir sagen uns nichts Neues: Als der alte Herr seine späte Liebesleidenschaft loswerden wollte, hat er es unter anderem auf diese überaus großzügige Weise versucht.

FRAU VON HERDBERG. Nachdem er es in kürzerer Form vergeblich versucht hatte.

SIEGMUND ISRAEL. Gut, daß ich damals zufällig grade im Hause war! Sonst würde er sicher verblutet sein.

KRONER. Ich komme über die Maske nicht weg. Es ist, als hätte sich eine frühere Existenz, vielleicht seine wahre, ganz andere Gestalt wie der Kern aus einer Schale befreit und herausgelöst.

Kroner trägt die Maske wieder ins Nebenzimmer hinaus.

PROFESSOR FRIEDLÄNDER. Die Klarheit der Sterne wächst von Minute zu Minute.

VON HERDBERG. A propos: halten Sie die astronomischen Lösungen der Probleme des Sternenhimmels für endgültig?

PROFESSOR FRIEDLÄNDER. Keine Lösung im Gebiet der menschlichen Wissenschaft ist endgültig. Schon darum, weil das, was wir Natur nennen, und ebenso der Mensch in ihr, in ewiger Wandlung begriffen ist.

VON HERDBERG. So stünden wir also nicht anders wie der verstorbene Patriarch inmitten derselben ungeheuersten Wandlungen?

SIEGMUND ISRAEL. Die Chirurgie ist eine nüchterne Wissenschaft. Aber es ist mir doch im Auto einigermaßen kalt über den Rücken gelaufen, als ich nacheinander drei Sternschnuppen dicht über dem Hause des Kommerzienrats niederschießen sah.

VON HERDBERG. Es steckt eine große Dämonie in dem Gedanken seiner Bibliothek. Man sollte, so bald wie möglich, ihren genauen Katalog feststellen. Man würde dadurch erfahren, aus welchen unzähligen geistigen Einzelelementen die schlesische Seele besteht. In einer gewissen geistigen Hellsicht dieser Stunde und innerhalb des nun einmal religiösen Raumes dieser gewissen heiligen Leere, der sich nun eröffnet hat, fühle ich fast die Geister des Jakob Böhme, des Angelus Silesius, des Martin Opitz, des Johann Christian Günther, um nur wenige von so vielen zu nennen, gegenwärtig, ihm huldigend für das Asyl, das er den Zerstreuten, Versprengten der allgemeinen deutschen Seele mit aller denkbaren Liebe geboten hat, den Vernachlässigten, ja den Verachteten und Vergessenen.

Man hört aus dem Musikzimmer lautes Schluchzen und Weinen. Alle außer Dr. Israel erheben sich, einigermaßen erschreckt. Dabei wird von Esther die Tafel aufgehoben.

LUTZ. Wer ist denn da drin? – Es ist Fräulein Zeiß, meines Vaters Haushälterin.

KRONER. Ich glaube, sie hat die Maske gefunden.

LUTZ. Mein Vater hat seine Jahre erreicht. Er mußte sterben. Das müssen wir alle. Das müssen auch die, die im Sprechchor »Juda, verrecke!« schreien. Behielten sie recht, wer hätte wohl etwas dagegen? Aber...

KRONER. ... der gestrenge Ratschluß unseres gestrengen Herrn Herrn Zebaoth gestattet es nicht. Er hat uns in eine Ebene und in ein Element über den Erdboden gesetzt, den unsere Füße nicht dürfen berühren. So schwimmen wir hin, verfolgt, gemartert, getötet, ahasverisch und ruhelos, aber unsterblich durch die Ewigkeit!

VON HERDBERG. Nicht nur ihr Juden! Das trifft uns alle.

CIP-Kurztitelaufnahme der Deutschen Bibliothek

Hauptmann, Gerhart:
Das grosse Gerhart-Hauptmann-Buch:
[Die Weber u. andere Dramen; Jubiläumsausg.
zum 125. Geburtstag]. – Frankfurt/Main;
Berlin: Ullstein, 1987
(Ex-Libris-Ausgabe)
ISBN 3-550-098533-8

NE: Hauptmann, Gerhart: [Sammlung]